Irland

Tessa Hofmann

■■■■ Irland

Mit Fotos von Dorcas Platt Wagenknecht

EDITION ERDE  REISEFÜHRER

EDITION TEMMEN

Für Thomas J. Garrett

Kleine Landeskunde

Reisen über die grüne Insel

Irland suchen
und finden

Irland trägt schmeichelhafte Beinamen. So ist es als smaragdgrüne Insel, aber auch als Land der Heiligen und Gelehrten bekannt. Seine kontrastreichen Landschaften und vielfältigen Kulturdenkmäler ziehen stetig wachsende Besucherscharen an. 1996 war die Zahl der ausländischen Touristen in der Republik Irland mit 4,73 Millionen fast so hoch wie die seiner Bevölkerung (insgesamt 5,143 Millionen). Viele Besucher kehren wieder, manche regelmäßig. Sie sind dem Zauber einer Insel verfallen, der aus mannigfachen Zutaten gewirkt ist: aus üppigen Weiden und Wiesen, durch die sich stille Heckenwege ziehen, aus heide- und moorbedeckten Hügeln, zerklüfteten blauen Bergen, wilden Klippen, weitgeschwungenen Buchten mit herrlichen Sandstränden, aus verträumten Städtchen und Marktflecken mit pastellfarbenen Häusern und bunten Ladenfassaden, aus Herrensitzen und Gutsparks, aus zauberhaften Seen von größter Stille und geheimnisvollen Hünengräbern auf windgepeitschten Kuppen oder Berghängen. Irlands Faszination besteht auch aus mächtigen Wolken, dem ständigen Wechselspiel von Wetter, Farben und Formen: grandiose, langanhaltende Sonnenuntergänge und strahlende Sonnendurchbrüche nach heftigen Schauern, eine scheinbar unbesiegbare Üppigkeit der Natur, die gnädig alle Wunden bedeckt, die eine gewaltsame Geschichte dem Land geschlagen hat. Ruinen unterschiedlichster Epochen sind einheitlich von Efeu und Schlingpflanzen überwuchert, schlichte Kirchlein aus keltischer Zeit, Burgen, Wohntürme und Turmhäuser späterer Eroberer, verlassene Herrensitze ebenso wie Bauernkaten.

Die Begegnung mit Irlands Menschen bildet einen weiteren Bestandteil des Zaubers. Freundlichkeit und Aufgeschlossenheit gegenüber Fremden wurden zur Notwendigkeit für das Überleben in einem Land, dessen Geschichte stets voll von Unterdrückung war. »Wenn du einen Feind nicht besiegen kannst, mach ihn dir

Linke Seite: Beara-Halbinsel in Kerry und Cork

11

»Buchmacher« beim
irischen Volkssport
Pferderennen

zum Freund«, lehrt eine irische Redensart. Wem das nicht gelang, der versuchte, sein Glück anderswo zu machen. Irland gehört zu jenen Ländern, die große Teile ihrer Bevölkerung durch Emigration verloren: im 17. und 18. Jahrhundert ins Exil getrieben, im 19. Jahrhundert vor Hunger und Armut geflüchtet, im 20. Jahrhundert auch vor Intoleranz und Bigotterie. »Mutter Irland«, so freundlich zu Fremden, wurde von ihren Intellektuellen oft als »alte Sau« empfunden, »die ihre Ferkel frißt« (Edna O'Brien). Noch immer stellt sich fast jedem jungen Iren die Frage der Auswanderung, meist nach Großbritannien oder in die USA, wo mit 40 Millionen die größte auslandsirische Gemeinschaft lebt, achtmal größer als die Bevölkerung im Ursprungsland. Viele bedeutende Amerikaner, darunter die US-Präsidenten John F. Kennedy und Ronald Reagan, besaßen irische Vorfahren.

Mitte des 20. Jahrhunderts bemühte sich die irische Regierung zunehmend um ausländische Investoren. Seither hat der wirtschaftliche Aufschwung das darauf unvorbereitete Land in rasantem Tempo erfaßt und und das Gesicht Irlands nachhaltig verändert. Seine herrliche Natur, bislang ein Magnet für kontinentale Besucher, ist durch Überdüngung, Überweidung, Zersiedelung und industrielle Entwicklung bedroht. Jahrhundertealte Traditionen wurden binnen weniger Jahrzehnte durch die Anpassung an internationale Standards verdrängt oder auf folkloristische Unterhaltung reduziert. Die reetgedeckten Katen wichen bequemen Bungalows, und der Anteil der Bevölkerung, der in den fünf größten Städten des Landes lebt, steigt ständig. Und dennoch existiert es noch, das verträumte, in sich versunkene, ›verborgene‹ Irland, von dem so viele Autoren, darunter Heinrich Böll und E.A. Johann, begeistert berichteten. Jeder Urlauber, der danach sucht, wird es entdecken: an einem stillen See, in einem unbekannten Weiler, auf einer Insel oder in einer Bucht, die noch in keinem Reiseführer Erwähnung fanden. Denn kein Buch vermag flächendeckend alle Schönheiten und Sehenswürdigkeiten der grünen Insel zu erfassen. Die größten Genüsse sind nur persönlich erfahrbar, oft abseits der üblichen Touristenrouten.

Dieses Buch führt in die irische Geschichte und Kultur ein und wendet sich an jene, die das weniger Augenfällige erfahren möchten. Denn häufig steht man, ohne es zu ahnen, an geschichtsträchtiger oder sagenumwobener Stätte, deren Bedeutung mehr aus Überlieferungen, als aus den oft spärlichen materiellen Spuren hervorgeht. Irlands Geschichte lebt in seinen Geschichten. Bei dieser imaginären

Reise in die Welt der Legenden, Sagen und Mythen tritt ein bunter Reigen vor den Leser: Sagenhelden wie Fionn mac Cumhaill und Königin Medb, Heilige wie Patrick, Kevin von Glendalough oder der ›Seefahrer‹ Brendan, historische Personen wie der Schwarze Thomas, ein anglonormannischer Ritter, Dame Alice Kyteler aus Kilkenny, eine lebenslustige Witwe und angebliche Hexe, die Freibeuterin Gráinne Ní Mháille...

Eines aber sollte man wissen: Irland ist kein Land der Eindeutigkeit. Die Höhe seiner Berge, die Länge seiner Flüsse und die Ausdehnung seiner Seen lassen sich

Buntes Treiben in Tralee

offenbar nicht genau messen. Von Buch zu Buch und manchmal sogar innerhalb eines Werkes weichen die Angaben diesbezüglich voneinander ab, jene über die Länge des Shannon, Irlands längsten Fluß, differieren gar um 136 Kilometer, die über das höchste Hochkreuz variieren zwischen 5,30 und 7 Metern. Ähnliches gilt für die Schreibweise von Orts- und Personennamen sowie für historische Details. Geschichte und Geschichten lassen sich eben in vielfachen Versionen erzählen, Namen in unterschiedlicher Form wiedergeben, je nachdem, ob man das Mittel-, das Neuirische oder eine anglisierte Form zugrundelegt. Auch Entfernungs- und Zeitangaben sind in Irland nur Annäherungswerte. Man erzählt sich die bezeichnende Anekdote von dem Reisenden, der einen Iren danach fragt, wie lang der Weg vom Ort A zum Ort B sei, und die philosophische Antwort erhält: »Das kommt darauf an, wie Sie reisen wollen, Sir!« Schweizer Geschäftsleute sollen schockiert gewesen sein, als eine Stewardeß der irischen Luftfahrtgesellschaft Aer Lingus beim Anflug auf Dublin mitteilte: »Die Ortszeit beträgt ungefähr eine Viertelstunde nach vier!« Bei der Landung in Belfast, so geht ein boshaftes Gerücht, soll eine Stewardeß in Anspielung auf die konfessionelle Spaltung Nordirlands gewarnt haben: »Bitte stellen Sie Ihre Uhren um 300 Jahre zurück!« Lassen Sie sich also Zeit, Ihr persönliches Irland zu finden. Der Erfolg Ihrer Suche hängt davon ab, mit welchem inneren Kompaß Sie reisen.

Die in diesem Buch gewählte Schreibweise der Ortsnamen gibt zuerst die anglisierten Namensformen an, falls es sich nicht um Orte in irischsprachigen Gebieten handelt. Irische Personennamen vor der Kolonialisierung im 17. Jahrhundert sind weitestgehend irisch wiedergegeben, desgleichen die Namen irischsprachiger Autoren der Gegenwart. Irische Sachbegriffe finden sich im Glossar sowie im Lexikon.

Folgende Doppelseite: Südwestlich von Limerick an der Straße nach Killarney

13

Kleine Landeskunde

■ Wind und Wetter – in Irland auch eine Lebensphilosophie

Irland erstreckt sich zwischen 51,5 und 55,5 Grad nördlicher Breite sowie 5,5 und 10,5 Grad westlicher Länge. Trotz relativer Nordlage ist sein Wetter ozeanisch: mild, feucht und wechselhaft, mit geringen Unterschieden zwischen den in den Ebenen frost- und schneefreien Wintern und den feuchtkühlen Sommern. Die Durchschnittstemperatur liegt im Januar zwischen vier Grad Celsius im Nordosten und sieben Grad im Südwesten, im Juli und August, den beiden wärmsten Monaten, zwischen vierzehn und sechzehn Grad. Die beiden schönsten Tage im Jahr, so ein böser Spruch, heißen Weihnachten und Sommer.

Die Eigenarten und Launen des Wetters entspringen der Westlage der Insel, auf der man nirgends mehr als 110 Kilometer beziehungsweise zwei Autofahrstunden von der nächsten Küste entfernt ist. Dort gehen, vor allem an den Randgebirgen im Südwesten, die über dem Atlantik erwärmten feuchten Luftmassen als Steigungsregen nieder. Kein Landstrich Westeuropas weist pro Jahr derart hohe Niederschlagsmengen auf wie die Kerryberge mit 2 530 Millimetern. Der Golfstrom macht diese Region zu Irlands ›lusitanischem‹ Paradies, in dem mediterrane, subtropische und tropische Pflanzen üppig gedeihen. Palmen im Nebel sind ein typischer Anblick. Demgegenüber fällt an der flachen Südostküste nur ein Drittel dieser Niederschlagsmenge. Der Wind weht im Sommer vorwiegend aus Südwest, ablesbar an den in Nordostrichtung verwachsenen Bäumen. Im Unterschied zu den im Winterhalbjahr gefürchteten kalten Stürmen vom Kontinent ist dieser Südwester mild. In einem ewigen Schöpfungsakt modelliert die vereinte Urgewalt von Wind und Weltmeer Irlands bröckelige, 5 600 Kilometer lange Küste.

Seine Unbeständigkeit macht das Wetter zum beliebten Gesprächsstoff. »Isn't it a nice day today?« ersetzt vor allem auf dem Land den sonst üblichen Gruß und erfordert keinen Kommentar, sondern nur Bestätigung. Nach einem üblen Regentag, der aber gegen Abend aufklart, stellt man fest: »It wasn't too bad today!« oder, mit noch mehr Begeisterung über einen gelungenen Wetter-

■ Ein sonniger Tag in Castlebar

Die Leserbriefkultur ist in Irland viel lebendiger als hierzulande. »Letters to the editor« greifen alle brennenden Fragen des Lebens auf. Ein sommerliches Dauerthema bildet der Regen. Daß das (west)irische Wetter aber besser als sein Ruf ist, beweist folgender Leserbrief aus Castlebar in County Mayo an die *Irish Times*:

Sehr geehrter Herr,
ich füge ein Foto bei, das ich von meinem Mann gemacht habe, als er am 13. Juli 1992 sein Abendbrot vor unserem Haus hier im Westen einnahm. Wie Sie deutlich erkennen können, scheint die Sonne ganz hell. Und tatsächlich stand nicht eine einzige Wolke am Himmel.
Am Morgen jenes Tages hatte es etwas Frühnebel gegeben, und mein Mann war nicht losgefahren, um sein Tagewerk in einer 15 Kilometer entfernten Stadt zu verrichten, denn diese Arbeit erforderte gutes Wetter, und die Wetterleute im RTÉ [die irische Rundfunk- und Fernsehanstalt] hatten vorausgesagt, daß sich heftige Schauer entwickeln und am späten Nachmittag in schweren, anhaltenden Regen übergehen würden. Während wir unser Abendbrot verzehrten, hörten wir wieder den Wetterdienst, und dieser setzte uns davon in Kenntnis, daß im Westen heftige Niederschläge niedergingen.
Nun gut, jeder kann mal irren, und das atlantische Wetter ist notorisch unvorhersagbar, doch handelt es sich hier nicht um diesen einen Fehler. In jener fraglichen Woche irrte sich die Wettervorhersage beinahe täglich und tiefgreifend. Und keiner nimmt dazu Stellung, niemand entschuldigt sich.
Wenn die Verantwortlichen aber wissen, daß sie sich vielleicht irren, warum betonen sie dann nicht, daß die örtlichen Verhältnisse sehr voneinander abweichen können? Und es wäre schön zu erfahren, was geschieht, wenn eine Wettervorhersage ganz und gar falsch ist.

wechsel: »Isn't it a brilliant evening?« Denn wenn plötzlich die Sonne durchbricht, dann oft so überwältigend, daß Land und Meer in den intensivsten Farben glühen und leuchten, als hätte sie nie ein Wässerchen getrübt. »Mistwetter« nimmt kein Ire in den Mund, aber man hat vollstes Verständnis für den Touristen, wenn er am Wetter verzweifelt, weil die gepriesenen Naturschönheiten hinter Regen- und Nebelschleiern verschwinden, Küsten- und Horizontlinie ununterscheidbar im Grau versinken. Aus Mitleid und im Interesse des Fremdenverkehrs wird dann dem Reisenden erzählt, noch nie, zumindest schon ganz lange nicht mehr, sei ein Sommer so verregnet gewesen wie eben dieser. Wer Irland häufiger bereist, bekommt diese Erklärung regelmäßig zu hören. Wenn nichts mehr die Skepsis des Gastes überwinden kann, hilft nur noch die von den Iren meisterhaft beherrschte positive Auslegung: Dann versichert man einander, daß schließlich nur der häufige Regen Irland so schön grün macht. Wer dann noch immer am Wetter verzweifelt, tröste sich mit der »Schürze unserer lieben Frau«, jenem winzigen Stück Türkisblau, das fast immer irgendwo zwischen den Regenwolken hervorlugt. Gleich hinter den Wolken, so weiß jeder Ire, steckt der ewig blaue Himmel.

■ Topographie und Gliederung – Anfänge im Mythos

Irlands Topographie gleicht mit Mittelgebirgen am Rande und hügeligen oder flachen Weide-, Moor- und Seenlandschaften im Inneren einem Suppenteller. Seine Berge sind niedrig, aber eindrucksvoll, da sie sich von Meereshöhe aus erheben. Die höchsten ragen im Südwesten (Carrauntuohil in den Macgillycuddy Reeks, 1 040 m; Brandon Mountain auf der Dinglehalbinsel, 953 m) sowie im Osten in den Wicklow Mountains (Lugnaquillia, 926 m) auf. Im Norden erreichen die höchsten Gipfel 752 Meter (Mount Errigal, Co. Donegal) und 852 Meter (Slieve Donard, Co. Down). Die Bergzüge Connemaras, Mayos und Donegals bestehen überwiegend aus Granit, die südwestlichen aus rotem Sandstein. Der Nordosten wurde durch Vulkanismus geprägt, als dessen Ergebnis die Grafschaft Antrim weitgehend von einem Basaltplateau bedeckt wird.

Die wichtigsten und längsten Flüsse Irlands sind der Shannon, der wegen seines geringen Gefälles mehrere Seen bildet und mit 368 Kilometern den längsten Fluß nicht allein Irlands, sondern der Britischen Inseln darstellt, ferner der Barrow (192 km), Suir (183 km), Blackwater (167 km) und die Boyne (113 km). Die größten der unzähligen Seen sind Lough Neagh (342, 388, 396 qkm), Lough Corrib (168 qkm), Lough Derg (116 qkm), Lough Ree (101 qkm) und Lough Mask (83 qkm). Lough Erne in Nordirland ist trotz seines Namens eigentlich ein Fluß.

Da die Flüsse, Seen und Berge Irlands keine unüberwindbaren Hindernisse sind, schließt sich die Insel zu einer geographischen Einheit zusammen. Gleichwohl wurde sie von ihren Einwohnern offenbar schon früh als gegliedert empfunden. In der Keltenzeit entstand die Vorstellung von einer Nord-Süd-Sonderung auf der Höhe der Linie Dublin-Galway. Der Nordteil hieß, nach einem mythischen Herrscher, »leth Cuinn« (Conns Seite), der Südteil »leth Moga« (die Seite von Mug Nuadat). Die Bewohner des Nordens galten als Dichter, die des Südens als besonders talentierte Musiker. Die Zweiteilung bedeutete aber ursprünglich wohl

mehr als nur unterschiedliche Begabungen. Die um
300 bis 100 v. Chr. zwischen Sligo und Armagh errichteten Erdwälle dienten vielleicht als eine Art
Befestigung. Unklar bleibt, ob zum Schutz des
Nordens oder des Südens, aus dem die Idee
von der Zweiteilung stammte.
Mythisches und Reales mischen
sich auch in der Vorstellung von
einer späteren Vierteilung der Insel in Provinzen, die ungefähr den
Himmelsrichtungen entsprechen:
Ulster im Norden, Leinster im
Osten, Munster im Süden sowie
die Westprovinz Connacht. In der
Folklore erscheinen sie als die »vier
grünen Felder« Irlands. Den Kelten
war die Fünfzahl heilig. So kam zu
den vier Provinzen in historischer
Zeit das »Mittelland« Mide hinzu. Damit wurde *cóiced*, das
Fünftel, zum Inbegriff für
»Provinz« schlechthin. Das
Buch der Landnahmen Ir-
lands (*Lebor Gabála Erinn*;
vollendet um 1170), eine Art
Schöpfungsmythos, schreibt
den »fünf Fünfteln« bestimmte

Die Counties Irlands

Eigenschaften zu: Ulster stand für Kampf, Leinster mit seinen fetten Weiden für Wohlstand, Munster für Musik, Connacht für
Wissen. Mide verkörperte, da dort in Tara die Versammlungsstätte
der Hochkönige lag, die Oberherrschaft.
Die vier beziehungsweise fünf historischen Provinzen zerfielen
in eine Unmenge von Kleinkönigtümern, von denen es zwischen
dem 5. und 12. Jahrhundert jeweils mindestens 150 gegeben haben soll. Die Engländer führten den Zentralismus als Staatsprinzip
ein und teilten Irland, oft willkürlich, im 17. Jahrhundert in Grafschaften *(counties)* und Lehen *(shires)* ein. Heute besteht es aus
32 Counties (davon sechs in Nordirland), die ihrerseits den vier
Provinzen zugeordnet sind. Zu Nordirland gehören 13483 km^2
des irischen Gesamtterritoriums von 84426 km^2.

Irlands Tier und Pflanzenwelt

Trotz günstiger klimatischer Verhältnisse ist Irlands Flora und Fauna auffällig arm an Arten. Ursache hierfür war die nacheiszeitliche Schmelze, die spätestens bis 10 000 v. Chr. den Seepegel steigen und die Landverbindung zum Kontinent und zu Großbritannien abreißen ließ.

Wälder, Moore, Heide und Wiesen

Irische Landschaften sind alles andere als ursprünglich, sondern resultieren aus tiefen zivilisatorischen Eingriffen seit den ersten Brandrodungen der Jungsteinzeit. Einst »Insel der Wälder« genannt, wurde Irland im Zuge der englischen Kolonisierung zu einem der baumärmsten Länder Europas. Seine artenreichen Laub- und Mischwälder fielen Abholzungen zum Opfer, die den gälischen *toraidhe* (Gesetzlosen) die Rückzugsgebiete nehmen sollten und zur Gewinnung von Bau- und Brennholz sowie größerer Weideflächen dienten. Um Holz für den Schiffsbau zu gewinnen, ermutigte die Regierung seit den 1740er Jahren die Landadeligen mit Subventionen, auf ihren Liegenschaften Bäume zu pflanzen. Doch auch ästhetischen Bedürfnissen trug man nun Rechnung: Die Nachfahren der englischen Kolonisatoren umgaben ihre klassizistischen Herrensitze mit Ziergärten nach italienischen oder französischen Vorbildern, später mit romantischen Landschaftsparks nach englischem Geschmack. In diesen fanden sich, neben importierten Arten wie Buchen, auch imposante Stieleichen, die in der freien Natur so selten geworden waren. Auch die als typisch irisch empfundene Fuchsie, die im feuchtmilden Südwesten zu mannshohen Hecken gedeiht, sowie der im Mai prächtig blühende Rhododendron gehen auf die anglo-irische Gartenbaukultur des 19. Jahrhunderts zurück. Aus der irischen Landschaft nicht wegzudenken ist der heilkräftige Weiß- oder Hagedorn, dessen allgegenwärtige weiße Blüten Irland Mitte Mai bis Mitte Juni wie überzuckert wirken lassen. Besonders die einzeln stehenden Exemplare gelten noch immer als sakrosankt, da man in ihnen Sitze der Elfen sieht. Oft bezeichnen diese Bäume eisenzeitliche *ráith*, jungsteinzeitliche Grabhügel oder heilige Quellen.
Torfmoore, Irlands zweite Naturlandschaft, bedecken vor allem im Zentrum und an der Westküste zwar fast noch ein Siebtel (1,18 Mio. ha) der Gesamtfläche, werden aber seit Mitte des 20 Jahrhunderts immer stärker vom kommmerziellen und maschinellen Abbau bedroht. Der große Teile der Grafschaften

Kildare und Offaly bedeckende Bog of Allen soll nach neuesten Plänen für die nächsten 150 Jahre jeweils 1,5 Millionen Tonnen Müll aufnehmen. Moor *(bog)* ist ein Sammelbegriff für recht unterschiedliche Landschaften. Neben den hauptsächlich im Inneren der Insel auftretenden Hochmooren sowie den in Westirland und in den Bergen vorkommenden Flach- oder Niedermooren *(blanket bogs)* bestehen Mischformen, je nach Lage, Niederschlagsmenge und Untergrund. Flachmoore entstanden erst um 600 v. Chr. Ihre Torfschicht ist nur zwei Meter tief, die der weit älteren Hochmoore dagegen bis zu sieben Meter. An schwer zugänglichen, feuchten Stellen wird Torf *(peat)* noch immer mit dem *slean* gestochen, einem schmalkantigen Spaten. Torf bildet den herkömmlichen Brennstoff Westirlands. Als sich das Land im Zweiten Weltkrieg die Einfuhr der drastisch verteuerten britischen Steinkohle nicht mehr leisten konnte, ging man dazu über, den heimischen Torf auch in ostirischen Herden und Kaminen zu verfeuern. 1946 wurde »Bord na Mona« gegründet, eine zentrale staatliche Verwaltung für die industrielle Gewinnung, Aufbereitung und Nutzung von Torf. Tausende von Iren aus strukturschwachen Gebieten fanden dort Arbeit.

Heidegebiete mit ihrer charakteristischen Zwergstrauchvegetation finden sich an den Küsten und auf den nährstoffarmen Böden des Berglandes. Oft entstanden sie nach Rodungen. Das herkömmliche Abbrennen großer Heideflächen im Dienste der Schafzucht gefährdet seinerseits die Existenz seltener Pflanzen sowie den Lebensraum verschiedener Bodenbrüter wie Wachteln, Rebhühner, Kiebitze und Lerchen.

Ökologisch intakte Moore und Heide weisen eine große Vielfalt von Riedgräsern, Torfmoosarten sowie Heidekräutern auf, die vom Juli an blühen, darunter Gemeines Heidekraut (Calluna vulgaris), Glockenheide (Erica tetralix), Grauheide (Erica cinerea), die in Westirland verbreitete Irische Heide (Daboecia cantabrica) und, in den Hochmooren, auch die Rosmarinheide (Andromeda polifolia). Die wattebauschartigen, weißen Fruchtstände des Schmalblättrige Wollgrases (Eriophorum augustifolium) erinnern an Baumwolle. Auf den nährstoffarmen, sauren Böden gedeihen fleischfressende Pflanzen besonders gut, so daß gleich elf Arten von Karnivoren auftreten, darunter der Rundblättrige Sonnentau, das Gewöhnliche sowie das Alpen-Fettkraut.

70 Prozent der Fläche Irlands werden landwirtschaftlich genutzt, vor allem für die Viehzucht. Im Osten der Insel von Hecken, im Westen von Trockensteinmauern umzäunte Weiden bilden deshalb die typischste Landschaftsform. Die Hecken bieten Windschutz und einen idealen Lebensraum für Igel und Singvögel.

Als ihre häufigsten Sträucher kommen Schleh- beziehungsweise Schwarzdorn, Weißdorn und Hollunder vor, auf kargen Böden Stech- und Besenginster. Hecken und Weiden ergänzen sich zu einem Flickenteppich dunkelgrün gesäumter Rechtecke in jenen vielbesungenen »forty shades of green«, die je nach Bodenbeschaffenheit, Bewuchs und Nutzung die Bandbreite der irischen Grünskala ausmachen.

Keine Schlangen, aber viele Vögel

Nicht zufällig finden sich in der irischen Kunst des 9. Jhs. zahlreiche Darstellungen von Tieren – die Motive auf diesen Seiten stammen von einem Bischofsstab aus Kells

Fromme Überlieferung erklärt das Fehlen von Schlangen mit dem Wirken des hl. Patrick, der sie, nebst Dämonen und anderen ›unreinen‹ Wesen, für immer aus Irland vertrieben haben soll. Tatsächlich läßt sich aber auch dies auf die nacheiszeitliche Isolierung der Insel zurückführen. Von den 4 000 auf der Welt vorkommenden Säugetierarten sind nur 28 in Irland vertreten. Zu den Besonderheiten gehört der dunkelbraune, im Winter grauweiße Irische Hase, eine Unterart des Schneehasen. Manche im übrigen Europa seltene Säugetiere finden in Irland noch genügend Lebensraum wie zum Beispiel Dachse und Fischotter.

Auf Irlands Heideflächen und Weiden grasen fünf Millionen Schafe und sieben bis acht Millionen Rinder, seit der keltischen Eisenzeit die wichtigsten Nutztiere. Rinder stellten, neben Sklavinnen, die gängige Tauscheinheit bis ins Mittelalter dar. Rinderraub war eine institutionalisierte Form männlicher Triebabfuhr und eine Mutprobe für gälische Jungmänner. Einen solchen schildert der *Táin Bó Cuailnge (Der Rinderheerzug von Cooley)*, Kernstück des altirischen Ulsterzyklus und bedeutendsten gälischen Literaturdenkmals.

Irland gilt als Paradies für Ornithologen, denn Klippen, Dünen, Watt, Sumpf, Heide, Flüsse und Hecken bieten vielfältige Lebensräume für rund 200 Vogelarten, von denen die Hälfte seßhaft ist. An Flußläufen, auf Inseln und sogar an der offenen See sieht man noch häufig den Graureiher (Ardea cinerea), an klaren Bächen den in Deutschland selten gewordenen farbenprächtigen Eisvogel (Alcedo atthis). Auch die bei uns aussterbende Löffelente (Anas clypeata) ist an westirischen Binnengewässern, vor allem auf dem Lough Carra in County Mayo, zu beobachten. Bei Klippenwanderungen und Besuchen der Vogelfelsen im Atlantik trifft man auf die Brutkolonien von Möwen, insbesondere die der Dreizehenmöwe (Rissa tridactyla), ebenso auf den gänsegroßen Baßtölpel (Sula bassana) und den hübschen schwarz-weißen Papagei-

taucher (Fratercula arctica), dessen auffälligstes Merkmal sein dreieckiger, rot-blau-gelber Schnabel ist. Die schwarzen Kormorane beeindrucken durch ihre hervorragenden Tauchkünste. Schwäne gelten nach einer der lyrischsten gälischen Sagen als die Kinder des Königs Lir, die einer bösen Stiefmutter Magie dazu verdammte, in Schwanengestalt über den unwirtlichsten Orten zu kreisen. Im Kolkraben, der an den Küsten sowie in einsamen Berggebieten noch zahlreich vorkommt, erblickten die Gälen dagegen die über die Schlachtfelder fliegende Todes- und Kriegsgöttin Morrígan. Wiederaufforstung und moderne Landwirtschaft bedrohen zunehmend dieses Vogelparadies. Durch EG-Zuschüsse hat sich die Zahl der Schafe seit 1985 mehr als verdoppelt, was vielerorts zu Überweidung sowie einem Rückgang der Artenvielfalt bei Pflanzen und Vögeln geführt hat. Seit den 1970er Jahren sank die Zahl der Feldlerchen um 24, der Dompfaffen um 26 und der Hühnerhabichte um 36 Prozent. Rebhühner, Feldammern sowie Wachtelkönige (Crex crex) drohen auszusterben.

An der Küste begegnet man auch den »Meerleuten«, wie hier die Seehunde wegen ihres menschenähnlichen runden Kopfes genannt werden. Man glaubte, daß sie im Wasser in Tier-, an Land in Menschengestalt leben. Einsame Fischer, so geht die Sage, zwangen Seehundfrauen zu ehelicher Gemeinschaft, bis diese ihre versteckten Felle wiederfanden und in ihre feuchte Heimat zurückkehren konnten. Die Wirklichkeit sieht grausamer aus: Da Seehunde recht neugierig sind, werden sie zu leichten Opfern der Küstenbewohner, die mit ihrem fetten Fleisch in der Vergangenheit den eintönigen Speisezettel anreicherten. Heute werden die »Meerleute« wegen angeblicher Nahrungskonkurrenz erschlagen oder erschossen. Derzeit leben an den irischen Küsten noch schätzungsweise 2 000 bis 3 000 Vertreter zweier Seehundarten: die über zwei Meter lange Kegelrobbe (Halichoerus grypus) und, seltener, der Gemeine Seehund (Phoca vitulina). Auch Tümmler und Delphine lassen sich häufig vor der Westküste blicken. Fungie, Irlands berühmtester Delphin, lockte 1995 150 000 Touristen in die Dingle Bay.

Sportangler sind in Irland meist auf Forellen und Lachse aus. Die Artenvielfalt unter den Meeresfischen ist groß, da der Golfstrom sonst im Mittelmeer heimische Arten an die irische West- und Südwestküste bringt wie den Seebarsch oder die Meeräsche, während in den kälteren Gewässern des Nordwestens Hering und Kabeljau zahlreich sind. Die an den irischen Atlantikküsten auftretenden sechs Haiarten, darunter der bis zu neun Meter lange Riesenhai (Cetorhinus maximus), sind harmlose Vegetarier.

Irland in neun Jahrtausenden

Irland wird oft als keltische Insel bezeichnet, doch mehr als zwei Drittel seiner langen Geschichte wurden von nichtkeltischen Völkern bestimmt. Nach der Eiszeit wanderten um 7000 v. Chr. Jäger und Sammler aus dem heutigen Nordengland oder Schottland ein. Mindestens acht Siedlungsstätten dieser frühen Iren sind uns bisher bekannt, die bedeutendsten am Mount Sandel (Co. Londonderry) und in Larne (Co. Antrim), wo man eine ganze ›Feuersteinfabrik‹ entdeckte. Die »jungsteinzeitliche Revolution« mit dem Übergang zu Ackerbau und Viehzucht setzte ab dem 5. Jahrtausend v.Chr. ein. Außenkontakten friedlicher Art sind Haustiere und Nutzpflanzen zu verdanken, die es bis dahin in Irland nicht gegeben hatte: Rinder, Ziegen, Schafe sowie Weizen und Gerste. Neue Einwanderer von der Iberischen Halbinsel brachten um 2500 v.Chr. die Kenntnis der Metallgewinnung und -bearbeitung. Das Zentrum des irischen Kupfers lag im Südwesten, von wo der Großteil des roten Metalls exportiert wurde. Die archäologisch erforschten Kupferminen, 25 Stellen am Mount Gabriel in Westcork, gehören zu den ganz wenigen in Europa überhaupt nachgewiesenen Minen der frühen Bronzezeit (2000–1440 v.Chr.).

Kelten und Römer

Im 8. vorchristlichen Jahrhundert trat in Zentraleuropa ein ebenso kriegerisches wie kunstbegabtes Viehzüchtervolk aus dem Dunkel der Geschichte, dessen Stämme bis nach Kleinasien vordrangen. Den antiken Kulturnationen galten die »Keltoi« als rohe Barbaren und passionierte Kopfjäger, die im Kampf durch Mut und Todesverachtung ausglichen, was ihnen an planvoller Strategie fehlte. Von Priestern in wütende Ekstase versetzt, stellten sich diese blonden, hochgewachsenen ›Wilden‹ ihren Gegnern nackt und oft auch bemalt, ein offenbar furchterregender Anblick. Zwischen 400 v.Chr. und der Zeitenwende wanderten Keltenstämme von der Iberischen Halbinsel, der Bretagne und Belgien aus in mehreren Schüben nach Irland ein, übernahmen die traditionellen Ritualstätten und schwangen sich zu Herrschern über die alteingesessene Bevölkerung auf. Walisische Missionare bezeichneten diese Kelten später als »Gwyddel«, woraus sich die irische Eigenbezeichnung »Gälen« herleitet. Die Gesellschaftsverhältnisse, die die Missionare aus Wales und Britannien Ende des 4. Jahrhunderts in Irland vorfanden, waren schon für damalige, vom römischen Recht geprägte Begriffe archaisch. Die wichtigsten sozialen Einheiten bildeten die *derbfine* (wahre Verwandtschaft), die alle Abkömmlinge eines Urgroßvaters in männlicher Linie umfassende Sippe, sowie der *túath* (Stamm), der nicht nur eine soziale, sondern auch eine territoriale Einheit darstellte. Denn Túath meinte stets auch das Stammesgebiet sowie das in diesem Gebiet bestehende Kleinkönigtum. Zu einem echten Túath, so lehrt ein altirischer Rechtstext, gehörten ein Priester, ein Dichter sowie ein König. Die gälische Gesellschaft gliederte sich in den Blutsadel sowie die Privilegierten *(nemed)*, ferner die Freien, Hörigen beziehungsweise Minderfreien und die Sklaven. An der Spitze des Adels stand, neben dem König, eine kleine, doch äußerst einflußreiche Gelehrtenkaste *(aes dána)*, zu denen die Druiden beziehungsweise in christlicher Zeit die Bischöfe, die gelehrten Dichter *(filid)* und die Rechtsgelehrten *(brithemain)* gehörten. Innerhalb der Sippen herrschte kollektiver Landbesitz.

Lange Zeit galt als offizielle Lehrmeinung, daß Irland ein Keltenrefugium an der äußersten Peripherie des Römischen Reiches bildete, da es angeblich nie von einem römischen Legionär betreten wurde. Die zahlreichen Funde von römischen Münzen, Geschirr und Schmuck, die seit 150 Jahren im Osten und Süden Irlands immer wieder gemacht wurden, erklärte man sich als Handelsware und Beutegut, denn irische Piraten machten seit dem 3. Jahrhundert Britanniens Küsten unsicher. Zwei 1856 am Bray Head gefundene Skelette römischer Soldaten in voller Rüstung waren schwerer mit dem Nimbus von der einzigartigen iro-keltischen ›Unberührtheit‹ zu vereinbaren und wurden deshalb von etlichen irischen Autoritäten verdrängt. Als schließlich gar 48 Kilometer nördlich von Dublin bei Drumanagh eine große römische Küstenfestung entdeckt wurde, hielten die führenden Archäologen der Republik Irland ihre Existenz jahrzehntelang geheim und die Direktoren des Dubliner Nationalmuseums Funde von dort wie ein Staatsgeheimnis unter Verschluß. Nordirland spielte bei dieser Posse nicht mit. Eine britische Zeitung ließ, unter Berufung auf Richard Warner, den Kustos des Belfaster Ulster Museum, Anfang 1996 die archäologische Bombe plat-

Modell eines mauerumfriedeten Wohnhauses, wie es für Irlands keltisches Frühmittelalter typisch war

zen. Nun versuchten manche von Warners südirischen Kollegen, Drumanaghs Bedeutung herunterzuspielen. Doch dort hatten immerhin 5 000 Menschen gelebt, in einem Zeitraum, der mindestens vom Jahre 79 bis 138 währte. Warner vermutet, daß sie auf ähnliche Weise nach Irland gelangten, wie in späteren Jahrhunderten die Normannen: Ein irischer Flüchtling, in diesem Fall wohl Prinz Tuathal Techtmar, dürfte von dem eroberungssüchtigen Herrscher Britanniens, in diesem Fall vom römischen Statthalter Agricola, bei Rückkehrversuchen nach Irland militärisch ›unterstützt‹ worden sein – Anlaß und Ausgangspunkt für die beabsichtigte Vereinnahmung ganz Hibernias, wie man Irland seit der Antike im Ausland nannte. Irland wird sein Weltbild ändern und seine Geschichtsbücher umschreiben müssen.

Nur plündernde Barbaren? – die Wikinger

»Unbändig und wild geht der Wind heute Nacht,
er zaust die weißen Locken der See.
In solcher Nacht finde wohl meine Ruhe ich:
Die wilden Nordmänner kreuzen nur auf ruhiger See.«*

*Aus einer irischen Handschrift des 9. Jahrhunderts, zit. n. James Carney, Studies, S. 75

Die »dunklen« und »hellen Fremden«, wie die Gälen norwegische und dänische Wikinger nannten, wurden zum Schrecken irischer Klöster. Vom Zeitpunkt der ersten Überfälle 795 auf die Inseln Rathlin (Co. Antrim) und Lambay bei Dublin bis 830 erwähnen die Annalen 26 Wikingereinfälle, von denen anfangs vor allem die Nord- und Nordostküste betroffen waren. 840

27

folgte die erste Überwinterung, dann die dauerhafte Niederlassung der »Nordmänner« in Irland. Die Ereignisse zwischen 850 und dem frühen 11. Jahrhundert sind verwirrend: Da kämpften Iren gegen Iren, Wikinger gegen Iren, Iren gegen wikingisch-irische Bündnisse und Mitte des 9. Jahrhunderts auch dänische gegen norwegische Wikinger. Die ansässig gewordenen Norweger nahmen schon in der zweiten Hälfte des 9. Jahrhunderts das Christentum an und wurden damit zu akzeptablen Verbündeten in den Zwisten irischer Stammeskönige, die häufig auf die Dienste von Wikingersöldnern zurückgriffen.

Waren die Wikinger wirklich jene Barbaren, als die sie in den Chroniken erscheinen? Schon vor ihrem Einfall ging es auf der »Insel der Heiligen und Gelehrten« alles andere als friedlich zu. Von den Nordmännern lernten die Iren schnell manche neue Kriegstechnik, etwa den Einsatz von Reiterei und Flotte anstelle des Einzelkampfes von Stammesführern. Sie lernten auch, ihre Feinde zu blenden und zu verstümmeln, hochgestellte Personen als Geiseln zu verschleppen und Lösegelder zu erpressen. Der Handel mit versklavten Kriegsgefangenen nahm einen enormen Aufschwung, die Verrohung der Gesellschaft ebenfalls.

Der sprachliche Befund zeigt, was die Gälen damals von den Nordmännern neben Kriegskunst und Handel sonst noch lernten: den Geldverkehr, das Münzwesen und verbesserte Schiffbautechniken, dank derer irische Mönche und Siedler bis nach Island gelangten. Fast alle Küstenstädte der südlichen Hälfte Irlands gehen auf Wikingergründungen zurück: Arklow, Wicklow, Wexford, Waterford, Limerick und Dublin. Zuvor hatten die Gälen, wie alle Kelten, nur befestigte Siedlungen und Gehöfte gekannt. Auch gesellschaftlich brachen neue Zeiten an: Die Bedrohung von außen zwang die Iren zu einer bislang unbekannten Einigkeit und gemeinsamem Handeln. Ansätze zur Zentralisierung förderten das Feudalwesen. Die Stammeskönige verloren an Bedeutung, ebenso die Sippe, an deren Stelle die Kleinfamilie als soziale Grundeinheit trat. Unter den Provinzkönigen aber entbrannte der Kampf um die Macht in einem Staat mit stabilem nationalem Erbkönigtum, vergleichbar etwa den Verhältnissen im karolingischen Reich. Ein Kleinkönig kam dem Ideal eines gesamtirischen Herrschers schon beachtlich nahe: Der legendäre Brian Boru aus dem aufstrebenden Geschlecht der Dál gCais, die seit 963 die Provinzkönige Munsters stellten. Immer wieder griffen er und sein Bruder Mathgamain die reichen Handelsstädte der Wikinger an, eroberten und plünderten Limerick, bis Brian schließlich in einer letzten Entscheidungsschlacht bei Clontarf am 23. April 1014 die vereinigte Wikingerstreitmacht von Dublin, den Orkney-Inseln und der Isle of Man bezwang. Er hat freilich diese Schlacht ebensowenig überlebt wie die Anführer der Wikinger.

Wikinger-Helm gefunden bei Ausgrabungen in Waterford

Normannische Landnahme und englische Rückeroberung

Doch nach etwa 150 Jahre waren die Nachfahren der Nordmänner, nun als »Normannen« bezeichnet, wieder in Irland. Vorausgegangen war ein Liebeshändel: Der irische Provinzkönig von Leinster Diarmait mac Murchadha (Dermot Mac Murrough) hatte dem Kleinkönig von Bréifne, der gerade auf Pilgerreise war, das Vieh gestohlen und seine Frau Devorgilla entführt, woraufhin der Hochkönig von Irland, Ruaidrí (Rory) O'Conor, 1166 den Unhold außer Landes wies. In England aber fand Diarmait Unterstützung beim dortigen normannischen Herrscher, Heinrich II. von Plantagenet, der nur auf eine Gelegenheit gewartet hatte, in Irland einzugreifen. Am 6. Mai 1169 landete eine Gruppe normannischer Ritter aus Südwales mit zunächst weniger als 400 Männern bei Baginbun (Co. Wexford). Etwas später tauchten Maurice Fitzgerald sowie Raymond le Gros (»der Fette«) auf, nach knapp einem Jahr der Abenteurer Richard de Clare, genannt Strongbow, Graf von Pembroke und Strigul. Diarmait machte ihn zu seinem Schwiegersohn und Erben des Königreichs im heutigen Südleinster.

Die »grauen Fremden« eroberten Dublin, Waterford und Wexford binnen eines Jahres. Bis 1250 beherrschten sie, mit Ausnahme des Nordwestens, zwei Drittel des Landes. Die Gründe ihrer schnellen Militärerfolge lagen in der Zerstrittenheit der Iren sowie in deren altertümlicher Kampfweise. So hielten die Gälen Rüstungen für unmännlich und zogen, nur mit einem Leinenhemd be-

kleidet, in die Schlacht. Das Land der Gälen zu erobern war folglich nur allzu leicht, es dauerhaft zu behalten dagegen schwieriger. Dazu trug einerseits die Pest von 1348/49 bei, die vor allem die Städte und damit die Anglonormannen traf. Andererseits zeigten die Nachkommen der normannischen Eindringlinge bereits nach 150 Jahren deutliche Anzeichen sprachlicher, sozialer und kultureller Assimilation und galten sogar als ›irischer als die Iren‹.

Die Verselbständigung der anglonormannischen Ritter aber wurde für England zum Problem. Die im Osten und Süden regierenden Lords von Kildare, Desmond und Ormond unterstanden der englischen Krone nur noch nominell. In Ulster, wo die Normannen mit Ausnahme der Küstengebiete von Antrim und Down kaum hatten Fuß fassen können, behauptete sich weiterhin die gälische Dynastie der Uí Néill. So beschränkten sich im 15. Jahrhundert englisches Recht und Herrschaft auf die »Palisaden-siedlung« *(pale settlement)* um Dublin, einen schmalen Landstreifen von etwa 39 mal 45 Kilometern, sowie auf die anglonormannischen Siedlungen Trim, Athlone, Greencastle, Carrickfergus und das den Wikingern abgenommene Wicklow. England, durch den Hundertjährigen Krieg (1338–1453) sowie den »Rosenkrieg« (1455–1485) geschwächt, hatte die Verselbständigung der anglonormannischen Kolonie im 15. Jahrhundert hinnehmen müssen. Seine Irlandpolitik aktivierte sich erst wieder unter den Tudors. Heinrich VIII. ließ sich 1541 zum König von Irland ausrufen und betrieb Kraft dieses bis 1800 bestehenden Amtes eine Politik der »Unterwerfung und Rückgewährung« (surrender and regrant): Allen gälischen Stammesführern und anglonormannischen Lords wurden Erbrechte, Privilegien und ihr Landbesitz gewährt, sofern sie sich der englischen Oberhoheit unterwarfen, nach englischem Recht und englischen Sitten regierten sowie am anglo-irischen Parlament teilnahmen.

Bis zu seinem Tode hatte Heinrich VIII. seine Herrschaft jedoch nur in Leinster sowie in Teilen Munsters festigen können. Seine Tochter Elisabeth I., im November 1558 gekrönt, setzte das Unterwerfungswerk ihres Vaters fort. Viermal schlugen ihre Generäle irische Revolten so brutal nieder, daß das katholische Italien und vor allem Spanien zugunsten ihrer irischen Glaubensgenossen eingriffen. Paradoxerweise verband sich somit die kontinentale Gegenreformation mit dem Widerstand des irischen Adels gegen den immer festeren kolonialen Zugriff der englischen Krone. Die

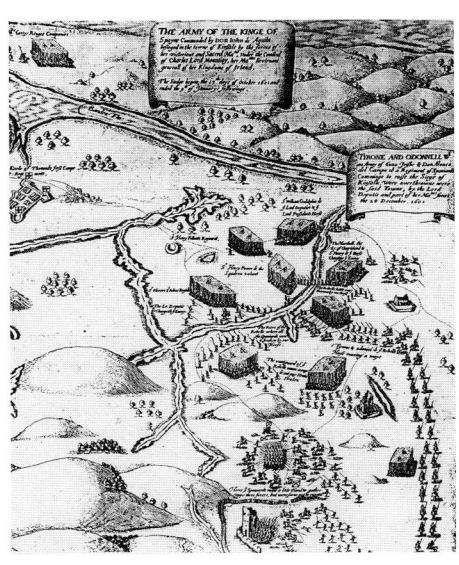

Spanische Truppen kommen 1601 den Iren in Kinsale zu Hilfe – vergeblich

zweite und dritte irische Erhebung fanden in Munster statt, geführt von dem Anglo-Iren Fitzgerald von Desmond, der erste und vierte Aufstand erfolgten in Ulster. Dieser letzte wurde von Hugh O'Neill (1550–1616), dem Grafen Tyrones, angeführt. Aber die Hilfe Spaniens kam im September 1601 zu spät und an falscher Stelle. In der Entscheidungsschlacht im südirischen Kinsale siegten die Engländer. O'Neill gab auf, nachdem seine Heimatprovinz Ulster unterworfen war. Er wurde begnadigt, mißtraute jedoch dem englischen Pardon und verließ am 14. September 1607 Irland für immer, gemeinsam mit Rory O'Donnell, dem Oberhaupt des verbündeten Tír Chonaill (Donegal). Ihre Abreise aus Ulster ging als »Flucht der Grafen« (Flight of the Earls) in die irische Geschichte ein.

Um weiteren Aufständen vorzubeugen, versuchten die Tudor- und Stuartkönige, protestantische Engländer und Schotten in Irland anzusiedeln. Bereits während der Revolten durchgeführte erste »Pflanzungen« *(plantations)* in Munster sowie den Midlands (Co. Offaly und Co. Laois) waren jedoch gescheitert. Die »Flucht der Grafen« aus Ulster schuf nun günstigere Bedingungen, denn ihre großen Besitzungen wurden problemlos von der englischen Krone beschlagnahmt, parzelliert und an Siedler vergeben mit dem Ziel, das Land zu anglisieren. Bei konsequenter Durchführung dieser Politik hätte England die Nachbarinsel vermutlich dauerhaft ›befriedet‹, doch die Praxis wich häufig erheblich von der Theorie ab. Mit Ausnahme Ostulsters änderten sich meist

›nur‹ die Besitzverhältnisse, nicht aber die Zusammensetzung der Bevölkerung, denn viele nominelle ›Pflanzer‹ zogen es vor, ihren Besitz an Iren zu verpachten, freilich zu immer ungünstigeren Bedingungen. Die neuen Großgrundbesitzer aber lebten selbst meist in England und überließen als *absentee landlords* ihre irischen Liegenschaften Verwaltern, die möglichst hohe Pachtzinsen aus den Bauern preßten und mit eigenen Investitionen geizten. Das erzeugte jenen sozialen Zündstoff, der schließlich in den Agrarbewegungen des 18. und 19. Jahrhunderts explodierte.

Widerstand und Vergeltung – die Festigung englischer Herrschaft im 17. Jahrhundert

Nach einer Phase relativer Toleranz gegenüber den Katholiken brach im Oktober 1641 ein erneuter katholischer Aufstand los, nach anfänglichem Zögern unterstützt vom altenglischen Landadel, der auch nach der Reformation am katholischen Glauben festgehalten hatte. Unter »Altengländern« versteht man die vor den »Pflanzungen« unter den Tudors und Stuarts in Irland eingewanderten Engländer. Doch bevor der pankatholische Widerstand von Gälen und Altengländern, bekannt als »Konföderation von Kilkenny«, wirksam werden konnte, fiel Oliver Cromwell 1649 mit seinen Truppen über Irland her. Er und seine Generäle Henry Ireton und Edmund Ludlow ersetzten die bisherigen *plantations* durch *transplantations*, die Zwangsumsiedlung und Enteignung all jener, die als Konföderierte oder deren Anhänger galten. Die übrigen katholischen Grundbesitzer wurden zwar ebenfalls aus den reichen ostirischen Gebieten in das ertragsarme Land westlich des Shannon verbannt, erhielten dort aber zum ›Ausgleich‹ einen Anteil des konfiszierten ›Rebellenlandes‹. Während die Katholiken 1641 noch drei Fünftel des gesamten irischen Grundbesitzes innehatten, besaßen sie 1665 nur mehr ein Fünftel, davon das meiste im steinigen Westen. Dieser Wechsel von Boden und Macht bildet die Geburtsstunde der *ascendancy* (wörtlich: Emporkommenschaft), einer neuen Schicht protestantischer Grundbesitzer englischer Herkunft (Neuengländer). In einigen Teilen Irlands verwünscht man seine Widersacher noch immer mit dem *mallacht Chromail*, dem ›Fluch Cromwells‹, denn kein anderer Engländer wurde so zum Inbegriff allen Übels wie Cromwell.

1690 wurde Irland zur Austragungsstätte des bizarren Thronstreits zwischen einem Schotten und einem Holländer, in den halb Europa verwickelt war: 1688 hatte die Glorreiche Revolution den katholischen König Jakob (James) II. vom englischen

Thron gefegt, den dessen protestantischer Schwiegersohn Wilhelm III. von Oranien (William of Orange) erhielt, nachdem er in der »Bill of Rights« auf die königlichen Prärogativrechte verzichtet hatte. 1689 verließ Jakob II. sein französisches Exil und landete mit Hilfstruppen in Irland, wohin ihm 1690 sein protestantischer Widersacher mit dem Segen des Papstes und der Unterstützung des katholischen Spaniens folgte. Die irischen Katholiken schlugen sich auf die Seite der Jakobiten, in der Hoffnung auf eine vollständige Wiederherstellung ihrer Rechte und ihres Besitzes. Bei der Entscheidungsschlacht am 1. Juli 1690 erwies sich James jedoch als jener ›Séamas a Chaca‹ (Hänschen der Hosenscheißer), als den ihn die gälischen Barden seit jeher verspottet hatten: Er floh als einer der ersten vom Schlachtfeld an der Boyne.

Seit der zweiten Hälfte des 16. Jhs. lehnte sich der irische Adel mehrfach gegen die englische Krone auf. Der historische Stich zeigt Turlough O'Neill, der in Ulster die Erhebung gegen die »Rule of Elisabeth« anführte.

Seine irischen Verbündeten dagegen leisteten in Limerick unter dem legendären Patrick Sarsfield noch bis zum 3. Oktober 1691 Widerstand. Sarsfield übergab schließlich die belagerte Stadt gegen die vertragliche Zusicherung von Religionstoleranz und durfte mit über 10 000 seiner Kämpfer ins französische Exil abziehen (»The Flight of the Wild Geese«). Doch statt den Limericker Vertrag zu ratifizieren, beschloß das Ascendancy-Parlament 1695 die berüchtigten »Penal laws«. Mit diesen Strafgesetzen verlor die katholische Bevölkerung ihr aktives und passives Wahlrecht. Katholiken durften hinfort keine hohen Ämter in der Marine, dem

Zeitgenössische Karikatur auf Henry Grattans hasenfüßige Politik gegenüber England

Gerichtswesen oder im Staatsdienst bekleiden, sie waren von der Universität ausgeschlossen, durften ihre Kinder nicht mehr zum Studium ins Ausland schicken und auch keine Schule mehr leiten, keine Waffen tragen und kein Pferd besitzen, das mehr als fünf Pfund wert war. Katholische Bischöfe oder hochrangige Geistliche verwies man des Landes. Kehrten sie nach Irland zurück, wurden sie erhängt, ertränkt oder geviertelt. Eine gewisse Anzahl von Priestern ließ man zu, ›Nichtregistrierte‹ unterlagen derselben brutalen Verfolgung.

Befreiungskampf im Parlament und außerhalb

Die kolonialen »Pflanzungen«, Zwangsumsiedlungen und antikatholischen Strafgesetze hatten dem gälischkatholischen Irland das Rückgrat gebrochen. Sein Widerstand äußerte sich für ein Jahrhundert nur noch spontan, unorganisiert und weitgehend auf dem Land, wo die ›Gesetzlosen‹ die *ascendandy*-Herrschaft aus dem Hinterhalt bekämpften. Mitte des 18. Jahrhunderts hatte das Banditenwesen deutliche Züge einer von der breiten Mehrheit der katholischen Bevölkerung stillschweigend anerkannten Agrarbewegung angenommen. In allen Landesteilen entstanden verschworene Geheimgesellschaften, die die Grundbesitzer mit Drohbriefen einschüchterten, ihre Verwalter angriffen, Gebäude und Stallungen in Brand setzten und Vieh in oft grausamer Weise verstümmelten.

Die irische Parlamentspolitik wurde im 18. Jahrhundert ausschließlich von Protestanten bestimmt, die Verwaltung lag in den Händen des von Westminster ernannten und ihm direkt unterstellten Vizekönigs sowie des englischen Hauptsekretärs. Englische Handelsrestriktionen gegen Irland verschärften den Konflikt zwischen England und den Anglo-Iren. Schon 1699 hatte das englische Parlament die Ausfuhr irischer Wolle verboten und damit diesen wichtigen Teil der irischen Wirtschaft ruiniert.

Die »Patriotische Partei«, geführt von den Anglo-Iren Henry Grattan (1746–1820) und Henry Flood (1732–1791), erstrebte ein eigenständiges Königreich Irland, das sich lediglich den Monarchen mit England teilte. Dieses Ziel einer Doppelmonarchie schien 1782 fast erreicht, als England dem irischen Parlament gesetzgeberische Unabhängigkeit zusprach. Allerdings währte sie nur bis 1801 und brachte den irischen Katholiken noch keine Verbesse-

rung. Furcht vor dem Verlust von Standesprivilegien und einem republikanischen Aufstand trieben »Grattans Parlament« zur Selbstauflösung und in die Union mit England (Act of Union).

Revolutionäre Organisationen waren die Antwort auf das Versagen des anglo-irischen Parlamentarismus. 1791 entstand, unter dem Eindruck der Französischen Revolution, die Geheimorganisation der »United Irishmen«, deren Programm alle Elemente künftiger revolutionärer Befreiungsbewegungen enthielt: Republikanismus, vollständige Befreiung von der englischen Vorherrschaft und eine konfessionsunabhängige Definition irischer Identität. Ihr Führer, der Dubliner Protestant Theobald Wolfe Tone (1763–1798), glaubte an den »gemeinsamen Namen der Iren«. Die englische Regierung reagierte 1797 äußerst repressiv: Internierungen von vermeintlichen und echten Anhängern, Willkürurteile, Hinrichtungen sowie die öffentliche Ausstellung Hingerichteter trieben die United Irishmen im Mai 1798 in den offenen Widerstand, vor allem in Ulster und in County Wexford. Doch obwohl die United Irishmen etwa 100 000 Anhänger unter Waffen hatten, besaßen sie keine Chance. Ihr Aufstand war schlecht vorbereitet, die meisten Führer bei seinem Ausbruch bereits verhaftet. Auswärtige Unterstützung, diesmal aus Frankreich, kam wie so oft in der irischen Geschichte zu spät, in zu

Nur wenige Jahre nach der Französischen Revolution löste der Aufstand der United Irishmen beim britischen Establishment erhebliche Ängste aus. Diese Karikatur zeigt die Rebellen als rasenden, plündernden Mob in einem Herrenhaus des Landadels

Die Industrialisierung setzte in Irland später als in England ein. In der Textilindustrie waren vorwiegend Frauen beschäftigt

geringer Anzahl und am falschen Ort. Wolfe Tone wurde an Bord eines französischen Schiffes gefangengenommen und zum Tode verurteilt. Als seine Bitte, ihn wie einen Soldaten zu erschießen, abgelehnt wurde, schnitt er sich die Kehle durch, um nicht wie ein gemeiner Verbrecher erhängt zu werden.

Die Ideen und das Schicksal Wolfe Tones wiederholten sich im weiteren Verlauf des Befreiungskampfes: Am 24. Juli 1803 versuchte Robert Emmet (1778–1803) in Dublin einen erneuten Aufstand zu entfachen. Er wurde öffentlich erhängt. In Emmet vereinen sich alle Elemente des irischen Revolutionärs: persönliche Romantik, eine große Rednergabe sowie ein früher Märtyrertod bei einer demütigenden und brutalen öffentlichen Hinrichtung.

Den entscheidenden Durchbruch zur Emanzipation der Katholiken erzielte erst Daniel O'Connell (1775–1847). Sein Onkel, der wie viele Westiren ein erfolgreicher Schmuggler war, hatte ihm eine Ausbildung in Frankreich ermöglicht. Dort erlebte O'Connell die Französische Revolution. Unter diesem Eindruck sowie durch die persönliche Erfahrung, einen Gegner im Duell getötet zu haben, entwickelte er sich zum entschiedenen Gegner körperlicher Gewalt und zum politischen Reformator. 1823 gründete er die »Katholische Vereinigung« (Catholic Association), die erste Massenbewegung des irischen Volkes. Mit ihrer Unterstützung konnte dem britischen Parlament am 13. April 1829 der Erlaß zur Gleichstellung der Katholiken abgerungen werden. Das zweite Ziel O'Connells, die Wiedereinsetzung eines unabhängigen Dubliner Parlaments, sollte ebenfalls mit einer Massenbewegung, der »Aufhebungsvereinigung« (Repeal Association), sowie mit Sternmärschen *(monster meetings)* erstritten werden. Aber die Engländer verboten die am 8. Oktober 1843 in Clontarf – dem symbolträchtigen Ort, an dem einst die Iren unter Brian Ború die Wikinger besiegt hatten – geplante Versammlung, wissend, daß es O'Connell auf keine gewalttätige Konfrontation würde ankommen lassen. Dieser verlor wegen seiner Nachgiebigkeit erheblich an Ansehen.

Es folgte die 1840 von dem protestantischen Dichter und Journalisten Thomas Davis (1814–1845) begründete Bewegung des »Jungen Irland« (Young Ireland). Davis vertrat ähnliche Auffassungen von irischer Identität und Nationalität wie schon Wolfe Tone und die United Irishmen. Die Erhebung wurde 1848 niedergeschlagen, die Ideen jedoch in seinem Organ *The Nation* verbreitet und von James Stephens (1824–1901), dem Begründer der »Irish Republican Brotherhood« (Irisch-Republikanischen Bruderschaft) aufgegriffen. Von dieser Organisation führt eine direkte Entwicklung zu den Rebellen des Osteraufstandes von 1916 sowie zur Partei Sinn Féin.

Dem Ziel einer erneuten parlamentarischen Autonomie kam Ende des 19. Jahrhunderts Charles Stewart Parnell (1846–1891) näher, Sohn einer Amerikanerin und protestantischer Gutsbesitzer von so großem Charisma, daß ihn seine Zeitgenossen als »ungekrönten König Irlands« bezeichneten. Äußerst wirkungsvoll vereinte er die parlamentarische *home rule*-Eigenverwaltungsbewegung (seit 1870) mit dem Kampf um Bodenreformen und soziale Gerechtigkeit. In Westminster wurde die von ihm geführte Irische Parlamentspartei (Irish Parliamentary Party) zum Zünglein an der Machtwaage, denn nur mit ihren Stimmen waren die Liberalen unter Premierminister William Gladstone mehrheitsfähig. Parnell

John Stewart Parnell

konnte im Gegenzug die Liberalen zwingen, seine parlamentarischen Reformbemühungen zu unterstützen. 1881 verabschiedete das britische Parlament einen weitreichenden Erlaß zur Bodenreform, der die bisherigen Privilegien der Ascendancy weitgehend aufhob. Doch bevor er die Home Rule in Westminster durchsetzen konnte, stürzte Parnell 1890 über sein Privatleben: In einem Scheidungsverfahren wurde seine zehnjährige Beziehung zu einer verheirateten, wenngleich getrenntlebenden Frau, Catherine O'Shea, enthüllt. Die puritanische Öffentlichkeit Großbritanniens und der katholische Klerus Irlands waren sich in der moralischen Verurteilung Parnells so einig wie sonst selten. Kurz darauf starb der Hoffnungsträger der Pächter und des katholischen Mittelstandes, nur 44jährig und tief verbittert.

Desillusioniert wandte sich die politische Öffentlichkeit Irlands vom Parlamentarismus ab und der revolutionär-republikanischen Tradition zu, repräsentiert durch die 1858 in Dublin ins Leben gerufene »Irish Republican Brotherhood« sowie die 1859 gegründete »Fenian Brotherhood« (Bruderschaft der Fenier; 1867 umbenannt in »Clan na Gael«, Sippe der Gälen) in den USA. Dort war mit der Masseneinwanderung von Iren Mitte des 19. Jahrhunderts eine politisch immer einflußreichere Diaspora entstanden, die den Befreiungskampf im Herkunftsland auch finanziell unterstützte.

Die Stagnation des – offiziellen – politischen Lebens hatte auch zur Folge, daß die Energien des Unabhängigkeitskampfes an der Wende des 19. zum 20. Jahrhundert weitgehend in kulturelle Aktivitäten flossen. Man entdeckte die eigenen Wurzeln und die bisher von den Anglo-Iren so verachtete ländlich-gälische Tradition. In der »gälischen Wiedergeburt« *(Gaelic revival)* verschmolzen Kulturpatriotismus und die Idee der nationalen Befreiung, der man am besten durch die Wiederbelebung des gälischen Kulturerbes zu dienen glaubte.

The Great Potatoe Famine – die große Hungersnot von 1845 bis 1849

Kein anderes Ereignis der jüngeren irischen Sozial- und Wirtschaftsgeschichte blieb den Iren so stark als nationale Tragödie in Erinnerung. Wer aufmerksam durch Westirland wandert, wird auf zahlreiche Spuren einer im frühen 19. Jahrhundert noch dichten Besiedlung stoßen: alte Gemarkungs- oder Grundmauern von Katen, als Bodenwellen erkennbare »lazy beds« (Kartoffelbeete). Hungersnöte waren in Irland seit dem 18. Jahrhundert sporadisch aufgetreten. Allein zwischen 1810 und 1842 wurden vierzehn verzeichnet, hervorgerufen durch Mißernten der Kartoffel, die inzwischen das Hauptnahrungsmittel der Landbevölkerung bildete.

Im Herbst 1845 befiel ein neuer Pilz (Phytophora infestans 150), der offenbar vom Kontinent über Großbritannien eingeschleppt worden war, die Kartoffelaussaat und verbreitete sich im feuchtmilden irischen Klima besonders schnell und unberechenbar. Ein Jahr darauf, als die spärlichen Vorräte schon aufgebraucht waren, vernichtete die Seuche die gesamte neue Ernte. Der Rückgang 1847 war trügerisch, die Epidemie kehrte in den beiden folgenden Jahren in vollem Umfang wieder. Die kinderreichen Familien der armen Landbevölkerung verhungerten in Massen. Cholera, Typhus und andere Krankheiten breiteten sich aus. Sie rafften auch jene dahin, die auf den sogenannten Sargschiffen dem heimischen Elend durch Auswanderung in die USA und nach Kanada zu entrinnen versuchten. Bis zu 20 Prozent von ihnen starben an Bord oder kurz nach ihrer Ankunft. Irland verlor allein zwischen 1845 und 1851 2 250 000 Einwohner durch Hunger, Seuchen oder Emigration, davon waren eine bis anderthalb Millionen Todesopfer der Großen Hungersnot. Zwischen 1840 und 1911 sank so die Bevölkerungszahl um fast die Hälfte von 8,2 auf 4,4 Millionen.

Von staatlicher Seite wurde zunächst nichts unternommen, um der katastrophalen Versorgungslage in Irland entgegenzuwirken. Die staatliche Indolenz entsprang einer damals in ganz Europa verbreiteten Ansicht, derzufolge der Staat nicht für die Wohlfahrt seiner Bürger zuständig ist. Die Lehren des Manchesterkapitalismus, wonach der Egoismus die einzige Triebfeder in Gesellschaft und Wirtschaft ist, verhinderten, in Tateinheit mit dem britischen Kolonialismus, daß sozialpolitische Eingriffe rechtzeitig und umfassend erfolgten. Im Gegenteil, die Ausfuhr von Rindern und Getreide aus Irland wurde sogar ungemindert fortgesetzt. Erst gegen Ende des Jahres 1847 öffneten staatliche Suppenküchen. Die von der Regierung nicht kontrollierten Preise stiegen schneller und stärker als

Die große Hungersnot 1846

die für gemeinnützige Arbeitsprogramme gezahlten Löhne. Als endlich 1850 eine Unterstützungssteuer eingeführt wurde, erhob man diese nur in Irland, nicht aber in England. Hilfe beschränkte sich, vor allem in den ersten drei Jahren der Hungersnot, weitgehend auf private Initiativen und erfolgte nicht immer so uneigennützig wie bei der »Gesellschaft der Freunde« (Quakers). Andere protestantische ›Menschenfreunde‹ dagegen betrieben, die Not der katholischen Landbevölkerung ausnutzend, eine regelrechte ›Suppenmission‹.

Aufstand und Bürgerkrieg – zwischen 1891 und 1922

Zu Beginn des 20. Jahrhunderts erhielt die parlamentarische *home rule*-Bewegung neuen Auftrieb. Unter John Redmond (1856–1918), einem der wenigen, der Parnell nach dessen Sturz die Treue gehalten hatte, wurde die Irische Parlamentspartei 1910 – wie schon in den 1880er Jahren – zur Mehrheitsbeschafferin für die an die Macht gelangten Liberalen und konnte so dem irischen Verlangen nach Eigenverwaltung Nachdruck verleihen. Als am 25. Mai 1914 im britischen Unterhaus endlich eine Home-Rule-Verordnung verabschiedet wurde, kam der Widerstand aus Irland selbst. Schon zu Parnells Zeiten hatte sich nämlich in den protestantischen Mehrheitsgebieten Ostulsters massiver Protest gegen die Home Rule geregt, weil man hinter der Eigenverwaltung den unkontrollierbaren Einfluß des Vatikans argwöhnte: »Home Rule is Rome Rule!« Die protestantischen Hardliner drohten mit Aufruhr: »Ulster will fight, and Ulster will be right!« Bereits 1912 fanden dort demonstrativ Übungen paramilitärischer Einheiten statt. Im Januar 1913 wurde offiziell die »Ulster

Volunteer Force« gegründet, unterstützt von pensionierten britischen Armeeoffizieren. Mit Billigung der Polizei gelangten große Mengen Waffen nach Nordirland. Die britische Regierung gestand am 23. Juni 1914 den von den Protestanten mehrheitlich bewohnten oder politisch kontrollierten sechs nordostirischen Grafschaften in einem Zusatzerlaß zur Home-Rule-Verordnung zu, daß sie sechs Jahre lang von deren Anwendung verschont würden. Alle Beteiligten wußten jedoch, daß dies der Beginn einer Teilung Irlands auf unbestimmte Dauer war.

Als Reaktion auf die Militarisierung Ulsters formierten sich im November 1913 die »Irischen Freiwilligen« (Irish Volunteers). Offiziell unterstanden sie John Redmond, einem Vorkämpfer für Home Rule, nicht aber der Unabhängigkeit um jeden Preis. Es schien ihm deshalb, wie übrigens vielen seiner Landsleute, undenkbar, daß Irland im Kriegsfall Großbritannien mit einem Aufstand in den Rücken fallen würde. Entsprechend meldeten sich an die 150 000 seiner Anhänger als Freiwillige im Ersten Weltkrieg. Die übrigen etwa 10 000 Irish Volunteers gerieten derweil unter den Einfluß der radikaleren von Thomas Clarke (1858–1916) und dem Dichter Padraic Pearse (1879–1916) geführten »Irish Republican Brotherhood«. Getreu dem alten Grundsatz der revolutionären Unabhängigkeitsbewegung, wonach Irlands Chancen in Großbritanniens Schwäche liegen, nutzten sie den Weltkrieg als Gelegenheit, um zum frühesten Termin loszuschlagen. Obwohl der britische Kriegsgegner Deutschland, dem diesmal von den Aufrührern die Rolle des kontinentalen Verbündeten zugedacht war, keine Neigung gezeigt hatte, auf der fernen Insel einzugreifen, wurde am Aufstandstermin, dem Ostersonntag 1916, festgehalten. Durch mangelhafte Koordination nahmen nur 1 600 Freiwillige an dieser Revolte teil, 300 davon Angehörige der von James Connolly 1914 gegründeten gewerkschaftsnahen Bürgerarmee (Citizen Army). Dieses Ereignis wäre von rein lokaler Bedeutung geblieben, hätten die Briten nicht die besiegten Rebellen zu Märtyrern gemacht. Fünfzehn ihrer Anführer wurden erschossen, was dem Osteraufstand nachträglich die Sympathie breiter Bevölkerungskreise eintrug und die republikanisch-revolutionäre Bewegung aufs Neue belebte.

Nach dem Weltkrieg verweigerte die 1908 gegründete Partei »Sinn Féin« (Wir selbst), inzwischen die stärkste irische Partei, ihre parlamentarische Mitarbeit und berief statt dessen am 21. Januar 1919 den Dáil Éireann ein, das Parlament der während des Osteraufstandes ausgerufenen Irischen Republik. Es beschloß die »Evakuierung der englischen Besatzung aus unserem Land«. Dieser Kampfansage folgten die *troubles*, ein zweieinhalb Jahre währender Guerillakrieg zwischen den etwa 15 000 Kämpfern der »Irish Republican Army« (IRA), wie sich nun die »Irish Volunteers« nannten, und 43 000 gut ausgerüsteten britischen Soldaten. Sie wurden 1920 durch paramilitärische Söldnerverbände verstärkt, darunter die berüchtigten »Black and Tan«, so benannt nach ihren schwarzen Polizeimützen und -gürteln sowie ihrer Khakiuniform. Die weitgehend aus arbeitslosen Hilfssoldaten zusammengesetzte Einheit führte ihre Strafaktionen und Vergeltungsschläge mit solcher Härte gegen die irische Zivilbevölkerung durch, daß das Ansehen Großbritanniens international erheblich litt.

Darum bot die britische Regierung der Führung Sinn Féins am 9. Juli 1921 einen Waffenstillstand an, dem monatelange Verhandlungen in London folgten. Schließlich zwang der britische Verhandlungsführer David Lloyd George die Iren am 6. Dezember 1921 unter Androhung eines »sofortigen und schrecklichen Krieges« zur Unterzeichnung eines enttäuschenden Friedensabkommens. Es brachte Irland weder die völlige Unabhängigkeit, noch die staatliche Einheit oder die Anerkennung als Republik. Die schon vor dem Ersten Weltkrieg aus den Home-Rule-Regelungen herausgehaltenen »six counties« Nordirlands blieben beim Vereinigten Königreich, erhielten aber eine eigene Regierung, den »Stormont«, während den 26 Grafschaften Südirlands lediglich Home-rule-Rechte gemäß dem »Government of Ireland Act« vom 23. Dezember 1920 zugestanden wurden. Südirland, jetzt »Freistaat« genannt, wurde damit zu einem britischen Dominion, einem sich selbst regierenden Teil des britischen Reiches. Den Verlust der sechs Grafschaften stellte Lloyd George den irischen Unterhändlern Michael Collins und Arthur Griffith geschickt als nur vorübergehend dar: Eine Kommission sollte den endgültigen Grenzverlauf festlegen, wobei den Iren nennenswerte Territorialveränderungen in Aussicht gestellt wurden, die die großen katholischen Mehrheitsgebiete im Westen der »six counties« einschließen sollten. Aber diese Hoffnungen wurden 1925 enttäuscht, als die Grenzziehungskommission ihre Arbeit ohne irgendwelche Änderungen zugunsten der nordirischen Katholiken einstellte.

Osborn 1916: Rebellen erklären sich zur provisorischen Regierung und rufen die Republik Irland aus

Der anglo-irische Vertrag spaltete die IRA. Die gemäßigte Minderheit seiner Befürworter bildete, von der britischen Armee mit Waffen versorgt, eine reguläre Streitmacht und griff am 28. Juni 1922 die Stellungen der vertragsfeindlichen IRA (Irregulars) in Dublin an. Bis zum 24. Mai 1923 hatte sie landesweit den bewaffneten Widerstand ihrer republikanischen Gegner gebrochen. Ungeheuerliches war im Verlaufe dieses einjährigen Bürgerkrieges geschehen: Armee und politische Führer des irischen Freistaates hatten ihre dissidenten Landsleute mit härteren Repressionen und noch mehr Hinrichtungen bezwungen als zuvor die britische Kolonialmacht.

Vom Freistaat zur Republik

Wie in vielen postkolonialen Staaten herrschte in Irland bis 1932 ein Einparteiensystem, danach für viele Jahrzehnte ein Zweiparteiensystem. Diese beiden bis heute einflußreichsten und mitgliederstärksten Parteien heißen *Fine Gael* und *Fianna Fáil*. Beide sind von konservativem Zuschnitt, mit nur geringen ideologisch-programmatischen Unterschieden und vertreten wirtschaftspolitisch die Interessen des Unternehmertums, obwohl *Fine Gael* in den 1960er Jahren einen sozialdemokratischen Flügel hervorbrachte. *Fine Gael* (Familie der Gälen) entstand 1933 aus dem Zusammenschluß der 1923 gegründeten Partei *Cumann na nGaedheal* mit der profaschistischen *National Guard* sowie der *National Centre Party*. Cumann na nGaedheal, nicht zu verwechseln mit der gleichnamigen Vorgängerorganisation von Sinn Féin, bildete eine vertragskonforme Partei, mit außenpolitischer Ausrichtung auf das Commonwealth.

Ihre Hauptkonkurrentin wurde die 1926 von Éamon De Valera gegründete *Fianna Fáil* (Soldaten des Schicksals). De Valera (»Dev«; 1882–1975), einer der Veteranen des Osteraufstands, war seit 1917 Vorsitzender von Sinn Féin und entschiedener Gegner des anglo-irischen Vertrages. Doch obwohl er Zeit seines Lebens am Ideal eines aus 32 Grafschaften bestehenden Irlands festhielt, wollte er dessen staatliche Einheit nicht mit Terror durchsetzen. Das führte 1926 zu seinem Bruch mit Sinn Féin. De Valeras neue Partei *Fianna Fáil* behauptete, mit einer Unterbrechung von neun Jah-

Unterschriften unter dem Waffenstillstandsabkommen vom Dezember 1921

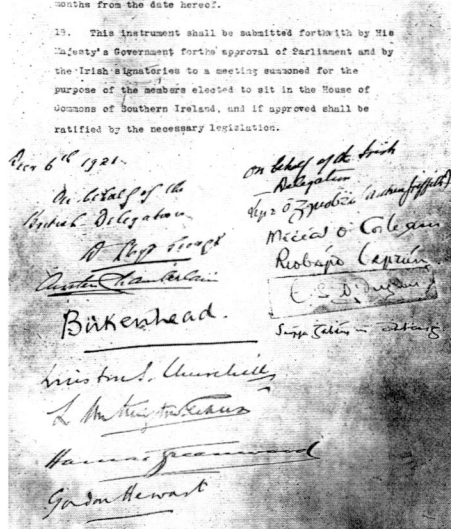

ren, von 1932 bis 1973 die Macht. Als Irlands charismatischster Politiker des 20. Jahrhunderts bestimmte De Valera maßgeblich dessen Geschicke, zuletzt von 1959 bis 1973 als Präsident, und folgte dem Grundsatz strikter außenpolitischer Neutralität. Ihr blieb Irland, inzwischen »Éire« genannt, auch im Zweiten Weltkrieg treu. Éire stellte sein Staatsgebiet nicht für Angriffe gegen Großbritannien zur Verfügung. Umgekehrt konnten aber Großbritannien und seit 1942 die USA Nordirland mit der bedeutenden Werft und dem Hafen von Belfast nutzen, das deswegen im April und Mai 1941 Opfer deutscher Luftangriffe wurde: 949 Menschen kamen dabei um, 56 000 Wohnhäuser wurden beschädigt.

Seine volle Unabhängigkeit erreichte Éire erst Ende 1948, als eine Mehrparteienkoalition unter John A. Costello regierte. Am 21. Dezember 1948 erklärte sich Irland zur Republik (Poblacht na hÉireann) und trat vier Monate später aus dem Commonwealth aus. Großbritannien bestätigte aber in seinem Irlanderlaß vom 2. Juni 1949 die »besondere Beziehung irischer Bürger« zum Vereinigten Königreich, was es unter anderem arbeitsuchenden Einwohnern der Republik weiterhin ermöglicht, problemlos in Großbritannien einzuwandern. Zugleich bekräftigte die britische Regierung die Zugehörigkeit Nordirlands zum Vereinigten Königreich, solange die Nordiren dies mehrheitlich wünschten. Die Republik verweigerte daraufhin aus Protest den Beitritt zur NATO, solange die Teilung Irlands andauere.

In der Nachkriegszeit war Irland ein politisch isolierter, unbedeutender und wirtschaftlich verelendeter Staat. Die bisherigen wirtschaftspolitischen Grundsätze der irischen Regierungen – weitgehende Autarkie und Sparmaßnahmen vor allem im Sozialbereich – hatten die Auswirkungen des Kolonialismus, insbesondere die anhaltende Abwanderung von Arbeitskräften, nicht mildern können. Das Zauberwort zur Verbesserung der Lage schien *development* zu lauten. Bereits 1950 war eine Staatsbehörde für Industrieentwicklung geschaffen worden. Mit dem im Industrieentwicklungserlaß von 1958 sowie den in seinen Anschlußprogrammen von 1963 und 1970 vorgesehenen Steuervergünstigungen, darunter eine extrem niedrige Körperschaftssteuer, und Zuschüssen sollten ausländische Firmen gewonnen werden und eine exportorientierte Industrie entstehen.

Im Zuge der Re-Irisierungsversuche des irischen Freistaates hieß das Land bis zur vollständigen Unabhängigkeit 1948 »Éire«

Tatsächlich kam es bis 1993 zur Ansiedlung von 1 017 ausländischen Unternehmen und zur Schaffung von 93 000 Arbeitsplätzen, davon 40 Prozent in der Industrie. Die Förderung von Finanzunternehmen machte Dublin zum internationalen Bankenzentrum mit 175 ausländischen Finanzgesellschaften (1993); Dublin wird heute vorausgesagt, sich vor Mailand und Berlin bis zum Jahr 2 000 zur Stadt mit dem schnellsten Wirtschaftswachstum in Europa zu entwickeln. Aber auch die gesamte Republik Irland kann zufrieden sein: Betrug Anfang der siebziger Jahre ihr Prokopfanteil am Bruttoinlandsprodukt nur 50 Prozent von dem des Vereinigten Königreiches, so überrundete nach OECD-Angaben das irische Bruttoinlandsprodukt 1996 das des britischen Nachbarn. Mit einem Wirtschaftswachstum von 7,25 Prozent (1997) und einer geringen Inflationsrate von 1,6 Prozent (1996) steht die Republik Irland im europäischen Vergleich auch sonst sehr günstig da. Mit anhaltend hohen Wachstumsraten für 1998 und 1999 wird gerechnet. Irlands Außenhandelsüberschuß übertraf 1994 sogar den Japans und der Schweiz. Agrarprodukte machen im Unterschied zur Vergangenheit nur noch ein Fünftel des Exports aus. Mit umgerechnet etwa sechs Milliarden DM trug der Fremdenverkehr 1995 6,4 Prozent zum Bruttosozialprodukt bei, Tendenz steigend. Die Arbeitslosenquote sank von 18 bis 20 Prozent Ende der 1980er Jahre auf 12,4 Prozent 1996, liegt damit aber im europäischen Vergleich noch immer an dritter Stelle nach Spanien und Finnland. Der Arbeitsmarkt reguliert sich allerdings weiterhin durch Migration. Wirtschaftskrisen in Großbritannien, dem traditionellen ›Hauptabnehmer‹ irischer Überschüsse an Arbeitskräften, führten bisher regelmäßig zu einer Senkung der Auswanderung, bei gleichzeitigem Anstieg der Arbeitslosenquote in Irland.

Kritiker verweisen darauf, daß Irlands offenkundiges Wirtschaftswunder auf Pump erfolge. Doch allen Unkenrufen zum Trotz hat es seine hohen Auslandsschulden bisher zügig tilgen können. Obwohl längst kein Entwicklungsland mehr, profitiert die Republik von einem solchen Image. Als größte Hilfsempfängerin der Europäischen Union, der sie 1973 beitrat, kassierte sie pro Jahr 2 Milliarden Punt. In wirtschaftlicher Hinsicht haben diese Zuwendungen Irland stabilisiert, in ökologischer wohl eher geschadet. Und offenkundig wurde der neue Wohlstand ungleich verteilt, denn zwischen 1989 und 1996 ist die Zahl derjenigen, die unterhalb der Armutsgrenze (60 Prozent des Durchschnittseinkommens) leben, von 31 auf 35 Prozent gestiegen. Die übrigen zwei Drittel brausen, wie es ein Kommentator der »Irish Times« beschrieb, auf den neuen, EU-finanzierten Autobahnen

von ihren Arbeitsplätzen in den in Irland angesiedelten, nordamerikanischen Computerwerken zum *shopping* in den schik-
ken britischen Einkaufszentren. Schon heute stammt jeder dritte
in Europa benutzte PC aus Irland. 46 ausländische Elektronik-
firmen, darunter Software-Riesen wie Microsoft und Lotus, wollen 1997 in Irland investieren oder sind dort bereits vertreten wie
der Chip-Hersteller Intel mit gleich vier Werken.

■ Das politische Irland heute

Die Republik Irland besitzt einen ähnlichen Staatsaufbau wie die
USA: Ihr Parlament (Oireachtas) besteht aus zwei Kammern, dem
Unter- oder Repräsentantenhaus (Dáil Éireann, sprich »Deul
Ärinn«) und dem Senat oder Oberhaus (Seanad Éireann), sowie
dem Präsidenten (Uachtarán). Die Wahl der 166 Abgeordneten
des Dáil für jeweils vier Jahre erfolgt nach dem Verhältniswahl-
recht in 38 Kreisen mit drei bis 9 Abgeordneten. Drei der 60
Mitglieder des Senats ernennt der Premierminister (Taoiseach,
sprich »tieschoch«), je drei die Nationale Universität und die
Universität Dublin, die übrigen werden aus berufsständischen
Kandidatenlisten nach dem Verhältniswahlrecht gewählt. Der Präsident wird für sieben Jahre in direkter Wahl vom Volk gewählt.
Als erste Frau hatte die mit einem Protestanten verheiratete
Juristin Mary Robinson (geb. 1944) dieses Amt inne. Die beliebte Parteilose nutzte es erfolgreich, um bisher vernachlässigte Themen oder gesellschaftliche Mißstände anzugehen. Dazu gehörten, wie sie bereits in ihrer Antrittsrede vom 3. Dezember 1990
hervorhob, Frauen- und Menschenrechte, insbesondere die Rechte
der *travellers.* Sie wolle, sagte Mary Robinson, »ein neues Irland
vertreten: offen, tolerant, integrativ«. Sie würde zwangsläufig einen Staat repräsentieren, doch »jenseits unseres Staates besteht
eine riesige Gemeinschaft irischer Emigranten... Ich wäre stolz, sie
ebenfalls zu repräsentieren«. Auch dem Nordirland-Konflikt nä-
herte sie sich mit dieser integrativen Haltung und warb für ein
nationales Selbstverständnis, in dem beide Kulturtraditionen, die
der katholischen Gälen und die der protestantischen ›Siedler‹
nebeneinander bestehen könnten: «Ich möchte die Hand der
Freundschaft und Liebe beiden Gemeinschaften im anderen Teil
(dieser Insel) reichen«. 1997, am Ende ihrer ersten Amtsperiode,
lehnte Mary Robinson die Kandidatur für eine Wiederwahl ab,
da sie alles erreicht habe, was ein irischer Präsident initiieren könne. Vor allem aber hatte sie neue Maßstäbe für die Führung

eines Staatsamtes gesetzt, das bis dahin als Abstellplatz für altgediente Politiker galt.

Die irische Parlamentspolitik wird weiterhin von den großen Traditionsparteien *Fianna Fáil* und *Fine Gael* geprägt, die aber beide nicht mehr ohne Koalition mit kleineren Parteien regierungsfähig werden. *Fianna Fáil*s patriotische Rhetorik findet noch immer bei Kleinbauern und konservativen Arbeitern ebenso Anklang wie bei manchen Unternehmern, während *Fine Gael* als Partei der Großbauern und des städtischen Mittelstands für liberale Grundsätze und bürgerliche Werte steht.

Zwei Regierungen der *Fianna Fáil* stürzten in den 90er Jahren über Skandale, wie sie bis dahin im politischen Leben Irlands undenkbar schienen. Die Koalitionsregierung der *Fianna Fáil* mit den *Progressive Democrats*, einer 1986 erfolgten rechten Abspaltung von *Fianna Fáil*, die auf *law and order* pocht, scheiterte an der Verfilzung der größeren Regierungspartei mit halbstaatlichen Unternehmen (Sugargate) sowie an einer Abhöraffäre. Die Progressiven Demokraten erzwangen im Februar 1992 den Rücktritt von Premierminister Charles Haughey (geb. 1925), der sich immerhin 30 Jahre lang in der Politik behaupten konnte, wenn er auch Irland bisweilen wie eine Bananenrepublik behandelt hatte. Obwohl klar war, daß der aus bescheidenen Verhältnissen stammmende *Boss* seine Rennpferde und seine Jacht, die Insel Inishvickillane sowie einen fürstlichen Lebensstil nicht vom Gehalt eines *Taoiseach* bezahlt hatte, dauerte es vier weitere Jahre, bis er seine Verwicklung in Korruptionsaffären höchsten Ausmaßes zugeben mußte. Bis dahin hatte der einstige *big fella* auf Untersuchungsausschüsse wie ein Potentat auf Majestätsbeleidigung reagiert. Neuer Parteivorsitzender *Fianna Fáil*s und *Taoiseach* wurde 1992 Albert Reynolds (geb. 1932), der von Haughey kaltgestellte Finanzminister, vormals ein Countrysänger. Aber auch Reynolds mußte im November 1994 zurücktreten, nachdem er gegen den Willen der *Labour Party* den umstrittenen Generalstaatsanwalt Harry Whelahan zum Vorsitzenden des Obersten Gerichtshofs berufen hatte. Whelahan hatte nicht nur die Ausreise einer vergewaltigten Minderjährigen zur Abtreibung nach Großbritannien verboten, sondern auch jahrelang die strafrechtliche Verfolgung eines Priesters vereitelt, der sich mehrfach an Kindern vergangen hatte. Die Macht erlangte nun wieder *Fine Gael*, der auch Reynolds Nachfolger, John Bruton, angehört. Er bildete mit der sozialdemokratischen *Labour Party* sowie der linksradikal angehauchten *Partei Democratic Left* (vormals Worker's Party, die sich wiederum 1970 von Sinn Féin abgespalten hatte) eine Mitte-Links-Regierung, die sogenannte *Rainbow Coalition*, die aber im Senat auf Unterstützung durch Unabhängige angewiesen war. Da sie nur über eine äußerst knappe Mehrheit von 84 der 166 Sitze im Dáil verfügte, löste Bruton im Mai den Dáil auf und hoffte, angesichts der günstigen Wirtschaftslage Irlands bei vorgezogenen Neuwahlen im Juni ein gesicherteres Mandat zu erlangen. Die Rechnung ging nicht auf, *Fine Gaels* Koalitionspartner erlitten starke Verluste. Deutlicher Wahlsieger wurde *Fianna Fáil* mit 77 Sitzen, nun unter Bertie Ahern als Taoiseach. Seine Mitte-Rechts-Regierung stützt sich erneut auf die Progressiven Demokraten. Die größten Veränderungen wird der Regierungswechsel in der Nordirland-Politik bewirken: *Fine Gael* neigt zu ›integrativen‹ Lösungen, die die Position der dortigen protestantischen Parteien berücksichtigen, *Fianna Fáil* dagegen vertritt republikanische Positionen.

■ Nordirland – ein Land für sich

»Die Geschichte, sagte Stephen, ist ein Alptraum, aus dem ich zu erwachen versuche.« (James Joyce, Ulysses, *S. 49)*

A Place Apart nannte die irische Reiseschriftstellerin Dervla Murphy Nordirland in ihrem bekannten gleichnamigen Reisebericht. Diese Sonderstellung entspringt seiner konfessionellen, gesellschaftlichen und politischen Spaltung entlang der alten Bruchlinie von *Gael and settler* (Gälen und Siedlern). In der Publizistik wird das nordirische Phänomen des *divide*, des tiefen gesellschaftlichen Grabens, mit Begriffen wie Sektierertum und Tribalismus umschrieben. Im Unterschied zur konfessionell fast homogenen katholischen Republik Irland, deren protestantische Minderheit durch Abwanderung auf 3,2 Prozent zurückgegangen ist, beträgt der Anteil der Katholiken in Nordirland nur 43 Prozent von insgesamt 1,61 Millionen Einwohnern. Das protestantische Lager ist dort zudem bunt gemischt: An der Spitze stehen Presbyterianer (etwa 27 Prozent der Nordiren), gefolgt von Anglikanern (Church of Ireland; etwa 22 Prozent), Methodisten (5 Prozent) sowie an die 70 weiteren evangelischen Freikirchen und Sekten.

In dieser konfessionell buntscheckigen Gesellschaft tobt noch immer der Kampf zwischen Republik und Union. Wenn sich auch die meisten Nachfahren englischer und schottischer ›Pflanzer‹ als Iren empfinden, wollen sie Staatsbürger des Vereinigten Königreiches bleiben. Die Vorstellung, von Großbritannien aufgegeben oder von Nationalisten in ein vereintes Irland gebombt

zu werden, löst Ängste aus, die durch historische Verfolgungs-erfahrungen bestärkt werden, etwa der intensiv wachgehaltenen Erinnerung an das Massaker von Portadown, bei dem 1641 rund 100 schottische Neusiedler von zuvor enteigneten Katholiken ermordet wurden. Noch lieber gedenken protestantische Nord-iren ihrer Erfolge. So wird alljährlich während der *marching season* im Juli mit Umzügen und Freudenfeuern der Sieg über die ka-tholische Streitmacht 1690 wachgerufen. Die Verfolgung und der Widerstand der einstigen Siedler haben eine Wagenburg-Mentalität erzeugt, die Unnachgiebigkeit als oberste Tugend be-greift: »No surrender!« und »Not an inch!« sind Schlagworte, mit denen immer wieder trotzige Kompromißlosigkeit beschwo-ren wird. Liebenswürdigere Eigenschaften nordirischer *proddies* – so die umgangssprachliche Abkürzung für *protestants* – sind die Wertschätzung persönlicher Freiheit und sozialer Verantwor-tung gegenüber der eigenen *community*.

Aus der Sicht katholischer »Nationalisten«, wie man sie in Nord-irland nennt, bleibt Irlands Befreiung vom britischen Kolonialis-mus ohne Einbeziehung der »sechs Grafschaften« unvollkom-men. »Brits out!« lautet ihre allzu schlichte Formel zur Konflikt-lösung, die geflissentlich übersieht, daß die staatliche Teilung Irlands nicht die Ursache, sondern die Folge der gesellschaftli-chen Spaltung ist. Nationalistische Parteien sind Sinn Féin sowie

»25 Jahre Wider-stand«: Das katholi-sche Belfaster Viertel an der Falls Road rühmt sich seines Widerstands gegen die britische »Okkupation«

die 1970 gegründete Social Democrat and Labour Party (SDLP; nicht zu verwechseln mit der Labour Party in der Republik Irland). Trotz ihres Namens ist sie überwiegend eine Partei des katholischen Mittelstands geblieben, während sich Sinn Féin vor allem auf die katholische Arbeiterschaft der städtischen Ghettos stützt. Ihre politische Position wird auch als Republikanismus bezeichnet. Die Partei strebt eine strikte Trennung von Staat und Kirche an und ist davon überzeugt, daß gemeinsame Klasseninteressen die katholischen und protestantischen Arbeiter schließlich vereinen werden. Umgekehrt appellieren Unionisten und Loyalisten, wie sich die Anhänger des britischen Königshauses Windsor bezeichnen, über alle Schichtengegensätze hinweg an die Einheit des »protestantischen Volkes«. Die einflußreichste der vier unionistischen Parteien, die »Ulster Parliamentary Party« unter David Trimble, hat bis 1997 als viertstärkste Parlamentspartei im britischen Unterhaus den regierenden Konservativen

Hauptquartier und Buchladen der republikanischen Partei Sinn Féin auf der Falls Road in Belfast

zur notwendigen Stimmenmehrheit verholfen und durfte ihrerseits auf Entgegenkommen rechnen.

Soziale und politische Diskriminierung trug erheblich zur Vertiefung des *divide* bei. Die ersten antikatholischen Ausschreitungen 1920 bis 1922 besaßen pogromartige Züge. Über Jahrzehnte anhaltende, krasse Benachteiligungen auf dem Arbeits- und Wohnungsmarkt sowie politische Ausgrenzung trieben viele Katholiken in die Republik Irland. Von 1922 bis 1973 galt bei Kommunalwahlen, ab 1929 auch bei Parlamentswahlen ein Mehrfachwahlrecht, das nur Steuerzahlern und Hauptmietern Stimmrecht zuerkannte; Geschäftsleute erhielten bis zu sechs Stimmen. Da unter jungen Katholiken die Arbeits- und Wohnungslosigkeit überproportional hoch lag, blieb damit ein erheblicher Bevölkerungsanteil vom Urnengang ausgeschlossen. Außerdem legte man Wahlkreise so fest, daß selbst in Stadtvierteln mit deutlicher katholischer Mehrheit protestantische Wahlsiege zustandekamen. Als Folge dieser Manipulationen, aber auch des Boykotts der katholischen Parteien bis 1965 blieben die Unionisten im Stormont, der Provinzregierung Nordirlands, meist unter sich, ohne den Kompromiß mit ihren anderskonfessionellen Mitbürgern lernen zu müssen.

Diese Mißstände griff 1967 eine erst vom katholischen Mittelstand, dann von Angehörigen der benachteiligten katholischen Unterschicht getragene Bürgerrechtsbewegung auf, die am 12. August 1969 in Derry erstmals mit der Staatsmacht zusammenstieß. Die von der Stormontregierung zur Niederschlagung der ›Rebellion‹ angeforderten britischen Truppen verspielten schnell ihre Chancen als Ordnungsmacht, ebenso die nordirische, weitgehend aus Protestanten zusammengesetzte Polizei (Royal Ulster Constabulary), die zu oft den Ausschreitungen radikaler Glaubensgenossen gegen katholische Mitbürger tatenlos zusah. Ihre Schutzlosigkeit lieferte die Katholiken 1969 der IRA aus, die nun als deren Verteidigerin auftrat. 1936 im irischen Freistaat verboten, hatte sich die IRA Ende der 40er Jahre neu organisiert und von 1956 bis 1962 im Grenzgebiet zu Nordirland erfolglos ihre *border campaign* geführt. 1970 spaltete sie sich in einen marxistischen, der Gewaltanwendung abholden, ›offiziellen‹ Flügel sowie in die militante, der bisherigen Boykottpraxis anhängende ›provisorische‹ IRA, der auch Sinn Féin folgte. Inzwischen nennen sich die *provos* offiziell auf irisch Óglaigh na hÉireann, »Soldaten Irlands«.

Paramilitärische (Geheim-)Bünde besitzen in Nordirland eine 200jährige Tradition. Als Reaktion auf die Gründung der revolutionären United Irishmen wurde 1795 in der Grafschaft Armagh der bis heute einflußreiche Orangistenorden (Orange Orders) ins Leben gerufen, benannt nach William III. of Orange, der Leitfigur nordirischer Protestanten. Manchmal nur ein sozialer Klub oder Traditionspflegeverein, oft politische Lobby, bilden Orangistenlogen den Nährboden für militante loyalistische Organisationen. Gegenwärtig sind dies die 1972 entstandene und erst 1992 verbotene »Ulster Defence Association« (UDA) sowie die 1966 neu gegründete »Ulster Volunteer Force« (UVF), denen als politischer Arm die Ulster Democratic Party sowie die Progressive Unionist Party zugeordnet sind. UDA und UVF stehen unter dem Oberkommando des Combined Loyalist Military Command (CLMC) und lieferten sich seit Mitte der 70er Jahre mit der IRA einen von unerbittlichem Vergeltungsdenken (*tit for tat*) geprägten Kampf.

Die Stormontregierung beantwortete 1971 die Wiedergeburt der IRA mit Internierungen und gegen die gesamte katholische Bevölkerung gerichteten Repressionen. Großbritannien hob daraufhin am 24. März 1972 Nordirlands bisherige Autonomie auf und unterstellte es seiner Direktherrschaft. Politische Reformversuche *(power*

UNITED ULSTER UNIONIST COUNCIL

You Can't Have It Both Ways

COUNCIL OF IRELAND

BRITISH HERITAGE

SAVE ULSTER—SIGN THE PETITION

»Du kannst nicht beides haben. Rettet Ulster« – Politische Propaganda der Unionisten

sharing), darunter die Einberufung eines konfessionell gemischten Parlaments, scheiterten 1974 am Streik protestantischer Arbeiter. Danach ersetzte allzu oft Polizeiarbeit die Reformpolitik, die Gesetzgeber halfen mit Sondergesetzen wie dem umstrittenen Terrorismus-Verhütungsgesetz von 1974 (ergänzt 1983) nach. Ende der 70er Jahre hatte Nordirland zwar sein Sicherheitsproblem weitgehend gelöst, sich aber durch zahlreiche Menschenrechtsverletzungen einen sehr schlechten Ruf eingehandelt.

Die *troubles* (Wirren, Unruhen), wie man in Nordirland und Großbritannien das von Gewalt geprägte Vierteljahrhundert zwischen 1969 und 1994 umschreibt, kosteten 3 169 Menschen das Leben, weitere 38 680 wurden verletzt. An Versuchen zur Befriedung hat es nie gefehlt. Großbritannien und die Republik Irland sind daran naturgemäß besonders interessiert. Allerdings sind ihrem Verhandlungsspielraum enge Grenzen gesetzt: London muß einerseits der Republik Irland beweisen, daß es in Nordirland keine kolonialen Ziele verfolgt, andererseits auf Ängste der protestantischen Nordiren vor einem etwaigen Ausverkauf ihrer Interessen Rücksicht nehmen. Großbritanniens konservative Regierung hängt zudem von den Stimmen der nordirischen Unionisten ab. Die Republik Irland laviert zwischen dem in ihrer Verfassung festgeschriebenen Auftrag, die Einheit Irlands wiederherzustellen, und ihrer seit dem Beitritt zur Europäischen Union 1973 beteuerten Anerkennung des nordirischen Selbstbestimmungsrechts. So einigten sich Dublin und London bei allen gemeinsamen Erklärungen und Verträgen seit 1974 auf den kleinsten gemeinsamen Nenner: ein übergeordnetes, gesamtirisches Gremium, wie es bereits im britischen Government of Ireland Act (1920) vorgesehen war.

Einen wirklichen Durchbruch erzielten sie mit ihrer Erklärung vom 15. Dezember 1993, mit der sie die militanten Republikaner aus ihrer jahrzehntelangen Isolation und Verfemung holten: Falls sie sich mindestens drei Monate lang der Gewalt enthielten, so das Angebot, würden sie an den Verhandlungen über die politische Neugestaltung beteiligt. Nachdem der Versuch, London durch Bombenschäden in Milliardenhöhe in die Knie zu zwingen, gescheitert war, ging die IRA darauf ein und erklärte am 31. August 1994 einen ›vollständigen‹ Waffenstillstand, dem sich im Oktober

Politische Karikaturen in der Irish Times.

Oben: »Hoffnungen auf Waffenstillstand«. Der IRA-Mann verspricht Frieden, doch Irland bleibt skepitisch.

Unten: Auf dem Rednerpult von Gerry Adams: »Frieden durch Bomben«, »Die Partei, die es nicht verurteilt, wenn einer Mutter in den Rücken geschossen wird«, »Jeder außer uns ist im Unrecht«. Auf dem Rednerpult von Ian Paisley (Democratic Unionist Party): »Freies Rederecht für Terroristen, solange sie zu uns gehören«, »DUP – Die Partei, die überall marschiert und mit niemanden reden will und dir auch noch einen Choral dazu singt.«

die militanten Protestanten anschlossen. Gewaltfrei ging es indessen in Nordirland, trotz aller spürbaren Entspannungen im öffentlichen Leben, auch während der siebzehnmonatigen Waffenruhe nicht zu. Die *paramilitaries* beider Lager hielten sich bei Übungen fit und verübten nun einerseits Anschläge auf Logenhäuser der Orangisten oder auf Kirchen der jeweils ›feindlichen‹ Konfession, andererseits setzten sie in angemaßter Polizeifunktion selbstherrlich die Disziplinierung ›schwarzer Schafe‹ in den eigenen Reihen fort. Obwohl selbst in die Beschaffungskriminalität verstrickt, ließ vor allem die IRA Dealer hinrichten, jugendliche Autodiebe teeren oder mit gezielten Knochenbrüchen ›zur Ordnung‹ rufen, ebenso echte oder vermeintliche Spitzel sowie Konfessionsgenossen, die eine Freundin im anderen Lager hatten.

Als der britische Premierminister John Major vorschlug, die Teilnehmer an einer Allparteienkonferenz durch Wahlen demokratisch zu legitimieren, kam bei der IRA wieder Bombenstimmung auf. Ihre neue Anschlagserie in London seit dem 9. Februar 1996 rechtfertigte sie damit, daß Großbritannien sein Angebot nie ernst gemeint und Verhandlungen durch immer neue Vorbedingungen verschleppt habe.

Daß der Mehrheitswille der rund 670 000 nordirischen Katholiken nicht mit den radikalen Positionen der IRA vereinbar ist, belegten am 28. Februar 1996 veröffentlichte Umfragen der Dubliner *Irish Times* sowie des Londoner *Guardian*. 42 Prozent bevorzugen demnach eine konföderative Lösung, also eine gemeinsame iro-britische Verwaltung Nordirlands, 18 Prozent ziehen es sogar vor, vollständig im Vereinigten Königreich zu bleiben, und nur eine Minderheit von 27 Prozent wünscht die Vereinigung mit der Republik. Die rund 800 000 nordirischen Protestanten möchten – wen wundert's – zu 81 Prozent weiter zum Vereinigten Königreich gehören. Dagegen hat die britische Bevölkerung – also Engländer, Schotten und Waliser – nach Jahrzehnten des IRA-Terrors offenbar die Nase voll: Zwei Drittel wünschen deshalb eine Übergabe der Unruheprovinz an die Republik Irland oder zumindest deren Mitbeteiligung an der Verwaltung.

Zum Inbegriff nordirischen Starrsinns wurden 1996 zwei Ortschaften in der Grafschaft Antrim: Dunloy, eine katholische Arbeitergemeinde inmitten des fundamentalistisch-evangelikalen *Bible Belt*, verhinderte den traditionellen Durchzug der Orangisten von ihrem Vereinshaus zur presbyterianischen Kirche. Zur Vergeltung begannen Loyalisten im protestantischen Harryville eine Kirche zu belagern, die katholische Mittelständler von außerhalb frequentierten. Hoffnungen, daß die festgefahrenen Verhandlungen zwischen den politischen Kräften in Nordirland fortgesetzt werden könnten, kamen auf, als die Labour Party unter ihrem katholischen Vorsitzenden Tony Blair bei den Parlamentswahlen einen überlegenen Sieg davontrug und die tatkräftige, unkonventionelle Marjorie (»Mo«) Mo Mowlan (geb. 1949) zur neuen Nordirland-Ministerin ernannt wurde. Blair beruhigte einerseits die Unionisten (»Nicht einmal die Jüngsten unter uns werden Nordirland anders als einen Teil des Vereinigten Königreiches erleben«) und ließ andererseits die Forderung fallen, daß IRA erst ihre Waffen abliefern müsse, bevor Sinn Féin an den politischen Verhandlungen beteiligt werde. Das wiederum bewog die IRA, am 20. Juli eine erneute Waffenruhe zu verkünden. Am 15. September 1997 sollen die All-Parteien-Gespräche aufgenommen werden, doch bis dahin ist noch mit manchen politischen Aufregungen zu rechnen.

Zeittafel Irland

UM 7000 V. CHR

Erste Einwanderung nach Nordost- und Mittelirland; Beginn der Mittelsteinzeit

UM 5000 V. CHR.

Beginn der Jungsteinzeit

UM 4000-1800 V. CHR.

Megalithische Grabbauten

UM 2000-400 V. CHR.

Bronzezeit

UM 400 V. CHR.

Kelten wandern in mehreren Schüben ein; Beginn der Eisenzeit

ENDE 4. JH. N. CHR.

Christianisierung Südirlands

UM 432

Überlieferte Landung des hl. Patrick; Christianisierung Nordirlands

ENDE 6. JH. BIS 12. JH.

Irische Mission in Schottland, Nordengland und Kontinentaleuropa

AB 841

Wikinger lassen sich dauerhaft nieder

23. APRIL 1014

Endgültige Niederlage der Wikinger gegen Brian Ború bei Clontarf

1152

Synode zu Kells und Mellifont bringt seit Ende des 11. Jhs. eingeleitete Kirchen- und Klosterreform zum Abschluß

6. MAI 1169

Beginn der Normanneninvasion

6. OKTOBER 1175

Vertrag von Windsor: Der letzte irische Hochkönig erkennt Heinrich II. Plantagenet als Oberherrn über Irland an

1536-1541

Als Folge der Reformation beschließt das anglo-irische Parlament die Schließung aller Klöster; Beschlagnahmung durch die Krone

18. JUNI 1541

Das anglo-irische Parlament erklärt Heinrich VIII. zum König von Irland

1550-1557

Erste Ansiedlungen (*plantations*) protestantischer Engländer und Schotten in den *Midlands*, nach 1607 verstärkt in Ulster

1561-1603

Aufstände in Ulster und Munster

24. DEZEMBER 1601

Schlacht von Kinsale

14. SEPTEMBER 1607

Flucht der gälischen Grafen von Ulster

OKT. 1641

Irisch-katholischer Aufstand führt 1642 zur Konföderation von Kilkenny

AUG. 1649-MAI 1650

Strafexpedition Oliver Cromwells

1. JULI 1690

Wilhelm III. von Oranien schlägt Jakob II.

24. DEZEMBER 1691

Englisches Parlament schließt Katholiken vom Staatsdienst aus; Landbesitz und Politik liegen überwiegend in Händen englischer Protestanten

1695-1709

Strafgesetze gegen irische Katholiken verabschiedet

JUNI 1718

Beginn der Massenauswanderung aus Ulster

1782-1800

Gesetzgeberische Unabhängigkeit des anglo-irischen Parlaments

MAI-JUNI 1798

Aufstand der United Irishmen in Wexford und Ulster scheitert

1. Januar 1801
Union zwischen Großbritannien und Irland tritt in Kraft; Ende anglo-irischer Eigenständigkeit

18. April 1829
O'Connell erreicht Parlamentsbeschluß zur politischen Gleichstellung der irischen Katholiken

1831-1833
»Krieg gegen den Zehnten« (Tithe War): Katholiken lehnen sich gegen Zwangssteuern an anglikanische Kirche auf

Sept. 1845-Mai 1849
Kartoffelseuche und größte aller neuzeitlichen Hungersnöte; Beginn der Massenauswanderung aus Süd- und Westirland

19. Mai 1870
Beginn der Home Rule-Bewegung

1879-1882
»Krieg um Bodenrechte« (Land War)

Dezember 1890
Politischer Sturz C.S. Parnells (stirbt 6.10.1891)

24.-29. April 1916
Osteraufstand in Dublin; Ausrufung der Republik Irland

21. Januar 1919-8. Juli 1921
Unabhängigkeitskrieg der IRA

23. Dezember 1920
Britischer Government of Ireland Act sieht Selbstverwaltung für ein geteiltes Irland vor.

6. Dezember 1921
Iro-britisches Friedensabkommen

28. Juni 1922-24. Mai 1923
Bürgerkrieg im irischen Freistaat

Juli 1932-1938
»Wirtschaftskrieg« mit Großbritannien

1937
Südirland (Éire) wird nach Volksabstimmung »selbständiger, neutraler Staat«

21. Dezember 1948
Éire wird unabhängige Republic of Ireland

2. Juni 1949
Britischer Ireland Act verabschiedet

14. Dezember 1955
Aufnahme der Republik in die Vereinten Nationen

Januar 1967
Gründung der Northern Ireland Civil Rights Association

April-August 1968
Unruhen in Derry und Belfast

Ende 1969/Anfang 1970
IRA spaltet sich in einen »offiziellen« und einen »provisorischen« Flügel

22. Januar 1972
Beitrittserklärung zur Europäischen Zoll- und Währungsunion (Mitglied ab 1973)

24. März 1972
Nordirland britischer Direktherrschaft unterstellt

15. November 1985
Anglo-irisches Nordirland-Abkommen (»Hillsborough-Abkommen«)

ab 1992
Intensivierung anglo-irischer Nordirland-Gespräche

15. Dezember 1993
»Downing Street-Erklärung«: Großbritannien bekräftigt Neutralität im Nordirland-Konflikt, die Republik Irland erkennt das nordirische Selbstbestimmungsrecht an

31. August 1994 – 9. Februar 1996
Waffenruhe der IRA

20. Juli 1997
IRA ruft erneute Waffenruhe aus.

August 1997
Britische Regierung lädt Sinn Féin zu Verhandlungen ein.

■ Die Fahrenden

Irlands größtes Menschenrechtsproblem

Man trifft sie unterwegs, zwischen Donegal bis Wexford. Ihre Wohnwagen parken an Ortsrändern oder auf den *long fields*, den Grasnarben der Straßenränder. Man trifft sie immer häufiger auch als Straßenmusikanten oder Bettler in Dublin: Irlands Fahrende (*travellers*). Ihre Jugendlichen werden als ›Abdecker‹ (*knackers*) beschimpft, wenn sie sich in eine Disco wagen. In der Behördensprache hießen sie bis weit in die 1970er Jahre abfällig *itinerants*. Niemand kennt ihre genaue Zahl, denn irische Fahrende begegnen amtlichen Erhebungen mit Mißtrauen. Die Angabe des staatlichen Health Board von 15.888 (Stand 1988) ist darum auch die niedrigste. Realistische Schätzungen gehen von 25 000 aus. In Großbritannien leben weitere 15 000 in Irland geborene *travellers*, in den USA vermutlich 10 000.

In der Sozial- und Bildungsstatistik Irlands halten die Fahrenden mehrere, meist traurige Rekorde: Keine andere Bevölkerungsgruppe verzeichnet ein so hohes Wachstum. Es lag zwischen 1963 bis 1984 bei 150 Prozent, verglichen mit 22 Prozent bei der übrigen Bevölkerung. Hervorgerufen durch beengte und unhygienische Wohnverhältnisse liegt ihre Kindersterblichkeit im ersten Lebensmonat dreifach höher als der nationale Durchschnitt. Viele Kinder kommen mit Untergewicht zur Welt. Während das nationale Durchschnittsalter bei 24 Jahren liegt, beträgt es bei den Fahrenden 14 Jahre. Nur 1,7 Prozent der Fahrenden erreicht ein Alter von 65 Jahren. Die Schulbildung liegt ebenfalls deutlich unter dem Durchschnitt: 1985 besuchte erst die Hälfte aller schulpflichtigen Fahrenden eine Schule, davon nur zehn Prozent länger als bis zum 12. Lebensjahr.

Die Ursprünge der Fahrenden verlieren sich im Dunkel der Geschichte. Fest steht, daß sie, mit Ausnahme von zehn meist aus Spanien zugezogenen Roma-Familien, nicht zu den indischstämmigen Roma (›gypsies‹) gehören, sondern irisches Urgestein bilden. Andererseits unterscheiden sie sich in ihren Werten, Lebens- und Wirtschaftsweisen deutlich vom Rest der irischen Bevölkerung. Die Beziehungen zwischen jenen Iren, die freiwillig die Wanderschaft antraten oder durch koloniale Willkür und Not entwurzelt wurden, und den seßhaften Bauern oder Pächtern war in der Vergangenheit bestenfalls symbiotisch, schlimmstenfalls aber von den uralten Vorurteilen seßhafter Kulturen gegen alles ›Nomadische‹ geprägt. Die Fahrenden schufen sich Existenznischen als Hausierer und ambulante Handwerker, als Züchter und Händler von Pferden und Rennhunden, als Wahrsager, Märchenerzähler und Musikanten. Nach dem Beruf des Kesselflickers (*tinker*) wurde das gesamte Volk benannt. ›Tynckers‹ oder ›tinklers‹ werden erstmals 1175 schriftlich erwähnt. Im 14. Jahrhundert war diese Berufs- und Standesbezeichnung weit verbreitet.

Als klar von der Mehrheitsgesellschaft unterscheidbare und unterschiedene Gruppe entwickelten die Fahrenden ihre eigene, nur mündlich überlieferte Sprache, das *cant*.

Nicht-Fahrende bezeichnen es als *shelta* oder *gammon*. Ähnlich wie das kontinentale Rotwelsch enthält diese Standessprache heterogene Bestandteile: Mittelirisch, verballhorntes Neuirisch, Englisch und Romanes. In der britischen und amerikanischen Diaspora hat sich *cant* unter ausgewanderten Fahrenden erhalten, während seßhafte Auswanderer das Irische in der Emigration aufgaben.

Die tiefgreifende Modernisierung des Landlebens hat die Dienste der Fahrenden als Hausierer und ambulante Handwerker überflüssig gemacht. In einer Wegwerfgesellschaft, in der auch der letzte Einödhof über ein eigenes Vehikel verfügt, benötigt man die Fahrenden allenfalls noch in eng spezialisierten Gewerben. Wohlhabend wurden nur jene, die sich auf Teppichhandel sowie den Ankauf und die Aufarbeitung von Trödel, insbesondere alter Möbel verlegten. Die weitreichenden sozialen Veränderungen zeigen sich deutlich in der regionalen Verteilung: Waren früher die Fahrenden vor allem in ländlichen Gebieten des Westens und Südens beheimatet, so leben infolge der Landflucht seit Anfang der 1980er Jahre 33 Prozent im Großraum Dublin, gefolgt von den Grafschaften Galway (12,5 Prozent) Cork, Kerry und Limerick. Echte Nomaden waren die Fahrenden ohnedies nie. Ihre saisonale Wanderschaft beschränkt sich zunehmend auf die kurze Sommerzeit sowie einen immer kleineren Radius.

Keine Minderheit Irlands ist sozial so verachtet wie die Fahrenden. An Campingplätzen machen Verbotsschilder (›No permanent dwelling permitted!‹ – ›Kein ständiges Wohnen erlaubt!‹) den Unterschied zwischen willkommenen Touristen und unerwünschten Fahrenden deutlich. Nicht aus der Bronzezeit, sondern der Gegenwart stammen die zahlreichen ›Steinsetzungen‹, die das Parken auf den *long fields* verhindern sollen. Die

offene Vertreibung war gängige Praxis, bis 1980 die Fahrende Roselle McDonald in zwei Instanzen gegen den Dubliner County Council gewann. Seither müssen örtliche Verwaltungsbehörden Fahrenden eine ›vernünftige‹ Alternative bieten, bevor sie sie zum Verlassen eines Stellplatzes auffordern. In der Praxis wird diese Auflage meist umgangen. Fahrende mußten oft jahrelang um halbwegs menschenwürdige Stellplätze mit Wasseranschluß und Sanitäreinrichtungen kämpfen.

Der Staat und die Gesellschaft Irlands tun sich äußerst schwer im Umgang mit ihrer verachteten sozio-kulturellen Minderheit. Minderheitenschutz ist in der irischen Verfassung nicht verbrieft, die Republik Irland begreift sich als monokulturell. Zum Objekt staatlicher Sozialpolitik wurden die Fahrenden erst durch ihren verstärkten Zuzug in die Städte und ihre wachsende Abhängigkeit von den Sozialämtern, was zu Negativstigmatisierung und Ablehnung bis hin zum Rassismus führte. 1960 gründete der Justizminister eine ›Kommission für Nicht-Seßhafte‹, die drei Jahre später einen ersten Bericht vorlegte, in dem den Fahrenden jegliche kulturelle Eigenständigkeit abgesprochen und sie einzig als soziale Randgruppe, als *drop-outs* ohne eigene Identität eingestuft wurden. Die Schuld für ihre Benachteiligung auf dem Arbeitsmarkt und in der Gesellschaft, ihre miserablen Lebensverhältnisse und ihren schlechten Gesundheitszustand wurde ihnen selbst und ihrer Lebensweise angelastet. Die folgenden 20 Jahre waren von paternalistischen Versuchen der Behörden und des 1965 gegründeten ›Komitees zur Seßhaftmachung‹ geprägt, das Problem durch Assimilation zu ›lösen‹. Zwangsansiedlung und Hebung des Bildungsniveaus galten dabei als wichtigste Hebel, Ansätze zu eigenbestimmten Verbesserungsversuchen wurden brutal unterdrückt. Als 1963 Fahrende im Dubliner Ortsteil Cherry Orchard versuchten, ihre eigene Schule, *St. Christopher's*, zu gründen, ließen die Behörden das bescheidene Häuschen niederbaggern. Diese Politik, die nicht nach den Wünschen und der Würde der Fahrenden frage, machte aus halbseßhaften Diskriminierten seßhafte Diskriminierte: Bereits 1986 lebten 47 Prozent der Fahrenden in *chalets*, einfachsten Fertighäusern, die ihnen der soziale Wohnungsbau blöckeweise hinstellte, oft an den Rand von Ortschaften. Nur 13 Prozenten lebten, wie es sich die meisten Fahrenden im Großraum Dublin wünschten: Auf regulären Stellplätzen mit Wasseranschluß, Sanitäranlagen und Müllbeseitigung.

Anfang der 1980er Jahre begann man umzudenken, herausgefordert durch die weltweit wirkende Emanzipationsbewegung des Fahrenden Volkes, der internationalen Romani-Union, der sich auch die irischen Fahrenden anschlossen. Im April 1984 entstand die Selbsthilfeorganisation *Mincéir Misli*, deren Nachfolgerin das *Irish Traveller Movement* wurde. Sie versuchen, das Dilemma zwischen paternalistischem Anpassungsdruck und eigenem Emanzipationsbestreben durch eine allgemeine Anerkennung der eigenständigen Identität der Fahrenden zu lösen. In einer Presseerklärung klagte *Mincéir Misli* damals: »Wir sind Iren, aber wir werden wie Fremde im eigenen Land behandelt«. Der Ausgrenzung und Ablehnung stellten Aktivisten der Fahrenden wie Nan Joyce trotzig ihre Überzeugung entgegen: »Wir sind ein anderes Volk. Es wird immer Fahrende geben, die losreisen wollen, wenn der Sommer kommt. Wenn ich lange Zeit an einem Platz stehe, wird es mir schwer, und wir ziehen 30 Yards weiter. Man sollte uns nicht zwingen, das ganze Jahr seßhaft zu sein. Ein Haus im Winter, aber die Freiheit, mal für

einige Monate nach Belfast zu gehen, wenn man es will«.

Kennzeichnend für die Tendenz zur Selbsthilfe war eine im März 1992 vom Beratungsausschuß der Reisenden, einer Eigenorganisation, in Nordirland durchgeführte Konferenz *With not for* (Mit und nicht Für). In Nordirland leben etwa 1200 Fahrende, darunter 700 Kinder, die meisten Familien in West-Belfast. Dort verfügen sie über eine eigene Schule (Saint Paul), aber noch keine Stellplätze, wie sie vorbildlich schon in Coalisland, Strabane und Derry eingerichtet wurden. Als ermutigendes Anzeichen für eine politische Gleichstellung in der Republik Irland galt, daß 1994 die Kindergärtnerin Ellen Mongon als erstes Mitglied des Fahrenden Volkes in ein öffentliches Amt gewählt wurde: Als Stadträtin von Tuam (Co. Galway) wollte sie erreichen, daß Fahrenden mehr Verantwortung für ihr Leben zugestanden wird. Doch Tuam wurde auch zum Inbegriff eines Rückschlags, da dort 1996 erhebliche Feindseligkeiten gegen Fahrende ausbrachen, hervorgerufen durch Strafdelikte von Fahrenden, die die seßhafte Mehrheitsgesellschaft der gesamten Minderheit anlastet. Und in Waterford verstieg sich 1996 ein Mitglied des County Council zu Behauptung: »Sie sind nicht unsere Leute, sie sind nicht Eingeborene dieses Landes«. Wie der Menschenrechtsbericht des US State Department über die Republik Irland 1996 rügte, gibt es dort zwar seit 1989 einen zum Schutz der Fahrenden verabschiedeten Erlaß, der die Anstiftung zum Haß unter Strafe stellt. Doch bis heute wurde er nie angewandt.

Literaturhinweis:
Irish Travellers: Culture and Ethnicity. Ed. May McCann, Séamas Ó Síocháin, Joseph Ruane. Belfast: Institute of Irish Studies, The Queen's University of Belfast, 1994

Mythos, Religion, Kirche

Irische Kultur und Geistesleben lassen sich nicht ohne Kenntnis des reichen Schatzes an Mythen, Sagen und Legenden verstehen. Nur durch sie erschließt sich die Bedeutung vieler Orte und Bauwerke. In den Sagen und Märchen liegen die Welt der Menschen und die Anderwelt (engl. other world), das Reich der Toten, Elfen und Naturgeister, dicht beieinander. Die Pforten dorthin findet man in Seen wie dem Lough Gill bei Sligo oder dem Lough Leane bei Killarney, auf geheimnisvollen westlichen Inseln oder in Bergen wie dem Ben Bulben bei Sligo, vor allem aber in den eisenzeitlichen Ringwallanlagen sowie den neolithischen Nekropolen von Cruachan (Co. Roscommon) und Brú na Bóinne (Newgrange). Die zahlreichen Elfentanzplätze *(gentle spots)* in der irischen Landschaft erkennt man an den Sonnenflecken, die selbst bei Regenwetter auf ihnen ruhen sollen. Wer unversehens in die Anderwelt gerät oder durch unbekanntes Gelände irrt, der soll durch Umdrehen des Jackeninneren den Weg zurückfinden. Was aber geschieht, wenn dieser Abwehrzauber versagt? Den Berichten ›Wiedergekehrter‹ zufolge soll das Reich der Geister dem keltischen Jenseits, dem »Land der Jungen« (Tír na nÓg) ähneln, wo die Verstorbenen im Vollbesitz ihrer geistigen und körperlichen Kräfte ein Leben in dauerndem Frohsinn, mit Tanz, Gesang und Jagd führen. Wie kurzweilig es dort war, zeigt sich den ›Zurückgekehrten‹ daran, daß ihre Zeitgenossen längst ergraut oder tot sind, während in der Anderwelt nur eine kurze Zeitspanne verstrich. Eine Filiale von Tír na nÓg ist die mythische Insel Hy Brasil, die »Insel der Seligen«, ein gälisches Atlantis, das im Siebenjahresrhythmus hinter der Insel Inishmurray (Co. Sligo) aufzutauchen pflegt. 1999 ist es wieder soweit!

Links: Bibelkreuz »Cross Phadráig«, Monasterboice, Co. Louth

Das geheimnisvolle eisenzeitliche Idol auf der Insel Boa

Eine Reise in die Anderwelt

Einige wichtige, in vorchristlichen Vorstellungen wurzelnden Feste und Figuren, denen der Reisende in Irland immer wieder begegnet, seien hier kurz vorgestellt. Die Anderwelt trägt deutliche Züge keltischer Jenseitsvorstellungen. Schon Julius Cäsar erwähnte die Aus-

61

richtung der Kelten auf den Tod. Sie äußert sich bis heute in excessiven irischen Trauerriten und Totenwachen. Nach keltischer Auffassung bringt der Tod das Leben hervor, so wie die Nacht den Tag und der Winter den Sommer. Deswegen begann das Jahr mit dem Sterben der Natur und der »Jahresnacht«, der dunklen Winterzeit. Es wurde von *samhain* (saim-fuin, Sommerende) eingeleitet, das ursprünglich ein Fest der Ahnenverehrung und des Totenkultes war. Man beging es mit Volksversammlungen, Gelagen sowie sportlichen und künstlerischen Wettkämpfen. Die Neujahrsnacht am 31. Oktober, in christlicher Ära »Hallowe'en« (von halloweve, Abend vor Allerheiligen) genannt, ist etwas ganz Besonderes, liegt sie doch zwischen den Zeiten und den sonst gesonderten Welten der Toten und der Lebenden, so daß die einen die anderen besuchen können. Darum blieb an Hallowe'en die Haustür unverschlossen und für die Bewohner aus der anderen Welt wurden Trank, Speisen und sogar Tabak bereitgestellt. Man verbringt diese Nacht auch heute noch am liebsten im Kreise der eigenen Familie und Freunde, und zwar kurzweilig mit Mummenschanz, Wahrsagerei und dem Erzählen von Gruselgeschichten. Die Kinder verkleiden sich als Gespenster.
Im Kreislauf der keltischen Jahreszeitfeste folgt *imbolc*, die Nacht vom 31. Januar auf den 1. Februar. Dieses Licht- und Feuerfest am Frühlingsanfang war Brigid (Bríd) geweiht, die in Irland als Tochter des Göttervaters Dagda verehrt wurde, Patronin der Dichter *(filid)* und Seher, der Schmiede und Ärzte, aber auch der Bauern und Gebärenden. Der Fruchtbarkeit und der Sonne, die sie verkörperte, entsprechend waren ihr die Elemente Wasser und Feuer zugeordnet. Die christliche Kirche hat die irische Muttergöttin zur bedeutendsten Nationalheiligen, zur »Maria der Gälen«, erhoben und ihr Fest mit Mariä Lichtmeß gleichgesetzt. Am Saint Brigid's Day versammeln sich auch heute noch Iren, um aus getrockneten Binsen Brigidskreuze zu flechten, meist swastika- oder triskelförmige Sonnenzeichen. Über der Haus- oder Stalltür befestigt, schützen sie das ganze Jahr Menschen und Tiere vor Unheil.
Beltaine, das »Fest der leuchtenden Feuer« am 1. Mai, wurde wie *samhain* durch eine magischaktive Nacht eingeleitet. Zur Schadensabwehr trieb man das Vieh, das nun auf die höher gelegenen Sommerweiden zurückkehrte, zwischen zwei Feuern hindurch.
Am 1. August feierte man *lúgnasa*, das von dem keltischen Sturm- und Wettergott Lug gestiftete Sommerfest. Es diente der Beschwörung der seit der Steinzeit in Irland unter verschiedenen Namen verehrten Großen Mutter, deren Beistand für die nun bevorstehende Ernte nötig war. Um beständiges, sonniges Erntewetter zu erflehen, stieg man seit Menschengedenken vor Mor-

gengrauen auf Berge und unterstützte die aufgehende Sonne mit Gebeten. In der Wallfahrt auf den Croagh Patrick in Mayo überleben bis heute Elemente dieser alten Sommerbergwallfahrten. Neben dem Kanzelglauben, wie ihn die offizielle Kirche lehrt, bestehen im Volksglauben Reste einer sehr viel älteren Verehrung von Naturgeistern. Insbesondere im Glauben an die *slua síde*, den Elfen, sehen Volkskundler den Nachhall der alten Götter, der »Stämme der Göttin Danu«, die von dem siegreichen mythischen Eroberervolk der Milesier unter die Erde verbannt worden sein sollen. Dort leben sie in ihren Elfenburgen, den *síde*. Ihre Beziehung zu den Menschen ist neutral, sie können je nach Laune nutzen oder schaden, doch geht man ihnen lieber aus dem Weg. Furcht und Ehrfurcht vor den Elfen drücken sich in Umschreibungen wie »die guten Leute« oder »der Stand« *(the gentry)* aus. Diejenigen, die Elfen zu Gesicht bekamen, beschrieben sie als aristokratisch: sehr hochgewachsen, mit edlen und makellosen Gesichtszügen, umgeben von einem strahlenden Schein. Allgemein hervorgehoben wird die überirdisch schöne Musik, die sie erzeugen oder die sie begleitet. Zum Elfenvolk zählt auch die *bean sí* (engl. *banshee*), die »Weiße Elfe«. Wie die kontinentale Weiße Frau zeigt sie sich ausschließlich den Mitgliedern ihrer Familie, um einen nahen Tod durch lautes Wehklagen anzukündigen.

Pilger auf dem Weg zum Gipfel des Croagh Patrick in Mayo

Den skandinavischen Trollen oder deutschen Zwergen ähneln die in den Hügeln lebenden, grüngewandeten *leprecháin*, die als Schuster der Elfen gelten und gern ihren Schabernack mit den Menschen treiben. Als Erdgeister wissen sie um die verborgenen Schätze im Schoß der Erde, und wer einen *leprechán* fängt, kann ihn zwingen, das Versteck vergrabener Goldtöpfe preiszugeben. Der *phúca* war wohl ursprünglich ein unheimlicher dunkler Berggeist, der sich dem einsamen Wanderer bald ziegenartig, bald als schwarzes Roß, als Adler oder Fledermaus zeigte. »Er läßt den Menschen, dessen er sich bemächtigt und der unfähig ist, den geringsten Widerstand zu leisten, in kurzer Zeit vieles erleben. Er jagt ihn über Abgründe, führt ihn hinauf auf den Mond und hinab in die Tiefe des Meeres« (Wilhelm Grimm, S. 12).

Heilige und Gelehrte, Mönche und Missionare – die gälische Kirche

Frommer Überlieferung zufolge begann die Christianisierung Irlands im Jahre 432 mit der Missionstätigkeit des hl. Patrick, einem keltischen Briten. Allerdings gilt dies nur für die Nordhälfte Irlands, denn im südöstlichen Leinster gab es wegen der engen Verbindungen zum benachbarten Wales und Westbritannien bereits im 4. Jahrhundert Christen, ebenso im Südwesten Irlands, wo möglicherweise eine direkt von Gallien ausgehende Mission erfolgt war. Die irische Kirchenüberlieferung kennt schon vor Patrick Bischöfe, darunter vier Abtbischöfe: Ailbhe von Emly (Co. Tipperary), Declan von Ardmore (Waterford), Ibar von Beg-Eri (Wexford) und Ciarán d.Ä. von Saigir (Co. Offaly). Irlands frühe Christengemeinden müssen so bedeutend gewesen sein, daß ihnen Papst Cölestin I. bereits 431 einen Bischof, Palladius, sandte.

Die Christianisierung erfolgte allmählich, im Verlaufe von mindestens zwei Jahrhunderten, und offenbar gewaltfrei. Die irischen Könige gewährten den Christen das Lehrrecht, wovon allerdings die dramatischen Schilderungen von Patricks Biographen Muirchú (Ende 7. Jh.) nichts ahnen lassen. Er beschreibt den Apostel der Iren als Superdruiden, als Erwecker von den Toten, Gebieter über die Elemente und Sieger über feindselige Heiden. Von der wechselseitigen Durchdringung druidischer und christlicher Elemente zeugt das Wahrzeichen der gälischen Kirche, das dreiblättrige Kleeblatt *(shamrock)*: Diese druidische Zauberpflanze wurde, als Trinitätssymbol, zum Sinnbild des hl. Patrick und Irlands.

Palladius und Patrick hatten versucht, in Irland nach römischem Vorbild Bistümer beziehungsweise territorial definierte Gemeinden aufzubauen, was aber daran scheiterte, daß städtische Zentren fehlten. Wie in vielen Ländern am Rand des einstigen Römischen Reiches entwickelte sich statt dessen eine Mönchskirche, deren Mittelpunkte nicht die Städte, sondern Klöster wurden und an deren Spitze nicht Bischöfe, sondern Äbte – bisweilen auch Abtbischöfe genannt – standen. Diese auf einen gemeinsamen Gründerheiligen wie etwa Colmcille oder Brigid zurückgehenden Gemeinschaften von Klöstern und Gläubigen, die man als *paruchiae* bezeichnete, fügten sich weit besser in die gälische Sippengesellschaft als Territorialbistümer. Das im kollektiven Besitz der Sippe befindliche Land wurde einem Kloster nur zur Nutzung überlassen. Die Äbte entstammten oft der herrschenden Familie eines Kleinkönigtums, in der sich das Abtsamt vom Onkel auf den Neffen vererbte.

Das zunächst orientalischen Vorbildern folgende Mönchswesen gelangte Ende des 5. Jahrhunderts nach Irland. Wie schon die ägyptischen Wüstenväter suchten die Begründer des irischen Mönchstums Askese und Weltabgeschiedenheit. Sie zogen sich auf Inseln zurück, wie der hl. Enda auf die Araninsel Inis Mór, oder in die Wildnis, wie Kevin von Glendalough. Andere Einsiedler folgten nach, so daß bald im ganzen Land monastische Gemeinschaften, zunächst ohne feste Klosterregeln, entstanden. Im Unterschied zu den orientalischen Asketen legten die irischen Mönche großen Wert auf Bildung und Mission, denn nur so konnten sie sich gegen die Konkurrenz von Druiden und Dichtern behaupten und als Angehörige der gälischen Gelehrtenzunft Anerkennung finden. Die Klöster entwickelten sich dadurch zu Zentren der Gelehrsamkeit, in denen teilweise bis zu 3 000 Schüler, darunter auch Ausländer, unterwiesen wurden.

Aus der Abkehr von der Welt (grünes Martyrium) entwickelte sich die *peregrinatio pro Christo*, eine oft lebenslange asketische Heimatlosigkeit um Christi willen, für die ihren Sippen und ihrer Heimat eng verbundenen Iren gewiß ein großes Opfer und eine extreme sowie gefährliche Bußübung, denn die *peregrini* galten außerhalb ihrer Heimat als vogelfrei. Gelegentlich endete dieses freiwillige Exil (weißes Martyrium) sogar mit einer Blutzeugenschaft (rotes Martyrium).

Als einer der ersten Peregrini brach der hl. Colmcille (auch Columba d.Ä. genannt; 521–597) im Jahre 563 mit zwölf Schülern zu der westschottischen Insel Iona auf. Ihr dort gegründetes Kloster wurde zum Zentrum irischer Mission unter den Pikten und in Northumbrien. 635 gründete der hl. Aidan auf einer

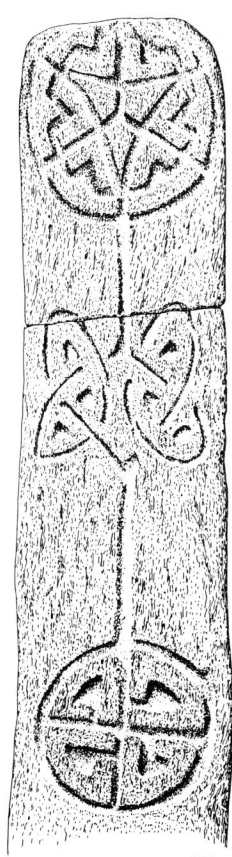

Kreuzstein in Glencolumbkille

65

kleinen Nordseeinsel das Tochterkloster Lindisfarne. Er gilt als Apostel der Angelsachsen, so wie vor ihm Colmcille als Apostel der Schotten. Die Mission in Northumbrien brachte die kolumbanische *paruchia*, die Gemeinschaft in der Nachfolge Colmcilles, schon bald in Konflikt mit englischen Missionaren aus Kent. Zum vordergründigen Streitpunkt wurden die druidische Tonsur der irischen Mönche sowie der Ostertermin, den die Iren nach der ursprünglichen, aus dem Orient übernommenen Weise bestimmten. Auf der Synode von Whitby setzte sich 664 der römische Standpunkt durch, doch lehnten Aidan und die meisten Mönche Lindisfarnes die Beschlüsse ab. Sie wanderten nach Westirland aus, wo sie auf der Insel Inishbofin (Co. Galway) ein neues Kloster gründeten. Die Anhänger der kolumbanischen Tradition, *hibernenses* genannt, widersetzten sich der Gleichschaltung mit Rom noch bis 714 und riskierten trotzig beinahe ein Schisma. Die Kleriker Südirlands, die sich im Gegensatz dazu als *romani* (Römer) bezeichneten, hatten den römischen Standpunkt bereits 632 akzeptiert.

Die *peregrinatio pro Christo* trieb irische Mönche auch nach Kontinentaleuropa. Spuren ihres Wirkens finden sich in Burgund und der Lombardei, in Belgien, den Niederlanden, der Schweiz, Österreich und Gallien. Im fränkischen Würzburg wirkten seit 680 der hl. Kilian und seine Gefährten. 1076 gründete der irische Pilger und Schreiber Marianus Scotus in Ratisbona (Regensburg) ein Kloster, das bald zahlreiche Iren anzog und aus dem zwölf Tochterhäuser (Schottenklöster) hervorgingen. Der aktivste und bekannteste irische Klostergründer auf dem Kontinent war indessen Columbanus d.Ä. (543–613). Allein in Frankreich und in der Schweiz gehen über 100 Klöster auf ihn zurück. Am berühmtesten wurde das lombardische Bobbio, wo der Heilige starb.

Gegen die wachsende Verweltlichung der Klöster Irlands richtete sich Ende des 8. Jahrhunderts die Bewegung der *céli dé* (Knechte Gottes), deren Zentrum Leinster wurde. Die Reformklöster Finglas und Tallaght, beide im Gebiet des heutigen Dublin, galten als »die zwei Augen Irlands«. Die *céli dé* betonten die Tugenden der Armut und Keuschheit und belebten alte Eremitentraditionen neu. Noch heute künden Ortsnamen mit den Bestandteilen »dísert« oder »desert« (Wüste, Einöde) von einstigen Klausen der *céli dé*-Einsiedler. Die Wikingerzeit rief eine erneute Verweltlichung hervor. Nicht zuletzt auf Drängen Roms ging es bei den anschließenden Reformen in der ersten Hälfte des 12. Jahrhunderts um die Einführung von Territorialbistümern sowie die Abschaffung des irischen Eherechts. Da es die Vielweiberei, Zeitehen sowie die Scheidung akzeptierte, war es dem Klerus seit jeher ein Dorn im Auge gewesen. Das Zentrum dieser zweiten Erneuerungsbewegung verlagerte sich bald von Munster nach Armagh, wo Malachias (Mael Maedoc Ua Morgair) als Erzbischof (1132–1136) großen Einfluß auf die Reformen, vor allem des Klosterlebens, nahm. Auf ihn geht die Einführung der Zisterzienser- und Augustinerregel in Irland zurück.

Die Einteilung Irlands in Bistümer erfolgte auf der Reformsynode von 1152. Seither bestehen in den vier historischen Provinzen die Erzbistümer: Tuam (Connacht), Cashel (Munster), Dublin (Leinster) und Armagh (Ulster), letzteres dank seiner Verbindung mit dem hl. Patrick als Primas.

Folgende Doppelseite: Im allgegenwärtigen Marienkult lebt Irlands alte Muttergottheit fort

Die irische Kirche seit der Reformation

Als Konfession fremdländischer Soldaten, Siedler, Beamter und Großgrundbesitzer hat die Irland von Heinrich VIII. im 16. Jahrhundert aufgezwungene Reformation dort nie viele Anhänger gefunden. Zwar nennt sich der irische Ableger der anglikanischen Kirche offiziell »Church of Ireland« und beruft sich, ebenso wie die katholische Kirche, auf Patricks Mission, doch blieb die reformierte Kirche in den Augen vieler Iren bis heute ein Fremdkörper, der umso unbeliebter war, als die katholischen Pächter für den Unterhalt des anglikanischen Klerus auch noch Steuern zahlen mußten. In den 1830er Jahren lehnte sich die Bauernschaft im sogenannten »Krieg gegen den Zehnten« dagegen auf. Theologisch und praktisch unterscheidet sich die Church of Ireland von ihrer englischen Schwesterkirche durch eine stärkere calvinistische Prägung sowie eine deutlichere Abgrenzung vom Katholizismus.

Das verbindet sie wiederum mit der zweitgrößten protestantischen Konfessionsgemeinschaft, den Presbyterianern, denen in Nordirland fast ein Drittel der Bevölkerung angehört. Die dissenters (Dissidenten), wie man die meist schottischstämmigen Presbyterianer auch nannte, waren zeitweilig ähnlichen sozialen und politischen Benachteiligungen ausgesetzt wie die Katholiken. Trotz eines baldigen Toleranzerlasses von 1714 führte dies, neben der den Presbyterianern damals eigenen Neigung zu Aufklärung, Liberalismus und Republikanismus, sogar zu einer vorübergehenden Aktionseinheit mit den »United Irishmen«.

Doch die eigentlich Benachteiligten und Märtyrer Irlands waren die Katholiken. Ihre Verfolgung machte die katholische Kirche zur Volkskirche. An vielen Orten verehrt man noch heute *mass rocks*, Felsen, auf denen im 18. Jahrhundert zur Zeit der Penal

Grabschmuck

laws flüchtige Priester heimlich und unter Lebensgefahr die Messe lasen. Von damals stammt auch der vor allem in Westirland gepflegte Brauch der Hausgottesdienste: Besonders zu Ostern oder Weihnachten werden in zuvor ausgewählten Privathaushalten Kreuzwegmessen *(stations)* gelesen und Beichten abgenommen, woran sich die gesamte Bevölkerung eines Dorfes beteiligt. Anschließend gibt es ein Festessen für den Priester und die Gemeinde.

Die Verfolgung der katholischen Kirche belebte jedoch auch vorchristliche Elemente des Volksglaubens: die Verehrung heiliger Quellen oder Bäume am Patronatsfest eines Heiligen (ir. pátrún, daher »pattern day«) oder Wallfahrten an *Lúgnasa*, ferner Abwehrzauber und verschiedenste magische Praktiken. Die *pattern days* endeten oft in orgiastischen Feiern mit Besäufnissen, Prügeleien *(faction fighting)* und sexuellen Ausschweifungen, weswegen es ein Hauptanliegen der katholischen Geistlichkeit war, nach der Emanzipation des katholischen Glaubens 1829 die ›heidnische‹ Volksfrömmigkeit zu bekämpfen. Im 20. Jahrhundert äußerte sie sich vor allem in Marienerscheinungen, zuletzt in Visionen von sich bewegenden Muttergottesstatuen, was aufgeklärte Kleriker auf die Besonderheiten irischer Wetterverhältnisse zurückzuführen versuchten.

Obwohl die katholische Kirche Irlands als Roms treueste Tochter gilt, ließen sich die Iren weder ihre Wundergläubigkeit, noch ihr Nationalgefühl von der offiziellen Kirche austreiben. Nach dem Emanzipationsakt trennten sich die Wege des ängstlich auf staatskonformes Wohlverhalten bedachten katholischen Establishments und der republikanischen Bewegung. Dieselbe Kirche, deren Priester von der Kanzel herab für Daniel O'Connell eingetreten waren, exkommunizierte die Mitglieder der »Fenian Brotherhood« und betrieb Parnells Sturz in der Irischen Parlamentspartei. Sie mußte aber bei dieser und bei späteren Gelegenheiten feststellen, daß die Iren nicht grenzenlos kanzelhörig sind. »Our religion from Rome, our politics from Home!« (Unseren Glauben aus Rom, unsere Politik bestimmen wir zu Hause!) entgegneten die Anhänger des kirchlich verunglimpften Parnell.

Der irische Freistaat schließlich machte es der katholischen Kirche oft leicht, in die Innenpolitik hineinzuregieren. Artikel 44 der Verfassung von 1937 – er wurde 1972 aufgehoben – erkannte ihr »als Hüterin des Glaubens, wie er von der großen Mehrheit aller Bürger praktiziert wird«, eine Sonderstellung zu. Sozialpolitische Fragen wie Scheidungsrecht und Familienplanung wurden und werden von der katholischen Kirche als Moralfragen interpretiert, zu denen sie ein Mitspracherecht beansprucht. 1935 wurden der Verkauf und die Einfuhr von Verhütungsmitteln offiziell verboten. Artikel 41 der irischen Verfassung verbot allen Bürgern Irlands die Scheidung oder Wiederheirat, sofern sie im Ausland geschieden worden waren. Der päpstliche *Ne Temere*-Erlaß, wonach Kinder aus bikonfessionellen Ehen katholisch erzogen werden müssen, wurde vom irischen Staat unterstützt. 1986 brachte die katholische Kirche eine Verfassungsergänzung zur Liberalisierung des Eherechts zum Scheitern, 1983 beeinflußte

sie einen Volksentscheid zum Schwangerschaftsabbruch in ihrem Sinne. Wie drastisch sich diese Politik auswirken kann, bewies 1992 der »Fall X«, der auch international helle Empörung auslöste: Einer Vierzehnjährigen, die vom Vater ihrer besten Freundin mißbraucht und geschwängert worden war, wurde per Parlamentsbeschluß die Ausreise nach England in eine dortige Abtreibungsklinik verboten. Aus irischen Bibliotheken wurden damals britische Adreßbücher entfernt, um zu verhindern, daß sich Betroffene über Abtreibungsmöglichkeiten im Nachbarstaat kundig machten.

Durch ihre Einbindung in die Europäische Gemeinschaft konnte sich die konservative Republik Irland jedoch einer Liberalisierung nicht völlig verschließen. 1993 verabschiedete die Regierung, diesmal gegen Beschlüsse der Kirche, mehrere Gesetze, die unter anderem den Verkauf von Verhütungsmitteln freigaben sowie das Verbot homosexueller Beziehungen aufhoben, letzteres eine Auflage des Europäischen Gerichtshofes von 1988. In einem zweiten Referendum entschieden sich die Iren 1995 mit knapper Mehrheit für das Scheidungsrecht. Der Abstimmungserfolg wurde von liberal eingestellten Iren auch als Sieg städtischer Libertinage über ländlichen Konservatismus gedeutet. Zwar gehören noch immer 90 Prozent der Einwohner der Republik Irland der katholischen Kirche an, aber die Zahl der Kirchgänger sinkt ebenso wie die der Priesterseminaristen. Zum drastischen Autoritätsverlust der Kirche in den 1990er Jahren trug nicht unerheblich eine Serie von Sexskandalen bei, in die etwa 100 Kleriker verwickelt waren. Dabei erregte besonders der sexuelle Mißbrauch von Kindern durch Geistliche und Mitarbeiter kirchlicher Waisenheime Empörung. 1996 wurden dafür mindestens drei Geistliche gerichtlich verurteilt, mindestens fünf weitere Fälle sind anhängig. Da fast alle Primar- und Sekundarschulen (acht bzw. vier oder sechs Schuljahre) von der katholischen Kirche geleitet und kontrolliert werden, übt diese allerdings weiterhin einen entscheidenden Einfluß auf die Erziehung von Kindern und Jugendlichen aus. Protestantische Nordiren rümpfen gern die Nase über die ›Priesterherrschaft‹ in der Republik, deren große Veränderungen viele bislang nicht wahrnehmen wollen; für sie ist sie noch immer die Republik De Valeras, geprägt durch Bigotterie und eine Kanzelhörigkeit, wie sie die Redensart ›pay, pay, and obey‹ karikiert. Allerdings unterscheidet sich der nordirische Konservatismus in Moralfragen kaum von dem konventionell eingestellter südirischer Katholiken. Als in Großbritannien der Schwangerschaftsabbruch legalisiert wurde, behielt sich beispielsweise das nordirische Parlament eine Ausnahmeregelung vor. Folglich ist auch in Nordirland der Schwangerschaftsabbruch noch immer illegal. Während Optimisten den ›Celtic Tiger‹, die wirtschaftliche boomende, zunehmend säkulare Republik Irland der 1990er Jahre, bereits als post-modern und post-katholisch feiern, wird Nordirland weiterhin von der Bindung an die Kirche(n) geprägt: Denn dort ist die konfessionelle Zugehörigkeit wesentlicher Bestandteil der politischen bzw. nationalen Identität. Bekanntestes Beispiel für die Verklammerung von Kirche und Politik im protestantischen Lager wurde Ian Kyle Paisley (geb. 1926), Mitbegründer der fundamentalistischen Free Presbyterian Church, Neu-Begründer der paramilitärischen Ulster Volunteer Force sowie Gründer der Democratic Unionist Party (1971).

■ Die Lage der Irinnen gestern und heute

Nicht alle Freien in der vorkolonialen irischen Gesellschaft waren auch rechtsfähig, so zum Beispiel Frauen, Kinder und jene erwachsenen Söhne, die noch auf dem Besitz ihres Vaters lebten. Im Zuge einer romantisierenden Keltistik ist aber die soziale und rechtliche Stellung der Frauen in der gälischen Gesellschaft oft verklärt worden. Viele Autoren verwiesen dabei auf irische Mythen und Sagen, in denen Frauen sexuell gleichberechtigt, ja aktiv bis aggressiv auftreten, wie die amazonengleiche Medb, die als Königin Connachts Bündnisse zum Nutzen ihrer Sippe schloß, indem sie Männern die ›Freundschaft ihrer Lenden‹ bot. Die altirischen Gesetzestexte und -kommentare vermitteln dagegen ein nüchternes Bild: Frauen durften ohne Zustimmung ihres gesetzlichen Vormundes keinen Vertrag schließen, keine Pfändung vornehmen und nicht als Zeugin oder Bürgin auftreten. So heißt es etwa in einem Rechtstext über die Stellung der Frau: «Ihr Vater ist für sie verantwortlich, wenn sie ein Mädchen ist, ihr Ehemann, wenn sie Ehefrau ist, ihre Söhne, wenn sie Witwe ist, ihre Verwandtschaft, wenn sie ›eine Frau der Sippe ist‹ (also ohne einen anderen Vormund), die Kirche, wenn sie eine Frau der Kirche (also Nonne) ist». Im übrigen schätzten die Iren an Frauen die »drei Verläßlichkeiten«: »eine verläßliche Zunge, eine verläßliche Tugend, eine verläßliche Hausfraulichkeit«, – also Verschwiegenheit, Treue und häuslichen Fleiß. Spätestens im Alter von 17 Jahren gab es für Mädchen nur zwei Möglichkeiten: Das Kloster oder die Ehe, wobei das irische Gewohnheitsrecht sieben Formen der Verbindung unterschied. Zwischen diesen Zuständen und den sehr selbstbewußt auftretenden jungen Irinnen von heute scheinen Welten zu liegen. Doch je älter sie werden, um so stärker geraten sie unter den Einfluß der Konvention. Heirat und Familienzusammenhalt sind weithin akzeptierte Ziele im Leben irischer Frauen. Das gerahmte Foto von einer Hochzeit ganz in Weiß kündet, auf einem Ehrenplatz im Wohnzimmer, noch nach Jahrzehnten vom ›schönsten Tag‹ im Leben. Vielleicht erklärt sich diese anhaltende Beliebtheit der Ehe aus dem sozialgeschichtlichen Umstand, daß Heirat und Familie nach der Großen Hungersnot für viele Iren keineswegs selbstverständlich waren. Ländliche Armut und die Armut forcierende Erbregel, nach der der Besitz eines Vaters unter alle Söhne aufgeteilt wurde, bewirkten, daß viele Iren unverheiratet blieben oder erst in fortgeschrittenem Lebensalter, zwischen 40 und 50 Jahren, einen eigenen Hausstand gründen konnten. Der Mangel an Männern, die zum Unterhalt einer Familie finanziell in der Lage waren, trieb viele Frauen im heiratsfähigen Alter in die Städte, wo Frauen bald die Mehrheit bildeten und folglich ebenfalls unverheiratet und arm blieben. Auf dem Land wiederum stieg die Zahl der bachelors, der Junggesellen. Ihr Leben verlief so trostlos, wie es Patrick Kavanagh in seinem Poem The Great Hunger (1942) am Schicksal eines Kleinbauern eindringlich geschildert hatte: Gefesselt an ein Stück Land, sexuell frustriert und schüchtern, einsam im Alter. Das Ideal der heilen, katholischen Familie mit vielen Kindern und der Mutter als Hüterin von Haus und Herd wurde von einer Generation geschaffen, deren Leben ganz anders verlief: Bis in die 1960er Jahre blieb etwa ein Drittel der irischen Bevölkerung unverheiratet. Eine Folge davon ist der überdurchschnittlich hohe Anteil von Alleinstehenden in irischen Altersheimen: Etwa die Hälfte der dort untergebrachten Menschen besitzt keine Angehörigen. Erst mit wachsendem Wohlstand und steigender Verstädterung wurden Ehe und Familie wieder zum Regelfall. Doch gleichberechtigt sind Irinnen, trotz einer Reihe frauenfreundlicher Gesetze seit den 1970er Jahren, weder in der Familie noch im Berufsleben: Women's Aid, eine nichtstaatliche Hilfsorganisation, fand 1995 heraus, daß

18 Prozent der befragten Frauen mindestens einmal in ihrem Leben sexuell mißbraucht wurden. Andere Untersuchungen gehen davon aus, daß 12 bis 15 Prozent der irischen Kinder Opfer von körperlichem, sexuellem oder emotionalem Mißbrauch sowie grober Vernachlässigung werden, wobei die Gewalt gegen Frauen und Kinder anscheinend wächst. So verzeichnete das Dubliner Rape Crisis Centre, das sich um Vergewaltigungsopfer kümmert, 1996 eine Zunahme von Hilferufen um 20 Prozent; 1995 hatte das Zentrum 10000 Anrufe erhalten. Den Schätzungen dieser Einrichtung zufolge bringen allerdings nur 29 Prozent der Opfer das Verbrechen zur Anzeige und nur acht Prozent auch vor Gericht. Vergewaltigung in der Ehe steht in Irland schon seit 1990 unter Strafe (in Deutschland erst seit 1997). Ein weiterer Schutz, den der Gesetzgeber gewährte, ist der 1996 verabschiedete Domestic Violence Act, mit dessen Hilfe Frauen ein Hausverbot gegen gewalttätige Ehemänner erwirken können; 1995 wurden 4 448 Anträge gestellt, von denen 1 891 gerichtlich stattgegeben wurde. In der Republik Irland bestehen insgesamt 12 Frauenhäuser (*women's refuges*), in denen Gewaltopfer mit ihren Kindern Zuflucht suchen können.

Der Frauenanteil unter den irischen Beschäftigten beträgt 27 Prozent (in Deutschland 38 Prozent). Der Anti-Discrimination (Pay) Act (1974) und der Employment Equality Act (1977) sollen die Benachteiligung der Frauen im Berufsleben verhindern, wobei die Employment Equality Agency die Einhaltung dieser gesetzlichen Bestimmungen überwacht. Gleichwohl hält die Benachteiligung bei der Bezahlung und den Aufstiegsmöglichkeiten von Frauen sowohl im öffentlichen Sektor wie in der Privatwirtschaft an: 1996 betrug der Frauen gezahlte Industrie-Stundenlohn nur 60 Prozent des Verdienstes der Männer, der Wochenlohn von Frauen erreichte im Durchschnitt nur 68 Prozent (in Deutschland 74 Prozent).

Es sagt einiges über die Fortschritte der irischen Frauenbewegung aus, daß Mary Robinson 1990 als erstes weibliches Staatsoberhaupt der Republik Irland gewählt wurde. Als aber im März 1997 für sie eine Privataudienz beim Papst vorbereitet wurde, informierte der Vatikan das Büro der Präsidentin über die Kleiderordnung: Frauen hätten den Papst in schwarzem Kleid und mit Kopfschleier zu begegnen. Mary Robinson ließ selbstbewußt antworten, daß sich der Präsident Irlands üblicherweise nicht verschleiere. Sie erschien mit bloßem Haupt, in Dunkelgrün und einem kleinen Mimosenzweig an der Brosche. Für dieses ›Unziemlichkeit‹ wurde sie öffentlich in einer populären Fernsehshow von einem jungen Priester abgekanzelt.

In Nordirland wird Politik noch immer ausschließlich von Männern gemacht: Sie stellen die 17 Abgeordneten ›der Provinz‹ in Westminster sowie ihre drei Mitglieder im Europäischen Parlament. Außerhalb der politischen Gremien gingen Nordirinnen jahrzehntelang erfolglos auf die Straße, um eine friedliche Lösung des Konflikts zu verlangen. Aus diesen Erfahrungen heraus entstand im Frühjahr 1996 die *Northern Ireland Women's Coalition*, die sich zwar weiterhin als Bewegung begreift, sich jedoch an Wahlen beteiligt, um den Frauen im Parlament Gehör zu verschaffen. Die Organisation betont, daß sie Frauen (und Männer) aller Berufe, Konfessionen und politischen Standpunkte vereinen möchte. Sie »will eine pluralistische Gesellschaft, die auf der Achtung und Gleichheit aller gegründet ist«, heißt es in einer Selbstdarstellung. »Ferner ist sie der Auffassung, daß die Fähigkeit, ohne Furcht vor gewaltsamen Angriffen zu leben, ein menschliches Grundrecht bildet«. Mit zwei bei allgemeinen Wahlen legitimierten Vertreterinnen nimmt die Frauen-Koalition an den Nordland-Gesprächen seit September 1997 teil.

Kunst & Kultur

■ Die Frühzeit

Den Beginn der irischen Kultur markieren die Großsteinbauten der Jungsteinzeit. In Europa sind sie besonders eindrucksvoll und zahlreich an seinem ›atlantischen Saum‹ – in Schottland, Irland, der Bretagne und Spanien – vertreten. Allein in Irland hat man rund 1200 dieser Denkmäler registriert, von denen die meisten noch nicht ausgegraben sind.

Großsteingräber

Die jungsteinzeitlichen Bauern Irlands pflegten einen ausgepräg-ten Ahnen- und Astralkult. Darum handelt es sich bei den Groß-steinbauten stets um Grabmäler, die im Zeitraum zwischen 4000 und 1800 v.Chr. für die Toten der Oberschicht errichtet wurden. Die Denkmäler verraten bemerkenswerte architektonische und astronomische Kenntnisse ihrer Erbauer, deren Fähigkeit, tonnen-schwere Findlinge über teilweise erhebliche Entfernungen zu trans-portieren, sich spätere Generationen nur durch übermenschliche Kräfte von Hünen oder durch Magie erklären konnten, für die die irischen Druiden besonders berühmt waren.
Die irische Schularchäologie unterscheidet nach Alter, Standort und Bauform vier Grabtypen: Hofgräber *(court cairns, court tombs)*, Portalgräber *(portal tombs*; frühere Bezeichnung: *dol-men)*, Ganggräber *(passage tombs)* und Keilgräber *(wedge tombs, wedge skaped gallery tombs)*. Jüngere Wissenschaftler aber weh-ren sich inzwischen gegen die »Vierklassentheorie« und verwei-sen auf neuere Grabungsfunde, etwa in Connemara, wo diese Grabgrundformen gleichzeitig auftreten. Die bisher festgestellten 329 Hofgräber finden sich vor allem im nördlichen Drittel Ir-lands, in Mayo, Sligo, Donegal, häufig in Kü-stennähe und auf älteren Siedlungen angelegt. Man unterscheidet zwischen *horned court tombs* mit scherenartig ge-öffneten, halbkreisförmi-gen Ritualhöfen an zwei

Keilgrab bei Cork

entgegengesetzten Seiten der zentralen Grabkammern oder *central court tombs* mit einem ovalen Hof in der Mitte. Der über den Kammern aufgebaute, im Grundriß trapezförmige Grabhügel (Tumulus, *cairn*) aus Steinen und ursprünglich auch Grassoden ist etwa 30 Meter lang.

Die bislang identifizierten 163 Portalgräber treten überwiegend von West- und Mittelulster bis Leinster auf und gelten als Weiterentwicklung der Grabkammern von Hofgräbern, ohne deren Hauptmerkmal, die Höfe, bewahrt zu haben. Ihre geradlinigen, aus senkrechten Tragsteinen (Orthostaten) gebildeten Kammern bedeckt häufig ein einziger Monolith, der, wie beim Browne's Dolmen in der Grafschaft Carlow, bis zu 100 Tonnen wiegen kann. Eine Sonderform stellen die »Doppeldecker«-Gräber in der Grafschaft Waterford mit zwei aufeinander ruhenden Decksteinen dar (Ballynageeragh, Knockeen). Nach der Anzahl der Orthostaten läßt sich auch zwischen »Mehr«-, »Vier«- oder den geradezu anmutigen »Dreifüßlern« (Tripoden) unterscheiden. Die heute oft nicht mehr vorhandenen Tumuli bildeten entweder spätere Hinzufügungen oder wurden nur niedrig ausgeführt, um die Orthostaten zu stützen, ohne das gesamte Grab zu überwölben. Offensichtlich wollte man so eine besondere optische Wirkung erzielen. Die Entwicklung der großen Ganggräber erreichte Mitte des 3. vorchristlichen Jahrtausends ihre Hochblüte in den Gräbern des ostirischen Boynetals. Das Verbreitungsgebiet der insgesamt etwa 300 bekannten Ganggräber erstreckt sich von Sligo im Nordwesten bis Drogheda im Osten. Ganggräber wurden meist auf Hügeln unter großen, runden Tumuli mit Durchmessern von bis zu 104 Metern errichtet und mit Erd- oder Torfsoden bedeckt.

Hofgrab im Co Tipperary

Versuch der Rekonstruktion eines Bestattungsritus in einem Keilgrab bei Lough Gur

Im Inneren führen ein oder zwei Gänge in unterschiedlich gestaltete, bisweilen kreuzförmige Grabkammern, die sich zum Ende hin erweitern können. Die Kammern schließt oben ein kunstvolles Scheingewölbe ab. Der Eingang weist häufig nach Südosten. Die großen Grabbauten von Newgrange und Knowth berücksichtigen außerdem die Wintersonnenwende beziehungsweise die Tag- und Nachtgleiche. Im Unterschied zu den Hofgräbern waren die Ganggräber Gemeinschaftsgrabstätten und enthielten durchweg Feuerbestattungen.

Keilgräber stammen aus der langen Übergangszeit zwischen dem Neolithikum und der Bronzezeit und bilden mit etwa 400 bekannten Beispielen die häufigste Bauform der irischen Megalithkultur. Sie treten vor allem im Burrengebiet, in Cork, Kerry und Tipperary auf und wurden nach dem keilförmigen Umriß der Kammern benannt. Die Eingangsseite ist meist höher und breiter. Im Unterschied zu Hof- und Portalgräbern sind Keilgräber nicht nach Südosten, sondern nach Südwesten ausgerichtet.

Steinsetzungen

Die Einwanderer von der Iberischen Halbinsel, die seit Mitte des dritten vorchristlichen Jahrtausends in Irland ansässig wurden, hinterließen außer zahlreichen Zeugnissen ihres frühen Bergbaus und der Metallverarbeitung auch Steinreihen *(alignements)* und über 200 Steinkreise, die Hälfte davon in Cork und Kerry. Der mit über 100 Findlingen und Stelen imposanteste Kreis steht bei Grange (um 2000 v.Chr.) in der Grafschaft Limerick, doch die meisten Exemplare in Munster besitzen nur fünf Findlinge. Häufig orientierte sich bei den größeren Kreisen die Anlage an einer Nordost-Südwest-Achse und war damit auf die Wintersonnenwende ausgerichtet, weshalb sie auch Achsenkreise genannt werden. Zwei hohe Portalsteine kennzeichnen pfostengleich den nach Sonnen-aufgang weisenden Eingang. Steinkreise und -reihen zählen nicht ausschließlich zu den Großsteinbauten. In Mittel- und Südwest-ulster erreichen sie oft nur eine Höhe von 70 Zentimetern, bilden dafür aber komplexe Anlagen. Häufig stehen sie mit megalithi-schen Gräbern in Verbindung oder umschließen deren Tumuli.

Bis in die frühe Eisenzeit errichtete man, meist an herausragen-der Stelle, einzeln oder paarweise stehende Monolithen (*gallán*; Mz. *galláin*). Größere Exemplare bezeichnet man mit dem breto-nischen Wort *menhir* (Langstein). Manche markieren, Grabstei-nen gleich, bronzezeitliche Kistengräber. Sie dürften Memorial-funktion besessen haben oder als Grenzsteine, in erster Linie aber zur Schadensabwehr gedient haben. Viele Menhire wurden als Phallussteine im ›Schoß der Erde‹ aufgestellt. Den mit sieben Metern höchsten »Langstein« findet man in Punchestown (Co. Kildare). In den Steinpaaren erblickt man Verkörperungen des männlichen und weiblichen Prinzips.

Mondsicheln und Sonnenscheiben – die goldene Bronzezeit

Neben Kupfer verarbeitete man bereits in der frühen Bronzezeit auch Gold, das vermutlich von der Iberischen Halbinsel impor-tiert wurde und damals nicht als wertvollstes Metall galt. Auffäl-lig ist der konservative Charakter dieser Goldschmiedekunst, denn über 500 Jahre lang, von 2000 bis 1500 v.Chr., fertigte man immer wieder dieselben Schmuckformen aus dünnem Goldblech: Sonnenscheiben mit gleicharmigen Kreuzen und radialen Lini-en, die wahrscheinlich auf die Kleidung geheftet wurden, und mondsichelförmige Stirnreifen oder Halskragen *(lunulae)*. Sie er-scheinen als ausgesprochen irische Schmuckform, denn von den etwa 100 erhaltenen wurden 81 in Irland gefunden.

Zwischen 1500 und 1200 v.Chr. kam es zu deutlichen technischen Neuerungen und Verbesserungen. Nun wurden, wohl nach orien-talischen Vorbildern, Armreifen aus Goldblech und andere Schmuck-stücke aus gedrehtem Golddraht hergestellt. Die Variationsbreite der Stile, Größen und technischen Verfahren war beachtlich. Ab 1200 v.Chr. entstanden Stab- und Band-*torques* (tordierte offene Halsreifen mit verdickten Enden), wie sie ähnlich auch noch in der Eisenzeit von den Kelten gefertigt und getragen wurden.

Wirtschaftlicher Aufschwung führte im 8. und 7. Jahrhundert v.Chr. zu einer Hochblüte der Metallverarbeitung. Die spätbronzezeitliche Kunst Irlands vereinte nun Impulse aus dem Mittelmeerraum, aus Nordeuropa und dem Baltikum, mit dem man Bernsteinhandel

trieb. Skandinavische oder norddeutsche Einflüsse zeigen sich in den Bronzeritualschilden, die konzentrische Kreise sowie kleinere, halbkugelförmige Buckel um einen großen Mittelbuckel tragen. Auch die Goldschmiedekunst war in der späten Bronzezeit sehr vielfältig. Löt-, Treib- und Stempelverfahren kamen zur Anwendung. Man fertigte Hals- und Lockengeschmeide, Dosen und Gewandfibeln (›Sicherheitsnadeln‹) für Schlingenverschlüsse oder doppelte Knopflöcher (›Manschetten‹) sowie breite Kragen.

Der Drombeg-Stone-Circle in Co. Cork

Umfriedungen, Wallanlagen und Pfahlbauten – Bauwerke der Bronze- und Eisenzeit

Die Sitte, Wohn- und Ritualstätten mit Erdwällen oder Trockensteinmauern zu schützen, reicht bis zur Wende des Neolithikums zur Bronzezeit zurück. Der »Giant's Ring« (um 2000 v.Chr.) bei Ballylesson südlich von Belfast bildet mit 200 Metern Durchmesser Irlands größte »Umfriedung« *(enclosure)*. Die Funktion solcher, den südenglischen *henge*-Bauten vergleichbaren frühbronzezeitlichen Anlagen ist ungewiß. Man deutete sie als Kult- oder Begräbnisstätten, als vorgeschichtliche Observatorien oder Kalender, aber auch als Versammlungs- und Marktorte, ja sogar Viehkrale.
Bereits auf dem Kontinent hatten die Kelten Erdwälle, Mauern, Hecken oder Flechtzäune um ihre Gehöfte gebaut. Hinsichtlich

des Baumaterials unterscheidet man im Irischen zwischen *caiseal* (anglisiert *cashel*; Burg), einem mit Trockensteinmauern umfriedeten Wohn- oder Festungsbezirk ohne Graben, und dem aus Erdwällen gebildeten *lios* (anglisiert *lis*) mit Graben. *Ráith* (Ez. *ráth*; engl. *ringfort*) bezeichnen meist Wallanlagen aus Erde, bisweilen aber auch Wallburgen aus Trockenmauerwerk. Anzahl und Höhe der Wälle entsprachen dem Wohlstand und sozialen Rang des Besitzers. Der Durchmesser variiert zwischen 30 und 100 Metern, betrug aber meist 35 Meter. Das Durchschnittsráth umgab ein Graben, seine Wälle waren vier Meter dick und zwei Meter hoch. Das auf einem niedrigen Kegelstumpf angelegte *plateau-ráth* bildete die häufigste Abweichung. Größere Anlagen bezeichnete man als *dún*. Bisher hat man 40 000 *ráith* und *caiseal* nachgewiesen, von denen die frühesten in der Römerzeit entstanden. Die Mehrzahl der Ringwallanlagen stammt allerdings aus christlicher Zeit und wurde teilweise noch bis 1700 bewohnt.

Zwischen den *Ráith*, die als Wohnstätten der freien Bauern sowie Häuptlinge dienten, und den ›Residenzen‹ der Provinzkönige (Tara, Navan Forth, Dún Ailinne) gab es viele Zwischenformen. Dazu gehören die aus Trockenmauern errichteten Landzungen- oder Vorgebirgsfestungen, auch Sperrforts genannt, sowie die Hügelfestungen *(promontory forts; hillforts)*, erstere oft in dramatischer Lage und wegen der Erosion der Küsten vom Absturz bedroht wie Dunbeg (Co. Kerry) oder Dún Dúchathair (Black Fort) bei Cill Éinne auf Inis Mór (Co. Galway). Ihre Datierung fällt schwer, da das Trockenmauerwerk die Radiokarbonmethode ausschließt, doch sollen die ältesten Landzungenbefestigungen aus der Bronzezeit stammen. Ihre Ursprünge sieht man im Zusammenhang mit den Eroberern aus der Bretagne oder aus Britannien.

Hügelfestungen werden besonders in West- und Südirland, von zwei oder mehr weiträumigen Ringmauern umgeben. Mit etwa

50 Beispielen sind sie in Irland seltener als in Großbritannien oder auf dem Kontinent vertreten. Der Typus der großen Hügelfestung aus Stein innerhalb von Erdwällen (Dún Aonghasa auf Inis Mór, Co. Galway; Grianán Ailigh, Co. Donegal) tritt auch in Schottland auf. Die als »spanische Reiter« vor solchen Festungen senkrecht in die Erde gerammten Steine im irischen Südwesten weisen auf iberische Ursprünge hin. Wie bei den Landzungenbefestigungen sind die Datierung und die Funktionsbestimmung schwierig. Als Fluchtburgen eigneten sie sich nur bei kurzfristigen Belagerungen, da es im Inneren meist an Quellwasser fehlt. Möglicherweise bildeten sie Prestigebauten von Stammesführern oder Stätten für Jahreszusammenkünfte, vielleicht kultischer Art. Wallanlagen besitzen häufig unterirdische Kammern *(souterrains)*, die als Vorratsräume, Verstecke oder Fluchtwege gedient haben könnten. Viele der großen Wallburgen und Hügelfestungen wurden vermutlich im 19. Jahrhundert bei Restaurierungsversuchen stark verändert.

Eine besonders eigentümliche, vereinzelt schon in der Jungsteinzeit auftretende und ab der späten Bronzezeit besonders häufige Bauform bilden die *crannóg*, vor allem in Westirland verbreitete Pfahlbauten. Man sieht es irischen Seeinseln nicht ohne weiteres an, ob es sich dabei um eine natürliche Insel oder um eine aus Pfählen, Ast- und Flechtwerk, Steinen sowie Abfall gebildete Kunstinsel handelt. Auf solchen Pfahlbauten unterschiedlicher Größe errichtete man Holz- oder Steinbauten und schützte die Anlage, besonders in der Eisenzeit, zusätzlich mit einem Palisadenzaun. Meist wurde sie nur vorübergehend genutzt – etwa bei einer Belagerung –, oder sie diente als Unterkunft für das Großvieh. Bisher sind 250 dieser Pfahlbauten identifiziert worden. Die meisten datieren aus christlicher Zeit und wurden teilweise bis in die Neuzeit benutzt wie der *Crannóg* von Lagore in County Meath, der bis Mitte des 17. Jahrhunderts bewohnten Residenz der Könige von Südbrega. Da der Bau eines *Crannóg* sehr aufwendig war, konnten sich nur Hochgestellte eine solche Wohnstätte leisten.

Metallkunst und Steinskulptur in der Eisenzeit

Die kontinentale keltische Kunst wird gewöhnlich mit der mittleren Latènekultur (um 450–100 v.Chr.) gleichgesetzt. In Irland tritt der kurvolineare Latènestil jedoch erst später und über einen sehr langen Zeitraum, vom 3. vorchristlichen bis zum 5. nachchristlichen Jahrhundert, auf und manifestierte sich vor allem in der Nordhälfte des Landes. In der Metall- und Buchkunst sowie in der Skulptur wirkte er sogar noch bis zum 9. Jahrhundert nach.

Folgende Doppelseite: »Der Sündenfall« und »Kain erschlägt Abel«; Details von einem Bibelhochkreuz in Monasterboice, Co. Louth

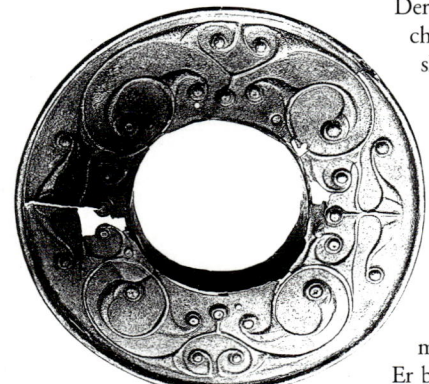

Verziertes Endstück einer Lure aus dem 1. Jhd

Der Latèneornamentik lagen antike, vor allem griechisch-etruskische Muster, zugrunde, die mit skythischen vermischt wurden. Typisch irische Varianten – dicht gedrehte Spiralen, S-förmige Wellen, Kreise und Pflanzenranken – findet man ab dem 4. Jahrhundert v.Chr. auf Dolchen, und besonders anschaulich auf dem Turoestein (Co. Galway), einem knapp über 90 Zentimenter hohen, behauenen, geglätteten, oben runden Ritualstein, der am Schaft ein Mäanderband und darüber ein aus vier Segmenten bestehendes Reliefdekor mit Spiralen, Kurven, Trompetenmustern, Triskelen (Dreierwirbeln) und Kreisen trägt. Er bildet ein sehr gut erhaltenes und bearbeitetes Beispiel von insgesamt fünf solcher Ritualsteine, die mit einer Ausnahme alle in der Nordhälfte Irlands gefunden wurden. Als Zeitspanne ihrer Entwicklung gilt das 3. bis 1. Jahrhundert v.Chr. Man vermutet, daß es sich bei diesen Steinen um Fruchtbarkeits- beziehungsweise Phallusidole handelt. Möglicherweise stellen sie aber auch Nachbildungen des Omphalos-Steins von Delphi dar, das Kelten 279 v.Chr. geplündert hatten.

Goldschmuck im Latènestil wurde bisher in Irland nur zweimal gefunden, in Form von Halsreifen *(torques)* mit getriebener Verzierung. Häufig sind jedoch Bronzegegenstände. Zu diesen gehören prächtig gravierte Schwertscheidenbeschläge, Schwerter mit anthropomorphen Knäufen, Bronzebehälter wie die elegante Dose von Cornalaragh (Co. Monaghan; 1. Jh. n.Chr.), genietete und gelötete Luren (Blasinstrumente), die nach dem bekannten irischen Sammler und Antiquar George Petrie benannte Petriekrone (2. Jh.), die Bronzezierscheibe von Monasterevin (Co. Kildare, 1. oder 2. Jh.) sowie etwa ein Dutzend offener Ringfibeln, deren Endstücke an stilisierte Tierköpfe erinnern.

■ Die gälische Kunst nach der Christianisierung

Zu einem starken Impuls im Bereich der Kultur wurde im 5. Jahrhundert die Christianisierung, wobei die Klöster nicht nur Zentren der Gelehrsamkeit, sondern auch des Kunsthandwerks bildeten, indem sie fremde Anregungen aufnahmen und in selbständiger Weise verarbeiteten. Der asketische Geist des »Zeitalters der Heiligen«, von etwa 450 bis 750, widerstand noch der Prunkentfaltung. Doch mit dem wachsenden Einfluß und Reichtum der Klöster stieg auch die Nachfrage nach repräsentativem Altarschmuck und liturgischem Gerät, die durch den im späten 7. Jahrhundert aufkommenden Kult um Lokalheilige und die Gründer der bedeutendsten Klöster noch verstärkt wurde. Aus dem persönlichen Besitz dieser Heiligen stammende Krummstäbe, Handglocken oder Bücher erhielten nun reich verzierte Reliquiare. Viele dieser Behältnisse gleichen in ihrer Form den vorromanischen Bethäusern und Kapellen und symbolisieren die heilige Institution der Kirche.

Die Hochblüte der Metallkunst vom 8. bis frühen 9. Jahrhundert

Die Aneignung und Vervollkommnung zahlreicher Juweliertechniken führte Ende des 7. Jahrhunderts zu einer wahren Explosion der Formen und Stile. In der Ornamentik gälischer Juwelierkunst, Buchmalerei und Steinmetzkunst lassen sich keltische, germanische, antike und orientalische Elemente unterscheiden. Die ab dem 8. Jahrhundert im irischen Kunsthandwerk immer häufiger auftretenden Knoten- und Flechtbänder wurden nach spätantiken Vorbildern entwickelt oder der Kunst des östlichen Mittelmeerraums entlehnt. Sie gelangten jedoch nicht direkt nach Irland, sondern vermittelt über die angelsächsische Kunst.

Das im europäischen Vergleich herausragende Können irischer Kunstschmiede zeigte sich zuerst bei den Gewandfibeln, die weniger Gebrauchsgegenstände als vielmehr prunkvolle broschenartige Schmuckstücke darstellten. Ein frühes und zugleich das vollendete Beispiel einer typischen Ringfibel des 8. Jahrhunderts stellt die sogenannte Tarabrosche aus vergoldetem Silber dar, die zwar am Strand von Bettystown in County Meath gefunden wurde, die man aber wegen ihrer außerordentlichen Schönheit mit der königlichen Residenz von Tara in Verbindung brachte. Obwohl ihr Durchmesser nur 8,7 Zentimeter beträgt, vereint sie auf kleiner Fläche eine Fülle von Stilelementen und technischen Verfahren. Die Fibel ist ringsum verziert, unter anderem mit Ornamenten aus Filigran und imitiertem Kerbschnitt. Gegossene Tier- und Vogelköpfe sitzen auf dem unteren Ringbogen. Die Felder der Vorderseite sind besonders schön mit Tieren, stilisierten Schlangen und einfachen Schlingen geschmückt. Hier kamen im Unterschied zur Rückseite und dem Nadelkopf die zeitgenössisch modernsten Filigrantechniken zur Anwendung. Auf der Rückseite finden sich sowohl das traditionelle Latèneornament, Vogel- und Tiermotive, als auch das Knotenwerk. Technisch ungewöhnlich ist hier eine versilberte Kupferplatte, auf der rote Muster durch die Entfernung des Silbers erzeugt wurden. Fassungen mit Bernstein und rotblauem Glasemail bilden einen besonderen Blickfang.

Als schönste Metallarbeit aus dem 1. nachchristlichen Jahrtausend gilt der silberne Abendmahlskelch aus einem Goldhort von Ardagh (Co. Limerick, Ende 8. Jh.), eine irische Spielart einer seit dem 6. Jahrhundert bekannten byzantinischen Kelchform. Sein Schmuck beschränkt sich wirkungsvoll auf die Henkel, einen aufgelegten Reifen aus Goldfiligranfeldern und Glasbuckeln, auf zwei Medaillons mit Kreuzformen und auf den Kelchfuß. Reichverziert ist dagegen die Unterseite, die die Gemeinde zu Gesicht bekam, sobald der Priester bei der Wandlung den Kelch erhob. Dort erblickt man Kerbschnitt im späten Latènestil sowie Schmuckfelder mit Flechtornamenten und Swastiken. Die Feinheit der goldenen gedrehten oder Perldrähte sowie die Goldkügelchen, die hier wie schon bei der Tarabrosche verwendet wurden, trugen zum Weltruhm dieses im Dubliner Nationalmuseum zu bewundernden Kunstschatzes bei.

Ein Werk von Engeln – irische Buchmalerei des 6. bis frühen 9. Jahrhunderts

> »...Sieh genauer hin, und du wirst in das Heiligtum der Kunst selbst eindringen. Du wirst Maßwerk entdecken, so fein und zart, so genau und dicht, so voller Knoten und Verflechtungen, so farbig und lebendig, daß du vermeinst, all dies sei das Werk eines Engels und nicht eines Menschen. Je häufiger ich jedenfalls das Buch betrachte, und je sorgfältiger ich es studiere, desto mehr verliere ich mich in immer neuem Erstaunen und entdecke stets neue Wunder in diesem Buch.«[*]

zit. n. Peter Brown, The Book of Kells, S. 83

So beschreibt Giraldus Cambrensis Ende des 12. Jahrhunderts in seiner *Topographia Hiberniae*, dem ältesten Reisebericht über Irland, eine verlorengegangene Handschrift des Klosters Kildare. Doch seine bewundernden Worte lassen sich auf andere illuminierte irische Handschriften übertragen, deren berühmteste das Buch von Kells darstellt. Die älteste erhaltene ist der *Cathach (Kämpfer)*, ein dem hl. Colmcille zugeschriebenes Psalterfragment, das Mitte bis Ende des 6. Jahrhunderts in der irischen Halbunziale verfaßt wurde, vielleicht von dem Heiligen persönlich. Diese Handschrift ist noch recht schlicht. Lediglich die Initialen sind vergrößert und mit kleinen roten Punkten konturiert. Ansonsten zeigt der spärliche Buchschmuck die für den späten Latènestil charakteristischen Schnörkel, Fischblasen und Trompetenspiralen. Vielleicht war der *Cathach* jener Psalter in der neuesten Übersetzung des hl. Hieronymus, den Colmcilles Lehrer aus Rom mitbrachte. Colmcilles heimliche Abschrift löste den ersten ›Copyright-Prozeß‹ in der Geschichte aus, denn der Heilige behielt sie trotz des Schiedsspruchs des Hochkönigs Diarmait mac Cerbhaill:»Wie das Kalb der Kuh, so gehört die Kopie dem Buch!« In der Schlacht von Cuildreimhne wurde erbittert um den *Cathach* gekämpft. Colmcilles *peregrinatio* nach Iona, so heißt es, stellte seine Buße für den Tod von 3 000 Kriegern des Königs dar, die dabei ihr Leben gelassen hatten

In Iona, dem Zentrum der *paruchia* Colmcilles, bestand bis ins 9. Jahrhundert das wichtigste irische Skriptorium. Durch ihre Mission in Nordengland empfing die kolumbanische Gemeinschaft Impulse der angelsächsischen Kunst sowie Anregungen, die den Iren über die Angelsachsen vermittelt wurden. Nach der Christianisierung Northumbriens 635 entstand daraus ein sogenannter insularer Mischstil, in dem sich der späte irische Latènestil mit orientalischen, mediterranen und germanischen Elementen verband. Und da Lindisfarne und Jarrow, die beiden wichtigsten kolumbanischen Klostergründungen in Nordengland, Kontakt zur Kirche von Canterbury unterhielten, erschloß sich den Iren über diese Quelle auch die römisch-italienische sowie byzantinische Kultur. Eine der christlich-orientalischen Buchmalerei entlehnte Besonderheit des insularen Stils sind die ›Teppichseiten‹, deren Ornamentik aus kunstvollen Rosettenkreuzen (Bücher von Durrow, Kells und andere) oder linearen Mustern (Buch von Lindisfarne) gebildet werden. Das erste bemerkenswerte Beispiel des insularen Stils stellt das Evangeliar von Durrow dar, 675 in Northumbrien von einem Iren oder einem von Iren ausgebildeten Künstler vollendet.

Als berühmtestes Beispiel insularer Buchmalerei gilt das Buch von Kells, das vermutlich an der Wende des 8. zum 9. Jahrhun-

Evangelistensymbol aus dem »Book of Kells«

dert in Iona begonnen und in Kells (Co. Meath) fertiggestellt wurde. Es ist das Werk dreier junger Mönche mit deutlich unterscheidbaren Personalstilen. 150 Lämmer mußten sterben, um das Pergament für den ursprünglich wohl 370 Seiten starken Folianten zu liefern, von denen noch 340 erhalten sind. Was dieses Evangeliar zu einem der kostbarsten Kunstschätze des mittelalterlichen Europas macht, ist seine aufwendige Ausschmückung. Hier finden sich nicht nur die üblichen Kanontafeln, Evangelistenporträts und -symbole, ›Teppichseiten‹ sowie Christusmonogramme, sondern auch ganz frühe Darstellungen der Maria mit dem Kind und Erzengeln sowie von Szenen aus dem Leben Jesu (Gefangennahme Christi und andere). Die ikonographischen Vorbilder entstammen der byzantinischen Kunst. Die im Gegensatz zu den komplizierten geometrischen und zoomorphen Ornamenten starr und unproportioniert wirkenden Figuren entspringen einer Kunstauffassung, deren Ziel es nicht war, realistisch abzubilden. Im Mittelpunkt stand nicht der (Gott-)Mensch und sein vollendetes Abbild, sondern die Beschwörung von Symbolen, die zu enträtseln uns heute schwerfällt.

Bücher aus dem Besitz oder gar von der Hand eines bedeutenden Heiligen galten als Reliquien. Das Buch von Kells wurde Colmcille zugeschrieben und in den *Annalen von Ulster* als »Hauptreliquie der westlichen Welt« bezeichnet. Man glaubte fest, daß solche Bücher größte Wunderkraft besaßen. Adomnán, der Biograph Colmcilles, berichtet von einem Hymnenbuch aus der Hand dieses Heiligen, das zu Weihnachten in einen Fluß gefallen war, aus dem es Ostern unbeschadet wieder hervorkam. Colmcilles *Cathach* bildete das Sippenheiligtum des Cenél Chonaill, eines Zweiges der in Tír Chonaill (Donegal) herrschenden nördlichen Uí Néill. Seinen Namen *Kämpfer* verdankte es dem Brauch, als Reliquie mit auf das Schlachtfeld genommen zu werden, wo man sie dreimal im Uhrzeigersinn um das Heer trug. Ähnlichen Zwecken diente im Kriegsfall auch das Buch von Armagh (807). Dem Buch von Durrow, das man ebenfalls für eine Schrift Colmcilles hielt, ist solche Verehrung fast zum Verhängnis geworden. Die kostbare Handschrift wurde im 17. Jahrhundert ins Wasser getaucht, um kranke Rinder zu heilen. Abgesehen von der irrigen Annahme, daß Buchreliquien gegen Wasser gefeit seien, versuchte man ansonsten, so wertvolle Handschriften vor Schaden und Raub zu bewahren. Zu diesem Zweck bestand im Mittelalter das Erbamt des Buchverwahrers *(maor)*. Während gewöhnliche Schriften in Ledertaschen aufbewahrt wurden, die an den Wänden der Mönchszellen hingen, wurden für Buchreliquien kunstvolle Schreine und Einbände gefertigt. Vom Reliquiar des *Cathach* aus vergoldetem Silber glaubte man, daß es nie geöffnet werden dürfe. Die Lords von Tír Chonaill, die das Amt des Buchverwahrers bis in die Neuzeit ausübten, hielten sich bis zum 19. Jahrhundert daran. Erst dann siegte die Neugierde.

Vom Kreuzstein zum Steinkreuz

Erste christliche Motive – eingeritzte einfache Christusmonogramme *(chi-rho)*, Alphas und Omegas – tauchten schon im 5. Jahrhundert auf Stelen und Tafeln auf. Die seit der Bronzezeit geläufige Sonnenscheibe, ein in einen Kreis eingeschriebenes Kreuz mit gleichlangen Armen, wurde in christlicher Zeit zum Chi-Rho-Symbol umgedeutet. Daraus entwickelte sich das sogenannte Kelten- oder Ringkreuz, bei dem die Kreuzarme über die Kreisfläche hinausragen und dessen Fuß verlängert ist (Passions- oder lateinisches Kreuz). Die ältesten Kreuzdarstellungen erscheinen auf Stelen, noch ohne freigearbeiteten, sphärischen Ring. Schon bald werden sie mit einheimischen Schmuckformen kombiniert wie auf den Kreuzsteinen von Riasc (7. Jh., Dinglehalbinsel) und Fahan Mura (Co. Donegal), letzterer ein frühes Beispiel für das aus der northumbrischen Ornamentik übernommene Knotenflechtband. Die Stele von Riasc trägt ein in einen Kreis eingeschriebenes Bogenkreuz, wobei der Kreis unten in ein symmetrisches Spiralornament des späten Latènestils ausläuft. Der Versuch, dem Kreuz Plastizität zu verleihen, führt dann

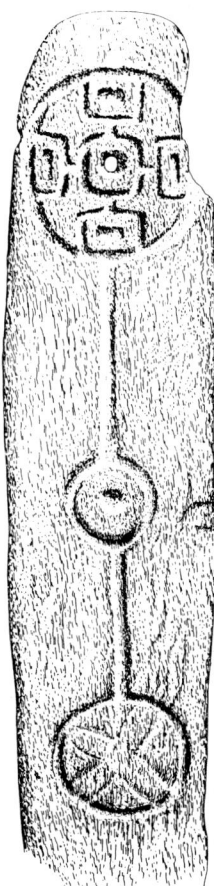
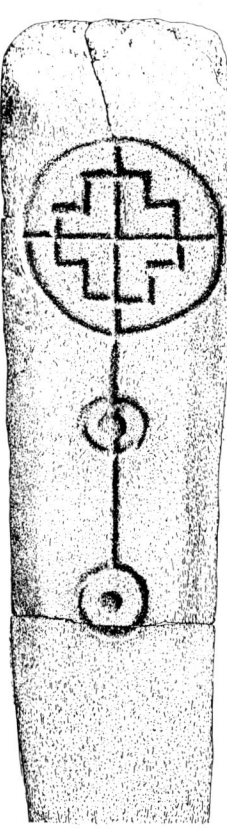

Kreuzsteine aus Glencolumbkille

89

zu Kreuzsteinen, bei denen sich das Kreuz vom Bildhintergrund zu lösen scheint wie bei der Kreuzstele hinter St. Kevin's Church in Glendalough (Co. Wicklow) oder von Gallen (Co. Offaly).

Der nächste Entwicklungsschritt war mit dem freistehenden ringlosen Kreuz vollzogen (Carndonagh, Co. Donegal). Die antropomorphe Gliederung in Kopf, Rumpf und Arme einiger dieser frühen Kreuze (z.B. auf Skellig Michael) ahmt die Bußhaltung irischer Mönche nach, bei der die Büßer mit ausgestreckten Armen liegend oder gar stehend ausharren mußten, bis sie 100 Vaterunser gebetet hatten.

Die frühesten Hochkreuze mit einem sphärischen Ring wurden Anfang des 8. Jahrhunderts im Grenzgebiet zwischen Südleinster und Ostmunster errichtet. Zu dieser auch als Ornamentkreuze bezeichneten Slievenamongruppe gehören die beiden herrlichen Kreuze von Ahenny (Co. Tipperary). Figürlicher Reliefschmuck findet sich nur auf den Sockeln, die in Erinnerung an den Golgathahügel oft pyramidenförmig gestaltet wurden. Auf dem Kreuzkopf ruht bisweilen eine merkwürdige Kegelbekrönung, vielleicht ebenfalls eine Erinnerung an den Golgatha. Später tauchen an ihrer Stelle Hausformen auf, wie sie von den Bethäusern oder Buchreliquiaren her bekannt sind.

In Irland haben sich etwa 60 bis 70 Hochkreuze mit figürlichem Schmuck erhalten, vor allem im Zentrum und im Norden der Insel. Sie stammen frühestens vom Ende des 8., meist aber aus dem frühen 10. Jahrhundert und erreichen ihre Vollendung im Bibelkreuz, das man als den Vorläufer der hibernoromanischen Bauskulptur betrachten kann. Bibelkreuze sind eine Art *biblia pauporum*. Sie künden mit Szenen aus dem Alten und Neuen Testament von Gottes Erlösungswerken, wobei die Westseite üblicherweise die Kreuzigung, die Ostseite die Auferstehung Christi zeigt. Die Schmalseiten ziert geometrischer Schmuck und Tierornamentik. Die schönsten Beispiele stellen das Kreuz des Muiredach und das Westkreuz von Monasterboice dar, ferner das Markt- und Südkreuz von Kells, das Kreuz von Durrow sowie das sogenannte Kreuz der Schrift von Clonmacnoise. Steinkreuze bezeichneten meist sakrale Stätten und dienten als Orte des Gebets, der Predigt und der Buße.

Die Wikingereinfälle verlagerten die künstlerischen Aktivitäten aus dem Süden in den Norden der Midlands bis in die Ebene von Ulster. Diese Nordgruppe zeichnet sich durch erheblich verlängerte Kreuzschäfte aus, wodurch größere Bildflächen gewonnen wurden. Eine Art Regionalstil zeigen die Granitbibelkreuze des Barrowtals, die vorwiegend dem 10. Jahrhundert zuzuordnen sind. Ihr zweischichtiges Hochrelief unterscheidet sich vom Stil der Sandsteinkreuze Mittelirlands durch die derbe Einfachheit der Figuren, am eindrucksvollsten zu sehen beim Kreuz von Moone.

Das Ende der Bibelkreuze kündigte sich im 11. Jahrhundert an, zunächst im allmählichen Qualitätsverlust, dann in der Rückkehr zum Ornamentschmuck, der nun wie im 8. Jahrhundert die Hauptfläche des Schaftes bedeckte. Das beste Beispiel stellt das Kreuz von Drumcliff (Co. Sligo) vom Anfang des 11. Jahrhunderts dar. Es trägt den engen sphärischen Ring, der für die Spätphase kennzeichnend wurde.

An der Wende vom 11. zum 12. Jahrhundert entstand in Clare eine deutlich unterscheidbare, letzte Gruppe von Hochkreuzen (Kilfenora und Dysert O'Dea). Sie zeichnen sich durch besonders kleine oder nicht mehr freigearbeitete Ringe oder durch das Fehlen der Ringe aus, ferner besitzen sie nur noch kurze Kreuzarme, dafür aber sehr lange, sich deutlich nach oben zu verjüngende stelenartige Schäfte. Deren oberer Teil trägt eine in Hochrelief ausgeführte Kreuzigungsszene, die Christus frontal, mit ausgebreiteten Armen und im Gewand der Ostkirche zeigt. Unterhalb davon oder auf der Ostseite erscheint die Figur eines Bischofs mit kontinentaler Mitra und Krummstab, beim Kreuz von Dysert O'Dea sogar größer als die Christusfigur selbst dargestellt. Vielleicht entsprang diese auffällige Betonung von Bischöfen dem in jener Zeit wachsenden Einfluß der kontinentalen Bischofskirche.

Silberfibeln, Rundtürme, Klausen und Kapellen – irische Kunst zur Wikingerzeit

Die Wikingerkriege setzten der Hochblüte gälischer Juwelierkunst ein vorläufiges Ende. Denn der stete Bedarf der häufig geplünderten Klöster und Kirchen an liturgischem Gerät ließ eine billige Massenproduktion entstehen. Irlands Wanderhandwerker und Klosterkünstler standen nun unter dem spürbaren Einfluß der Wikingerkunst, der sich besonders in den ab der zweiten Hälfte des 9. Jahrhunderts auftretenden Hiberno-Wikingerbroschen zeigt. Sie unterscheiden sich von den erlesenen Juwelierarbeiten des 8. und frühen 9. Jahrhunderts durch ihren kräftigen, gleichsam ›bar-

barischen‹, aber durchaus reizvollen Charakter. Statt Gold, wie es die Kelten liebten, bevorzugten die Wikinger Silber, das sie aus Osteuropa einführten oder aus irischen Minen gewannen.

Ende des 10. Jahrhunderts, als die Macht der Wikinger in Irland bereits gebrochen war, übernahm das irische Kunsthandwerk ganze Stilprogramme der Skandinavier, vor allem im Bereich der Tierornamentik: den geometrischen Borrestil (Buchreliquiar *Soiscéal Mó-Laise*, Anfang 11. Jh.), vor allem aber den Ringerike- sowie den Urnesstil. Sie zeigen, in unterschiedlicher Verflechtung, den Todeskampf von Schlangen und Löwen, besonders eindrucksvoll beim Bischofsstab aus Kells (10. Jh.), beim *Krummstab der Äbte* von Clonmacnoise (spätes 11. Jh.) sowie den Buchreliquiaren für den Psalter (*Cathach*) und den *Misach* (Meßbuch) Colmcilles. Zu den herrlichsten Beispielen der irischen Auffassung vom Urnesstil zählen das Vortragekreuz von Cong (1123) und das Hausreliquiar des hl. Manchán von Lemanagham (Co. Offaly).

Die wichtigste architektonische Neuerung stellen die zwischen dem 10. und 13. Jahrhundert vor allem in den Midlands errichteten Rundtürme dar, von denen noch 65 Beispiele in unterschiedlichem Zustand existieren. Man hält sie für eine bauliche Reaktion auf die unsicheren Zeiten, für Wachtürme und Refugien, in denen der Klosterschatz und die wertvollsten Bücher auf-

Kloster Glendalough: Rundturm und St. Kevin's Church mit steilem Satteldach

bewahrt wurden. Ihr irischer Name *cloigtheach* (Glockenhaus) verrät jedoch, daß sie in erster Linie als Glockentürme dienten. Rundtürme waren bis zu 30 Meter hoch und wurden aus Natursteinen mit einem Gußmauerkern errichtet. Sie verdanken ihre anmutige Silhouette einem sich nach oben zu verjüngenden Turmschaft sowie dessen Schwellung, die ihm jede optische Starrheit nimmt. Über einem aus waagerecht vorkragenden Steinen gebildeten Scheingewölbe ruht ein steinernes Kegeldach, Zinnenbekrönungen sind nachträgliche Änderungen. Viele Glockentürme schuf man anfangs auf dünnem Unterbau, was statische Probleme hervorrief, die man später durch verstärkte runde oder eckige Unterbauten zu vermeiden suchte. Zur Verbesserung der Statik und Sicherheit baute man zudem die Eingänge nicht mehr ebenerdig, sondern meist in vier Meter Höhe. Im Inneren besitzen die Rundtürme vier bis fünf über Leitern erreichbare Geschosse. Sie wurden in verschiedenen Richtungen von je einem schmalen Fenster erhellt, das oberste Geschoß von vier bis fünf Fenstern.

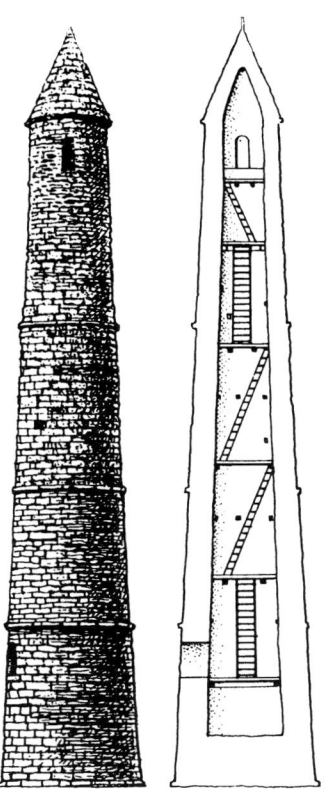

Rundtürme als Fluchttürme

Von den Klöstern aus vorwikingischer Zeit blieb keine nennenswerte Bausubstanz erhalten. Das lag vor allem daran, daß, insbesondere im waldreichen Ostirland, viele Kirchen aus Holz bestanden. Erst im 8. Jahrhundert eigneten sich die Iren die dauerhaftere Mörtelbauweise an. Man muß sich die frühen Klöster als wall-, mauer- oder palisadenumfriedete Anlagen mit einer kleinen Holz- oder Steinkirche, einem Gästehaus und Refektorium sowie einer Reihe einfacher Steinhäuser (*clocháin*; engl. beehive-huts) als Werkstätten und zur Unterkunft der Mönche oder Pilger vorstellen. Später kamen die Rundtürme hinzu. *Clocháin* sind außen runde oder ovale, innen bisweilen rechteckige Bauten aus Trockenmauerwerk mit einem Scheingewölbe. Die ältesten erhaltenen Beispiele stammen aus der zweiten Hälfte des 1. Jahrtausends, doch wurde dieser archaische Typ bis in die Gegenwart errichtet.

Eine Verbindung des bodenständigen Rund- und Kragsteinbauprinzips mit der von außerhalb übernommenen Rechteckbauweise führte zu Steinoratorien (Bethäusern), die außen wie ein umgedrehtes Kielboot wirken. Statisch waren sie einsturzanfälliger als die *Clocháin*, weswegen das einzige intakte von 20 Bethäusern dieses Typus, das Gallarus-Oratorium auf Dingle, besonderen Seltenheitswert besitzt. Daß diese frühen ›Kirchen‹ vermutlich den

Einsiedlern auch als Wohnstatt dienten, deuten ihre Namen an, denn im Irischen heißen sie *teach* (Haus) oder *cill* (von lat. cella). Die als »frühchristlich« bezeichneten Kirchlein und Kapellen sind schlichte vorromanische Rechteckbauten des 9. bis 12. Jahrhunderts. Im Kontrast zu ihrer oft winzigen Grundfläche stehen die wuchtigen Mauersteine sowie die steilen Satteldächer aus Schindeln oder Steinplatten. Ein besonderes Merkmal bilden die leicht nach innen geneigten Türpfosten, auf denen meist ein gewaltiger Block ruht, sowie die Anten, aus der ursprünglichen Holzbauweise entlehnte Verlängerungen der Längswände. Diese einfache Konstruktion änderte sich im Laufe der Jahrhunderte nur geringfügig. Ab dem 12. Jahrhundert entstanden »Langhaus-mit-Chor«-Kirchen oder wurde älteren Kirchen ein schmalerer Chor hinzugefügt. Tonnengewölbe ersetzte das ältere Scheingewölbe.

Klöster, Kathedralen, Keeps – die Architektur des Mittelalters

Die Kirchen- und Klosterreform in der ersten Hälfte des 12. Jahrhunderts förderte mit ihrer Ausrichtung am kontinentalen Mönchstum die Übernahme der Romanik und Gotik. Die harmonisch gestaltete Kirche, die Cormac mac Cárthaigh, König von Südmunster und Bischof zu Cashel, 1127 bis 1134 erbauen ließ, blieb allerdings die einzige romanische Kirche Irlands. Alle Nachahmungen, darunter Kilmalkedar (Co. Kerry), Roscrea (Co. Tipperary) und Clonfert (Co. Galway), verkörpern die Hibernoromanik mit ihren kennzeichnenden Vereinfachungen. Dazu gehören vor allem die flachen Ziergiebel über dem Eingang, Blendbögen sowie der weitgehend auf die Portale und Chorbögen beschränkte Baudekor, in dessen Zick-Zack-Winkeln, Flechtwerkreliefs, Tier- und Menschenköpfen die Ornamentik der Wikingerkunst nachwirkt. Von den knapp 20 erhaltenen Chorbögen gilt der in der Kathedrale von Tuam (Co. Galway) als schönster.

Während sich in Westirland die Hibernoromanik noch lange behauptete, wurde um 1160 bis 1240 im Osten unter englischem und walisischem Einfluß ein Übergangsstil *(Transitional style)* wirksam, eine hauptsächlich von den irischen Zisterzienserklöstern getragene Verbindung der Hibernoromanik mit der englischen Frühgotik. Gemessen an der gotischen Grundidee von der Aufhebung der Baumassen wirkt diese irische Spielart regelwidrig und unvollkommen. In gotisch beeinflußten Kirchen des 12. und 13. Jahrhunderts finden sich zwar Spitzbögen und Maßwerk, es gibt aber kaum Gewölbetechnik. Wie schon die Romanik, wird auch die Gotik auf ihre dekorativen Elemente redu-

ziert, entsprechend der irischen Vorliebe für das Detail und der Abneigung gegen komplizierte Konstruktionen. Die Grundzüge der Zisterzienserklöster, vor allem die großräumigen Querhäuser, wurden auch von anderen Orden und selbst für Kathedralen (Cashel) übernommen. Die ab 1200 in größeren Städten wie Limerick, Dublin, Kilkenny und Waterford errichteten repräsentativen Kathedralen tragen die heterogenen Elemente dieses Übergangsstils.

Mit der Verbesserung der Wirtschaftsverhältnisse setzt mit der Wende zum 15. Jahrhundert eine erneute Bauaktivität ein. Träger dieser nun irisch geprägten Spätgotik wurden die in Irland außerordentlich populären Franziskaner des Regulierten Dritten Ordens. Ihre insgesamt 62 Klosterkirchen sind lang und schmal proportioniert, jedoch im Süden um ein Seitenschiff sowie ein großes Querhaus für Predigten erweitert. Das auffälligste Merkmal dieser Prediger- und Bettelmönchsklöster bilden, vor allem im Westen der Insel, die hohen, schlanken, sich leicht verjüngenden Vierungstürme sowie die verhältnismäßig kleinen Kreuzgänge. Die in der hochmittelalterlichen Sakralarchitektur ebenso wie bei den zeitgenössischen Wehrbauten charakteristischen Stufenzinnen gehen, vielleicht durch irische Pilger vermittelt, auf spanische oder südfranzösische Vorbilder zurück. Demgegenüber wirken die Vierungstürme der

Das Meribage Centre von Lusk (Co. Dublin) vereint in einzigartiger Weise einen Rundturm, einen mittelalterlichen Glockenturm sowie eine anglikanische Pfarrkirche

■ Sheila auf dem Steiß –
romanisches Lastersymbol und irische Magna Mater

Es gibt noch 73 *sheilas* in Irland, doppelt so viele wie auf den Britischen Inseln oder in Frankreich: groteske Steinskulpturen nackter, oft knochendürrer Frauen mit betont großem Kopf und hervorquellenden Augen, die in einem Akt weiblichen Exhibitionismus mit beiden Händen ihr Geschlechtsteil spreizen. Auf irisch heißen diese Figuren *sheila-na-gig*, die Sheila auf dem Steiß. Offenbar tauchten sie seit dem Mittelalter auf, doch nicht, wie oft behauptet, als Import der Normannen, sondern vermittelt durch irische Pilger, die in Spanien oder Frankreich von Steinskulpturen romanischer Kirchen beeindruckt wurden, an denen die sieben Todsünden durch eine Gruppe abschreckend häßlicher Figuren dargestellt sind. Die Wollust *(luxuria)* erscheint dabei als schamloses, häufig nacktes Weibsbild.

Die irischen Steinmetze fertigten keine der kontinentalen Romanik vergleichbaren Gruppen von Lastersymbolfiguren an, sondern beschränkten sich auf die Wollust. Die Sheilas gerieten ihnen allerdings eher erschreckend denn obszön. Wie andere kontinentale Motive verselbständigte sich auch dieses und verschmolz mit älteren Vorstellungen der Volksreligion. Dazu gehörte die von vielen Völkern verehrte Muttergöttin, die Magna Mater, die auch als Vernichterin und Verderberin auftritt. Die betonten Rippen des Brustkorbs und die schlaffen Brüste der meisten Sheilas entsprechen diesem dunkleren Aspekt. Die Sheilas verkörpern die Angst vor der Macht des Weiblichen und wurden zur Schadensabwehr über Kirchenportalen, an Klostermauern, Turmhäusern und Stadtmauern angebracht. Im Volksglauben entwickelte sich die Sheila von der Schadensbannerin zur Glücksbringerin. Man verehrte sie sogar als Fruchtbarkeitsspenderin, die kinderlosen Frauen durch Berührung zum Mutterglück verhelfen sollte.

Solche Beliebtheit zog den Argwohn und schließlich im 17. Jahrhundert die Verfolgung durch den christlichen Klerus nach sich, erst im Westen, dann im Süden Irlands. Daß der Connachter Erzbischof 1631 seinen Priestern befahl, die Sheilas nicht zu zerstören, sondern lediglich zu verstecken, beweist allerdings, wie stark sich selbst die Geistlichkeit vor ihrer Macht fürchtete.

Die Renaissance griff dann ein anderes romanisches *luxuria*-Symbol auf: die fischschwänzige Sirene mit wallendem Haar und einem Spiegel (Kilcooley, Clontuskert).

übrigen gotischen Kirchen Irlands massig und ragen kaum über die Firsthöhe der Satteldächer hinaus.

Die Normannen überzogen ab 1169 ihre irischen Besitzungen mit einem dichten Netz von Wehrbauten, die mit etwa 2 800 erhaltenen Beispielen die häufigste mittelalterliche Bauform darstellen. In den ersten 40 Jahren entstanden zunächst provisorische Befestigungen auf einem meist künstlich aufgeworfenen Kegelstumpf *(motte)* von durchschnittlich fünf Metern Höhe und 20 bis 25 Metern Durchmesser, auf dem sich ein hölzerner, später dauerhafter aus Stein gebauter, Wohnturm erhob. Eine Palisade um den Turm sowie ein Wassergraben um die *motte* boten zusätzlichen Schutz. Der Einfachheit halber nutzte man auch ältere *plateau-ráith* als *motte*. Daran schloß ein umfriedetes, meist nierenförmiges oder rechteckiges Plateau *(bailey)* an, auf dem Vieh oder auch die Gefolgsleute eines Ritters untergebracht waren. Eine Zugbrücke verband den Wehrhügel mit dem niedrigeren Bailey. Anschließend überwogen bis zur Mitte des 13. Jahrhunderts *keep and curtain*-Burgen, die aus einem zentralen Hauptturm *(keep)* und einer Umfassungsmauer *(curtain)* bestanden. Der umfriedete Bereich hieß *ward* und diente ebenfalls der Unterbringung von Vieh und Gefolge. Der Burgfried erscheint entweder rechteckig (Carrickfergus, Co. Antrim), rund und freistehend (Dundrum, Co. Down), in die Wehrmauer integriert (Nenagh, Co. Tipperary) oder auch polygonal (Shanid, Co. Limerick). Danach verlagerte sich der Schwerpunkt der Wehrarchitektur auf die rechteckige, von mächtigen Türmen geschützte Umfassungsmauer (Limerick, Kilkenny) sowie dessen Haupttor, das einen doppeltürmigen Torbau erhielt. Die rechteckige Burganlage mit vier runden Ecktürmen (Ferns, Carlow) stellt eine irische Erfindung dar und unterscheidet sich von den *keep*losen konzentrischen Anlagen der englischen Krone, die vor allem auf nordwalisische Beispiele wie Beaumaris und Harlech zurückgehen (Roscommon, Dublin, Limerick).

Burgen galten 200 Jahre lang als verhaßte Fremdkörper. Das änderte sich im 15. Jahrhundert, als Gälen und Anglonormannen gleichermaßen Miniaturausgaben der normannischen *keep and curtain*-Burgen errichteten, die sogenannten *bawn*- oder »Kuhfestungen«: Den Wohnturm umschloß eine rechteckige Umfriedung für das Vieh, der *bawn*. Bis zur Mitte des 16. Jahrhunderts, als der Bau dieser Burgen seinen Höhepunkt erreichte, überwog der Verteidigungsaspekt. Die Wohntürme waren kalt und dunkel, da vor allem die unteren Geschosse nur über schmale Fensterschlitze Licht erhielten. Wendeltreppen zwangen Eindringlinge, mit der Linken zu kämpfen. Ab 1550 entstanden zunehmend bequemere Turmhäuser *(tower houses)* mit einem kaminbeheizten

Wohnraum im obersten Stock, der von großen Kreuzrahmen-
fenstern erhellt wurde. Derryhivenny Castle (1643) in Südostgalway
ist vermutlich das jüngste Beispiel.

Halbbefestigte *strong houses* im englischen Tudorstil, einem Mischstil aus Spätgotik und Renaissance, leiteten Ende des 16. Jahrhunderts zu unbefestigten Landsitzen über. Am Beginn dieser Entwicklung stand das Vierflankenhaus, vertreten in der Rathfarnhamgruppe
(1593–1650; Rathfarnham bei Dublin; Kanturk, Co. Cork; Portumna,
Co. Galway; Manorhamilton, Co. Leitrim; Raphoe, Co. Donegal;
Burncourt, Co. Tipperary): große Herrensitze, die eine Kombination des englischen Hallenhauses *(hall)* mit dem rechteckigen Burg-
typus darstellen, dessen Ecktürme zu vier Vorsprüngen *(flankers)*
umgewandelt wurden. Eine Weiterentwicklung bildete Schloß Mallow
(Co. Cork; um 1593), ein Längsbau mit vier polygonalen Vorsprüngen. Die meisten *Strong houses* zeigen allerdings vereinfachte L-
oder T-förmige Grundrisse, letztere vor allem bei kleineren Bauten.
Eine weitere Simplifizierung machte im 18. Jahrhundert das schlichte Rechteck zur Hauptform. Im Unterschied zur Stadtarchitektur,
wo sich um diese Zeit die Ziegelbauweise durchsetzte, wurden die
meisten Landsitze weiterhin aus Natursteinen errichtet.

Die Architektur der Ascendancy – von 1660 bis zum Anfang des 19. Jahrhunderts

Wohlhabenheit und Repräsentationsbedürfnis der anglo-irischen
Oberschicht manifestierten sich seit den 1660er Jahren in einer
geradezu obsessiven Bauwut. Sie entsprang dem Bestreben, in
Irland eine ebenso lange historische Verwurzelung vorzutäuschen
wie sie der Landadel in England vorweisen konnte. Auch stilistisch orientierte sich die *ascendancy*-Architektur weitgehend an
englischen Vorbildern: Einem barockisierenden Klassizismus *(clas-
sical architecture; classicism)* folgte in der ersten Hälfte des 18.
Jahrhunderts der Neopalladianismus, vertreten durch Sir Edward
Lovett Pearce (vermutlich 1699–1733), den bedeutendsten einheimischen Architekten, seinen deutschen Mitarbeiter Richard
Cassels (auch Castell, Castle; 1690–1751) und den Engländer James
Gandon (1743–1823). Er leitete in den 1760er Jahren zum neo-
klassizistischen *Georgian style* (auch *neo-classicism*) über, benannt
nach den nacheinander regierenden vier britischen Königen dieses Namens (1714–1830), dessen Haupterbe zahlreiche kleinere
Landsitze bilden: Sie sind streng, stilvoll und von schlichter Ele-
ganz. Die georgianische Epoche währte, vor allem in der anglo-
irischen Landhausarchitektur, länger als im Ursprungsland England, nämlich bis in die 1860er Jahre.

Gleichzeitig setzte der Bruch mit der seit der Renaissance zur europäischen Baunorm erhobenen Symmetrie ein. Die Tendenz zu romantischen Fantasiegebäuden im Stil der Neugotik oder des Neotudorstils zeigte sich zuerst bei größeren Herrensitzen des altkatholischen Adels im Gebiet der *pale* (Malahide, Co. Dublin; Dunsany und Killeen, Co. Meath; Gormanstown an der Grenze zwischen Co. Dublin und Louth, Clongoweswood, Co. Kildare). Vom Ende des 17. Jahrhunderts an wirkte mindestens die Hälfte der besten irischen Architekten in der Landeshauptstadt, wo allerdings keine Bauten aus der Zeit vor 1725 erhalten blieben. Die beiden namhaftesten Architekten der vorpalladianischen Periode waren dort Sir William Robinson (1643–1712) und Thomas Burgh (1670–1730). Von entscheidender Bedeutung für den großzügigen Ausbau von Dublin in der zweiten Hälfte des 18. Jahrhunderts wurde die 1757 gegründete Wide Streets Commission (1848 aufgelöst). Sie machte Dublin zur prachtvollen zweiten Hauptstadt des britischen Empire, mit dem Parlamentsgebäude am College Green als sozialem und topographischem Mittelpunkt. Diese Stadtplanungskommission zog englische Architekten den einheimischen vor, obwohl einige der Architekten aus England, an die wichtige Aufträge vergeben wurden, Irland nie betreten haben. Das Charlemont House am Parnell Square North sowie das Casino Marino in Clontarf beispielsweise stammen von Sir William Chambers (1723–1796), beides sehr elegante und entwickelte Bauten des Klassizismus. Auch die Dubliner Wohnhäuser wurden stark vom Klassizismus geprägt. Vieles ging leider in den 1960er Jahren unwiederbringlich verloren, als die berühmten Georgian houses baufällig wurden oder einem neuen Bauboom zum Opfer fielen, der lange Zeit der Denkmalpflege keine Chance gab.

■ Sprache und Schrift – ein Volk wird sprachlos

Die einst große und weitverbreitete Familie keltischer Sprachen, einer der ältesten Zweige der indoeuropäischen Sprachgruppe, ist in Kontinentaleuropa nur noch durch das Bretonische und auf den Britischen Inseln sowie in Irland durch Walisisch (Kymrisch) und Gälisch vertreten.

»Daoine gan teanga, daoine gan croí.« –
»Ein Volk ohne Sprache ist ein Volk ohne Herz.«
Gälisch – Gaeilge (gespr. gälik) in Ulster und Schottland, Gälge in Connacht oder Gäling in Munster – ist ursprünglich die kel-

tische Sprache Irlands, die sich aber nach der irischen Kolonisierung Schottlands und der Isle of Man auch dort verbreitete. Ab
dem 17. Jahrhundert bildeten dann das schottische Gälisch sowie das auf der Isle of Man Anfang des 20. Jahrhunderts ausge-
storbene Manx eigenständige Sprachen. Im engeren Sinne versteht man heute unter Gälisch die keltische Sprache Schottlands,
unter Irisch das in Irland gesprochene Gälisch. Sprachgeschichtlich
wird zwischen Altirisch (4. Jh.–900), Mittelirisch (900–1200), frühem Neuirisch oder klassischem Irisch (1200 bis 1650) und Neuirisch unterschieden.

Den ersten Schlag erhielt das Irische im 17. Jahrhundert, als der
gälische Adel aus Irland floh oder vertrieben wurde. Mit der sozialen Führungsschicht gingen auch die Barden als Träger der irischen Literatursprache allmählich unter, deren Auftraggeber und
Patrone die gälischen Sippenführer oder gälisierten Lords anglonormannischer Herkunft gewesen waren. Als Umgangssprache der
einfachen Landbevölkerung hielt sich Irisch noch bis Mitte des
19. Jahrhunderts, bis die von der Kartoffelseuche ausgelöste Hungersnot und Massenauswanderung gerade die Verbreitungsgebiete
des Irischen (*gaeltachtaí*) traf. Sie sind bis heute die struktur-
schwächsten, am stärksten von Arbeitslosigkeit und Emigration
betroffenen Gebiete geblieben, trotz stützender Sozialmaßnahmen.
Als die Iren in ihrer eigenen Sprache verstummten, übernahmen
sie die ihrer Herren. Dies geschah zuerst bei der mittelständi-
schen Stadtbevölkerung, die sich von der Assimilation größere
Aufstiegschancen erhoffte. Irisches Englisch (Hibernoenglisch)
ist in Satzbau, Grammatik und Wortschatz deutlich vom Irischen
geprägt und stellt eine viel bildhaftere Sprache dar als Standard
English, da es auf das farbige elisabethanische Englisch des 16.
Jahrhunderts zurückgeht. Doch auch der starke Einfluß des Englischen auf das Irische ist unverkennbar, das zahlreiche Worte aus
dem modernen Englisch entlehnt hat: Docks, airport, public
telephone, stamps, post office und shops wurden zu docanna,
aerphort, telefón publí, stampaí, oifig an phoist sowie siopaí.

Seit der »gälischen Wiedergeburt« *(Gaelic revival)* am Ende des
19. Jahrhunderts wurde aber die Rettung und Wiederbelebung
des Irischen zur Herzenssache der irischen Kulturbewegung und
des antibritischen Befreiungskampfes. Diesem Ziel hatte sich
besonders die 1893 gegründete »Gälische Liga« (Conradh na
Gaeilge) verschrieben, die bis heute in fast allen Städten Filialen
unterhält. Die Verfassung von 1937 erhob in Artikel 8 das Irische
zur »Nationalsprache« mit deutlichem Vorrang vor Englisch. Eine
Reihe von Zwangsmaßnahmen aus den frühen 1920er Jahren
sollte der Sprache wieder auf die Beine helfen. Gesetze und amt-

liche Bekanntmachungen wurden seither zweisprachig verkün-
det. Die Einstellung in den Öffentlichen Dienst war von Irisch-
kenntnissen abhängig. Bereits 1924 erhob man Irisch zu einem
Hauptfach an den Oberschulen. Ohne bestandene Irischprüfung
gilt das ganze Abschlußexamen auch bei sonst hervorragenden

■ Ogham –
die geheimnisvolle frühe Schrift Irlands

Die ältesten irischen Sprach- und Literaturdenk-
mäler sind kurze Inschriften, die in Og(h)am
(gespr. oom) zum Gedenken an Tote aus der
Oberschicht abgefaßt wurden. Als Erfinder gilt
nach einer mythologischen Überlieferung aus
dem 9. Jahrhundert der gälische Gott Ogma,
der Bruder des Göttervaters Dagda. Dies deutet
darauf hin, daß Ogham ursprünglich wohl eine
magische Geheimschrift der Druiden war.

Die Oghamschrift entstand auf der Grundlage
des lateinischen Alphabets und enthält vier ›Buchstaben‹-Gruppen mit jeweils fünf Zeichen, die
bei Konsonanten durch Striche, bei Vokalen als
Kerben neben oder über einer Längsachse, meist
der Kante eines behauenen Steines, angebracht
wurden. Man begann unten links und las gewöhnlich nur in einer Kolumne. Von den 360
erhaltenen Oghaminschriften auf Stein stammen
300 aus Irland. Dort sind sie wiederum auf die
Grafschaften Kerry (125 Beispiele), Cork (85)
und Waterford (47) konzentriert. Die frühesten
Inschriften werden ins 4. Jahrhundert datiert,
die meisten stammen aus dem 6. Jahrhundert.
Kolonisten der südirischen Stämme der Déisi
und Uí Liatháin brachten die Schrift im 5. Jahrhundert nach Britannien.

Das Ogham-
Alphabet

Mit der Verbreitung des Klosterwesens setzte sich ab dem 6. Jahrhundert eine Variante des lateinischen Alphabets in Irland durch.
Diese lateinische Halbunziale wurde, ergänzt um einige Sonder-
zeichen, bis zur Rechtschreibreform von 1945 benutzt. Seitdem
schreibt man Irisch mit den international gebräuchlichen lateinischen Buchstaben.

Noten als nicht bestanden. Ein staatliches irischsprachiges Radio- und Fernsehprogramm (Raidió na Gaeltachta) wurde dagegen erst erstaunlich spät, nämlich 1976, eingerichtet. Drei Jahre später gründete man eine Behörde zur wirtschaftlichen und sozialen Entwicklung der *gaeltachtaí*. Üppige Subventionen riefen eine reiche Literatur mit derzeit etwa 60 Lyrik- und Prosaautoren hervor, denen es trotz aller Förderung freilich zunehmend an Lesern mangelt. Es scheint, daß gerade die schulischen Pflichtübungen vielen Iren die Wertschätzung ihrer »nationalen Sprache« ausgetrieben haben, die zudem als Widerspruch zu einer immer stärker vom Englischen und Amerikanischen geprägten modernen Industriegesellschaft empfunden wird.

Seit 1972 sind Englisch und Irisch gleichberechtigte Amtssprachen der Republik Irland. De facto ist Irland seit dem 20. Jahrhundert ein überwiegend englischsprachiges Land. Nach Angaben des irischen Instituts für Sprachwissenschaft vom März 1994 sprechen 11 Prozent der Bevölkerung Irisch fließend oder gut, aber nur 2 bis 3 Prozent – zur Hälfte Einwohner der *gaeltachtaí* – benutzen es ständig oder häufig im Alltag, 71 Prozent dagegen nie. Die aktiv Irischsprechenden sind zudem fast alle Zweisprachler. Die offiziellen Sprachverbreitungskarten der Republik Irland geben heute ein geschöntes Bild wieder. Denn in vielen der zu *gaeltachtaí* erklärten westlichen Gebiete ist *an teanga* (die Sprache), wie man in Irland gern das Irische umschreibt, als Alltagssprache bereits tot oder wird mit der Generation der heute 50jährigen aussterben. Das liegt nicht zuletzt daran, daß Irischsprechende oft eine recht abschätzige Meinung über ihre Sprache besitzen. Irisch trug seit der englischen Kolonisation den Makel von Armut, Rückständigkeit und Unbildung. Ohne Englischkenntnisse konnte kein Ire auf fremden Schiffen anheuern und keine Irin sich beim nächsten Gutshof verdingen. Außerhalb Irlands zählten Irischkenntnisse nichts, Englisch dagegen fast alles. Die sogenannten Nationalschulen, die ab 1830 überall in ländlichen Gebieten eingerichtet wurden, trugen erheblich zum Niedergang des Irischen bei. Unterrichtet wurde ausschließlich in Englisch, gleichgültig, ob es die Schüler verstanden oder nicht. Die Wertschätzung ausländischer, vor allem deutscher Philologen, die Ende des 19. Jahrhunderts Irisch als archaischste sowie bestdokumentierteste unter den lebenden keltischen Sprachen entdeckten, beeindruckte die westirischen Bauern und Fischer wenig. Irische Identität gründet sich seit dem 19. Jahrhundert zunehmend auf den Katholizismus und immer weniger auf die Sprache.

Inzwischen bilden die *gaeltachtaí* isolierte kleine Sprachinseln, die zwar dank des *Gaelic revival* wieder eine standardisierte Schriftsprache, jedoch keine überregionale Umgangssprache mehr besitzen. Dialektunterschiede zwischen dem nördlichen Ulsteririsch in Donegal, dem westlichen Connachtirisch in Galway und Nordmayo sowie dem südlichen Munsteririsch in Teilen von Cork, Kerry und Waterford erschweren die Aneignung des modernen Irisch ebenso wie der Umstand, daß Irisch lautlich zu den kompliziertesten Sprachen der Welt zählt und eine zutiefst verwirrende Rechtschreibung besitzt, die mit nur 18 Buchstaben etwa 60 Laute wiederzugeben versucht. Zahlreiche Vokalhäufungen machen sie für Uneingeweihte nahezu unaussprechbar.

■ Land der Harfe – irische Musik

Musik begleitet das Leben der Iren buchstäblich von der Wiege bis zur Bahre. Gesungen und musiziert wird weit häufiger und spontaner als in Deutschland. Die Wurzeln der traditionellen Musik liegen in der Bardendichtung, deren Versmaße, Rhythmik und Metren die musikalischen Tempi und Formen bestimmten. Diese Herkunft zeigt sich vor allem in der Vokalmusik, in Irland fast immer unbegleiteter Sologesang. Häufig wird er im rezitativen, nur eine Oktave umfassenden »alten Stil« *(Sean nós)* auf irisch vorgetragen, der mit seiner freien, ganz von der gefühlsmäßigen Interpretation des Sängers abhängigen Rhythmik eher nahöstlich als europäisch anmutet. Diese eigentümliche Vortragsweise wurde besonders stark von der akzentuierenden Assonanzendichtung der Barden geprägt, bei der es auf einen Gleichklang der Vokale am Versende ankam.

Von der höfischen Musikkultur des frühen Mittelalters ist wenig bekannt. Überliefert ist, daß in den Bankhallen der Könige und Sippenführer Dichter ihre Werke zu Instrumentalbegleitung vortrugen. Ebenso wie Griechen und Inder unterschieden die Iren ihre Musik nach der Wirkungsweise: Goltraige, Gentraige und Suantraige – traurige, lustige und in Schlaf versetzende Musik. Zur Gelehrtenkaste gehörten neben Dichtern *(filid)* und Barden auch Harfner und umherziehende Spielleute. Das wichtigste höfische Begleitinstrument war die aus Weidenholz gefertigte Harfe, vermutlich meist mit 30 Metallsaiten ausgestattet wie bei dem im Trinity College zu sehenden Exemplar aus dem 15. oder 16. Jahrhundert. Diese Harfen wurden, an die linke Schulter gelehnt, mit langen Fingernägeln angeschlagen. Im ausgehenden Mittelalter jedoch war die irische Musik zeitweilig von der kontinentaleuropäischen Entwicklung abgeschnitten, der Übergang zur Polyphonie sowie die Einführung des Dur-Moll-Systems wurde nicht nachvollzogen. Statt dessen behielt man die sechs Modi (modale Tonarten) des Mittelalters bei, die in der Musik des übrigen Europa seit dem 18. Jahrhundert nicht mehr geläufig waren.

Unter Elisabeth I. wurden die Dichter als Hochverräter oder Hexen verfolgt, ebenso die Harfner, Dudelsackspieler und Spielleute. In der Cromwellzeit (Mitte 17. Jahrhundert) mußten sich alle irischen Musikanten behördlich registrieren lassen. Als typisch ›papistisch‹ geltende, also gälische, Instrumente wurden vernichtet, so daß ein Zeitgenosse vermutete, es werde bald in Irland keine einzige Harfe mehr geben. Viele Dichter und Harfner – meist war jetzt beides in einer Person vereint –, die die Verfolgungen überstanden hatten, mischten sich unter die Musikanten des einfachen Volkes, da sie keine adeligen Gönner mehr hatten. Dadurch kam es zu einer bis heute spürbaren Vermengung höfischer und volkstümlicher Musiktradition. Bardische Gedichtformen wie die *aislingi* (wörtlich »Träume«), Visionsgedichte, gingen in das allgemeine Liedgut ein.

Die *ascendancy* war weit weniger kunstbegeistert und musikalischer Unterhaltung zugeneigt als zuvor gälische und anglonormannische Adelige. Dennoch fanden sich vereinzelt auch im 17. und 18. Jahrhundert noch Gönner für die Harfner, die die alte Kunst beherrschten. Der berühmteste dieser neuzeitlichen Vertreter war der blinde Harfner und Barde Turlough O'Carolan (1670–1738), von dem etwa 200 Melodien erhalten sind, die unter dem Einfluß des italienischen Barock stehen. Der Schriftsteller Oliver Goldsmith, der O'Carolan einst im Wettstreit mit einem anderen Musiker erlebte, hebt an ihm hervor, was schon aus früheren Jahrhunderten über irische Dichter und Musiker berichtet worden war: eine hervorragende Improvisationsgabe bei gleichzeitigen außergewöhnlichen Gedächtnisleistungen. 1792 veranstaltete der damals erst neunzehnjährige Organist und Sammler tradierter Weisen, Edward Bunting, in seiner Heimatstadt Belfast ein Festival mit den zehn besten Harfnern Irlands. Sechs der Teilnehmer waren blind, drei über 75 Jahre alt. Bunting zeichnete die alten *airs* dieser letzten Vertreter des einst so bedeutenden Berufsstandes auf, allerdings, dem Geist der Zeit entsprechend, wenig werkgetreu. Im 19. Jahrhundert starb die ehrwürdige Harfnertradition gänzlich aus, wandernde Balladensänger traten an die Stelle der Barden und Harfner. Allen Verfolgungen zum Trotz aber war die Harfe seit dem 16. Jahrhundert zum Staatswappen geworden, das ausgerechnet der englische König Heinrich VIII. erstmals seinen Münzen aufprägen ließ. Ende des 18. Jahrhunderts wurde sie sogar zum Wahrzeichen der revolutionären United Irishmen, nun ergänzt um das Symbol des französischen Republikanismus, der Phrygiermütze. Die United Irishmen fügten ihr das Motto hinzu: «Sie ist neu gestimmt und wird vernommen werden!«

Die Volksmusik aber blühte in Irland länger als bei allen anderen europäischen Industrienationen. Wirtschaftliche Rückständigkeit und politische Unterdrückung machten Singen und Tanzen neben dem traditionellen Geschichtenerzählen zur alleinigen Freizeitunterhaltung der armen Schichten. Allerdings blieb die Musik nicht unberührt von fremden Einflüssen. Die Massenflucht irisch-katholischer Kämpfer nach Frankreich und im 19. Jahrhundert die Arbeitsemigration nach Schottland und England brachten neue Impulse. Zwei der heute als typisch irisch geltenden Volksmusikinstrumente, die *fiddle* (Geige) sowie die *uileann pipes* (irischer Dudelsack), entspringen dem französischen Musikeinfluß des 17. Jahrhunderts. Letzterer stellt eine Mischform dar zwischen dem großen gälischen Dudelsack, der über ein Mundstück geblasen wird, und der französischen *musette*, die man mit dem Ellenbogen (ir. uileann) zum Erklingen bringt. Weitere traditionelle Instrumente sind die mit Ziegenfell bespannte, dumpf klingende *bodhrán*-Trommel sowie die sechslöchrige Blechflöte *(tin whistle)* mit einem durchdringenden Klang. Aber auch Akkordeon, Gitarre und Banjo dienen zur Begleitung irischer Volksmusik, Ende der 60er Jahre bürgerte sich sogar das kleinasiatisch-griechische Saiteninstrument Busuki ein.

Die im 19. Jahrhundert immer stärker spürbare Anglisierung zeigte sich auch in der Musik. Populäre englische Balladentexte wurden zu tradierten irischen Melodien gesungen, oder es wurden umgekehrt englische oder schottische Liedweisen für irische Texte übernommen. Selbst unter den *rebel songs*, den Kampf- und Widerstandsliedern aus der Zeit des antibritischen Kampfes im 19. und 20. Jahrhundert, finden sich derartige Adaptionen. *The Foggy Dew* beispielsweise, einer der populärsten Songs über den Osteraufstand von 1916, besitzt die Melodie eines bekannten englischen Liedes. Rebel songs machen bis heute einen erheblichen Anteil unter den Volksweisen aus.

Volkstümliche Instrumentalmusik war ab dem 17. Jahrhundert vorwiegend Unterhaltungs- und insbesondere Tanzmusik. Tanzvergnügen *(céilithe)* fanden meist spontan, im Sommer oft an Straßenkreuzungen statt, den beliebten ländlichen Treffpunkten. Im 18. Jahrhundert, in dem die traditionelle Musik wohl ihre heutige Prägung erhielt, reisten zahlreiche Tanzmeister durch die Lande, um den Lerneifer aller Schichten zu befriedigen. Damals entstanden die meisten irischen Tanzkompositionen – *jigs, reels,*

hornpipes und *polkas*. Auswanderer machten sie in Amerika und Australien populär. Die Einflüsse irischer Volksmusik auf Country, Western oder Bluegrass Music sind unüberhörbar, amerikanischer Stepdance besitzt seine Wurzeln im irischen *tap dance*. Kennzeichnend für den irischen Volkstanz ist der große Gegensatz von lebhafter Beinarbeit und dem ab der Hüfte ›steifen‹ Oberkörper.

Traditionelle und Volksmusik wird in Irland seit 1922 auch offiziell, zum Beispiel im Staatssender Radio Éireann, gepflegt. Auf dem Land blieb die Tradition der Céilithe, meist im Gemeindehaus durchgeführt, bis in die 50er Jahre lebendig. 1951 wurde die Comhaltas Ceoltóirí Éireann zur Förderung traditioneller Musik gegründet. Für Musikliebhaber lohnt ein Besuch dieser Einrichtung am Belgrave Square im Dubliner Ortsteil Monkstown, da dort während der Sommermonate zahlreiche Veranstaltungen stattfinden. Einen starken Einfluß auf Erhalt und Pflege der Musiktradition übte vor allem der irische Komponist Seán O'Riada (1931–1971) aus. Er entdeckte alte Harfenkompositionen und legte seinen eigenen Werken Tanzweisen sowie Volkslieder zugrunde. Aus dem von ihm gegründeten ›Kammerorchester‹ Ceoltóirí Cualann gingen die »Chieftains« hervor, inzwischen Irlands wohl bekannteste Musikgruppe und Gralshüter traditioneller Musik, die gerne mit den unterschiedlichsten Stars zusammenarbeiten, darunter etwa James Galway, Sting oder Marianne Faithful. Bekannt sind ferner Gruppen wie »Planxty«, die legendäre »Bothy Band«, »De Dannan«, »Clannad« und andere. »Clannad« aus der Donegaler *gaeltacht* gehört zu den in Irlands Folk recht häufigen Geschwistercombos. Ihre gekonnten, irisch- und englischsprachigen Tracks gelangten auch dank Filmmusik zu Ehren. Besonders erfolgreich ist mit ihren eigenwilligen Kompositionen die in klassischer Musik ausgebildete Solistin der Gruppe, die inzwischen allein auftretende Enya. Die Kelly Family dagegen besteht aus US-Bürgern, die als Iren verkleidet sind und erfolgreich den deutschen Massengeschmack bedienen.

Das Folk Revival der 60er Jahre gab der Musikbewegung neuen Aufschwung, vor allem als irische Gruppen wie die »Clancy Brothers«, »Dubliners«, »Thin Lizzy« sowie die »Fureys and Davey Arthur« auch internationale Erfolge feierten. Die »Dubliners« pflegen als *ballad group* noch immer in anspruchsvoller Weise das Liedgut der *traditional music*, eines Genres, das sonst wegen der Gefühlsintensität irischer Volksweisen nur allzuoft in Kitsch abgleitet. Als Solist ist hier ferner Paddy Reilly zu loben, ein souveräner Interpret, der seit 1970 Balladen und traditionelle Songs auf dezente Art vorträgt. Der 1973 verstorbene Flötist, Whistle-Spieler und Sänger Willie Clancy gehörte zum engsten

Kreis jener Musiker, die den irischen Folk im 20. Jahrhundert nachhaltig geprägt haben. Etliche überwiegend aus Frauen zusammengesetzte Bands belegen ferner den hohen Stellenwert der Weiblichkeit, vor allem als Texterinnen und Interpretinnen, im derzeitigen irischen Musikleben: etwa die achtköpfige iro-amerikanische Band »Cherish the Ladies« oder die sechsköpfige Belfaster Gruppe »Deanta« mit dem Harfisten Eoghan O'Brien als einzigem Mann. Das größte Ereignis auf dem Gebiet des, thematisch wie von der Interpretation her, als ›Frauenmusik‹ definierten Folk war 1992 das Erscheinen der zwischen Folk und Rock angesiedelten Platte *Only a Woman's Heart*, der heute meistverkauften LP in der irischen Geschichte. Sie machte die als »überragend« gepriesene Stimme der Violinistin Eleanor McEvoy vom National Symphony Orchestra of Ireland über Nacht berühmt. Die beliebte Sängerin Mary Black, mit der McEvoy den Titelsong darbot, beherrscht wohl besser als sonst jemand die Gratwanderung zwischen Folk und Pop.

Seit 1993 bietet das Ensemble »Anúna« ein breitgefächertes Repertoire keltischer Musik aus zwölf Jahrhunderten. Ganz der Tradition verhaftet ist ebenfalls der Solist Barry Gleeson, der sein traditionelles Repertoire mit volltönender Baßstimme vorträgt, aber auch eigene Texte verfaßt. Weit experimenteller geht die Dubliner Band »Kila« um den Sänger und Flötenspieler Colm O'Snodaigh vor, deren ›neokeltische‹ Musik eher an afrikanische *roots music* erinnert. Insgesamt sind im irischen Folk Gruppen zugunsten von Solisten und Duos zurückgegangen. Der Balladensänger und Gitarrist Christy Moore begeistert seit 1969, als er sein erstes Album herausbrachte. Von den Virtuosen im Bereich des Folk sind hervorzuheben: Eileen Ivers, Marlin Haynes und Máire Breatnach, hervorragend auf der Viola, der Fiddle oder beidem, das Duo Nollaig Casey und Arty McGlynn (Fiddle und Gitarre), Máire Ní Chathasaigh und Chris Newman (Harfe und Gitarre), Siobhan Bhreathneach (Harfe), Davy Spillane (Dudelsack), John Williams (Akkordeon) und Seán Ryan (Tin whistle). In den 80er Jahren gründete sich der internationale Ruhm irischer Musik zunehmend auf Erfolge von Rockgruppen wie »U2« oder einzelnen Interpreten wie Kate Bush, dem Softrocksänger Chris de Burgh oder der in den USA lebenden, einst glatzköpfigen Chanteuse Sineád O'Connor, deren Herz unüberhörbar für die republikanische Sache schlägt. In Nordirland besitzt sie in dem produktiven Belfaster Bluessänger und Texter Van Morrison ein Gegenstück. »Van The Man« liebäugelt auch immer wieder mal mit einer Synthese von Jazz und irischer Roots music. Unter den Rockgruppen sind die »Cranberries« aus Limerick nach »U2« die erfolgreichste Band. Die meisten ihrer Stücke hat die Sängerin Dolores O'Riordan getextet und mitkomponiert.

■ Aus Irlands Küchen, Kellern und Kneipen

Entgegen seinen sonstigen Reizen gilt Irland nicht gerade als Mekka für Feinschmecker. Die Riesenportionen an Fleisch, Weizenkuchen und Bier, die den Sagen nach auf königlichen Festen vertilgt wurden, sind nicht nur epischer Übertreibung geschuldet. Bis heute ersetzt oft Masse die Klasse irischer Speisen, die der Kultur eines Viehzüchtervolkes entsprangen: gut in ihren Bestandteilen, aber ohne Raffinesse.
Normannen und Engländer besserten seit dem Ende des 12. Jahrhunderts tüchtig nach. Die Normannen führten Frösche, Kaninchen und den Anbau von Hülsenfrüchten ein. Auf die Cromwellzeit geht der *simnel cake* zurück, der mit Whiskey zubereitete traditionelle Osterfrüchtekuchen. Seit dem 17. Jahrhundert wurde der Truthahn auch in Irland zum Inbegriff des Weihnachtsmahls, zu dem seit Ende des 19. Jahrhunderts ebenfalls der *Christmas pudding* gehörte, eine dem englischen Plum pudding eng verwandte Kalorienbombe. Im Laufe des 19. Jahr-

hunderts traten außerdem, vom anglisierten Dublin aus, Weißbrot und Schwarztee ihren Siegeszug an. Halbwegs genießbar ist das pappige Industrieweißbrot nur getoastet, weit annehmbarer das *brown soda bread* aus Vollkornmehl, ein helles, ohne Hefe hergestelltes ›Braunbrot‹.

Bedeutender als Brot und Getreide aber war und ist das Rind. Sein Fleisch bildete im Winter, seine Milch im Sommer die Grundlage der Ernährung, bevor sich die Kartoffel als Lebensmittel durchsetzte. Viele der bekanntesten irischen Speisen sind Kartoffelgerichte oder haben Kartoffeln zum wichtigen Bestandteil: *Boxty*, der irische Vetter des deutschen Puffers, besteht zu je einem Drittel aus Stampfkartoffeln, Reibkartoffeln und Mehl. Es gibt ihn traditionell, nur mit einem Klacks Butter oder Honig angereichert, am 1. Februar, dem Tag der hl. Brigid. Mit Abstand am berühmtesten wurde im Ausland der Eintopf *Irish stew*: Hammelfleisch und Möhren, Zwiebeln und Kartoffeln sind obligatorisch, Pastinaken und weiße Rüben werden nach Geschmack hinzugefügt.

Auffällig wirkt die Zurückhaltung der Iren beim Fisch. Zur Erklärung wird der Umstand bemüht, daß ihnen als Rinderzüchtern ein saftiges Steak mehr bedeute als das herrlichste Fischgericht. Zudem gilt Fisch als Fastenspeise und wird mit der traumatischen Großen Hungersnot assoziiert. Da wundert es nicht, wenn Irland bis heute keine moderne Fangflotte aufgebaut hat und seine Fischgründe von Spaniern, Franzosen und anderen Miteuropäern geleert werden. Für den eigenen Verzehr kommen offensichtlich nur Lachs, Forelle, Aal und in geringem Maße Makrele und Hering in Betracht. Der Atlantiklachs ist volkswirtschaftlich am bedeutendsten. Seit der den Inselkelten heilige ›Lachs der Weisheit‹ zum allgemein erschwinglichen Nutzfisch degradierte, sind allerdings die Wildlachsbestände gefährdet. Schuld daran trägt nicht nur eine Befischung mit Treibnetzen, sondern auch die immer noch spottbillig erteilten Angelgenehmigungen. Die Irische Fremdenverkehrszentrale wirbt gezielt um Angeltouristen, die von Neujahr bis Ende September auf den Fisch losgehen dürfen. Zuchtlachse bilden einen zunehmend wichtigen Bereich der industriellen Massentierhaltung. Weniger eingebürgert ist der Verzehr von Krusten- und Schalentieren wie Hummer *(lobster)*, die vorwiegend nach Frankreich exportiert werden, sowie Taschenkrebsen *(crabs)*. Spezifisch irisch und sehr gesund, da cholesterinfrei, reich an Jod, Spurenelementen und natürlicher Gelantine sind die beiden Algenarten Carragheen (Knorpeltang, Chondrus crispus; ir. carraigín; auch Irish Moss) und Dulse (Speiserotalge; auch Dillisk), die man frisch in Lebensmittelläden, getrocknet in *health shops* oder kontinentalen Reformhäusern kaufen kann. Aus Carragheen läßt sich mit Milch, Vanillearoma, einem Ei sowie Zucker eine aparte Nachspeise bereiten. In der irischen Naturheilkunde wird es bei Hustenbeschwerden eingesetzt, Dulse dagegen hilft gegen Kopfschmerz und Verstopfung.

Was die Eßgewohnheiten betrifft, ähneln die Iren am stärksten ihren britischen Nachbarn. Wie in England folgt einem herzhaften, kalorienreichen Frühstück *(breakfast)* mit Orangensaft, *cereals* (*cornflakes* oder anderen Körnerprodukten), *fries* (Spiegel- oder Rühreiern mit Speck, Würstchen und Tomaten) sowie Toast, Butter und Orangenkonfitüre *(marmalade)* ein kargeres Mittagessen *(lunch)* mit belegten Broten *(sandwiches)* und eventuell einer Suppe. Bei *high tea*, zwischen 16 und 19 Uhr, gibt es eine leichte warme Mahlzeit wie zum Beispiel *shepherd's pie* (Auflauf aus Hackfleisch und Kartoffelbrei), die von *scones (tea bread)* mit *jam* (Erdbeermarmelade) beendet wird. Ab 19 Uhr wird die warme Hauptmahlzeit *(dinner)* eingenommen, im Restaurant mit drei bis vier Gängen, für die jeweils mehrere Gerichte zur Wahl stehen. Zum Abschluß wird Kaffee oder Tee gereicht, letzterer meist ein in Beuteln aufgebrühter Verschnitt *(blend)* minderer, kräftiger Sorten, der mit reichlich Milch und Zucker sowie unter Beigabe von Keksen *(biscuits)* genossen wird.

Ruhmvoller als die Erzeugnisse irischer Küchen sind die seiner Keller. Wer sein blaues Wunder erleben will, ist auf der trinkfreudigen grünen Insel gerade richtig. Ebenso wie die Germanen liebten die Gälen den berauschenden Honigtrunk (ir. méa), den sich die Hochkönige von Tara am liebsten mit Haselnüssen gewürzt vorsetzen ließen. Die Bienen soll der hl. David von Wales im 6. Jahrhundert Irland gestiftet haben. Etwa um dieselbe Zeit lernten die Iren dank ihrer Kontakte zum christlichen Orient, Alkohol zu destillieren. Dem *uisce beatha* (gespr. ischki bäha), dem heilkräftigen »Lebenswasser« schrieb man bei mäßigem Genuß eine Verlangsamung des Alterungsprozesses zu, die Beseitigung der Traurigkeit und die Anregung des Geistes. Es verhindere Zähneklappern und Lispeln ebenso wie Wurmbefall (Nagl, S. 8). Seitdem haben unzählige Geschlechter in tapferem Eigenversuch die Wirkungsweise des Kornbranntweins Uisce beatha ergründet, den die Normannenkrieger Heinrichs II. im späten 12. Jahrhundert zu *whisk(e)y* verballhornten. Ob mit »ey« wie in Amerika oder nur mit »y« geschrieben wie beim Scotch, war in Irland, dessen Destilleriebesitzer meist aus Schottland stammten, bis weit ins 20. Jahrhundert unentschieden. Inzwischen hat man sich den Amerikanern angepaßt.

Die Normannen brachten auch die Kultur des Weinkonsums mit, die im irischen Westen dank direkter Handelsbeziehungen mit der Iberischen Halbinsel blühte. Bevor die Engländer das Land ab dem 17. Jahrhundert immer fester in den Griff bekamen, bildeten – neben Wasser und Milch – Whiskey, der Wacholderschnaps Gin sowie Bier die geistig-flüssige ›Nahrung‹ der Iren.

»Irischer Lunch«, wie ihn das Tourismusgewerbe preist: Mit Austern, gebuttertem Soda-Brot und einem Glas Stout

1661 versuchte der englische Fiskus, die chronisch leere Staatskasse zu füllen, indem er die Trunksucht seiner Untertanen besteuerte. Diesen ersten Anschlag auf ihre Brau- und Brennfreiheit ignorierten die Iren glatt. Erst 100 Jahre später gelang es den Steuerbehörden allmählich, die unlizensierten Destillen – und mit ihnen die Hälfte der irischen Nation – zu kriminalisieren. Zum Schutz des lizensierten *parliament whiskey* begann nun die Jagd auf die *illegals*, die aber vor allem in ländlichen Gebieten fortfuhren, den farblosen *poitín* (Töpfchen) zu brennen, einen hochprozentigen Schnaps. Ihr Kampf für die irische Brennfreiheit erreichte seinen heroischen Höhepunkt Ende des 18. Jahrhunderts, als sie eigene Verbände zum Schutz des *mountain dew* (»Bergtau«) gründeten, wie eine der vielen konspirativen Umschreibungen für den in stiller Berg-, Heide- oder Moorödnis erzeugten Schnaps lautete. Es galt, das Anrücken der Staatsmacht rechtzeitig auszuspähen, um dann die Polizisten in offener Feldschlacht zu vertreiben oder durch List auszuschalten, etwa durch ein absichtsvoll ausgesetztes Fäßchen *poitín*, an dem sich die Ordnungshüter bis zur Handlungsunfähigkeit berauschten. In Särgen wurde das kostbare Naß bei vorgetäuschten Beerdigungen in die Marktflecken und zu den Kunden gebracht, und so mancher ›Getreidesack‹ enthielt mehr ›Korn‹ als Getreide. Hochburg des erfolgreichen Brennerwiderstands war das entlegene Donegal, insbesondere die Halbinsel Inishowen, »wo«, wie der nordirische Schriftsteller und Alkoholiker Seán McGuffin kenntnisreich berichtet, »von Geburt an jeder ein Schmuggler oder ein Schwarzbrenner war.« Erst Steuersenkungen beim *parliament whiskey* und eine gleichzeitige Einführung drakonischer Strafen

113

machten Anfang des 19. Jahrhunderts das gesetzlose Destillieren immer unrentabler. Die Zukunft des irischen Whiskey lag bei der fabrikmäßigen Herstellung, die in riesigen Kupferbrennblasen erfolgte. Dieses *pot still*-Verfahren, eine drei- bis 20jährige Reifezeit in Eichen-Sherry-Fässern und das dreifache Brennen des Destillats – im Unterschied zum zweifach gebrannten Scotch – verliehen den fabrikmäßig gefertigten *Irish whiskies* höchste Qualität. Weitere Kennzeichen sind, daß sie nicht mit leichteren oder unreifen Destillaten verschnitten werden, sondern nur mit demselben Brand verschiedener Jahrgänge. Irischem Whiskey fehlt der Rauchton des Scotch, denn zum Heizen der Darre, in der die ungemälzte Gerste getrocknet wird, benutzt man bewußt Kohle statt Torf. Die bekanntesten Marken sind Jameson, Powers, Paddy's und Tullamore Dew. Der nordirische Bushmills Malt bildet die Ausnahme von dieser Geschmacks- und Produktionsregel. Im 20. Jahrhundert gerieten die irischen Whiskeyerzeuger in eine schwere Krise, nachdem es ihren Mitbewerbern aus Schottland gelungen war, erst den englischen und dann den amerikanischen Markt mit leichteren und billigeren Erzeugnissen zu erobern. Die Iren standen vor dem Dilemma, sich anzupassen oder an den eigenen hohen Qualitätsansprüchen festzuhalten. Sie entschieden sich fast durchgängig für die Qualität, bewahrten ihren heimischen Markt und verloren zeitweilig den ausländischen. Die fünf übrig gebliebenen Brennereien schlossen sich 1966 zur Kooperative der »Irish Distillers Group« zusammen.

Bier, das zweite Standbein irischer Trinkkultur, heißt entweder *lager* (Helles) oder *stout* (›Starkbier‹) beziehungsweise schlicht »Guinness«. Die legendäre Firmengeschichte begann 1759 mit der Ankunft von Arthur Guinness in Dublin, wo er eine der damals zahlreichen kleinen Brauereien aufkaufte. Hier brauten er und seine Nachfahren bis 1799 »Dublin ale«, danach »Entire beer«, eine dunkelfarbige Mischung aus verschiedenen Bierwürzen, die sich erst bei der britischen Arbeiterschaft, später auch bei der Oberschicht größter Beliebtheit erfreute und in Dubliner Krankenhäusern sogar als Stärkungsmittel verabreicht wurde. Ihren Namen *porter* verdankte sie den Lastenträgern (porters) vom Londoner Covent Garden, die das kräftigende Gebräu besonders schätzten. Der eigentliche Durchbruch aber gelang 1924 mit »Guinness's Extra Stout Porter«, einer stärkeren Version, für die sich bald die Kurzform *stout* (stark, füllig) durchsetzte. Als sich in den 60er Jahren der Geschmack zugunsten von hellem Bier wandelte, stellte Guinness seine Produktion auf *ale* um und ab 1974 die Herstellung von Porter gänzlich ein. *Stout* ist seitdem das einzige Dunkelbier der Guinnessbrauerei. Dieses Ober-

gärige gehört heute allerdings mit nur noch 4,3 Prozent Alkoholanteil lediglich farblich und geschmacklich zu den Starkbieren. Seine an Moorwasser erinnernde Farbe verdankt es unvermälztem, über Buchenscheiten geröstetem Getreide, das die Guinnessbrauer ihrer Maische beisetzen. Die sahnige Blume und der vollmundige, herbe, durch kräftigen Hopfen erzeugte Geschmack stellen weitere Kennzeichen dar. Guinness besitzt ein Imperium, das das in 22 Brauereien hergestellte ›schwarze Gold‹ in derzeit 120 Staaten liefert. 47 Prozent des irischen Bierkonsums entfallen auf Stout und damit zum größten Teil auf Guinness. Der vereinigte Bierdurst von Iren, Briten und anderen hat die Guinnessfamilie zu Multimilliardären gemacht und ihr den Adelstitel eingebracht. Am Beginn des institutionalisierten Trinkens standen Postkutschenherbergen und *shebeens*, heimliche, weil unlizensierte

Verkaufsstätten für Poitín, die ihre Ware diskret durch ein Bündel Torf am Fenster anpriesen. Seit dem 17. Jahrhundert breitete sich ein flächendeckendes Netz lizensierter Schankhäuser über Irland aus – vom prächtigen viktorianischen Stadtpub mit Messing und Mahagonitäfelung bis zur einfachsten Landkneipe mit resopalbeschichteten niedrigen Tischchen, Fernseher und vielleicht noch einem Dart-Brett. »The real ones«, die »wahren Werte des Lebens«, genießen Iren am liebsten gesellig. *Pubs* sind unverzichtbare Treffpunkte, Kommunikations- und Kulturzentren, verlängerte Wohnzimmer sowie Zufluchtsstätten. Hier wird nicht nur getrunken, mittags oft auch gegessen, geredet, getratscht, musiziert, hier wurden auch Aufstände ausgeheckt. Ursprünglich war der Pub eine reine Männerdomäne. Die Akzeptanz gegenüber unbegleiteten weiblichen Gästen ist zwar, nicht zuletzt dank des Tourismus, inzwischen in fast allen Kneipen gegeben, doch kann es der Alleinreisenden in ländlich-sittsameren Gegenden noch immer geschehen, daß sie aus dem Schankraum in die *lounge* gebeten wird, wo es meist etwas teurer, leerer, die Luft geringfügig besser, aber die Stimmung viel langweiliger ist. Dafür darf frau ihr Glas vor einem Kamin leeren, in dem im seltenen Glücksfall ein Feuer lodert. Na, dann Prost – *sláinte*!

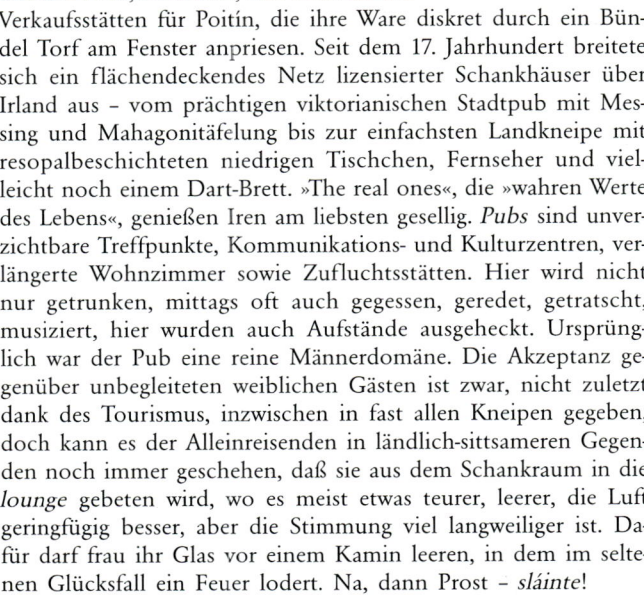

In den Pubs kann der Besucher mitunter nicht nur gutes Bier, sondern auch gute Musik genießen

Reisen über die grüne Insel

Das Wohin hängt von Ihren Wünschen ab: Kultur, Natur oder beides? Einer groben Verallgemeinerung zufolge ist Irlands Westhälfte landschaftlich attraktiver, der fruchtbare und daher stärker anglisierte Osten hingegen reicher an Kulturdenkmälern sämtlicher Epochen. Wie gesagt, eine mehr als grobe Einteilung. Denn der Westen hat quantitativ wie qualitativ ebenbürtige Monumente vorzuweisen, mit Ausnahme der hier spärlicher vertretenen anglonormannischen Wehr- und Sakralbauten.
Was die Naturschönheiten betrifft, bietet sich eine reichhaltige Palette. Wem die Verbindung von Bergen und Küsten besonders zusagt, wird im Osten und Westen seine Ziele finden, angefangen von den heidebedeckten Mourne-Bergen im Nordosten über die teilweise noch bewaldeten Wicklow Mountains bis hin zu den Höhenzügen Kerrys. Nur Connemara und Donegal bilden Ausnahmen, denn hier erheben sich die Berge im Binnenland. Mit großartiger Klippenszenerie, weiten Panoramen und zerklüfteten Küsten warten Westcork und Südkerry einschließlich der Dinglehalbinsel auf, ferner Clare, Mayo, Antrim und wiederum Donegal. Der Burren in Nordwestclare stellt Irlands bizarreste und berühmteste, doch keineswegs einzige Karstregion dar. Seenplatten und Seen jeder Größe prägen die hügeligen bis flachen Midlands. Nicht minder typische irische Landschaften sind die weitläufigen Torfmoore, unter denen noch so mancher sensationelle archäologische Fund vermutet wird, sowie die Drumlinhügel und saftigen Weidegebiete in den Flußniederungen Südostleinsters und Munsters. Eine besonders faszinierende Welt erschließt sich Ihnen auf den Inseln vor der Insel, den bewohnten wie den nicht mehr besiedelten. Sie erhielten darum im folgenden den ihnen gebührenden Raum. Strände mit feinstem Sand verteilen sich über sämtliche Küsten. Hinweisschilder zeigen Ihnen den Weg zum nächsten Badestrand und zu besonders prächtigen Aussichtspunkten und Picknickplätzen.
An Dublin kommt man allerdings nicht vorbei. Heute, wo das irische Schienennetz dünner als vor 100 Jahren ist, lassen die restlichen, strahlenförmig auf Dublin zulaufenden Eisenbahnstrecken die irische Hauptstadt erst recht wie eine Spinne im

Netz wirken. Trotz Fährhäfen an der Ost- und Südküste sowie dem vor allem von Charterflügen benutzten Flughafen Shannon bei Limerick oder dem internationalen Flughafen Belfast bleibt Dublin der wichtigste und häufigste Ankunftsort für Irlandbesucher. Es steht darum auch am Beginn der Routenbeschreibung, die natürlich nach keltischem Brauch »deisiol«, also »sonnenläufig« und im Uhrzeigersinn um die Insel führt – denn nur dies ist die segensbringende Richtung der Fortbewegung. Von hier aus folgen Sie auf den Spuren der Wikinger dem Küstenverlauf unter gelegentlichen Vorstößen ins Binnenland, meist entlang der breiten Flußniederungen.

Wie Sie die Reise durchführen, hängt ganz von Ihrer Zeit, Ihrem Geld und Ihrer Fitness ab. Nur Wanderern und Radfahrern erschließt sich wohl Irland in seinem ganzen Zauber, mit Düften von Heidekraut und Torffeuern, aber auch in allen seinen unangenehmeren klimatischen Aspekten: Vor allem im Südwesten kann es plötzlich solche Sturzfluten regnen, daß Sie kaum noch die Straße erkennen können. Wanderer werden die zahlreichen Hekken und Mauern als Hindernis empfinden. Doch oberhalb des eingezäunten Privatlandes bieten die *uplands* mit dem weniger fruchtbaren Gemeindeland ungeahnte Freiheitserfahrungen. *Hillwalking* ist eine herrliche Möglichkeit, einsame Landstriche und Fernsichten zu genießen.

Fahrten mit öffentlichen oder privaten Linienbussen bringen Sie, ebenso wie Bahnfahrten, am intensivsten mit Iren in Kontakt. Am abgeschottetsten von Land und Leuten sind Sie im eigenen oder gemieteten Auto, dafür aber auch schön beweglich und frei von allen Unbilden des Wetters oder der Fahrpläne. In Nordirland finden Sie die bestausgebauten, auf der Bearahalbinsel, in Nordconnacht und Donegal die holprigsten und romantischsten Straßen. Lassen Sie sich nicht durch die unterschiedlichen Schreibweisen irritieren, die für ein und denselben Ort oder dieselbe Sehenswürdigkeit in Gebrauch sein können.

Nur eines sollten Sie nicht tun, besonders als Frau: Trampen. Was noch vor zehn Jahren unbedenklich war, erscheint angesichts einer bisher unbekannten Welle von Gewaltverbrechen in Stadt und Land inzwischen auch in Irland nicht mehr empfehlenswert.

■ Dublin

Dublin, das mit sämtlichen Vororten 1,2 Millionen Einwohner zählt, besticht durch seine schöne Lage an einer weitgeschwungenen Bucht, hinter der die Dublin und Wicklow Mountains aufragen. Die dort entspringende Liffey teilt die Stadt in eine ärmere Nord- und eine wohlhabendere Südhälfte. 1988 feierte Dublin seinen tausendsten Geburtstag, 1991 war es europäische Kulturhauptstadt, beides Anlässe für die Stadtväter, »Dublin's Fair City« gründlich herauszuputzen, nachdem sie in früheren Jahrzehnten durch Abriß und unsensible Modernisierung gegen das einst harmonische Stadtbild gesündigt hatten. Deshalb haftet ihm heute eine unvermittelte Gegensätzlichkeit an: Slums grenzen an viktorianische Straßenzüge, Bankpaläste an gediegene klassizistische Bauten.

Dublin verkörpert ebensowenig Irland wie Paris Frankreich oder London England. Als Metropole bildete es stets eine Welt für sich, aufgrund seiner Verbindung mit England stellte es für lange Zeit auch einen kolonialen Pfahl im irischen Fleisch dar. Aus Kolonisten und Zuwanderern verschiedener Epochen und Nationalität entstand ein eigener, urbaner Menschenschlag: freundlich, schlagfertig, bisweilen auch hochnäsig gegenüber den chulchie, den ›Hinterwäldlern‹ aus der Provinz, die ihrerseits die Hauptstädter als Dublin Jackeens beschimpfen.

■ Hürdenfurt, Wikingerhafen und Hauptstadt – Dublins Geschichte

Seiner verkehrsgünstigen Lage an einer Furt verdankt Dublin eine bis in die späte Bronzezeit zurückreichende Besiedlung. Das »Eblona« auf der Weltkarte des alexandrinischen Geographen Claudius Ptolemäus (um 140) und das »Dyflin« der Wikinger sind beides Verballhornungen des gälischen Namens Dubh Linn (schwarzer Tümpel) für die Mündung des Poddle-Baches in die Liffey. In der Eisenzeit trafen an der Furt bei der heutigen Father-Mathew-Brücke drei große Fernstraßen zusammen. Im Irischen

121

Dublin

Dublin's Fair City
Dublin can be heaven
with coffee at eleven
and a stroll down Stephen's Green.
No need to hurry,
no need to worry,
you are a king
and the lady is a queen
Grafton Street is wonderland,
there is magic in the air,
there are diamonds in the lady's eyes
and golddust in her hair.
And if you don't believe me
just come and meet me there
in Dublin on a sunny sunday morning.

Dublin kann der Himmel sein
mit Teegebäck im Sonnenschein
und einem Bummel nach Stephen's
Green.
Du mußt dich nicht eilen
du kannst ruhig verweilen,
denn du bist ein Lord
und deine Dame ist die Queen.
Grafton Street ist Wunderland,
da liegt Zauber in der Luft,
Juwelen schimmern in ihrem Blick
und Gold auf ihrem Haar.
Und falls du mir's nicht glauben willst,
komm nur und triff mich dort:
in Dublin an 'nem schönen Sonntag-
morgen.

Dublin-Song
der 1940er Jahre

heißt Dublin noch immer Baile Átha Cliath (gespr. Bälie Aklie), die »Siedlung an der Hürdenfurt«.

Ab dem 6. Jahrhundert sind Mönchsgemeinschaften belegt, darunter Clondalkin, Finglas, Glasnevin, Tallaght, Kilmainham und andere. Sie fielen den Wikingern zum Opfer, die seit 795 plündernd dem Lauf der Liffey folgten. 841 gründeten sie, vermutlich bei der heutigen Islandbridge, eine erste Niederlassung, die vom Handel mit Silber und gälischen Sklaven sowie von Piraterie lebte. 902 jagte das vereinigte Heer mehrerer Könige die Dubliner Wikinger vorübergehend aus dem Land. Doch schon 917 kam es zu einer Neugründung, diesmal südlich der Liffey auf dem Hügel der späteren Christ Church Cathedral, wo die Wikinger ein *longphort*, eine befestigte Hafenanlage für ihre Langschiffe bauten. Aus diesem Stützpunkt ging eine Siedlung hervor, deren etwa 5 000 Einwohner im Schutz fester Erdwälle lebten. Was davon bei Ausgrabungen in den 70er Jahren zwischen Christ Church Cathedral und dem Wood Quay an der Liffey zutage trat, ging leider weitgehend verloren. Obwohl die Bürgerschaft, alarmiert und geleitet von dem engagierten Historiker und Augustinerpater F. X. Martin, protestierte und 20 000 Dubliner für die Rettung der vermutlich größten Wikingersiedlung außerhalb Skandinaviens demonstrierten, stimmte die Stadtverwaltung dem Bau zweier riesiger Büroblocks über dem Ausgrabungsgelände zu.

1170 eroberten die Normannen Dublin und verbannten die inzwischen gälisierten Hibernowikinger nach Oxmanstown (Ostmannstadt) nördlich der Liffey. Dort bauten sie eine noch mächtigere Zwingburg als Vorgängerin des jetzigen Dublin Castle. 1172 hielt Heinrich II. in Dublin Hof und übergab es den Bürgern von Bristol als Kolonie. Die außerhalb von Stadtmauer und -

graben im Süden und Westen gelegenen *liberties* (Freiheiten) entsprachen den Pfalzgrafschaften im zeitgenössischen England. Ende des 17. Jahrhunderts ließen sich glaubensverfolgte Hugenotten in der Liberty der St. Patrick's Cathedral nieder, wo ihr Gewerbefleiß die Seiden-, Popeline- und Wollweberei zur Blüte brachte. Ein Jahrhundert später strahlte Dublin das Selbstbewußtsein einer Stadt aus, die Regierungssitz des fast unabhängigen anglo-irischen Parlaments innerhalb einer Doppelmonarchie und zugleich zweitwichtigste Stadt des britischen Empire war. Anglo-irische Adelige ließen sich Stadtpaläste wie Charlemont, Leinster, Newman, Powerscourt Town House errichten. Im öffentlichen Auftrag entstanden das Rotunda Hospital, das Custom House, die Four Courts sowie das Parlamentsgebäude, ferner fand der Neu- und Ausbau des Trinity College statt. Als eine der ersten Metropolen Europas wurde Dublin mit weitläufigen Straßen, Plätzen sowie Umgehungsstraßen (North und South Circular Road) versehen. Das georgianische Dublin erstreckte sich zwischen den ab Mitte des 18. Jahrhunderts gebauten Wasserstraßen des Grand und Royal Canal (335 bzw. 154 km), die es mit den Flüssen Shannon im Westen sowie Suir und Barrow im Süden verbanden. Mit EG-Geldern soll der Royal Canal bis 1999 wieder auf seiner gesamten Länge schiffbar werden.

Nach dem jähen Ende des anglo-irischen Parlaments im Jahre 1801 gaben viele Adelige ihre Paläste auf, wobei besonders die

Bummeln in der
Dubliner Innenstadt

Dublin
(Zentrum)

Dalymc Park

Cabra Road

Old Cabra Road

Blackhorse Avenue

North Circular Road

Avondale Rd.

Prussia Street

Rathdown Rd.

Grangegorman Upper

St Brendan's Hospital

St Lawrence Hospital

North Circular Road

Aughrim Street

Oxmantown Road

Manor Street

Manor Place

Kirwan St

Grangegorman Lower

Phoenix Park

Infirmary Road

Main Road

Arbour Hill

Brunswick Street Nort

King Street No

Blackhall Place

Queen Street

Smithfield

St Michan's Church

Conyngham Road

Montpelier Hill

Parkgate St.

Benburb Street

Wolfe Tone Quay

Ellis Qy.

Arran Quay Inns

Fo Co

Heuston Station

Victoria Quay

Ushers Island

Ushers Quay

Bridge St

St John's Road

Stevens Lane

Watling Street

Bridgefoot St

St Hudoe Chur

Thomas Street West

Cornmarket

Guinness-Brauerei

Fran

St James's Street

Rainsford Street

Meath St

Old Kilmainham

Basin St Upper

Bond St

Marrowbone Lane

Pimlico

The Coombe

Ardee St

South Circular Road

Grand Canal Bank

Cork Street

Mill St

N

0   250 m

© Edition Temmen

Reuben Street

S. Circular Rd.

Donore Ave.

Brown St S.

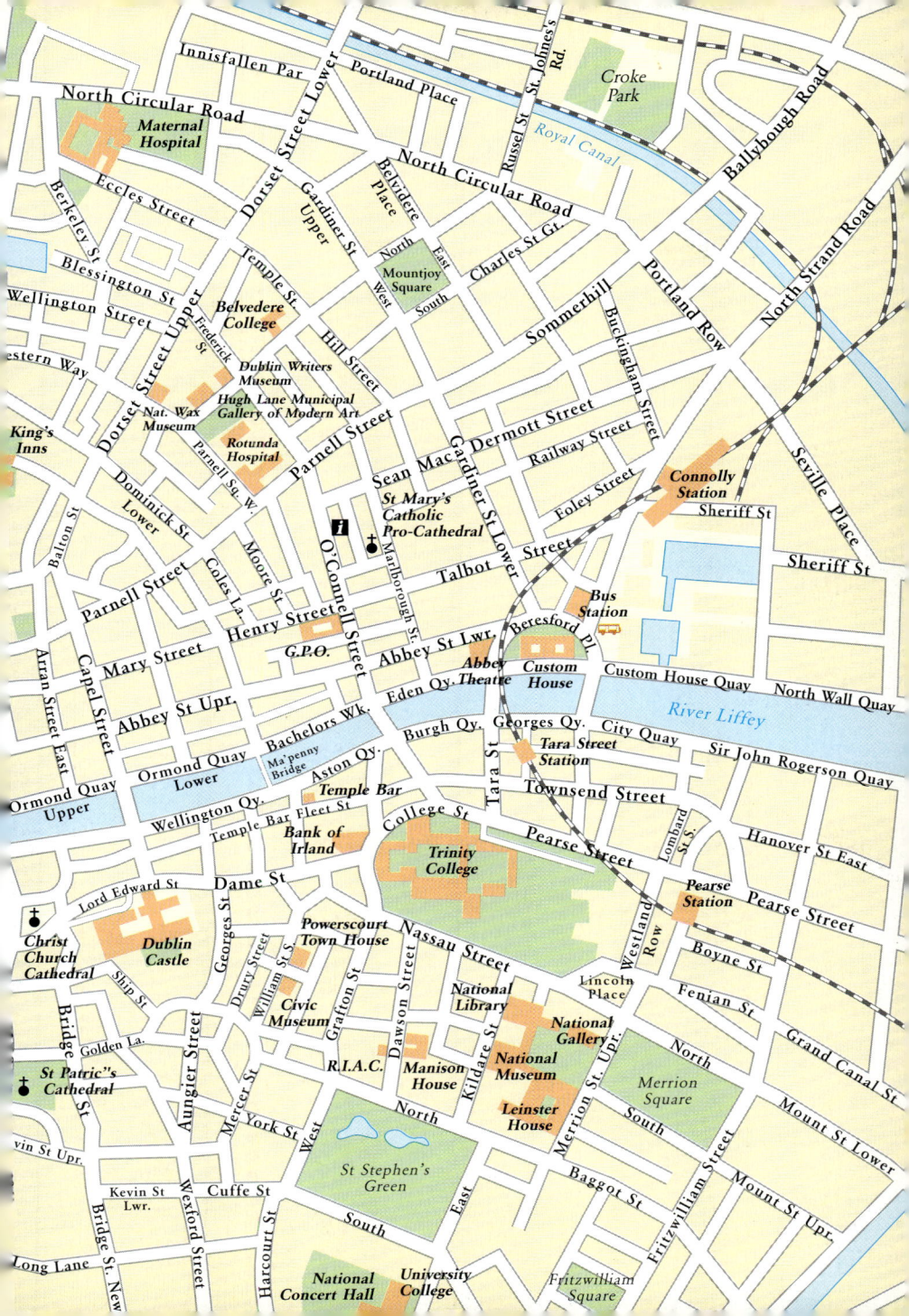

Prachtbauten nördlich der Liffey zu gewöhnlichen Mietshäusern herabstiegen, die seit Ende des Ersten Weltkrieges zunehmend verslumten. Georgianisches findet man heute vor allem in der südlichen Innenstadt, am geschlossensten am Merrion und Fitzwilliam Square sowie am Ely Place. Holztüren in kräftigen Ölfarben unter fächerförmigen Oberlichtern, Messingklinken und -türklopfer verleihen den sonst eher einförmigen klassizistischen Backsteinreihenhäusern dieser Ensembles ihr jeweils eigenes Gesicht. Mitte des 19. Jahrhunderts setzte sich, hauptsächlich in damals eingemeindeten Dörfern wie Rathmines, Rathgar, Glasnevin und Clontarf, eine verspielte Backsteinneugotik *(Victorian architecture)* durch.

■ Durch die Fair City

Dublin ist eine literarische Stadt, und den Klassiker des modernen Romans, James Joyce' *Ulysses*, können Sie fast als Stadtführer benutzen und den Spuren seiner Haupthelden zu folgen versuchen. Oder Sie vertrauen sich einer Stadtrundfahrt oder einer thematischen Stadtführung an. Außerdem erschließen vier ausgeschilderte heritage trails kulturgeschichtlich bedeutende Stätten der Innenstadt: Auf dem »Rock 'n' Stroll Trail« gelangen Sie in das Labyrinth der europäischen Rockmetropole, auf dem »Old City Trail« vom College Green zu den Liberties. Der »Cultural Trail« führt in ›Gandons Dreieck‹ nördlich der Liffey, markiert durch die Bauten dieses herausragenden Architekten. Am Südufer der Liffey ergänzt ihn der am Trinity College beginnende »Georgian Trail«.

Falls Sie Dublin auf eigene Faust erkunden wollen, könnte Ihr Rundgang nördlich der O'Connell Street am **Parnell Square** beginnen, Dublins zweitältestem georgianischem Ensemble. Im Zentrum des Platzes liegt das neopalladianische **Rotunda Hospital**, das erste Entbindungsheim für Arme auf den Britischen Inseln. Um den Krankenhausbetrieb zu finanzieren, wurde 1752 ein Vergnügungspark angelegt, dessen Mittelpunkt der namengebende Rundbau (1764; Umbau 1786 von James Gandon) darstellt, heute das Ambassador Cinema. Die anschließenden **Assembly Rooms** (1784, von Michael Frederick Trench und Richard Johnston) beherbergen seit 1930 das Gate Theatre, neben dem Abbey Theatre das führende Theater in Dublin. Den Vergnügungspark am Parnell Square East ersetzt seit 1966 der **Garden of Remembrance** von Dáithí Hanly, zum stillen Gedenken an die Märtyrer des Osteraufstandes.

Der Parnell Square bietet gleich drei Museen: Das **Dublin Writers'**
Museum (Parnell Square North Nr. 18 und 19) zeigt Erinne-
rungsstücke, Porträts, Büsten, Raritäten und Erstdrucke berühm-
ter Autoren, darunter die der Nobelpreisträger William Butler
Yeats (1923), George Bernard Shaw (1925), Samuel Beckett (1969)
und Seamus Heaney (1995). Ferner gibt es eine Buchhandlung,
Vorträge sowie Lesungen. Autoren pflegen im Irish Writers' Centre
(Nr. 19) Kontakte zu Lesern und Kollegen. Im benachbarten
Charlemont House (1762, von Sir William Chambers) birgt die
Hugh Lane Municipal Gallery of Modern Art, Irlands zweit-
größte öffentliche Kunstsammlung zeitgenössischer europäischer,
vor allem impressionistischer und irischer Malerei, unter ande-
rem mit Werken von Manet, Monet, Degas und Rodin. Ein Saal
ist der berühmten Dubliner Glasmalereischule gewidmet (Harry
Clarke, Wilhelmina Geddes, Evie Hone, James Scanlon). Am
Parnell Square West, Ecke Granby Row, bildet das **National**
Wax Museum Irlands Antwort auf Londons Madame Tussaud's.
Sein Schwerpunkt liegt auf irischer Geschichte mit Freiheitskämp-
fern, Politikern und Schriftstellern.
Südöstlich schließt die **O'Connell Street** an den Parnell Square
an. Wenn auch von der Bausubstanz aus der zweiten Hälfte des
18. Jahrhunderts kaum etwas blieb – ein Großteil wurde während
der Osterkämpfe 1916 zerstört – so hat Dublins Hauptflanierstraße
doch ihren ursprünglichen Charakter bewahrt: Zwei verkehrsrei-
che Fahrbahnen werden durch einen Mittelstreifen getrennt, den
zahlreiche Standbilder schmücken. Von Norden nach Süden handelt es sich um Denkmäler für den Politiker Charles Stewart Parnell
(1846–1891), den Dubliner Arbeiterführer und Gewerkschafts-
gründer James Larkin (1876–1947), den Kapuzinerpater und Begründer der irischen Temperenzler-Bewegung, Theobald Mathew
(1790–1856), für John Gray, den Politiker William Smith O'Brien
(1803–1864) sowie den »Liberator« Daniel O'Connell. Die **Anna**
Livia Fountain von 1988 zeigt die Liffey als Nymphe, von Wasser umspült, in dem, in Anspielung auf ihre Verschmutzung, so
mancher Unrat schwimmt. Der scharfzüngige Dubliner Volksmund
taufte sie zu »Floozy in the Jacuzzi« (Flittchen im Wellenbad)
oder »Anna Rexia«, die Magersüchtige, um. Das düstere Haupt-
postamt, das **General Post Office** (G.P.O.; 1812–1818, von Francis
Johnson), bildet ein Wallfahrtsziel irischer Patrioten, diente es doch
den Aufständischen 1916 als Hauptquartier. Hier auch wurde die
Republik Irland ausgerufen. Als Symbol für die Ostermärtyrer steht
im Schalterraum die 1936 erschaffene Bronzefigur des sterbenden
Sagenhelden Cú Chulainn, mit einem von der ehrfürchtigen Berührung vieler Iren blankpolierten Fuß.

Vor der zur südlichen Innenstadt führenden O'Connell Bridge lohnt ein kleiner Abstecher über Eden und Custom House Quay zum **Custom House** (Hauptzollamt; 1781). Die allegorischen Köpfe (1784) über den Portalen und Fenstern spielen auf Irlands vierzehn Flüsse an und gehören zu den besten Arbeiten des Dubliner Bildhauers Edward Smyth, von dem auch die große Kuppelfigur der Hoffnung stammt. James Gandon würde sich im Grabe umdrehen, würde er der heutigen Umgebung seines Meisterbaus ansichtig, den im Norden der Hauptbusbahnhof (Busáras), im Westen der phantasielose 16geschossige Bürobau (Liberty Hall) der irischen Mammutgewerkschaft SIPTU umschließen. Gegen die Nachbarschaft des **Abbey Theatre** (1966, von Michael Scott) sowie des kleineren **Peacock Theatre**, die beiden Nationaltheater Irlands, hätte Gandon vermutlich nichts einzuwenden.

Jenseits der **O'Connell Bridge** (1791; 1890 erweitert) passieren Sie an der Westseite der Westmoreland Street eine der drei Filialen der berühmten **Bewley's Oriental Cafés**; diese aus dem Jahre 1896 hat stärker als die anderen die Atmosphäre eines Caféhauses der Gründerzeit bewahrt: Art déco, Palmen, bleiverglaste Fenster, poliertes Messing und dunkles Holz machen den Aufenthalt im beliebten Treffpunkt zu einem wahren Genuß. Zwischen dem Südufer der Liffey und der Dame Street gelangen Sie anschließend nach **Temple Bar**, einem 1991 bis 1996 sanierten Stadtteil aus dem 18. Jahrhundert, ein (noch) lebendiges Zentrum der alternativen Dubliner Kunstszene, mit Theatern, kleinen Galerien, Boutiquen und dem DESIGNyard für angewandte und dekorative Kunst. Seit der Tourismus und die Dubliner Schickeria das urige Viertel entdeckt haben, droht ihm allerdings die Yuppisierung. Drastisch steigende Mietpreise verdrängen bereits die Bohème, der Temple Bar sein Flair verdankt. Durch den alten Merchants' Arch erreichen Sie die anmutig geschwungene, gußeiserne **Ha'penny Bridge** von 1816, die bis 1917 eine schmale Mautbrücke für Fußgänger war. Sie verbindet das Temple-Bar-Gebiet mit den auf der nördlichen Uferseite gelegenen, teilweise verkehrsberuhigten westlichen Nebenstraßen der O'Connell Street.

Das geschichtsträchtige **College Green** an der Mündung der Westmoreland Street in die College Street war erst ein wikingischer Friedhof, dann mittelalterliche Versammlungs- und Richtstätte. Von 1641 bis 1800 tagte hier das anglo-irische Parlament, dessen beide Kammern 1731 das von Sir Edward Lovett Pearce entworfene prächtige Parlamentsgebäude bezogen. Seit der Auflösung dieser Institution dient es der Bank of Ireland als Sitz.

Den einstigen Plenarsaal des Oberhauses mit Wandteppichen und Lüstern aus dem 18. Jahrhundert kann man im Rahmen einer Führung besichtigen.

Trinity College, Campanile

Das **Trinity College,** östlich des College Greens, ist Irlands älteste bestehende Universität. 1592 wurde sie von Elisabeth I. auf einem ehemaligen Klostergelände zur geistigen Kontrolle der anglo-irischen Elite gegründet. Bis 1973 blieb sie Katholiken gänzlich verschlossen. Zu den vielen berühmten Studenten gehören die Dichter Jonathan Swift, Oscar Wilde, John Millington Synge, Samuel Beckett sowie Oliver Goldsmith, dessen Standbild sich neben dem des Publizisten und Parlamentsabgeordneten Edmund Burke (1729–1797) vor der monumentalen, von Säulen und Pilastern gegliederten Universitätsfassade erhebt. Durch den Haupteingang im Westen betreten Sie die beiden kopfsteingepflasterten Innenhöfe, wohltuende Oasen der Ruhe nach dem Verkehrslärm am College Green. Den Parliament Square flankieren die Kapelle und die Examenshalle (vormals Theater), beide in den 1780er Jahren von Sir William Chambers entworfen. Auf der Sichtachse erhebt sich der Campanile (1853), hinter der Kapelle die Dining Hall (Mensa) von Richard Cassels (1743). Die ältesten Gebäude sind die als Studentenunterkünfte dienenden Backsteinbauten der Rubrics (1701) jenseits des Library Square. Das als dorischer Tempel angelegte Druckhaus (1734), ein kleines Meisterwerk, stellte

Cassels ersten Bau in Dublin dar. Bemerkenswert ist auch das neopalladianische Provost's House (1759) von John Smyth im äußersten Südwesten.

Den touristischen Hauptanziehungspunkt freilich bildet die klassizistisch-viktorianische **Old Library**, 1712 bis 1723 von Thomas Burgh geschaffen, ein zweigeschossiger Bau mit einer ursprünglich offenen Wandelhalle, darüber der Long Room, eine eindrucksvoll harmonische, holzgetäfelte Halle von 64 Meter Länge, die etwa 200 000 der ältesten von insgesamt fast drei Millionen Bänden birgt. Die Architekten Sir Thomas Newenham Deane und Benjamin Woodward stockten sie 1858 bis 1860 durch ein Tonnengewölbe auf. Die Bibliothek des Trinity College gilt als eine der größten und bedeutendsten wissenschaftlichen Sammlungen der Welt, mit irischer Literatur als Schwerpunkt. Seit 1801 ist sie zudem Archivbibliothek für alle in Großbritannien und Irland gedruckten Werke. Ihre Handschriftenabteilung umfaßt etwa 5 000 Exemplare. Die wertvollsten, darunter die Bücher von Durrow (675), Kells (um 800) und Armagh (807), sind in der Schatzkammer (Ostpavillion) zu bewundern. In der einstigen Wandelhalle finden Sie Wechselausstellungen sowie die Bibliotheksbuchhandlung mit Wissenswertem zum »Goldenen Zeitalter« der irischen Buchmalerei, im Long Room eine fälschlich dem König Brian Ború (gest. 1014) zugeschriebene Harfe (15. Jh.) aus Eichen- und Weidenholz, die noch 29 ihrer einst 30 Metallsaiten besitzt.

Verlassen Sie nun das Universitätsgelände wieder über den Westeingang und wenden sich nach Süden. Der gewundene Verlauf der **Grafton Street** erinnert an deren mittelalterliche Ursprünge als ländlicher Verbindungsweg zwischen College Green und dem Anger von St. Stephen's. Heute ist sie eine der elegantesten Einkaufszeilen der südlichen Innenstadt, verkehrsberuhigt und belebt durch Straßenmusikanten und Gaukler. Hier stoßen Sie auf eine weitere Filiale von **Bewley's**, mit einem Firmenmuseum zur Geschichte dieser seit 1835 Tee und Kaffee importierenden englischen Quäkerfamilie. Ein beliebter Treffpunkt in der Grafton Street ist das Standbild (1988) für das Stadtoriginal Sweet Molly Malone, die auf ihrem Schubkarren »cockles and mussels, alive, alive-Oh!« feilbot, wie es in einer populären Dublinballade heißt. Der lästerliche Volksmund bezeichnet das Denkmal als »the tart with the cart« (die Schlampe mit dem Karren). Knurrt Ihnen jetzt der Magen? Und steht Ihnen der Sinn nach stilvoller Umgebung? Dann sollten Sie sich zur South William Street begeben und im einstigen Adelspalast des **Powerscourt Town House** (1771–1774) erholen, wo Rokokostuck und Eichenholzschnitz-

ereien einen mehr als würdigen Rahmen für ein Einkaufszentrum abgeben. Sie finden dort empfehlenswerte Bistros und Cafés und können auf drei Stockwerken durch Galerien, Boutiquen, Kunstgewerbe- und Antiquitätenläden bummeln, derweil der Mann oder die Frau am Klavier im Zentrum des glasüberdachten einstigen Innenhofs für eine stimmungsvolle musikalische Untermalung sorgt.

Zurück Richtung Trinity College flanieren Sie dann die am Universitätsgelände entlangführende **Nassau Street** weiter. Hier finden Sie exklusive Textilgeschäfte, Buchläden sowie im Erdgeschoß des Kilkenny Shop ein großes Sortiment traditioneller und moderner, teilweise sehr geschmackvoller Handwerkskunst, gefördert vom Kilkenny Design Project in der gleichnamigen Stadt. Im guten und preiswerten Imbißrestaurant des Obergeschosses können Sie wieder einmal die Füße von sich strecken, ehe Sie mit der Besichtigung des **Merrion Square** im Südosten fortfahren, eines der schönsten und besterhaltensten georgianischen Ensembles, das einen viereckigen, mit schmiedeeisernen Gittern umfriedeten Gartenpark umschließt. Einst nur Anwohnern zugänglich, bietet er heute für jedermann eine der schönsten Oasen im Dubliner Zentrum. Die ältesten und vornehmsten Häuser stehen auf der Nord- und Ostseite. Viele tragen Gedenktafeln zur Erinnerung an berühmte Einwohner: Im Haus Nr. 1, in dem seit 1994 das American College untergebracht ist, lebte Oscar Wilde mit seinen Eltern, dem berühmten Augenarzt William Wilde und seiner exzentrischen Frau, der Dichterin Speranza, in Nr. 58 der Anwalt und Katholiken-befreier Daniel O'Connell, in Nr. 70 Sheridan Le Fanu, einer der klassischen Autoren des Schauerromans, in Nr. 65 Erwin Schrödinger, der Entdecker der Wellenmechanik und Nobelpreis-träger für Physik, in Nr. 82 beziehungsweise Nr. 84 die Dichter William Butler Yeats und George Russell (genannt AE), Schlüssel-figuren der *Irish Renaissance*. Obwohl die beiden Freunde täglich gleichzeitig aufbrachen, um sich zu besuchen, sollen sie stets an-einander vorbeigelaufen sein, denn Yeats, so heißt es, hatte seinen Kopf stets in den Wolken, während Russells Blick auf den Boden gerichtet war.

An der Westseite des Merrion Square liegt der Eingang zur **National Gallery**, die seit der umfassenden Renovierung ihres Nord-flügels über 7 000 Werke aller wichtigen europäischen Malschulen bietet, mit einem traditionellen Schwergewicht bei der italieni-schen Malerei. Die britische Malerei ist hier mit John Constable, Thomas Gainsborough, William Hogarth, Thomas Lawrence, Henry Raeburn, Joshua Reynolds und William Turner reich ver-treten, ebenso natürlich die irische, darunter Werke von Jack Butler Yeats, dem Bruder des berühmten Dichters, für den 1998 ein eigenes Museum errichtet werden soll. Auf dem Rasen vor dem Haupteingang steht nicht zufällig ein Denkmal für den Schriftsteller George Bernard Shaw. Als jugendlicher Einzelgän-ger gehörte er, ebenso wie übrigens auch Oscar Wilde, zu ihren häufigen Besuchern. Später verfügte er, daß die Galerie ein Drit-tel seiner Tantiemen erhalten solle.

Von der Upper Merrion Street aus sind die zoologischen Samm-lungen im **Natural History Museum** zugänglich. Besonders spektakulär ist das Skelett eines Riesenhirsches (Megaloceros gi-ganteus), des Vertreters der größten je aufgetretenen Hirschart. Er trabte im Pleistozän, um 10 000 v.Chr., über die irischen Ebenen.

Die North Baggot Street bringt Sie zur Nordostecke des **St. Stephen's Green**, einem 1678 planierten, mit Erdwällen und Graben ver-sehenen Anger. Das neun Hektar große Gelände wurde 1880 vom Brauereikönig Sir Arthur Guinness aufgekauft und mit Tei-chen, einem Wasserfall sowie Rabatten versehen. Später kamen ein Tastgarten für Blinde sowie ein Gedenkgarten für William B. Yeats mit einer Büste des Schriftstellers James Joyce (von Henry Moore) hinzu. Joseph Wackerles Denkmal *Die drei Nornen* ent-stand als deutscher Dank für irische Hilfe nach dem Zweiten Weltkrieg. Da man auf dem Rasen picknicken und sonnenbaden darf, erholen sich hier gern zahlreiche Dubliner in ihrer Mittags-

Rechts: St. Patrick's Cathedral.

pause. Wenn Sie mehr Ruhe wünschen, sollten Sie weiter südlich die **Iveagh Gardens** hinter dem irischen Außenministerium, dem Iveagh House, aufsuchen. Mit Springbrunnen, einem Labyrinth und einem Rosengarten, gehört diese Gartenoase zu den am wenigsten bekannten öffentlichen Grünanlagen Dublins.

Iveagh Gardens: Mo–Sa ab 8, So ab 10 Uhr, Schließung je nach Jahreszeit

Auf der Nordseite des St. Stephen's Green gelangen Sie in die Kildare Street, wo sich der Haupteingang des **Leinster House** befindet. Im 1744 von Richard Cassels geschaffenen, größten aller Dubliner Adelspaläste tagen seit 1925 die beiden Kammern des Parlaments, des Oireachtas na h'Éireann (Führungen außerhalb der Sitzungen, Anmeldung am Eingang). In unmittelbarer Nachbarschaft ragen die kuppelgewölbten Eingangsrotunden der **National Library** (1890) sowie des **National Museum** (1884–1890, von Sir Thomas Deane) auf. Hier erhalten Sie eine Vorstellung vom einstigen Reichtum und den überwältigenden Kunstschätzen Irlands. Die archäologische Sammlung besteht aus dem Staatsschatz mit Juwelierarbeiten der Eisenzeit bis zum Spätmittelalter – darunter die Tarabrosche, der Abendmahlskelch von Ardagh sowie das Vortragekreuz von Cong – der »Ór – Ireland's Gold« mit den schönsten Werken der Bronzezeit sowie einer Ausstellung zur Alltagskultur von der Mittelsteinzeit bis zur Eisenzeit. Unter dem Motto »Ar Thóir na Saoirse« (Der Weg zur Unabhängigkeit) wird der Zeitraum von 1900 bis 1921 beleuchtet. Das Obergeschoß präsentiert angewandte irische Kunst seit dem 17. Jahrhundert, darunter Silber, Klöppelspitze, Steingut und Töpferware. Gegenüber dem Nationalmuseum weist eine Gedenktafel auf das einstige Wohnhaus von Bram Stoker (1847–1912) hin, dem Autor des Schauerromans *Dracula*.

Wenn Sie nun zu den Liberties und den beiden Kathedralen möchten, verlassen Sie das georgianische Dublin über St. Stephen's Green West, biegen westlich in die Cuffe Street ein und folgen deren Verlängerungen Lower und Upper Kevin Street. An jener Stelle, an der der hl. Patrick ›Heiden‹ getauft haben soll, ließ 1191 der normannische Erzbischof John Comyn eine stattliche Kirche bauen. 1213 zur **St. Patrick's Cathedral** erhoben, bildet sie seither den Mittelpunkt der Liberties, jetzt ein Arbeiterviertel mit Bauten aus dem 19. Jahrhundert. 93 Meter Länge machen die protestantische Kathedrale zu Irlands größtem Gotteshaus. Sein Aussehen verdankt es umfassenden Umbauten zwischen 1864 und 1869. Von den zahlreichen Grabmälern verdient das von Jonathan Swift (1667–1745) und Esther Johnson (»Stella«, 1681–1728) im Südschiff des Langhauses besondere Beachtung (2. Pfeiler halbrechts vom Eingang). Der sozialkritische Autor von *Gullivers Reisen* war 1713 bis 1745 Dekan der Kathedrale

und unterhielt eine leidenschaftliche und komplizierte Beziehung
zu – mindestens - zwei Frauen: Vanessa (Esther Vanhomrigh,
1688-1723) und Stella, die im Tode an seiner Seite ruhen durfte.
Seinen Grabspruch hat Swift selbst verfaßt: »Er ruht, wo wilde
Empörung nicht länger ihm das Herz zerreißen kann.« In der
Marienkapelle (Lady Chapel, vermutlich um 1225) hielten 1666
bis 1816 die Hugenotten der Liberties ihre Gottesdienste ab, der
Chor diente dem 1783 gegründeten Orden der Ritter des hl.
Patrick als Kapelle (bis 1869); ihre Banner, Schwerter und Helme
sind über dem Gestühl angebracht.

Die Nicholas Street, die Verlängerung der Patrick Street, führt
nördlich zur High Street und **St. Audoen's Church**, ebenfalls
eine normannische Gründung und einem normannischen Heiligen, Audeon von Rouen, geweiht. Sie ist Dublins einzige erhaltene mittelalterliche Pfarrkirche. Hier wurden Bekanntmachungen verlesen und öffentliche Bußen durchgeführt. Der Westeingang und das Langhaus stammen vom Ursprungsbau aus der
ersten Hälfte des 13. Jahrhunderts, die Fenster und die Chapel
of St. Ann aus dem 15., der Unterteil des Turms und das herrliche Glockenspiel weitgehend aus dem 17. Jahrhundert.

Die unweit östlich davon aufragende, ebenfalls protestantische
Christ Church Cathedral, gilt als älteste Kirche Dublins, da
hier 1038 Dunan, der erste Dubliner Bischof, auf einer Schen-

Four Courts

kung des Wikingerkönigs Sitrygg Seidenbart eine erste Holz-
kirche errichten ließ. Um 1170 begann Richard de Clare, genannt Strongbow, einen Neubau im hibernoromanischen Stil
für Erzbischof Lorcán Ua Tuathail (Laurence O'Toole) als Geste
der Versöhnung zwischen der irischen Kirche und den normannischen Eroberern. Davon sind die große Krypta sowie der südliche Teil des Querhauses erhalten. Das heutige Langhaus ließ
um 1212 Erzbischof John Comyn, fast zeitgleich mit der St.
Patrick's Cathedral, errichten. Ebenso wie der Chor (um 1250)
wurde es 1871 bis 1878 so stark überarbeitet, daß die gesamte
Kathedrale seither mehr neo- als frühgotisch wirkt. Vom Kapitelhaus der Augustinerpriorei (13. Jh.) im Süden des Querhauses stehen nur noch Ruinen. Das berühmteste Grabmal,
mit einem liegenden Ritter, soll dem 1176 verstorbenen Stifter Strongbow gehören. In der Chapel of St. Laud (östlich
hinter dem Hochaltar) wird in einem Metallgefäß das Herz
von Dublins Schutzpatron aufbewahrt, Lorcán Ua Tuathail.
Eine Brücke verbindet die Christ Church Cathedral mit dem
Gebäude der einstigen Synod Hall, wo Sie in etwa einer Stunde die Ausstellung »Dublinia« durchwandern können, die über
die Stadtgeschichte vom Normanneneinfall bis zur Reformation informiert.

Östlich führt die Christchurch Road zum **Dublin Castle**, als Sitz der britischen Vizekönige und Verwaltung Inbegriff der Fremdherrschaft über Irland. Wenn auch das jetzige Schloß, mit Ausnahme des alten Record Tower im Südosten, aus der Zeit zwischen dem 17. und 20. Jahrhundert stammt, kann man doch in dem rechteckigen, um einen Hof angelegten Kernbau noch die mit vier Türmen bewehrte Zwingburg erahnen, die 1204 auf Befehl König Johns errichtet wurde.

Wer Zeit hat, läßt sich durch die prunkvollen State Apartments im Südflügel des Upper Yard führen und erfährt in 45 Minuten eine Menge Wissenswertes zur Geschichte dieses Machtzentrums. Die Staatsgemächer bestehen aus den Repräsentations- und privaten Räumen des einstigen Vizekönigs und seiner Gemahlin. Offizieller Empfangssaal war der reich mit Blattgoldstukkaturen verzierte Thronsaal (1740). Den wuchtigen Thronsessel soll Wilhelm III. von Oranien gestiftet haben. In der langen St. Patrick's Hall mit oft belächelten allegorischen Darstellungen der ›Segnungen‹ Englands an Irland sowie den Patricklegenden entnommenen Motiven in der reichen Deckenmalerei (1778) versammelten sich die Ritter des Patrickordens, deren Banner von der Decke hängen. Heute werden in diesem Saal die Präsidenten Irlands offiziell in ihr Amt eingeführt. Den blau-weiß gehaltenen ovalen Wedgwood Room, das ehemalige Billardzimmer, schmücken Bilder, die der Schweizer Malerin Angelika Kauffmann (1740–1807) zugeschrieben werden. Eine Vitrine enthält Kristallgläser aus Waterford, Dankgeschenke der dortigen Arbeiter für das irische Staatsoberhaupt, das sie vor der Schließung der traditionsreichen Glasbläserei bewahrte. Die Picture Gallery enthält Porträts der Vizekönige, der mit Originalmöbeln ausgestattete State Drawing Room diente für Bankette. Die Staatsgemächer sind reich mit chinoisen Chippendalestühlen, Kristallüstern aus Waterford sowie farbenfrohen Knüpfteppichen aus Killybegs (Donegal) geschmückt. Die Führung schließt die Ausgrabungen im Lower Yard, speziell im Powder Tower ein, wo Reste einer wikingischen Kaimauer und des einst zwölf Meter tiefen, vom Poddle gebildeten Burggrabens zu sehen sind. Der von den Dublinern im Laufe der Jahrhunderte in den Poddle geworfene Abfall, vor allem Holz und Leder, lieferte den Archäologen wichtige Aufschlüsse über die Lebensverhältnisse im hibernowikingischen und anglonormannischen Dublin.

An der Südseite des Lower Yard steht die neogotische Schloßkapelle der Heiligsten Dreifaltigkeit (vormals Chapel Royal; 1807–1814, von Francis Johnston) mit phantasievollen Stuckarbeiten von George Stapleton, Holzschnitzereien von Richard Stewart und den Wappen eines jeden Vizekönigs seit 1172. Die Außen-

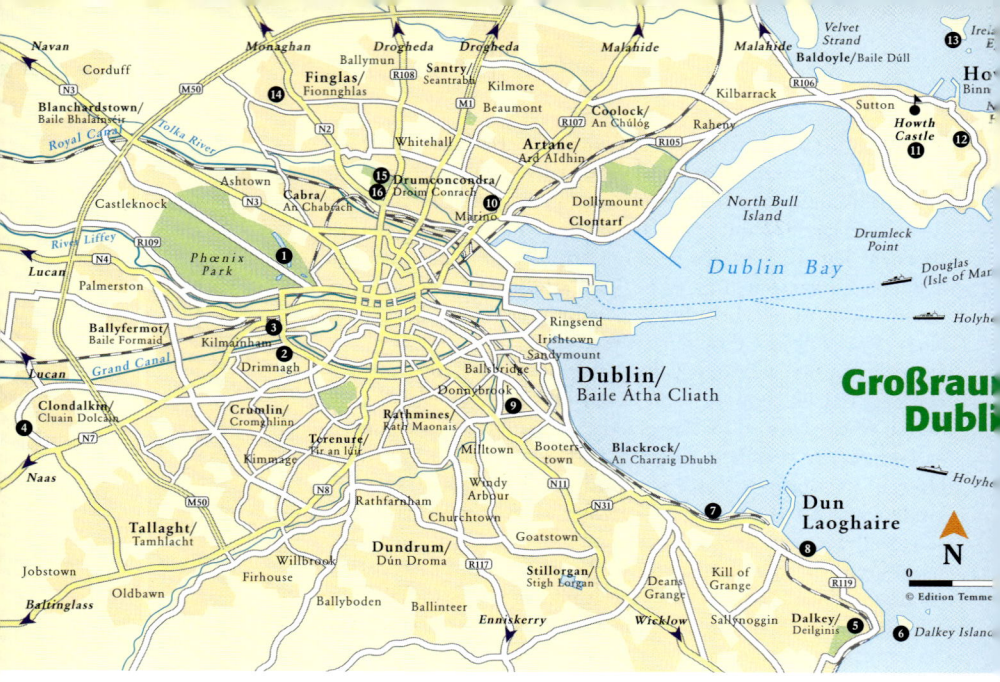

Großraum Dublin: 1 Zoologischer Garten; 2 Drimnagh Castle; 3 Kilmainham Jail (Museum); 4 Clondalkin: Rundturm; 5 Dalkey: Turmhäuser; 6 Dalkey Island: Kirche und Martello Turm; 7 Dun Laoghaire: Hafen u. National Maritime Museum; 8 Sandycove: Forty Foot Battery, Martello Tower, James Joyce Museum; 9 Chester Beatty Library and Gallery of Oriental Art; 10 Marino u. Casino; 11 Howth Castle u. Gardens; 12 Howth Village; 13 Ireland's Eye, Martello Tower, Klosterkirche; 14 Finglas, Kirchenruine u. Hochkreuz; 15 Glasnevin: Botanischer Garten; 16 Glasnevin: Irischer Nationalfriedhof.

wände haben Edward Smyth und sein Sohn mit den Kalkstein-
köpfen von über 100 historisch oder mythologisch berühmten
Iren geschmückt.

Aus der Geschichte in die Gegenwart gelangen Sie, wenn Sie sich
westlich von Dublin Castle über High Street, Cornmarket und
Thomas Street zur **Guinness-Brauerei** begeben. Bei ihrer Gründung durch Arthur Guinness 1759 war sie bloß eine von etwa 50
kleinen Dubliner Brauereien, doch seit den 1930er Jahren ist sie
die größte der Welt, umflattert von Tauben und Möwen, die die
Brauereidämpfe alkoholabhängig gemacht haben. Nach Meinung
vieler Iren bewirkt Guiness mehr als gewöhnliches Bier. Zurück
Richtung Schloß, folgen Sie der Bridge Street nördlich über die
Liffey, falls Sie am Ormond Quay die **Four Courts** (1786–1802,
von James Gandon) bewundern möchten, den imposanten klassizistischen Sitz des Gerichts, dessen Westflügel ein etwas älteres
Gebäude von Thomas Cooley einbezieht. Die 134 Meter lange

Schauseite zum Fluß beherrschen der korinthische Portikus sowie der hohe Kuppeltambour. Von der darunter befindlichen Mittelhalle ging es einst zu den vier Gerichtshöfen. Als Regierungstruppen 1922 die hier verschanzte IRA aushoben, brannten wertvolle Archive aus. Die Church Street führt nördlich zur **St. Michan's Church**, einer zur Wikingerzeit 1095 gegründeten Pfarrkirche. Der heutige Bau stammt jedoch aus dem 17. Jahrhundert; ebenso die **Krypta**, die dank günstiger atmosphärischer Verhältnisse einige unverweste Leichen birgt, bei denen es sich nach Dubliner Überlieferung um Kreuzfahrer handeln soll.

Folgende Doppelseite: Hafen in Howth

Nach diesem etwas gruseligen Abschluß kehren Sie über die östlich abzweigende Mary's Lane und ihre Verlängerungen auf der Höhe des Hauptpostamtes zur O'Connell Street zurück. Wenn Sie pralles Volksleben suchen, finden Sie es in ihren Nebenstraßen, vor allem der Henry Street mit Warenhäusern und dem großen Einkaufszentrum ILAC sowie der nördlich davon abzweigenden Moore Street, wo sich Obst- und Gemüsehändler beim Ausrufen ihrer Waren im singenden Dubliner Akzent überbieten.

■ Grafschaft Dublin

Westlich des Zentrums

Drei Kilometer westlich der Innenstadt erstreckt sich der **Phoenix Park**, Europas größter Stadtpark, über eine Fläche von 808 Hektar. Von hier aus führt die South Circular Road südlich zum Ortsteil Kilmainham, dessen architektonisches Schmuckstück, das den Pariser Les Invalides nachempfundene frühklassizistische **Royal Hospital** (1680–1687, von Sir William Robinson), bis 1927 als Veteranenhospiz diente. Seit 1991 birgt es das **Irish Museum of Modern Art** mit irischer und internationaler Kunst des 20. Jahrhunderts. Westlich, an der Kreuzung der Inchicore Road mit der South Circular Road beherbergt das 1792 errichtete Staatsgefängnis das **Kilmainham Gaol Museum**. Zahlreiche Freiheitskämpfer und Revolutionäre saßen hier zwischen 1795 und 1924 ein oder wurden in dem von hohen Granitmauern umschlossenen Hinrichtungshof erschossen, darunter die Führer des Osteraufstandes, Patrick Pearse und James Connolly. Daß Éamon De Valera, der spätere Premierminister und Präsident der Republik Irland, 1916 diesem Schicksal entging, verdankte er nur Großbritanniens Rücksicht auf die öffentliche Meinung in seinem Geburtsland USA.

Nördlich des Zentrums – Seeluft schnuppern bei Howth

Das Bedürfnis nach Seeluft und Stille, das jede Besichtigung Dublins hervorruft, befriedigt man am schnellsten an den Buchten von Dublin und Killiney, beide durch die S-Bahn »Dublin Area Rapid Transit« (DART) zwischen Howth und Bray mit dem Zentrum verbunden. Die fünf Kilometer lange **Bull Island** liegt ihm am nächsten. Die nach dem Bau des North Bull Wall (1825) durch Ablagerungen der Liffey entstandene Insel bildet seit 1931 Irlands ältestes Naturschutzgebiet. Es wurde 1981 von der UNESCO als Biosphären-Reservat anerkannt, denn es lockt oft bis zu 30 000 Vögel, darunter 3 000 Ringelgänse aus Nordkanada an, an Sonntagen im Sommer auch bis zu 1 000 Besucher (erreichbar mit dem Bus 30 von Lower Abbey Street, oder von der DART-Station Raheny, dann zehnminütiger Fußweg; Bademöglichkeit).

Nur 9,5 Kilometer nordöstlich von Dublin sitzt die einstige Insel **Howth** (ir. Bhinn Éadair – »Étars Bergspitze«) wie ein Wasserkopf auf dem schmalen Isthmus von Sutton, von den Wikingern deshalb »Howed« (Haupt) genannt. Obwohl seit 5 000 Jahren Halbinsel, bildet es noch immer eine Welt für sich. Hier blickt man geschichtsbewußt auf gälische, wikingische oder normannische Vorfahren zurück, so die seit Ende des 12. Jahrhunderts in Howth ansässige Adelsfamilie der Gaisford St. Lawrence. Ihren Sitz **Howth Castle** erreicht man über die Zufahrt zum Deerpark Hotel, etwas südwestlich des DART-Endbahnhofs. Einem spätmittelalterlichen Wohnturm fügten Francis Bindon (1738) sowie Sir Edwin Lutyens 1911 historisierende Anbauten hinzu. Die stets offenen Torflügel und ein Zusatzgedeck auf dem Tisch der St. Lawrence gehen auf eine ›Erziehungsmaßnahme‹ der Freibeuterin Gráinne Ní Mháille zurück, die 1593 wegen unterlassener Gastfreundschaft den Familienerben entführte.

Als Mitte des 19. Jahrhunderts der für seine vielfarbigen Azaleen und Rhododendrenpflanzungen berühmte Landschaftspark von Howth Castle angelegt wurde, mußte säckeweise Erde auf den kahlen Muckrockhügel geschafft werden. Ein kiesbestreuter Weg führt vom Golfgelände rechts neben dem Hotel zu **Aideen's Grave**, einem großen, romantisch in einem Buchenhain versteckten Portalgrab (etwa 1800 v.Chr., nicht ausgeschildert) mit eingesacktem Deckstein, unter dem die schöne Aideen, die Tochter des Anderweltkönigs Oengus von Bhinn Éadair begraben sein soll. Als ihr Gatte Oisín fiel, soll ihr das Herz gebrochen sein. Samuel Ferguson (1810–1886) hat diesen Liebestod in einem bekannten

Gedicht besungen. Steigt man die Hügelpfade hinauf, gelangt man in das von Heide, Farn und Ginster bewachsene Plateau des kambrischen Howthmassivs, ein Naturschutzgebiet, dem der Villenbau von Sutton und Howth allerdings immer mehr zusetzt. Pfade verbinden die »Gipfel« des Shielmartin, Dun Hill und des 173 Meter hohen Ben of Howth. Die Tumuli der Vorzeitgräber, die sich auf den sagenhaften Hügeln be-

Azaleen und Rhododendren

finden, haben Souvenirjäger fast gänzlich abgeräumt. Die grandiose Sicht auf die Dublin Bay und Wicklowberge ging in die Literatur ein: In einem dem hl. Colmcille in den Mund gelegten, altirischen Abschieds- und Sehnsuchtsgedicht sagt der Heilige: »Es entzückt, auf dem Hügel von Howth zu stehen, ihn zu verlassen, bringt argen Kummer.«

Nordöstlich der DART-Station liegt der alte, vom monströsen Gebäude des Jachtklubs verunzierte, immer noch bedeutende Fischerhafen mit einer Zeile grauer Hafengebäude, freitagnachmittags der Mittelpunkt geschäftigen Treibens, wenn die Händler frischen Fisch anbieten. Von hier können Sie auch zu dem nur 2,5 Kilometer entfernten Natur- und Vogelschutzgebiet von **Ireland's Eye** übersetzen, mit einem Martelloturm (Küstengeschützturm) von 1804 und den Resten des im 6. Jahrhundert gegründeten Klosters Cill mac Nessan. Howth Village zieht sich oberhalb des Hafens steil hügelaufwärts, überragt von seiner großen neoromanischen Pfarrkirche (1895–1899). An der Church Road finden Sie die spätmittelalterliche Kollegiatskirche St. Mary's Church (Anfang 15. Jh.) mit der gut erhaltenen Tumba (vermutlich um 1470) von Christopher St. Lawrence und seiner Frau Anne Plunkett im verlängerten Südschiff. Als Relief beziehungsweise Skulptur trägt die Westseite die Kreuzigung, den Erzengel Michael mit Drachen sowie zwei Engel, die Ostseite vier Heiligenfiguren.

Eine großartige Möglichkeit, die Halbinsel von Howth zu erkunden bietet der Klippenpfad, der vom Ortsteil Balscadden fast um die gesamte Halbinsel führt. Besonders reizvoll und auch von Schwindelgeplagten zu schaffen ist er zwischen der Landzunge »The Great Baily« und Shielmartin, wo der Cliff Path unterhalb von Gärten und Villen an Klippen und kleinen Buchten vorbeiführt, zu denen man über Stufen hinabsteigen kann.

Folgende Doppelseite: Glendalough Upper Lake am frühen Morgen

Grafschaft Wicklow –
Schatzkammer, Garten,
Widerstandshorst

Wie ein 60 Kilometer langer Riegel erstrecken sich die Granitberge der Wicklows, geologisch ein Gegenstück zu Wales, von Südsüdwest nach Nordnordost, wo sie in den Dublin Mountains auslaufen. Diese sind besonders durch die beiden Sugar Loafs (»Zuckerhüte«) mit ihren eigentümlichen Quarzitkegeln gekennzeichnet. Die markanteste Erhebung der Wicklow Mountains bildet der Lugnaquillia, mit 926 Metern Irlands dritthöchster Berg. Etliche der wildromantischen Eiszeittäler bedecken noch alte Reliktwälder, der Lebensraum von Dachsen, Wildtauben und Spechten. In die braungrünen Flachmoore und Heiden auf den baumlosen Kuppen und höheren Hängen setzt im Frühjahr blühender Stechginster gelbe Tupfen. Wanderer können die Grafschaft auf dem *Wicklow Way* durchqueren, dem ältesten und bekanntesten der markierten irischen Fernwanderwege. Er führt über 132 Kilometer vom Marlay Park (Rathfarnham, Dublin) bis Clonegal (Co. Carlow). Das Gebiet um Glendalough wurde 1992 zum vierten National Park Irlands erklärt.
In ostwestlicher Richtung führen nur zwei Pässe durch den Gebirgshorst. Seine Unwegsamkeit machte ihn bis 1800 zum Rückzugsgebiet irischer Stammesführer und Rebellen, deren gelegentliche Ausfälle die *pale* bedrohten. Die englische Antwort waren Garnisonen und eine Heerstraße, die *Military Road*. Das für die bis heute dünn besiedelte Region ungewöhnlich dichte Straßennetz ermöglichte dann ab 1820 eine intensivere kommerzielle Ausbeutung. Doch schon in der Antike wurde am großen und kleinen Avonfluß (Avonmore und Avonbeg) sowie am Avoca nach Gold geschürft. Der neuzeitliche Goldrausch erreichte in der zweiten Hälfte des 18. Jahrhunderts seinen Höhepunkt, als man das parzellierte Land an Familien verpachtete, die ihre Kinder in den für Erwachsene zu engen Stollenenden arbeiten ließen. Die Bergleute wurden zur Hälfte mit Cronebane-Pfennigen entlohnt, die nur in Läden der Associated Irish Mine Company gültig waren, wo sie sich bei überhöhten Preisen unweigerlich verschuldeten. Im Avocatal herrschte erstmals jene frühkapitalistische Abhängigkeit, die ein nordamerikanisches Bergarbeiterlied in die Worte faßte: »I owe my soul to the company store!«

Viele kleine Fördertürme zeugen von der düsteren Vergangenheit des industriell geschundenen Tals, in dem bis in die 1960er Jahre Blei, Zink und Mineralien (Schwefel, Pyrrit) gewonnen wurden. Ende des 17. Jahrhunderts entwickelte sich in Ostwicklow überdies eine intensive Schafzucht und Wollverarbeitung.

Von Dublin nach Glendalough

Man reist über die R117 an, die nach 14 Kilometern durch »The Scalp« verläuft, eine von Findlingen übersäte eiszeitliche Schlucht. Dann folgt das hübsche Dorf **Enniskerry** (ir. Áth an Scaire, Furt an der felsigen Kreuzung), wo gegenüber der Pfarrkirche eine lange Buchenallee zur **Powerscourt Demesne** führt. Das einst der Diözese von Glendalough gehörige Gut verdankt seinen Namen der Familie De la Poer, die sich aber ebensowenig in den Wicklows behaupten konnte wie andere Normannenabkömmlinge. 1603 übergab Jakob I. Powerscourt seinem General Richard Wingfield. Dessen zu Viscounts of Powerscourt aufgestiegene Nachfahren schufen zwischen 1740 bis 1911 eine kunstvoll terrassierte, mit Teichen, Springbrunnen, altem Baumbestand, Grotten und stimmungsvollen Ziergärten versehene Parklandschaft. Ihren Mittelpunkt bildet, auf der Sichtachse des Herrenhauses und vor dem grandiosen, wilden Panorama von Great und Little Sugar Loaf (501 bzw. 383 m), der künstliche Triton Lake mit einem Seegott (Tritonen) als Wasserspeier. Der weitgereiste siebte Viscount of Powerscourt scheute weder Mühen noch Kosten, um alles, was auf dem Kontinent gut und teuer war, für die Ausschmückung des Familienbesitzes zu erstehen oder zumindest nachahmen zu lassen. Das Vorbild für den Tritonenspringbrunnen lieferte Berninis Renaissancespringbrunnen auf der römischen Piazza Barbarini, die beiden vergoldeten Pegasusrösser unten an der vom Teich zum Herrenhaus führenden Freitreppe wurden 1869 in Berlin bestellt. Der Entwurf der mit schwarz-weißen geometrischen Seekieselornamenten ausgelegten Terrasse (1840–1844) stammt vom Landschaftsarchitekten Daniel Robertson, der farbigsten Gestalt unter den vielen für Powerscourt tätigen Architekten und Landschafts-

Schloßgarten von Powerscourt

gestaltern. Da er an Gicht litt, wurde er in einer Schubkarre herumgefahren, versorgt mit einer Flasche Sherry. War diese geleert, ließ Robertson das Ende des Arbeitstages einläuten.

Westlich dieser symmetrischen Anlage liegen die Walled Gardens, mauergeschützte, urnengeschmückte Ziergärten mit herrlichen vergoldeten Toren. Das berühmte Bambergtor, angeblich aus dem Bamberger Dom, stammt aus Wien. Das Englische Tor am Ausgang des Kräutergartens trägt die Symbolpflanzen der britischen Provinzen: die englische Rose, das irische Kleeblatt, die schottische Distel sowie den walisischen Lauch. Das Venezianische Tor führt vom Kräuter- in den Blumengarten. 1908 entstand in einer sumpfigen Senke im Südosten der besonders während der Azaleenblüte reizvolle Japanische Garten. Im Amerikanischen Garten im Osten des Parks wächst der Großteil von Powerscourts berühmten Koniferen (Zedern, Pinien, Lärchen, Zypressen, Andentannen). Der Aussichtsturm Pepper Pot Tower (von 1911) wurde dem Pfefferstreuer des achten Viscount von Powerscourt nachgebildet, der als oberster Pfadfinder von hier aus alle Pfadfinderlager im Dargletal kontrollieren konnte. Mit Powerscourt House hatten die Wingfields und ihre Nachfolger, die Slazingers, weniger Glück als mit ihren Gärten: 1641 brannte das erste Herrenhaus aus, 1974 sein von Richard Cassels auf der Frontseite im palladianischen Stil umgestalteter Nachfolger. Nach 1997 abgeschlossenen Konservierungsarbeiten bietet Powerscourt House jetzt wieder seinen Ballsaal, elf verschiedene Geschäfte, darunter Gartenmöbel, Textilien, Bücher und Delikatessen in der einstigen Schloßküche, eine Bar, ein Terrassenrestaurant mit Gartenblick sowie ein weiteres Restaurant im Inneren. Die Investitionen von über 5 Millionen IRP werden sich ausgezahlt haben, wenn statt der bisher 150 000 Besucher eine halbe Million jährlich anreist.

Fünf Kilometer südlich stürzt sich im Wildpark der Domäne der Dargle 120 Meter tief in ein eiszeitliches Becken. 1821 staute man den damals wasserarmen Fluß, um Georg IV. einen besonders imposanten Wasserfall zu bieten. Als der Damm zur vereinbarten Besuchszeit brach, riß der Dargle Brücken und Aussichtsplattform mit sich, nur nicht den britischen Monarchen, den das Kartenspiel im Herrenhaus stärker fasziniert hatte als das für ihn inszenierte Naturschauspiel.

Wer nun Geschmack gefunden hat an herrlichen Parkanlagen, kann unweit Brays den Park von **Kil(l)ruddery** am Fuße des Little Sugarloaf aufsuchen. Er geht auf das 17. Jahrhundert zurück und gehört zu den ältesten Irlands. Seine künstlichen Kanäle, heckengesäumten Wege, Statuen und geometrischen Rabatten zeigen den deutlichen Einfluß des kontinentalen Barock.

Als Kontrastprogramm können Sie von hier aus im Süden den vom Vartry durchflossenen Landschaftspark **Mount Usher Gardens** beim Dorf Ashford (N11) besuchen. Klein, aber fein, entspricht er mit der ›natürlichen‹ Anordnung seiner Azaleen, Rhododendren, Magnolien, Kamelien und Gardenien neuzeitlichen Auffassungen von Gartenarchitektur.

Wenn Sie von Powerscourt aus lieber durch die Berge nach Süden fahren möchten, dann führt die R755 am Stausee des Vartry entlang, einem der Trinkwasserspeicher für Dublin. Von **Roundwood**, dem auf 238 Meter gelegenen höchsten Dorf Irlands, fährt man entweder auf der R755 und über das hübsche Dorf **Annamoe** nach Laragh oder auf einer westlich abzweigenden Nebenstraße über den Weiler Oldbrigde, mit guter Sicht auf den Bergsee Lough Dan. Der Verkehrsknotenpunkt **Laragh** (ir. Láithreach, Stätte) verdankte seinen Aufschwung dem Bau der Military Road. Unweit westlich zieht **Glendalough** (ir. Gleann dá Loch), das bewaldete Hochtal der zwei Seen, seit über 200 Jahren romantisch gestimmte Besucherscharen an. Das majestätische, bei bedecktem Himmel fast unheimlich wirkende Tal bildete schon in vorgeschichtlicher Zeit eine Kultstätte, woran der alte Name des Upper Lake – Dämonen- oder Schlangensee – erinnert. Als sich der hl. Kevin im 6. Jahrhundert hierher zurückzog, mußte er erst die geballte heidnische Spiritualität in Gestalt eines riesigen Seeungeheuers bannen. Wie andere große Mönchssiedlungen trug auch Kevins Gründung den Beinamen »The Seven Churches«. Die Wikinger plünderten das Kloster im 9. und 10. Jahrhundert viermal, neunmal brannte es zwischen 755 und 1071 nieder, um 1500 erlosch das Klosterleben.

Die meisten erhaltenen Kirchen Glendaloughs stammen aus dem 11. Jahrhundert und stehen unter Denkmalschutz. Von Laragh kommend, erblickt man als erste die Trinity Church, deren Dekor an Chorbogen und Ostfenster bei Restaurationen in den 1870er Jahren verschlimmbessert wurde. Vor dem Lower Lake folgt, auf einer Anhöhe, der mauerumschlossene Klosterbezirk, in den ein ursprünglich zweistöckiges Torhaus führt. Hier endete die westlich über den Wicklow Gap verlaufende alte Pilgerstraße »St. Kevin's Road«. Die inmitten des Friedhofs aufragende Peter-Paul-Kirche mit einem romanischen Chorbogen (12. Jh.) ist als Bischofskathedrale Glendaloughs größter Kirchenbau. Das hohe Granitkreuz dahinter zu umrunden, bringt nur dem Glück, der einen Wunsch für einen anderen im Herzen trägt. Das kleine Priest's House bildete das Zentrum des Kevinkultes. Ein schmaler Spalt in der Ostfassade gewährte den Pilgern einen Blick auf das mutmaßliche Grab des Gründerheiligen. Der gut erhaltene Rund-

St. Kevin's Round
Tower mit Friedhof

turm (10.–12. Jh.) mit rekonstruiertem Kegeldach stellt Glendaloughs weithin sichtbares Wahrzeichen dar. Nordwestlich der Klostermauer liegt St. Mary's Church, die ein schönes romanisches Chorfenster hat. Die St. Kevin's Church (11. oder 12. Jh.) südlich des Friedhofs diente noch bis ins 19. Jahrhundert als katholische Pfarrkirche. Ihr schornsteinartiger Glockenaufsatz, ein Miniaturrundturm, führte zur volkstümlichen Bezeichnung »Kevin's Kitchen«. Ein steiles Steindach wölbt sich über einer kleinen Kammer zur Aufbewahrung von Klosterschätzen. Die nur noch in ihren Grundmauern erhaltene St. Ciarán's Church gilt mit acht Metern als kürzeste irische Langhaus-mit-Chor-Kirche. Eine Holzbrücke führt auf das Südufer des Glendalough-Baches, wo der Deer Stone, ein *bullán*, an jene milchspendende Hirschkuh erinnert, die hilfreich auf Kevins Gebet hin erschien, um die beiden Säuglinge seines Baumeisters zu stillen, als deren Mutter gestorben war.

Es wird stets eine Streitfrage bleiben, ob die Eremitensiedlung am fast unzugänglichen Südufer des Obersees vor der Gründung der talabwärts gelegenen Klostergemeinschaft entstand. In idyllischer Hanglage steht nordwestlich des Pollanasswasserfalls Reefert Church (ir. Rí Faert Friedhof der Könige) mit den Grabstätten von sieben Königen der über Südostwicklow gebietenden Uí Tuathail (O'Toole). Der schmale Uferpfad führt Wagemutige zu Kevins Klause (St. Kevin's Cell), dem Rest eines *clochán*, und Kevins Lager (St. Kevin's Bed), einer künstlich vergrößerten Felshöhle oberhalb des Upper Lake. Die bronzezeitliche Ritual- und Grabesstätte diente christlichen Heiligen für Bußübungen und 1798 dem Wicklower Freiheitskämpfer Michael Dwyer als Versteck. Von hier schoß er auf die ihn verfolgenden schottischen Hochlandsoldaten, die in ihren roten Uniformen gute Ziele abgaben. Als sie schließlich St. Kevin's Bed erreichten, rettete sich Dwyer mit einem kühnen Sprung in den Obersee. Heutzutage erreicht man die Höhle und Teampull na Skellig (11. Jh.), die »Felsenkirche« der Eremiten, per Boot.

Am flachen Ostufer erhebt sich der stark ›aufgeräumte‹ *Cahir* (vermutlich 1. Jh. n.Chr.), unweit davon, vermutlich als Prozessionsstationen nahe der Pilgerstraße, Steintumuli mit schlichten Schieferkreuzen. Am bewaldeten Nordufer führt die Miners' Road zu den

Ruinen eines Bergarbeiterdorfes unterhalb von zwei bis in die 1940er Jahre ausgebeuteten Bleiminen. Auf dem Südufer des Glendaloughbaches gelangt man in Richtung Laragh nach etwa 800 Metern zu der wallumschlossenen Ruine der **Augustinerpriorei St. Saviour's**, fast versteckt in einem dichten Fichtenforst und wohl in absichtlicher Distanz zur keltischen Klostersiedlung angelegt. Gestiftet wurde sie von Lorcán Ua Tuathail, damals Abt von Glendalough. Neben dem prächtigen hibernoromanischen Dekor am Chorfenster und -bogen ist das Besucherzentrum Glendaloughs mit einem Modell der ehemaligen Klosteranlagen sehenswert.

Ausflüge von Laragh

West- und Mittelwicklow lassen sich auf zwei Rundfahrten von Laragh aus erschließen, das man jeweils auf der R756 nach Nordwesten durch das Glendasantal über den malerischen Wicklow Gap (457 m) verläßt. Für die nordwestliche Rundfahrt zweigt man hinter Lockstown Upper rechts ab und fährt auf Nebenstraßen am schönen Ostufer des auf zwölf Kilometer gestauten Oberlaufs der Liffey, am **Pollaphuca** oder **Blessington Reservoir** vorbei bis **Blessington** (ir. Baile Coimin, 1 200 Einw.), der verschlafenen Kapitale der nordwestlichen Wicklows. Das stattliche georgianische Downshire House (Hotel) kündet von besseren Zeiten. Hier lohnt ein Abstecher zum fünf Kilometer südwestlich gelegenen **Russborough House** (1741–1753, von Richard Cassels und Francis Bindon), einem Nachfolgebau des neopalladianischen Castletown House (Co. Kildare) aus goldfarbenem Wicklowgranit, der sich harmonisch in die umliegende Park- und Berglandschaft fügt. Innen bietet der einstige Landsitz eines reichen Dubliner Brauers neben alten Möbeln, Porzellan und Stukkaturen (von Filippo und Paolo Francini) eine von Alfred Beit (1853–1906) begründete Kunst- und Gemäldesammlung. 1974 wurden an die sechzehn Bilder gestohlen, um die Kriegskasse der IRA aufzufüllen. Eine Nebenstraße führt östlich von Blessington zur R759, die dem Lauf der Liffey folgt. Am Sally Gap (518 m) kreuzt die Military Road (R115), auf der man nach Süden durch das malerische Glenmacnasstal nach Laragh zurückkehrt.
Für die Rundfahrt nach Südwesten folgt man von Laragh aus der R756 bis zum verträumten Dorf **Hollywood** (ir. Cillín Chaoimhín). Daß die Gegend hier seit der Bronzezeit heilig war, belegt der aus 14 Findlingen gebildete **Steinkreis von Athgreany**, den man zwei Kilometer südlich von Hollywood auf der N81 passiert. Der Name »Sonnenfurt« erinnert an Sakraltänze zu Ehren der Sonne, die volkstümliche Bezeichnung »Piper's Stones«

■ Kevin und Lorcán –
zwei Heilige aus Glendalough

Kevin (ir. Coemghen; um 528–618) entstammte der über Westwicklow gebietenden Adelsfamilie. Vermutlich erweckte Petrocus, ein nach Irland verbannter britischer Einsiedler, des Knaben Neigung zum Eremitentum, doch scheint Kevin zunächst ein Wanderleben geführt zu haben, bevor er sich in den Wicklows niederließ. Die farbigsten Kevin-legenden gehen auf örtliche Fremdenführer des 19. Jahrhunderts zurück. Filtert man die älteren Bestand-teile aus den sechs erhaltenen Viten, ergibt sich das Bild eines sanften, bescheidenen und naturliebenden Heiligen, der in Glendalough vergeblich nach Abge-

Glendalough

schiedenheit suchte. Der Ruf seiner Heiligkeit lockte schon bald eine Mönchsgemeinschaft an. Kevin gab ihr eine in Verse gesetzte Regel, erhob sich aber nie zum Abt über seine Mitbrüder. Seine Macht war rein spiritueller Art, die Kraft seiner Gebete so stark, daß sie als unverlöschbarer Flammenwirbel über den dunklen Wassern des Sees sichtbar wurde, ein Anblick, den nur die frommsten Mönche ertrugen, ohne zu erblinden. Kevin besaß wohl auch die Gabe der Heilkraft und Musikalität. Seine Harfe überdauerte als eine der bedeutendsten Reliquien bis ins 12. Jahrhundert.

Lorcán Ua Tuathail (Laurence O'Toole; 1128–1180) lernte bereits mit zehn Jahren, was Diplomatie und politische Intrigen sind, als ihn sein Vater, ein Kleinkönig zu Kilkea (Südkildare), nach Ferns an den Hof von Diarmait mac Murchadha in Geiselhaft geben mußte. Mit zwölf kam er in die Obhut seines Onkels, des Abt-bischofs von Glendalough, wo er seit seinem 25. Lebensjahr als Abt lebte. Auf Lorcán, den begeisterten Augustiner, geht die Einführung dieser kontinentalen Ordensregel in Glen-dalough zurück. 1161 wählte man ihn einstimmig zum Erzbi-schof des hiberno-wikingischen Dublin. Nach der norman-nischen Eroberung wurde er zum gefragten Vermittler zwi-schen Iren, Wikingern und Engländern. Es gelang ihm, die Eigenständigkeit der iri-schen Kirche gegen Intrigen Heinrichs II. zu verteidigen, der sich 1175 des unbeque-men Klerikers ebenso zu entledigen versuchte wie weiland Thomas Beckets, des Erzbi-schofs von Canterbury: Ein gedungener Mörder schlug Lorcán während der Messe auf den Altarstufen nieder. Lorcán überlebte, freilich mit ruinierter Gesundheit, noch fünf Jahre. Wieder in diplomatischer Mission, starb er bettelarm im Augustinerkloster Eu (Normandie), denn seinen gesamten Besitz hatte er den Armen oder für den Bau von Kirchen gespendet. Nur sein Herz durfte nach Irland zurückkehren und wird als Reliquie in der Dubliner Christ Church Cathedral verehrt.

an Tanzende, die nach puritanischer Auslegung nebst ihrem Dudelsackpfeifer versteinerten, weil sie die Sabbathruhe störten. Hier soll nächtens Elfenmusik ertönen. Einen knappen Kilometer vor Baltinglass verdient die Ruine des Klosters **Vallis Salutis** (»Tal der Erlösung«; auch Baltinglass Abbey), das König Diarmait mac Murchadha 1148 für Zisterzienser stiftete, einen Besuch. Es gehörte zu den liberalen Klöstern, die Angehörige beider Volksgruppen, Normannenabkömmlinge ebenso wie Iren, als Mönche aufnahmen. Wer Steine und Stile zu deuten vermag, kann diese Toleranz auch am Nebeneinander von Frühgotik und hibernoromanischer Steinskulptur ablesen. Am Ufer des Slaney liegt der Marktflecken **Baltinglass** (ir. Bealach Conglais, Cúghlas Straße; 1 400 Einw.), zu Füßen des steilen, 381 Meter hohen Baltinglass Hill, auf dem ein einziger *tumulus* innerhalb einer Doppelwallmauer drei neolithische Gräber bedeckt.

Auf der R747 geht es weiter nach Kiltegan, dann auf Nebenstraßen östlich bis Aghavannagh, von dort nordöstlich durch Waldgebiet bis **Drumgoff** mit baufälligen, mehrstöckigen Kasernen des 18. Jahrhunderts. Der Oberlauf des Avonbeg bildet nordwestlich das **Glenmaluretal**, eines der schönsten Täler der Wicklows. Wo heute Berufssoldaten zu Füßen des Lugnaquillia (926 m) den Kriegsfall proben, fanden Ende des 16. und 18. Jahrhunderts echte Kämpfe statt. Hier besiegte 1580 Fiach Mac Hugh O'Byrne (1544–1597) 900 vom Lord Deputy Grey of Wilton geführte Engländer. Ein wildes Kampflied jener Zeit verheißt weitere Siege: »White ist krank, Grey geflohn, jetzt holen wir uns den Kopf des Schwarzen Fitzwilliam und schicken ihn rot tropfend an Lieschen und ihre Damen.« Als Fiach 1597 in einen englischen Hinterhalt geriet, nahm Elisabeth I. statt dessen seinen Kopf in Empfang. Der aus dem **Glen of Imail** westlich des Lugnaquillia stammende Michael Dwyer (1771–1825) ergab sich 1803 nach sechsjähriger Verfolgungsjagd. In australischer Verbannung brachte er es schließlich zum Farmer und sogar Polizisten. Dwyer's Outlook, einen Felsvorsprung oberhalb des Michael Dwyer Inn, wählten die Engländer 1798 als Richtplatz für gefangene United Irishmen.

Von Drumgoff windet sich die auf diesem Abschnitt besonders reizvolle Military Road nach Nordwesten über einen kleinen Paß an der kahlen Sumpfkuppe des Mount Kirikee (400 m) vorbei und dann mit großartigen Ausblicken ins **Vale of Clara**. Je nach Wunsch fährt man entweder zurück nach Laragh oder weiter in das 14 Kilometer entfernte Rathdrum, vorbei an der pittoresken weißen Clara Church (1801) und durch alte Mischwälder. Von **Rathdrum** (ir. Ráth Droma, Erdwallburg der Hügelrückseite; etwa 1 500 Einw.), im späten 18. Jahrhundert das Zentrum des

Avoca-Weber am
Webstuhl

Wicklower Wollhandels, empfiehlt sich ein Ausflug zum zwei Kilometer südlich gelegenen Gut Avondale, dem Geburtsort von Charles Stewart Parnell. Das schlichte Avondale House (1779) birgt noch viele Erinnerungstücke an den charismatischen Politiker, nach dessen Tod das Gut unter den Hammer kam. Wertvolle alte Bäume mußten fallen, um die Familienschulden zu decken. In den 1920er Jahren machte der Irish Forest Service Avondale zum Zentrum seiner Aufforstungsversuche.

Südlich führt die R752 zunächst nach **Avoca**. Im Dorf können Sie in einem alten Fabrikgebäude die 1861 gegründeten *Avoca Handweavers* besichtigen, wo auf Handwebstühlen jene farbenfrohen Tuche erzeugt werden, die, zu Plaids und Oberbekleidung verarbeitet, einen gefragten Exportartikel darstellen. Südlich bringt Sie die R752 zum Zusammenfluß des Avonbeg und Avonmore, der sich als diejenige Stelle durchsetzte, auf die man Thomas Moores vielzitiertes Gedicht *The Meeting of the Waters* (1807) bezieht: »Es gibt auf der weiten Welt kein Tal so süß, wie das, in dessen Grund sich die hellen Wasser begegnen.« Obwohl fernab in England verfaßt, haben diese Zeilen dem Fremdenverkehr im Avocatal ungeheuer geholfen.

Zurück nach Rathdrum erreichen Sie über die R752 die Grafschaftshauptstadt **Wicklow** (ir. Cill Mhantáin, Mantans Klause; 5 200 Einw.), die sich wie ein Amphitheater über Ausläufer der Wicklows breitet. Die »Wiese der Wikinger« (Wykinglo) war bis 1580 heftig zwischen den O'Toole und O'Byrne sowie den anglonormannischen Fitzgerald umkämpft, deren Burgruine Black Castle auf einem Felsen hinter dem Ostpier sitzt. Ein Sieg über die Fitzgerald freute die gälischen Stammesführer 1279 derartig, daß sie ein Franziskanerkloster stifteten. Dessen Reste stehen am Westende der Main Street hinter einer Umfassungsmauer. Von der St. Thomas Church blieb nur das reichgeschmückte hibernoromanische Portal (Mitte 12. Jh.) in der Vorhalle der anglikanischen Kirche (18. Jh.). *The Murrough*, eine fast fünf Kilometer lange Nehrung zwischen der See und der Vartrymündung »Broad Lough«, empfiehlt sich als Küstenspaziergang, der sich kilometerweit fortsetzen läßt. Auf der R750 gelangt man schließlich südöstlich erst zum felsigen **Wicklow Head** mit drei Leuchttürmen, dann auf einer eindrucksvollen Küstenstrecke weiter nach Arklow, vorbei an langen Sandstränden – am überlaufensten bei Brittas Bay. **Arklow** (ir. An tInbhear Mór, Die weite Flußmündung; 9 000 Einw.) an der Avocamündung hat seine Beliebtheit als Seebad eingebüßt, nachdem eine Düngemittelfabrik ein Waldsterben in der Umgebung auslöste.

Der normannische Südosten

Der Barrow und die Blackstairs Mountains trennen die Grafschaft Wexford vom Hinterland, ihre Nähe zu Wales öffnete sie seit dem 4. Jahrhundert christlicher Mission, ab 1169 fielen normannische, flämische sowie walisische Söldner und Kolonisten ein. Südleinsters Grafschaften waren einem besonders langen und starken Einfluß ihrer Kulturen ausgesetzt, der sich in den Niederungen des Slaney, Barrow und Nore in vielen Burgen, befestigten Städtchen und Klöstern manifestiert: lohnende Ausflüge ins Landesinnere vor allem für Kulturfreunde.

In vornormannischer Zeit bildeten die späteren Grafschaften Wexford und Carlow das Königreich der Uí Cheinnselaig, dessen Gegner das benachbarte Ossory war, bestehend aus den heutigen Grafschaften Kilkenny und Laois. Kilkennys Puffer- und Brückenstellung zwischen Südleinster und Ostmunster zeigte sich besonders stark unter den Butler, einer einflußreichen Normannenfamilie, deren Amt als Mundschenk (*le Botiller*, davon Butler) ihr erkleckliche Einnahmen aus dem irischen Weinimport bescherte. 1328 wurden sie zu Grafen von Ormond(e) erhoben und geboten nicht nur über Ossory, sondern auch über Ostmunster: die Grafschaften Tipperary und, teilweise, Waterford, die kulturell mit Kilkenny eine Einheit bildeten. Nach anfänglicher Rebellion blieben die Grafen königstreu und in ihren Sitten sowie politischen Neigungen englischer und weltoffener als ihre Gegner, die Geraldine (Fitzgerald) von Desmond und Kildare.

Von Arklow nach Enniscorthy

Die Hauptroute (N11) verläuft über Gorey, Ferns und Enniscorthy nach Wexford. In **Gorey** (ir. Guaire, Sandbank), einer Gutsherrensiedlung und Ausgangspunkt der »Pflanzungen« in Nordwexford, verdient die katholische Church of St. Michael's einen Besuch, ein Werk des Engländers Augustus Welby Northmore Pugin (1812-1852). In nur dreizehn Jahren errichtete der Meister der Neugotik im irischen Südosten dreizehn Kirchen und Kapellen sowie fünf Konvente. Auf dem Friedhof sind zahlreiche *travellers*, Angehörige der verachteten »fahrenden« Minderheit, beigesetzt. Die kostspieligen Grabmäler und Gedenktafeln aus Marmor stehen in krassem Kontrast zu ihren bedrückenden Lebensumständen.

In **Ferns** (ir. Fearna, Holunderstätte), einst das politische Zentrum der Uí Cheinnselaig, durchtrennt die N11 den alten Klostergrund des hl. Aidan, des 624 gestorbenen Schutzpatrons Leinsters. Am weitesten von der Straße entfernt liegen die Ruinen der Augustiner- abtei St. Mary's, von König Diarmait mac Murchadha gestiftet, niedergebrannt und 1160 wiederaufgebaut. Von der 1577 gebrand- schatzten Kathedrale des hl. Aidan (erste Hälfte 13. Jh.) sind Reste des Langhauses mit einem Bischofsgrab (13. Jh.) erhalten, östlich die Relikte einer weiteren Kirche (13. Jh.) sowie ein Hochkreuz- schaft, der König Diarmaits Grab (gest. 1171) bezeichnen soll. Vom dreistöckigen Ferns Castle (um 1200) steht noch die Hälfte nebst dem Südostturm, der eine weite Sicht auf die Niederung des Bann gewährt. Es wurde zum Vorbild zahlreicher, besonders in Südost- irland häufiger Rechteckburgen mit vier zylindrischen Ecktürmen. Die nächstgelegenste setzte 1232 bis 1240 der flämische Söldner Prendergast in **Enniscorthy** (ir. Inis Córthaidh, Insel der Corthaiges; 5 000 Einw.) auf den Castle Hill am Westufer des bis hierher schiff- baren Slaney. Das darin untergebrachte County Museum berichtet auch von der blutigen Niederlage der United Irishmen am 21. Juni 1798 auf dem Vinegar Hill am Ostrand des Städtchens, wo 18 000 schlecht ausgerüstete Iren 27 Tage lang 20 000 britischen Berufssol- daten Widerstand leisteten. Die Ruine der alten Windmühle, in der sie sich verschanzt hatten, ist noch zu besichtigen. Die lichtdurch- flutete Kathedrale des hl. Aidan (1843–1848) stellt wohl A.W.N. Pugins besterhaltenes Werk in Irland dar. Von Enniscorthy führt die N11 weiter nach Wexford.

Von Wexford nach New Ross – ein Hauch von Flandern

Wexford (ir. Loch Garman; 15 000 Einw.) liegt am breiten Mündungsbecken des Slaney. Der gewundene Verlauf der engen Altstadtstraßen erinnert noch an den wikingischen Handelsposten des 9. oder 10. Jahrhunderts, der als erste Stadt Irlands 1169 den Normannen in die Hände fiel. Oliver Cromwell ließ in dem damaligen Flottenstützpunkt der Konföderierten 1649 an die 2 000 Einwohner massakrieren, ein Zehntel davon Frauen und Kinder, wie stets in der Überzeugung, ein gottgefälliges Werk zu vollbringen. Deicharbeiten machten Wexford Harbour Ende des 19. Jahrhunderts vollends zum *waesfjord*, jenem »schlammigen Fjord«, als den ihn schon die Wikinger bezeichnet hatten. Heute lebt die Stadt hauptsächlich vom Landmaschinenbau.

Von der Stadtmauer (14. Jh.) steht noch ein Teil am Cornmarket, im Nordwesten der Altstadt das Westgate als letztes Stadttor. Die

Abbey Street überragt der Sandsteinturm (vermutlich 14. Jh.) der Augustinerpriorei Peter und Paul, bekannter als St. Selkar's (von engl. sepulchre, Grab). Sie wurde von einer Normannendame gestiftet, die ihren Gatten beim Kreuzzug zur Befreiung des Heiligen Grabes gefallen wähnte. Im Zentrum ersetzt an der North Main Street die georgianische Church of St. Ibar (Church of Ireland; 1760) zahlreiche Vorgängerbauten von Gälen, Wikingern, Normannen und Anglo-Iren. Sie alle verehrten jene höchstgelegene Stätte auf Wexfords Steilufer, an der der hl. Ibar von Beg-Eri Anfang des 5. Jahrhunderts eine der ältesten Kirchen Irlands gründete. Falls es sich bei Ibar nicht um eine verchristlichte keltische Gottheit handelt, war er der selbstbewußteste der vier vorpatrizischen Abtbischöfe Südostirlands, da er sich trotz angedrohter Verbannung nicht dem hl. Patrick unterstellte. Seit der Trockenlegung von 1849 gehört Beg-Eri zum Feucht- und Vogelschutzgebiet der nördlichen *slobs* (Schlickland), in dem, ebenso wie in den südlichen Slobs östlich der N25, zahlreiche Gänse und Enten aus Kanada, Grönland sowie Sibirien überwintern.

Die mit Ausnahme des niedrigen Landrückens Forth Mountain (235 m) flache Region südwestlich von Wexford heißt **Forth**, nach den »fór túatha mara«, den »fremden Stämmen der See«. Damit waren vor allem Flamen gemeint, deren Dialekt Yola bis ins 19. Jahrhundert überlebte. Deiche, Polder, Meereslagunen und viele Windmühlen verleihen der Gegend einen flämischen Charakter. Über die N25 kommt man nach **Rosslare Harbour**, Irlands drittwichtigster Fährhafen, der es mit Wales und Frankreich verbindet. Nordwestlich liegt **Rosslare**, gesäumt von kilometerlangen Sand- und Kiesstränden und gesegnet mit den stabilsten, sonnigsten Wetterverhältnissen in Irland. Der Badeort bietet ferner Golf- und Tennisplätze, eine heilige Quelle sowie eine liebevolle Erinnerung von George Bernard Shaw: »Ich war hier in Träumen verloren.« Die Küste zwischen dem Lady's Island Lake und der verzweigten Lagune Tacumshane Lake ist in ständiger Veränderung begriffen. Eine Nebenstraße führt bei Tagoat südlich zur einstigen Lagune **Lady's Island Lake**. *The Cut*, ein seit 1682 fast in jedem Frühjahr durchgeführter Stich durch den großen Naturdeich aus Sand und Kies entzweit Bauern, Pilger und Vogelfreunde: Die Bauern wollen im Schlick, der nach dem Deichdurchstich zurückbleibt, Kartoffeln pflanzen, die Pilger trockenen Fußes zum Marienheiligtum auf der Lady's Island gelangen, die Vogelfreunde jedoch Nordwesteuropas größte Kolonie an Seeschwalben (mehrere Arten), die sich erst 1978 auf den Inselchen des Sees etabliert hat, vor den unkontrollierbar abfließenden Wassern des Brackwassersees schützen. Über einen Damm erreicht man **Our Lady's Is-**

land, die größte Insel des Sees und ein uraltes Baumheiligtum, das der Ibar- sowie der Marienkult übernahmen. Wallfahrten und Bußübungen sind hier seit dem 12. Jahrhundert belegt. Die schiefe Burgruine (1237) und wohl auch die Augustinerpriorei stammen von dem Anglonormannen Rudolf de Lamporte. Im Dorf **Tacumshane** westlich des Sees steht eine weißgetünchte, reetgedeckte Windmühle (1846; 1952 restauriert).

New Ross erreicht man direkt auf der N25 oder auf dem lohnenswerten Umweg über Wellington Bridge (R733). Südlich erstrecken sich die Ruinen der im Hochmittelalter dank Silber- und Bleibergbau blühenden Stadt **Clonmines**, deren Niedergang erst die Versandung der Bannow Bay bewirkte. An deren Ostufer findet man südlich der R733 an einer hübschen Nebenbucht die Überbleibsel der **Tintern Abbey,** für Zisterzienser des gleichnamigen walisischen Mutterhauses angelegt. William Mareshal stiftete dieses Kloster »de voto« (als Gelübde), nachdem sein mastlos geschlagenes Schiff wie durch ein Wunder hier antrieb. Turm (15. Jh.) und Chor der Abteikirche wurden nach der Auflassung 1538 zu Wohnstätten umgebaut. Nebenstraßen führen auf die Felsenspitze des **Hook Head**, der seinen Namen dem walisischen Missionar Dubhan (engl. hook, Haken) verdankt. Er entzündete hier im 5. Jahrhundert als erster ein Leuchtfeuer zur Orientierung der Seefahrer, das Generationen von Mönchen aufrechterhielten. Der normannische Eroberer Raymond Le Gros ließ 1172 einen massiven Leuchtturm errichten, den der jetzige Bau (18. Jh.) einbezieht. Burgen in **Duncannon** (R737) und **Ballyhack** am steilen Ostufer des Waterford Harbour zeugen von dessen strategischer Bedeutung. Wer den Umweg landeinwärts über New Ross vermeiden will, setzt von Ballyhack mit der Auto- und Personenfähre zum Feriendorf **Passage East** über. Ihm entgeht freilich die Ruine der bedeutenden, wohlhabenden Abbey of St. Mary of Refuge bei **Dunbrody**, deren schlichte Kirche mit 65 Metern eine der längsten Zisterzienserkirchen Irlands ist. Sie besitzt einen besonders mächtigen, aber niedrigen Vierungsturm. Im Kreuzgang stehen Reste einer Sakristei, östlich der Kirche die Ruinen der Bibliothek und des Kapitelhauses, südlich das Refektorium und Dormitorium. Dreizehn Kilometer südlich von New Ross erstreckt sich zu Füßen des bewaldeten Slieve Coillte (269 m, gute Rundsicht!) auf 252 Hektar das **John F. Kennedy Arboretum**, ein 1968 zum Gedenken an den ermordeten US-Präsidenten gestifteter Baumpark. Zwei Hauptrundwege führen durch die systematisch angelegten Bestände von Laub- und Nadelbäumen (insgesamt 4 500 Arten) aus allen Klimazonen der Welt.

New Ross (ir. Ros Mhic Thriúin, Wald des Sohnes von Treon;
5 500 Einw.), das ›normannische Tor‹ zum Barrowtal am steilen
Ostufer des Flusses, wurde im 13. Jahrhundert von Isabella de Clare
gegründet. Als Tochter des mächtigen Normannenritters Strongbow
und Enkelin des irischen Provinzkönigs Diarmait mac Murchadha
vereinte sie in ihrer Person nicht nur zwei feindliche Kulturen, sondern war eine der reichsten Erbinnen Europas, weshalb sie der englische König im Tower festsetzen ließ, bis er die 20jährige dem bereits 42jährigen Grafen von Pembroke, William Mareshal, zur Frau
gab. Die Aussicht auf die gute Partie erregte den Bräutigam derartig,
daß er bei seiner Einschiffung im französischen Dieppe vom Bootssteg fiel. In New Ross ließen beide Gatten eine Brücke über den
Barrow schlagen und, in Konkurrenz zu Waterford, den bis heute
bedeutenden Handelshafen anlegen. Von der St. Mary's Church
(1207–1220) in der Church Lane, der wohl größten mittelalterlichen Pfarrkirche Irlands, ist der Chor mit drei anmutigen Spitzbogen-
fenstern erhalten. Das Langhaus und die Vierung mußten im 19.
Jahrhundert einem Neubau weichen. Das berühmteste unter den
zahlreichen alten Grabmälern ist das mit der Inschrift »Isabel: Laegn«
(Isabella von Leinster), ein Kenotaph der im walisischen Mon-
mountshire beigesetzten Stifterin Isabella de Clare. Der sogenannte
Bambino Stone an der Chornordwand zeigt ein Wickelkind zwischen seinen Eltern.

■ Zur Marmorstadt Kilkenny

Dieser Abstecher ins Landesinnere führt in eine reiche, vor allem
von Anglonormannen gestaltete Region. Die landschaftlich reizvolle R700 folgt von New Ross dem Lauf des still dahinziehenden
Nore, dessen Tal man, gemeinsam mit dem des Barrow, besonders gut vom bewaldeten Mount Brandon (516 m; Gipfel-*cairn*)
überblickt. Man besteigt ihn von **Inistioge** (ir. Inis Tíog, Teocs
Insel), einem attraktiven, grünen Ort mit pastellfarbenen Katen
und Häuserzeilen aus dem 18. und 19. Jahrhundert, schön am
Nore gelegen, den eine zehnjochige Brücke überspannt. Die protestantische St. Mary's Church besitzt Teile einer Augustinerpriorei
aus dem 13. Jahrhundert.
Der ansehnliche Marktflecken **Thomastown** (ir. Baile Mhic
Andáin; 1 400 Einw.) verdankt Namen und Aufschwung dem
walisischen Söldner Thomas FitzAnthony Walsh, von dessen beiden Burgen noch Grenan Castle steht. Auch die Relikte einer
ungewöhnlich großen dreischiffigen Kirche (13. Jh.) zeugen von

einstiger Bedeutung. Die katholische Pfarrkirche birgt den Hochaltar der **Jerpoint Abbey** (um 1180), deren eindrucksvolle Ruine, etwa drei Kilometer südwestlich an der N9, viel besucht wird. Ossorys König Dónall MacGiolla Phadraig hatte das Kloster zwischen 1158 und 1165 den Benediktinern gestiftet, in normannischer Zeit übernahmen es die Zisterzienser. Jerpoints reicher Bauschmuck weicht vom zisterziensischen Schlichtheitsideal ab, vor allem an den hibernoromanischen Pfeilerkapitellen sowie im gut restaurierten Kreuzgang. Dieser wurde von Meistern der O'Tunny-Werkstatt Ende des 15. Jahrhunderts mit Hochrelieffiguren im Stil des 13. Jahrhunderts geschmückt: Damen und Ritter der Butlerfamilie, Mönche und Bischöfe, ein von Leibschmerzen Geplagter, Affen und Drachen. Rory O'Tunny lieferte das besonders bemerkenswerte Grabmal für Katerine Poher und ihren Gemahl Robert Walsh (gest. 1501), das in der Vierung steht.

Nach etwa 21 Kilometern auf der R700 ist **Kilkenny** (ir. Cill Chainnigh, Cainneachs Klause; 10 000 Einw.) erreicht, eine liebenswürdige Stadt mit alter Brauerei- und Handwerkstradition, lebhaft und doch voller historischem Flair. Ihren Beinamen »Marble City« verdankt sie dem zu tintenschwarzem Marmor polierten Kilkennykalkstein. Seit dem späten 15. Jahrhundert war er der bevorzugte Werkstoff der Steinmetzdynastien der O'Tunny aus dem unweit gelegenen Callan sowie der ortsansässigen Kearin, die beide an der Wende der Spätgotik zur Renaissance ganz Ossory mit hervorragend skulptierten und reliefgeschmückten Grabtumben belieferten. Kilkenny geht auf ein keltisches Kloster des 6. Jahrhunderts zurück, um das eine kleine, 1111 zum Bischofssitz erhobene Siedlung entstand, in normannischer Zeit »Irish Town« genannt. Als Sitz anglo-irischer Parlamente übertraf Kilkenny im Mittelalter zeitweilig Dublin an Bedeutung. Die 1366 verabschiedeten »Statuten von Kilkenny«, die unter anderem Mischehen als Hochverrat unter Strafe stellten, hielten die Assimilation der anglonormannischen Kolonie nicht auf. Ab 1642 war die Stadt für sechs Jahre das politische Zentrum eines katholischen Zweckbündnisses zwischen Altengländern und Gälen (»Konföderation von Kilkenny«), mußte sich aber im März 1650 den Parlamentstruppen ergeben.

Viele Sehenswürdigkeiten liegen innerhalb der einstigen Stadtmauern, von denen es zwischen der Parliament und der Blackmill Street Reste zu sehen gibt. Ein Rundgang sollte in der Dean Street im Norden der Altstadt beginnen. Dort führen die St. Canice's Steps (1614) auf den Kathedralenhügel. Vom keltischen Kloster des hl. Cainneach von Aghaboe (engl. Canice; um 517–600) steht noch ein mit 30 Metern recht hoher Rundturm (vermutlich 10. Jh.) ohne Kegeldach. Wer 50 p. und die steilen Stiegen nicht scheut,

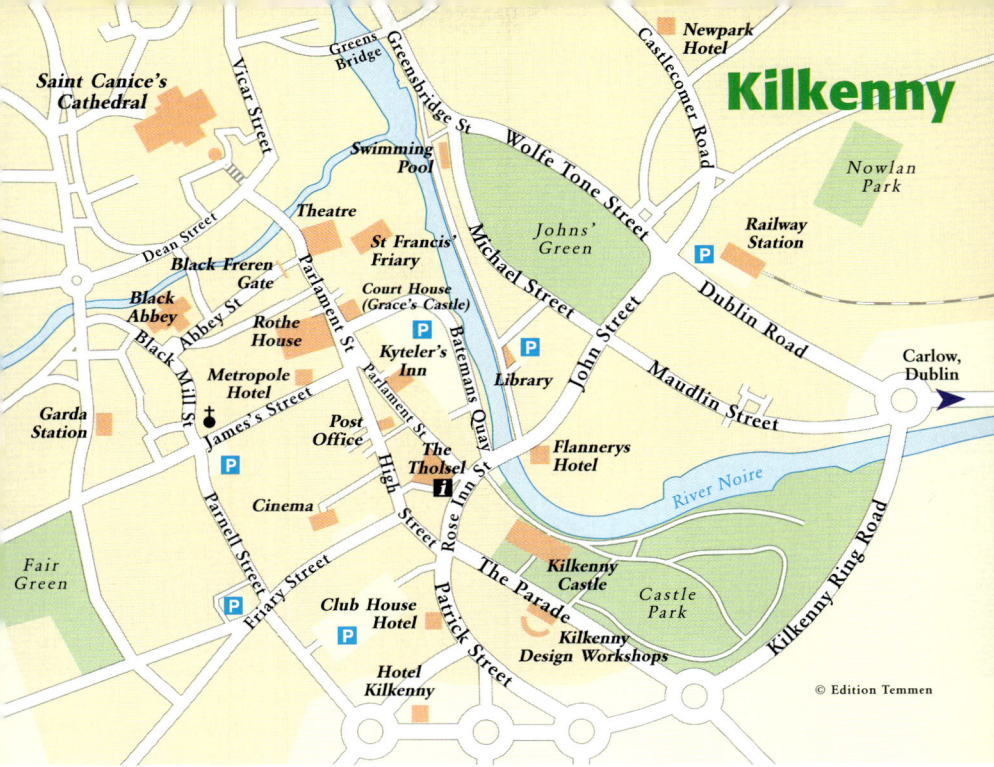

Kilkenny

wird mit einem herrlichen Rundblick belohnt. Die großräumige, lichte **St. Canice's Cathedral** (1251–1280; Church of Ireland) im frühenglischen Stil ersetzte eine kleinere romanische Kirche. Protestantische Bilderstürmerei hat im Inneren unersetzlichen Schaden angerichtet. Als im 18. Jahrhundert die aufgebrochenen und beschädigten Tumben ›aufgeräumt‹ wurden, gerieten viele Platten auf die falschen Sockel. Die Grabmalkunst stellte eine Spezialität der Stadt und Grafschaft Kilkenny dar, und wir können diese Kunstform an einer außerordentlich reichen Sammlung von über 100 Beispielen studieren. Die schönste Tumba gehört Piers Rua Butler (gest. 1539), dem ersten in St. Canice beigesetzten Grafen von Ormond, sowie seiner Frau Margaret Fitzgerald (im Süden des Querhauses). Beide sind in steifer Pose verewigt: sie mit fromm gefalteten Händen und weiten Puffärmeln, bekleidet mit einer Doppelhaube und Faltengewand, er altertümelnd in Rüstung und Kettenhemd, die Linke am Schwert und einen Hund zu Füßen, das Sinnbild der Vasallentreue. Die Tumba eines anderen Butler, gleich dahinter, trägt an den Seitenflächen bemerkenswert lebendige Tierdarstellungen. Im Norden des Querhauses steht St. Kieran's Chair (13. Jh.) aus schwarzem Marmor, Ossorys Bischofsthron.

Kilkenny Castle

Der Stein unter dem Sitz stammt vom Bischofsthron von Seirkieran (7. Jh.), einem der vier vorpatrizischen Erzbistümer Südirlands.

Über die Dean Street kehren Sie zur Parliament Street zurück, wo links auf dem Gelände der Smithwick-Brauerei die Ruine eines Franziskanerklosters, die Grey Friars' Abbey oder St. Francis' Friary (1231–1321), neugierig macht, aber nicht zugänglich ist. Westlich führt die Abbey Street hangaufwärts zur Black Friars' Church oder Black Abbey, der als katholische Pfarrkirche dienenden Kirche des dominikanischen Dreifaltigkeitsklosters. Von der Abteikirche blieben das Langhaus (13. Jh.) mit dem Südteil des Querhauses (14. Jh.) sowie ein Turm aus dem 15. Jahrhundert bestehen. Besonders interessant ist eine englische Alabasterstatue (um 1400) mit einer ungewöhnlichen Ikonographie der Dreifaltigkeit: Der thronende Gottvater segnet den zwischen seinen Knien ruhenden Corpus Christi, der Heilige Geist sitzt als Taube auf dem Kreuzkopf.

Unterhalb der Black Friars' Church steht, in Richtung Parliament Street, an der Abbey Street das Black Freren Gate als letztes Stadttor, südlich überragt an der James Street der 60 Meter hohe Turm der katholischen St. Mary's Cathedral (1849) die Stadt. Das elegante Kaufmannshaus Rothe House (1594–1610) mit zwei Hintergebäuden und einem Brunnenhaus von 1604, am Südende der Parliament Street, verdient Ihren Besuch: Es wurde von der hier ansässigen Kilkenny Archaeological Society mit Gemälden und Eichenmöbeln aus der Tudorzeit ausgestattet und beherbergt eine heimatkundliche Ausstellung des County Museum, darunter alte Textilien. Das klassizistische Gerichtsgebäude gegenüber entstand 1794 über dem Wohnturm Grace's Castle (1220), der ab 1568 als Stadtgefängnis diente. Das einstige Zollamt (Tholsel; 1761) in der High Street, heute die Town Hall, birgt das Archiv (seit 1230) und die Insignien (17. Jh.) Kilkennys. Am Ende der High Street trifft man links in der Rose Inn Street auf das von Rechtsanwalt Sir Richard Shee gestiftete Armenkrankenhaus Shee's Alm House (auch Shee's Hospital, 1581–1585), heute das Fremdenverkehrsamt. Hungrig und erholungsbedürftig biegen Sie jetzt vielleicht links in die St. Kieran Street ein. Vor dem Market Yard treffen Sie in Kilkennys ältestem Wohnhaus auf den beliebten, guten Gasthof Kyteler's Inn (13. Jh.) und eine haarsträubende Geschichte.

Südöstlich der Altstadt thront auf dem Noresteilufer Kilkenny Castle, ursprünglich eine normannische Festung zum Schutz der Furt, 1826 bis 1859 durch William Robertson umgebaut und gotisiert, von 1391 bis 1935 Familiensitz der Butler, die ihn 1967 für eine symbolische Summe von 50 Pfund einem Renovierungskomitee verkauften. Seither versucht das Office of Public Works mit außerordentlichem Aufwand und Kosten die Innenausstattung

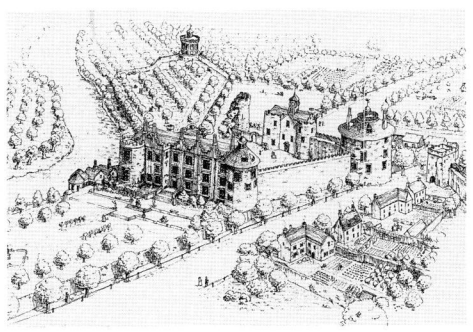

Kilkenny's Castle im Laufe der Jahrhunderte: Von der mittelalterlichen Burg zum Schloß im im französischen Stil des 17. Jhs. bis zum Viktorianischen Herrensitz

von 1830 möglichst originalgetreu wiederherzustellen. Mit Tuschzeichnungen verzierte Tapeten wurden eigens in China, Wandbespannungen in Frankreich bestellt. Inzwischen sind zwei Flügel mit dem ehemaligen Billardraum, dem Empfangssaal, dem Speiseraum im Nordostturm (dem ältesten Teil des Schlosses), der Bibliothek, der Long Gallery (von Benjamin Woodward) mit bemalter Holzbalkendecke, Gobelins und einer Porträtsammlung sowie der Schlafzimmertrakt zugänglich. Die Restauration des Westflügels mit dem Torhaus (1684) dauert an. Gegenüber der Zufahrtsstraße (The Parade) liegt ein harmonisches, halbrundes Ensemble (2. Hälfte 18. Jh.), die einstigen Stallungen und Dienstbotenwohnungen, in denen jetzt die Ateliers und Verkaufsräume der Kilkenny Design Workshops untergebracht sind. Nach der Besichtigung können Sie im Schloßpark aus dem 18. und 19. Jahrhundert (mit einem Rosengarten und Landschaftspark) oder im liebevoll ausgestatteten Selbstbedienungsrestaurant in der alten Schloßküche ausruhen.

Die Stalagmiten und Stalaktiten in der zehn Kilometer nördlich von Kilkenny bei Ballyfoyle (nahe der N78) gelegenen Tropfsteinhöhle **Dunmore Cave** deutet der Volksmund als »Rachen eines Ungeheuers« mit »zehntausend Zähnen.« Die Zauberkatze Luchtigern soll hier ebenso den Tod gefunden haben wie 1 000 von Dubliner Wikingern niedergemachte Flüchtlinge. Tatsächlich entdeckte man 1973 die Knochen von 50 Menschen.

Ein irischer Hexenprozeß

Obwohl die englischen Kolonisten Irland für ein Land voller Zauberer und Hexen hielten, kam es dort im Unterschied zu England und Kontinentaleuropa kaum zu Hexenprozessen, zum einen aus Abneigung gegen die englische Obrigkeit, der man ungern Angehörige der eigenen Volksgruppe auslieferte, zum anderen stellten die englischen Gesetze im Unterschied zu den kontinentalen nur Schadenszauber, nicht aber den ›Teufelsbund‹ unter Strafe. Die wenigen überlieferten Hexenprozesse fanden in den anglonormannischen Städten Kilkenny und Youghal statt, wobei der Fall der Dame Alice Kyteler (geb. 1284) leicht als Bereicherungsversuch des örtlichen Bischofs Ledred (»der Lederkopf«; 1316–1330) zu durchschauen ist. Denn sein Opfer, Alice »the Moneylender«, war schön, lebenslustig und offenkundig reich, nachdem sie in kurzer Abfolge vier Ehemänner beerbt hatte sowie ihren Besitz durch Geldverleih zu mehren wußte. Ledred zeigte sie 1323 wegen Hexerei und Häresie an, ebenso ihren Sohn William Outlaw (»den Gesetzlosen«), ihre Schwester Basilia und ihre Magd Petronella. Alice wurde unter anderem vorgeworfen, allabendlich den Straßendreck vor die Tür ihres Sohnes gekehrt und die Beschwörungsformel gemurmelt zu haben: »Vor dem Hause Williams, meinem Sohn, liegt der gesamte Reichtum der Stadt Kilkenny!« Ihre Ehemänner seien Giftmorden zum Opfer gefallen. Verurteilt, begnadigt und erneut angeklagt, floh Alice Kyteler mit ihrer Schwester nach Schottland, worauf die Behörden ihre Magd als Hexe verbrannten. Der Geist der armen Petronella soll seither in Kyteler's Inn sowie den Nachbarstraßen spuken. Ledred, dem viel an der Verschönerung von St. Canice's lag, verlangte von William Outlaw, das Kathedralendach mit Blei neu zu decken. Auf der unsinnigen ›Buße‹ lag kein Segen: Das Bleigewicht bewirkte 1332 den Einsturz des Turms und eines Großteils des Chores. In der Kathedrale findet man die Gräber des Bischofs Ledred und von Jose Kyteler, dem Vater der ›Kilkenny-Hexe‹.

Die Südküste

Breite und tief einschneidende Mündungstrichter gliedern die irische Südküste. Ihre traditionsreichen alten Städte – Waterford, Dungarvan, Youghal, Cork und Kinsale – teilen fast sämtlich die gleiche Geschichte: An der Stätte eines keltischen Klosters errichteten Wikinger einen Handelshafen, der später von den Normannen erobert wurde.

Von Waterford bis Dungarvan

Waterford (ir. Port Láirge; 40 000 Einw.), heute eine recht bedeutende Industrie- und Einkaufsstadt am Suir, war bis zum 17. Jahrhundert Irlands wichtigster Hafen für den Handel mit Südeuropa. Seine Geschichte geht auf das 853 begründete wikingische Stadtreich Vethrafjothr zurück, das bis zur normannischen Eroberung 1173 die Südküste sowie die Zugänge zu Munsters fruchtbaren Flußniederungen kontrollierte. Als anglonormannischer Stützpunkt genoß es fortan erhebliche Privilegien und Wohlstand. Besondere Förderung wurde Waterford von Heinrich VII. zuteil, der ihm den Titel »Urbs intacta manet Waterfordia« (Eine unberührte Stadt bleibt Waterford) verlieh, da es ihn gegen zwei Thronanwärter unterstützt und der Belagerung eines Prätendenten standgehalten hatte.

Ein gut ausgeschilderter Tourist Trail führt durch das wikingische Waterford und die westlich sowie südlich anschließende Normannenstadt. Als Fremdkörper im gälischen Umland verließen sich Wikinger und Anglonormannen nicht auf den natürlichen Schutz der oft überschwemmten Marschen. Eindrucksvolle restaurierte Reste der normannischen Stadtmauer und fünf Türme finden sich vor allem in der südlichen Altstadt, etwa an der Castle und der Browne Street. Im Nordosten der einstigen Wikingerstadt ragt der mächtige runde Reginald's Tower auf, das Wahr-

zeichen der Stadt. 1003 wurde der Festungsturm vom Statthalter Ragnvald nach dem Vorbild der *brochs* erbaut: sich nach oben verjüngender, schottischer Wehrtürme aus Trockenmauerwerk. Seine jetzige Gestalt geht auf das 13. Jahrhundert zurück. Er diente damals als Münze, im 18. Jahrhundert als Arsenal, ab 1819 als Stadtgefängnis und nun als Museum für Waterfords Schätze, darunter 17 der insgesamt 30 englischen Freibriefe sowie die Zeremonialschwerter der Könige John und Heinrich VIII.

Die klassizistische Christ Church Cathedral (1773, von John Roberts; Church of Ireland) ersetzt eine wikingische Kathedrale, aus der zwei bemerkenswerte Grabmäler (1469 und Anfang des 16. Jh.) erhalten sind. Das ältere bildet ein makabres Memento Mori: Würmer brechen aus dem Brustkorb der Grabfigur des Bürgermeisters Rice, ein Frosch hockt zu ihren Füssen. Die anglikanische St. Olaf Church (um 1735) nordwestlich des Kathedralenplatzes bezieht die Westwand von Waterfords ältester Kirche (um 870) ein. Das 1240 gestiftete Franziskanerkloster in der Greyfriars' Street heißt »French Church«, seit es 1695 Hugenotten als Pfarrkirche übergeben wurde. Vom 1226 gegründeten Dominikanerkloster St. Saviour's Priory am Arundel Square steht nur noch der Vierungsturm (15. Jh.) mit einem doppelten Kielbogenfenster.

John Roberts, ein örtlicher Vertreter des Klassizismus, entwarf fast alle bemerkenswerteren Gebäude der Neuzeit: die Waterford City Hall (1788) an der Mall mit dem hübschen viktorianischen Royal Theatre, in der Great George Street das elegante Wohnhaus eines Reeders, nun die Chamber of Commerce (Handelskammer; 1795), sowie die katholische Holy Trinity Cathedral (1793–1796; die barockisierende Westfassade von 1893) an der Barronstrand Street. Unweit südöstlich davon diente in der Jenkin's Lane die liebevoll restaurierte St. Patrick's Church (1764), als Kornspeicher getarnt, zur Zeit der Penal Laws den Jesuiten als Gotteshaus.

Die Waterford Crystal Ltd., 2,5 Kilometer südwestlich in Kilbarry (N25), ist Irlands älteste, größte und berühmteste Glasfabrik sowie noch immer der wichtigste Zweig der Waterforder Industrie. 60 Prozent des hier erzeugten, geblasenen und handgeschliffenen Bleiglases werden in die USA ausgeführt. Interessierte können an einer Werksführung teilnehmen und Erzeugnisse aus dem berühmten Bleikristall erwerben.

Bei Waterfords größtem Badeort, dem beliebten **Tramore** (ir. Trá Mhór, Großer Strand; 3 800 Einw.), schützt eine lange Nehrung den Back Strand vor der offenen See. Die R675 führt über Ausläufer des Croughan Hill, der Comeragh und Monavullagh Mountains nach Dungarvan, besonders abwechslungsreich an

der Steilküste zwischen den kleinen Fischer- und Badeorten **Annestown** und **Bunmahon**, wo sich stets neue Ausblicke auf Klippen, Buchten und vorgelagerte Felsen eröffnen. Südwestlich des Ballyvoyle Head dehnt sich zwischen den Monavullagh Mountains und dem teilweise bewaldeten Sandsteinrücken der Drum Hills die breite Niederung von Colligan und Brickey River aus, deren schilfbestandene Mündungstrichter die Nehrung Whitehouse Bank vom

Schleifen des
Waterford-Kristalls.

Dungarvan Harbour trennt. Die vom Massentourismus noch unberührte Markt- und Hafenstadt **Dungarvan** (ir. Dún Garbhán, Garvans Festung; 6600 Einw.) verdankte ihre Blüte im frühen 19. Jahrhundert dem Schiffbau. In den Hafengassen stehen noch alte Speicher und Reste der Stadtbefestigung. Vom zentralen Grattan Square, den stattliche Häuser umgaben, führt die Lower Main Street zum Old Market House (1690) mit dem kleinen Heimatkundemuseum und dem Fremdenverkehrsamt. Der Castle Street folgt man links zum Dungarvan Castle (1185), einer Zwingburg, die Prinz John »Ohneland«, der jüngste Sohn Heinrichs II., während seines ersten Irlandaufenthalts bauen ließ. Zu sehen sind noch der runde Donjon und das Torhaus. »The Holed Gable« auf dem Friedhof der anglikanischen St. Mary's Church ist der Mauerrest einer mittelalterlichen Kirche mit fünf ungewöhnlichen Rundfenstern. Auf der Abbeyside am Ostufer des Colligan nehmen sich die Reste eines 1290 von Engländern gegründeten Augustinerklosters höchst malerisch am Strand aus. Die katholische Pfarrkirche daneben bezieht den Turm der Abteikirche (15. Jh.) ein. Das Kloster wurde 1649 von den Parlamentstruppen zerstört, die Stadt entging diesem Schicksal, weil eine Einwohnerin ›Erfrischungen‹ reichte und auf Cromwells Wohl anstieß.

■ Im Tal des Blackwater

Die Grafschaften Waterford und Cork teilen sich das weite, fruchtbare Blackwatertal, das wie die südlich gelegenen, kleineren Täler des Lee und Bandon auf fruchtbaren Kalksteingrund zwischen Sandsteinhügel gebettet ist. Nirgends habe er, so notierte der englische Schriftsteller William Thackeray in seinem *Irish Sketchbook* (1843), eine so üppige und friedvolle Landschaft gesehen: »Der Fluß und die Ufer sind so schön wie der Rhein...«

Vom Grattan Square in Dungarvan gelangt man auf dem »Black-water Valley Drive« (etwa 160 km, ausgeschildert) zum Marktflecken Cappoquin, wo man sich zu einem weiteren Abstecher auf den »Vee Drive« (R669) und den anschließenden »Knockmealdown Drive« begeben kann. Beide führen in die heidebedeckten, teils aufgeforsteten schroffen Knockmealdown Mountains. In abgeschiedener Hanglage bietet unweit der R669 das 1832 von französischen Trappisten gegründete **Kloster Mount Melleray** mit einer gewaltigen neugotischen Abteikirche und einem Gästehaus innere Einkehr oder Heilung von Suchtproblemen.

Das gepflegte **Lismore** (ir. Lios Mór, Große Erdwallburg; 900 Einw.), 7 Kilometer westlich von Cappoquin, geht auf den hl. Carthach zurück. Seine 635 erfolgte Gründung galt als »berühmte und heilige Stadt«, zu deren bekanntesten Zöglingen König Alfred von Wessex und der hl. Malachias von Armagh gehörten. An Lismores anglikanischer Kathedrale, die mittelalterliche Vorgängerbauten einbezieht, wirkten bedeutende Architekten mit, darunter Sir William Robinson (1680), Sir Richard Morrison (1811) und James Pain Junior, der den eleganten Westturm (1829) lieferte. Auf dem gegenüberliegenden Bachufer stand seit 1200 ein Bischofspalast, den der englische Abenteurer Richard Boyle (1566–1643) zum Lismore Castle umbaute. Sein Sohn Robert Boyle (1627–69), der spätere Philosoph und »Vater der modernen Chemie«, kam hier zur Welt. Im 19. Jahrhundert ließen die Herzöge von Devonshire das Schloß gotisieren. Da sie es bis heute bewohnen, sind nur die schönen, in einen terrassierten Ober- und Untergarten geteilten Lismore Castle Gardens mit Rhododendren, Azaleen, Kamelien und einer alten Eibenallee zu besichtigen. Man betritt sie durch ein über der heiligen Quelle des keltischen Klosters errichtetes Torhaus.

Nordwestlich des bei Anglern beliebten Marktfleckens **Fermoy** (ir. Mainistir Fhear Maí, Kloster der Männer der Ebene; 3100 Einw.) gelangt man auf der R512 und einer rechts abzweigenden Nebenstraße folgend beim Labbacallee Hill zu Irlands größtem Keilgrab (2200 v.Chr.). Drei gewaltige Steine decken die Haupt- und Nebenkammer, in der 1934 männliche und ein enthauptetes weibliches Skelett, dessen Schädel in der Hauptkammer lag, entdeckt wurden. Der Fund und der Name des zugehörigen Ortes, »Lager der alten Hexe«, deuten wohl auf eine matriarchalische Kultur der frühen Bronzezeit hin. In **Glanworth** (ir. Gleannúin, Wässriges Tal) überspannt eine dreizehnjochige Brücke von 1446 höchst malerisch den Funshion, dessen Furt einst die restaurierte Burg (13. Jh.) der normannischen Roche schützte.

Nebenstraßen führen westlich zum hübschen Dorf **Castle-townroche** am Awbeg, wo Castle Widenham (Hotel) eine ältere Rochefestung einschließt. 1,6 Kilometer nördlich erstrecken sich die wildromantischen **Annes Grove Gardens** vom Herrenhaus der Annesley (18. Jh.; Privatbesitz) bis zum Awbeg. Eine Nebenstraße führt nordwestlich zum Landsitz **Doneraile Court** (1725), dessen einstigen Besitzer der »Witwenfluch« traf, die schlimmste aller irischen Verwünschungen: Als Lord Doneraile nach Gutsherrenart ein junges Mädchen geschwängert hatte, verfluchte ihn die Großmutter der Entehrten, bellend wie ein Hund zu verenden, was bald geschah – Lord Doneraile starb an der Tollwut. Heute lädt hier ein 160 Hektar großer Waldpark zu schönen Spaziergängen ein.

Der kleine Wohnturm **Kilcolman Castle**, fünf Kilometer nordwestlich, ist der letzte Rest jener 1 200 Hektar großen Liegenschaften, die der englische Dichter Edmund Spenser zur Belohnung für seine Mitwirkung bei der Niederschlagung des zweiten Desmondaufstandes (1579–1583) erhielt. Seine Apologie der Greuel des Lord Deputy Grey de Wilton war selbst dem elisabethanischen Hof zu starker Tobak. Anhänger des enteigneten Desmondgrafen setzten 1598 bei einem Rückeroberungsversuch Kilcolman Castle in Brand, wo Spenser den Großteil seines Meisterwerks *The Faerie Queen* verfaßt hatte. Der Dichter und seine Frau

Landschaft bei Dunmore East.

entkamen den Rächern mit knapper Not, ihr Söhnchen starb an den Folgen der Flucht.

Der Marktflecken **Buttevant**, südwestlich an der N20, verdankt seinen Namen dem Familienwahlspruch »Boutez en avant!« (Vorwärts marsch!) der anglonormannischen Barry. Sie stifteten 1251 am Steilufer des Awbeg das Franziskanerkloster des hl. Thomas Becket sowie um 1237 das etwas südlich bei **Ballybeg** gelegene Augustinerkloster, das zwei schöne Westfenster und ein gut erhaltenes Taubenhaus aufweist. Pferdekenner schätzen den jährlich am 12. Juli in Buttevant abgehaltenen Pferdemarkt, die Cahirmee Horse Fair. Die R580 führt südwestlich nach **Kanturk** (ir. Ceann Toirc, Keilerkopf), die R579 nach anderthalb Kilometern weiter südlich zum **Kanturk Castle** (Ende 16. Jh.), das dem Versuch des gälischen Sippenführers Dermot MacOwen MacDonagh entsprang, mit einem besonders prächtigen *strong house* seine anglo-irischen Nachbarn zu übertrumpfen. Die aber erwirkten 1615 bei der englischen Regierung ein Bauverbot. Als Krieger gab sich MacDonagh jedoch noch nicht geschlagen: 1642 schloß er sich, nun schon über 70 Jahre alt, den Konföderierten an.

Auf der N72 gelangt man östlich zum Verkehrsknotenpunkt **Mallow** (ir. Mala, Ebene des Allow-Flusses; 6 600 Einw.). Die Kapitale des Blackwatertals blickt auf eine glorreiche Vergangenheit als Heilbad im 18. und 19. Jahrhundert zurück. Am Südostrand ersetzte Sir Thomas Norreys, ab 1597 Munsters Lord President, mit dem turmbewehrten Giebelhaus Mallow Castle (1590) eine Burg der Geraldine. Über die N72 fährt man zurück nach Dungarvan oder auf der N20 südlich nach Cork.

Von Dungarvan nach Cork

Zur Weiterfahrt nach Südwesten sollte man hinter Dungarvan von der N25 auf die R674 abbiegen, die östlich in die kleine Munster-*Gaeltacht* auf dem **Helvick Head** an der Südspitze der Dungarvan-Bucht führt. Im Hauptort **An Rinn** (engl. Ringville) befindet sich ein gefragtes Internat für Irischstudenten. Biegt man vor Helvick Head rechts ab, kommt man auf den *Ring*, eine dem Steilküstenverlauf folgende, wenig befahrene Rundstraße, von der vor Newtown die R673 südlich zum reizvollen Bade- und Ferienort **Ardmore** (ir. Aird Mhór, Große Anhöhe; 300 Einw.) abzweigt. Nach irischer Überlieferung landete hier im 5. Jahrhundert der hl. Declan (ir. Déaglan), nachdem er in Wales die Bischofsweihe empfangen hatte. Er gilt als »Patrick der Déisi«, einem im 3. Jahrhundert aus Meath in das heutige Waterford und Ostcork verbannten Stamm. Die *stations* der Pilger beginnen an Declans vor allem bei Rheuma heilkräftiger Quelle, die ein 1798 restauriertes Brunnen- und Badehaus schützt. Dahinter stehen die Reste der Einsiedlerkirche Teampall Dísirt. Von hier führt ein grandioser Klippenpfad zu den Seehöhlen am felsigen Ardmore und Ram Head, der hinter dem Cliff Hotel beginnt. Der Fernwanderweg *St. Declan's Way* verbindet Ardmore mit Cashel (Co. Tipperary).

Declans alten Klostergrund oberhalb des Dorfes bezeichnet ein weithin sichtbarer Rundturm (12. Jh.), einer der jüngsten und mit 29 Metern auch höchsten in Irland. Drei horizontale Steinbänder gliedern den sich deutlich verjüngenden Schaft. Als Ardmore Bischofssitz wurde, entstand unterhalb davon eine Kathedrale (2. Hälfte 12. Jh.) im Übergangsstil, die romanische Blendbögen einer älteren Kirche verwendete. Einmalig in Irland sind die Sandsteinreliefs auf der Westwand. Bei den ursprünglich dreizehn oberen zeigt das zehnte das Jüngste Gericht (der Erzengel Michael wiegt die Seelen), der nördliche (linke) Bildbogen unten den Sündenfall (Adam und Eva), der südliche oben Salomons Urteil und unten die Anbetung des Kindes. Im Inneren birgt die Kathedrale frühe Grabmäler sowie zwei Oghamsteine; derjenige im Chor wird manchmal als Declans Grabstätte bezeichnet, die aber eher in dem oftmals ausgebesserten und umgebauten kleinen Oratorium Cill Déagláin (8. oder 9. Jh., Dach von 1716) südöstlich der Kathedrale zu vermuten ist.

Die N25 führt zum freundlichen Fischer- und Ferienstädtchen **Youghal** (ir. Eochaill, Eibenwald; 6 000 Einw.), im Mittelalter dank seiner verkehrsgünstigen Lage am langen Mündungstrichter des Blackwater einer der wichtigsten Handelshäfen Munsters. Wie in Waterford, vereinte auch hier die Normanneninvasion Gälen und Wikinger zum gemeinsamen, letztlich aber erfolglosen Widerstand. 1173 kam es an der Blackwatermündung sogar zu einer regelrechten Seeschlacht, nachdem die Normannen das Kloster Lismore seiner Schätze beraubt hatten. Die Fitzgerald versuchten bei ihrem zweiten Aufstand in Desmond 1579 vergeblich, sich ihren alten Besitz zurückzuholen. 1588 und 1589 amtierte Sir Walter Raleigh (um 1552–1618), damals noch Günstling Elisabeths I., als Bürgermeister in Youghal. Sein Versagen, Munster mit zuverlässigen englischen Siedlern zu kolonisieren, ließ seinen Stern jedoch bald sinken. 1602 verkaufte er seine ausgedehnten Güter an Richard Boyle (1566–1643), der 1588 fast mittellos in Irland eingetroffen war, es aber schon nach sieben Jahren durch die Heirat einer reichen Erbin zu erheblichem Wohlstand und 1620 zum Rang eines Grafen von Cork brachte. In Youghal betrieb er Eisenverhüttung, für die er die alten Eibenwälder roden ließ, denen die Stadt ihren Namen verdankt.

Rechts:
Das Red House
Unten:
New College House

Der ausgeschilderte Tourist Trail beginnt am Market Square in unmittelbarer Nähe der hübschen Uferstraße. Gegenüber der Market Hall (Heritage Centre und Fremdenverkehrsbüro) führt das Water oder Cromwell's Gate (13. Jh.), das als einziges Stadttor sein ursprüngliches Aussehen bewahrt hat, zu den Docks. Nördlich erinnern an der Uferstraße im Pub Moby Dick's alte Fotos und andere Memorabilia an das Jahr 1954, als Youghals Häuser für die Verfilmung von Hermann Melvilles Walfängerroman ›neuenglisch‹ verkleidet wurden. Durch das Water Gate gelangt man stadteinwärts zur langen Main Road, deren Südende das bis 1887 als Gefängnis benutzte georgianische Clockgate (1777) überspannt. Die Jail Steps führen steil zur hügeligen Westseite der Altstadt und den etwa 600 Meter langen Resten der Stadtbefestigung. Da hier Angriffe von den höher gelegenen Ausläufern der Nagles Mountains zu befürchten waren, hatte man die Mauern besonders stark und hoch gebaut. Nördlich der Main Road gelangt man zum Red House (um 1710) des holländischen Architekten Leuvethen. Schräg gegenüber erhebt sich Tynte's Castle (15. Jh.), ein Wohnturm mit Brustwehr. Die von Richard Boyle 1610 für bedürftige Veteranen gestifteten Almshouses (Armenhäuser) an der Ecke zur Church Road dienen jetzt als Mietswohnungen. Etwas abseits der Church Street steht das in den 1580er Jahren für Sir Thomas Norreys errichtete, im 18. und 19. Jahrhundert außen stark veränderte Herrenhaus Myrtle Grove. Walter Raleigh bewohnte es während seiner kurzen Amtszeit und soll im Garten die ersten Kartoffeln Irlands gepflanzt sowie seine erste Tabakspfeife geschmaucht haben, worauf ihm ein entsetztes Dienstmädchen einen Eimer Wasser über den Kopf goß, in der Meinung, ihr Herr sei in Brand geraten. In entgegengesetzter Richtung bezieht Richard Boyles New College House (um 1608) zwei Flankentürme des älteren Kollegiatsgebäudes ein. 1464, und somit 128 Jahre vor dem Trinity College in Dublin, von einem Desmondgrafen gestiftet, war dies Irlands älteste Universität.

Die anglikanische St. Mary's Church am Westende der Church Street, um 1220 ebenfalls von den Fitzgerald gestiftet, erhebt sich auf altem Kirchengrund. Ihre für eine Pfarrkirche ungewöhnlich großen Ausmaße verdankt sie dem Aufstieg zur Kollegiatskirche im Jahr 1464. Nach zahlreichen Umbauten und ihrer Zerstörung während des Desmondaufstandes präsentiert sich St. Mary's jetzt als dreischiffiger Kreuzbau mit einem besonders langen Chor und einem massigen, freistehenden Turm. Der Südteil des Querhauses, die Boyle's Chapel, enthält eine sehenswerte Sammlung alter Grabplatten, teilweise mit Inschriften in normannischem Französisch und oft mit Blüten-

Almshouses in Youghal.

kreuzen geschmückt, wie man sie sonst nur in der Kathedrale von Kilkenny findet. Unter den Grabmälern (16. und 17. Jh.) fällt vor allem das von Richard Boyle im italienischen Renaissancestil auf. Es zeigt ihn auf der Seite ruhend, flankiert von seiner ersten und zweiten Gattin in frommer Gebetshaltung, unterhalb etliche seiner fünfzehn Kinder. Das Grab birgt indessen Boyles Bruder John Boyle, Bischof von Cork, Cloynes und Ross, der oberhalb dargestellt ist. Nach der Besichtigung können Sie auf der Uferpromenade südlich zu acht Kilometer langen Sandstränden gelangen. Wo Youghals neuzeitlicher Leuchtturm auf einem Felsen aufragt, unterhielten Klärissinnen seit dem Ende des 12. Jahrhunderts ein Leuchtfeuer.

Durch eine breite Senke fährt man auf der N25 in Richtung Cork. Als eine der beiden letzten von einst zahlreichen Brennereien dieser Grafschaft wirbt die Jameson Destillery hier unübersehbar für einen Werksbesuch in **Midleton** (R626). Dort kann man der Welt größte Brennblase bestaunen und sich in einem zum Besucherzentrum umgerüsteten alten Fabrikgebäude von 1795 umfassend über die Geschichte irischer Whiskeybrennerei informieren.

In Cork Harbour und Lake Mahon, dem verzweigten Mündungstrichter des Lee, liegen, durch Brücken und Dämme verbunden, **Little**, **Great** und **Fota Island**. Auf letzterer bilden der Landsitz **Fota Estate** und sein Tierpark eines der beliebtesten irischen Ausflugsziele. Nachfahren der anglonormannischen Barry ließen um 1820 das stattliche Fota House erbauen, das eine bedeutende Sammlung heimischer, oft idealisierender Landschaftsmalerei der Periode 1750 bis 1870 birgt. Der gleichzeitig angelegte Park besitzt einen bemerkenswerten Bestand an exotischen Bäumen und Sträuchern. Den malerischen Ferienort und Jachthafen **Cobh** (ir. An Cóbh, Die Hafenbucht) an der Südwestküste der Great Island überragt auf einem steilen Hügel die anglikanische St. Colman's Cathedral (1868–1919, von Edward W. Pugin und George C. Ashlin), ein Bau aus bläulichem Granit im Stil der französischen Gotik. Seit den amerikanischen Unabhängigkeitskriegen diente Cobhs Tiefseehafen bis 1937 als britischer Marine-stützpunkt. Im 19. Jahrhundert wurde es als Überseehafen für Zehntausende von Iren, die sich hier nach der Großen Hungers-not ausschifften, zum Sprungbrett in die ›Neue Welt‹, aber auch Ausgangspunkt für die Verbannung irischer Gefangener nach Australien. Am Casement Square erinnert ein Denkmal an die 1198 Opfer des von einem deutschen U-Boot versenkten Passa-gierschiffes »Lusitania.« Eine Autofähre verbindet Cobh mit **Passage West** am Westufer des Cork Harbour, wo das befestig-te elisabethanische Herrenhaus **Monkstown Castle** (1636) ei-nem Golfklub als Vereinsgebäude dient.

■ Cork und Umgebung

Irlands drittgrößte Stadt **Cork** (ir. Corcaigh, Marschland; 136 000 Einw.) bildet mit ihrem Fracht- und Fährhafen sowie vielfältiger Industrie, darunter Betriebe für Textilien, Nahrungsmittel und Chemie, das Wirtschaftszentrum Munsters. Desgleichen stellt die Kapitale mit einem College der National University of Ireland (4 000 Studenten) und diversen Kultureinrichtungen auch sein geistiges Zentrum dar. Corks Geschichte geht auf den hl. Finnbarr (Blondschopf) zurück, der Anfang des 7. Jahrhunderts seine Ein-siedelei von der Leequelle auf eine kleine Schwemmlandinsel an der Flußmündung verlegte. Doch fand er auch dort vor seinen Anhängern keine Ruhe. Ein Kloster und eine Siedlung entstan-den, die die Wikinger erst plünderten und dann als befestigten Stützpunkt nutzten, bis schließlich die Normannen Cork über-nahmen. Vom 14. bis 17. Jahrhundert war es zwischen Erland-ern und den über Desmond herrschenden MacCarthy heftig umkämpft. Seit Ende des 18. Jahrhunderts florierte Cork als Umschlaghafen für gesalzene Kerrybutter.

Aus Pietät vor Corks ältestem Bauwerk beginnen wir unsere Be-sichtigung im Süden der Innenstadt an der Abbey Street, wo The Red Abbey Tower (14. Jh.), der verbaute Turm einer Augustiner-priorei als einziges mittelalterliches Gebäude überlebte. Westlich führen die Barrak, Fort und Dean Street zur anglikanischen St. Finn Barre's Cathedral (1865–1879; von William Burges) an der überlieferten Stätte von Finnbarrs frühem Kloster. Der prächtige Bau im Stil der französischen Frühgotik ist mit einem doppelten West- und einem Vierungsturm versehen und innen reich mit Mar-morsäulen sowie im Chor mit Mosaiken geschmückt. Unweit nördlich gelangen Sie auf der Southgate Bridge über den Soutz

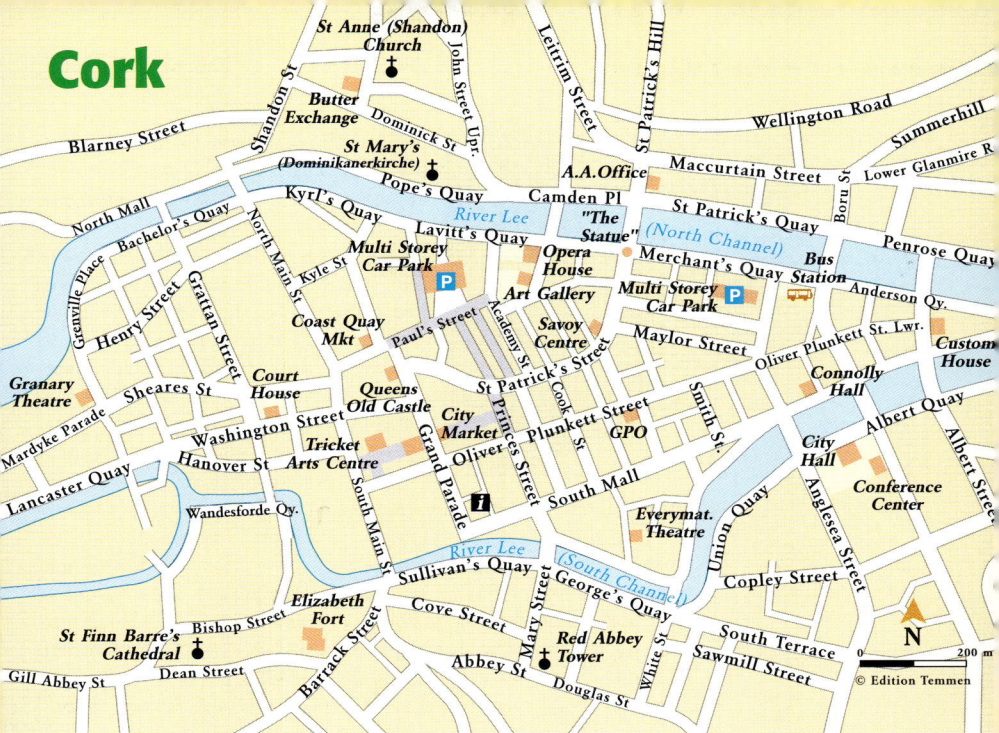

Channel, den Südarm des Lee, in das inselartig von den beiden Flußarmen umschlossene Zentrum. Bis der Corker Hafen 1834 stromabwärts verlegt wurde, prägten Kanäle und Brücken das Stadtbild. Die South Main Street, dann östlich die Castle Street führen Sie zum Coal Quay Market, einem sehenswerten Freimarkt für Fisch, Fleisch, Gemüse und Obst an der Corn Market Street. Den nicht minder berühmten Hallenmarkt English (oder City) Market erreichen Sie südlich zwischen der Grand Parade und der Princes Street. Folgen Sie anschließend dem weiten Bogen der St. Patrick's Street, Corks über einem Wasserarm erbauter Hauptverkehrsstraße, die über den North Cannel zum Patrick's Hill führt. Vor der St. Patrick's Bridge bildet das in melodiöser Corker Mundart »de statscha« genannte Standbild des Kapuziners Theobald Mathew (1790–1865) eine bekannte Landmarke. Seine Popularität verdankte der ›Apostel der Temperenz‹ wohl weniger seinem 1838 begonnenen Kreuzzug gegen die irische Trunksucht als aufopferungsvoller Armenpflege während der Großen Hungersnot.

Der Lavitt's Quay führt Sie westlich zum Emmet Place und Crawford Municipal Art Gallery and Museum im Gebäude des alten Zollamtes (1724). Die Galerie bietet, neben einigen Bronzeskulpturen Rodins, hauptsächlich moderne irische und britische

Cork City

Malerei, Drucke sowie Skulpturen. Die nördlich benachbarte Oper (1963) ist vor allem für Operettenaufführungen berühmt. Folgen Sie nun der Opera House Bridge über den North Cannel, so finden Sie am Nordufer des Lee (Pope's Quay) ansehnliche georgianische Wohnhäuser von der Wende des 18. zum 19. Jahrhundert sowie die ehrfurchtgebietende klassizistische Dominikanerkirche St. Mary's (1832–1861, vermutlich von Kearns Deane). Der Hauptaltar birgt das wundertätige Elfenbeinfigürchen der gnadenreichen Madonna (Flandern, 14. Jh.), das jahrhundertelang in Youghals Dominikanerkloster verehrt wurde. Nordwestlich gelangen Sie über die Dominick Street zum Butter Exchange, zwischen 1770 und 1824 das Zentrum des Butterhandels, der jetzt das Shandon Craft Centre für örtliche (Kunst-) Handwerkserzeugnisse beherbergt. Im Norden ragt auf einem Hügel Corks schlichtes Wahrzeichen St. Anne's Shandon (1722, vermutlich von John Coltsman) auf. Die Ähnlichkeit seines Westturms mit dem Minarett der Großen Moschee von Kairouan (Tunesien) wird auf Handelsbeziehungen mit Nordafrika zurückgeführt. 1749 erhielt der Turm einen dreistufigen Aufsatz nebst Kuppel und einen Lachs als Wetterfahne. Gegen Gebühr können Besucher dem achtteiligen Glockenspiel (1750, aus Gloucester) das *Ave Maria* oder das beliebte irische Lied *Danny Boy* entlocken.

Südwestlich der Innenstadt lohnt das University College (1849, von Thomas Deane), ein Bau im Stil der Tudorgotik, einen Besuch. Seine Honan Chapel ahmt dagegen die romanische Cormac's Chapel von Cashel nach und besitzt schöne Glasmalereien von Sarah Purser und Harry Clarke. Nördlich findet man im Fitzgerald Park am Mardyke Walk das heimatkundliche Cork City Museum, noch weiter nördlich bietet das restaurierte Männergefängnis Cork City Gaol (1818, von George Richard Pain) eine Ausstellung zum Strafvollzug im 19. Jahrhundert.

Man mag darüber streiten, ob das acht Kilometer nordwestlich von Cork an der R617 stehende **Blarney Castle** ein touristisches Muß oder eher ein Klischee darstellt. Auf jeden Fall kommt man kaum an Irlands berühmtester und meistbesuchter Burg vorbei. Sie besteht aus einem schmalen Wohnturm, dem Cormac Laidir (der Starke) MacCarthy 1446 einen mächtigen *keep* hinzufügen ließ. Dessen Nachfahre Cormac MacDermot MacCarthy besaß offenbar in hohem Maße *plamas*, die irische Gabe unverbindlicher Schmeichelrede. Vor der Entscheidung, einen Eid auf die Krone zu leisten oder die Trutzburg seiner Sippe abzutreten, drückte er sich mit immer neuen Ausreden, bis Elisabeth I. entnervt ausgerufen haben soll: »Blarney, Blarney, was er sagt, meint er nicht ernst. Es ist das übliche Blarney!« Womit »Blarney« im Englischen zum Inbegriff hohler Versprechungen wurde. Die Burg aber blieb bis zu den wilhelmitischen Kriegen im Besitz der MacCarthy, die natürlich auf der katholischen und damit auf der Verliererseite standen. Der letzte gälische Besitzer Blarneys starb 1734 im Hamburger Exil, soll aber als Geist Blarney Lake aufsuchen, in dem er vor seiner Abreise eine Silberschatuelle versenkt hatte. Sir James Jefferyes, seit 1698 Gouverneur von Cork, wurde der nächste Burgherr. Im 18. Jahrhundert erfanden seine Nachfahren, zum Wohl des Fremdenverkehrs, das Ritual des Blarneykusses: Um *plamas* zu erlangen, muß man sich 40 Me-

Der Blarney-Kuß: Mit Rücksicht auf amerikanische Touristen und ihrer Furcht vor Infektionen wird der Stein mehrmals täglich desinfiziert

ter über dem Boden über die Brustwehr hängen und einen Kalksteinbrocken an der Außenwand küssen. Weitere Beiträge der Jefferyes zum Gesamtkunstwerk Blarney bilden ihr oberhalb des Blarney Lake errichteter neugotischer Herrensitz Blarney House (1874) sowie der 1759 in einem Waldtal angelegte Garten Rock Close mit einem angeblich druidischen Steinkreis, Pseudomenhir, einer ›Druidenhöhle‹ und ›Hexenküche‹ als romantischen Staffagebauten. Das große, Mitte des 18. Jahrhunderts für die Woll- und Leinenindustrie konzipierte Gutsherrendorf **Blarney** (ir. An Bhlarna, Das Feldchen; 2 000 Einw.) lebt einträglich vom Fremdenverkehr und Kunsthandwerk im Schatten des Blarneysteins. Die Blarney Woollen Mills (um 1750) dienen seit der Rezession der irischen Textilindustrie in den 70er Jahren als Hotel und gut sortiertes Geschäft für handgewebte Tuche, Strickwaren und andere Handwerkserzeugnisse.

Westlich von Cork führt der »Lee Valley Drive« (ca. 130 km) in das fruchtbare und landschaftlich besonders reizvolle Leetal, vorbei am kilometerlang gestauten Fluß, der zwei Wasserkraftwerke des Lee Hydro Electric Scheme speist. Über eine alte Brücke erreicht man die malerisch auf einem Flußfelsen gelegene MacCarthyburg

Carrighadrohid Castle (Felsenbrücke). Cromwell versprach hier einst dem gefangenen Bischof von Ross die Freiheit, falls er die Verteidiger zur Kapitulation überrede. Da er sie statt dessen zum Widerstand aufrief, ließ ihn Cromwell vor den Augen der entsetzten Garnison hängen. Folgt man, gleichsam auf den Spuren des hl. Finnbarr, weiter dem Lauf des Lee (R618 und 584), findet man an seiner Quelle eine der größten Naturschönheiten Irlands, den auf drei Seiten von Felshängen umschlossenen dunklen Bergsee **Gouganebarra Lake**. Die Mischwälder, die sein Südufer säumen, bilden den ältesten Forest Park der Republik, in dem man auch Erdbeerbäume (Arbutus unedo) findet. Auf der winzigen **Holy Island** soll der Heilige Ende des 6. Jahrhunderts seine erste Einsiedelei errichtet haben. Die Ruinen stammen allerdings von einem Karmeliterkloster (18. Jh.). Das neoromanische Oratorium (1900, von Samuel F. Hynes) steht im Mittelpunkt der Wallfahrten am Gougane Sunday, dem ersten Sonntag nach Finnbarrs Patronatsfest am 25. September.

Fulacht fiadh –
eine dreitausendjährige Kochmethode

Anders als Gräber und Ritualstätten sind die Spuren vorgeschichtlicher Alltagskultur – Wohnstätten, Straßen, Feldraine und Kochstellen – nur schwer auszumachen. Besondere Aufschlüsse bieten Archäologen die *fulachtaí fiadh*, den mythischen Fiannakriegern zugeschriebene »Kochstellen vor der Tür«. Sie wurden an hohen Festtagen zum gemeinschaftlichen Fleischkochen benutzt und bestehen, meist an Quellen oder Bächen angelegt, aus einer Feuerstätte, einem in den Boden versenkten Holz- oder Steintrog sowie oft auch aus einer Kochgrube. Seit 1952 identifizierte man etwa 3 000 solcher archaischer Kochstellen, über die Hälfte davon in der Grafschaft Cork, wo damals in dem hübschen *gaeltacht*-Dorf Baile Bhuirne die erste *fulacht fiadh* entdeckt wurde.
Die Methode dieser Fleischzubereitung stammt aus der späten Bronzezeit und wurde zuletzt von dem Historiker und Geistlichen George Keating im 17. Jahrhundert geschildert: Der Trog wird mit Wasser gefüllt, das man mit erhitzten Steinen zum Kochen bringt. Um die Porenschrumpfung zu verhindern, umwickelte man das Fleisch mit Stroh. Professor O'Kelly und seine Mitarbeiter machten an der rekonstruierten *Fulacht fiadh* von Baile Bhuirne selbst einen Versuch: Die 450 Liter kochten schon nach einer halben Stunde, eine Hammelkeule von 4,5 Kilogramm Gewicht war nach vier Stunden gesotten und mundete den Forschern vorzüglich. Außerdem testeten sie die Kochgrube, die sie mit rotglühenden Steinen vorheizten, dann von den vor Hitze geborstenen Steinen säuberten und mit einem Bratenstück beschickten. »Die Ergebnisse waren gleichermaßen befriedigend«, notierte der Archäologe.

Ins grüne Herz Tipperarys –
rund um den Rock of Cashel

Diese Fahrt in die größte irische Binnenland-Grafschaft folgt ab Waterford dem Lauf des Suir und ist besonders im ersten Abschnitt zwischen den Bergzügen von Waterford, Tipperary und Kilkenny landschaftlich reizvoll. Nördlich breitet sich das flache bis sanftwellige Weideland Mittel-Tipperarys aus, in das das fruchtbare Golden Vale hineinragt. Seine saftigen Weiden dienen der Bullenmast und Milchkuhhaltung, die 90 Prozent der Landwirtschaft dieser Grafschaft betragen. Heftige Unruhen verliehen ihr 1761 den Beinamen »Turbulent Tipperary.« Den gleichnamigen Industrieort und Marktflecken wählten die Verfasser des im Ersten Weltkrieg besonders populären britischen Marsches (»It's a long way to Tipperary«) »just for the sake of the rhyme«, ohne es je erblickt zu haben.

Den Zugang zum Suir-Tal bewacht, unweit Waterfords, **Granagh Castle** (13. Jh.) mit einer Halle aus dem 16. Jahrhundert. Die nächste Burg (1464) steht, ebenso dominant, im freundlichen Marktflecken **Carrick-on-Suir** (ir. Carraig na Siúire, Felsen am Suir; 5600 Einw.) am Nordufer des Suir. 1568 setzte Thomas Butler ein elegantes zweistöckiges Herrenhaus im Stil der Tudor-Gotik an die Burg seiner Vorfahren.

Zur Weiterfahrt empfiehlt sich die R680, die am bewaldeten Nordhang der **Comeragh Mountains** entlangführt, immer wieder zu Abstechern verführend, sei es in die Täler des schroffen, bis 786 Meter hohen Bergmassivs oder, auf der R697, zu den berühmten frühen Hochkreuzen (8. und 9. Jh.) von Kilkeeran (auch Kilkieran; ir. Cill Ciaráin, Ciaráns Klause) und Ahenny am Südhang des Drom Dhearg auf der gegenüberliegenden Seite des breiten Suir-Tals. Dieser Sandsteinrücken endet im Slievenamon (ir. Sliabh na mBan, Frauenberg; 719 m). Der legendäre Fenierführer Fionn mac Cumhail soll einst versprochen haben, diejenige zu ehelichen, die als erste den Berg bestieg. Heimlich nahm er aber vorher die Tochter des Hochkönigs Cormac mac Airt mit auf den Slievenamon, um sein Eheglück nicht dem Zufall zu überlassen. Wanderer legen die Strecke zwischen Carrick-on-Suir und Clonmel auf dem Munster Way (insgesamt 65 km) zurück, der hier weitgehend auf alten Treidelpfaden am Suir verläuft.

Obwohl Industriestandort, gilt Tipperarys Hauptstadt **Clonmel** (ir. Cluain Meala, Honigwiese; 12500 Einw.) dank ihrer reizvollen Lage am schiffbaren Suir und schmucker Geschäftszeilen als eine der schönsten Städte Irlands. Für den Bau der Stadtmauer, die selbst Cromwells dreiwöchiger Belagerung standhielt, soll 1265 der Schweizer Otho de Grandison zuständig gewesen sein. Reste findet man auf dem Gelände der anglikanischen Church of St. Mary, die unter anderem den Chorbogen und das Ostfenster einer mittelalterlichen Kirche einbezieht und einen ungewöhnlichen achteckigen Turm besitzt. Am Ostende von Clonmels Hauptstraße, der O'Connell Street, verdient die Main Guard (Hauptwache; 1665, von Sir William Robinson) Beachtung, in entgegengesetzter Richtung, als letztes Stadttor, das Westgate.

Westlich erreicht man auf der N24 das lebhafte **Cahir** (auch Caher; ir. An Cathair, Die Steinfestung; 2200 Einw.), am Ostrand der Galty (auch Galtee) Mountains und mit Blick auf die südlichen Knockmealdown-Berge. Auf einer Felsinsel im Suir liegt die hervorragend restaurierte Bilderbuchburg Cahir Castle (13. bis 16. Jh.), mit einem Vorwerk, drei Höfen, der turmbewehrten Umfassungsmauer und dem mächtigen Donjon einer der größten Wehrbauten Irlands, der nicht nur dem Film »Excalibur« als Kulisse diente. Einen guten Blick auf die Burg und den Fluß gewinnt man von der gegenüberliegenden Straßenseite hinter der Brücke. Vom Parkplatz neben der Burg führt ein schöner Uferweg nach etwa einem Kilometer zum Swiss Cottage, einem 1817 vermutlich vom Hofarchitekten John Nash für die Familie des Earl of Glengall erbauten romantischen cottage orné: Über

Romantische Ansicht
der Burg in Cahir

einem zweistöckigen Fachwerkbau sitzt ein reetgedecktes Walm-
dach, Balkone und Veranden aus geschälten Baumstämmen als
Stützpfeiler täuschen Rustikalität vor. Die Glengalls bildeten ent-
fernte protestantische Verwandte der Lords of Cahir, die deren
Besitz kassierten, nachdem es die katholischen Lords of Cahir vor-
zogen, nicht mehr aus ihrem französischen Exil zurückzukehren.
Das einstige Stadthaus der Earl of Glengall am baumbestandenen
Hauptplatz des Städtchens dient heute als Hotel.

Die N8 verbindet Cahir mit **Cashel** (ir. Caiseal Mumhan, Munsters
Steinfestung; 2500 Einw.), das sich noch immer stolz »Cashel of
the Kings« nennt. Denn auf dem weithin sichtbaren **Rock of
Cashel**, einem 60 Meter aus Tipperarys Zentralebene aufragenden Kalksteinfelsen, hatten ab dem 4. Jahrhundert die Eóchanachta,
die Herrscher der südirischen Déisi, ihre Krönungs- und Zere-
monialstätte. Obwohl der hl. Patrick wahrscheinlich nie den später
nach ihm benannten Felsen betrat, läßt ihn ein Märlein dort den
Eóchanachta-König Oengus taufen, der im Glauben, dies gehöre
zum christlichen Ritus, klaglos ertrug, daß ihm Patrick seinen spitzen Krummstab durch den Fuß stieß. Trotz solcher Propaganda,
die die Vormacht Armaghs über Cashel bzw. Nordirlands über
Munster begründen sollte, behaupteten sich die Eóchanachta zu
Cashel noch bis 859 gegen die Uí Néill, verloren ihr Sippenheiligtum
jedoch im 10. Jahrhundert an die Uí Briúin von Thomond, die es
zu Munsters religiösem Zentrum erhoben.

Zur Besichtigung betritt man »Munsters Akropolis« durch das
zweistöckige Kollegium (1. Hälfte 15. Jh.), das Erzbischof Risteard

Auffällig erhebt sich
der Rock of Cashel
in der weiten Ebene.

Ó hÉidin für die Chorvikare Cashels bauen ließ. Das kleine Museum im Kellergewölbe birgt das St. Patrick's Cross (um 1150) mit stark verwitterten geometrischen Mustern und Tierkampf-motiven im Urnesstil. Seine Abts- oder Bischofsgestalt wird als hl. Patrick gedeutet, der Sockel gilt als Krönungsstein der Eóchanachta. Den ursprünglichen Standort südwestlich der Ka-thedrale markiert seit 1982 eine Kopie.

Der 28 Meter hohe Rundturm (Anfang 12. Jh.) bildet das älteste Bauwerk auf dem Felsen, die Cormac's Chapel (1127–34) sein schönstes. Cormac mac Cárthaigh stiftete die Kirche nach seiner Krönung zum Herrscher von Desmond (Süd-Munster), vermut-lich den Benediktinern. Mit ihren Blendbögen, Zierleisten, Tym-pana und einem Paar ungleicher Seitentürme bildet sie eine recht unirische Erscheinung. Neben bayrisch- oder rheinländisch-ro-manischen Elementen zeigen sich englische Einflüsse beim Kreuz-rippengewölbe des Chors und den Details des Tympanons über dem Nordportal. Dort greift ein Kentaur im Normannenhelm

Zisterziensergotik im Vergleich: Holycross und Kilcooley

In Munsters grünen, saftigen Weiden zeugen zahlreiche graue Klosterruinen von Zerstö-rungswut, Habgier und religiöser Intoleranz: Ein Anblick, der bei ständiger Wiederholung schwermütig stimmt, selbst bei strahlendem Sonnenschein. Wen es jetzt nach einer funk-tionstüchtigen, originalen und ausnahmsweise nicht von den Anglikanern übernommenen Kirche gelüstet, begibt sich in Cashel auf die nordwärts nach Holycross führende R660. Der umtriebige Dorfpfarrer erreichte 1969 die Verabschiedung der Holy Cross Abbey Act im irischen Parlament, wonach dem Wiederaufbau der bis dato denkmalgeschützten Rui-ne einer Zisterzienserabtei (1182) nichts mehr im Weg stand. Unweit des Suir mit einer Brücke von 1626 lockt das 1988 vollendete Schmuckstück Touristen und Pilger an, denn die »Abbey« hat sich gewinnbringend dem Kult um den italienischen Stigmatiker Padre Pio verschrieben. Wenn zu viele Pilger einfallen, werden kurzerhand einige Weiden zu zusätzlichen Parkplätzen umfunktioniert. Nachdem in den Wirren des 17. Jahrhunderts der erste Splitter vom namengebenden Heiligen Kreuz abhanden gekommen war, spen-dierte der Vatikan 1977 einen weiteren, der in der östlichen Seitenkapelle des Nord-transepts verehrt wird. Die wappengeschmückte Sedilia im Presbyterium mit feinstem Flachreliefblattwerk, einem schlanken Säulenpaar und anmutigen Kielbögen gilt als Irlands schönste. Die Westwand des Nordtransepts ziert eine Hirschjagdszene (Anfang des 15. Jahrhunderts). An den mächtigen Pfeilern sind noch viele mittelalterliche Steinmetzzeichen erhalten.

Die Klosterschenke liegt in bequemer Nähe, direkt am Fluß, wo man bei gutem Wetter am angenehmsten sein Bier trinkt. Drinnen herrscht die für irische Landkneipen typische

Geruchsmischung aus scharfen Putzmitteln und Nikotin. Wenn Sie das aushalten, kommen Sie hier auch werktags bald ins Gespräch, etwa mit dem regionalen Rinderaufkäufer. Er wird Ihnen Stein und Bein schwören, daß das gesunde irische Rindvieh keineswegs vom Wahnsinn befallen ist und noch nie oder sehr selten britische Artgenossen illegal über Nordirland in die Republik verschoben und, zum irischen Rind erklärt, nach Kontinentaleuropa weiterverkauft wurden. Holycross verdient durchaus eine oder mehrere Übernachtungen, vor allem, wenn Sie sich noch in Cashel, Cahir und Clonmel umsehen wollen. Steigen Sie bei Mrs Malony ab und genießen Sie den Blick auf die Abtei, solange es ihn noch gibt. Denn die örtliche Parteizelle von *Fianna Fáil* hat sich, gegen den Protest der

B&B-Besitzer, für den Bau eines großen Seniorenwohnheims direkt neben der Abbey stark gemacht. Mitten auf dem Acker und ohne Verkehrsanbindung werden die Rentner es schwer haben, aber dafür ist Holycross um eine Einkunft reicher. Der Pfarrer hat sich diesmal nicht eingemischt.

Nach tiefen Einblicken in irische Gemeindepolitik und Geschäftsinteressen kehrt man fast erleichtert wieder auf den »Ruinenpfad« zurück: Kilcool(e)y Estate nordöstlich von Holycross (N75, N8 sowie Nebenstraße bei Longfordpass Brid-

Zisterzienserkloster in Kilcooley

ge) bietet das nächste Zisterzienserkloster. Es teilt die Geschiche von Holycross, doch seine Atmosphäre ist völlig anders: Kaum besucht, da nicht ganz einfach zu finden, liegt die Ruine einsam auf einer Weide inmitten eines verwilderten Gutsparks. Neugierig sehen Jungbullen den seltenen Touristen durch spätgotisches Maßwerk bei der Besichtigung zu. Auch Kilcooley bietet eine bewegte Geschichte: König Dónall Mór Ua Briain übergab Benediktinern ein keltisches Kloster, das kurz darauf von Zisterziensern übernommen und nach Kriegszerstörungen 1445 umfassend erneuert sowie aufgestockt wurde. Wie sein Mutterhaus Jerpoint besticht es durch reichen Steinmetzschmuck an den spätgotischen Misericordien und der Wand zwischen der Sakristei und dem Südtransept. Rechts von der Kreuzigung erkennt man dort den hl. Christophoros, links unten den Ordensgründer Bernhard von Clairvaux, darunter eine Fischsirene als *luxuria*-Symbol, oben rechts Wappen der Butler. Das Grab für Piers fitz James Óg(e) Butler (1526) im Langhaus ist Rory O'Tunn(e)ys früheste datierte Arbeit. Auf der Schauseite des Sockels führen Petrus und Andreas Heilige und Apostel als *weepers* an. Vor dem Altar ruht der Abt Philip (gest. 1463), dem Kilcooley wohl seinen Wiederaufbau verdankt. Unweit des Klosters steht ein überkuppeltes Columbarium. Hunderte Tiere fanden in solchen Taubenhäusern Platz und boten den Mönchen der kontinentalen Orden eine willkommene Abwechslung im Speiseplan der Fastenzeiten.

einen dreischwänzigen Riesenlöwen an. Auf dem von Gurtjochen gegliederten Tonnengewölbe des Langhauses sitzt ein hohes Satteldach. Die so gewonnene zweistöckige Mansarde diente vielleicht als Skriptorium. Das Südportal trägt im Tympanon eine zweite, jedoch stark verwitterte Löwengestalt (?), die Portale und den Chorbogen ziert hibernoromanischer Schmuck. Im Chor, der Altarnische und an der Nordwand sind Reste der Wandmalerei erhalten. Der beschädigte Steinsarkophag (vermutlich 1125–50) an der Westwand mit einer Schlangenkampfszene im Urnesstil auf der Schauseite gilt als Grab des Stifters Cormac.

Die bis ins 15. Jahrhundert umgebaute Kathedrale (1224–89) bildet einen majestätischen kreuzförmigen Bau ohne Seitenschiffe. Ihr Langhaus wurde allerdings erheblich verkürzt, als Risteard Ó hÉidin einen Wohnturm (»Erzbischöflicher Palast«; 1. Hälfte 15. Jh.) anbaute. In den vier Seitenkapellen der Transepte stehen Grabmäler und -fragmente. Besonders feingeschnitten ist der Reliefschmuck auf den Fragmenten im Nordtransept, darunter ein Hacket(t)-Butler-Grab (Ende 15. Jh.) in der nördlichen Seitenkapelle mit dem Erzengel Michael, dem hl. Patrick und Johannes dem Täufer, ferner das Grab des Erzbischofs Edmund Butler (gest. 1533). In der Südwand des erhöhten Presbyteriums befindet sich das von Patrick Kerin gefertigte Grab des berühmt-berüchtigten ersten anglikanischen Erzbischofs von Cashel, Miler MacGrath (1522–1621), den eine zeitgenössische Quelle so beschreibt: »Franziskanermönch; katholischer Bischof; protestantischer Erzbischof; in böser Absicht Protestant; vorgetäuschter Katholik; heimlicher Freund der Iren; offener Freund der Engländer; Pluralist (eine Zeitlang besaß er vier Bistümer und verschiedene Pfründe) und Intrigant; schwor, zölibatär zu leben und heiratete zweifach; er schurigelte den Lord Deputy Chichester und umwarb, obgleich verheiratet, die jungfräuliche Königin Elisabeth.« Der lange Epitaph gibt Rätsel auf:

(...) Hier, wo ich bin, bin ich nicht.
Daher bin ich weder hier noch dort.
Und doch bin ich es. 1621.
Er, der mich richtet, ist der Herr.
1. Kor., 4.
Der, der steht, möge trachten,
nicht zu fallen.

Ein ausgeschilderter Weg führt über die Lehne des Rock of Cashel zur Ruine des 800 Meter westlich einsam in einer Weide gelegenen Benediktinerkloster Ho(a)re Abbey mit einem besonders massigen

Vierungsturm. Erzbischof Dáibhi Mac Cearbhaill übergab sie 1272 den Zisterziensern von Mellifont, da ihn geträumt hatte, die Benediktiner planten seine Ermordung. Hore bildete die letzte zisterziensische Gründung in Irland. Der Westteil der recht düsteren dreischiffigen Kirche wurde später für Wohnzwecke umgebaut.

Östlich des Rock of Cashel liegt im Städtchen Cashel die Ruine von Irlands ältester Dominikanerabtei (1234). Nach einem Brand ließ Erzbischof John Cantwell 1480 die Kirche wiederaufbauen. Das fünfbahnige Transeptfenster mit Flamboyantmaßwerk und der an den Seiten eigentümlich schmale Vierungsturm sind besonders beachtenswert.

Cashel Palace (1730, von Sir Edward Lovett Pearce), der neopalladianische Herrensitz des anglikanischen Erzbischofs Theophilus Bolton, dient als Hotel, ebenso der Wohnturm Quirke's Castle (15. Jh.) an der belebten Hauptstraße. Eindrucksvoll sind auch die klassizistische anglikanische Cathedral of St. John the Baptist (1749–84) sowie die 1744 von T. Bolton begründete Diözesanbibliothek (1836).

»Schöner unsere Städte und Gemeinden«
Fethard zum Beispiel

Irlands Marktflecken putzen sich sichtbar heraus. Dem Streben nach Verschönerung dienen nicht nur jährliche Wettbewerbe um die Ehre, sich das sauberste oder hübscheste Dorf bzw. Kleinstadt des Landes nennen zu dürfen, sondern auch die Pflege örtlicher »antiquities.« Einstige Normannengründungen sind, was das bauliche Erbe betrifft, begünstigter als Ortschaften, die auf Pflanzer- oder Gutsherrensiedlungen zurückgehen. Stolz zeigen sie her, was an Burg- und Stadtmauerresten nach der allgemeinen Entfestung im 18. Jahrhundert überlebt hat, und nennen sich selbstbewußt *heritage towns*. Ausgehend von den Städten, hat eine fieberhafte Restaurationswut nun auch das ländliche Irland ergriffen. Burgen und Wohntürme, oft stark vom Zahn der Zeit benagt, erhalten neue Zinnen, Dächer sowie Brustwehren und erscheinen nach der Restauration imposanter, als sie es vermutlich je waren. Wir wollen nicht beckmesserisch sein: Die Grenzen zwischen Restauration und Rekonstruktion sind bekanntlich fließend. Wo gar nichs mehr vorhanden ist, sollen neue »alte« Straßenlaternen, kostspieliges Steinpflaster und »viktorianische« Straßenfassaden an Geschäften historisches Flair vortäuschen, dessen Einförmigkeit inzwischen auch in Irland beklagt wird.

Das Örtchen **Fethard** (ir. Fiadh Ard, Hoher Wald; 1 000 Einw.) steht stellvertretend für solche Bemühungen. Es wirkt verträumt, ist aber keineswegs verschlafen. Denn hier haben Geschäftsleute zusammengelegt, um die Restaurierung der alten Wehranlagen dieser 1208 vom Normannenritter William de Breuse gegründeten Siedlung zu finanzieren. Zur feierlichen Einweihung reiste eigens die Präsidentin Mary Robinson an.

An einem kühlen, von Schauern durchsetzten Junimorgen begeben auch wir uns pflichtschuldigst nach Fethard, das eine namhafte irische Architekturgeschichte als eines der seltenen Beispiele halbwegs nennenswert erhaltender mittelalterlicher Stadtarchitektur preist. Der erste Blick erbringt nichts Auffälliges: Eine breite, lange Hauptstraße, wie sie die meisten Marktflecken prägt, mit bequemen Parkplätzen und Wendemöglichkeiten. Fethard am Clashawley ist keineswegs Rothenburg ob der Tauber und auch nicht Derry und nicht einmal Athenry. Die Spuren des Mittelalters muß man sich bei einem Rundgang zusammenklauben. Die eindrucksvollsten Reste der proper restaurierten Mauer finden wir im Süden, am Ufer des Flüßchens. Im Norden überspannt das Stadttor Sparagoleith die Rocklow Road. Bis Fethard Castle (15. Jh.), dem mächtigsten der vier Turmhäuser, sind die Restauratoren allerdings noch nicht vorgedrungen. Bei genauerem Hinsehen entdeckt man manches interessante Detail: Den großen Tholsel (um 1640, jetzt Town Hall) an der Main Road zieren eine Reliefplatte mit einem bärtigen Christus (17. Jh.) und das Wappen der Everard, einer unbeugsamen, königstreuen katholischen Familie, deren Gräber man in der Vorhalle der anglikanischen Holy Trinity Church findet. Sie bezieht wiederum den Turm und die Fenster einer mittelalterlichen Pfarrkirche (15. Jh.) ein, deren Transept als Ruine anschließt.

Über dieser Bestandsaufnahme ist es Mittag geworden. Aus der katholischen Pfarrkirche strömt eine große Taufgemeinde in das schräg gegenüberliegende Restaurant. Wir auch. Drinnen wohltuende Wärme, Kiefernholztische mit blauen Karotischdecken und Feldblumen in den Vasen. Eine schnell servierte Lachssuppe vertreibt das klamme Gefühl. Wiederbelebt, greife ich in die kleine Handbibliothek, die hier freundlicherweise in Regalen aufgebaut wurde, und entdecke ein Büchlein einer Einwohnerin zur Ortsgeschichte. Solche im Eigenverlag und oft von Angehörigen der protestantischen Minderheit erstellten Veröffentlichungen sind der rührendste Beweis irischen Lokalpatriotismus und Geschichtsbewußtseins. Liebevoll trugen die Verfasser lokale Ereignisse, Überlieferungen und die Geschichte örtlicher Adelsfamilien zusammen. Dieses Schrifttum wirkt wie ein letzter Nachhall der *dindsenchas*, einer in verschiedenen Fassungen des 12. Jahrhunderts erhaltenen »mythologischen Geographie Irlands«, in der sich die überlieferten Auslegungen für Ortsnamen finden. Und davon gab es sehr viele, nicht nur für Ortschaften, sondern auch für Hügellehnen, Mündungen, Ebenen. Selbst Irlands Landschaften sind belebt von Erinnerungen. Beim Durchblättern der kleinen Ortskunde erfahren wir, daß das Städtchen seinen vergleichsweise guten Erhaltungszustand der Feigheit und Schlitzohrigkeit seines Kommandanten Piers Butler verdankt, der vollmundig geschworen hatte, er wolle den Tag nicht erleben, an dem er kapitulieren müsse. Als Cromwell in einer stürmischen Februarnacht 1650 vor der Stadtmauer auftauchte, übergab ihm Butler die Fethard noch im Dunkeln: Er hatte Wort gehalten, und Fethard blieb von der Wut der Parlamentstruppen verschont.

Gleichwohl besitzt der Ort auch Helden. Nach dem Mittagessen besehen wir uns noch, am östlichen Ortsrand, die 1823 restaurierte Augustinerkirche. Sie verwendet das Nordtransept eines 1306 gestifteten, sehr wohlhabenden Augustinerklosters. Sein in Clonmel erhängter Prior William Tirry (1609-54) wurde 1992 als Glaubensmärtyrer seliggesprochen.

Westcork und Südkerry – der lusitanische Südwesten

Nirgends im gartenreichen Irland findet man derart dschungel-haft üppige Gärten wie im Südwesten, der im Schutz seiner Rand-gebirge und des Golfstroms ein überraschendes Nebeneinander tropischer Pflanzen wie Palmen, Agaven und Bambus, eiszeit-lich-alpiner Wildpflanzen und Landschaftsformen sowie medi-terraner Erdbeerbäume bietet, die über die nacheiszeitliche Land-brücke des Golfs von Biskaya nach Irland gelangten. Der *West Cork Garden Trail* verzeichnet allein zwischen Glengariff und Timoleague 16 Gärten. Das feuchtmilde Klima läßt Moose und Farne üppig gedeihen, andererseits prägen besonders im Süden und Westen Kerrys *corries* und *coums* die Landschaft, glaziale Vertiefungen und runde Felstäler aus der Eiszeit, oft mit abfluß-losen Seen gefüllt. Die mediterrrane Komponente des irischen Südwestens erinnert an Portugal, weswegen sich die Bezeichnung »lusitanischer Südwesten« für diese Region eingebürgert hat.

Cork und Süd-Kerry blicken auf eine viertausendjährige Bezie-hung zu Südwest-Europa zurück. Einwanderer von der Iberi-schen Halbinsel beuteten als erste die Kupfer- und Goldvor-kommen zwischen der Mizen Head Peninsula und Killarney aus und hinterließen, meist in Küstennähe, Siedlungen, kleine Schmelzgruben, Horte ihrer Metallerzeugnisse, Felsritzungen, vor allem aber zahlreiche bronzezeitliche Begräbnis- und Ritualstätten: Keilgräber, Steinreihen und -kreise. Im späten Mittelalter bestan-den rege Handelsverbindungen und Bündnisse mit dem katho-lischen Spanien. Spanische Fischer zollten den gälischen Herr-schern auf Beara Tribut für Fangrechte, der spanische König stiftete Almosen für Witwen irischer Krieger.

Von Cork nach Baltimore

Kinsale (ir. Cionn tSáile, Meeresvorland; 2 000 Einw.) bezeich-net sich gern als Tor zum Südwesten und bildet den beliebtesten Ferienort und elegantesten Jachthafen der Südküste. Seine Re-putation als Mekka der Feinschmecker verdankt es vor allem den hier servierten Meeresfrüchten. Der sich amphitheatrisch über Anhöhen an der Bandon-Mündung erstreckende Ort ent-stand als englische Handelskolonie und wurde als wichtigster Seehafen dieses Küstenabschnitts erst im 18. Jahrhundert von

Kinsale – der
beliebte Hafenort
mit den farbenfrohen
Fassaden

Cork überflügelt. Die Atmosphäre des mit farbenfrohen Hausfassaden, Blumenkästen und -ampeln, vielen Läden und Restaurants hübsch herausgeputzten, gepflegten Städtchens wirkt noch immer mehr englisch als irisch.

Auf Landzungen an den schmalsten Stellen des Kinsale Harbour gelegene Artillerieposten schützten seine drei Naturbecken. 1601 wurden sie von 3 800 Mann starken spanischen Hilfstruppen eingenommen, die die aufständischen Grafen von Ulster entlasten sollten. Doch kurz darauf hatten die Engländer ihre Geschützposten zurückerobert und die Spanier in der Stadt eingeschlossen. Der Versuch der Nordiren, sie dort zu entsetzen, schlug fehl. Obwohl die Battle of Kinsale nur drei Stunden dauerte, besiegelte sie das Schicksal der gälischen Gesellschaft. William Robinson, berühmter Architekt und Oberster Aufsichtsbeamter für Verteidigungsbauten in Irland, ersetzte 1678 die provisorischen Schanzwerke von Rin(g)curran am Ostufer des Kinsale Harbour durch Charles Fort, eine große, sternförmige Festung mit Schanzen, Bastionen, Brustwehren sowie einer Zitadelle, die Großbritannien bis 1921 als Garnison diente. Man erreicht die imposante Anlage mit hervorragender Sicht auf Kinsale Harbour im hübschen Vorort Summer Cove, 3,5 Kilometer südöstlich Kinsales. James Fort (1602, von Paul Ivy) auf dem Westufer gegenüber ist älter, kleiner und baufälliger, hielt aber als Festung der Konföderierten 1642 englischen Truppen stand.

Kinsales Market House (1600) am zentralen Market Square verdankt seine hübsche holländische Backsteinfassade und Arkade dem Umbau zum Courthouse (1706). Es birgt ein Heimatkundemuseum, die Stadtarchive und den Thron des sovereign, des Stadtoberhauptes. Vermutlich 1195 stiftete der Normannenritter Milo de Cogan die dreischiffige St. Multose Church, jetzt anglikanische Pfarrkirche, an jener Stelle, wo Mitte des 6. Jahrhunderts der hl. M'Eilte Óg (auch: Mo Eltin Óg; lat. Multosus oder Multo; anglisiert Multose) sein Kloster gegründet hatte: Eine verwitterte Figur in einer Nische über dem Westportal zeigt den Heiligen, wie er einen Felsblock schleppt. Da er keine Hilfe von den damaligen Einwohnern erhielt, so die Gründungslegende, verfluchte M'Eilte den Ort: Nur Fremde sollten hier zu Wohlstand kommen. Der dreistöckige Wohnturm Desmond Castle (um 1500) an der Cork Street diente Kinsale als Zollamt, seine Kellergewölbe zwischen 1630 bis 1800 als entsetzlich enges Gefängnis für ausländische, vor allem französische Seeleute (daher auch French Prison genannt).

Westlich Kinsales schieben sich Ausläufer der alten Rotsandsteinformationen bis ans Meer. Klippen und Steilküsten wechseln mit langen Sandstränden sowie geschützen Buchten. Doch die zahlreichen Jachthäfen tragen angenehmerweise keine mondänen Züge.

Von Kinsale führt die R600, teilweise als Küstenstraße, nach Clonakilty. Südwestlich des Dörfchens Ballinspittle liegt die große Wallburg Ballycotton (um 600) mit drei konzentrischen Erdwällen. Hier lohnt ein Abstecher zum Old Head of Kinsale, einem Vogelschutzgebiet mit grandioser Klippenszenerie und der Ruine des De Courcey Castle (Ende 12. Jh.) an der schmalsten Stelle dieser Landzunge.

Etwa 24 Kilometer südwestlich Kinsales findet man am Ortsrand des Dorfes **Timoleague** (ir. Tigh Molaige, Molagas Haus) direkt an der Küste die schlichten, recht gut erhaltenen Ruinen eines Franziskanerklosters. Als gemeinsame Stiftung eines gälischen und eines normannischen Adeligen in der Nachfolge von Molagas keltischem Kloster stand Timoleague Abbey (um 1312) Mönchen beider Volksgruppen offen, die hier einträchtig und einträglich vom Schmuggel mit spanischem Wein lebten und Timoleague zu einem bedeutenden geistlichen Zentrum machten, bevor es die Parlamentstruppen zerstörten. Nordwestlich breiten sich die 121 Hektar großen Timoleague Gardens aus, ein sehenswerter Gutspark, an dessen Gestaltung sechs Generationen wirkten.

Nach weiteren zehn Kilometern folgt, inmitten fetten Weidelands am Ende eines gewundenen Meeresarms, der Marktflecken **Clonakilty** (ir. Cloich na Coillte, Namensbedeutung ungewiß; 2 700 Einw.), eine von Richard Boyles Pflanzergründungen, die 1847 zu trauriger Berühmtheit gelangte, als sich Hunderte von verhungernden Pächter und Landarbeiter mit ihren Familien hierher schleppten. Viele starben im Arbeitshaus, die Kräftigeren konnten sich bis Cóbh durchschlagen und eine Passage auf den Auswandererschiffen erlangen. Seine traurige Vergangenheit sieht man Clonakilty nicht mehr an. Schön restaurierte alte Mühlgebäude beherbergen das Rathaus und die Stadtbücherei, zahlreiche Geschäfte tragen farbenfrohe Schilder in irischer Sprache und mit traditionellen Ornamenten. Das kleine West Cork Museum informiert über den umstrittenen Politiker Michael Collins (1890–1922), dessen Geburts- und Sterbeort Woodfield bzw. Béalnablath in der Umgebung liegen. Militante Republikaner erschossen den Pragmatiker Collins, der mit dem anglo-irischen Vertrag die Teilung Irlands unterzeichnet hatte.

16 Kilometer westlich sitzt das hübsche Dorf **Rosscarbery** malerisch und verträumt auf einer Anhöhe über einem Meeresarm. Wenn die Flut in die Seehöhlen der Rosscarbery Bay einschießt, kann man bisweilen den Tonn Chlíodhna vernehmen, das »Tosen der Welle der Chliodna« (sprich »Kliena«). Dieser eigentümlich seufzende Laut galt in der irischen Mythologie als eines von drei Geräuschen, die den Tod von Königen ankündigten. Chliodna war eine machtvolle, vor allem in Südirland verehrte Muttergöttin, die sich den Sagen zufolge mit ihren Schwestern von Ciabhan, dem Prinzen Ulsters, nach Irland entführen ließ. Dort ließ sie der Prinz nach ihrer Landung bei Rosscarbery zurück, um zu jagen. Eine mächtige Welle erfaßte die schlafende Schöne und entrückte sie in die Anderwelt. In christlicher Zeit galt Chliodna als Feenkönigin Südmunsters.

Von Rosscarbery führt die R597 als *scenic drive* durch einen mit bronzezeitlichen Menhiren, Steinreihen und -kreisen übersäten Landstrich. Besonders gut erhalten, typisch und an der R597 leicht zugänglich ist der im Volksmund »Druidenring« genannte Drombeg Stone Circle, 6 Kilometer östlich vor Glandore. Seine ursprünglich 17 Findlinge wurden, ihrer Größe nach, auf die Achse der Wintersonnenwende ausgerichtet. Im Nordosten bilden die beiden höchsten ein »Portal«, gegenüber liegt im Südwesten der flache Achsen- oder »Ruhestein.« Die Oberfläche der Menhire wurde sichtbar abgeschrägt, um eine symmetrische Gliederung nach der Höhe bzw. Achse zu erreichen. Daß diese Stätte noch für die Kelten der späten Eisenzeit von Bedeutung war, bewies 1957 ein Urnengrabfund in der Mitte des Drombeg-Kreises, bei dem es sich um die sterblichen Überreste eines zwischen 480 bis 720 beigesetzten jungen Mannes handelte. Unweit des Kreises entdeckte man Reste einer eisenzeitlichen Siedlung und einer *fulacht fiadh.*

Bei Leap (sprich »Lep«) erreicht man wieder die N71. Das Land westlich galt in britischer Zeit als unkontrollierbares Banditenland: »Jenseits von Leap, jenseits des Gesetzes«, hieß es vom Standpunkt englischen Law-and-order-Denkens. **Skibbereen** (ir. An Sciobairín, Der kleine Bootshafen; 2 100 Einw.) am Beginn des inselreichen, zwei Kilometer langen Mündungsarms des Ilen ist das lebhafte Zentrum eines *The Carberies* genannten Gebiets und lebt vom Handel, Fischfang, Tourismus sowie seinem großen Rindermarkt (dienstags und donnerstags).

Sechs Kilometer südwestlich Skibbereens breiten sich die wildromantischen, seit 1945 auf einem alten Landsitz angelegten Creagh Gardens mit einem Mühlteich und zahlreichen seltenen Tropenpflanzen direkt am Meer aus. Der winzige, doch lebhafte Fischer- und Fährhafen **Baltimore** (ir. Baile Tigh Mór, Siedlungs des großen Hauses) liegt im Inselschatten Sherkins, mit Blick auf die Roaringwater Bay und die Hundert Inseln von Carbery. Über dem Hafen sitzt eine guterhaltene Burg (15. Jh.) der O'Driscolls, berühmter Fahrensleute und berüchtigter Piraten, die als führende Sippe West-Corks hier Steuern von allen Fischfangflotten eintrieb.

Die etwa 4,5 Kilometer lange und breite Insel **Sherkin** ist nach zehnminütiger Überfahrt erreicht. Ursprünglicher und ruhiger wirkt die hohe, fünf Kilometer lange und 630 Hektar große **Oileán Cléire** (Clear Island), 13 Kilometer von Baltimore entfernt. Ihre weniger als einhundert irischsprachigen Einwohner leben vom Fischfang und Fremdenverkehr. Das Felseneiland gilt als Geburtsort des hl. Ciarán d.Ä. (Ciarán von Saigir; 5. Jh.), dessen Quelle besonders am *Féile Chiaráin*, dem überlieferten Sterbetag des Heiligen am 5. März, verehrt wird. Die westlich des Nordhafens gelegene, verwitterte Kirche (um 1200) ersetzte Ciaráns keltisches Kloster, von dem nur noch eine Kreuzsäule zeugt. Mit ihren drei Mooren und einem Binnensee bildet die Insel eine wichtige Station für den Seevogelflug, insbesondere für Große und Dunkle Sturmtaucher (Puffinus gravis und Puffinus griseus) sowie Raubmöwen. Acht Kilometer vor Cape Clear ragt der Carraig Aonair oder Fastnet Rock wie ein Riesenschwan aus dem Atlantik. Diese äußerste Südspitze Irlands bildet den Wendepunkt der alle zwei Jahre durchgeführten berühmten Fastnet Yacht Race, einer in Cowes auf der Isle of Wight beginnenden Segelregatta.

Von Skibbereen nach Killarney

Von Skibbereen fährt man 16 Kilometer westwärts bis Ballydehob mit einer internationalen Künstler- und Schriftstellergemeinde, dann nordwärts bis Killarney. Die N71 schneidet dabei vier der fünf gebirgigen »Finger« Südwestirlands, die durch das Absinken breiter Flußtäler im Atlantik entstanden.

Von Ballydehob führt die R592 über die beliebten Jachthäfen Schull (auch: Skull; ir. An Scoil, Die Schule) und Crookhaven auf die Mizen Peninsula mit dem wilden Mount Gabriel (407 m) als höchster Erhebung. Die Halbinsel endet in den felsigen Landvorsprüngen des Brow, Mizen und Three Castle Head. **Mizen Head**, der mittlere, bildet mit bis zu 213 Meter hohen Meeresklippen »Ireland's Land End«, die imposante äußerste Südwestspitze des Festlandes. Seit 1997 sämtliche Leuchtturmwärter Irlands in Rente geschickt wurden, dient die Station als Museum mit grandioser Aussicht. Vom verschlafenen Dorf Durrus (ir. Dúras, Schwarzer Wald) am »Friendly Cove«, einer der schönsten und saubersten Küsten Irlands, gelangt man auf allmählich ansteigenden, sehr reizvollen Nebenstraßen zum Sheep's Head (auch: Muntervary) am Westrand der kleinsten und am wenigsten besuchten Sheep's Head Peninsula.

Am Südostende einer weiten Bucht liegt der Marktflecken und Fischerhafen **Bantry** (ir. Beanntraí, Nachfahren des Beann; 3 000 Einw.) im Schutz der blaugrünen Caha-Berge (Nordwesten) und der Sheehy Mountains (Nordosten), leider verunziert durch den bis 1979 von Supertankern angelaufenen Erdölhafen auf der vorgelagerten großen Whiddy Island, der jetzt trotz anhaltender Sicherheitsbedenken wieder in Betrieb genommen werden soll. Zweifach versuchten französische Truppen in der Bantry Bay zu landen: 1689, um James II. gegen Wilhelm III. von Oranien beizustehen, sowie im Dezember 1796 unter General Hoche zur Unterstützung der United Irishmen. Doch ein widriger ›protestantischer‹ Wind trieb damals die französische Armada auseinander.

Am Südrand des Städtchens liegt der georgianische Landsitz Bantry House (1740; Erweiterungen und Umbauten 1771 und 1840), seit 1765 im Besitz der Grafen von Bantry und ihrer Nachkommen. Man kann die meisten Räume des eleganten, mit wertvollen französischen und englischen Möbeln, Gobelins, Ahnenporträts sowie Mosaiken aus Pompeji ausgestatteten Hauses besichtigen. Die terrassierten Bantry House Gardens mit Freitreppe (›Steep Staircase to the Sky‹, Himmelstreppe), Teich und Rabatten gelten als eines der schönsten Beispiele italienischer Gartenarchitektur in Irland. Im Hof des Herrenhauses informiert die Bantry French Armada Exhibition über den Landeversuch der 50 französischen Kriegsschiffe mit 15 000 Soldaten im Jahre 1796.

Glengarriff (ir. An Gleann Garbh, Das rauhe Tal; 150 Einw.) an der Mündung des gleichnamigen Flusses lebt gänzlich vom Fremdenverkehr. Hauptanziehungspunkte sind der Staats-Waldpark im 10 Kilometer langen Glengarriff-Tal sowie die zwei Kilometer vorgelagerte Ilnacullin oder Garinish Island, die man per Boot von Glengarriff aus erreicht. Der schottische Abgeordnete Annan Bryce erstand das öde Eiland für seine Frau, die es mit Hilfe des Landschaftsarchitekten Harold Peto in den 20er Jahren in ein wahres Paradies verwandelte. Die im italienischen Stil gehaltenen Anlagen bieten viele seltene exotische Pflanzen wie Kaurifichten und neuseeländischen Baumfarn.

Nach Kenmare gelangt man entweder direkt auf der N71, die auf dieser Strecke eindrucksvoll die Caha-Berge schneidet, oder als Umweg auf der Panoramastraße »Ring of Beara«, den es, je nach Zeit und Laune, als Kurz-, Mittel- oder Langfassung gibt,

falls man bei Adrigole oder Castletown Bearhaven nach Norden abzweigt.

Die **Beara Peninsula** ist von einzigartiger wilder Schönheit. Zwischen die schroff aufgefalteten, vom Mineralreichtum glimmernden Felswände der Caha und Slieve Miskish Mountains (»Berg der Feindschaft«) schmiegen sich smaragdgrüne Einsprengsel mediterraner bis subtropischer Flora. Das wechselhafte Wetter des irischen Südwestens verleiht den Bergketten bald eine braunschwarze, dann wieder blau-grüne Färbung. Jede Biegung der Küstenstraßen wartet mit neuen Panoramen auf und macht für Liebhaber von Kontrasten diesen ›Finger‹ der Südwestküste zum eindrucksvollsten. Im Vergleich zu den größeren Halbinseln von Iveragh oder Dingle wirkt Beara (noch) einsam und entlegen.

Bei Adrigole steigt die R574 in steilen Haarnadelkurven nördlich zum berühmt-berüchtigten Healy-Paß (325 m) auf, der eine atemberaubende Sicht auf die Bantry-Bucht und den Kenmare River eröffnet. Der Bau der Paßstraße während der Großen Hungersnot kostete viele der völlig entkräfteten, unzureichend bezahlten Arbeiter das Leben. Fertiggestellt wurde sie erst zur Amtszeit von Timothy Healy 1922-28, dem ersten Generalgouverneur des irischen Freistaates. Bei der Weiterfahrt nach Westen (R572) passiert man bald den Hungry Hill (687 m), die höchste Spitze der

Cahas. Zwei Bergseen speisen den mit 215 Metern höchsten Wasserfall Irlands. **Castletown Bearhaven** (auch: Castletown Berehaven, kurz Castletownbere; ir. Baile Chaisléain Bhéarra, Siedlung der Bearaburg), die Haupt›stadt‹ der Halbinsel, besitzt, nach Killybegs (Co. Donegal) die zweitgrößte Fischereiflotte der Republik Irland. Westlich folgt die imposante, 1921 niedergebrannte Schloßruine (19. Jh.) des Grubenbesitzers »Copper John« Puxley, nach weiteren 1,5 Kilometern an einer kleinen bewaldeten Bucht die Ruine von Dunboy Castle, einer Festung der O'Sullivan von Beara, deren spanisch-(nord-)irische Garnison sich nach der Niederlage von Kinsale 1601 noch eine Weile gegen die Engländer verteidigen. Als Dunboy ein Jahr später fiel, massakrierten die Sieger, wie so oft in jener Zeit, die Besiegten. Ein Teil jedoch konnte entkommen und versuchte sich nach Bréifne (Leitrim) durchzuschlagen, das wie die O'Sullivan noch auf der Seite der aufständischen Uí Néill stand. Die meisten Flüchtlinge wurden jedoch unterwegs von Iren erschlagen, die bereits auf die Siegerseite übergewechselt waren. Die Route dieses 320 Kilometer langen Todesmarsches soll jetzt makabrerweise als Fernwanderweg ›entwickelt‹ werden. Vom Garnish Point (R520) am Westende der Insel setzt man mit einer Drahtseilbahn zu der etwa 7 Kilometer langen Dursey Island über, deren 14 Einwohner ohne Laden, Arzt, Priester, Polizisten, Lehrer oder Kneipe ausharren. Schafe (ca. 1 000), Rinder (ca. 100) und unzählige Tölpel sind in der absoluten Überzahl.

Zweigt man zuvor bei Cahermore auf der R575 ab, findet man bei Allihies Spuren des im 19. Jahrhundert besonders intensiv betriebenen Kupferbergbaus: Ungesicherte alte Schächte, Pyrritkristalle sowie die Reste einer Siedlung für Bergleute aus Cornwall. Kilmakillogue Harbour mit ausgedehnten Lachs- und Forellenzuchtbecken sowie Muschelbänken trägt den Namen jenes Klosters, das der hl. Kil(l)ian (Cilian; ir. Mo-Chíonlán) bei Bunaw am Nordostufer der Bucht gründete, bevor er zum Frankenapostel wurde und 689 in Würzburg den Märtyrertod fand. Den Klostergrund bezeichnet die überwucherte schlichte Ruine einer mittelalterlichen Pfarrkirche (13./14. Jh.). Der kleine Teich Loch á Chanléain (»Kilians See«; auch: Makeenlough) unweit nordöstlich ist die heiligste von Bearas vielen Quellen und wurde ursprünglich zu *lúgnasa* verehrt.

Derreen, südöstlich vor Lauragh, gehörte zu den Liegenschaften von Sir William Petty (1623–87), einem bemerkenswert umtriebigen Engländer, der erst den Parlamentstruppen als oberster Militärarzt, dann dem englischen Statthalter als Sekretär und schließlich, beim Verteilen des beschlagnahmten Gälen-Landes, als oberster Kartograph diente. In nur 15 Monaten vermaß er zwei Drittel Irlands und erwarb dabei ein Viertel Kerrys. Seine Tochter und einzige Erbin heiratete den Lord of Kerry, wodurch Derreen an die Lords of Shelbourne (später Lansdowne) geriet. Sie ließen seit 1856 die äußerst sehenswerten **Derreen Woodlands Gardens** anlegen, einen üppigen Gartentraum vor dem Panorama des Kenmare River und der rauhen Caha-Ausläufer, in deren Schutz Sumpfmyrte, Bambus, Eukalypten, Thujen, Kamelien, Azaleen und Rhododendren sowie eine ganze Allee von Baumfarnen (Dicksonia antarctica) gedeihen, die sonst in Irland und auf den britischen Inseln nur selten im Freien wachsen.

Folgende Doppel-seite: Blick auf Allihies an der Küstenstraße von Kenmare nach Dursey Island

Die Weiterfahrt zum 27 Kilometer entfernten Kenmare auf der R573, dann R571 bietet weitere landschaftliche Höhepunkte. Die Ardea-Brücke gewährt eine gute Sicht auf die zwei Cloneen-Seen. Kurz darauf zweigt rechts eine Straße zum 3,5 Kilometer ober-halb gelegenen, malerischen Lough Inchiquin und einem natur-geschützten Eichenreliktwald ab. Zu Fuß gelangt man weiter ober-halb zu zwei kleinen Bergseen mit einem Wasserfall.

Kenmare (ir. Ceann Mara, Meeresvorland; 1 200 Einw.) bildet die ideale Basis zur Erkundung sowohl des Ring of Beara, als auch des Ring of Kerry. Die geschützte Lage zwischen den Peakeen-Bergen und Caha-Ausläufern an der Mündung des Roughty in den Meeresarm Kenmare River führte zu seinem ursprünglichen irischen Namen Neidín (»Nestchen«). Um 1657 siedelte hier der inzwischen geadelte William Petty 815 englische und walisische Protestanten auf dem beschlagnahmten Land der O'Sullivans an. Das heutige Stadtbild mit zwei breiten, sich x-förmig kreu-zenden Hauptstraßen und den an entgegengesetzten Ortsenden einander gegenüberliegenden Kirchen geht auf die Gutsherren-siedlung eines Nachfahren Pettys von 1775 zurück. Vom mittel-alterlichen Augustinerkloster zeugt nur noch die steile Cromwell Bridge, eine wie ein Schnurrbart (ir. crombheal) gekrümmte Einbogenbrücke, die die Mönche als Bußübung überquerten, um Trinkwasser aus Our Lady's Well zu holen. Der spät-bronzezeitliche ›Druidenring‹ (um 1000 v.Chr.) am Südufer des Finnihy umschließt mit 15 Findlingen einen kleinen, tief einge-sunkenen und vermutlich älteren Dolmen.

Zum 34 Kilometer entfernten Killarney gelangt man entweder auf der N71 oder auf dem Umweg des **Ring of Kerry** (169 km), der die große Iveragh Peninsula umrundet und Irlands bekann-teste Panoramastraße bildet. Beide Strecken bieten überwältigen-de Landschaftseindrücke, so daß sich eine Kombination emp-fiehlt: Auf der N71 geht es zunächst über die Felspassage von Moll's Gap mit großartiger Bergsicht. Westlich dieses vielbesuchten Beauty Spots mit einer Filiale der *Avoca Handweavers* und ei-

nem der vorzüglichen Restaurants dieses Unternehmens führt die weniger befahrene R568 am Quellsee des Finnihy vorbei durch das reizvolle Innere der Iveragh-Halbinsel zum farbenfrohen Dorf Sneem (ir. An tSnaidhm, Der Knoten; 300 Einw.), hübsch gruppiert um zwei dreieckige Plätze mit etlichen Kneipen und Cafés. Die berggeschützte Lage an lachsreichen Stromschnellen des Sneem-Flüßchens macht diesen Ort zu einer von Süd-Kerrys mediterran wirkenden Oasen inmitten einer rauheren Landschaft. Man hat nun Anschluß an Irlands berühmteste Panoramastraße. Kurz hinter Castlecove zweigt von der N70 die Zufahrt zur gut erhaltenen Steinwallburg Staigue Fort (vermutlich 900–1000) ab, die 4 Kilometer nördlich am Ende eines friedvollen Bergtals aufragt. Das imposante *caiseal* aus Trockenmauerwerk besitzt einen Durchmesser von 30 Metern, seine Mauerdicke beträgt vier, die Höhe sechs Meter. Innen führen Stufen zur Mauerkrone.

In den Küstenheiden um Derrynane läßt sich mit einigem Glück die weißblütige Kerry-Lilie (Simethis planifolia) finden, eine der seltensten Pflanzen Irlands. Maurice O'Connell hinterließ 1825 seinem Neffen Daniel den Familiensitz **Derrynane** (Abbey) House und ein großes Vermögen, das es ihm ermöglichte, zum ersten katholischen Abgeordneten Irlands aufzusteigen und schließlich zum Liberator der Katholiken zu werden. Das Gut, auf dem er seit dem Tode seines Schmuggler-Onkels lebte und wirkte, bildet einen 130 Hektar großen Waldpark sowie ein Museum mit Familienporträts und Möbeln aus dem Besitz oder der Zeit Daniel O'Connells. Auf der bei Ebbe zu Fuß erreichbaren, winzigen Abbey Island stehen die Reste des Klosters jenes Heiligen, der Doire Fhionain (Derrynane – »Fínáns Eichen(hain)«) den Namen lieh: Der in Kerry stark verehrte Fínán (Fionan) Cam, oft verwechselt mit seinem Zeitgenossen Fínán Lobhar, dem »Aussätzigen.«

Über den Paß von Coomakesta (auch: Coomakista; 210 m) mit grandioser Aussicht geht es hinab zum großen Süßwassersee **Lough Currane**, den nur eine schmale Landbrücke von der Ballinskelligs Bay trennt. Zwei der insgesamt sechs mythischen »Invasionen«, denen Irland sein Aussehen verdankt, fanden hier statt. Die vier Menhire des auf einer Anhöhe am Südufer des Sees weithin sichtbaren Alignements von Eightercua (um 1700 v.Chr.) gelten als Grab der Scéne, der Frau des Milesier-Anführers Amergin. Im Angler- und Urlauberdorf Waterville (ir. An Coirceán, Der kleine Strudel; 600 Einw.) kann man Boote mieten, um zur flachen Church Island mit den Resten eines keltischen Klosters überzusetzen: Eine umwallte Kirche mit hibernoromanischem Gewändeportal und *clocháin*.

Auf dem Friedhof von Ballinskelligs (R567 und 566) findet man
die vom Meer unterspülte Ruine der Augustinerpriorei des Erz-
engels Michael (15. Jh.), einer Tochtergründung von Skellig Michael und seit dem 12. Jahrhundert Ausgangspunkt der Pilger-
fahrten zu Europas nördlichstem Michaelsheiligtum. Auf Nebenstraßen und dem berühmten Coomanaspig-Paß (330 m) mit
weitem Blick auf die Skellig-Felsen und geschützten Brutkolonien
der Papageitaucher auf Puffin Island gelangt man zum Fischerdorf Portmagee, das im 18. und 19. Jahrhundert vom Schmuggel
und der Ausplünderung von Wracks lebte.

Eine Brücke (1971) führt über den Béal Inse (»Inselzugang«;
sprich »Wälinsche«; engl. Portmagee Channel), der der steinigen
Valencia Island (ir. eigentlich Dairbhre) den Namen lieh. Außerdem verbindet eine Personenfähre ihren Hafen und Hauptort Knightstown mit dem Festland. Warme Südwester überschütten
die Insel und die Iveragh-Halbinsel mit wahren Sturzfluten, seine Wetterwarte machte Valencia zum Inbegriff atlantischer Tiefs.
Die zum alten Schieferbruch am Bray Head, 240 Meter über der
See, führende Straße bietet überwältigende Ausblicke auf die
Dingle-Bucht und die Blasket Islands. Bei Coarhabeg informiert
das Skellig Experience Visitor Centre über die Flora, Fauna sowie die Geschichte der drei Skellig-Inseln und veranstaltet Dampf-
ferfahrten, bei denen die berühmten Felsspitzen aus Rotsandstein
und Schiefer vorsichtig umrundet werden. Auch wenn die frühe

Ring of Kerry

Mönchssiedlung auf **Great Skellig** (ir. Sceilg oder Sceilig Mhichíl) bzw. Skellig Michael hinsichtlich der Dramatik ihrer Lage in Europa nur von den thessalischen Meteora-Klöstern überboten wird, sollte man von einer Landung absehen: Die 183 Meter hoch auf künstlichen Terrassen angelegten *clocháin* und Oratorien halten dem Massentourismus nicht stand. Seit 1987 steht Skellig Michael zudem unter Naturschutz. Hier lebt eine große Papageitaucherpopulation, während Little Skellig (ir. An Sceilg Bheag) mit 40 000 Baßtölpeln (Sulla Bassana) die zweitgrößte von weltweit 23 Brutkolonien dieser Seevogelart besitzt.

Von **Cahersiveen** (auch: Cahirciveen; ir. Cathair Saidhbín, Saidhbins Steinfestung) zu Füßen des Bentee Mountain (374 m) führt eine Brücke über den Meeresarm Valencia River zu den Ruinen der MacCarthy-Festung von Ballycarbery Castle (15. Jh.). Unweit nördlich erreicht man zwei bedeutende Steinwallburgen: Das große Cahergall mit 32 Metern Durchmesser, Treppen, einem *clochán* und einem rechteckigen Gebäude im Inneren sowie die teilrekonstruierte Hügelwallburg Leacanabuaile (vermutlich 9./10. Jh.), eines der wenigen archäologisch erforschten *caiseal*. Von einem der *clocháin* führt ein unterirdischer Gang zu einer Kammer in der Wallmauer.

Bei der Weiterfahrt auf der N70 durch das breite Tal von Kells bietet sich der Blick auf den Knocknadobar (688 m) im Nordwesten und eine Kette etwa gleich hoher Gipfel im Osten. Besonders malerisch ist der am Fuß des Drung Hill hoch über dem Atlantik verlaufende Abschnitt. Ein kurzer Abstecher führt bei **Rossbeigh** zur ersten und schmaleren von zwei sandbedeckten Landzungen, die sich vom Nordufer der Iveragh-Halbinsel in das Mündungsgebiet des Maine-Flusses schieben und eine hervorragende Sicht auf die Dingle-Halbinsel bieten, von der sich ihnen der besonders lange Sandarm von Inch entgegenstreckt, – alle drei wahre Schiffsfriedhöfe, auf denen die Südwester so manches transatlantische Schiff zerschellen ließen. Die Fenier-Sagen vermitteln romantischere Aspekte: Fionns Sohn soll mit der goldhaarigen Anderweltfrau Niamh auf einem weißen Roß von der Rossbeigh-Nehrung direkt zur mythischen Paradiesinsel Tír na nÓg geritten sein. Es folgt, in schöner Lage, der Ferien- und Fischerort Glenbeigh, an dessen Ortsausgang die düsteren neugotischen Ruinen der Glenbeigh Towers eine gute Aussicht bieten. Es handelt sich dabei um einen von mehreren irischen Bauten Edward William Godwins, Vizepräsidenten der Londoner Architekturgesellschaft, die wegen Nässe unbewohnbar waren. Der Bauherr Lord Headley, einer der exzentrischsten anglo-irischen Adelsfamilien entstammend, hat den Engländer dafür verklagt. Von Glenbeigh geht es 13 Kilometer durch eine hügelige Moränenlandschaft nach

Killorglin (ir. Cill Orglan, Orglans Klause; 1 150 Einw.), wo jährlich vom 10. bis 12. August ein traditionsreicher Jahrmarkt (»Puck's
Fair«) mit Straßenmusikanten stattfindet. Als König der Lustbarkei-
ten residiert auf einem Podest der Puck King, ein geschmückter
weißer Geisbock (ir. pocán, daraus »Puck«). Die Legende erklärt
diese Sitte mit Killorglins Rettung vor einem Überfall der Parlamentstruppen: Ein Hirtenjunge, der sie nächtens belauscht hatte, trieb
seine Ziegen in deren Feldlager, worauf die Engländer in abergläubi-
scher Furcht auseinanderstoben.

Die R562 verläuft, dem breit mäandernden Laune folgend, östlich durch flaches, dann welliges Wiesenland. Kurz vor Killarney
bieten die steilen Aghadoe Heights bei dem gleichnamigen Hotel einen ersten Panoramablick auf den Lough Leane (auch: Lower
Lake; ir. Loch Léin). Anfang des 19. Jahrhunderts versuchte der
Erste Graf von Kenmare, den bis 70 Meter tiefen, sagenumwobe-
nen See trockenzulegen, um Weiden zu gewinnen! Auf dem
Friedhofsgelände neben dem Aussichtspunkt bezeichnen ein 5
Meter hoher Rundturmstumpf (1027) sowie eine »Cathedral«
genannte Kirchenruine (1027–1158) mit einem schlecht restaurierten hibernoromanischen Westportal eines der vielen Klöster
des hl. Fínán (7. Jh.) in Süd-Kerry. Östlich führt ein Weg zu der
etwas unterhalb am Hang gelegenen, wohl aus dem 13. Jahrhundert stammenden Normannenburg von Parkvonear, von deren
rundem *keep* zwei Geschosse stehen.

Zauberhaftes Seengebiet von Killarney

Eingebettet in eine üppige Vegetation und geschützt von Irlands
höchsten Bergen, bilden die drei Killarney-Seen neben Glendalough
(Co. Wicklow) Irlands ältestes Touristenziel. Die Kleinstadt **Killarney**
(ir. Cill Airne, Schlehdornklause; 9 000 Einw.) besitzt alle Vor- und
Nachteile voll entwickelten Fremdenverkehrs: Souvenirläden, Restaurants und Unterkünfte aller Preislagen, Busunternehmen für
Ausflüge in die Umgebung, Fahrradverleih, Berg- und Wanderführer sowie die im Zentrum »parkenden« charakteristischen
jaunting cars, meist zweirädrige Mietsdroschken, deren Führer
(*jarveys*) je nach Fahrtdauer zwölf bis 32 Pfund bei maximal vier
Erwachsenen verlangen. Gegenüber der neugotischen St Mary's
Cathedral (1842–1914; von E.W. Pugin) findet man den Eingang
zum Gutspark der seit 1587 in der Gegend ansässigen Browne.
Knockreer House (1956), inmitten eines terrassierten Ziergartens
auf einer Anhöhe errichtet, ersetzt ihr älteres Herrenhaus. Von hier
führen der 4 Kilometer lange Deenagh und Lakeshore Walk durch
alte Auwälder zum **Ross Castle** (vermutlich Anfang 15. Jh.), der

malerisch auf einem Felsen am Lough Leane aufragenden Festung der O'Donoghue Mór, Oberhäupter der in dieser Region herrschenden Sippe. Zahlreiche Sagen ranken sich um einen als Schwarzkünstler berüchtigten O'Donoghue, der beim Versuch, ewige Jugend zu erlangen, in den Anderweltsee Lough Leane entrückt wurde, aus dem er stets zu Beltaine auftaucht. In der Vergangenheit hat er mit seinen sagenhaften Schätzen seinen Landsleuten oft im Kampf gegen ihre englischen Grundherren und Unterdrücker geholfen.

Die Anführer der Konföderierten hätten, in Ross Castle verschanzt, noch lange Widerstand geleistet, hätte nicht Cromwells General Ludlow 1652 ein kleines Schiff aus Kinsale herbeigeschafft. Sein Anblick demoralisierte die Verteidiger ähnlich wie der vermeintliche Wald von Birnam Shakespeares Macbeth. Denn in einer alten Prophezeiung heißt es, daß Ross Castle fallen muß, wenn fremde Schiffe auf dem Lough Leane kreuzen. Seit 1972 umfassend restauriert, bildet Ross Castle jetzt ein Museum mit Möbeln des 16. und 17. Jahrhunderts. Zauberhafte Spazierwege führen auf die Halbinsel Ross Island mit ihrem herrlichen Mischwaldbestand. Besonders eindrückliche Seeblicke bieten sich vom Library Point und Gouvernor's Rock. Die gefluteten Kupferminen wurden vielleicht schon in der Bronzezeit, zuletzt aber während der Napoleonkriege ausgebeutet.

Von Ross Castle setzt man zur bewaldeten Insel **In(n)isfallen** (Inishfallen) über, deren im 7. Jahrhundert gegründetes Kloster trotz mehrfacher Plünderungen bis ins 13. Jahrhundert eines der bedeutendsten Gelehrtenzentren Munsters blieb. Südirlands Hochkönig Brian Ború soll hier seine Ausbildung erhalten haben. 1215 wurden die *Annalen von Inisfallen* (Bodleian Library, Oxford) als erste Geschichte Südirlands verfaßt. Unter den Augustinern bestand das Kloster von 1320 bis 1652. Auf einer Klippe steht als schönster Bau eine hibernoromanische Kapelle mit verwitterten Tierköpfen am Westeingang und einem kleinen, im See aufgefundenen Ringkreuz im Inneren. Die Westseite der Abteikirche mit Anten und restauriertem Eingang sowie der Chorbogen mit einem bärtigen Kopf stammen von einem Vorgängerbau, alles übrige einschließlich der Wirtschaftsgebäude aus dem 13. Jahrhundert.

Am Ross Castle beginnen die Ganztagesausflüge zu Boot, Kutsche und Bus, die den Großteil der Naturschönheiten von Killarney zumindest berühren. Die Bootsfahrt führt durch alle drei Seen sowie den wildromantischen Long Range bis zum Lord Brandon's Cottage (Imbißmöglichkeit) am Eingang zum Black Valley. Von hier geht es serpentinenreich die nächsten 14 Kilometer zu Pferd,

Kutsche oder Fuß weiter, über den berühmten Gap of Dunloe, einer engen, baumlosen Felsschlucht zwischen dem Purple Mountain (832 m) und den Macgillycuddy Reeks. Vom Serpent Lake an, in den der Sage nach der hl. Patrick Irlands Schlangen verbannte, begleitet eine Kaskade kleiner Bergseen die Strecke. Die etwa anderthalbstündige Kutschfahrt endet am Kate Kearney's Cottage, einst ein shebeen. Die restlichen 12 Kilometer bis Killarney legt man im Bus zurück. Einzelreisende sollten nicht die acht besonders gut erhaltenen Dunloe Ogham Stones verpassen, die im 19. Jahrhundert oberhalb der Straßenböschung zwischen der Ortschaft Beaufort und dem südlich gelegenen Beaufort Hotel und Castle (8 km von Killarney) aufgestellt wurden. Die sehenswerten, landschaftsgeschützten Dunloe Castle Hotel Gardens bieten als exotische Besonderheit chinesische Sumpfzypressen (Glytostrobus lineatus) sowie den »Kopfschmerzbaum.«

Im Naturschutzgebiet um die Killarney-Seen sind nur Kutschen oder Fahrräder zugelassen. Autofahrer parken an der N71. Der romantische Lovers' Walk führt am Südostufer des Lough Leane zum Muckross House. Über den asphaltierten Hauptweg erreicht man zuvor **Muckross Friary** (1448–75). Der für ein Franziskanerkloster erstaunlich massige Turm nimmt die gesamte Breite des Langhauses auf. Von den mehrgeschossigen Konventgebäuden ist eindrucksvoll viel erhalten, kompakt gruppiert um einen dunklen Kreuzgang mit einer Eibe in der Mitte, die laut örtlicher Überlieferung älter als das Kloster ist. Im Chor befinden sich das Grab des Stifters und letzten Desmond-Königs Dónall mac Cárthaigh sowie Grabmäler der führenden gälischen Familien Süd-Kerrys, ferner Gräber von drei der vier letzten großen gälischen Dichter Kerrys: Geoffrey O'Donoghue (1620–90), Aogán Ó Raithaille (O'Rahilly; 1670–1720) und Eoghan Rua Ó Súilleabháin (O'Sullivan; 1748–84). Das Grab des vierten Dichters, Piaras Feiritéar (Piers Ferriter, 1616–53) von der Dingle-Halbinsel, ist unbekannt. Die Cromwellianer erhängten ihn auf dem Martyr's Hill in Killarney, weil Feiritéar während des Konföderiertenkrieges die Stadt Tralee belagert hatte. 1588 ließ sich Eilín, die einzige Erbin der einstigen Mac Cárthaigh-Könige, heimlich mit ihrem Neffen in Muckross trauen, statt den ihr von der Krone bestimmten Sir Nicholas Brown zu ehelichen. Sie bewahrte damit ihrer Sippe das Erbe für weitere 200 Jahre, doch die gefoppten Kronbeamten warfen ihren Gatten in den Tower. Als 1770 der letzte Mac Cárthaigh Mór erbenlos verstorben war, kam die verschwägerte Kolonistenfamilie Herbert in den Besitz des riesigen Muckross-Guts. Doch der Bau von **Muckross House** (1839–43) im Tudorstil und mit 65 Zimmern überstieg selbst ihre Verhältnisse. Durch Verkauf und Schenkungen gelangte Muckross an den US-Senator Arthur Vincent, der es 1932 dem irischen Volk übereignete. Man kann den mit historischen Möbeln ausgestatteten Herrensitz besichtigen, ferner die Muckross Traditional Farms, drei nachgebaute Gehöfte der 1930er Jahre. Die auf den Gutswiesen grasenden schwarzen Kerry-Rinder sind Zuchttiere einer bis in die Steinzeit nachweisbaren, einst in ganz Irland verbreiteten autochthonen Rasse. Die prächtigen Muckross Gardens mit smaragdgrünen Rasenflächen, einem Steingarten, Zedern und schottischen Pinien sind für die Farbvielfalt ihrer ab Ende Mai blühenden Rhododendren berühmt. Das Herrenhaus bietet außerdem ein gutes Selbstbedienungsrestaurant. Bei gutem Wetter sitzt es sich besonders schön im kopfsteingepflasterten Innenhof, im Frühjahr unter blühenden Apfelbäumen.

Das einstige Muckross Estate bildet den Ausgangs- und Mittelpunkt des **Killarney National Parks**, inzwischen ein Naturschutzgebiet von 10 000 Hektar, das die drei Seen umschließt und dank des Nebeneinander von Karbonkalk und Sandsteinformationen eine sehr abwechslungsreiche, teilweise sogar einzigartige Tier- und Pflanzenwelt besitzt. Der immergrüne, weißblühende Erdbeerbaum (Arbutus unedo) kommt im Killarney-Gebiet auch als Kulturpflanze vor. Seine eßbaren roten Früchte reifen im Herbst und Winter. In den höheren Regionen leben

Muckross House und Jaunting Cars

einige der letzten Rotwildrudel Irlands mit etwa 600 sehr scheuen Tieren. Öfter zu beobachten sind die eingeführten japanischen Sika-Hirsche. In den Seen gedeihen außer Bachforellen und Lachsen der sonst in subarktischen Gewässern heimische Seesaibling (charr; lat. Salvelinus alpinus) und der nur hier auftretende Killarney Shad (auch: goureen; lat. Alosa fallax killarnensis), eine irische Alse (Süßwasserhering). Sein geringer Bestand war bis vor kurzem durch Abwässer bedroht.

Die an landschaftlicher Schönheit nicht mehr zu überbietende Muckross Peninsula besitzt mit dem Reenadinna Wood auf 50 Hektar einen der bedeutendsten Eibenreliktwälder (Taxus baccata) Westeuropas. Folgt man dem asphaltierten Hauptweg über die steile Brickeen Bridge, findet man auf der anschließenden Insel Dinis (sprich »Dinisch«) das historische Rasthaus Dinis Cottage inmitten subtropischer Pflanzungen aus dem 19. Jahrhundert. Westlich mündet im Meeting of the Waters der stromschnellenreiche Long Range in den Lough Leane, überspannt von der doppelbögigen Old Weir Bridge. Zwei Kilometer südöstlich stürzt sich der Owengarriff als Torc-Wasserfall zu Tal. Folgt man seinem Lauf talaufwärts, kann man auf der *Old Kenmare Road* über den Windy Gap 13 Kilometer bis Kenmare wandern. Die alte Landstraße ist Teil des großen Rundwanderweges Kerry Way (215 km), der vom Killarney-Nationalpark um die Iveragh-Halbinsel führt.

Der fünfstündige Aufstieg zum moor- und heidebedeckten Plateau des Mangerton (ir. An Mhangarta, Der Täuscher; 835 m;
Länge 10 km) entlohnt mit einer grandiosen Sicht auf die Buchten von Dingle und Kenmare sowie den Lough Guitane. Sein
Name enthält aber eine Warnung: Nicht der erste sichtbare Gipfel ist der echte! Auf dieser Wanderung umrundet man zwangsläufig den eiszeitlichen Felssee The Devil's Punchbowl. Unfrucht-
baren Frauen sollen sich Kinderwünsche erfüllen, wenn sie daraus einen Schluck trinken. Wanderern ebenso zu empfehlen ist
die 14 Kilometer lange Teilstrecke des *Kerry Way*, die von der
Galway Bridge zum Black Valley durch den Derrycunnihy Wood
mit Eichen und Ilex führt, danach durch die einsame Heide-
und Sumpflandschaft am Upper Lake mit seinen Inselchen sowie über Lord Brandon's Cottage (Imbiß!) bis ins Black Valley.
21 Kilometer östlich Killarneys ragen weithin sichtbar die **Paps**
(693 und 696 m) auf, deren runde Kuppen die Kelten für dhá
choich Dhana hielten, die zwei Brüste der neolithischen Muttergöttin Danu. Ihre Priesterinnen sollen unter den beiden Gipfel-
tumuli (um 3500 v.Chr.) ruhen bzw. in The City (auch Cathair),
einer Steinwallburg am Nordhang, in klösterlicher Gemeinschaft
gelebt haben. Die dort bis ins 20. Jahrhundert abgehaltenen
Marienwallfahrten zu Beltaine belegen die Jahrtausende alte Kontinuität des Kultes um die irische Magna Mater.

Nordkerry – auf Brendans Spuren

Nordkerrys vorkeltischer Bevölkerung, den Ciarraighe, verdankt die Grafschaft ihren Namen. Zu Unrecht figurieren sie in in den beliebten »Kerry-Witzen« als Trottel der Nation und Irlands Ostfriesen. Erst 1602 erlangte die Grafschaft ihren üppigen Süden, von dem sich die Landschaft des eigentlichen Kerry deutlich unterscheidet: Hinter Dingle wird das Land merklich flacher, lange Sandstrände und Dünen prägen die Küste bis zum Kerry Head.

Folgende Doppelseite: Blick bei Ebbe von der Dingle-Halbinsel auf die Festlandküste

Geheimnisvolle Dingle-Halbinsel

Wegen ihres herben Reizes wird die Dingle Peninsula besonders von Deutschen geschätzt. Einhundert haben sie sich bereits zum ersten Wohnsitz erkoren. Die Halbinsel bildet den Übergang zwischen Nord- und Südkerry, eine Brückenstellung, die sich auch mythologisch niederschlug: Viele Orte bewahren hier ebenso die Erinnerung an Helden des südlichen Fenierzyklus, als auch des Ulsterzyklus. Ihr Sandstein»rückgrat« besitzt den höchsten Gipfel im Brandon Mountain (953 m). Der Kult um diesen Berg und den gleichnamigen Heiligen rief die meisten der etwa zweitausend frühgeschichtlichen Kulturdenkmäler Dingles hervor. Von Trockensteinmauern oder üppigen Fuchsienhecken gesäumte Weiden, findlingsübersäte Hänge und stille Bergseen prägen die Landschaft, durch die der 153 Kilometer lange Rundwanderweg *Slí Chorcha Dhuibhne* (*Dingle Way*) führt.

Wer von Killarney nicht direkt nach Tralee (N22) fahren will, zweigt bei Farranfore westlich auf die am Südhang der Slieve Mish Mountains verlaufende R561 ab. Bei Aughil führt eine Nebenstraße nördlich in Richtung Camp zum Caherconree (851 m). Das dreieckige Felsplateau unter dem Gipfel sichert eine mächtige eisenzeitliche Landzungenbefestigung, die in der Sage als die um ihre eigene Achse kreisende Anderweltburg des Riesen Curoi Mac Daire erscheint. Bleibt man auf der R561, ist bald das Dorf **An(n)ascaul** (ir. Abhainn an Scáil, Fluß der Scál) erreicht. An die schöne Scál erinnert auch ein fast schwarzer Eiszeitsee in einer findlingsübersäten Schlucht knapp 5 Kilometer nördlich des Dorfes (ausgeschildert). Sie soll sich dort ertränkt haben, als sie ihren Befreier Cú Chulainn, den Helden von Ulster, im Zweikampf tödlich verwundet glaubte. Am Dorfrand steht die in fast

211

keinem Reiseführer ausgelassene Kneipe South Pole Inn, deren
Vorbesitzer an Scotts Antarktisexpedition teilnahm. **Dingle** (ir.
An Daingean, Die Festung (von O'Cush)), der lebhafte Markt-
und Hauptort der Halbinsel, prägte unter den Desmond-Grafen
sogar eigene Münzen. Im 18. Jahrhundert wurde Dingle führend
im Schmuggel, heute lebt Europas westlichste Stadt vom Fischfang und Fremdenverkehr. Knapp 6 Kilometer hinter dem Dörfchen Ventry erblickt man links der R559 die weitläufige Ruine der
Landzungenbefestigung Dún Beag (Dunbeg; 9./10. Jh.) auf einer
teilweise schon im Atlantik versunkenen Steilklippe. Die Anlage
besteht aus vier Schanzwällen und einem bei späterer Rekonstruktion verstärkten Steinwall mit eindrucksvollem Eingang. Gelang es
Feinden, bis hierher vorzudringen, konnten die Verteidiger über
zwei unterirdische Gänge entweichen und ihnen in den Rücken
fallen. Auf den nächsten fünf Kilometern bis zur »großen (Landzungen) festung« Dún Mór am Slea Head findet man zu beiden
Seiten der schmalen Küstenstraße (R559) mit über 500 *clocháin*,
Steinkreuzen und Kreuzstelen, Steinwallburgen, *souterrains* sowie
einer Kirche Irlands größte Ansammlung eisenzeitlich-keltischer
Denkmäler. Die *clocháin* sind mit 414 Exemplaren am stärksten
vertreten und bilden, meist innerhalb steinerner Schutzwälle
(cathair), ganze Siedlungen südlich und westlich des Mount Eagle;
bis zu 200 weitere Beispiele finden sich am Westhang des Brandon-
Massivs in den Tälern des Milltown und Feohanagh.
Vom Fischerdorf **Dún Chaoin** (»Angenehme Festung«; engl.
Dunquin) sollte man nur literarisch vorbereitet zur **Great Blasket
Island** (ir. An Blascaod Mór) übersetzen, sonst bleibt es beim
Eindruck von einer unbewohnten, als Schafweide genutzten Insel
mit einem Geisterdorf. Keine andere Region hat ihre Einwohner
literarisch so inspiriert wie die Blaskets und die Dingle-Halbinsel,
wo im 20. Jahrhundert an die 60 meist autobiographische Bücher
verfaßt wurden, von denen drei ins Deutsche übersetzt sind: Tomás
Ó Criomhthains (Tomás O'Crohan) *An t'Oileánach* (1929; *The
Islandman*; dt. *Die Boote fahren nicht mehr aus*, 1988), Muiris Ó
Súillabháins (Maurice O'Sullivan) *Fiche Bliain ag Fás* (1933; *Twenty
Years A-Growing*; dt. *Inselheimat*, 1956) und Peig Sayers (*Peig. The
Autobiography of Peig Sayers of the Great Blasket Island*, 1974;
dt. *So irisch wie ich*, 1996). Sie schildern eine mit der Evakuierung
der Großen Blasket-Insel 1953 untergegangene, vorindustrielle und
vorfeudale Zivilisation. Gemeinschaftsarbeit (meitheal) und ein archaischer Agrarkollektivismus prägten das ebenso harte wie poeti-
sche Leben der Blasket-Bewohner, das das Blasket Centre (1993)
in Dún Chaoin heraufzubeschwören versucht. Kritiker sprechen
von gigantomanischer Landschaftsverschandelung und der Fehl-

investition von EG-Subventionen für eine tote Kultur, während
die noch lebendige Dingle-*gaeltacht* leer ausgehe, deren Zentrum
das hübsche Dorf **Baile an Fheirtéaraigh** (»Siedlung der Ferriter«;
engl. Ballyferriter) bildet.

Südöstlich und unweit der alten Pilgerstraße zum Brandon liegt
die Klostersiedlung **Riasc** (engl. Reask) mit den Grundmauern
mehrerer *clocháin*, einem länglichen Oratorium sowie dem berühmten Kreuzstein, bei dem es sich vielleicht um einen umfunktionierten bronzezeitlichen *gallán* handelt. Die lateinische
Abkürzung dne (»Domine« – »Herr!«) weist ihn als Votivgabe
aus. Das nicht minder berühmte **Gallarus Oratory** (vermutlich
9. Jh.), vier Kilometer östlich Ballyferriters, scheint als »Schutz-
stätte der Fremden« (ir. Gall Áras), also als Pilgerunterkunft gedient zu haben. Seine ungewöhnliche Beständigkeit verdankt
der 6,86 zu 5,75 Metern kleine Bau der überaus sorgfältigen
Fügung seiner dicken Trockensteinmauern. **Kilmalkedar Church**
(12. Jh.) steht mit einem schönen Portal, dem Chorbogen und
besonders den Blendbögen im Langhaus in der Nachfolge der
Cormac's Chapel von Cashel. Dieser einzige romanische Bau
Dingles bezeichnet eine frühe Mönchssiedlung des hl. Malkedar
(ir. Máelcethair; gest. 636), eines Prinzen aus Ulster und Dingles
mutmaßlicher Schutzheiliger, bevor sich im 9. Jahrhundert der
Brendan-Kult durchsetzte. In der Ruine steht der Alphabetstein
mit Ogham-Schrift und der vermutlich frühesten Wiedergabe des
lateinischen Alphabets in Irland (vermutlich Ende 6. Jh.), westlich
vor der Kirche ein großes, grobbehauenes Steinkreuz, ein hoher,

Das Gallarus Oratory

schlanker Ogham-Stein sowie eine schön geschnittene Sonnenuhr. Das 140 Meter nördlich direkt an der Pilgerstraße gelegene St Brendan's House (15. oder 17. Jh.) diente wohl als Wohnung des den Wallfahrtsverkehr leitenden Priesters.

Das in bis zu 750 Meter hohen Meeresklippen abfallende Brandon-Massiv versperrt die Weiterfahrt zur Nordküste. Von Dingle führt eine schmale, wegen ihrer Panoramasicht am Con(n)or-Paß aber besonders lohnende Nebenstraße zur weitgeschwungenen, am gesamten Ostufer mit langen Sandstränden bestückten Brandon Bay. Vor der 9 Kilometer langen **Magharee-Halbinsel** liegen die windgepeitschten Seven Hogs (auch Magharee oder Maharee Islands). Illauntannig, die größte, besitzt die Ruinen eines vom hl. Senán von Scattery Island (gest. um 560) begründeten Inselklosters, einen feinen Sandstrand sowie ein zum Ferienheim umgebautes Bauernhaus.

Die Weiterfahrt folgt erst der R560, dann der N86 in östlicher Richtung. Von **Blennerville**, drei Kilometer südwestlich Tralees, emigrierten im 19. Jahrhundert zahlreiche Einwohner Kerrys. Die regionalgeschichtliche Ausstellung in einer restaurierten Windmühle (1780) berichtet davon.

Von Tralee nach Tarbert

Kerrys Hauptstadt **Tralee** (ir. Trá Lí, Strand des Lee; 17 500 Einw.) liegt südlich des Landrückens der Stacks Mountains und etwas oberhalb der Lee-Mündung. Die einstige Hafenstadt entstand im 13. Jahrhundert um eine Burg der Geraldine von Desmond, die jedoch ebenso wie die Anhänger James II. die Stadt 1580 bzw. 1690 in Schutt und Asche legten, bevor sie abziehen mußten. Was an sichtbaren Spuren der Vergangenheit fehlt, versucht die Ausstellung Kerry – the Kingdom in der Ashe Memorial Hall (Ecke Denny Street) mit einer Lichtbildschau, einer regionalgeschichtlichen Ausstellung (*Treasures of the Kingdom*) sowie szenischen Nachstellungen des Lebens um 1450 (*Geraldine Tralee*) zu ersetzen. Letztere treibt die virtual reality bis zu Geruchs- und Klangillusionen. Ganz in der Nähe ist im Stadtpark das beliebte Siamsa Tíre Theatre and Art Centre in einem von der Steinwallburg Staigue Fort inspirierten

Berg- und Seepilgerfahrten

Archäologen des 20. Jahrhunderts fanden heraus, daß vor- und frühgeschichtliche Ritualstätten oft an Orten mit erhöhtem Erdmagnetismus errichtet wurden. Zu ihnen gehört auch der Brandon Mountain auf Dingle. Schon so manche Kompaßnadel ist beim Flug über Irlands zweithöchsten Berg abgeirrt. Wohl solcher Anomalien halber wurde der Brandon zu einem der heiligen Berge, auf die man vor Beginn der Erntezeit am Domhnach Chrom Dubh, dem letzten Julisonntag, aufstieg. Crom Dubh, der »schwarze Crom«, wurde in vorchristlicher Zeit als Ernte- und Fruchtbarkeitsgott verehrt. Das Christentum degradierte ihn zu einem Zauberer, der in Ballyduff (ir. Baile Dubh, Schwarze Siedlung) auf Dingle gelebt haben soll und vom hl. Brendan bekehrt wurde. Ein in die Chorwand der dortigen mittelalterlichen Kirchenruine eingelassener Steinkopf mit den übergroßen starren Pupillen keltischer Idole gilt als Croms Abbild.

Brendan (Brandan; 484/486–578), Gründer so berühmter Klöster wie Clonfert und Ardfert, stammte aus Nordkerry. Annagh, zwei Kilometer westlich Tralees, und Fenit, Kerrys größter Hafen 15 Kilometer nordwestlich, wetteifern darum, sein Geburtsort zu sein. Wallfahrten zu Ehren Brendans fanden vom 9. bis ins 18. Jahrhundert statt, unter Teilnahme großer, in Booten anreisender Pilgermassen aus Nordkerry und Clare. Der Aufstieg zum Brandon erfolgte, ältesten Bräuchen gemäß, nach Sonnenuntergang und vom Westen aus. Die Prozession schloß das zerfallene Oratorium auf dem Gipfel ein, etliche frühgeschichtliche Erdhügel sowie den heilkräftigen Leac na nDrom, den »Stein der Rücken«: Wer sich gegen ihn lehnt, verliert seine Kopfschmerzen. Danach stiegen die Pilger östlich nach Cloghane ab, wo ein lebhaftes Fest mit Markt und Wettkämpfen im Stil der zu gälischen Jahreszeitfesten abgehaltenen óenach stattfand. Die als Wanderweg wiederhergestellte Prozessionsstraße (*Pilgrim Way*) führt von Ventry über Kilmalkedar auf den Mount Brandon.

Die *Navigatio Sancti Brendani* wurde vermutlich in der ersten Hälfte des 10. Jahrhunderts im lothringischen Reich von einem irischen Mönch verfaßt und entwickelte sich rasch zum Bestseller, da sie nicht nur erbaute, sondern die Neugier am Fantastischen stillte. Wie verbreitet der Brendan-Kult auch in Kontinentaleuropa war, belegt der 948 an der Havel begründete ottonische Bischofssitz »Brandan-Burg« (Brandenburg).

Die *Navigatio* schildert die Ausfahrt und Suche Brendans nach dem Verheißenen Land der Heiligen, das er nach vielen Gefahren und Abenteuern auf einer Insel findet. Damit steht sie in der Tradition älterer gälischer Schiffermärchen (*immrama*) aus dem 6. bis 9. Jahrhundert: Seereisen zu den keltischen Paradies- und Anderweltinseln, wie sie schon Bran, der mutmaßliche Namensgeber des Brandon Mountain, zur »Insel der Frauen« unternahm. Die Navigatio wandelte dieses Motiv zur *peregrinatio* um, knüpft aber auch an Homers *Odyssee* oder die *Vera Istoria* an, Lukians fantastische Lügengeschichte aus dem 2. Jahrhundert. Einzelne Abenteuer wie Brendans versehentliche Landung auf dem Rücken eines Riesenfisches finden sich ebenfalls in den orientalischen Sagen um Sindbad den Seefahrer.

... Fortsetzung nächste Seite

Rundbau (1991) untergebracht. Irischkenntnisse sind nicht nötig, um den mitreißenden Musik-, Tanz- und pantomimischen Darbietungen dieses nationalen Volkstheaters zu folgen.

Am Schönheitswettbewerb des *Rose of Tralee Festival* können Frauen aus aller Welt teilnehmen, sofern sie mindestens ein Tröpfchen irisches Blut besitzen. Anlaß des Spektakels bildet der romantische Liebestod der schönen Mary O'Conor, Tochter eines Flickschusters aus Tralee, der William Pembroke Malchinock durch seine Weigerung, eine unstandesgemäße Ehe einzugehen, das Herz brach. Immerhin hat er die Tote durch sein Liebeslied weit über Irland hinaus bekannt gemacht.

Von Tralee Weiterfahrt auf der R551 zum Dorf **Ardfert** (ir. Ard Fhearta, Anhöhe des Grabes), das jahrhundertelang Nordkerrys geistliches Zentrum und vom 13. bis 17. Jahrhundert der Sitz der anglonormannischen FitzMaurice, der Lords of Kerry, war. Der hl. Brendan wurde hier Mitte des 5. Jahrhunderts ausgebildet und gründete später ein Kloster. Von Ardferts Bedeutung zeugt die Ruine der St Brendan's Cathedral, um 1250 im frühenglischen Stil errichtet, doch unter Verwendung des schönen Westportals und der Blendbögen einer hibernoromanischen Vorgängerin (12. Jh.). Beachtenswert sind das dreibahnige gotische Chorfenster sowie die neun Lanzettfenster der Südwand. Nach der Zerstörung der Kathedrale im Konföderiertenkrieg wurde ihr Südtransept (15. Jh.) zu einer anglikanischen Pfarrkirche umfunktioniert. Nordwestlich findet man das Langhaus der schönen spätromanischen Kirche Temple nach Hoe (Kirche der Jungfrau), noch weiter nordwestlich die sonst schlichten Reste der Kirche Temple na Griffin (Kirche der Greifen, 15. Jh.). Das namengebende Greifenpaar in ihrem Inneren symbolisiert das sich selbst vernichtende Böse. Unweit östlich der Kathedrale liegen die Ruinen eines um 1253 von Thomas FitzMaurice gestif-

Fortsetzung Berg- und Seepilgerfahrten

Auf die *Navigatio* beruft sich die Annahme, Brendan habe noch vor den Grönländern oder Christopher Columbus Amerika entdeckt. Daß dies technisch möglich gewesen wäre, bewies 1976/7 der Engländer Tim Severin, der trotz Stürmen und Packeis nach 50 Tagen mit seiner »Brendan« in Neufundland landete, einem nur mit Segeln und Rudern bestückten Spantenboot. Kleinere Ausgaben dieses urtümlichen, kiellosen Bootstypus, auf Dingle *naomhóg* statt currach genannt, werden bis heute von westirischen Küstenfischern benutzt und in Fahamore am Nordwestende der Magharee-Halbinsel noch immer hergestellt, nun allerdings überzogen mit Fiberglas statt mit Leinwand. Doch man verkennt die *Navigatio*, faßt man sie als Bericht von einer realen Reise auf. Die *immrama* schildern Seelenreisen, deren Ziel, die Insel der Seligen, nicht von dieser Welt sein kann, auch wenn die Iren sie im fernen Westen vermuteten, wo allabendlich die Sonne im Atlantik versinkt.

teten Franziskanerklosters mit einem schönen Südfenster (15. Jh.) in seiner Kirche sowie zwei erhaltenen Seiten des Kreuzganges, die von Steinplatten nach Ziegelart bedeckt sind.

Die R551 führt nordwestlich zum Badeort **Ballyheige** mit der Ruinenfassade eines neugotischen Schlosses (1812), das der damals erst 15jährige Architekt William Vitruvius Morrison entwarf. Auf einer reizvollen Ringstraße gelangt man westlich auf die steilen Rotsandsteinklippen des **Kerry Head** mit vielen eisenzeitlichen Denkmälern. Eilige fahren von Ballyheige direkt nordöstlich nach **Ballybunion** (ir. Baile an Bhuinneánaigh, Siedlung der Bonyon; 1 350 Einw.). Der beliebte Badeort liegt an der breiten Shannon-Mündung (Mouth of Shannon) an einer von Höhlen durchsetzten Küste, die man bei Ebbe zu Fuß erreicht. Den Hauptstrand teilt eine Landzungenbefestigung, in die die FitzMaurice im 16. Jahrhundert eine Burg setzten, von der nur noch ein markanter Mauerrest steht. Nördlich führt ein Klippenpfad nach etwa 5 Kilometern zum Dun Point, der wie viele Landzungen am Kerry Head Reste einer Sperrfestung trägt.

Die Weiterfahrt zum Dorf Ballylongford mit Blick auf den breiten Unterlauf des Shannon ist besonders eindrucksvoll, wenn man den Umweg über eine links von der R551 abzweigende, bei Astee wieder einmündende Nebenstraße wählt. Unmittelbar vor Ballylongford führt eine Nebenstraße nördlich (3 km) zur mächtigen Ruine von **Carrigafoyle Castle** (um 1490), das an einem kleinen Meeresarm bei Flut uneinnehmbar schien. Die Landseite dieser bedeutenden Feste der O'Conor von Kerry schützte eine turmbewehrte Mauer. Eine in einen feindlichen Offizier verliebte Magd soll jedoch während des Desmond-Aufstandes die Schwachstelle in der Mauer verraten haben, worauf die englischen Belagerer die Burg sturmreif schossen und ihre aus Iren,

Spaniern und Italienern bestehende Garnison hinrichteten. Vom Eingang an der Seeseite führt eine breite Wendeltreppe auf den 26 Meter hohen Burgfried, der eine herrliche Sicht auf den Shannon gewährt.

Scattery Island – ein Inselheiligtum

Vom kleinen Seehafen **Tarbert**, 6 Kilometer östlich an der R551, kann man zu jeder vollen Stunde mit der Autofähre nach Killimer (Co. Clare) übersetzen. Dies empfiehlt sich besonders, wenn man vom Cappagh Pier, etwa 1,5 Kilometer südlich des Jachthafens Kilrush, zur kleinen, bis 1978 bewohnten **Scattery Island** (ir. Inis Cathaig) übersetzen möchte. Schon in vorchristlicher Zeit bestand dort ein Heiligtum des Flußgottes Senán (Sionainn), der Vergöttlichung des Shannon-Stroms. Es wurde von einem halb drachen-, halb pferdeartigen Ungeheuer namens Cata bewacht, das sich aber dem hl. Senán (gest. 544) fügen mußte, auf den sich der Name des Flußgottes übertrug. Seine berühmte Klosterschule zog auch kontinentale Gläubige an, Männer wie Frauen. Im 13. Jahrhundert übernahmen die Normannen die Insel, in den beiden folgenden Jahrhunderten erlangte sie als Kollegiat erneute Bedeutung, wurde jedoch Ende des 16. Jahrhunderts zerstört. Gleichwohl verehrte man das Inselheiligtum bis in die Neuzeit: Boote umrundeten es auf ihrer Jungfernfahrt »sonnenweise«, Seeleute nahmen Kiesel von Scattery als Talisman mit an Bord. Von den einst elf Kirchen bieten sich dem Besucher noch fünf (9. bis 15. Jh.), ebenso Reste des Steinwalls, der das keltische Kloster umschloß. Der gut erhaltene Rundturm ist mit 26 Metern zwar keineswegs, wie oft behauptet, Irlands höchster, wohl aber einer seiner ältesten.

Nordwestlich von Kilrush führt bei Garraun eine lohnende Küstenstraße (*Slí na Mara*) zum kahlen **Loop Head**, der Spitze jener Halbinsel, die das Nordufer der Shannonmündung bildet. Von den bis zu 66 Meter hohen Klippen erblickt man südlich die Kerry-Berge, westlich die Grafschaft Limerick, im Norden die Aran-Inseln und dahinter die Berge Connemaras. Der Name Loop ist eine Verballhornung von »leap«, denn mit einem Sprung rettete sich hier der Sagenheld Cú Chulainn vor der Zauberin Mal auf den vorgelagerten Dairmuid and Grainne's Rock. Dem Rand der gefährlich bröckeligen Klippen sollte man auf der gesamten Loop Peninsula nicht zu nahe kommen! Die dem Atlantik zugewandte Seite der Halbinsel ist wegen ihrer von einigen Sandstränden durchbrochenen langen Steilküste und interessanten Felsformationen noch eindrucksvoller als die Ostseite.

Limerick und Clare –
Burgenland am Shannon

Der breite Unterlauf des Shannon trennt die Grafschaften Limerick und Clare, die seit Ende des 10. Jahrhunderts unter der Herrschaft der Uí Briúin von Thomond (Nord-Munster) standen. Sie bedienten sich normannischer Söldner, um sich die benachbarten O'Conor von Connacht vom Leib zu halten, mußten dafür aber hinnehmen, daß die Normannen sich in den fruchtbaren Niederungen am Shannon-Südufer festsetzten. Mit über 400 Burgen besitzt Limerick Irlands größte Konzentration an Wehrbauten. Die meisten stehen seit der Niederschlagung des Desmond-Aufstandes Ende des 16. Jahrhunderts als Ruinen.

Von Tarbert nach Limerick

Die Fahrt auf der N69 ist zwischen Tarbert und Foynes am ruhig dahinfließenden Shannon recht reizvoll, zumal die Region zwischen Nordkerry und Limerick besonders dicht mit Burgen und Turmhäusern bestückt ist. Einige ausgesuchte Beispiele für den unterschiedlichen Umgang mit alten Wehrbauten sehen wir uns auf der Fahrt nach Limerick näher an: Das 1600 zerschossene **Old Glin Castle** ersetzten die seit fast 800 Jahren ortsansässigen Ritter von Glin 1789 durch das wenig später gotisierte **Glin House**. Es trägt keinen Türklopfer, da nach alter Familienüberlieferung drei Klopfzeichen von unbekannter Hand Tod ankündigen. Der derzeitige Hausherr und 29. Ritter von Glin, ein bekannter Kunsthistoriker und Architekturkenner, hat den mit prächtigen Möbeln aus dem 18. Jahrhundert ausgestatteten Sitz seiner Vorfahren zur Besichtigung freigegeben oder vermietet ihn für Bankette und Übernachtungen. Von den alten, üppigen Gutsgärten aus blickt man weit auf den Shannon.

In **Foynes** (ir. Faing, Westgrenze), 13 Kilometer östlich und heute der größte Seehafen der Grafschaft Limerick, beschäftigt uns die jüngere Verkehrsgeschichte. Foynes diente zwischen 1937 und 1945 als Flughafen für transatlantische Passagen nach Neufundland. Das Foynes Flying Boat Museum berichtet vom Glanz und den Abenteuern dieser Luftfahrtepoche. Hier wurde der weltberühmte Irish Coffee, ein Long Drink aus Kaffee, Whiskey und Sahne, erfunden: Ein Barkeeper kredenzte ihn verfrorenen und frustierten Gästen, wenn sie, was häufig vorkam, ihren Über-

Ruine in Askeaton

seeflug vorzeitig abbrechen und in Foynes auf besseres Wetter warten mußten.

Ein kurzer Umweg führt östlich von der N69 nach **Askeaton** (ir. Eas Géitine, Wasserfall der Geiphtine) am Deel, in dem ein Kalksteinfelsen erst Gälen und seit 1199 den Normannen als Fundament ihrer Burg diente. Das noch immer imposante Askeaton Castle (15. Jh.) bildete bis 1580 den Stammsitz der Grafen von Desmond. Da sie sich weigerten, Askeaton Castle zu übergeben, wurde es im Dezember 1579 von Sir Nicholas Malbie, dem Lord President Munsters, belagert. Er ließ bei dieser Gelegenheit den Großteil des alten Städtchens und das nahegelegene Franziskanerkloster niederbrennen, die Mönche massakrieren und das Familiengrab der Desmonds schänden. Dem in seiner Burg verschanzten Grafen konnten die Engländer indessen erst beikommen, als sie im Frühjahr schweres Geschütz auffuhren. Die Hälfte des schlanken, fünfstöckigen Burgfrieds, die die Entfestung von 1652 überdauerte und noch immer die Stadt überragt, trägt einen schönen Kamin sowie spätgotische Kielbogenfenster. Das interessanteste Gebäude ist die zweistöckige Banketthalle, 1440–59 über Küchen- und Kellergewölben errichtet. Ihre Südwand schmücken Blendbögen, die schönen Flachreliefs an dem gotischen Doppelfenster stammen offenbar von denselben Meistern, die auch das unweit nordwärts am Deel gelegene Franziskanerkloster belieferten. Es wurde von Gearóid File Iarla (Gerald dem Dichter; 1363–98) gestiftet, dem bemerkenswerten Vierten Grafen von Desmond, der die Liebeslyrik in die gälische Dichtung einführte. Die prächtigen Marmorarkaden des 62 Meter langen Kreuzganges sind noch vollständig erhalten. In seiner Nordwestecke befindet sich eine durch Küsse der Gläubigen etwas abgenutzte kleine Skulptur des hl. Franziskus mit Stigmata, um dessen Hilfe man bei Zahnschmerzen fleht. Die Kirche mit Nordtransept und Sakristei sowie die Konventgebäude stammen im wesentlichen aus dem 15. Jahrhundert. Das kannellierte Ostfenster, eine Sedilia sowie eine dreifache Grabnische bilden schöne Details. Die Bischofsgestalt in einem Relief an der Nordwand wird als heiliger Patrick gedeutet.

Für deutsche Besucher lohnt besonders eine Fahrt in das südlich gelegene **Rathkeale** (ir. Ráth Caola, Caolas Wallburg), das ebenfalls aus einer Desmond-Burg hervorging und gerade seine Restaurationsphase durchläuft. Doch es geht uns hier weder um die wenigen hübschen georgianischen Häusern an der Hauptstraße, noch um die Ruine einer 1289 gegründeten Augustinerabtei, sondern um jene pfälzischen Lutheraner, die anglo-irische Gutsbesitzer in der Gegend zwischen Rathkeale und dem nordöstlich gelegenen Dorf Adare Anfang des 18. Jahrhunderts ansiedelten. Nach etwa einhundert Jahren waren diese *palatines* sprachlich assimiliert und traten zum Katholizismus über, doch ihre Nachfahren erkennt man noch an deutschen Familiennamen. Die »Vereinigung irischer Pfälzer« (*Irish Palatine Association*) betreibt ein kleines Museum zur Geschichte dieser Minderheit.

Wer gerade in der Gegend ist, entspannt sich vielleicht danach im **Castle Matrix** (um 1390), einem sehr sehenswerten, da vollständig erhaltenen Wohnturm, dessen Zufahrt rechts von der N21 man etwa zwei Kilometer südwestlich Rathkeales suchen muß. Der sechsstöckige hohe *keep* steht neben einem zweigeschossigen Anbau aus dem 16. Jahrhundert malerisch am Deel-Ufer. Die Zinnen, Brustwehr und großen Kreuzrahmenfenster stammen von Ausbesserungen aus dem 19. Jahrhundert. Einer der früheren Besitzer wurde 1662 als »Sir Thomas Southwell von Castle Mattress«, dem Matratzenschloß, geadelt, eine despektierliche Verballhornung des Ortsnamens, den der letzte Besitzer, der iro-amerikanische Luftwaffencolonel Seán O'Driscoll, lieber auf das lateinische matres (Mütter) und den Kult um eine Glücksgöttin zurückgeführt sehen wollte. Der romantisch und esoterisch gesonnene O'Driscoll hatte Castle Matrix 1963 der irischen Regierung abgekauft, es renoviert und liebevoll mit einem Sammelsurium von Antiquitäten ausgestattet. Seinem testamentarischen Wunsch gemäß wurde er, als ein posthumes Schutzopfer, im Eingang der Burg begraben. Dies soll genügt haben, um Castle Matrix seither vor Einbrechern zu schützen. Seine Witwe betreibt das etwas klamme anglonormannische Gemäuer jetzt als B&B. Umweht vom Zauber dieses Ortes und den Klängen einer Spieluhr aus O'Driscolls Sammlung, ersteigen wir die Brustwehr und genießen einen prächtigen Blick auf die bukolische Parklandschaft der Deel-Niederung.

Fährt man auf der N69 von Rathkeale weiter Richtung Limerick, bietet sich als nächste Burgruine, auf einem Vulkanfelsen, **Carrigogunnell Castle** (15. oder 16. Jh.), von wo man den gesamten Mündungstrichter des Shannon überblickt. Die Burg gehörte nacheinander den De Burgo, den Uí Briúin und dem anglikanischen Erzbischof von Limerick, bis ihr der wilhelmitische General Ginkell 1691 einen Teil wegschoß.

■ Irlands graue Stadt am Meer – Limerick

Limerick (ir. Luimneach, Ödland; 75 000 Einw.) besitzt einen Seehafen und eine vielfältige Industrie. Die Eröffnung des Shannon Airport, nur 24 Kilometer nördlich, erhöhte ihre verkehrsmäßige Bedeutung und wirkte sich auch auf den Fremdenverkehr positiv auf. Kulturell stand Limerick bis zum Ausbau einer eigenen Universität im Schatten der kleineren Universitätsstadt Galway.

Limerick geht auf dänische Wikinger zurück, die im Jahr 922 einen Handelsposten an der letzten Furt über den Shannon errichteten, bevor sich dieser zum gezeitenabhängigen Strom weitet. Da sie immer wieder plündernd ins Landesinnere vorstießen, brannten König Mahon von Thomond und sein Bruder Brian Ború 967 ihre Siedlung auf der Shannoninsel King's Island nieder, doch Brians Sohn Muirchertach erhob sie Ende des 11. Jahrhunderts zur Kapitale des Königreichs Thomond, das die heutige Grafschaft Clare sowie Teile Limericks, Offalys und Tipperarys einschloß. 1197 setzten sich die Anglonormannen dauerhaft fest. König John (Johann Ohneland) befestigte 1200–1202 die erste Shannonbrücke mit einer mächtigen Burg. Von da an bildete Limerick eine Handelskolonie der englischen Krone. 1642 wurde sie von den katholischen Konföderierten eingenommen, neun Jahre darauf von Cromwells Truppen. Das stets königstreue Limerick wurde 1691 zum letzten Stützpunkt der Anhänger von James II. Wilhelm III. von Oranien belagerte die heldenhaft von Patrick Sarsfield verteidigte Stadt und unterzeichnete nach deren Kapitulation einen Vertrag, in dem den Katholiken Irlands geringfügige Rechte eingeräumt und den geschlagenen Jakobiten ein ehrenvoller Abzug gestattet wurde. Da aber weder das Parlament in London, noch das anglo-irische Parlament in Dublin den Vertrag ratifizierten, ging Limerick als Inbegriff englischer Vertragsbrüchigkeit in die Geschiche ein. Ein Großteil des katholischen Adels floh und schloß sich der französischen Armee an, Hunderttausende folgten in den kommenden Jahrzehnten, – ein als »Flucht der Wildgänse« umschriebener Exodus. Denn als Wildgänse, so der Volksglaube, fliegen die Seelen der in fremdem Dienst gefallenen Exilanten klagend in ihre Heimat zurück.

Die Besichtigung beginnt man am besten im **Arthur's Quay Park** gegenüber der Stahlglas-Pyramide des Limericker Fremdenverkehrsamtes, wo neben avantgardistischer Monumentalkunst

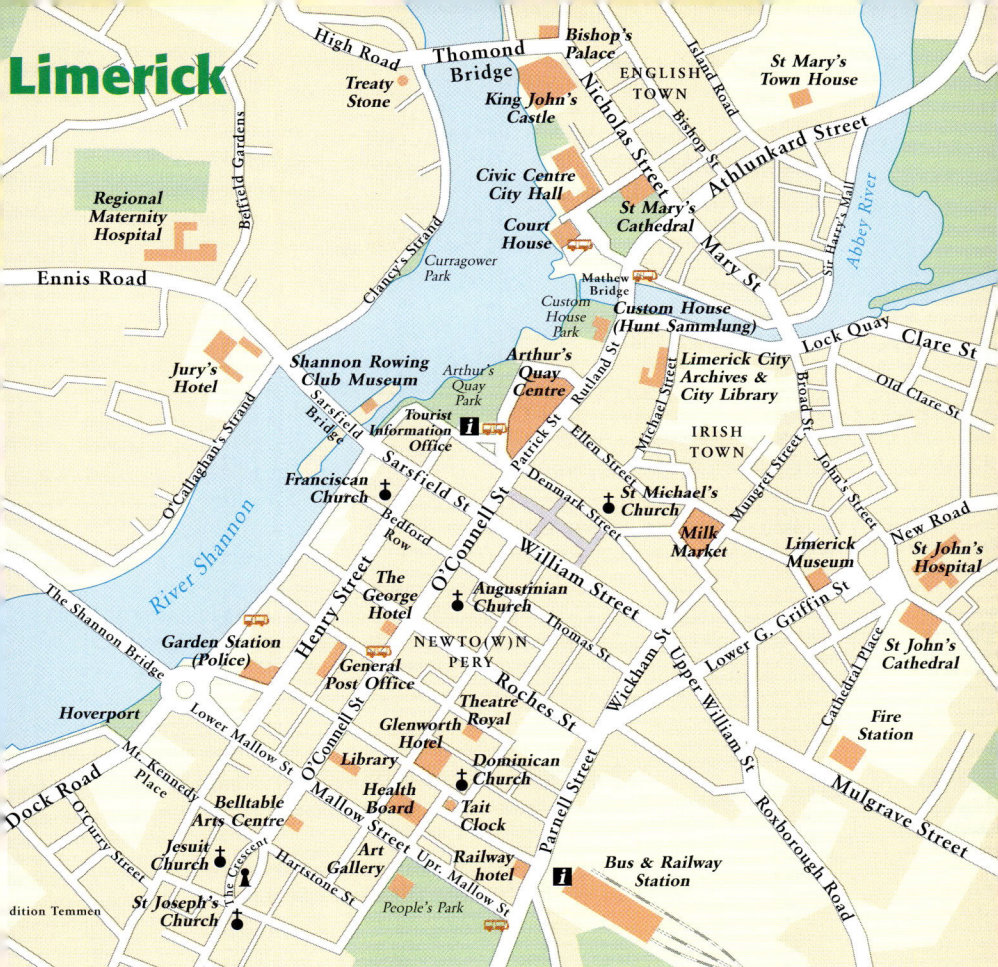

Limerick

High Road
Thomond Bridge
Bishop's Palace
ENGLISH TOWN
Island Road
St Mary's Town House

Treaty Stone
King John's Castle
Nicholas Street
Bishop St
Athlunkard Street

Civic Centre City Hall
St Mary's Cathedral
Mary St

Regional Maternity Hospital
Court House
Mathew Bridge
Custom House Park
Custom House (Hunt Sammlung)
Lock Quay
Clare St

Ennis Road
Curragower Park
Clancy's Strand
Custom House Park
Abbey River
Sir Harry's Mall

Jury's Hotel
Shannon Rowing Club Museum
Arthur's Quay Park
Arthur's Quay Centre
Limerick City Archives & City Library
Old Clare St

Sarsfield Bridge
Tourist Information Office
Rutland St
Patrick St
Michael Street
Broad St
John's Street
New Road

Franciscan Church
Sarsfield St
Ellen Street
IRISH TOWN

O'Callaghan's Strand
Bedford Row
Denmark Street
St Michael's Church
Mungret Street
Limerick Museum
St John's Hospital

River Shannon
Henry Street
O'Connell St
William Street
Milk Market

The Shannon Bridge
The George Hotel
Augustinian Church
Thomas St
Lower G. Griffin St
Cathedral Place
St John's Cathedral

Garden Station (Police)
General Post Office
NEWTO(W)N PERY
Roches St
Wickham St
Upper William St

Hoverport
Lower Mallow St
Theatre Royal
Glenworth Hotel
Library
Dominican Church
Parnell Street
Roxborough Road
Fire Station

Mt. Kennedy Place
Health Board
Tait Clock
Mulgrave Street

Dock Road
O'Curry Street
Belltable Arts Centre
Mallow Street Upr.
Mallow Street

Jesuit Church
The Crescent
Art Gallery
Railway hotel
Bus & Railway Station

edition Temmen
St Joseph's Church
Hartstone St
People's Park

der anmutige Brunnen Wild Geese Fountain steht. Von der kleinen Grünanlage gewinnt man eine gute Rundsicht auf die Stromschnellen Curragower Falls und die siebenjochige Thomond Bridge, die King's Island mit dem rechten Shannon-Ufer verbindet. Ein Blick auf die nähere Umgebung zeigt die beachtlichen Erfolge der Stadtsanierung seit Ende der 1980er Jahre, als ansprechende postmoderne Wohn- und Bürohäuser aus Backstein entstanden. Die nächstgelegene Mathew-Bridge führt auf die King's Island und dort zunächst zur anglikanischen **St Mary's Cathedral**, eine der ältesten Kathedralen Irlands. Nachdem König Dónall Mór Ua Briain bei der vorübergehenden Vertreibung der Normannen

Limerick eingeäschert hatte, stiftete er im Zuge des Wiederaufbaus eine Kathedrale (1180–90) im Übergangsstil, von der in den Seitenschiffen und Querhäusern Fragmente erhalten sind, vor allem aber ihr prächtiges Westportal. Im 13. Jahrhundert wurden ein Glockenturm, im 14. und 15. Jahrhundert mindestens neun Meßkapellen sowie ein Portikus hinzugefügt. Das reiche Schnitzwerk des Chorgestühls aus schwarzem Eichenholz (um 1489) verdient besondere Beachtung, da diese Sammlung gotischer Fabelwesen und allegorischer Figuren in Irland fast einzigartig ist. Die Kathedrale birgt etliche Gräber der Uí Briúin von Thomond, darunter das des Stifters Dónall aus schwarzem Marmor.

Die Nicholas Street und ihre Verlängerung führen nordwestlich zum **King John's Castle**, einer fünfeckigen königlich-englischen Zwingburg am Ostufer des Shannon. Von den zwei mächtigen Torhäusern mit Falltüren ist eines erhalten. Der südwestliche der vier runden, wuchtigen Ecktürme wurde verkürzt, verstärkt und zu einer Geschützbastion umgebaut. An der Ostseite, wo man einst über eine Zugbrücke in die Burg gelangte, liegt der Eingang zum extrem häßlichen Besucherzentrum, das von der Architektur nordirischer Polizeistationen inspiriert zu sein scheint. Innen bietet sich aber eine anschauliche Ausstellung zur Stadt- und Burggeschichte, mit dem Schwerpunkt auf den Belagerungen von 1642, 1651 und 1691. Seit den 1930er Jahren durchgeführte Grabungen brachten Spuren der Wikingersiedlung und der Normannenstadt zum Vorschein. Man kann sie im Burghof in einem archäologischen Museum besichtigen.

Am Westufer des Shannon (Clancy's Strand) steht gegenüber dem King John's Castle auf einem Sockel ein roh behauener Felsblock (Treaty Stone), auf dem der berühmt-berüchtigte Kapitulationsvertrag von Limerick unterzeichnet worden sein soll. King's Island hieß in der Normannenzeit Baile na nGall (»Stadt der Fremden«) oder English Town. Die Gälen lebten südlich in der Baile na nGael (Irish Town), an deren Südostrand die katholische **St John's Church** (1855–65, von Philipp Charles Hardwick) mit dem angeblich höchsten Turmhelm Irlands (84 m) aufragt. Südwestlich der mittelalterlichen Irish Town dehnte sich, mit breiten Parallelstraßen und georgianischen Wohnblocks, ab dem 18. Jahrhundert **Newto(w)n Pery** aus, die Reißbrettschöpfung des Viscount Edmund Pery, heute Limericks Einkaufs- und Stadtzentrum. Unweit nordwestlich der St John's Church vermittelt der denkmalsgeschützte **St John's Square** eine Vorstellung von der Wohlhabenheit Mitte des 18. Jahrhunderts, als sich der regionale Landadel kleine georgianische Stadtpaläste in Limerick baute. In einem der restaurierten Gebäude an der Westseite des

John's Castle in Limerick

Platzes bietet das Limerick City Museum eine beachtliche Sammlung regionaler archäologischer Fundstücke und informiert über eine stadtgeschichtliche Kuriosität, den im April 1919 von örtlichen Gewerkschaftsführern ausgerufenen Limericker Sowjet. Aus Furcht vor der »sowjetischen Gefahr« hob Großbritannien schon nach zwei Wochen das über die Stadt verhängte Kriegsrecht auf. Östlich des Crescent, einer Ausbuchtung des Südendes der O'Connell Street mit einem Denkmal für den Liberator in der Mitte, gelangt man zum People's Park. An seinem Haupteingang (Pery Square) findet man in der Limerick City Gallery of Art eine ständig erweiterte Sammlung irischer Malerei, darunter Frühwerke von Jack Butler Yeats (1871–1957).

Im östlichen Vorort Plassey, 5 Kilometer vom Zentrum entfernt, liegt die University of Limerick, der das Hunt Museum mit über dreitausend europäischen Kunstexponanten aus der bedeutenden Privatsammlung des Kunsthistorikers und Mediävisten John Hunt (1900–76) angeschlossen ist. Zu ihren Prunkstücken gehören Gemälde von Leonardo da Vinci, Renoir und Picasso, das Antrim-Kreuz (um 800) sowie das Kruzifix, das Maria von Schottland bei ihrer Hinrichtung in den Händen hielt. Seit 1996 ist die Ausstellung im restaurierten ehemaligen Zollamt (Custom House, Rutland Street) untergebracht.

Ein Bilderbuchdorf und ein Zaubersee

Südlich Limericks erstreckt sich in der Niederung des Maigue bis zu den von Neuforsten und alten Mischwäldern bedeckten Ballyhoura und Galtee Mountains fruchtbares Weideland. Kein Wunder also, daß dieser erst flache, dann wellige Landstrich seit der Steinzeit dicht besiedelt war, wovon zahlreiche Denkmäler der Vor- und Frühgeschichte, aber auch reicher Gutsbesitz aus neuerer Zeit zeugen.

Die N21 führt uns nach 16 Kilometern zum vielbesuchten Gutsdorf **Adare** (ir. Áth Dara, Eichenfurt; 800 Einw.). Alles, was in Irland derartig hübsch und niedlich anmutet, besitzt englische Ursprünge oder ist englisch inspiriert. So auch die schmucken, weißgetünchten Reetdachkaten mit ihren farbenfrohen Blumenrabatten, die Graf Dunraven 1828 für seine Pächter anlegen ließ. Der menschenfreundliche Großgrundbesitzer überließ ihnen außerdem die Ruine einer Prioreikirche, deren wuchtigen Turm und Südwand die katholische Pfarrkirche (1852), ebenfalls an der Hauptstraße, verwendet. Sie stammen von einem Trinitarierkloster, das die Fitzgerald um 1230 diesem in Irland seltenen, dafür in Schottland recht verbreiteten Orden stifteten. Das restaurierte runde Taubenhaus (14. Jh.) des Klosters, jetzt an der Nordostecke des Konventgartens, hielten frühere Altertumsforscher für einen Feuertempel! Ein früherer Dunraven siedelte Anfang des 18. Jahrhunderts pfälzische Lutheraner an und übergab ihnen die Kirche einer Augustinerabtei als Gotteshaus, das seit seiner Restauration 1808 der Church of Ireland dient. Die eindrucksvolle »Black Abbey« findet man am nordöstlichen Dorfrand, gleich an der N21. An den kleinen spätgotischen Kreuzgang (15. Jh.) schließt westlich ein Mausoleum der Gutsbesitzerfamilie Wyndham-Quin (1826), der Grafen von Dunraven an. Die Kirche selbst besteht aus dem Langhaus (Anfang 14. Jh.) mit einem breiten südlichen Seitenschiff und einem langen Chor, wie er für die geschlossenen Orden kontinentalen Ursprungs kennzeichnend ist. Beachtenswert sind das große fünfbahnige Chorfenster, die Sedilia und die Piscina, alle im Übergangsstil. Die Pietà stammt vermutlich aus dem 16. Jahrhundert und aus Flandern.

Die Augustinerkapelle in Adare

Reetgedeckte
Häuser im Gutsdorf
Adare

Derweil entleert sich in Adares Hauptstraße Reisebus um Reisebus. Kameras klicken, Restaurants und Andenkenläden füllen sich.
Wir flüchten in den Gutspark, ein vom Maigue durchflossenes
Gelände mit stattlichen alten Bäumen und geometrischen Buchs-
baumrabatten auf der Südterrasse neben dem Herrenhaus. Als 1974
die irische Regierung die Vermögenssteuer drastisch erhöhte, blieb
vielen Angehörigen des Landadels keine andere Wahl, als die Sitze
ihrer Ahnen zu verkaufen, in deren langsam verfallender und
vermodernder Pracht viele von ihnen ohnehin recht kläglich ge-
haust hatten, ohne Domestiken und im ständigen Kampf gegen
den Hausschwamm. Auch Adare Manor House (1832–60) sowie
seine wertvolle Einrichtung kamen unter den Hammer und wurden, wie so häufig bei diesem Elitenwechsel, von einem Amerikaner erworben, der den als elisabethanisches Giebelhaus errichteten
Herrensitz 1988 als Luxushotel eröffnete. Ebenso wie die Großgrundbesitzer vor ihm respektiert er freundlicherweise das Durch-
gangsrecht der Einwohner und Touristen. Über den Maigue führt
eine vierzehnjochige Brücke (um 1400) zum Gelände des Adare
Manor Golf Club mit den Ruinen eines wohlproportionierten,
1875 restaurierten Franziskanerklosters (15. Jh.). Schöne Details
bilden die Sedilia, die gut erhaltenen Fenster und eine mächtige
Eibe im Zentrum des Kreuzganges, die so alt wie das Kloster sein
soll. Zu den zweigeschossigen Konventgebäuden gehören ein Re-

229

fektorium, ein Dormitorium (Ende 15. Jh.) und ein Krankenhaus. Das gut erhaltene Croom-Tor auf der Südseite trägt das Wappen der Grafen von Kildare, die das Kloster 1464 stifteten. Unweit nordöstlich stehen in einem Friedhof die Ruinen der einstigen Pfarrkirche des hl. Nikolaus von Myra, deren Chor (12./13. Jh.) den Quin bis zum 19. Jahrhundert als Familiengruft diente, sowie die Ruine einer kleinen Meßkapelle (15. Jh.). Vorsichtig nähern wir uns den romantischen Ruinen, um nicht von einem unerfahrenen amerikanischen Golfer niedergestreckt zu werden, der Ball um Ball ins Unterholz jagt. Die efeuberankten, aus Versicherungsgründen von hohem Maschendraht umzäunten Reste von Desmond Castle stammen von der mächtigen Burg des Normannenritters Geoffrey FitzRobert de Monte Marisco, der sie um 1227 in eine ältere Erdwallburg setzte.

Literarisch Inspirierte besuchen das 8 Kilometer entfernte **Croom** (ir. Cromadh, Abschüssiger Ort), dessen Bardenschule wohl der »Limerick« zu verdanken ist. Den zerfallenen Burgfried von Croom Castle findet man nach einiger Suche in einem Hain auf dem Gutsgelände hinter der katholischen Pfarrkirche. Das restaurierte Mühlgebäude an der Brücke über den Maigue beherbergt das Croom Watermill Museum und bietet, mit einem hübschen Selbstbedienungsrestaurant über dem alten Mühlgraben, die geeignete Entspannung, um einige »Limericks« zu memorieren.

Knapp 20 Kilometer südlich Limericks zweigt bei Holycross eine Nebenstraße östlich zum sichelförmigen **Lough Gur** (ir. Loch Gair, schmaler See) ab, dessen Ufer mit 30 noch vorhandenen Denkmälern als eine der bedeutendsten vorgeschichtlichen Fundstätten Nordwesteuropas gelten. Dutzende als Votivgaben in den See geworfene Waffen belegen, daß er seit der Bronzezeit als heilig verehrt wurde. Wenn regenschwere Wolken tief über das sanftgewellte Land ziehen und das Wasser des legendenumwobenen Sees erstaunlich wild aufschäumt, spürt man noch immer die schwer in Worte zu fassende Magie dieser Gegend.

Vor seiner Absenkung Mitte des 19. Jahrhunderts umschloß der Lough Gur noch vollständig den in der Stein- und Bronzezeit dicht besiedelten Hügel Knockadoon (»Hügelfestung«; 122 m). Bei den bisher identifizierten 18 Fundstellen handelt es sich größtenteils um doppelte und einfache Steinkreise als Umfriedungen von Wohnstätten oder um Grundmauern von Häusern. Bei der Anfahrt passiert man zunächst die in einem mauerumfriedeten Friedhofsgelände gelegene Nua Teampall (»Neue Kirche«; 15. Jh.), eine Meßkapelle der Desmonds, 1679 als anglikanische Pfarrkirche wieder hergerichtet. Die schöne Majolikaplatte in der Südwand mit einer Muttergottesdarstellung stammt von einer weite-

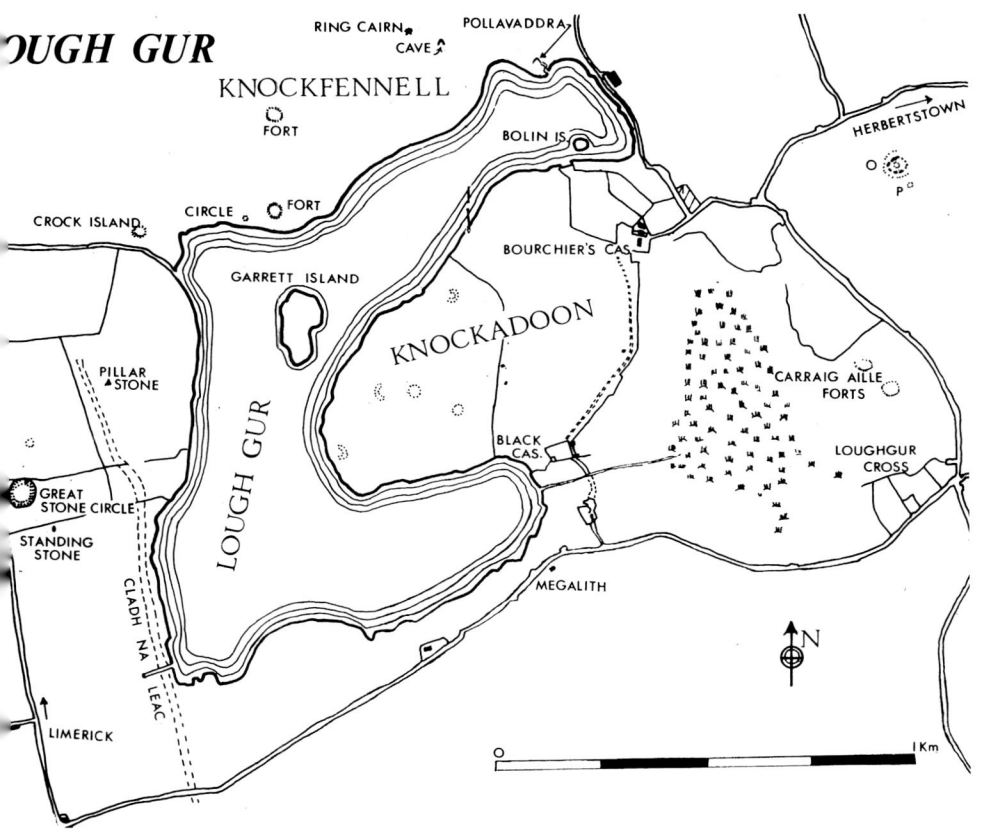

KNOCKFENNELL

RING CAIRN
CAVE
POLLAVADDRA
FORT
BOLIN IS.
HERBERTSTOWN
CIRCLE   FORT
P
CROCK ISLAND
BOURCHIER'S CAS
GARRETT ISLAND
KNOCKADOON
CARRAIG AILLE FORTS
PILLAR STONE
LOUGH GUR
BLACK CAS.
LOUGHGUR CROSS
GREAT STONE CIRCLE
STANDING STONE
CLADH NA LEAC
MEGALITH
N
LIMERICK
1 Km

ren Instandsetzung um 1900. Etwas weiter folgt südlich der Zufahrtsstraße am Hügelhang The Giants' Grave, ein neun Meter langes Keilgrab (um 2500 v.Chr.), in dessen zwei Kammern man die Knochen von acht Erwachsenen und vier Kindern fand. Zwischen dem Knockadoon und der Zufahrtsstraße liegen die beiden Steinwallburgen (8. bis Anfang 11. Jh.) von Corraig Aille, rund bzw. rechteckig, in denen Bronze- und Eisenfibeln, Messer, eine Eisensäge, Knochenkämme sowie ein wikingischer Silberhort entdeckt wurden. Seit der Normannenzeit schützten zwei Desmond-Burgen die Zugänge zur damaligen Insel des Knockadoon: Das fünfstöckige Bouchier's Castle (15. Jh.) befindet sich noch im Besitz eines örtlichen Grundbesitzers. Das ältere Black Castle (auch: Killalough Castle; 13. oder 14. Jh.) besteht aus den Ruinen zweier rechteckiger Türme und der Umfassungsmauer. Über die Funde und Geschichte des Lough Gur informiert am Ostufer das Stone Age Interpretative Centre in

Croom, Heimat des Limericks?

Der Ursprung des berühmten Fünfzeilers mit dem Reimschema »aabba« ist zwischen Iren und Engländern umstritten. Die englische Version nennt Edward Lear (1812-1888) als Urheber, der, auf einen Kindervers gestützt, ausgiebig von diesem Reimschema Gebrauch machte, als er 1845 sein Book of Nonsense verfaßte. Eine Kostprobe seines absurden Humors lautet:

There was an Old Man who supposed
That the street door was partially closed.
But some very large rats
Ate his coats and his hats
While this futile Old Gentleman dozed.

Ein Greis hielt unverdrossen
seine Haustür für halbwegs geschlossen.
Doch etliche Riesenratten
zerfraßen ihm Mäntel und Matten
Derweil ihn süße Träume umschlossen.

Nach einer anderen Deutung geht der »Limerick« auf das im 18. Jahrhundert populäre Soldatenlied Will you come up to Limerick zurück, dem Soldaten eigene Stegreif-Verse hinzufügten. Die irische Version beruft sich auf Crooms Barden, die Filí na Máighe, die in irischer Sprache Liebes-, Kampf-, Trinklieder und Gebrauchsdichtung verfaßten. Ihre namhaftesten Vertreter waren Seán Ó Tuama (anglisiert O'Tuomy, gest. 1775) und Aindrias (Andy) MacCraith (gest. 1795), der neben der Kollegiatskirche des mittelalterlichen Städtchens Killmallock beigesetzt wurde. Ó Tuama verdiente sich seinen Lebensunterhalt als Wirt, MacCraith war offenbar sein bester Kunde. Das mit den Worten *Is duine mé dhiolas leann lá* beginnende und hundert Jahre später ins Englische übersetzte Ó Tuama-Gedicht trägt erstmals das bekannte Reimschema:

I sell the best brandy and sherry
To make my good customers merry.
But at times their finances
Run short as it chances,
and then I feel very sad, very.

Ich verkauf' besten Weinbrand und Wermut,
Der meinen Kunden stets gut tut.
Doch ist deren Börse leer,
betrübt mich das aufrichtig sehr,
denn für mich ist es keineswegs gut.

Dieser Wirtsklage fügte der trinkfreudige MacCraith einen kritischen Kommentar hinzu:

O'Tuomy! you boast yourself handy,
At selling good ale and bright brandy,
But the fact is your liquor
Makes everyone sicker,
I tell you that, I your friend Andy!

O'Tuomy! Du dünkst dich wohl schlau,
mit deinem Super-Gebräu.
Doch in Wahrheit bringt dein Fusel,
jedem fürchterlichsten Dusel,
dies weiß dein Freund Andy genau!

Als Anfang des 20. Jahrhunderts der Fünfzeiler seine größte Beliebtheit erreichte und selbst Autoren wie James Joyce Limericks dichteten, war nicht mehr von Greisen, sondern den einschlägigen Erfahrungen junger Frauen oder Männer die Rede: There was a young lady... Und die besten Limericks waren so frivol, daß sie nie gedruckt werden konnten.

zwei Gebäuden, die den zwischen 1938 bis 1978 freigelegten neolithischen Wohnhäusern nachempfunden sind. Unweit nordwestlich liegen am Hang die Spectacles, brillenförmig aneinander-
gesetzte Fundamente von Wohnhäusern nebst Pferchen aus der
Zeit um 900. Vom Parkplatz am Besucherzentrum führt ein Pfad
am Ostufer des Sees zum Fuß des Knockadoon, der einen prächtigen Rundblick gewährt

Von den drei einstigen Inseln des Lough Gur bilden Bolin und
Crock Island künstliche Pfahlbau-Inseln (*crannóg*) am heutigen
Rand bzw. außerhalb des Sees. Garrett Island mitten im See trägt
den Namen des Vierten Desmond-Grafen Gearóid File Iarla, des
Wiederbelebers der gälischen Dichtung im 14. Jahrhundert. Auch
er verfiel dem Zauber des Sees und wurde unter das Wasser entrückt. Nur alle 7 Jahre dürfen er und sein schneeweißes Pferd
auftauchen, und dies solange, bis das Silber der Hufe abgenutzt
ist und Roß und Reiter ihre ewige Ruhe finden.

300 Meter westlich des Lough Gur und nahe der nach Limerick
führenden R512 steht der imposante **Grange Stone Circle**, mit
einem Durchmesser von 46 Metern Irlands größer Steinkreis,
der um 2000 v.Chr. während der langen Übergangszeit vom
Neolithikum zur Bronzezeit entstand. Ein 1,2 Meter hoher und
9 Meter breiter Erdwall (*lios*) stützt die bis zu
vier Meter hohen Findlinge ab. Im Nordosten
erhebt sich, als höchster Menhir des Ensembles, der Rannach Chrom Dubh, den keltische Iren später auf ihren Gott Crom
bezogen. Ausgrabungen förderten
1939 Pfeilspitzen, Klingen und zahl-
lose Scherben (2000 bis 1500 v.Chr.)
offenbar rituell zerschlagener
Krüge zutage.

In Brian Borús Heimat –
Killaloe am Lough Derg

Der *Lough Derg Drive* führt von Limerick zum verzweigten
Lough Derg, dem größten der drei Shannon-Seen, und weiter
an seinem Westufer bis Portumna. Wanderern empfiehlt sich der
auf Hang- und Nebenstraßen am Ostufer zwischen Ballina und
Garrykennedy verlaufende *Lough Derg Way*.

Killaloe (ir. Cill Dalua, Mó Lúas Klause; 1 000 Einw.) in Ost-
Clare ist nach 22 Kilometern erreicht. Es liegt in schöner Hanglage am Südende des Lough Derg, dort, wo sich der Shannon
zwischen dem Slieve Bernagh (530 m) im Westen und den Arra

Mountains (460 m) im Osten durch ein felsiges Bett zwängen muß. Im Süden weitet sich der Strom zu einem Stausee, der in Ardnacrusha ein Wasserkraftwerk betreibt. Ein dem hl. Mó-Lúa (7. Jh.) geweihtes Oratorium wurde vor der Inbetriebnahme 1929 von der Friar's Island, einen Kilometer stromabwärts, auf das Gelände der katholischen Pfarrkirche an der höchsten Stelle Killaloes versetzt. Dort bildete das sagenhafte Kincora (ir. Ceann Coraidh, Kopf des Wehres) für zwei Jahrhunderte die Residenz jenes Zweiges der Dál gCais (Linie von Cas), aus dem der Stammvater der Uí Briúin, Brian Ború, hervorging. Irische Überlieferungen preisen es so überschwenglich, wie Homer Argos und Mykene schilderte. Derselben Herrscherfamilie entstammte auch Killaloes Gründerheiliger Flannan (gest. 639). St Flannan's Oratory, ein vorromanisches Kirchlein mit hohem Satteldach, findet man am Südrand Killaloes nahe dem Shannon. Der Überlieferung nach handelte es sich um »Brian Borús Gewölbe« oder eine von dem berühmten Thomond-Herrscher gestiftete Pfarrkirche. Aber das hibernoromanische Gewändeportal mit verwitterten Tieren und Blattmustern stammt frühestens vom Ende des 11. Jahrhunderts. Gleich nebenan steht die anglikanische, 1867 restaurierte St Flannan's Cathedral, ein schlichter, kreuzförmiger Sandsteinbau im Übergangsstil, mit dem König Dónall Mór Ua Briain um 1180 eine ältere romanische Kirche ersetzte. Von ihr blieb nur das herrliche Westportal mit Zacken- und Geißblattmustern, Fabelwesen und Menschenköpfen, das jetzt ein Fenster in der Südwestecke rahmt. Wer sich in Einzelheiten des Archivoltenschmuckes vertieft, entdeckt 130 verschiedene Motive. In die Westwand ließ man ein spätes Radkreuz (12. Jh.) aus Kilfenora ein. Der daneben aufgestellte Kreuzstein (um 1000) trägt als einziger Irlands eine wikingische Runen- und eine Oghaminschrift, die um »einen Segen für Thórgrímr« bittet, einen offensichtlich christianisierten Wikinger. Den Kathedralenchor mit drei schmalen Lanzettfenstern trennt eine gotisierende Chorschranke (1885) aus Eichenholz und Glas vom Langhaus.

In der näheren Umgebung haben sich etliche Erdwerke der Dál gCais erhalten. Am Südosthang des Crag Liath (»grauer Felsen«; auch Gragliath oder Craglea), einem westlich an der R463 gelegenen, steilen Hügel, findet man Spuren einer »Grianán« (»Sonnenpalast«) genannten Steinwallburg. Ein Wäldchen östlich der R463, etwa drei Kilometer nördlich Killaloes, versteckt Béal Ború (»Brian Borús befestigte Residenz«; ausgeschildert), einen fünf Meter hohen Ringwall mit Außengraben, der vielleicht den Zugang zur Residenz von Kincora schützte; sein erstaunlich geringer Durchmesser läßt aber eher eine rituelle Bedeutung vermuten. Die Stätte war allerdings von der Bronzezeit bis ins 12. Jahrhundert besiedelt.

Am Südrand des Dorfes **Tuamgraney** (ir. Tuam Gréine, Gráines Grabhügel) steht neben der Ruine des Turmhauses O'Grady's Castle die zum heimatkundlichen East Clare Heritage Centre umfunktionierte anglikanische Pfarrkirche, die im Westen einen vorromanischen Vorgängerbau (10.–12. Jh.) einbezieht, der zu einem im 6. Jahrhundert gegründeten keltischen Kloster gehörte. BrianBorú soll um das Jahr 1000 eine der zahlreichen Ausbesserungen veranlaßt haben. Der Ostteil mit einem neuzeitlichen Fenster stammt aus dem 12. Jahrhundert.

In Drewsborough House zwischen Tuamgraney und Scarrif wurde 1932 die Schriftstellerin Edna O'Brien geboren, die seit Jahrzehnten in London lebt. Ihren Anhängern gilt sie als Ikone der irischen Frauenbewegung, während ihr Kritiker vorhalten, sie könne durch ihr selbstgewähltes Exil die gegenwärtigen irischen Verhältnisse nicht mehr beurteilen zu können. In Irland wurde sie vor allem durch ihre gesellschaftskritische Trilogie *The Country Girls* (1960–1964; dt. *Das Mädchen mit den grünen Augen*, 1989) sowie den Roman *Down by the River* (1996) bekannt, der, unter dem Eindruck des »X-Case« verfaßt, die beiden vieldiskutierten Themen des Inzests und des Schwangerschaftsabbruchs verknüpft. In Deutschland fand ihr Roman *Das einsame Haus* (1996; engl. *House of Splendid Isolation*, 1994), mit dem sie sich zum ersten Mal einem politischen Thema zuwandte, größere Beachtung.

Vom Anglerzentrum Mountshannon kann man zu der zwei Kilometer entfernten **Holy Island** (ir. Inis Cualtra, Insel der Klosterzellen) übersetzen, einst ein bedeutender Wallfahrtsort, den Caimín (gest. 654), ein Heiliger aus Leinster, zur »heiligen Insel« gemacht hatte. Mitten im Shannon gelegen, befand sich Inis Cualtra allerdings genau im Einfallsweg der Wikinger und wurde zweifach von ihnen geplündert, 922 mitsamt seinen »Schreinen und Reliquien und Büchern.« BrianBorú ließ es 1009 wiederaufbauen und machte es zu Thomonds Gelehrtenzentrum. Der heute wenig besuchte Ort besitzt Ruinen von sechs Kirchen bzw. Bethäusern sowie einen 22 Meter hohen Rundturm (10. Jh.), dessen fehlendes Kegeldach die Legende so erklärt: Der Baumeister warf seinen Hammer nach einer Hexe, die sich geweigert hatte, sein Werk zu segnen. Die Hexe versteinerte zwar, doch der Turm blieb unvollendet. Auf dem alten Klosterfriedhof sind etwa 80 teilweise schön verzierte Grabsteine aus der Zeit bis zum 12. Jahrhundert zu entdecken.

Von Limerick nach Ennis – durch Mittelclare

Nur die zentrale, ebenso wie der Osten der Grafschaft seenreiche Karbonkalkebene Mittelclares ist landwirtschaftlich ergiebig und entsprechend reich mit Burgen und Klöstern bestückt, die im Unterschied zu denen Limericks nicht auf Normannen, sondern die gälischen Uí Briúin und ihre Gefolgsleute, die MacNamara zurückgehen. Die erste, 12 Kilometer nordwestlich Limericks erreichte MacNamara-Burg ist zugleich die berühmteste: Touristengünstig nahe am Shannon Airport und der N18 gelegen, zieht das vorzüglich restaurierte, mit Gobelins und Möbeln des 14. bis 17. Jahrhunderts prächtig ausgestattete **Bunratty Castle** (1425–67) fast ebenso viele Besucher an wie Blarney (Co. Cork) und blickt auf eine nicht minder wechselvolle Geschichte sowie ensprechend zahlreiche Vorgängerbauten zurück: So versuchten seit 1250 Anglonormannen an der Mündung des Ratty-Flüßchens Fuß zu fassen, scheiterten jedoch regelmäßig am Widerstand der Uí Briúin und MacNamara, deren vereinte Streitkräfte die verhaßte Zwingburg immer wieder niederbrannten, bis sie fest in der Hand der Nachfahren Brian Borús war. Den gegenwärtigen Bau errichteten zwischen 1425 bis 1467 Maccon mac Sioda MacNamara und sein Sohn. Von der einst mächtigen Umfassungsmauer stehen Reste, vollständig erhalten ist aber der dreistöckige Wohnturm, ein mächtiger Rechteckblock mit Ecktürmen und hohen Torbögen an der Nord- und Südseite. Vor allem amerikanische Touristen schätzen die »mittelalterlichen Bankette«, bei denen ein als »Graf von Thomond« auftretender Zeremonienmeister die Gäste etwa zwei Stunden lang bei Gesang und Harfenspiel durch ein gehaltvolles Mahl mit Met und Wein geleitet.

Beim Ausbau des Shannon Airport in den 1960er Jahren wurde das erste originale Bauernhaus nach Bunratty versetzt, sieben weitere aus der Gegend zwischen Limerick und West-Clare folgten. Aus dieser Sammlung entstand der Bunratty Folk Park, ein Freilichtmuseum mit einer rekonstruierten Dorfstraße nebst Kneipe, Post, Schule, Gasthof, Arztpraxis und Krämerladen, wie sie Ende des 19. Jahrhunderts typisch waren. Die unterschiedlichen Lebensbedingungen der damaligen sozialen Schichten werden bei einem Rundgang durch das Museumsdorf deutlich.

Auf dem Flachland zwischen der Mündung des Fergus in den Shannon liegen der Shannon Airport sowie die erst 1960 gegründete Industriestadt **Shannon** (ir. Sionainn; 8 000 Einw.). Shannon Airport, Europas westlichster Flughafen, löste 1945 Foynes (Co. Limerick) als internationalen transatlantischen Flughafen ab und besaß den ersten Duty Free Shop der Welt. Als Shannon als Zwischenlandeplatz für nordatlantische Flüge unbedeutend wur-

de, erhob die Flughafenverwaltung das nahegelegene Industriege-
biet zur Freihandels- und Industrieentwicklungszone. Die Shannon
Free Airport Development Company (SFADCO) wurde zum
Motor der industriellen Entwicklung in einer bis dahin struktur-
schwachen Region und fördert als Stiftung (Shannon Heritage
Ltd.) das Kulturleben und den regionalen Fremdenverkehr. Ihr
unterstehen die Burg und der Folk Park von Bunratty, das Lough
Gur Stone Age Centre sowie das Craggaunowen Bronze Age Project.
Nördlich Newmarkets-on-Fergus zweigt eine Nebenstraße zum
Gutsgelände von **Dromoland** ab, dem Sitz der Lords Inchiquin
und Oberhäupter der Uí Briúin-Sippe vom Ende des 17. Jahrhun-
derts bis 1962. Ihr großes neugotisches Herrenhaus, 1826 von den
Corker Architekten James und George Richard Pain errichtet, dient
als Luxushotel. Der Torbau (1643) in den schönen, Besuchern
offenstehenden Gartenanlagen stammt von Leamaneh Castle, ei-
nem früheren Sitz der Lords Inchiquin. Zum Gutsgelände gehört
Mooghan Fort (auch: Moghane, Maughan), eine der größten
Hügelwallburgen Europas mit drei konzentrischen Wällen und
Gräben. In **Clarecastle** (ir. Droichead an Chláir, Brücke über das
Flachland), 5 Kilometer südlich von Ennis, bewacht eine Uí Briúin-
Burg (1576) den Übergang über den bis hier schiffbaren Fergus.
Vermutlich übertrug sich der Ortsname Clare auf die gesamte spä-
tere Grafschaft. Das Augustinerkloster Clare Abbey (1189–1650)
einen Kilometer nördlich ist eine von vielen Stiftungen des
Thomond-Königs Dónall Mór Ua Briain. Der Großteil seiner
Bausubstanz stammt von umfänglichen Ausbesserungen um 1461,
darunter das gut erhaltene Ostfenster.
Auch die lebhafte Grafschaftshauptstadt **Ennis** (ir. Inis, Insel;
6 200 Einw.) geht auf eine Klostergründung zurück. In der 1242
für franziskanische Wandermönche gestifteten Ennis Friary, das
als blühendes Gelehrtenzentrum zwischen 1287 bis 1306 restauriert und vergrößert, lebten in der zweiten Hälfte des 14. Jahrhunderts 350 Mönche sowie 600 Schüler. Seit 1969 ist die Friary
wieder im Besitz des Ordens. Aus der Gründungszeit blieb der
Chor mit seinem schönen fünfbahnigen Fenster. Bemerkenswerte Details bilden die Kalksteinskulpturen, darunter der Schutzpatron des Klosters mit den Stigmata (Südwestseite des Turms),
und das MacMahon-Grab (um 1475, rekonstruiert 1843), eine
Tumba mit reichem Figurenschmuck, auf deren Südseite drei
Szenen der Passion (Geißelung, Kreuzigung, Grablegung Christi), an der Ostseite die Auferstehung dargestellt sind. Die noch
immer mittelalterlich wirkenden Gassen im alten Stadtkern bieten den Schauplatz für die *Fleadh Nua*, ein einwöchiges, im Mai
abgehaltenes Festival mit traditioneller irischer Musik.

Ausflüge in die Umgebung von Ennis

Das Franziskanerkloster **Quin** (ir. Cuinche, Quittenbaum), erreichbar auf der R469 südöstlich von Ennis, wurde 1433 von einem MacNamara auf den Ruinen älterer Kirchen und einer Normannenburg gestiftet und zeichnet sich durch einen besonders schlanken Vierungsturm und gut erhaltene Fenster aus, der Kreuzgang gehört zu den besterhaltenen franziskanischen Beispielen in Irland. Im Inneren findet man eine beachtliche Sammlung von Grabsteinen des 15. bis 19. Jahrhunderts. Ein Bach trennt das Kloster von der Ruine der St Finghan's Church (1278–85). Fünf Kilometer südöstlich steht eine weitere von insgesamt 42 MacNamara-Burgen der Region, der restaurierte Wohnturm **Knappogue Castle** (1467), an den Mitte des 19. Jahrhunderts ein niedriger Vorbau gesetzt wurde. Dort treten bei »mittelalterlichen Banketten« Frauengestalten aus Irlands Mythen, Sagen und Geschichte (»Königinnen, Heilige und Sünderinnen«) auf. Der jetzige amerikanische Besitzer hat den Wohnturm mit Möbeln des 15. bis 18. Jahrhunderts ausgestattet. **Craggaunowen Castle** (1550) am waldumschlossenen Cullaun-See, ein weiteres Turmhaus der MacNamara, erwarb 1965 der irische Kunsthistoriker John Hunt, der darin Teile seiner internationalen Sammlung mittelalterlicher Exponate unterbrachte. Von Hunt stammt auch die Idee zum **Craggaunowen Bronze Age Project**, einem Museumsdorf mit Nachbauten einer Pfahlbauinsel (*crannóg*), einer *fulacht fiadh*, eines Gehöfts des 4. oder 5. Jahrhunderts sowie einer eisenzeitlichen Holzstraße. Lebens- und Arbeitsweisen der Bronze- und Eisenzeit werden hier nachgestellt und nachvollziehbar, einschließlich des experimentellen Anbaus frühgeschichtlicher Getreidesorten. Unter einer Glaspyramide steht Tim Severins großformatiges Spantenboot »Brendan«.

Rundfahrt durch Nordwest-Clare

Diese Route erschließt zwei der berühmtesten Natursehenswürdigkeiten Irlands, die Klippen von Moher sowie die Karstlandschaft des Burren. Von Ennis folgt die N85 nordwestlich dem Cullenagh, der sich bei dem hübschen Marktflecken **Ennistymon** (ir. Inis Diomáin, Diomans Insel) durch ein Felsbett zwängt. In Ennistymons Burg (1588) kam der Lehrer Brian Merriman (1749–1805) zur Welt, Autor des frivol-satirischen Gedichts Cúirt an *Mheáin Oidche* (»Das Mitternachtsgericht«, 1780). Vom beliebten Badeort Lahinch (auch Lehinch) gelangt man auf der R478 nach fünf Kilometern nach **Liscannor** mit den

Ruinen einer O'Conor-Burg. In diesem Fischerdorf wurde John P. Holland (1840–1914) geboren, der Erfinder des ersten kriegsbrauchbaren U-Boots, dem die US-Marine am Hafen ein Denkmal setzte. Westlich türmen sich an der Halbinsel Hag's Head horizontal geschichtete, dunkle Karbonklippen bis zu 200 Meter zu den **Cliffs of Moher** (ir. Aillte an Mhothair) auf. Man erreicht sie zu Fuß entweder von Fisherstreet (8 km) oder Liscannor (5 km), mit dem Auto über die R478, von der eine Zufahrtsstraße zum Besucherzentrum am Aussichtsturm O'Brien's Tower (1834) abzweigt. Von hier blickt man bei klarer Sicht bis zum Loop Head und den Connemara-Bergen. Unweit ragt Breanan Mór, eine etwa 70 Meter hohe Felssäule, aus der Brandung. Ein bei Sturm nicht ungefährlicher schmaler Pfad führt die acht Kilometer lange Abbruchkante entlang. Er ist Teil des Fernwanderweges *Burren Way* (43 km) zwischen Liscannor und Ballyvaughan und bezieht das Fischerdörfchen **Doolin** (an der R478) ein, dessen *fleadhanna* mit irischer und internationaler Volksmusik alljährlich große Besuchermengen anziehen. Von Doolins Hafen Fisherstreet geht eine Fähre zu den Aran-Inseln. **Lisdoonvarna** (ir. Lios Dúin Bhearna, Erdwallfestung des Passes; 800 Einw.), die 8 Kilometer nordöstlich gelegene Burren-Kapitale, besitzt Irlands einziges tätiges Heilbad (Spa Wells Health

Cliffs of Moher

Centre). Der Schwefelquellen-Tourismus erreicht seinen Höhepunkt nach der Ernte, was den Ort seit 1900 zu einem Eheanbahnungstreff gemacht hat. Waren es früher die wohlhabenden Großgrundbesitzer, die hierher zur Brautschau kamen, so handelt es sich seit den 1970er Jahren überwiegend um Irlands mittelständische Stadtbevölkerung. Über 20 000 Besucher fallen an Septemberwochenenden in dem sonst ruhigen Ort ein.

Westlich führt die R477 als höchst imposante Küstenstraße um den Black Head, die kahle, teilweise klippenbesetzte Südspitze der breiten Galway-Bucht. Man passiert zunächst Ballynalackan Castle (auch: Ballynalacken; 15. Jh.), eine recht gut erhaltene O'Brien-Burg mit *keep* und *bawn*. Nordöstlich erhebt sich der moorbedeckte Slieve Elva (345 m) als höchster »Gipfel« des Burren. Östlich des Black Head folgt Gleninagh Castle (16. Jh.), ein bis 1840 von den O'Loughlin, den gälischen Herrschern des Burren bewohntes, vierstöckiges Turmhaus. **Ballyva(u)ghan**, 5 Kilometer entfernt an der Südspitze der gleichnamigen Bucht, entstand 1829 nach dem Bau eines kleinen Handelshafens. Von hier führt die N67 durch den Ost-Burren und weiter bis Galway. Zehn Kilometer östlich Ballyvaughans erreicht man auf Nebenstraßen die Kirchenruine des Zisterzienserklosters **Corcomroe** (gestiftet 1194), dessen Lage am Ende einer Doline den offiziellen Namen Sancta Maria de Petra Fertili (»hl. Maria vom fruchtbaren Felsen«) erklärt.

Die Kapitelle der kreuzförmigen Abteikirche tragen reichen Stein-schmuck aus Lotus-, Blatt- und Eichelmotiven sowie Köpfen, das schöne Deckengewölbe zeigt noch Einflüsse der Hibernoromanik. Wo Putz erhalten ist, wird die einstige Wandmalerei erkennbar, darunter Konturlinien eines Löwen. Die Grabfigur des 1268 gefal-lenen Thomond-Herrschers Conor na Siudaine Ua Briain an der Nordwand galt lange als Darstellung eines Pfeife rauchenden Kö-nigs! William B. Yeats wählte das verwunschen einsame Corcomroe als Handlungsort seines Dramas *Das träumende Gebein*.

Zurück nach Ballyvaughan und von dort südlich auf der N67, dann R480. Auf dieser eindrucksvollen Strecke durch das Innere des Burren passiert man etliche Sehenswürdigkeiten: Newtown Castle (16. Jh.), ein fünfstöckiges, rundes Turmhaus der O'Brien, steht auf einem pyramidalen Sockel. Nach weiteren zwei Kilome-tern zweigt die Zufahrt zur **Aillwee Cave** ab. Bei halbstündigen Besichtigungen werden etwa 300 Meter der 1,3 Kilometer langen Tropfsteinhöhle gezeigt, nebst einem unterirdischen Fluß mit Wasserfall. Das preisgekrönte Eingangsgebäude der polnischen Architekten Andrzej und Danuta Wejchert wurde von den me-galithischen Denkmälern des Burren und seiner einzigartigen Landschaft angeregt. 3,5 Kilometer südlich liegt das gut erhalte-ne bronzezeitliche Keilgrab von Gleninsheen am Südhang des Aillwee (310 m). Hier fand 1932 ein Junge bei der Kaninchen-jagd einen halbmondförmigen, mit gepunzten Rippen versehenen Goldblechkragen (um 700 v.Chr.; National Museum Dublin), eines der größten Meisterwerke spätbronzezeitlicher irischer Juwelierkunst. Auch die anderen 7 erhaltenen Beispiele stammen alle aus Nordwest-Munster (Clare, Limerick, Tipperary).

Nach knapp zwei weiteren Kilometern erblickt man eines der be-rühmtesten Portalgräber Irlands, den **Poulnabrone Dolmen** (um 2500 v.Chr.). Zwei hohe, schlanke und zwei massige Orthostaten tragen den pfeilspitzenförmigen Deckstein. Ausgrabungen erbrach-ten die Gebeine von 17 Erwachsenen und 16 Kindern. Nebenstra-ßen führen zum südwestlich gelegenen Dörfchen **Kilfenora** (ir. Cill Fionnúrach, Fionnúirs Klause), vom 12. bis 18. Jahrhundert ein Bischofssitz. Bemerkenswert ist der Chor der kleinen Kathe-drale (um 1200) mit einem sediliaartigen Wandgrab (15. Jh.) mit schönem Maßwerk sowie einem Bischofskopf über dem Spitzbo-gen. Zu beiden Seiten des dreibahnigen Chorfensters wurde eine Grabskulptur (13. bzw. 14. Jh.) eingelassen. Das überdachte Lang-haus mit einem Stufengiebel dient als anglikanische Pfarrkirche. Auf dem Friedhof stehen drei späte Hochkreuze (12. Jh.), darun-ter das berühmte Doorty-Kreuz. Die Vögel in den sphärischen Buchten des engen Ringes verkörpern die vier Evangelisten. Auf

Poulnabrone-
Dolmen im Burren

der Westseite raunt das oberste Vogelpaar einem verwitterten Christus etwas in die übergroßen Ohren; zwischen dieser Kreuzigung und dem am Schaftende dargestellten Einzug nach Jerusalem Flechtwerk im Urnesstil. Die Ostseite zeigt einen Bischof mit Krummstab und Mitra, darunter den hl. Antonius mit dem ihm zugeordneten Tau-Kreuz sowie einen weiteren Heiligen. Das Burren Display Centre bietet Reproduktionen des Goldkragens von Gleninsheen sowie des Tau-Kreuzes von Killinaboy.

Die Besonderheit der eisenzeitlichen Doppelwallburg von **Caherballykinvarga**, 1,5 Kilometer nordöstlich Kilfenoras, besteht in einem Schutzgürtel in die Erde gerammter Steine (»spanische Reiter«). Bei der Weiterfahrt auf der R476 nach Corofin passiert man die Ruine von Leamaneh Castle, bis Ende des 17. Jahrhunderts der Sitz der Lords Inchiquin. Das westlich angrenzende *strong house* (1. Hälfte 17. Jh.) war das Heim von Conor Ua Briain und seiner resoluten Frau Máire Rua Ní Mahon, die beim Anblick ihres im Kampf gegen die Parlamentstruppen tödlich verwundeten Gatten unwirsch gerufen haben soll: »Tote Männer können wir hier nicht gebrauchen!« Schon am nächsten Morgen begab sich die »rothaarige Marie« ins gegnerische Lager und ließ sich einen Engländer als Gatten zuweisen, um ihrem Sohn das Familienerbe zu erhalten, – vergeblich. Weiterfahrt am hübschen, von bewaldeten Hügeln umschlossenen Inchiquin Lough mit Ruinen zweier O'Brian-Burgen am Ufer. Die anglikanische Pfarrkirche des inmitten einer Seenplatte gelegenen Marktflekkens **Cor(r)ofin** (ir. Coradh Finne, Fionnas Wehr) beherbergt das Clare Heritage Centre mit einer Austellung zur Regional- und Sozialgeschichte im Zeitraum 1800 bis 1860. Südsüdwestlich Corofins liegen die Reste von **Dysert O'Dea** (»O'Deas Einsiedelei«), einer Gründung des hl. Tola (gest. 738). Ein »archäologischer Pfad« erschließt die 25 architektonischen und historischen Sehenswürdigkeiten. Zu den bekanntesten gehören der noch 15 Meter hohe, im 16. Jahrhundert zum Wehrbau umgewandelte Rundturm sowie eine romanische Kirche (12. Jh.) mit prächtigem hibernoromanischen Gewändeportal (Anfang 13. Jh.). Die Köpfe auf dem äußeren Archivoltenbogen kennzeichnen grimmige Münder und merkwürdig dreieckig-flache Gesichter. Die Ostseite des Weißen Kreuzes Tolas (12. Jh.) dominieren eine Christusgestalt und ein als Abt Tola gedeuteter großer Bischof, die Westseite die für diese letzte Phase der Hochkreuze charakteristische Urnes-Ornamentik. Der Besitzer der L-förmigen, aufwendig restaurierten Burg (1480) hat ein archäologisches Zentrum mit Fotoausstellung, Imbiß und Videoschau eingerichtet.

■ Von Ennis nach Galway – für Literaturfreunde und Schlemmer

Von Ennis führt die N18 nordöstlich durch das seenreiche Mittel-Clare, vorbei an Ardamullivan Castle (16. Jh.), einer Burg der O'Shaughnessy. Wenig später folgt der malerische **Lough Cutra** mit dem neugotischen Herrensitz Lough Cutra Castle (1810, von John Nash; Privatbesitz). Zugänglich ist das bewaldete Ostufer, wo am Kalksteinkrater The Punchbowl ein beliebter Picknickplatz besteht. Der Krater bildet eine von mehreren Öffnungen, durch die man den Beagh River erblickt, den unterirdischen Abfluß des Sees. Südwestlich des hübschen Marktfleckens Gort (ir. Gort Inse Guaire, Guaires Inselfeld; 1 100 Einw.) erreicht man auf der R460 **Kilmacduagh**, mit 5 Kirchenruinen unterschiedlicher Jahrhunderte und einem Rundturm einst eine bedeutende, fast Glendalough und Clonmacnoise gleichrangige Klostersiedlung. Sie liegt inmitten grünen Weidelands am Ostrand des Burren, in den sich der Gründungslegende nach der hl. Colmán mac Duach (gest. um 632) als Einsiedler zurückgezogen hatte. Eines Ostersonntags war Colmán, ohne Vorräte und nach dem Großen Fasten sehr

Folgende Doppelseite: Eine einzigartige Landschaft: Die Karstterrassen des Burren.

■ Der Burren – blühendes Wunder im Karst

Boirinn (Steingebiet) nennt man im Irischen jene bizarre Karstlandschaft, die sich über etwa 160 Quadratkilometer in Nordwest-Clare erstreckt. Ihre genaue Definition ist wegen der Übergänge des »nackten« in den »grünen« oder »bedeckten Karst« schwierig. In den *lowlands* bei Gort im Osten und der Clare Shale im Süden, einer Region mit auf Kalkstein aufgelagertem Schiefer, setzt sich der Burren in weniger markanter Gestalt fort. Im Zentral-Burren treten jedoch die grauen Karbonkalkplatten direkt an die Oberfläche. Die durch Korrosion, eiszeitliche Schmelzwasser und Regen erzeugten Spalten und Risse (Karren) wirken, als sei das Tafelland mit einem riesigen Portionsmesser in unregelmäßige Rechtecke zerlegt worden. Nach Norden und Westen türmen sich die teils moorbedeckten Kalksteinterrassen über 300 Meter hoch. Vor allem im Süden finden sich zum Teil unterirdisch verbundene Seen. Eine Besonderheit bilden Trockenseen (*turloughs*), die sich im Winter oder nach starkem Regen auffüllen, im Sommer jedoch versickern. Mit Ausnahme des bei Fanore mündenden Caher verschwinden auch sämtliche Bäche und Flüsse in Strudellöchern oder Höhlen. In Küstennähe erstrecken sich unter dem Hoch-Burren über 40 Kilometer netzartig verzweigte, bis zu zwei Millionen Jahre alte Kammern und Höhlen. Durch Erdabsenkungen über dem unterhöhlten Karstgestein hervorgerufene feuchtgrüne Dolinen bilden ein weiteres Merkmal.

Cromwells General Ludlow, der 1651 die Parlamentstruppen nach Clare führte, bemängelte, daß es im Burren »nicht genug Wasser gibt, um jemanden zu ersäufen, nicht genug Bäume, jemanden aufzuknüpfen, und zu wenig Erde, um ihn zu verscharren.« Doch wo sich auf dem Moränenschutt eine Humusschicht bilden und halten konnte, entstand recht fruchtbares Ackerland. Daß der Burren nicht immer eine unwirtliche Steinwüste war, beweist seine durchgehende und einst dichte Besiedlung. Aus dem Neolithikum und der Bronzezeit sind 70 Gräber erhalten, die eisenzeitlichen Kelten hinterließen sogar über 500 Erdwerke und Steinwallburgen. Erst eine intensive, vorgeschichtliche Rodung sowie spätere Überweidung verliehen dem Burren sein jetziges Gepräge. Doch das Land wandelt sich, unter menschlichem Einfluß, stetig weiter. Gegenwärtig versucht man, die »Räumung« der Karstterrassen von Findlingen sowie ihre Umwandlung in Acker- oder Weideland zu unterbinden.

Das graue Tafelland besitzt eine erstaunlich vielfältige niedrigwüchsige Pflanzenwelt, denn zahlreiche Farne und sogar etliche Orchideenarten gedeihen gut in den windgeschützten Karren. Zu den typischen Burren-Blumen zählen der rote Kleine Sommerwurz (*Orobanche minor*), die weißblühende arktisch-alpine Silberwurz (*Dryas octopetala*), der Frühlingsenzian (*Gentiana verna*), der mediterrane Blutrote Storchenschnabel (*Geranium sanguineum*), der Irische Steinbrech (*Saxifraga hibernica*) mit weißen Blüten auf roten Blättern sowie das Kuckucksknabenkraut (*Orchis mascula*). Mit 1 100 Pflanzenarten zählt der Burren zu den artenreichsten Gebieten Europas. Der riesige Natursteingarten ist am eindrucksvollsten zur Blütezeit (Mitte Mai bis Ende Juni).

entkräftet, fast am Verhungern, während sein Stammesgenosse, der Connachter König Guaire Adhneach, unweit in seiner Residenz zu Kinvara schmauste. Engel trugen ihm das Mahl unter den Augen hinweg, und als der König die Verfolgung aufnahm, fand er Colmán, dem er reuig Land für ein ordentliches Kloster versprach. Die innige Naturverbundenheit keltischer Heiliger zeigt sich bei Colmán im Dienst, den ihm Tiere erwiesen: Ein Hahn mahnte ihn krähend zum Stundengebet, eine Maus beknabberte des Heiligen Ohr, wenn er genug geschlummert hatte, und eine Fliege setzte sich gar als lebendiges Lesezeichen auf sein Gebetsbuch. Colmáns Krummstab (National Museum Dublin) wurde von den Sippen der O'Heynes und O'Shaughnessy gehütet, und ein O'Heyne stiftete auch das Augustinerkloster St Mary de Petra, nachdem der Normanne William FitzAdelm de Burgo Anfang des 13. Jahrhunderts Colmáns altes Kloster zerstört hatte.

Eine weithin sichtbare Landmarke Kilmacduaghs bildet der siebenstöckige Rundturm, mit 34 Metern Irlands höchster, der wegen seiner Abweichung von über 60 Zentimetern aus dem Lot gern mit dem Turm von Pisa verglichen wird. Der kleine Eingang liegt unbequeme sieben Meter hoch. Dem kurzen Langhaus der Kathedrale Teampull Mór mac Duach (11. Jh.) wurden im 14. und 15. Jahrhundert Querhäuser, ein neuer Chor, eine Sakristei sowie die schöne Südpforte mit einem Bischofskopf angebaut. Im Nordtransept finden sich eine Kreuzigung sowie der hl. Colmán in volkstümlicher Darstellung. Die malerisch an einem kleinen See gelegene augustinische Abteikirche (O'Heyne's Church; 13. Jh.) im Übergangsstil erscheint mit einem schönen Chorbogen, zwei hervorragend geschnittenen Ostfenstern sowie Pflanzen- und Tierornamenten an den Pfeilern als architektonisch bemerkenswertester Bau dieses wenig besuchten Ensembles. Im restaurierten Abbot's House (14./15. Jh.) residierte der Abt des Augustinerklosters.

Die Gutshäuser der Gegend zwischen Gort und Loughrea brachten Herrenreiter und jagdbesessene Junker ebenso hervor wie führende Vertreter der anglo-irischen Literatur. Zwei Kilometer nordwestlich Gorts (N18) bildet das ehemalige Gutsgelände von **Coole** (jetzt ein National Forest and Wildlife Park) ein Muß für Literaturfreunde, denn im 1941 abgerissenen Coole House wohnte seit 1880 Lady Isabella Augusta Gregory (1859–1923), die große Dame des *Celtic Revival* der Jahrhundertwende. 1892 verwitwet, nahm sie ein literarisch aktives Leben auf: Sie lernte bei ihren Pächtern Irisch, sammelte und edierte Volksüberlieferungen, unterhielt in Coole House einen bedeutenden literarischen Zirkel und begründete gemeinsam mit Edward Martyn und William Butler Yeats das Abbey Theatre (Dublin), für das sie eigene Stükke lieferte. Geblieben sind eine Eibenallee, die »Sieben Wälder« des Gutsparks und der romantische Coole Lough, ein Trockensee etwa 1,6 Kilometer südwestlich des einstigen Herrensitzes. Seine Schwäne inspirierten Yeats zu dem Gedicht »The Wild Swans of Coole«. Am Autogramm-Baum (»Autograph Tree«), einer Blutbuche, haben Lady Gregorys berühmte literarische Freunde und Gäste ihre Initialen verewigt, darunter Yeats, George Bernard Shaw, Seán O'Casey und Douglas Hyde. In den einstigen Stallungen informiert das Coole Park Interpretative Centre über die Flora und Fauna des Parks sowie die Bedeutung von Coole House für die irische Literaturbewegung.

Thoor Ballylee (16. Jh.), ein 2,5 Kilometer nordöstlich in friedvoller Umgebung am Cloon-Fluß stehendes Turmhaus, erwarb William Butler Yeats 1917 für die damals hohe Summe von 35 Pfund und restaurierte es als Wohnsitz für sich, seine Frau und seine beiden Kinder. 1921 zog er sich hierhin vor den Bürgerkriegswirren zurück und verbrachte bis 1929 eine fruchtbare Schaffensperiode in der Nähe der Landsitze seiner Freunde Martyn und Lady Gregory. Yeats' Gedichtzyklen *The Tower* (1928) und *The Winding Stair* (1933) entstanden unter dem Eindruck des Lebens in dem spätmittelalterlichen Gemäuer. 1965 wurde das nach Yeats' Auszug verfallene Turmhaus restauriert und zum Gedenkmuseum hergerichtet. Es bietet eine Sammlung von Erstausgaben seiner Werke, einen auf anglo-irische Literatur spezialisierten Buchladen, eine gemütliche Teestube sowie eine Videovorführung über Yeats und die Geschichte Thoor Ballylees. Die spartanische Innenausstattung spiegelt den von Irlands größtem Dichter des 20. Jahrhunderts bevorzugten Wohnstil wieder.

Gleich hinter Coole Park folgt links der N18 **Kiltartan** mit einer De Burgo-Burg (13. Jh.) und der Burgkirche Kiltartan Church mit einem reich ornamentierten Grab (15. Jh.). Die nördlich gelegene Laban(e) Church bietet frühe und beachtliche Beispiele der Dubliner Glasmalerei-Schule, deren Initiator und Förderer der unweit in Tul(l)ira Castle (Privatbesitz) lebende Edward Martyn (1859–1932) war, eine der Schlüsselfiguren des *Celtic Revival*.

Von Ardrahan führt westlich die R347 zum Fischerdorf **Kinvara** (ir. Cinn Mhara, Kopf des Meeres) an der Südspitze der gleichnamigen Bucht. An der hier Anfang August stattfindenden Regatta *Cruimniú na mBád* nehmen Galway Hooker teil, traditionelle, plumpe Segelkähne zum Transport von Tieren, Torf und Bauholz in der flachen Galway-Bucht. Am Ortsrand ragt der massige dreistöckige Donjon des restaurierten **Dún Guaire Castle** (Ende 16. Jahrhundert; anglisiert Dungory) auf, einer Küstenfestung der O'Heyne auf der überlieferten Stätte der Residenz

ihres Vorfahren Guaire Aidh-
neach. Der für seine Gast-
feundschaft berühmte Con-
nacht-Herrscher soll darin 17
Monate lang 150 Dichter und
ebensoviele Dichter-Studenten
samt je einem Diener und
Hund beherbergt und bekö-
stigt haben. Im 17. Jahrhundert wechselte die Burg in den
Besitz der Martyns, einer der
führenden Familien Galways.
Edward Martyn (1859-1924)
vermachte Dún Guaire Castle
dem Arzt und Schriftsteller Oliver St John Gogarty (1878–
1957), der zum Zirkel um Lady
Gregory gehörte. Bei den in

der Burg veranstalteten »mittelalterlichen Banketten« unterhält
man die Gäste mit Lesungen aus Werken der »Kiltartan-Litera-
ten« Yeats, Gregory, Martyn sowie des legendären irischsprachigen
Barden und Geigers Antoine Ó Reachtabhra (neuir. Raifteirí;
anglisiert Anthony Raftery; 1784-1834). Der aus Mayo stammende blinde Balladensänger ist der – ebenfalls blinde – Dichter
aus Yeats' Poem *The Tower*.

Die N67 und N18 führen durch das *oyster country*, wie sich das
Küstenland zwischen Kinvara und Oranmore gern nennt. Insbesondere die im Brackwasser der Dunbulcaun Bay gut gedeihen-
den Austern werden wegen ihres Geschmacks und festen Flei-
sches sehr geschätzt, die denen der französischen *belons*-Austern
nicht nachstehen. Zum Mekka der Austern-Schlürfer wurde das
hübsche Dörfchen **Clarinbridge**, wo 1954 Paddy Burke, Besitzer eines historischen Gasthofes aus dem 17. Jahrhundert, das
International Oyster Festival kreierte. Es findet im September
mit Musik, Tanz und dem Konsum großer Guinness-Mengen
statt, denn diese Brauerei sponsort das Spektakel. **Kilcolgan**, an
der Mündung der N67 in die N18, steht mit dem Moran's Oyster
Cottage und der Galway Oyster Pearl of the Year in gewisser
Konkurrenz dazu. Die jährlich gewählte Schöne (»Austernperle«)
überreicht dem Bürgermeister Galways, ebenfalls im September,
die erste Auster der Saison.

Am Dunkellin-Fluß, zwischen Clarinbridge und Craughwell, liegt
Rahasane Turlough, Irlands größter Trockensee mit einem Vogelschutzgebiet. Die N6 führt weiter über Oranmore nach Galway.

Esel sind auf dem
Lande allgegenwär-
tig – leider finden
sich auch immer
wieder verwahrloste
Tiere, mit unbe-
schnittenen,
sichelförmigen
Hufen

Connacht

»Zur Hölle oder nach Connacht!« lautete die Scheinalternative, die England den enteigneten katholischen Adelsfamilien im 17. Jahrhundert anbot. Doch ganz so abschreckend, wie dieser Ausruf vermuten läßt, ist die Provinz im Westen Irlands nicht. Zwar bedeutet das Leben in dieser kargen Landschaft und die Bearbeitung der felsigen Böden für den Großteil der Bevölkerung bis heute Mühe und Entbehrung, aber auch Connacht unterteilt sich wiederum in einen ärmeren Westen und einen wohlhabenderen Osten. Ost-Connacht hat auch Anteil an der fruchtbaren Karbonkalkebene des Shannon-Beckens, aus dessen seenreicher Niederung es zu einem bis zu 180 Meter hohen Landrücken ansteigt. Westlich davon folgt eine zweite Niederung, durch die sich die Kette der größten Seen der Republik Irland zieht: Lough Corrib, Lough Mask, Carra, Cullin und Conn. An ihren Westufern ragen Hügel oder veritable Bergketten auf, die sich teilweise bis zu Connachts buchten- und inselreicher Küste und weiter bis zur Achill und Clare Island fortsetzen. Nordwest-Connacht nimmt mit den Grafschaften Sligo und Leitrim geographisch wie historisch eine Brückenstellung zwischen dem Westen und Norden, den Provinzen Connacht und Ulster ein.

Landschaftlich wie kulturgeschichtlich sind Connachts Inseln von besonderem Reiz: Von der Aran-Insel Inis Oírr bis Inisglora zieht sich eine Kette keltischer Inselheiligtümer, die von christlichen Einsiedlern und Mönchen übernommen wurden.

Swingendes Zentrum des Mittelwestens – Galway

Galway (ir. Gaillimh, Gailleamhs Ort; 47 000 Einw.) liegt an der Mündung des Corrib, des breiten, aber nur 6 Kilometer kurzen Abflusses des Lough Corrib. Der Ort ging aus einer Burg hervor, die der Normanne Richard de Burgo Anfang des 13. Jahrhunderts auf das Land der O'Flaherty setzte. Sie fanden sich niemals mit dem Verlust ab, sondern berannten Jahrhunderte lang die kleine, im Schutz der Burg aufblühende Handelshafenstadt. Noch 1549 stand auf dem westlichen Stadttor der Stoßseufzer: »Lieber Gott, behüte uns vor der Wut der O'Flaherty!« 1396 erlangte Galway den Rang einer direkt der englischen Krone unterstellten Kolonie und löste sich gänzlich von den De Burgo; diese wüteten

Body-Painting auf dem Eyre Square, Galway Town

nun, ähnlich wie die O'Flaherty, gegen die »vierzehn Stämme«, wie Oliver Cromwell später die seit 1485 in Galway tonangebenden anglonormannischen Patrizierfamilien nannte. 1642 stand Galway auf der Seite der katholischen Konföderation, weswegen es Sir Charles Coote neun Monate belagern und dann verwüsten ließ. Was danach noch übrig war, zerstörten 1691 die siegreichen Wilhelmiten. Das Versanden der Galway Bay im 19. Jahrhundert machte es als Überseehafen ungeeignet. Die stolze Handels- und Hafenstadt zerfiel, bis sie der Tatendrang ihrer Bürger aus dem Niedergang riß. Galways jüngste Geschichte gleicht einem Phönix-Märchen: Sanierungsprogramme, ein aufblühendes Kulturleben sowie 10 000 Studenten ließen es zur swingenden Hauptstadt Connachts werden. Musikanten und Kleinkünstler verleihen in den Sommermonaten Galways Straßenleben den Charakter eines permanenten Festes. Das 1975 gegründete, auf anglo-irische Stücke spezialisierte **Druid Theatre** gilt auch international als eine der interessantesten Bühnen Irlands, während das 1928 gegründete **An Taibhdhearc na Gaillimhe** das irischsprachige Nationaltheater darstellt. Mit Rücksicht auf Touristen beschränkt es sich im Sommer auf Volksmusik und zweisprachige folkloristische Darbietungen.

In unmittelbarer Bahnhofsnähe bildet der Eyre Square Galways quirliges Zentrum. An seiner Nordwestecke steht der **Browne**

Doorway, ein 1905 hierher versetzter, eleganter Eingang eines Patrizierhauses. Ein weiterer Blickfang ist das Denkmal des bei Galway geborenen Pádraig Ó Conaire (1882–1928), der mit seinen Kurzgeschichten um die Jahrhundertwende wesentlich zur Irischen Wiedergeburt beitrug. Westlich bezieht das moderne Eyre Square Shopping Centre ein restauriertes Stück alter Stadtmauer ein. Südwestlich findet man an der Ecke Shop und Upper Abbeygate Street **Lynch's Castle** (16. Jh.), eines der wenigen erhaltenen Turmhäuser Galways. Im 19. Jahrhundert restauriert und 1966 beim Umbau zu einem Bankgebäude unsensibel modernisiert, vermittelt es freilich nur eine ungefähre Vorstellung von den befestigten Patriziersitzen des 16. und 17. Jahrhunderts. Besonders beachtenswert sind hier wie bei der nahegelegenen Collegiate Church of **St Nicholas** die in Irland sonst sehr seltenen Wasserspeier. Das dem Seefahrerpatron Nikolaus geweihte

Die Treue von Galway

1493 soll Bürgermeister James FitzStephen Lynch, Abkömmling einer der einflußreichsten Patrizierfamilien Galways, eigenhändig ein von ihm gefälltes Todesurteil vollstreckt haben, da sich sonst niemand bereitfand, den jungen Täter zu erhängen. Im Sinne von Willkür geht freilich der Begriff »Lynchjustiz« auf den irischstämmigen Captain William Lynch aus Pittsylvania (Virginia/USA) zurück. James Lynch aus Galway dagegen verkörpert Gesetzestreue in ihrer unerbittlichsten Form: Ein Mord aus Eifersucht, begangen an dem ihm anvertrauten Sohn eines spanischen Handelspartners, erschien ihm nur durch den Tod des Schuldigen sühnbar, selbst wenn dieser sein eigener Sohn war. Obwohl der Wahrheitsgehalt der haarsträubenden Geschichte immer wieder angezweifelt wird, ist der ihr zugrundeliegende Konflikt zwischen Vaterliebe und Gesetzestreue zu dramatisch, um nicht immer wieder neu erzählt zu werden. Am besten hat es bisher Jürgen Lodemann in seinem Roman *Lynch und das Glück im Mittelalter* (1976) getan, der ein pralles Sittenbild der Galwayer Patrizier-Republik Ende des 15. Jahrhunderts zeichnet.

Treue symbolisiert auch der heute in ganz Irland als Freundschaftsring verkaufte Claddagh-Ring. Früher wurde er in den Fischerfamilien Claddaghs von der Mutter auf die älteste Tochter vererbt. Er besteht aus zwei Händen, die ein gekröntes Herz umschließen, Sinnbilder der Freundschaft, Liebe und Treue. Die Geschichte dieses Motivs geht auf den Galwayer Richard Joyce zurück, der im 16. Jahrhundert von Piraten entführt und einem türkischen Goldschmied verkauft wurde, der ihn sein Handwerk lehrte. Nach Galway zurückgekehrt, kreierte Joyce den Claddagh-Ring, mit dem sich vier Grade der Bindung signalisieren lassen: An der rechten Hand mit der Herzspitze zum Fingernagel getragen bedeutet, daß ein Mädchen auf Eheangebote hofft. Zeigt die Spitze aber nach innen, ist die Trägerin fest befreundet. An der linken Hand getragen, bedeutet eine nach außen weisende Spitze ein Verlöbnis, nach innen gerichtete die Ehe.

Gotteshaus wurde 1320 von der Lynch-Fa-
milie an der Stätte einer älteren Kirche gestiftet, deren Reste man an der Chorsüd-
wand erkennt. Nach ihrer Erhebung zur
Kollegiatskirche wurde St Nicholas bis ins
16. Jahrhundert verändert und erweitert.
Das seit 1568 anglikanische Gotteshaus birgt
im Südtransept ein schönes Wandgrab der
Joyce-Familie (16. Jh.) sowie das schlichte
Grab des berühmt-berüchtigten Bürgermeisters James Lynch. Bevor er sich auf seine
Fahrt zum vermeintlichen Indien machte,
soll Christopher Columbus 1492 in West-
irland Erkundigungen über die Seefahrt des hl. Brendan einge-
holt und in St Nicholas gebetet haben. Parallel zur Shop Street

Vorbereitungen für
eine lange Nacht im
Pub

verläuft südwestlich die Merchants Road, eine der drei Hauptstraßen Alt-Galways. Kurz vor ihrem Ende steht, mit einem Rest
der alten Wehrmauer, der doppelbögige **Spanish Arch** (1594),
das einzige erhaltene der vier Stadttore. Das Torhaus beherbergt
das stadthistorische Galway City Museum, dessen Dachterrasse
einen schönen Blick auf den Hafen bietet. Dahinter schließt die
Spanish Parade an, auf der sich einst die Handelsherren Spaniens
ergingen, während ihre Ladungen, meist Wein und Sherry, ge-
löscht wurden. Seine Treue zur Krone hat Galway nie gehindert,
schwunghaften Handel mit dessen Erzfeind Spanien zu treiben.
Die Schwingbrücke Claddagh Bridge führt unweit auf das Westufer des Corrib, wo bis Anfang des 20. Jahrhunderts eine große
irischsprachige Fischergemeinschaft von 3000 Einwohnern außerhalb der einstigen Stadtmauern lebte, nach alten, tradierten
Zunft- und Gemeinschaftsregeln. 1934 wurden die Katen
Claddaghs durch eine einförmige Vorortsiedlung ersetzt.
Dort, wo das Stadtgefängnis auf einer Corrib-Insel stand, bildet
nun die katholische, im Stil der Neorenaissance gestaltete
Cathedral of Our Lady Assumed into Heaven and **St
Nicholas** (Kathedrale Mariä Himmelfahrt und hl. Nikolaus; 1965)
mit ihrer mächtigen Grünspannkuppel Galways markantesten Bau.
Die University Road führt von hier nordwestlich zu den im Stil
der Tudor-Gotik errichteten Bauten des University College (1845–
49, von Joseph B. Keane), einst eines der drei »gottlosen«, allen
Konfessionen offenstehenden Kollegien Irlands, seit 1908 eine
Abteilung der Irish National University. Am Rande der größten
gaeltacht gelegen, erhielt die Galwayer Universität 1929 im Zuge
der Re-Gälisierungspolitik die Aufgabe, irischsprachige Hochschul-
bildung zu gewährleisten. Seit den 1980er Jahren archiviert sie im

Auftrag der UNESCO Tonaufzeichnungen sämtlicher noch ge-
sprochener keltischer Sprachen.

Von der **Salmon Weir Bridge** (1818) nahe der Kathedrale lassen
sich Mitte Mai riesige Lachsschwärme beobachten, die hier ein
Wehr überwinden müssen, um zu ihren Laichgründen im Lough
Corrib zu gelangen.

Archipel der Steine und Heiligen – die Aran-Inseln

Kein anderes irisches Sprachgebiet besitzt einen so starken Nimbus wie die 18 Kilometer westlich Galways gelegenen Oileáin
Árann (Aran Islands), zu denen man von An Spidéal oder von
Rós an Mhíl übersetzt. Der Archipel besteht aus den drei fast
baumlosen Inseln Árainn oder Inis Mór (Inishmore, Große Insel), Inis Meáin (Inishmaan, Mittlere Insel) und Inis Oírr (Inisheer,
Ostinsel) sowie vier unbewohnten Eilanden bei Inis Mór. Geologisch bilden sie eine Fortsetzung des Burren und bieten mit
437 Arten von Wildblumen ähnlich wie dieser eine erstaunlich
reiche Flora. Da die devonischen Karbonkalkformationen der
Inseln auf einem wasserundurchlässigen Schieferbett sitzen, tritt
das Regenwasser in zahlreichen Quellen zutage. Dies sowie die
Tatsache, daß sich besonders auf den höher gelegenen Karstterrassen etwas Mutterboden ansammeln konnte, erklärt die frühe Besiedlung der Inseln seit der Wende vom Neolithikum zur
Bronzezeit. Ein dichtes Gitterwerk hoher Lesesteinmauern um
oft winzige »Felder« gehört ebenso zur typischen Aran-Land-
schaft wie der Gegensatz dieser grauen Steinödnis zum bald
kobaldblau, stahlgrau oder stellenweise indigogrün aufleuchten-
den Ozean, der Maler wie Seán Keating, John Butler Yeats und
Harry Clarke inspirierte.

Im Grenzland gelegen, waren die Inseln lange zwischen den Uí
Briúin von Thomond sowie den Uí Flaitheartaigh (O'Flaherty)
West-Connachts umkämpft. Daß letztere nach einem Masssaker
an den Uí Briúin 1565 die Aran Islands an sich rissen, beunru-
higte die Patrizier Galways so stark, daß sie den Fall Elisabeth I.
vorlegten. Eine von ihr eingesetzte Kommission kam zu dem für
England günstigen Ergebnis, daß nur die Krone Anspruch auf
die Aran-Inseln habe. Für die nächsten dreieinhalb Jahrhunderte
etablierte sie eine Garnison auf Inis Mór.

Als Bastionen irischer Sprache und Brauchtums wurden die Oileáin
Árann im frühen 19. Jahrhundert von Keltisten und Altertumsfor-

schern »entdeckt.« Im August 1857 organisierte der Leiter der Royal Irish Academy einen Ausflug von 70 Wissenschaftlern, dessen Höhepunkt in einem Bankett in der Wallburg von Dún Aonghasa auf Inis Mór bestand. Während die Gelehrten Tischreden hielten, schaute ihnen die Inselbevölkerung von den bröckeligen Wällen aus zu und wurde ermahnt, diese künftig nicht weiter abzutragen, um Kaninchen zu fangen. Die auch heute nach zahlreich auf der Insel vorhandenen Nager bildeten während der Großen Hungersnot eine wichtige Nahrungsquelle.

Den Philologen und Archäologen folgten Ende des 19. Jahrhunderts die anglo-irischen Begründer der kulturellen Erweckungsbewegung: Edward Martyn, George Moore und William Butler Yeats machten im August 1896 ihre erste Pilgerfahrt nach Inis Mór. John Millington Synge, der die Aran-Inseln zwischen 1898 bis 1903 fünf Mal besuchte und dort Irisch lernte, hat ihnen mit seinem Reisebericht *The Aran Islands* (1907) das erste literarische Denkmal gesetzt. Ihn und viele spätere Besucher faszinierten die Unverfälschtheit und Ursprünglichkeit des Insellebens, die lebendige Erzähltraditionen sowie Volksweisheit ihrer Bewohner. Doch die Inseln brachten auch eigene Literaten hervor: Den Dichter Máirtín Ó Direáin (1910–1988), den Prosaschriftsteller Liam O'Flaherty (1896–1984), den Schriftsteller Breandán Ó hEithir (geb. 1930) sowie Pat Mullen, Helfer des amerikanischen Filmpioniers Robert Flaherty. Flaherty verbrachte zwei Jahre auf Inis Mór, um mit Laiendarstellern seinen Dokumentarfilm *Men of Aran* (1934) zu drehen, der die Inseln vollends zur Legende machte, verklärte er doch den quasi zeitlosen Kampf ihrer Fischer mit der See. Für fünf Pfund und ein Faß Bier brachte Flaherty seine Laien-Darsteller dazu, um des dramatischen Effekts willen unter Lebensgefahr eine Currach-Jagd auf einen Hai zu veranstalten, wie sie schon damals seit 50 Jahren nicht mehr praktiziert wurde. Das filmische Fischer-Epos wird auf Inis Mór häufig vorgeführt.

Unter dem Ansturm des Massentourismus haben die Inseln viel von ihrem ursprünglichen Zauber eingebüßt. Dafür besitzen sie Fluganschluß nach Galway, einen Golfplatz und verzeichnen den ersten Verkehrstoten im wachsenden Inselverkehr. Andererseits hat der Tourismus einige Traditionen neubelebt: Handgestrickte Pullover aus nicht entölter Wolle und mit den klassischen Aran-Zopfmustern kann man seit langem in ganz Irland kaufen. Sie heißen *báinín* (sprich »bahnin«) oder *Áran geansaí*, denn ihre Vorbilder sollen von der Kanalinsel Guernsey stammen, zu der früher ein jeder Aran-Jungmann als Mannbarkeitsprobe fahren mußte. Jede Familien besaß ihre unverwechselbaren Strickmuster, oft das einzige Erkennungszeichen, wenn die See ertrunkene Fischer freigibt. Auch der *crios*, ein aus bunten Wollfäden gewebter Gürtel, wird wieder hergestellt, für Touristen. Das Geschichtenerzählen ist zwar der Konkurrenz des »telly« hoffnungslos unterlegen, doch die *céilithe*, die traditionellen Tanzabende, sind bei Touristen so gefragt, daß sie nicht nur in den Gemeindehallen, sondern auch in Pubs weiterleben, wo manchmal noch die rezitative Sean nós-Singweise zu Gehör gebracht wird.

Mit 3 902 Hektar Fläche, fast 13 Kilometern Länge und vier Kilometern maximaler Breite ist **Inis Mór** (etwa 800 Einw.) die größte aller bewohnten Inseln Irlands und dank ihrer bis zu 123 Metern aufsteigenden Steilklippen landschaftlich die eindrucksvollste Aran-Insel. Sie bildet zugleich die heiligste Insel des Archipels, da hier um 484 der hl. Enda (ir. Éanna, Éany; gest. um 535), einst Schwager des Hochkönigs von Cashel und selbst ein Territorialherrscher, seine Einsiedelei errichtete. Die kleine Kirchenruine Teallach Éinne (»Endas Haushalt«) auf dem Friedhof des alten Fischerdorfs Cill Éinde (Killeany, Endas Klause) gilt als seine Grabstätte. An die 127 Heilige, die Enda bald nachfolgten, machten Inis Mór zum »Aran der Heiligen.« Davon zeugen die Reste von Klausen, Kapellen und Kirchlein unterschiedlichster Jahrhunderte, Kreuzstelen und -steine, Heilige Quellen und wundertätige *leabaí* (»Lager« oder »Betten«), ursprünglich Freialtäre über den Gräbern von Heiligen, die später als Bußstationen in Wallfahrten einbezogen wurden. Archäologisch am bedeutendsten sind jedoch die großen eisenzeitlichen Wallburgen, die typologisch denen des Burren-Gebiets ähneln. Ihre Entstehung wird vage in den großen Zeitraum vom 1. vorchristlichen bis 7. nachchristlichen Jahrhundert datiert. Der Wanderweg Aran Islands Ways (50 km auf Inis Mór, 8 auf Inis Meáin, 10,5 auf Inis Oírr) bezieht die meisten dieser Sehenswürdigkeiten ein (ausgeschildert).

Im Hauptort und Fährhafen **Kilrónan** (ir. Cill Rónain, Klause des hl. Rónan) kann man ein Fahrrad mieten, einen Kleinbus besteigen oder sich einer Droschke (*jaunting cars*) anvertrauen. Die Kutschfahrten führen über den windigen »Highway« zur eisenzeitlichen Klippenwallburg **Dún Aonghasa** (anglisiert Dun Aengus; 1881 restauriert), dem 82 Meter über dem Atlantik auf einer Steilklippe thronenden berühmtesten Baudenkmal der Insel. Die mächtige, ursprünglich wohl D-förmige Anlage besteht aus drei konzentrischen Trockensteinmauern sowie den Fragmenten eines Außenwalls, der Durchmesser der inneren Zitadelle mißt 45 Meter. Die Vorzeit»burg« mag als Prestigebau eines Stammesherrschers oder für rituelle Zwecke gedient haben, was auch die altarähnliche, rechteckige Felsformation suggeriert, die in ihrem

Zentrum, direkt an der Abbruchkante zutagetritt. Es wurde vermutet, daß hier Rituale zu *samhain* abgehalten wurden, das als
Hallowe'en im Inselbrauchtum noch immer eine Rolle spielt und
mit Mummenschanz begangen wird, bei dem sich Männer als
Frauen verkleiden.

Ähnlich dramatisch, doch weit weniger besucht, erhebt sich die
Landzungenfestung **Dún Dúchathair** (»Schwarze Festung«; Black
Fort) auf den Steilklippen südwestlich Kilrónans. Sie bildete vielleicht einst die größte Wallburg der Insel, doch sind Anfang des
19. Jahrhunderts Teile der 5,5 Meter dicken Mauer mit der brök-
kelnden, vom Atlantik berannten Klippe ins Meer gestürzt. Auf
der Landseite erkennt man einen Gürtel ›Spanischer Reiter‹, hier
weniger gut erhalten als bei Dún Aonghasa sowie einigen ver-
wandten Bauten im Burren. Der muldenartige Innenbezirk bietet die Grundmauern mehrerer *clocháin* und einen unerwartet
lauschigen Ort zum Träumen.

Auf dem »Highway« erreicht man auch die beiden Inland-Wall-
burgen: Das gut erhaltene, mächtige Dún Eochla, beim gleichnamigen Weiler Eochaill (engl. Oghill; sprich »Ochill«) auf einem
Landrücken gelegen, besteht aus zwei konzentrischen, hohen Steinwällen mit Treppen und den Grundmauern zweier *clocháin*. Dún
Eóchanachta (»Festung der Eóchanachta«; auch Dun Onaght)
oberhalb des Weilers Sruthán besteht aus einem fast runden Stein-

wall mit den Resten mehrerer *clocháin*. Sehenswert ist auch der besonders große und gut erhaltene ovale Bienenkorbbau Clochán na Carraige nordwestlich des Dorfes Cill Mhuirbhie (engl. Kilmurvey) und unterhalb der Hauptstraße.

Erzeugnisse aus der kleinen Strickwarenfabrik **Inis Meáin**, die 15 Menschen Arbeit gibt, findet man in den Metropolen und besten Geschäften der Welt. Die gleichnamige Insel (290 Einw.) war jedoch bis zum Bau eines guten Landestegs 1997 nicht mit größeren Schiffen erreichbar, darum am wenigsten vom Tourismus berührt und dank ihrer Abgeschiedenheit am traditionsbewußtesten, wofür es der Schriftsteller John Millington Synge (1871–1909) besonders schätzte. Sein Andenken lebt im Cathaoir Synge fort, seinem bevorzugten Ausguck auf der höchsten Steilklippe, unweit der Reste der alten Wallburg An Dún Beag (»Die kleine Wallburg«). Teach Synge (»Synge's Cottage«; 19. Jh.), eine vom Autor während seiner Sommeraufenthalte 1898 bis 1903 regelmäßig bewohnte Kate, heißt auch »Universität des Irischen«, weil sie nach Synge von Literaten und Führern der Kultur-Renaissance bewohnt wurde.

Die 900 Hektar große, etwa 5 Kilometer lange und 3,2 Kilometer breite Insel ist nur im Süden hügelig. Nahe der höchsten Erhebung (92 m) ragt auf einer Felszunge im Inselzentrum die imposante, doch stark restaurierte Wallburg **Dún Chonchuir** (Dun Conor; »Conors Wallburg«) auf. Im Inneren besitzt sie zwei Terrassen sowie Reste zweier *clocháin*, östlich schließt eine rechteckige Wallanlage an. Mit 75 Metern Länge und ursprünglich drei konzentrischen Mauern muß sie die größte eisenzeitliche Festung der Aran-Inseln gewesen sein. Ihr Erbauer Conchúir (Conor) gilt als Bruder von König Aengus, dem Herrscher der mythischen Fir Bolg.

Die fast runde **Inis Oírr** (etwa 275 Einw.) mit einer Größe von 3,2 Kilometern im Durchmesser ist die kleinste, flachste und idyllischste Aran-Insel, wo zudem die historisch-politische Bindung an Thomond besonders augenfällig wird: Die Uí Briúin bauten im 15. Jahrhundert ein dreistöckiges Turmhaus, **Caisleán Uí Bhriain** (O'Brien's Castle) in die ältere Wallburg Dún Formna. Die meisten Besucher setzen vom nur knapp acht Kilometer entfernten Fischerdorf Doolin (Co. Clare) über. Dank seines geschützten Badestrandes im Norden ist Inis Oírr ein beliebter Ferienort. Es besitzt in Caomhán, dem obskuren Bruder des Kevin von Glendalough, seinen Schutzheiligen. Dessen Patronatsfest am 14. Juni wird mit einer Messe im **Teampall Chaomháin** (»Caomháns Kirche«; 10. und 14. Jh.) gefeiert, deren Ruine dafür jedes Mal aus den Wanderdünen ausgegraben werden muß.

Seenrundfahrt –
Ausflug in Galways Umgebung

Von Galway bis Oughterard verläuft die N59 auf der geologischen Bruchlinie zwischen den älteren Granitformationen Süd-
Connemaras und dem zentralen Karbonkalkbecken Ost-Galways,
auf dem auch der unregelmäßig geformte, liebliche Lough Corrib
liegt, mit 45 Kilometern Länge der größte See der Republik Irland. Durch Abwassereinleitungen gehört er inzwischen zu den
bedrohten Seen Irlands. Seine zahlreichen Inseln bestehen im
Oberteil aus bewaldeten Drumlins, deren größere als Schafwei-
den genutzt werden. Die spärlichere Vegetation auf den Kalkstein-
inseln des Mittel- und Unterteils erinnert an den Burren, doch
tritt hier neben Orchideenarten und Frühlingsenzian auch das
für Moorlandschaften typische karnivore Fettkraut auf. Zahlreiche Wasservögel leben zeitweilig (Herbst und Winter) oder dauerhaft am Corrib, darunter 20 000 Tafelenten (Aythya ferina),
1 100 Bleßrallen (Fulica actra) sowie Möwen. Nach 17 Kilometern lohnt ein Abstecher zur restaurierten Ruine des imposanten
O'Flaherty-Burg **Aughnanure Castle** (um 1500), die auf einer
Felszunge im Drimneen River den Zugang zum Mittel- und
Oberteil des Sees bewacht. Ihren Innen- und Außenhof beschütz-
ten jeweils ein runder Wachturm. Der sechsstöckige Donjon auf
einer sich verjüngenden Basis trägt zwei der für die westirische
und schottische Wehrbauweise typischen Eckerker. Von der Brustwehr eröffnet sich ein großartiger Rundblick auf den See bis zu
den Bergen des Joyce Country sowie den dunklen Mooren und
dem Knockanalee Hill im Südwesten. Im Süden des Außenhofs
steht die Ruine einer Bankettalle (nach 1572) mit Flachreliefs in
den Fensterleibungen.
Vom schmucken Feriendorf **Oughterard** (ir. Uachtar Ard, Obere
Anhöhe) am Owenriff führt der Fernwanderweg *Western Way* (193
km) bis nach West-Sligo. Von Oughterards kleinem Pier setzt man
mit Motorbooten zu der etwa 5 Kilometer entfernten größten
Corrib-Insel **Inchagoill** (»Insel der Fremden«) über, wo Augustiner aus Cong im 12. Jahrhundert Teampall na Naomh (»Kirche
der Heiligen«) errichteten, das jetzt, mit einem schönen hibernoromanischen Gewändeportal, inmitten eines verwilderten Parks
versteckt liegt. Der Kreuzstein in der Südwand des Langhauses
stammt wohl aus einer älteren Kirche. Alte Steinplatten führen
zum Friedhof und der nur neun Meter langen, aus großen Bruch-
steinen gefügten Ruine von Teampall Phádraig (»Kirche des hl.
Patrick«), die vermutlich zu einem patrizischen Kloster gehörte.

Die lateinische Inschrift des 76 Zentimeter hohen Gedenksteins Lie Luguaedon macci Menueh (»Stein des Luguaedon, des Sohns der Menueh«) bezieht man auf den Neffen und Steuermann des Irenapostels.

Ab Oughterard folgt die N59 dem Lauf des Owenriff nordwestlich durch eine von kleinen Seen durchsetzte Hügellandschaft bis Maam's Cross (ir. An Teach Dóite), dem ›Tor nach Connemara‹ mit den Merkmalen dieser berühmten Landschaft: Im Norden die schroffen Maumturk-Berge, im Süden funkelnde Seen, murmelnde Bäche und welliges Torfmoor. Nördlich führt die R336 über einen windigen Paß nach Maum (ir. Mám), von wo es auf der R345 am Nordwestrand des Lough Corrib ins **Joyce Country** geht, einer von silurischen und nachsilurischen Sedimenthügeln geprägten Landschaft zwischen dem Joyce·River und Clonbur. Die Region verdankt ihren Namen einer aus Wales stammenden Normannenfamilie, die sich im 13. Jahrhundert hier festsetzte, in ständiger Rivalität mit den gälischen O'Flaherty. Auch die höchst malerisch auf einem Inselchen stehende Burg **Castlekirk(e)** (ir. Caisleán-an-Circa; auch Hen's Castle; um 1235) war lange umstritten, bis sich im 16. Jahrhundert Dónall O'Flaherty ihrer bemächtigte und so tapfer verteidigte, daß er den Beinamen Dónall-an-Cullagh (Dónall der Hahn) erhielt. Gráinne Ní Mháille (um 1530-1603), die Witwe und »Henne« des tapferen Hahns Dónall, behauptete Castlekirk erst gegen die Joyce, dann gegen die Engländer, so daß es fortan »Hennenburg« heißt.

Den Isthmus zwischen den beiden Seen überragt majestätisch der Benlevy (415 m), einer der Schauplätze der *Cath Maig Tuired*, der »Schlacht in der Ebene des Weinens«, die zum mythologischen Zyklus irischer Sagen gehört. Östlich des Dorfes Clonbur (ir. An Fhairche) zeigt sich an drei Stellen der unterirdische Abfluß des Lough Mask in den Lough Corrib. Die Weiterfahrt auf einer eindrucksvollen Nebenstraße führt von Clonbur zum irischsprachigen Dorf Tuar Mhic Éadaigh (Toormakeady), vorbei am stimmungsvollen großen Bergsee Lough na Fooey (ir. Loch na Fuaiche, Gespenstersee), der je nach Wetterlage düster oder strahlend hell zwischen den rauhen Hängen des Benbeg (545 m) im Süden und dem steilen Maumtrasna-Plateau (673 m) im Norden liegt. Der weitere Streckenverlauf vom Lough na Fooey zwischen dem Ostrand der unberührten Partry Mountains und dem Lough Mask (ir. Lough Masc) ist als *Lough Mask Drive* ausgeschildert. Nördlich von Partry führt die N84 über den Isthmus zwischen dem Lough Mask und Lough Carra zum Augustinerkloster **Ballintober** (Ballintubber), das der Connachter König Cathal O'Conor Crothderg (»mit der blutroten Hand«) 1216 vermutlich als Buße für die Einkerkerung des Erzbischofs von Tuam stiftete. Trotz eines Brandes 1265 sowie der Zerstörung der meisten Konventgebäude durch die Parlamentstruppen blieb die zuletzt 1963–66 restaurierte Klosterkirche erhalten: Ein kreuzförmiger, innen schlichter Bau mit drei guten Fenstern des Übergangsstils sowie einem Kreuzgewölbe im Chor. Der schön geschmückte Westeingang sowie der gotische Osteingang stammen aus dem 13., die Reste des Kreuzganges aus dem späten 15. Jahrhundert. Die De Burgo-Kapelle wurde für Tioboid »na-Long« (Theobald von den Schiffen) errichtet, einen 1629 ermordeten Sohn der Gráinne Ní Mháille. Er ruht in einer Renaissance-Tumba mit eindrucksvollen *weepers* am Sokkel. Nach der Überlieferung geht Ballintober auf eine Gründung des hl. Patrick von 441 zurück. Hier beginnt der *Tóchar Phádraigh*, eine 35 Kilometer durch mooriges Flachland zum Croagh Patrick führende Prozessionsstraße, deren teilweise freigelegte Steine älter als das irische Christentum sind.

Östlich der Seen breitet sich die Karbonkalkebene von Ost-Connacht aus, ein fruchtbarer und deshalb reich mit Landgütern und Klosterruinen bestückter Landstrich. Die der Karstlandschaft des Burren ähnelnden Kalksteinformationen am Ostufer des Lough Mask sind vom Steinbruch bedroht Bei Carrownacowes findet sich, am Nordufer des smaragdgrünen, in eine sanfte Hügellandschaft gebetteten **Lough Carra**, die Ruine von **Moore Hall** (1794). Der hier gebürtige Romanschriftsteller George Moore (1851–1933), zeitweilig eine umstrittene Schlüsselfigur der literarischen Renaissancebewegung, setzte ihm mit dem Kurzroman *The Lake* (1905) ein literarisches Denkmal. Das elf Kilometer entfernte **Ballinrobe** (ir. Baile na Róba, Stadt am Robe-Fluß, 1 450 Einw.) nennt sich stolz ›Anglerhauptstadt des Westens‹ (N84). Ihre katholische St Mary's Church besitzt Lanzettfenster mit Glasmalereien des berühmten Harry Clarke (1889–1931). Lough Mask Estate weckt historische Erinnerungen, denn es ging in die Geschichte des ›Bodenkrieges‹ ein: Sein Verwalter Charles Cunningham Boycott setzte 1880 Streikbrecher aus Ulster bei der Ernte ein und wurde deshalb zum ersten und namengebenden Opfer sozialer und wirtschaftlicher Boykottmaßnahmen, die die Land League über ihre Gegner verhängte.

Nebenstraßen führen südlich zum hübschen Dorf **Cong** (ir. Conga, Isthmus; 200 Einw.) am Ostrand der Landbrücke zwischen den Seen Corrib und Mask. Es ging aus einer Klostergründung des Jahres 624 hervor. Nachdem das alte Kloster 1114 niedergebrannt war, stiftete Hochkönig Toirdelbach Mór Ua Conchubhair (Turlough O'Conor) 1120 eine Augustinerabtei, in der sein Sohn Ruairí (Rory; gest. 1198) nach seiner Niederlage gegen die Normannen 1188 die letzten Lebensjahre in stiller Zurückgezogenheit verbrachte. Trotz einer äußerst wechselvollen Geschichte überdauerte die Mönchsgemeinschaft bis 1829. Die erhaltene Bausubstanz stammt größtenteils aus der Zeit um 1200, darunter der Chor und das herrliche Nordportal, vom rekonstruierten Kreuzgang nur die erste Arkade im Norden. Die drei Pforten an der Ostseite gehören zum Schönsten, was der westirische Übergangsstils hervorbrachte. Im restaurierten kleinen »Fischerhaus« konnten die Mönche durch ein Loch im Steinboden direkt aus dem klaren Cong-Bach fischen. Congs Marktkreuz (14. Jh.) an der Hauptstraße trägt Bittinschriften für zwei Äbte. Den Dubliner Brauereikönig Sir Benjamin Lee Guinness hatte die romantische Abteiruine so entzückt, daß er zwischen 1852 bis 1864 vom Nordufer des Corrib bis zum Lough Kylemore in Connemara alle malerisch wirkenden Liegenschaften aufkaufte. Sein Sohn Arthur Edward errichtete den von einem Waldpark umschlossenen, riesigen neugotischen Herrensitz Ashford Castle (1870, von Joseph Franklin Fuller), jetzt ein Luxushotel. Von den Klostergründungen am Ostrand des Lough Corrib verdient besonders **Ross (Errily)** einen Besuch, das man kurz vor dem Anglerzentrum Headford rechts der R334 findet. Es bietet die überwiegend aus dem 15. Jahrhundert stammende Ruine eines auch in seinen Konventgebäuden ungewöhnlich gut erhaltenen Franziskanerklosters (gestiftet 1351). An den kleinen Kreuzgang mit prachtvollen Arkaden schließt nördlich ein zweiter Hof an, östlich desselben das Refektorium mit dem Pult des Lektors am Nordostfenster, darüber das Dormitorium. Westlich lagen die Küche und ein Speicher mit einem Steinbecken für Fische, nördlich der Mahlraum und die Backstube.

■ Ausflug nach Athlone und Clonmacnoise

Man erreicht Athlone von Galway oder Dublin aus mit der Bahn in jeweils anderthalb Stunden, im Auto ab Galway auf der N6 oder als Bootstourist auf dem Shannon, der Irlands Midlands entwässert. In Irlands Mitte gelegen, bildet **Athlone** (ir. Baile Átha Luain, Stadt an Luans Furt; 9 800 Einw.) heute eine wichtige Schnittstelle von Eisenbahn-, Straßen- und Wasserwegen, außerdem ein lebhaftes Einkaufs- und Handelszentrum sowie einen Standort für Leichtindustrie. Als Einfallstor der Connacher

für Raubzüge in das reiche Meath war die Shannonfurt seit jeher umkämpft. Hochkönig Toirdelbach Ua Conchubhair errichtete 1129 eine Holzbrücke und befestigte sie mit einem kleinen
Fort. Natürlich ließen sich die Normannen den strategisch wichtigen Ort nicht entgehen und bauten schon Ende des 12. Jahrhunderts auf dem Westufer eine *motte* mit *bailey*. Jahrhundertelang blieb der Brückenkopf am Shannon ein anglo-normanni-
scher Vorposten beziehungsweise bis 1922 eine englische Garni-
sonsstadt. Nach ihrer Niederlage an der Boyne zogen sich ja-
kobitische Truppen im Juli 1690 nach Athlone zurück, verfolgt
von den Wilhelmiten, die die Stadt mit 10 000 Mann zunächst
erfolglos angriffen. Als King Billys Mannen 13 Monate später in
doppelter Stärke und unter Aufbietung einer bisher nie gesehe-
nen Menge an Geschützen, Pulver, Granaten und Steinen an-
rückten, gelang es ihnen binnen einer Woche, die kleine Garnison von 1 500 Mann sturmreif zu schießen. Trotzdem überdauerte der zehneckige Donjon der Normannenburg (1210), die
übrige Bausubstanz stammt von umfänglichen Reparaturen im
17. und 19. Jahrhundert. Ein naturkundliches und regional-
geschichtliches Museum bietet hier unter anderem die Schlösser
der alten Stadttore, vorromanische Grabplatten und das Gram-
mophon des berühmten, aus Athlone gebürtigen Tenors John
McCormack (1894–1943). 1928 erhob der Vatikan den frommen
›Caruso von Westmeath‹ für dessen Dienste an der katholischen
Kirche in den Adelsstand. Der Burg gegenüber prunkt, mit
grünspanbedeckten Türmen und einer mächtigen Kuppel, der
Neorenaissance-Bau der katholischen Church of St Peter and St
Paul (1938) als unübersehbares Wahrzeichen Athlones. Harry
Clarkes Glasmalereien zeigen zeitgenössische Berühmtheiten, dar-
unter John McCormack.

John McCormack

In Athlones Umgebung

Nördlich weitet sich der Shannon zum großen, schilfumstandenen
Lough Ree (ir. Loch Ríogh, See der Könige). Von Coosan Point
(Athlone) oder Elfeet Bay bei Newtown Cashel (Co. Longford)
kann man im Sommer nach **Inchcleraun** (ir. Inis Clothraun,
Clothrus Insel; auch Quaker's Island) mit Resten von fünf Kirchen übersetzen. Sie gehören zur Klostersiedlung des hl. Diarmaits,
des Lehrers des Ciarán von Clonmacnoise, die im 12. Jahrhundert die Augustinerregel annahm. Vermutlich besaß die Insel im
runden Steinbau des *Maeve's Grianán* (»Medbs Sonnenpalast«)
ein vorchristliches Heiligtum. In alten Sagen erscheint Inchcleraun
als Sterbeort der mythischen Königin Medb von Connacht. Sie

263

soll hier ihre Schwester Clothru getötet haben, deren Namen die Insel trägt. Clothrus Sohn rächte die Mutter, indem er Jahre später Medb beim Bad im See mit einem Stück Hartkäse niederstreckte, das er sich in Ermangelung eines Steins auf die Wurfschleuder legte.

Nördlich Athlones erstreckt sich bis Ardagh (Co. Longford) das nach dem Schriftsteller Oliver Goldsmith (1728–74) benannte **Poet's Country**. Er kam in Pallas bei Ballymahon zur Welt und wuchs in der anglikanischen Pfarrei von Lissoy auf, unweit des Dorfes Auburn (N55), das er in seinem berühmten Gedicht *The Deserted Village* besang. Nordwestlich Ballymahons erreicht man auf der R392, dann R397 das Dorf **Ke(e)nagh** (200 Einw.), das sich des sehenswerten *Corlea Trackway Exhibition Centre* (1995) erfreut, nachdem 1984 beim Torfstich ein Stück eisenzeitliche Holzstraße (*trogher*) zutage gefördert wurde, vermutlich die größte ihrer Art in Europa. Romantiker sehen in ihr den Bohlendamm, auf dem Königin Medb im Streitwagen von Rathcroghan (Co. Roscommon) nach Tara donnerte. Doch der Versuch, um das Jahr 147 v. Chr. die iro-keltischen Kultstätten verkehrsmäßig zu verbinden, erwies sich als Fehlkonstruktion: Schon nach 10 Jahren versanken die schweren Bohlen im Sumpf.

Südlich Athlones führen die N6, dann N62 sowie R444 zum Kloster **Clonmacnoise** (ir. Cluain Mhic Nóis, Wiesen des Sohnes von Nos), einer der heiligsten Stätten des gälischen Irlands in einer breiten Schleife des Shannon. Eindrucksvoller ist die Anreise per Boot auf dem Shannon, wie es weiland der Gründer Ciarán d.J. (Kieran; 6. Jh.) machte. Ciaráns Vita unterstreicht, daß der Lebenslauf des Heiligen dem Christi geähnelt habe: Er war wie jener Sohn eines Zimmermanns, wandelte Wasser zu Wein und starb mit nur 33 Jahren. Ciaráns Kloster erfreute sich gleichermaßen der Gunst der Uí Néill von Tara und der O'Conor von Ost-Connacht, von denen jeweils zahlreiche Herrscher in Clonmacnoise beigesetzt sind, darunter auch, auf eigenen Wunsch, Irlands letzter Hochkönig Ruaíri Ua Conchubhair (gest. 1198). Dank königlicher Privilegien blühten hier Gelehrsamkeit und Kunsthandwerk. Der Reichtum machte es aber auch über Jahrhunderte zum Objekt der Begierde: Zwischen 832 bis 1163 plünderten es Wikinger achtmal, Iren griffen es 27 Mal an. 844 erhob der Wikinger Thorgestr, der Irland wieder ins Heidentum zurückführen wollte, seine Frau Ota zur Priesterin. Sie brachte heidnische Opfer auf dem Hochaltar dar und verkündete in Trance Orakelsprüche. 1178 setzten die Normannen in Clonmacnoise 105 Häuser in Brand und wiederholten, bis 1204, im Durchschnitt alle vier Jahre ihre Überfälle. Was an Schätzen übrigblieb, raubte 1552 die englische Garnison von Athlone, die in ihrem Säkularisierungswahn sämtliche Gebäude zerstörte. Dennoch wirkt Clonmacnoise noch immer wie eine typisch gälische Kloster›stadt‹: Eine wallumfriedete Anlage ohne regelmäßigen Bauplan mit 9 Kirchen, zwei Rundtürmen, drei Hochkreuzen und über 400 Grabstätten.

Besichtigung: Etwa 200 an der Umfassungsmauer aufgestellte frühe Grabplatten und Kreuzsteine vermitteln einen in dieser Fülle einzigartigen Überblick über die

Überall in Irland kann man in gemieteten »Zigeuner«-Wagen durchs Land ziehen – das Leben der wirklichen Travellers hat allerdings mit dieser Romantik nichts zu tun

Entwicklung der Steinmetzkunst vom 8. bis 12. Jahrhundert. Manche tragen Inschriften in Ogom, viele die Bitte »OR DO« (»Bete für ...«). Am Ende der Platten-Galerie steht *Clogás Mór* oder O'Rourke's Tower, von Bréifnes König Fergal Ua Ruairc (gest. 964) errichtet. Ein Blitzschlag verkürzte 1134 den vorher doppelt so hohen Turm auf 20 Meter. Östlich erhebt sich die oftmals umgebaute *Kathedrale*. Der Bau weist Anten, am Westportal romanische Ergänzungen auf. Das herrliche Nordportal mit den Figuren der Heiligen Patrick, Franziskus und Dominicus wurde 1460 gestiftet. Ebenfalls im 15. Jahrhundert unterteilte man den Chor in drei tonnengewölbte Kapellen. Westlich steht das berühmte *Kreuz des Flann* (auch West- oder Bibelkreuz; nach 879), das Flann Sinna (gest. 915) von Tara aus Anlaß eines Abkommens mit dem Provinzherrscher Connachts stiftete. Seine Westseite zeigt die Kreuzigung sowie Szenen der Passion, die Ostseite am Schaft vielleicht Flanns Vorfahr Diarmait mac Cerbhaill, der Ciarán beim Bau des Klosters geholfen haben soll. Ciarán sagte ihm die Hochkönigswürde von Tara voraus. Im Zentrum thront Christus als Weltenherrscher mit den erlösten, musizierenden Seelen zur Rechten und den Verdammten zur Linken. Auf der Südseite erkennt man einen Bischof sowie den harfenspielenden David, auf der Nordseite einen weiteren Bischof, einen Flötenspieler und einen Falkner. Der Sockel zeigt Reiter und Streitwagen.

Das *Südkreuz* (9. oder 10. Jh.) zeigt die Kreuzigung und Flechtwerk, der verwitterte Schaft des *Nordkreuzes* merkwürdigerweise die sitzende Gestalt eines keltischen Gottes oder Druiden mit Hirschgeweih. *Temple Dowlin*, der Westteil einer Doppelkirche, weist mit Anten und einem rundbogigen Ostfenster auf eine frühe Entstehung hin, wurde aber 1689 restauriert und verändert; sein Westeingang stammt aus dieser Zeit. Zugleich wurde östlich *Temple Hurpan* angefügt. *Teampull Rí* (»Kirche des Königs«; auch Teampull Melaghlin; um 1200) besitzt ein schönes Ostfenster im Übergangsstil sowie einen spätgotischen Südeingang (16. Jh.). Die kleine Grabkapelle *Teampull Chiaráin* im Zentrum der Siedlung bildet mit ihren Anten einen sehr alten, seiner hohen spirituellen Bedeutung wegen aber oftmals ausgebesserten Bau, in dessen Nordostecke Ciarán begraben sein soll. Der hier im 18. Jahrhundert gefundene sogenannte Krummstab der Äbte von Clonmacnoise (um 1100) beweist, daß in dieser heiligen Erde auch spätere Äbte beigesetzt wurden.

Im Zuge von Schenkungen König Cathal O'Conors errichtete man um 1010 *Teampull Conor,* der, jetzt restauriert, als anglikanische Pfarrkirche dient. *Teampull Finghin* (auch Mac Carthy's Church), ganz im Nordosten, zieren Reste eines romanischen Südportals und ein schöner, doch beschädigter Chorbogen. Ein 19 Meter hoher, gut erhaltener *Rundturm* wurde wie ein Glokkenturm direkt an die Kirche gesetzt. Östlich davon steht ein überdachter *Freialtar* (1969), wo an Ciaráns Todestag, dem 9. September, Messen gehalten werden.

Von Teampull Chiaráin führt ein steinbefestigter *Pilgerweg* (11. Jh.) durch das Osttor zur Ruine der kleinen *Nuns' Church* (1167), einem Juwel hiberno-romanischer Steinmetzkunst. Tiere schmücken die 4 Archivolten des Gewändeportals, der Chorbogen ist reich mit Köpfen, Flechtwerk und einer Sheila-na-gig verziert. Devorgilla, die Femme Fatale der irischen Geschichte und Stifterin der »Nonnenkirche«, soll sich 1170 bis zu ihrem Tode 1198 als Büßerin hierher zurückgezogen haben. Nach anderer Version gilt aber Mellifont, das sie 1157 mit großen Schenkungen versehen hatte, als ihr Sterbe- und Grabesort.

Naturfreunde wird der landschaftsgeschützte **Mongan Bog** nördlich von Clonmacnoise oder der **Bog of Clara,** etwa 25 Kilometer östlich, interessieren, durch den kiesbestreute Wege führen. Eine bequemere Möglichkeit, die Moorgebiete West-Offalys zu erkunden, bietet die *Clonmacnois & West Offaly Railway,* eine vom *Bord na Móna* zur Verfügung gestellte Touristenbahn, die von Ende April bis Oktober zwischen Blackwater (östlich von Shannonbridge; R357) und Banagher auf 7 Kilometern des 1 100 Kilometer langen Schienennetzes verkehrt, das sonst dem Abtransport von Torf dient. Die

In der Nähe des Klosters Clonmacnoise befindet sich die aus dem 12. Jh. stammende Kirche Clonfert, deren aufwendig gestaltetes romanisches Portal zahlreiche Besucher anzieht

40minütige Fahrt berührt verschiedene naturkundliche und historische Sehenswürdigkeiten, darunter die Moränen der *Esker Riada,* einer sich von Maynooth (Co. Kildare) bis Galway erstreckenden eiszeitlichen Hügelkette, die es den Einwohnern der Vor- und Frühgeschichte ermöglichte, trockenen Fußes Irlands morastige Mitte zu durchqueren.

Von Galway nach Leenane – durch Connemara

»...Gehen Sie nach Connemara, Father – soviel schöne
Landschaft auf einmal, mit so wenig Menschen drin,
haben Sie sicher noch nie gesehen!«
(Heinrich Böll: Irisches Tagebuch)

Connemara, eine der berühmtesten Landschaften Irlands, ist geographisch schwer zu fassen. Viele beschränken es auf seinen zerklüfteten Norden, den die spätkambrische, zu den kaledonischen Gebirgen zählende Kette der **Twelve Bens** (auch Pins; ir. Beanna Beola) mit auffälligen silbrigen Quarzitkegeln prägt. In einem langen Faltungsprozeß entstand aus altem Sandstein Quarzit, aus Kalkstein der weiße oder grüne Connemara-Marmor, der bei Ballinahinch und Cregg (bei Letterfrack) abgebaut wird. Aus ihm fertigt man die *worry stones,* kleine Handschmeichler mit einer Mulde, die man reibt, um sich die Sorgen zu vertreiben. Die saftiggrünen Drumlin-Grasbuckel bilden überraschende Farbkontraste zur braunen Moor- und Heidelandschaft. Das flachere, von einzeln stehenden kahlen Hügeln überragte Süd-Connemara wird weniger besucht.

Die Fahrt beginnt wenig spektakulär. Landschaftsschützern gilt die Gegend zwischen dem westlich Galways gelegenen, lärmigen Seebad und Vergnügungszentrum Salthill und An Spidéal (Spiddal) als trauriges Negativbeispiel für den ›Bungalow blitz‹ (Bungalow-Blitzkrieg), die Zersiedlung irischer Landschaften durch planlosen, monotonen Wohnhausbau. Ab Rós an Mhíl (Rossaveel), Galways wichtigstem Fischerei- und Fährhafen, wird das Land hügelig, sumpfig und karg. Das hübsche Dorf **Casla** (Costelloe) an der felsigen Bucht des lachsreichen Casla-Flusses liegt im Zentrum der *gaeltacht* von Iar Chonnacht (West-Connacht). Von hier lohnt ein Abstecher zu den durch Brücken verbundenen bewohnten Inseln Leitir Móir (Lettermore), Oileán Garomna (auch: Garma; Gorumna Island) und Leitir Mealláin (Lettermullen). Die von Granitfelsen, Findlingen und einer Vielzahl kleiner Seen geprägte Gegend zwischen Casla und Cill Chiaráin (Kilkieran) heißt im Irischen Cois Fharraige (»Neben der See«), ein Name, der sich auch auf die um die Kilkieran-Bucht führende Uferstraße (R336,

Folgende Doppelseite: Blick auf den malerischen Hafen von Roundstone

267

ab Scríb/Screeb R340) übertragen hat. Bei gutem Wetter kann man sich von An Más zur fünfzehn Minuten entfernten **Oileán Mhic Dara** (St MacDara's Island) übersetzen lassen, am 16. Juli sogar unentgeltlich. Denn an diesem Tag betrachten es die Fischer als fromme Pflicht, Wallfahrer kostenlos zu der unbewohnten Insel zu bringen, die eines der bedeutendsten Heiligtümer der irischen Westküste bildet. Bei günstigem Wind findet am Nachmittag des *Féile Mhic Dara* (»Fest von Daras Sohn«) eine Hooker- und Segelboot-Regatta statt. Sturmböen treffen jene Seeleute, die der Insel nicht ihre Reverenz durch dreifaches Neigen der Segel erweisen. Vom frühen Inselkloster des obskuren Heiligen, bei dem es sich vermutlich um eine verchristlichte keltische Regionalgottheit handelt, steht noch ein schlichtes, wohl proportioniertes Oratorium (12. Jh.) mit bis in die Giebel gezogenen Anten und einem rekonstruierten Satteldach nebst Firstzier.

Der von Landschaftsmalern, Naturkundlern und Hochseeanglern gleichermaßen geschätzte ruhige Urlaubsort **Roundstone** (ir. Cloch na Rón, Stein der Seehunde) verdankt seine Entstehung dem schottischen Ingenieur Alexander Nimmo (gest. 1832), der im Regierungsauftrag Connemara verkehrsmäßig erschloß. Bei Ebbe gelangt man über eine Brücke und einen Damm auf die vorgelagerte, nominell irischsprachige Insel Inis Ní (Inishnee), eine stille, melancholisch stimmende Landschaft mit zahlreichen verlassenen Bauernhäusern, die hier wie an vielen anderen Orten West-Connachts vom dramatischen Bevölkerungsrückgang im 20. Jahrhundert zeugen.

Südwestlich Roundstones führt die R341 um die steinigen Hänge des Errisbeg (298 m), von dem man den ausgedehnten Roundstone Bog überblickt, ein Flachmoor mit einer Seenplatte und vielen *crannóg*-Inseln, das eines der letzten großen Otternreviere Europas bildet und jetzt zum Connemara National Park gehört, nachdem es vor einigen Jahren durch Bürgerprotest davor bewahrt wurde, in einen Flughafen umgewandelt zu werden. Hier ist es so wohltuend still, daß man das Moorwasser glucksen hört. Auf der Weiterfahrt von Roundstone zum 23 Kilometer entfernten Clifden (Küstenstraße R341) folgt eine von Findlingen übersäte Heidelandschaft. Die 14 Kilometer langen, wunderschönen Strecke bis Ballyconneely, wegen ihrer kreislaufanregenden Wirkung *Brandy-and-Soda-Road* genannt, droht allerdings Zersiedelung.

Connemaras Kapitale **Clifden** (ir. An Clochán; 1 300 Einw.) breitet sich höchst malerisch westlich der Twelve Bens und oberhalb der Mündung des Owenglin in eine kleine Bucht mit einem Hafen aus. Die eindrucksvolle Lage läßt vergessen, daß es sich hier, wie bei Roundstone, um eine von Alexander Nimmos

Reißbrettschöpfungen handelt. Im Sommer bildet Clifden den überlaufenen Mittel- und Ausgangspunkt des Connemara-Tourismus. Die in den Souvenirläden, Cafés, Imbißstuben und Hotels der drei Straßen des Zentrums allgegenwärtige französische Trikolore verrät, daß Connemara – dank des Schlagers Le Connemara – bei Franzosen sehr beliebt ist. Zur Connemara Pony Show, dem gesellschaftlichen Höhepunkt, fallen jährlich etwa zehntausend Besucher ein. Extrem genügsam, widerstandsfähig, ruhig, freundlich und ausgeglichen, gelten Connemara-Ponys als ideale Reitpferde für Kinder. Sie bewahren diese Eigenschaften allerdings nur in ihrer kargen Heimat, wo sie sich an den Küsten auch von Seetang und sauren Gräsern nähren. Connemara-Ponys bilden eine wahrhaft gesamteuropäische Züchtung: Ihre Vorfahren entstammten Rassen, die kontinentale Kelten nach Irland brachten. Im Spätmittelalter wurden sie mit arabischen und andalusischen Hengsten gekreuzt, die galizische Weinhändler in Galway einführten. Diesen Vollblütern verdanken sie ihren gut proportionierten Kopf und Hals sowie ihre Springfreudigkeit, den übrigen Vorfahren den kräftigen Knochenbau. 1891 wurden Connemara-Ponys erstmals mit walisischen Hengsten gekreuzt.

Landschaftlich eindrucksvoll ist ein Abstecher auf der westlich Clifdens hoch über der Clifden Bay verlaufenden schmalen *Sky Road* (auch Ring of Clifden), die die Clifden-Halbinsel umrundet und nördlich die Buchten von Kingstown und Streamstown berührt. Ein weiterer Abstecher führt von Streamstown nach Claddaghduff, von wo man bei Ebbe über gleißend weißen Sand zur flachen, noch von drei Familien bewohnten Insel **Omey** (ir. Iomaid Féichín, Sitz des hl. Féichín) wandert oder fährt. Der hl. Féichín von Fore und Cong (gest. 665/8) gründete hier eines seiner vielen Klöster, dem vermutlich die Wikinger zusetzten, die der Insel ihren Namen gaben (»Omey« – »Hafen«). An der Stätte des keltischen Klosters grub man 1981–86 Teampall Féichín aus den Dünen, Omeys schlichte, mittelalterliche Pfarrkirche. Auch das sehenswerte Kloster auf **High Island** (ir. Ard Oileán), der westlichsten Insel am Cape Cleggan, geht auf den hl. Féichín zurück. Wie zur Buße bauten es die Mönche an dem den Stürmen besonders ausgesetzten Südwestufer. Hohe Steilklippen erlauben eine Landung nur bei ruhiger See.

Als Ausflug von Clifden empfiehlt sich auch eine Fahrt über die N59, die in östlicher Richtung bis An Teach Dóite durch einen eiszeitlichen Korridor aus Schiefer und Gneis führt, die geologische Grenze zwischen den Flachmooren und Seenplatten Süd-Connemaras und Connemaras bergigem Norden. Nach zwölf Kilometern ist der am Südufer bewaldete Ballinahinch Lake erreicht, der zusammen mit den beiden nördlicheren Seen von Derryclare und Inagh eine sich sichelförmig um den Binn Doire Chlair (Bin Derryclare) schmiegende Kette bildet. **Ballinahinch** (ir. Baile na hInse, Inselsiedlung) gehörte seit dem 13. Jahrhundert den O'Flaherty, die sich auf Castle Island eine Burg bauten. Nach der Beschlagnahmung ihrer Güter wurde die Galwayer Kaufmannsfamilie Martin ab der zweiten Hälfte des 17. Jahrhunderts Besitzerin dieses größten, direktverwalteten Gutes auf den britischen Inseln. Robert Martin ließ im 18. Jahrhundert zur ungestörten Abwicklung seiner ertragreichen Schmuggelgeschäfte einen damals entlegenen Gasthof errichten, den sein Sohn Richard (1754–1834) 1813 zum Herrensitz Ballinahinch Castle (heute Hotel) ausbaute, von dem aus er wie ein Feudalherr sein wildromantisches Connemara-Reich regierte, jedoch mit etlicher Milde gegenüber seinen Pächtern. Der von König George IV. wegen seiner Tierliebe Humanity Dick getaufte Richard Martin benutzte den alten *keep* als Brauhaus und Privatgefängnis für Tierquäler. Im britischen Parlament brachte er 1822 das erste Tierschutzgesetz durch und gründete 1824 den ersten Tierschutzverein Großbritanniens. Auf der R344 kehrt man vor dem hübschen Ort Recess (ir. Scraith Salach, Flußwiese der Weidenbäume) oder auf der R336 bei An Teach Dóite nördlich auf die N59 zurück.

Von Clifden aus verläuft die Hauptroute (N59) erst in nördlicher, dann nordöstlicher Richtung. Nach 15 Kilometern erreicht man kurz vor dem hübschen, 1849 von einem Quäkerehepaar als Missionsstation gegründeten Dorf Letterfrack den Zugang zum 2 000 Hektar großen **Connemara National Park**. Er umfaßt Wald-, Heide- und Moorgebiete, den Diamond Hill (455 m; grandiose Rundsicht nach zweistündigem Aufstieg) sowie vier der zwölf Kegelspitzen Connemaras. Eine Herde reinrassiger Connemara-Ponys sowie ein Gehege für das wieder eingebürgerte Rotwild (Cervus elaphus) bilden besondere Anziehungspunkte. Schafe sind, nachdem sie sogar den Binn Bhán (engl. Benbawn, Benbaun, Gleißende Spitze), mit 727 Metern die höchste aller zwölf »Spitzen«, abgegrast haben, inzwischen ebenso aus dem Nationalpark verbannt wie Torfstecher.

Falls überhaupt eine Steigerung unter Connemaras fast durchweg landschaftlich großartigen Straßen denkbar ist, dann bietet sie sich auf der von Tully Cross (bei Letterfrack) nordöstlich zum Killary Harbour führenden Küstenstraße. Folgt man dagegen von Letterfrack der N59, gelangt man nach fünf Kilometern in das berühmte Tal von **Kylemore** (ir. An Choill Mhóir, Der große Wald). Der Anblick des neugotischen Märchenschlosses Kylemore Abbey (1864–71, von James Fuller) am Nordufer des

Folgende Doppelsei-
te: Landschaft bei
Maam Cross

Castle Lake bildet für viele Besucher den romantischen Höhepunkt ihrer Connemara-Reise. Der am Ende finanziell ruinierte
Bauherr Henry Mitchell und seine Frau ruhen in einem Mausoleum östlich der Schloßkapelle Kylemore Church, einer Minia-
turausgabe der Kathedrale von Norwich. Belgische Benediktine-
rinnen, die Iersche Damen (»Irische Damen«), erstanden das
Anwesen um 1920, nachdem ihr Kloster im flämischen Ypres im
Ersten Weltkrieg von deutschen Truppen zerstört wurde. Sie be-
treiben dort ein Elite-Internat für höhere Töchter, eine Töpferei
und ein Kunstgewerbezentrum.

Weiter auf der N59 zum schmalen, doch 14 Kilometer langen
Killary Harbour an der Mündung des Erriff River. Seine größte
Tiefe erreicht dieser einzige Fjord Irlands mit 30 Metern an der
Mündung, wo sich nordwestlich das Sandstein- und Schotter-
massiv des Mweelrea (817 m) erhebt, des höchsten Berges West-
Irlands. An den Felswänden des Fjords wachsen Jakobs- und
Miesmuscheln schon in zwei Jahren zur Reife. Die N59 windet
sich am Südufer des Killary Harbour hinab in das sehr schön am
Rand der bis zu 700 Meter hohen, schroff-kahlen Maumturk
Mountains (ir. Mám Tuirc, Gebirgspaß der Wildeber) gelegene
Dorf Leenane (auch Leenaun).

Durch Ost-Connacht – von Galway nach Sligo

Diese Route erschließt den Osten des Mittelwestens, vor allem die
Grafschaft Roscommon. Mit ausgedehnten, stillen Mooren an den
Flußläufen, Drumlinhügeln im Zentrum sowie vielen Seen und
Forstgebieten gleicht sie landschaftlich den Midlands, deren Benachteiligung im Fremdenverkehr Roscommon, trotz bedeutender
Kulturdenkmäler, teilt. Dies ist um so schmerzlicher, als Roscommon
durch die Schließung des Stahlwerks in der gleichnamigen Stadt
und des Kohlebergwerks von Arigna zahlreiche Arbeitsplätze verloren hat. Ein in Keadew (Nordost-Roscommon) beginnender *scenic
drive* und ausgeschilderte Wanderwege sollen Besucher in das reizvolle Hügelland locken. Viele Kulturdenkmäler stammen von den
O'Conor, den Provinzherrschern Connachts, die ihre Gegner, die
Uí Briúin von Thomond, als Hochkönige ablösten. Die geistlichen
und politischen Zentren Connachts lagen unter ihrer Herrschaft im
Dreieck Tuam, Roscommon und Castlerea.

Von Galway führt die N17 zum elf Kilometer entfernten Clare-
galway, dessen 1252 von John de Cogan gestiftetes Franziskanerkloster bis 1765 alle Glaubensverfolgungen überstand. Das Grabmal im Chor gehört den De Burgo, die in der Nähe eine Burg
(15. Jh.) zur Kontrolle der Furt über den Clare bauten.

Mittel-Connachts aufstrebende Kapitale **Tuam** (ir. Tuaim Dhá Ghualainn, Grabhügel der zwei Schultern; 4 500 Einw.) liegt am Rande einer vom Clare und seinen Nebenarmen durchflossenen Niederung. Irlands letzte Hochkönige, Toirdelbach Mór Ua Conchubhair (Regierungszeit 1118-56) und sein Sohn Ruairí (1166-88), erhoben es zum geistlichen und administrativen Zentrum ihres Reiches. Toirdelbachs berühmteste Stiftung, ein Kreuzreliquiar für einen Splitter vom Wahren Kreuz, das 1123 in der heutigen Grafschaft Roscommon aus vergoldeter Bronze auf Eichenholz gefertigt wurde, diente erst Tuam, dann dem Kloster Cong, nach dem es benannt ist, als Prozessionskreuz.

In der High Street bezieht die anglikanische St Mary's Cathedral (1861-78, von Sir Thomas Deane) den tonnengewölbten Chor der alten Kathedrale (vermutlich Ende 12. Jh.) ein. Er besitzt ein schönes dreibahniges Ostfenster sowie einen ungewöhnlich breiten Sandstein-Chorbogen, dessen sechs Archivolten Flachreliefs im Urnesstil und Tiergesichter schmücken. Im südlichen Seitenschiff befindet sich der Schaft eines späten Hochkreuzes (12. Jh.) mit Bittinschriften für den Stifter Toirdelbach Mór, den Steinmetzen sowie den Tuamer Erzbischof. Beachtenswert ist auch das Chorgestühl (17. Jh.) mit italienischer Intarsienarbeit im östlich anschließenden Kapitelsaal (14. Jh.). Nordöstlich der Kathedrale stehen die Reste von Temple Iarlath, der Kirche eines Prämonstratenserklosters, mit einem Ostfenster des frühen 13. Jahrhunderts. Das Hochkreuz (1126-52) am Marktplatz wurde aus zwei späten, mit Flachreliefs im Urnesstil bedeckten Kreuzen zusammengesetzt. Am Sockel ist ein Abt oder Bischof zu erkennen.

Bei der Weiterfahrt nach Roscommon lohnt ein kleiner Umweg (R347, N63) zu den Ruinen N63 des Zisterzienserklosters **Knockmoy** (auch: Abbeyknockmoy), das König Cathal O'Conor 1190 als Dank für seinen Sieg über die Normannen stiftete. Seine größte Sehenswürdigkeit bilden, im rippengewölbte Chor der großräumigen Kirche, Konturlinien von Fresken (14. Jh.), die sonst im feuchten Klima Irlands so selten erhalten blieben. Nach einer mittelalterlichen Erbauungslegende erkennt man die lebenden und die als gekrönte Skelette dargestellten toten Könige, unter denen ein lateinisches Memento Mori mahnt: »Wir waren, wie ihr jetzt seid, und ihr werdet sein, wie wir sind!« Darunter sind links ein segnender Christus, rechts das Martyrium des hl. Sebastian dargestellt.

Hinter Ballygar trennt der Suck die Grafschaften Galway und **Roscommon**, dessen gleichnamige Haupt›stadt‹ (ir. Ros Comáin, Wald(hügel) des hl. Comán; 1 700 Einw.) sich zu Füßen der englischen Zwingburg Roscommon Castle (vollendet 1304) über den Hang eines Landrückens breitet. Die Burg war von einem Wehrgraben umschlossen und besaß vier dreigeschossige Ecktürme, die halbkreisförmig vor die Mauerflucht treten, sowie ein doppeltürmiges Torhaus. Cromwell ließ Roscommon Castle 1652 schleifen. Auf einem Schulgelände am Südrand Roscommons steht die lange, schmale Kirche (15. Jh.) der 1263 von Connachts König Feidhlim Ua Conchubhair (Felim O'Conor) gestifteten Dominikanerpriorei »Mariä Himmelfahrt.« Das äußerst bemerkenswerte Grab an der Nordwand gehört vermutlich Tadgh O'Conor (gest. 1464). Als *weepers* sind acht bewaffnete Gefolgsleute in zeitgenössischer Rüstung dargestellt, auf die aus spitzbögigen Umrahmungen Engel herabblicken. Sieben Krieger tragen Schwerter, der vierte von rechts eine Streitaxt, die ihn als schottischen Söldner ausweist. Der Sarkophagdeckel mit einer beschädigten Figur stammt vermutlich vom Grab (1290–1300) des Stifters Feidhlim. Im alten Gefängnis am breiten Hauptplatz Roscommons amtierte 1780 bis 1810 die wortkarge Lady Betty, Irlands einzige Henkerin, um selbst der Todesstrafe zu entgehen. Von ihren »Kunden« fertigte sie vor der Hinrichtung Kohleporträts an.

Wer Irlands Kampf der Hütten und Paläste im 19. Jahrhundert richtig verstehen will, begibt sich nun zum Marktflecken **Strokestown** (N18, N5). Er war, von Mitte des 17. Jahrhunderts bis 1979, Sitz der Pakenham Mahon, Abkömmlinge eines Cromwell-Soldaten, die im 19. Jahrhundert 80 Prozent des Nutzlandes in der Grafschaft ihr eigen nannten. Als man Denis Mahon riet, von der Feld- auf die weniger arbeitsintensive Viehzucht umzustellen, vertrieb er zwei Drittel seiner zehntausend Pächter, die als Obdachlose während der Großen Hungersnot massenhaft umkamen. 1847 streckte ein Rächer den skrupellosen Grundherren mit einem gezielten Schuß nieder. Der örtliche Tankstellenbesitzer hat der letzten Erbin das neopalladianische Strokestown Park House (1730er Jahre, von Richard Cassels) abgekauft und ein eindrucksvolles Famine Museum eingerichtet. Es befindet sich in den einstigen prächtigen Stallungen, die die Pakenham Mahon als eine wahre »Pferdekathedrale« errichtet hatten. Denn die Reittiere standen ihnen näher als ihre Domestiken. Das County Roscommon Heritage and Genealogical Centre in der einstigen anglikanischen Pfarrkirche (1819) informiert über die 55 prähistorischen Denkmäler von **Rathcroghan** (ir. Cruachan), die sich knapp 5 Kilometer nordwestlich des alten Dorfes Tulsk auf etwa 5 Quadratkilometern über den Ostrand eines erhöhten Plateaus verteilen. Neben Tara und Navan bildet es eines der archäologisch komplexesten Gebiete Irlands, harrt aber noch einer genaueren Deutung der meist auf privatem Weideland gelegenen Stätten.

Der steile Rathcroghan Mound, dominantester Tumulus des gesamten Ensembles mit einem Durchmesser von 90 Metern, gilt als Residenz der Sagenkönigin Medb von Connacht und trägt den Namen ihrer Mutter: Ráth Cruachain (»Cruachas Wallburg«). Auf dem Kegelstumpf sitzt der Rest eines kleinen Grabhügels. Nordwestlich verwendet der imposante Rathmore (»große Wallburg«, um 500 bis 1000) ebenfalls ein natürliches Hügelchen als Basis einer Wallburg, Ritual- und Begräbnisstätte. Rathbeg (»kleine Wallburg«) im Süden besteht aus einem von zwei Erdwällen umschlossenen Hügel mit einem Erdtumulus auf dem Gipfel, Relig na Rí (»Friedhof der Könige«) aus einem Ringwall von 100 Metern Durchmessern. Er besitzt ein Souterrain sowie die Grundmauern neuzeitlicher Steinhäuser im Inneren. Dathi's Mound (200 vor bis 200 n.Chr.), aus einem eiszeitlichen Wallhügel (*esker*) geformt und von einem Erdwall umschlossen, galt lange als Grab des letzten heidnischen Königs, doch der Menhir auf dem Gipfel spricht für eine Ritualstätte. Die Mucklaghs, zwei Paare linearer Erdwerke, gehören zu den geheimnisvollsten Stätten. Etwa 6,5 Kilometer südlich erhob sich auf dem Landrücken Cnoc na Dála (»Hügel der Versammlung«) ein vorgeschichtlicher Grabhügel, der Carn Fraich (»Fraichs Tumulus«, anglisiert Carnfree). Dort vollzogen, sozusagen auf den Knochen ihrer Vorfahren, seit alters gälische Provinzkönige die Sakralehe mit dem Land Connacht als Teil einer uralten Inaugurationszeremonie.

Die R367 führt vom geschichtsträchtigen Dorf Tulsk südwestlich zur Ruine der O'Conor-Feste **Ballintober Castle** (13. Jh.), einer gälischen Kopie des englischen Roscommon Castle. Wegen der Treue der O'Conor zur englischen Krone schossen die empörten O'Donnell von Donegal während des Ulster-Aufstandes Ballintober kapitulationsreif. Gegen Cromwell leisteten die O'Conor dagegen Widerstand, verloren Ballintober und bauten zum Ersatz um 1700 westlich von Castlerea (N60) Clonalis House, das wiederum 1878 durch das aufwendig restaurierte viktorianische **New Clonalis House** ersetzt wurde. Dieser dritte Sitz birgt eine einzigartige Sammlung von Porträts und Dokumenten zur Geschichte der O'Conor, die sich, auf über 60 Generationen zurückblickend, Europas älteste Adelsfamilie nennen dürfen. Sie stellte 24 Provinzkönige und elf Hochkönige.

Von Castlerea erreicht man auf der R361 die Markt»stadt« **Boyle** (ir. Mainistir na Búille, Kloster am Wagenfluß; 1 750 Einw.), sehr schön am Südostrand der Curlew Mountains und am Boyle-Fluß gelegen, der die fischreichen Seen Lough Gara und Lough Key verbindet. Als Gründerheiliger gilt Comgallen, ein Zeitgenosse des hl. Patrick. An der Stätte seines Klosters stifteten die über Moylurg, das heutige Nord-Roscommon, gebietenden McDermot 1161 das Zisterzienserkloster Boyle Abbey (restauriert). Walter de Burgo plünderte es 1202 derartig, daß es erst 18 Jahre später vollendet und geweiht werden konnte. Die lange Bauzeit von 59 Jahren erklärt die Stilunterschiede: Die nördlichen Bögen im Langhaus der Abteikirche sind gotisch, die südlichen noch romanisch. Die skulptierten Kapitelle tragen Tiere, Blattwerk und Schnitter im Weinberg. Trotz der Ver-

Boyle Abbey.

wüstungen durch Parlamentstruppen gilt Boyle als eine der schönsten und besterhaltenen Klosterruinen Irlands. Die meisten seiner weltlichen Gebäude, darunter das Torhaus (Museum), stammen aus dem 16. und 17. Jahrhundert, als das Kloster als Garnison diente. Das restaurierte King House (16. Jh.) im Stadtzentrum birgt ein heimatkundliches Museum sowie die Boyle-Bibliothek.

Die N4 führt drei Kilometer östlich zum **Lough Key Forest Park** mit 300 Hektar Waldfläche, Ziergärten nebst einem interessanten Sumpfgarten, dem Aussichtsturm Moylurg Tower sowie einem Tempietto als Überbleibsel von Rockingham Estate. Vom Rockingham Harbour kann man zu den 33 bewaldeten Inseln des schönen **Lough Key** (ir. Loch Cé) übersetzen oder eine Bootsrundfahrt machen. Auf Trinity Island mit den Resten eines Trinitarierklosters entstanden die *Annalen von Boyle*, auf Castle Island im Osten des Sees die Regionalchronik *Annalen des Lough Key* (heute Trinity College, Dublin). Beide Inseln waren Schauplatz einer Liebestragödie: Úna Bhán McDermot, die sich unstandesgemäß verliebt hatte, starb auf ihrem Verbannungsort Castle Island, ihren Geliebten Tomás Mac Coisdealbha, der jede Nacht zu ihrem Grab auf Trinity Island schwamm, raffte eine Lungenentzündung hinweg. Die neugotische Burg (19. Jh.) auf Castle Island hätten der esoterisch interessierte William B. Yeats und seine Freundin Maude Gonne am liebsten zur Meditationsstätte für einen keltisch-mystischen Orden umfunktioniert. Auf Church Island findet man die Reste einer keltischen Klosterkirche (9. Jh.).

Von Boyle führt die A4 nach Süd-Sligo, besonders eindrucksvoll zwischen den aufgeforsteten Curlew Mountains (252 m, mit herrlicher Sicht auf die Seen) und dem Westufer des Lough Arrow hindurch. Die Paßstraße schützte Ballinafad Castle (um 1590), eine verkleinerte Neuauflage der *keep*losen Rechteckburgen des 13. Jahrhunderts mit vier massigen Ecktürmen. Am Nordrand der schluchtenreichen Bricklieve Mountains (322 m) steht im gleichnamigen Ort das *strong house* Castlebaldwin Castle

(17. Jh.). Von der westlich nach Ballymote führenden Nebenstraße erreicht man das eindrucksvoll auf 300 Meter Höhe gelegene jungsteinzeitliche Gräberfeld von **Carrowkeel** (2500–2000 v.Chr.). Mit Ausnahme eines ovalen Hofgrabes handelt es sich hier um 13 runde Steinhügel über Ganggräbern. Das mittlere Grab ist wie das große Ganggrab von Newgrange auf die Wintersonnenwende ausgerichtet. Auf dem Kalksteinplateau östlich unterhalb fand man Grundmauer- und Pfostenreste von 50 Hütten eines neolithischen Dorfes.

Das Marktstädtchen und Anglerzentrum **Ballymote** (ir. Baile An Mhota, Siedlung des Wehrgrabens; 1 100 Einw.) entstand im Schutz einer um 1300 vom »Roten Ulster-Grafen« Richard de Burgo errichteten Burg. Mit 6 Türmen, einem turmbewehrten Nordtor sowie der drei Meter dicken Umfassungsmauer eine der mächtigsten Festungen Connachts, war Ballymote Castle bis Ende des 16. Jahrhunderts heftig umkämpft. Am Nordrand des Städtchens steht die Ruine eines 1442 gestifteten Franziskanerklosters. Über die R293 und N17 erreicht man bei Ballysadare wieder die Hauptroute.

■ Im Reich einer Piratenkönigin – durch Süd- und Mittelmayo

In diesem Landstrich stoßen wir immer wieder auf einen Namen: O'Malley. Sie geboten seit dem 12. Jahrhundert über eine der schönsten, doch ärmsten Regionen Connachts, ein Reich der Inseln, versteckten Buchten und zerklüfteten Küsten. Darum gehörten sie zu den wenigen Sippen, die sich auf Handel, vor allem mit Fisch verlegten, zusätzlich Lotsen- und Söldnerdienste leisteten, aber auch Freibeuterei betrieben. Was für die viehzüchtenden Gälen der Rinderraub an Unterhaltungswert und Bereicherung bot, war den seefahrenden Familien das gelegentliche Aufbringen und Plündern fremder Schiffe und küstennaher Ländereien. Die zweite Berühmtheit der Gegend ist der hl. Patrick, der, wie Bischof Tírechán im 7. Jahrhundert behauptete, nicht am Slemish in Antrim, sondern in Mayo als Sklave gedient und später seine Mission begonnen hat. Aber der aus Mayo stammende Tírechán war sicher kein unvoreingenommener Gewährsmann.

Vom Ende des zwischen den Grafschaften Galway und Mayo gelegenen Killary Harbour führt die landschaftlich eindrucksvolle R335 erst westlich, dann in nördlicher Richtung über Louisburgh nach Westport. Sie steigt zunächst hinauf zum Doo Lough Pass und dem Schwarzen See (Doo Lough), der in einem steilen Felsbecken zwischen dem Mweelrea im Westen, den Sheeffrey Hills (761 m) im Nordosten und dem Ben Creggan im Südosten liegt. Südlich mündet er in den kleineren Fin Lough (ir. Fionn Loch, Heller See). Delphi geht auf eine Fischerhütte des hellenophilen Zweiten Marquess von Sligo zurück, den die Gegend an die Felsschlucht des berühmten Orakels auf der Peloponnes erinnerte. Im ruhigen Fischer- und Urlauberdorf **Louisburgh** (ir. Cluain Cearbán, Kerwans Wiese; 300 Einw.) informiert das Folk and Famine Centre über die Große Hungersnot sowie das Leben der Gráinne Ní Mháille, deren Familiennamen in der Gegend noch häufig vorkommt.

Pilger auf dem beschwerlichen Aufstieg zum Croagh Patrick

Etwa 8 Kilometer östlich Louisburghs steht einsam die 1457 von Tadgh (Hugh) O'Malley gestiftete Augustinerabtei Murrisk an einer geschützten Nebenbucht der Clew Bay, zu Füßen des majestätischen Kegelbergs **Croagh Patrick** (762 m). Von hier beginnt der zwei- bis dreistündige, wegen der Geröllfelder im letzten Drittel recht beschwerliche Aufstieg zu einem der heiligsten Berge Irlands. Neuere archäologische Funde lassen vermuten, daß sein Kult weit in die Vorgeschichte zurückreicht. In keltischer Zeit wurde auf dem damals Cruach Aigle (Adlerberg) genannten Berg am letzten Julisonntag der Schwarze Crom verehrt. In christlichem Gewand findet die Bergwallfahrt bis heute statt, unter Teilnahme von jährlich bis zu 60 000 Pilgern, die meisten aus Connacht. Der Irenapostel soll sich um 441 nach dem Vorbild von Moses und Elias in der vorösterlichen Fastenzeit für 40 Tage auf den Cruach Aigle zurückgezogen haben, wo er mit des Teufels Mutter, schwarzen Dämonenvögeln und anderen unreinen Wesen ringen mußte. Um sie zu bannen, warf Patrick den *bernán*, die Handglocke der hl. Brigid, nach ihnen. Zwar hat die offizielle Kirche den traditionellen Aufstieg vor Morgengrauen untersagt, doch mancher Büßer zieht die alten Sitten vor. Viele treten zudem die Wallfahrt barfuß an. Daß alljährlich eine große Schar sonst des Wanderns völlig ungeübter Menschen den Aufstieg schafft, ist wohl der wechselseitigen Ermutigung der Pilger zuzuschreiben. An der ersten Prozessionsstation *leach Mionnán* (»Lager des hl. Benén«) wird Patricks Lieblingsschülers gedacht. In der neuzeitlichen Kapelle auf dem Gipfel empfangen die Waller das Abendmahl und hören die Messe. Weitere Gebete spricht man am Lager des hl. Patrick, einem Tumulus, sowie am *Roilig Mhuire* (»Marias Friedhof«), einem dreieckigen Steinhaufen. Bei guter Sicht belohnt die Pilger ein wahrhaft zauberhafter Blick auf die Clew Bay mit unzähligen Drumlin-Inseln im silbrigen Wasser.

Matriarchin und Freibeuterin – Gráinne Ní Mháille

*»... Grany O'Mayle, eine Frau, die schamlos die Rolle
überschritt, die dem Weibsvolk bestimmt ist, und die eine
große Verderberin war, und Oberbefehlshaber und Anführer
von Dieben und Mördern auf See, um diese Provinz zu
vernichten...«*
(Drury, englischer Justitiar und President
of Munster, in einem Brief vom März
1578; zit. n.: Chambers, Anne: Granuaile:
The Life and Times of Grace O'Malley; c.
1530-1603. Dublin: Wolfhound Presse,
Reprint 1991, S. 93)

Kaum ein anderes irisches Frauenschicksal ist so sagen-
umwoben wie das der Gráinne Ní Mháille (engl.: Grace
O'Malley; gest. 1603), die um 1530 als einzige Tochter
des Sippenoberhaupts Dubhdara (»Schwarzeiche«) geboren wurde. Er war ein stolzer Mann und einer der wenigen Häuptlinge seiner Zeit, der sich nie den Engländern
beugte. Dubhdara nahm seine Tochter schon früh auf
Handels- und Kaperfahrt mit und lehrte sie navigieren.
Doch mit 16 Jahren wurde sie erst einmal verheiratet.
Ihre Ehen dienten der Festigung der Beziehungen mit
den südlich benachbarten Sippen der O'Flaherty und
anglonormannischen Burke (ursprünglich De Burgo), die
seit 1235 an der Nordküste der Clew-Bay Fuß gefaßt
hatten. Der ersten Ehe mit Dónall »an-Chogaidh«
O'Flaherty, dem ›kriegerischen Dónall‹, entsprangen
zwei Söhne und eine Tochter, der Ehe mit Richard
Burke der Sohn Tioboid »na-Long«. Seinen Beinamen
›von den Schiffen‹ verdankte er seiner Geburt während
einer Kaperfahrt. Nach Richard Burkes Tod stieg Gráinne
zur Matriarchin sowohl der O'Malley, als auch der
angeheirateten Burke auf. Sie liebte das Glücksspiel und haßte Feigheit. Als ihr Jüng-
ster sich einmal beim Kampf hinter ihren Rücken flüchtete, herrschte ihn Gráinne an:
»Drückst du dich an meinem Hintern rum, weil du da herkommen bist?« Ihr Tod-
feind wurde der Gouverneur Sir Richard Bingham, der seit 1584 unerbittlich den Adel
Connachts zu unterwerfen versuchte. Gráinne war durch Herkunft und Erziehung
eine natürliche Gegnerin dieses immer stärkeren englischen Zugriffs, doch man würde
ihren Realitätssinn verkennen, verklärte man sie zur Patriotin im modernen Sinne des
Wortes. Als Bingham ihren Bruder und Tioboid wegen einer antienglischen Verschwö-
rung verhaften ließ und sie selbst auf ihre alten Tage um ihren Lebensunterhalt fürch-

ten mußte, suchte Gráinne um eine Audienz bei Elisabeth I. nach und steuerte 1593 eigenhändig ihre Galeere nach London.

Die Überlieferung schildert das denkwürdige Treffen der beiden alternden Frauen am 6. September 1593 zugunsten der Gälin: Gekleidet in den grünen, ärmellosen Mantel eines Häuptlings, ein gelbes Mieder und gelbes Untergewand, soll sie der pompös in reich bestickte Gewänder gehüllten Elisabeth selbstbewußt gegenübergetreten sein. Und als die englische Monarchin ihr huldvoll den Titel einer Gräfin verleihen wollte, lehnte ihn Gráinne angeblich stolz ab: »Wir sprechen hier von gleich zu gleich. Ihr seid Häuptling in Eurem Land, ich bin es in Connacht.« Doch solche Anekdoten verkennen die Sachlage. Gráinne ging ein hohes Risiko ein, als sie sich nach London begab, wo nichts sie davor schützte, als Freibeuterin und Aufrührerin erhängt zu werden. Deshalb bat sie wohl eher demütig um die Begnadigung ihrer Blutsverwandten und stellte sich in den Dienst ihrer mächtigeren Gegnerin. Sie muß aber Elisabeth so beeindruckt haben, daß diese allen ihren Wünschen entgegenkam. Doch trotz königlicher Gunst verliefen Gráinnes letzte Lebensjahre materiell ungesichert. Nach gälischem Gewohnheitsrecht stand ihr als Witwe ein Drittel vom Erbe ihres Mannes zu. Es wurde ihr jedoch von Bingham bis zuletzt vorenthalten.

Die 8 Kilometer entfernte Kleinstadt **Westport** (ir. Cathair na Mart, Steinwallburg der Rinder; 3 500 Einw.) entstand Ende des 18. Jahrhunderts als Gutsbesitzersiedlung. Der in ein Steinbett gefaßte Carrowbeg durchfließt das Zentrum und die baumbestandene Mall, deren georgianische Häuser von einstiger Wohlhabenheit dank Baumwoll- und Leinenhandel künden. Sie machte Westport zu einer der ansprechendsten irischen Kleinstädte. Die dorische Säule im Mittelpunkt des Zentralplatzes The Octogon trug bis 1922 das Standbild des örtlichen Wohltäters und Bankiers George Glendennings, heute steht hier eine Statue des hl. Patrick.

Östlich des Hafens (Westport Quay) erhebt sich Richard Cassels georgianischer Herrensitz Westport House (1730–80; erweitert von James Wyatt) auf einer terrassierten Anhöhe über einem kleinen See, umschlossen von einem Landschaftspark im englischen Stil. Die Browne, Besitzer von Westport House und Träger der Titel Marquess of Sligo und Grafen von Altamont, gelten als Nachfahren Gráinne Ní Mháilles. Ihr Freibeuterblut muß sich auch im hellenophilen Zweiten Marquess von Sligo geregt haben, einem Freund und Studienkollegen des Dichters Lord Byron. In Griechenland raubte Lord of Sligo kurzentschlossen einige Säulen vom Schatzhaus des Artreus, bestach die Mannschaft eines britischen Kriegsschiffs, die antike Beute nach Westport zu transportieren, und wurde dafür zu einer viermonatigen Haft verurteilt. Seine Nachfahren fanden 1906 die wertvollen Trümmer im Keller von Westport House und verkauften sie dem Britischen Museum.

Folgende Doppelseite: Achill Island – Irlands größte Insel

Newport (ir. Baile Uí Fhiacháin) im Nordosten der Clew Bay
bildet ein vielbesuchtes Anglerzentrum, da hier die Flüsse Newport
und Burrishoole sowie die nahegelegenen Seen (Lough Furnace,
Beltra und Fe(e)agh) vielfältige Möglichkeiten bieten. Die men-
schenleere Region um die Bergkette des Nephin Beg (»Kleiner
Nephin«; 627 m), der seinen Abschluß im kegelförmigen Nephin
(806 m) findet, bildet ein lohnenswertes Ziel für Ausflüge ins
Binnenland. Drei Kilometer nordwestlich Newports liegt die Ruine
der Dominikanerpriorei **Burrishoole** (1486) malerisch an einem
Meeresarm; die Ostseite ihres Kreuzganges trägt fast rundbögige
Arkaden. Aus diesem Kloster stammt der De Burgo-O'Malley-
Kelch (1491; National Museum Dublin) aus vergoldetem Silber.
Knapp drei Kilometer westlich erhebt sich auf einer kleinen Felszunge **Rockfleet** oder Carrigahowley Castle (auch Carrigahooley;
ir. Carraig an Chablaigh; 15. Jh.), ein gut restauriertes, vierstöckiges Turmhaus der De Burgo. Gráinne Ní Mháille heiratete 1566
in zweiter Ehe deren Sippenoberhaupt Richard Burke. Sein Beiname »an Iarainn« (»der Eiserne«) bezog sich auf ausgedehnte
Eisenerzminen um Burrishoole. Nach Richards Tod wurde Gráinne
alleinige Herrscherin auf Rockfleet und wehrte 1574 erfolgreich
einen Angriff des Sheriffs von Galway ab.
12 Kilometer westlich liegt das Dorf Mallaranny (auch Mulranny)
geschützt auf dem schmalen Isthmus zwischen der Clew und der
Bellacagher Bay. Die überraschend üppige Corraun- (Curraun-)
Halbinsel steht zu unrecht im Schatten der berühmteren **Achill
Island** (ir. Oileán Acaill). Mit 142 Quadratkilometern bildet Achill
Irlands größte und im Sommer überlaufenste Insel bzw. Halbinsel, denn ihren ohnedies wenig ausgeprägten insularen Charakter hat sie nach dem Bau der Michael Davitt Bridge (1887) über
den an dieser Stelle nur 226 Meter breiten Achill Sound eingebüßt. Landschaftsmaler schätzen Achills moor- und heidebedeckte, wilde Hügellandschaft und das klare Licht. Malkurse
werden an mehreren Orten angeboten. Im Westen und Nordwesten fallen die bis 671 Meter hohen Berge in großartigen Steilküsten (Croaghaun und Minaun Cliffs) zum Atlantik hin ab. Kleine Bergseen verleihen dem Norden besonderen Reiz.
Um die Südspitze führt, bis Dooega, die Panoramastraße Atlantic
Drive. Man passiert Carrickakildavnet Castle (auch Kildownet,
Kildawnet; 15. Jh.), einen düsteren, dreistöckigen O'Malley-
Wohnturm zur Kontrolle des Sundes. Durch das breite Tal beim
ruhigen Ferien- und Fischerdorf Dooega gelangt man nordöstlich zur R319, die Mallaranny mit den meisten Orten Achills
verbindet. Eine Nebenstraße führt nach Dugort (auch Doogort),
einem Badeort mit gutem Sandstrand, von wo man mit dem

Boot zu den drei Kilometer östlich am Fuß des Slievemore (671 m) gelegenen, bei Ebbe zugänglichen Seehundhöhlen fahren kann. Heinrich Bölls Ferienhäuschen an Dugorts Hauptstraße dient seit 1992 Stipendiaten aus Schriftsteller- und Malerkreisen als inspirierender Aufenthaltsort. Der Masseneinfall seiner Leser hat dem Autor des *Irischen Tagebuchs* Achill fast verleidet.

Am Südhang des Slievemore liegen megalithische Gräber und unweit des Slievemore Cemetery *The Deserted Village*, ein bis Ende des 19. Jahrhunderts benutztes Senndorf. Böll mißdeutete es als Skelett eines während der Großen Hungersnot ausgestorbenen Dorfes.

Archipel der Schafe und Seeräuber – Inishbofin, Inishturk und Clare

Inishbofin (ir. Inis Bó Finne, Insel der weißen Kuh; 180 Einw.) ist relativ flach, doch an der Nord- und Ostküste stark gegliedert. Zum Schutzpatron wurde Colmán von Lindisfarne (gest. 676), der sich nach seiner Niederlage auf der Synode von Whitby mit seinen Anhängern nach Inishbofin zurückzog. Nahe dem schilfgesäumten Church Lough bezeichnen eine Kreuzstele sowie die Ruine einer mittelalterlichen Klosterkirche (13. Jh.) Colmáns alten Klostergrund.

Die baumlose Insel läßt sich bei drei ausgedehnten Spaziergängen erkunden, ausgehend vom geschützten alten Naturhafen. Er wird von Port Island abgeschlossen, einer bei Ebbe erreichbaren kleinen Insel, auf die Mitte des 16. Jahrhunderts der spanische Pirat Don Bosco seine Festung setzte, offenbar mit Erlaubnis Gráinne Ní Mháilles, deren Sippe den O'Flaherty Inishbofin 1380 abgenommen hatte. Im Februar 1653 ergab sich Inishbofin als letzte westirische Festung den englischen Parlamentstruppen. Sie bauten 1656/7 Don Bosco's Fort zu der düsteren, sternförmigen Festung aus, die noch immer eindrucksvoll den Hafeneingang bewacht. 1665 machten die Engländer Inis Mór und vor allem Inishbofin zu Straflagern für katholische Priester, die von hier zu den westindischen Inseln deportiert wurden oder im »Príosún« schmachteten, einem im Winter von der See überfluteten Felsloch in den nordöstlichen Klippen. Von der Südwestküste blickt man auf die grüne Nachbarinsel Inishshark (»liebreizende Insel«), deren Bevölkerung 1960 evakuiert wurde, teilweise nach Inishbofin.

Inishturk (»Insel des Keilers«; ca. 90 Einw.), im Zentrum des Archipels, besteht aus uralten, bis zu 190 Meter hohen Felsfor-

mationen. Das 5 Kilometer lange und 2,5 Kilometer breite Eiland ist Irlands isolierteste bewohnte Insel.

Die der Clew Bay vorgelagerte **Clare Island** (ir. Cliara, Flachland) ist trotz ihres Namens sehr hügelig. Im Nordwesten fällt
der Croaghmore (461 m) steil zum Atlantik ab, mit großartiger
Sicht auf Achill Island. Auf etwa 140 Einwohner kommen rund
9 000 Schafe, die zusammen mit den Kaninchen zur Überweidung
der seit dem 17. Jahrhundert baumlosen Insel beigetragen haben. 1988 entstand vor der Nordostküste die größte irische Lachs-
zucht. Clare verdankt sein Hotel der »Biological Clare Survey«
von 1909 bis 1911, als über einhundert Naturwissenschaftler aus
verschiedenen europäischen Staaten, darunter Deutschland, im
Auftrag der Royal Irish Academy die umfassendste naturgeschicht-
liche Bestandsaufnahme in der Geschichte Westeuropas durch-
führten. 1990 finanzierte die Akademie eine vergleichende zweite
Untersuchung.

Über dem Hafen sitzt auf felsiger Höhe eine der elf O'Malley-
Festungen, Grania Wael's Castle (15. oder 16. Jh.), einst Gráinne
Ní Mháilles Sommersitz, von dem aus sie die Clew Bay kontrollierte. 1831 baute sich die Küstenwache das dreistöckige Turmhaus
um. Auf die O'Malleys und das 13. Jahrhundert geht auch das
Kloster des hl. Bernhard an der Südküste zurück, das seinem Mutterhaus Knockmoy (Co. Galway) entweder als Bußstation oder

Strafkolonie für unbotmäßige Mönche diente. Über dem Chor der kompakten Klosterkirche (1460) ragt ein burgartiger Wohnturm auf. Die für die sonst sinnenfeindlichen Zisterzienser ungewöhnliche Wandbemalung (1991 restauriert) täuscht auf dem Tonnengewölbe des Chors ein Rippengewölbe vor, die Themen sind weltlich, die Ausführung rustikal: Jagdszenen mit Reitern und Windhunden, ein Hirte mit Rindern und Ziegen, ein Harfner im langen, gelben Gewand, Kaninchen, Vögel, Drachen und feuerspeiende Fabelwesen in einst leuchtendem Blau, Blutrot, Schokoladenbraun sowie Goldgelb. Der Erzengel Michael beim Jüngsten Gericht und ein Pelikan bilden die einzigen christlichen Motive. Der Überlieferung nach ist in dem spätgotischen Stiftergrab an der Chornordwand Gráinne Ní Mháille beigesetzt. Ein Flachrelief (vermutlich 2. Hälfte 17. Jh.) daneben zeigt das O'Malley-Wappen: Im Zentrum zielen drei Bögen auf einen wütend schnaubenden Keiler, darunter eine Galeere und das lateinische Motto dieser berühmt-berüchtigten Fahrensleute: »Terra mariq(ue) potens« – »Mächtig zu Land und zur See.« Einmal jährlich treffen sich die Träger des Familiennamens auf Clare Island.

Erris und das Moy Valley: Nordmayo

Der Stoßseufzer »Mayo, God help us!« wurde in Deutschland vor allem durch Heinrich Bölls *Irisches Tagebuch* bekannt. Während jedoch Achill Island und Südwestmayo nicht zuletzt dank Böll zahlreiche Besucher anziehen, harrt Nordmayo weiterhin seiner Entdeckung durch den Fremdenverkehr. Die ausgedehnten Moore zwischen der Mullet-Halbinsel und der Killala-Bucht, wo sogar das Trinkwasser braun aus der Leitung kommt, sind vielleicht nicht jedermans Geschmack, stecken aber archäologisch voller Überraschungen.

Von Mallaranny führt die N59 nach Bangor, dem Zentrum der wirtschaftlich vernachlässigten, dünn besiedelten Region Erris, in deren Südosten sich bis Crossmalina der Erris Bog erstreckt, ein manuell und maschinell ausgebeutetes Flachmoor, das das Torfkraftwerk (1962) von Ballacorick beheizt. Nordwestlich führt die R313 nach Belmullet (ir. Béal an Mhuirthead, Eingang zur Mullet-Halbinsel; 1 000 Einw.) und auf den schmalen Isthmus zwischen der Broad Haven und Blacksod Bay, an deren Ostküsten sich weite Wattgebiete dehnen. Die langgestreckte **Mullet Peninsula** wirkt in ihrer Abgeschiedenheit inselhaft. Sandstrände und Dünen prägen den mit Ausnahme der Felsspitze um den

Termon Hill (102 m) flachen Südarm. Der Nordarm mit dem Tower Hill (130 m) zeichnet sich durch eine besonders am Erris Head eindrucksvolle Klippenküste aus. Sie bildet das abgelegene Brut- und Nistgebiet gefährdeter Vogelarten wie den Wanderfalken (Falco peregrinus) und den Wachtelkönig (Crex crex). Viele frühmittelalterliche Wallburgen und Klostersiedlungen zeugen von einst dichterer Besiedlung.

Nordöstlich Belmullets führen die R313 und R314 durch eine von Kiefernforsten aufgelockerte braune Moorlandschaft zu Nordmayos grandioser Küste, deren aus Schiefer, Sandstein und Muschelkalkablagerungen gebildete Klippen dreifach länger und bis um das anderthalbfache höher als die bekannteren Cliffs of Moher (Co. Clare) sind. Zugleich betritt man hier eines der archäologisch aufschlußreichsten Gebiete Westeuropas. In Glenree nahe dem Fischerdorf Belderg wurden ein bronzezeitliches Gehöft sowie Feldfurchen (um 1500 v.Chr.) freigelegt. Acht Kilometer nordöstlich bilden unterhalb eines vom Torfmoor bedeckten Hügels die **Céide Fields** (ir. céide, sprich »kähdsch«; flachkuppiger Hügel) auf etwa 10 Quadratkilometern die ausgedehnteste neolithische Grabungsstätte der Welt. Um 3200 v.Chr. rodete hier eine Gemeinschaft von etwa dreihundert Menschen mit Steinäxten und in planvoller Arbeitsteilung eine Viertelmillion Bäume und legte längliche Weiden und Felder an, deren Umfassungsmauern die beachtliche Gesamtlänge von 120 Kilometern besitzen. In den prähistorischen Feldern verstreut fanden sich Überreste von Gehöften, erkennbar an Steinwällen, Feuerstellen und Pfostenlöchern. Diese den Feldern zugeordnete Siedlungsform hat sich, ebenso wie die nachbarschaftliche Gemeinschaftsarbeit, seit über fünftausend Jahren in Westirland erhalten. Da offenbar im Neolithikum bis zu zehntausend Menschen eine ähnliche Wirtschaft in Nordmayo betrieben, führten ihre Rodungen und die anschließende Überweidung nach Generationen zur Ausbreitung des Torfmoors. Ein Besucherzentrum erläutert anschaulich die Funde sowie die botanischen Besonderheiten des Moores. Man betritt die architektonisch höchst ansprechende, preisgekrönte Anlage (1993) über einen den megalithischen Gräbern nachgebildeten Hof. Dahinter steht unter einer vom Torfmoor begrünten Pyramide aus Stahl, Glas und Beton der Stamm einer über fünftausendjährigen Kiefer, von der 50 Stufen, die die seither vergangenen Jahrhunderte symbolisieren, nach oben führen. Unweit westlich gaben Brandspuren im Hofgrab von Behy ortsunkundigen Archäologen Rätsel auf, die für die Einheimischen keine waren: Die Grabkammer diente ihnen zum Schwarzbrennen.

Bei Killala berührt die R314 die gleichnamige, tief eingeschnittene und von großen Wattflächen geprägte Bucht, die einen der

Schauplätze des Aufstandes der United Irishmen bildete. Denn bei dem Fischerdörfchen Kilcummin landete im August 1798 der republikanische General Humbert mit 1 100 Franzosen, um den Aufständischen beizustehen. Doch die Erhebung scheiterte nach Anfangserfolgen. Den gälischen Bauern, die sich Humbert anschlossen, mangelte es nicht an Mut, wohl aber an Kampferfahrung, Ausrüstung und Organisation. Die wenigsten verstanden zudem die englischen Ansprachen des französischen Generals und dieser wiederum kein Irisch. Schon im September 1798 kapitulierte Humbert. Die Engländer behandelten ihn und seine Soldaten als Kriegsgefangene, mit den Iren aber machten sie kurzen Prozeß und hängten sie als Verräter an Ort und Stelle auf. Das Schicksalsjahr 1798 ging als »Jahr der Franzosen« in Mayos Geschichte ein.

Im Besucherzentrum von Céide Fields

Das ansehnliche Städtchen **Killala** (ir. Cill Ala, Klause des hl. Ala) besitzt einen kleinen Handelshafen mit alten Speichern. Von einem patrizischen Kloster blieb ein 26 Meter hoher Rundturm (12. Jh.) mit rekonstruiertem Dach. Beim Bau der anglikanischen Cathedral of St Patrick (heute Pfarrkirche) wurde 1680 die Ruine einer mittelalterlichen Kathedrale einbezogen. Am Westufer der Killala Bay kann man gleich drei Franziskanerklöster besichtigen: Das Heilig-Kreuz-Kloster von **Rathfran** an der gleichnamigen Nebenbucht geht auf das Jahr 1274 und die De Burgo zurück, die um 1455 auch das Kloster **Moyne** stifteten, das man südlich Killalas erreicht. Seine spätgotische Kirche besitzt ein Südtransept mit zwei Kapellen sowie eine weitere Kapelle südlich des Chors, einen sechsstöckigen Vierungsturm sowie eine Renaissancetür (17. Jh.). Die Galeeren auf der Westwand des Langhauses wurden im 16. Jahrhundert gezeichnet. Um den Kreuzgang (Ende 15. Jh.) gruppieren sich eine Sakristei, das Kapitelhaus mit Deckengewölbe, ein Refektorium mit Lesepult, die Küche mit dem darüberliegenden Dormitorium sowie Vorratsräume. Nur wenig älter und kleiner, doch besser erhalten und ebenso eindrucksvoll ist das vier Kilometer südlich inmitten von Wiesen an der Moy-Mündung gelegene Kloster **Rosserk**, das schon bald nach seiner Stiftung durch ein Mitglied der Joyce-Familie in gewissem Wettstreit mit Moyne gestanden haben muß. Die Anlagen beider

Kirchen ähneln einander. Beachtenswerte Details in Rosserk sind der reiche Skulpturenschmuck des Westportals, das anmutige Chorfenster sowie eine doppelte Pfeilerpiscina, auf die ein Rundturm, zwei Engel und die Leidenswerkzeuge eingemeißelt sind. Von den Konventgebäuden stehen jeweils drei Gewölberäume auf jeder Seite des Kreuzganges, darüber Schlaf- und Speisesäle sowie die Küche. Außerdem bietet sich am Westufer der Killala-Bucht eine Fülle vor- und frühgeschichtlicher Denkmäler. Von Seltenheitswert für diesen nördlichen Standort ist der Ogham-Stein von Breastagh, mit fast 2,5 Metern zudem besonders hoch. Kühe benutzen ihn respektlos, um sich den Rücken daran zu scheuern.

Sechs Kilometer südlich Killalas folgt **Ballina** (ir. Béal an Átha, Mündung der Furt; 7 000 Einw.), Marktzentrum des Moy-Tales in der fruchtbaren Ebene Ostmayos. Der Moy beschert dem Fremdenverkehr Millionen, denn kein anderer Fluß Irlands bietet so viele Wild-Lachse, die hier gegen geringe Gebühr geangelt werden dürfen. **Lough Conn** und der wesentlich kleinere **Lough Cullin** im Süden Ballinas bilden ebenfalls bedeutende Angelreviere. In Ballinas älterem Stadtteil Ardnaree am Ostufer des Moy steht die Abteikirche (15. Jh.) eines Augustinerklosters mit einem skulptierten Westportal und ungewöhnlichem Steindekor an den Fenstern. Die katholische Cathedral of St Muiredach (19. Jh.) im westlichen, heute zentralen Ortsteil besitzt sehenswerte Glasmalereien. Die Sage verknüpft das Portalgrab in der Nähe des Bahnhofs mit den »vier Maols«, die im 6. Jahrhundert ihren Lehrer, einen Bischof, ermordet haben sollen, wofür sie von dessen Bruder umgebracht wurde.

Sagenhaftes Nordwest-Connacht – Sligo und Leitrim

Gebirgszüge und Hügelketten ersetzen vor allem im Nordwesten durch bizarres Aussehen, was ihnen an Höhe fehlt. Durch dieses »Land der Herzenssehnsucht«, wie William Butler Yeats das Gebiet zwischen dem Knocknarea und Ben Bulben genannt hat, führt die 160 Kilometer lange Autowanderroute *Yeats Trail.* Sie berührt Orte, deren magische Stimmung und Überlieferungen den Dichter inspirierten.

Keine andere Region Irlands besitzt so viele megalithische Denkmäler. Vielleicht deshalb verknüpfen sowohl der nordirische Ulster-Zyklus als auch die südirischen Feniersagen das unruhige Grenzland zwischen Ulster, Connacht und Leinster mit der Herrscherin Medb, mit dem Liebespaar Gráinne und Diarmait sowie dem Fenierführer Fionn mac Cumhaill. Der Volksglaube erhob den Knocknarea, Ben Bulben sowie Sheebeg zu ihren Sterbeorten. Als eilig durchreistes »Tor zum Norden« stehen Sligo und Leitrim im Schatten Donegals. Lovely Leitrim (sprich »Lietrim«) bildet sogar das Stiefkind des irischen Tourismus.

Nordöstlich Ballinas zweigt die R297 von der Hauptstraße (N59) ab und führt als Atlantic Drive um den Lenadoon Point. Auf diesem lohnenswerten Umweg bieten sich bei Inishcrone ein fünf Kilometer langer Sandstrand, 4,5 Kilometer nördlich Reste von Castle Firbis, vom 14. bis 17. Jahrhundert ein regionales Zentrum gälischer Gelehrsamkeit.

Kurz bevor die R297 bei Dromore West in die N59 mündet, passiert man den Split Rock oder Fionn Mac Cool's Finger Stone, ein besonders eindrucksvolles Exemplar unter den vielen Findlingen zwischen den sanftkuppigen Slieve Gamp(h) (ir. Sliabh Gamh) oder Ox Mountains und der Küste. Fionn mac Cumhaill, der in den Sagen der irischen Nordhälfte vom Heros zum Hünen mutierte, soll ihn vom höchsten Gipfel der Ox-Kette, dem Knockalongy (545 m), Richtung Atlantik geschleudert haben.

Kurz hinter dem Verkehrsknotenpunkt Ballysadare führt die R292 nordwestlich um den markanten, steil aus dem Flachland aufragenden **Knocknarea** (ir. Cnoc na Ríabh, Hügel der Hinrichtungen; 329 m). An einer als *scenic drive* ausgeschilderten Nebenstraße am Südosthang findet man den kurzen, aber sehr steilen Aufstieg auf den mythischen Hügel, auf dessen heidebedeckter Kuppe weithin sichtbar der fünf Meter hohe Miosgán Médhbha (»Medbs Buckel«) aufragt, Irlands imposantestes Hügelgrab. Unter dem aus 40 000 Tonnen Stein gebildeten und von den Resten fünf kleinerer Satellitengräber umgebenen *cairn* (um 3000 v.Chr.) soll der Sage nach die kriegerische Königin Medb stehend begraben sein, mit weitem Blick auf ihr Land Connacht. Tatsächlich harrt das unter den Steinmassen vermutete Ganggrab noch seiner Ausgrabung. Die Mühen des Aufstiegs rechtfertigen allemal eine Erholungspause im Windschatten des ehrwürdigen Tumulus, die Rundsicht auf die Buchten von Ballysadare und Sligo sowie das sanftgewellte, grün-blaue Umland ist überwältigend.

Südöstlich des Knocknarea (3,2 Kilometer südlich Sligos) breitet sich bei **Carrowmore** Irlands größte und älteste megalithische Nekropole (4 000–2500 v.Chr.) über eine Fläche von 800 Metern Breite und 2,5 Kilometern Länge aus. Der Volksglaube sieht in ihr den Friedhof von Königin Medbs Kriegern. Einige Gräber sind sogar 700 Jahre älter als die des Boyne-Tals, aber in Grab 26 liegen ein jungsteinzeitlicher Ire neben einem Kelten aus der Eisenzeit! Im europäischen Vergleich bildet Carrowmore das größte jungsteinzeitliche Gräberfeld nach dem bretonischen Carnac.

Es erstreckt sich inmitten von Weiden auf einem Kies-Landrük-ken, was zur Vernichtung von mehr als der Hälfte der 150 Grä-ber führte, die noch im 19. Jahrhundert zu Carrowmore gehör-ten, seither aber dem Tagebau von Sand und Kies oder der Land-wirtschaft zum Opfer fielen. Die über 60 erhaltenen Denkmäler besitzen sehr unterschiedliche Gestalt: Es finden sich kleine Gang-gräber oder Dolmen innerhalb von Steinkreisen, kleine zentrale Grabkammern oder Kistengräber unterschiedlicher Gestalt inner-halb eines Steinkreises neben Steinkreisen ohne Grabmal im Zen-trum. Während Grab 26 nur zwei Beisetzungen aufweist, wur-den in der kreuzförmigen Kammer von Grab 27 an die 140 Urnenbeisetzungen (um 3090 v.Chr.) nachgewiesen. Kein Grab besitzt mehr seinen ursprünglichen Tumulus. Eine restaurierte Kate dient als Museum.

Kurz vor Sligo führt eine Stichstraße zum Strand, von wo man bei Ebbe zur bewohnten, der Sligo Bay vorgelagerten Coney Island fah-ren oder wandern kann. Die von drei Flußmündungen versandete, für moderne Schiffe unbefahrbare Bucht bildet mit weiten Schlick- und Wattflächen ein ideales Gebiet für Enten, Gänse und Watvögel. Die Kleinstadt **Sligo** (ir. Sligeach, Muschelreicher Fluß; 20 000 Einw.), Nordwest-Connachts lebhaftes Kultur-, Wirtschafts- und Verwaltungszentrum, entstand an einer Furt nahe der Mündung des Garavogue, des drei Kilometer kurzen Abflusses des Lough Gill, über die eine alte Fernstraße nach Ulster verlief. 807 taucht Sligo erstmals in den Annalen auf, als es Wikinger plünderten und niederbrannten. Die Konföderiertenkriege 1641–49 setzten der ungeschützten Stadt schwer zu, insbesondere ihre Einnahme am 1. Juli 1642 durch den schottischen Kolonisten Sir Frederick Hamilton aus Nordleitrim, der sämtliche Einwohner töten ließ, die nicht hatten fliehen können. Im 18. und 19. Jahrhundert prosperierte Sligo dank Seehandel, Brauerei und Leinenindustrie.

Eine Führung durch Sligo

Um es geradeheraus zu sagen: Für mich ist Sligo die liebenswür-digste Stadt Irlands. Die freundliche Atmosphäre scheint schon in ihrer Gründungslegende auf: Der hl. Patrick soll hier im Win-ter, also zu einer Zeit, als garantiert nicht mit Fischen zu rechnen war, die Einwohner mit der Bitte genervt haben, für ihn, den hungrigen Wanderer, die Netze auszuwerfen. Das taten sie auch kopfschüttelnd, und fingen, gegen alle Wahrscheinlichkeit und dank Patricks Segen, einen besonders dicken Lachs. Aus Dank-barkeit segnete der Heilige den Ort, in dem seither das ganze Jahr hindurch Lachsreichtum besteht.

Sligos Freundlichkeit äußert sich auch in seiner Religionstoleranz. Hier sollen Angehörige zahlreicher christlicher Denominationen und Sekten sowie außerchristliche Religionsgemeinschaften friedlichst zusammenleben. So erzählt es uns jedenfalls unsere junge Führerin, eine Archäologiestudentin, die in den Sommerferien Stadtführungen macht. Wir, eine Engländerin und ich, haben uns vor dem Fremdenverkehrsbüro eingefunden: Mehr Touristen waren es heute nicht. »Never mind«, beruhigt uns unsere Führerin und bringt uns sogleich zur gegenüberliegenden anglikanischen **St John's Church** (1730), die nach ihrer unvorteilhaften Gotisierung von 1812 nichts mehr vom Entwurf des berühmten R. Cassels erkennen läßt. Unsere Führerin findet die schlichte Kirche trotzdem schön und kommt jeden zweiten Tag zu einer stillen Andacht vorbei. Die übrigen Tage besucht sie die prächtiger ausgestattete katholische **Cathedral of the Immaculate Conception** (1858–95), die sie uns gleich anschließend zeigt. Denn unsere Führerin entstammt einer anglikanisch-katholischen Ehe. Ihre private Lösung des in Irland sonst so schwierigen Umgangs beider Konfessionen lautet: Ausgewogenheit. Auf dem anglikanischen Kirchhof begegnen wir übrigens erstmals dem Sligoer Kult um William Butler Yeats (1865–1939), denn gleich neben dem Haupteingang liegt das Grab seines Großvaters mütterlicherseits, William Pollexfens, worauf uns unsere

Führerin nachdrücklich hinweist. Obwohl Yeats in Dublin geboren wurde, ehrt und vermarktet ihn Sligo wie seinen eigenen Sohn, denn der Dichter verbrachte hier Teile seiner Kindheit und blieb auch als Erwachsener von der Gegend bezaubert. Gleich drei Museen erinnern an den Literatur-Nobelpreisträger und seine Familie: In der Stephen Street widmet das kleine **Sligo County Museum** Yeats einen Raum (Yeats Memorial Museum), während die Sligo Art Gallery Gemälde von John (1839–1922) und Jack Butler Yeats (1871–1957) bietet, dem Vater und Bruder des Dichters. Unweit westlich bildet an der Hyde Bridge eine ehemalige Bank das Yeats Memorial Building, in dem in jedem August zwei Wochen lang das Yeats International Festival mit Vorträgen über den Dichter und seine Zeit abgehalten wird. Ansonsten führt darin die Sligo Art Gallery Wechselausstellungen irischer und internationaler Kunst durch. Unsere Führerin zeigt uns all dies und auch die preisgekrönte Bronzestatue für den ersten irischen Literaturnobelpreisträger. »Der Künstler hat ihn als Dandy dargestellt«, meint sie, »na ja, und das war er ja auch.«

Natürlich sehen wir uns, in der Abbey Street, die Ruine der 1252 von Maurice FitzGerald gestifteten **Dominikanerpriorei** des heiligen Kreuzes an, ist sie doch das einzige mittelalterliche Gebäude, das die heimgesuchte Stadt vorweisen kann. Wir bewundern ehrlich das schöne vierbahnige Chorfenster, bestaunen die ungewöhnliche dreibögige, teilrekonstruierte Chorschranke sowie den unter irischen Klosterkirchen einzigartigen, gut erhaltenen Hochaltar, alles aus dem 15. Jahrhundert. Auf zwei Grabmäler macht unsere Führerin besonders aufmerksam: Das Renaissance-Grabmal (1642) für Sir Donagh O'Conor und seine Frau Elinor, gleich neben dem Hochaltar. Diesen Ehrenplatz verdiente sich der Tote mit seiner erfolgreichen Fürsprache bei Elisabeth I., das Sligo-Kloster nicht aufzulösen. Das spätgotische Baldachingrab (1505 oder 1507) an der Nordwand des Langhauses gehört den O'Crean, einer der reichsten Sligoer Familien. Als *weepers* erscheinen die Heiligen Dominikus und Katharina, der Erzengel Michael mit Schild und Schwert, in der Mitte die Kreuzigung mit Maria und Johannes. Dann wieder Yeats, als Zitat vorgetragen aus *Der Fluch der Feuer und der Schatten*, über jene Schreckensnacht, als Hamilton über Sligo herfiel: »Alle Mönche knieten, außer

dem Abt, der mit einem großen Messingkreuz in der Hand auf den Altarstufen stand: ›Knallt sie ab!‹ schrie Sir Frederick Hamilton, doch keiner rührte sich, denn sie waren alle erst frisch konvertiert und fürchteten die Kerzen und das Kruzifix. Für eine kurze Weile schwiegen alle, und dann erhoben fünf Schützen, die Sir Frederick Hamiltons Leibwache bildeten, ihre Musketen und erschossen fünf Brüder. Der Lärm und der Rauch exortierten das Mysterium der blassen Altarlichter, und die anderen Schützen faßten sich ein Herz und zielten ebenfalls. Binnen kurzem lagen die Brüder hingestreckt auf den Altarstufen, ihre weißen Kutten blutbefleckt. ›Setzt das Haus in Brand‹ schrie Sir Frederick Hamilton, und ein Schütze raffte Stroh zusammen und legte es an die Westfassade, doch setzte es nicht in Brand, denn noch immer fürchtete er das Kruzifix und die Kerzen. Als sie das sahen, stiegen die fünf Schützen, die Sir Frederick Hamiltons Leibwache bildeten, auf den Altar. Jeder packte eine geweihte Kerze, und so setzten sie das Stroh in Brand.«
Dies schrieb ein protestantischer Anglo-Ire. Die junge Engländerin und die junge Irin sehen sich einen langen Augenblick starr an. »Never mind«, bricht die Irin den Bann. Sligo war schon immer freundlich zu Fremden. Wir entrichten unseren Obulus. »Zum Abschluß habe ich für euch beide noch etwas ganz Besonderes«, meint unsere Führerin und lädt uns zu Hargadon's ein: Eine traditionsreiche Kneipe, lang und schmal wie ein Schlauch, nicht aufgemotzt und aufgeputzt. Seit einigen Jahren werden hier auch Frauen geduldet. Die Engländerin erkundigt sich nach den beaches of Sligo, ich nach dem Weg nach Carrowmore. Geduldig erklärt uns unsere Freundin beides. Doch für den Nachmittag habe ich noch etwas ganz Besonderes vor: Den Uferspaziergang am Garavogue, einsam und höchst romantisch.

In Sligos Umgebung

Die Landspitze **Rosses Point** (R291), acht Kilometer nordwestlich, war wegen ihrer geschützten Badestrände, einem Freiluftbad bei Deadman's Point, einem Golfplatz und einem Yachtklub schon zur Jugendzeit William Yeats' ein gesuchter Badeort und das elegante Gegenstück zum volkstümlichen Seebad Strandhill an der gegenüberliegenden Westspitze der Sligo-Bucht. Spaziergänge in Rosses Point bieten eine grandiose Sicht auf die beiden Landmarken der Region, den Knocknarea und den nicht minder mythischen Ben Bulben (527 m). Acht Kilometer nördlich Sligos durchtrennt die N15 beim Dorf **Drumcliff** (ir. Droim Chliabh, Bergrücken der Körbe) den altehrwürdigen Grund eines Klosters, das der hl. Colmcille 575 gründete. Von diesem steht linkerhand ein 8,3 Meter hoher Rundturmstumpf (10. Jh.), rechts in einem Friedhof das einzige Hochkreuz (Anfang 11. Jh.) der Grafschaft Sligo. Es zeigt auf der Ostseite den Sündenfall, Kain und Abel, David in der Löwengrube und Christus als Weltenrichter, auf der Westseite die Kreuzigung, ein Kamel und Christi Darbringung im Tempel, auf den Schmalseiten Ornamentik im Urnesstil und Fabelwesen. In der anglikanischen Pfarrkirche (1809) predigte von 1811 bis 1846 der Großvater des Dichters William B. Yeats als Gemeindepfarrer. Sein berühmter Enkel heiratete in Drumcliff und liegt hier mit seiner Frau George begraben, »unter Ben Bulbens bloßem Haupt«, wie er vier Monate vor seinem Tod in einem Gedicht seinen erhofften Beisetzungsort beschrieben hatte. Die letzten drei Zeilen sind als Epitaph auf den absichtlich schmucklosen Grabstein gesetzt:

Cast a cold eye   *(Kalt blicke du)*
On life, on death.   *(auf Leben, auf Tod.)*
Horseman, pass by! *(Reiter, zieh weiter.)*

Sechs Kilometer westlich steht das klassizistische **Lissadell House** (1834, von Francis Goodwin), der Herrensitz der Gore-Booth. Yeats besang in einem Gedicht die beiden Töchter der Familie, »zwei Mädchen in Seidenkimonos, beide schön, die eine einer Gazelle gleich.« Damit waren die Dichterin Eva (1870–1926) und Constance (1884–1927) Gore-Booth gemeint, letztere die »Gazelle.« Als Gräfin Markievicz wurde die Anglo-Irin zur glühenden Kämpferin für die irische Unabhängigkeit, 1916 trat sie zum Katholizismus über und wurde als eine Anführerin des Osteraufstands zum Tode verurteilt, begnadigt und zwei Jahre später als erste Frau ins britische Unterhaus gewählt, wo sie ihr Mandat allerdings nie wahrnahm. Statt dessen wählte man sie als Abgeordnete in den irisch-republikanischen Dáil. Ihr polnischer Mann, Graf Kazimierz Markievicz (engl. Casimir Markievicz), malte die überlebensgroßen Porträts des Butlers sowie Wildhüters der Gore-Booth zu beiden Seiten des Kamins. Dazwischen hängt Sarah Pursers Porträt der beiden berühmten Schwestern. Vogelfreunde finden auf dem Gutsgelände das Gänsefeld, das größte Überwinterungsgebiet des irischen Festlands für grönländische Nonnengänse (Branta leucopis).
Von Streedagh (oder Rosses Point sowie Mullaghmore) kann man mit Fischerbooten zu der bis 1948 bewohnten Insel **In(n)ishmurray** (ir. Inis Muirígh, Muiredachs Insel) übersetzen. Das nur 1,6 Kilometer lange Eiland trägt die geheimnisumwitterten Reste eines dem obskuren hl. Molaise (vermutlich 6. Jh.) oder Laserian zugeschriebenen Klosters, das angeblich nach dem Vorbild syri-

scher Ordensgemeinschaften angelegt wurde und somit die Beziehungen zwischen dem orientalischen und dem irokeltischen Mönchtum beweist. Im Südwesten eines ovalen *caiseals*, das älter als das keltische Kloster sein dürfte, liegen auf einem Freialtar die Clocha Breacha (»gesprenkelte Steine«) in angeblich unzählbarer Zahl. Diese runden, teils mit Kreuzen markierten »Fluchsteine« unterschiedlicher Größe bildeten, vor allem in der Hand der Inselbewohner, gefürchtete Waffen. Wollte man sie zur Vernichtung eines Feindes drehen, mußte man sich durch ein neuntägiges Fastenritual reinigen. Dann umschritt man den Altar gegen den Uhrzeigersinn, die Steine dreifach drehend und stets die Verwünschung wiederholend. Ein moralisch ungerechtfertigter Fluch kehrte sich gegen einen selbst. Im Zweiten Weltkrieg reiste eine in England lebende Einwohnerin eigens nach Inishmurray, um die Steine gegen Adolf Hitler zu drehen.

Beim Weiler Creevykeel liegt touristenfreundlich gleich oberhalb der Böschung der N15 das imposante, restaurierte **Creevykeel Court Tomb** (2500 v.Chr.) mit einem ovalen Hof. Spätere Benutzer verlängerten den ursprünglich nur 29 Meter langen *cairn* auf 46 Meter verlängert, um an der Nord- bzw. Südseite zwei weitere Kammern für ihre Toten unterzubringen.

Still und wenig besucht breitet sich der **Lough Gill**, einer der zauberhaftesten Seen Irlands, zwischen den Dartry Mountains im Norden und dem Slieve Daeane im Süden. Als echter Anderweltsee besitzt auch er ein eigenes Ungeheuer, den Riesenotter Dobherchú. Im Spätsommer biegen sich die Hecken des Umlands unter saftigen Brombeeren. Nach wenigen Kilometern führt einen Stichstraße von der R286 auf eine Halbinsel mit dem einstigen Hazelwood Estate. Am Sculpture Trail, einem romantischen Uferpfad des alten Waldparks, stehen Holzskulpturen zeitgenössischer irischer Künstler. Der Herrensitz **Hazelwood House** (1731), von R. Cassels als verkleinerte Ausgabe des Russborough House (West-Wicklow) entworfen, verfällt auf dem Industriegelände von Saehan Media Ireland, ein deprimierendes Bild. Nördlich der R286 liegt der schöne Trockensee Colga(gh) Lough. Eine Nebenstraße führt an seinem Nordufer zum **Deerpark Forest**, wo sich einsam ein großes Zentral-Hofgrab (3500–3000 v.Chr.) in einem Kiefernforst auf einem Hügel versteckt. Es besitzt die für diesen Typus charakteristischen Grabkammern an der Ost- und Westseite sowie einen langen trapezförmigen *cairn*. Man folgt der Ausschilderung zu einem Parkplatz, wo von der Forststraße rechts ein Pfad (unausgeschildert) abzweigt. Das stark restaurierte, dreistöckige *Pflanzer-strong house* **Park(e)'s Castle** (17. Jh.), malerisch am Lough Gill innerhalb einer fünfeckigen, turmbewehrten Umfassungsmauer gelegen, bezieht zu ungeklärten Anteilen das ältere Turmhaus von Sir Brian O'Rourke ein. Sir Bingham, der englische Gouverneur Connachts, versuchte den irischen Häuptling bei einem nächtlichen Überraschungsangriff auszuheben, aber O'Rourke entkam im Boot, – nur um später in Schottland gefangen und 1591 in London als Hochverräter gehängt zu werden. Im Sommer verkehren Ausflugsboote von Parke's Castle nach Sligo.

Unter schattigen Alleen führt die R286 weiter zum 6,5 Kilometer entfernten, geschichtsträchtigen **Dromahair(e)** (ir. Droim dhá Thiar, Gebirgskamm der zwei Dämonen). Einst Sitz der über West-Bréifne (sprich »Breffni«) gebietenden Uí Ruairc (O'Rourke), ist es heute nur ein Dorf in schöner Parklandschaft, doch eines der ansehnlichsten Irlands, in dem es sich angenehm verweilen läßt. Als der Herrscher Süd-Leinsters, Diarmait mac Murchadha, dem einäugigen Tiernán Ua Ruairc 1152 die bereits vierzigjährige Gattin Devorgilla aus Dromahair entführte, bildete dies den Auftakt zur Normanneninvasion. Im 17. Jahrhundert fiel die Uí Ruairc-Burg an Sir William Villiers, der sie als Baumaterial für sein *strong house* (1626) abtrug; davon stehen Mauerreste und eine Banketthalle. Das 1508 von Eoin O'Rourke und seiner Frau Margaret Ní Briain gestiftete Franziskanerkloster Creevelea am linken Ufer des hier wild über Felsen schäumenden, fischreichen Bonet bildete Irlands letzte Franziskanergründung vor der allgemeinen Auflassung der Klöster durch Heinrich VIII. Das Südtransept birgt etliche Uí Ruairc-Gräber. Auf einem Pfeiler der nördlichen Kreuzgangseite ist der hl. Franziskus zweifach dargestellt, den Vögeln predigend und seine Wundmale vorweisend.

In Richtung Newtownhamilton Church (ausgeschildert) gelangt man nördlich Dromahairs zum wald- und heidebedeckten Tafelberg O'Rourke's Table. Wer die von der EG finanzierten, steilen

Stufen erklimmt, genießt eine fantastische Sicht auf den Lough Gill bis zum Knocknarea. Vom Südostufer des Lough Gill kann man sich zum bewaldeten Inselchen **In(n)isfree** (»Insel des Heidekrauts«) übersetzen lassen, um Yeats' Stimmungslage nachzuvollziehen, als er in seinem Gedicht *The Lake Island of Inisfree* die Schönheit naturverbundenen Lebens pries. Durch ein tief eingeschnittenes Tal zwischen dem Slish Wood und Dooney Rock Forest, dem Rest eines einst ausgedehnten Eichenwaldes, führt die R287 zurück zum Lough Gill. Yeats hat den Dooney-Felsen (großartiger Seeblick) in seinem Gedicht *The Fiddler of Dooney* besungen.

Südleitrim

Der irische Publizist John McKenna muß Leitrims seenreichen Süden im Blick gehabt haben, als er in einem Reiseführer formulierte: »Da ist eine Sinnlichkeit an der Grafschaft Leitrim, die Besitz von meiner Vorstellungskraft ergreift. Erde und Luft sind gleichermaßen von Feuchtigkeit durchtränkt.«

Man reist von Sligo aus an (N4, R284 über Ballygawley bis Keadew, von dort R285 und 280) oder, landschaftlich eindrucksvoller, von Dromahair auf der R287, R289 und R280; letztere verläuft am Westufer des Lough Allen, des obersten der drei Shannon-Seen, der sich wie ein Keil zwischen die Arigna-Berge im Westen und die heidebedeckten, düsteren Iron Mountains im Osten schiebt, mit dem Slieve Anierin (Sliabh an Iarainn, Eisenberg; 585 m) als höchster Erhebung. Diese erzhaltigen Berge gelten als Heimat der *leprecháin*. Vom Anglerzentrum und Ferienort Drumshanbo (ir. Droim Seanbhó, Bergrücken der alten Kuh) führt oberhalb der R207 der Fernwanderweg *Leitrim Way* (62 km) an der Westlehne des Slieve Anierin bis Manorhamilton.

Das schön gelegene Dorf **Leitrim** (ir. Liatroima, Grauer Bergrücken), auf halber Strecke zwischen Drumshanbo und Carrick-on-Shannon, verlieh der Grafschaft den Namen. Auf der R280 gelangt man nach 7 Kilometern zur besonders von Anglern und Freizeitkapitänen geschätzten Grafschaftshauptstadt **Carrick-on-Shannon** (ir. Cora Droma Rúisc, Wehr des Sumpflandrückens; 2 000 Einw.), die aus einer Pflanzersiedlung an einer Furt des gemächlich mäandernden Shannon-Oberlaufs hervorging. Neun Kilometer östlich erinnert in Mohill (ir. Maothail, Weiches Land) eine große Bronzebüste an den berühmten Harfner und Komponisten Turlough O'Carolan (1670–1738), der hier seine Ehejahre verlebte. **Lough Rynn House**, unweit südsüdöstlich am Ufer des gleichnamigen Sees, wurde 1832 von William V. Morrison im Stil der Tudor-Gotik als Hauptsitz der Grafen von Leitrim entworfen. Der berüchtigte Bauherr und Dritter Graf von Leitrim herrschte als Despot über die riesigen Familiengüter und machte auch vom feudalen »Recht der ersten Nacht« Gebrauch, bis er 1878 ermordet wurde. Das Herrenhaus mit eleganten Möbeln und einer Sammlung von Landkarten kann besichtigt werden. Zum weitläufigen Gut gehören drei Seen und ein terrassierter Ziergarten, das Arboretum wartet mit Magnolien, kalifornischen Elefantenbäumen und einer der ältesten Andentannen (Araucaria araucana) Irlands auf. Am Seeufer findet man die Ruine einer Reynolds-Burg, auf einer Halbinsel einen Steingarten.

Der Shannon-Erne Waterway –
Paradies der Beschaulichkeit

Ursprünglich hieß er »Ballinamore-Ballyconnell-Kanal«, abgekürzt »B&B«, und bildete eine Riesenpleite, obwohl er 1846-60, zur Zeit der Großen Hungersnot, mit billig-
sten Arbeitskräften gebaut wurde. Aber den Baukosten von 25000 Pfund Sterling
standen bloß 18 Pfund Einnahmen gegenüber, da in neun Jahren gerade acht Schiffe
diese Wasserstraße passierten. Denn der Konkurrenz mit dem billigeren Schienenver-
kehr hielt auch der »B&B«-Kanal nicht stand. 1869 wurde der Betrieb eingestellt,
zumal der Kanal schon damals »leckte« und im Moor versickerte.
Trotz solch abschreckender Vorgeschichte vereinbarten die britische und irische Regierung 1986 seine Restauration. Die EG subventionierte das rund 70 Millionen
teure, symbolträchtige gesamtirische Unterfangen zu achtzig Prozent. Seit der Eröffnung im Mai 1994 bildet der 62,5 Kilometer lange Wasserscheidenkanal Shannon-
Erne Waterway wieder das Kernstück des irischen Binnenwassernetzes mit einer insgesamt 360 Kilometer langen Wasserstraße von Killaloe (Co. Clare) bis Belleek (Co.
Fermanagh), die zwei der beliebtesten europäischen Bootsreviere vereint: Den von
Belturbet (Co. Cavan) bis Belleek schiffbaren nordirischen Erne (64 km) sowie die
258 Kilometer lange Wasserstraße des majestätischen Shannon, einschließlich der Ne-
benflüsse und Binnengewässer.
Der Kanal überwindet mit 16 Schleusen 25 Meter Niveauunterschied, wobei die
elektro-hydraulischen Schleusen von den Bootsbesatzungen selbst bedient werden
müssen, mit Hilfe von Plastikzahlkarten, mit denen man auch in die behinderten-
gerechten Duschen und Toiletten auf den sechs Muringplätzen der Kanalstrecke
gelangt. Der Waterway besitzt eine Mindesttiefe von 1,55 und eine Fahrrinnenbreite
von 13 Metern. Die Höchstgeschwindigkeit beträgt fünf Stundenkilometer.
Ohne Städte oder Industrieanlagen zu berühren, führt der Shannon-Erne Waterway
durch die Grafschaften Leitrim, Cavan und Fermanagh. Ausgangspunkt ist Leitrim
am Shannon, von wo die Fahrt nordöstlich an schilfgesäumten Ufern verläuft, durch
das üppig grüne Hügel- und Weideland Südost-Leitrims. Einen besonders schönen Blick auf die liebliche Szenerie mit über 30 Seen gewähren die Hügel Sheebeg und Sheemore (»Kleiner« und »Großer Elfenberg«) beim Dorf Keshcarrigan. Lough Scur mit der
Ruine einer Reynold-Burg am Nordufer ist der erste,
Lough Garadice mit bewaldeten Inseln der größte und schönste einer vom Woodford River
gebildeten Kette fischreicher Seen.

Noch mehr Tafelberge und Seen – von Nordleitrim nach Fermanagh

Fermanaghs Seenplatte erfreut sich bei Anglern und Freizeit-kapitänen einiger Beliebtheit, doch ist das landschaftlich wie kulturgeschichtlich reizvolle Gebiet keineswegs überlaufen. Insbesondere das Hügelland West-Fermanaghs wird als Grenzgebiet zwischen den beiden irischen Teilstaaten zu Unrecht gemieden. Der Grenzübertritt ist unproblematisch, doch muß man in Krisenzeiten damit rechnen, daß Nebenstraßen gesperrt sind und man von Kontrollposten zu einer *approved road* geschickt wird. Von Sligo führt die N16 nordöstlich in das malerische Eiszeittal des länglichen **Glencar Lough**, in den sich im Nordosten ein Wasserfall 16 Meter tief ergießt (ausgeschildert). Der magische Ort regte Yeats zu dem ergreifenden Weltflucht-Gedicht *The Stolen Child* an, in dem Elfen einen Sterblichen in die Anderwelt locken: »Komm mit, komm mit, oh Menschenkind/ wo die wilden Wasser sind,/ Hand in Hand mit den Feen./ Denn die Welt hat mehr der Tränen/als du jemals kannst verstehn.« Nordwestlich ragt der King's Mountain auf, ebenso wie Ben Bulben einer der markanten Tafelberge dieser wenig besuchten, grandiosen Region im Norden Sligos und Leitrims. Ihre senkrecht abfallenden Kalksteinplateaus werden von tiefen Erosions- und Abflußrinnen durchzogen. Nordleitrims Kapitale **Manorhamilton** (ir. Cluainín, Wieslein), elf Kilometer östlich verkehrsgünstig am Schnittpunkt von fünf eiszeitlichen Trogtälern gelegen, hat seine Verschönerungsphase gerade hinter sich gebracht und versucht nun, die koloniale Entstehung zu verarbeiten. Örtliche Laienschauspieler drehten mit großer Hingabe einen naturalistischen Streifen über das Wüten des Gründers Sir Frederick Hamilton, den das 1995 eröffnete Besucherzentrum am Nordostrand vorführt. Nach diesem Schocker stärkt man sich erst einmal mit einem der vorzüglichen Kuchen in der Imbißstube, *home made* wie der Film, und wirft einen Blick auf die efeuberankte Ruine von Hamiltons *strong house*, das über die 1630 für schottische Pflanzer im Land der Uí Ruairc gegründete Siedlung wacht. Die Ironie der Geschichte wollte es, daß nun ein O'Rourke den puritanischen Wüterich mimt.

Wer nicht nach Enniskillen (Co. Fermanagh) möchte, findet nordöstlich über die R280 Anschluß an die nach Donegal führende Hauptroute (N15). Die R280 verläuft durch ein weiteres grandioses Eiszeittal mit dem Lough Glenade und dem Truskmore (647 m) im Westen, dem höchsten Tafelberg dieser Region. Bei Kinlough lohnt ein Abstecher zum lieblichen **Lough Melvin**, der als Europas reichstes Wildfischrevier gilt. Der nur hier auftretende Senaghan (Salmo nigripinnis) und die Gillaroo-Forelle (Salmo stomachius) bilden Standortvarietäten der Meerforelle. In Rossclogher Abbey (auch Ross Friary) am Südwestufer verfaßten, im Auftrag des belgischen Klosters Löwen und kurz vor dem Untergang der gälischen Gesellschaft, drei Gelehrte unter der Leitung des Franziskanermönchs Michael O'Clery (geb. 1575) die *Annalen der vier Meister*, die von den mystischen Anfängen Irlands bis zum frühen 17. Jahrhundert reichen. Surfer schätzten das lärmige Seebad **Bundoran** (ir. Bun Dobhrain, Mündung des Dobhranflusses; 1 700 Einw.) mit einem vier Kilometer langen Sandstrand. Wenn während der Hauptsaison bis zu 20000 Besucher einfallen, vermittelt sich einem ein guter Eindruck davon, was der amerikanische Ausdruck honky-tonk meint. Hier mündet die R280 in die N15.

Östlich Manorhamiltons führt die A16 durch ein weites Tal zum Grenzort Blacklion, der auf einer Landbrücke zwischen dem für seine Hechte berühmten Doppelsee Upper und Lower Lough Macnean sitzt. Der Untersee ist wegen der Klippen an seinem Südufer der dramatischere. Sie gehören zum Kalksteinplateau des Marlbank, unter dem sich Irlands größtes Höhlensystem erstreckt. Nur ein Teil davon, die **Marble Arch Caves** mit einem See, kann gefahrlos besichtigt werden. Man erreicht sie südöstlich Blacklions auf einer Nebenstraße, die oberhalb der Zufahrt zum **Florence Court** (1750–70) in die A32 mündet. Der neopalladianische Herrensitz der Grafen von Enniskillen besticht durch seinen Rokoko-Stuck (1755, von Robert West) und seine amphitheatrische Lage zwischen dem Mount Belmore im Norden, dem Benaughlin im Süden sowie dem steilen und zerklüfteten Cuilcagh im Westen, mit 667 Metern die einzige Erhebung Fermanaghs, die den Namen Berg verdient. Im Gutspark steht der 1767 von einem Bauern entdeckte und hierher verpflanzte ›Mutterbaum‹ aller Irischen Eiben (Taxus baccata fastigiata), die sich von gewöhnlichen Eiben durch aufrecht stehende Zweige unterscheiden.

Die 13 Kilometer entfernte Grafschaftshauptstadt **Enniskillen** (ir. Inis Ceithleann, Cethels Insel; 10 500 Einw.) entstand auf einer Drumlininsel im Erne River, der hier den Lower und Upper Lough Erne zu einer wichtigen Wasserstraße verbindet, über die einst auch der alte Pilgerweg zum nördlich gelegenen Lough Derg (Co. Donegal) verlief. Außerdem führt die Fernstraße von Ulster nach Connacht über Enniskillen. Bis Ende des 16. Jahrhunderts kontrollierten die Maguire mit einer Flotte von 1500 Booten den bedeutenden Verkehrsknotenpunkt. Der Donjon

(15. Jh.) ihrer Ende des 16. Jahrhunderts zerstörten Burg wurde von Captain (später Sir) William Cole in den Neubau seines befestigten Wohnsitzes Enniskillen Castle (1611) einbezogen. Das dem Erne River zugewandte Tor-Haus (Watergate) zeigt, wie andere Pflanzerburgen am Lough Erne, mit seinen beiden Tourellen deutlich schottische Einflüsse. Im Inneren informiert ein Heimatkundemuseum über Fermanaghs Frühgeschichte und bietet Abgüsse der Steinfiguren von White Island. Am Westrand des geschäftigen Städtchens prunkt auf einem seiner vier Hügel (Aussicht!) die 1608 von James I. begründete Eliteschule Portora Royal School, zu deren berühmtesten Zöglingen die Bühnenautoren Oscar Wilde (1854-1900) und Samuel Beckett (1906-89) gehören. Lange tat man sich hier schwer, das Bildnis des bisexuellen Exzentrikers Wilde in die Porträtgalerie aufzunehmen.

Nur 2,5 Kilometer südöstlich Enniskillens liegt in einem Waldpark mit dem Lough Coole der silbrig schimmernde Herrensitz **Castle Coole** (1790-93, von James Wyatt), mit dem der Erste Graf von Belmore Florence Court und seinen Schwager auszustechen versuchte. Das Ergebnis war der prächtigste Herrensitz Ulsters, dessen Baumaterial eigens aus Südengland herangeschafft wurde. Auch innen wurde an nichts gespart: Ein ovaler Salon mit Mahagonitüren und Stuckdecke, ein chinesisches Wohnzimmer, vergoldete Spiegel, eine Bibliothek sowie ein für König George IV. hergerichtetes Schlafgemach gehören, neben eleganten Möbeln aus der Zeit vor 1830, zu den Prunkstücken. Südlich mäandert der **Upper Lough Erne** über einer halb versunkenen Drumlin-Ebene. Der Knockninny (»Hügel des hl. Ninnidh«; ca. 180 m), 17,5 Kilometer südöstlich Enniskillens, bietet als einzige nennenswerte Erhebung eine gute Sicht auf das Labyrinth der schilf- und waldgesäumten Seen, Flußarme und 60 bewaldeten Inseln.

Der 32 Kilometer lange und bis zu 8 Kilometer breite, sichelförmig in ein tiefes Eiszeittal gebettete **Lower Lough Erne** ist landschaftlich dramatischer, besonders am felsigen Steilufer am Cullen Hill oberhalb von Ely Lodge (A32) sowie den Cliffs of Magho am findlingsübersäten Nordwestufer. Sie gewähren eine großartige Sicht bis zu den Sperrin Mountains in Tyrone sowie auf die Berge und Hügel Donegals, Sligos und Leitrims.

Unter den fast einhundert bewaldeten, vor allem im Südteil des Sees konzentrierten Inseln ist die nur 2,5 Kilometer von Enniskillen entfernte **Devenish Island** (»Ochseninsel«) geistes- und kulturgeschichtlich am bedeutendsten. Ihr Kloster geht auf den hl. Laserian moccu Nechtai (gest. um 564 oder 567) zurück, einen der »zwölf Apostel Irlands« und bekannter unter seinem Kosenamen Mó-Lais(s)e. Seine wiederholt von Wikingern angegriffene Siedlung schloß sich der Reformbewegung der *céli dé* an. 1130 ließen sich Augustiner auf Devenish nieder.

Wohl aus der Frühzeit des Klosters stammen ausgedehnte, niedrige Erdwerke. Das Oratorium St Molaise's House (12. Jh.) mit einem vorromanischen Türsturz ist das älteste Gebäude der Insel. Die 26 Meter lange, erst als Priorei-, dann bis ins 17. Jahrhundert als Pfarrkirche genutzte Teampull Mór (auch »Mo-Laise's Church«; um 1225) besitzt ein romanisches Südfenster und erhielt nach mehreren Erweiterungen im Norden einen Wohnflügel, im Süden bauten die Maguire im 16. Jahrhundert eine Kapelle an. Der mit 25 Metern nicht sehr hohe Rundturm (vermutlich 12. Jh.) mit originalem Kegeldach und sorgfältig gefügtem Mauerwerk zeichnet sich durch einen ungewöhnlichen Sims unterschiedlicher, jeweils in eine Himmelsrichtung blickender Köpfe aus. Das Rundturmfundament daneben stammt wohl von einem älteren Vorgänger. Die spätgotische Prioreikirche (1449 bis Anfang 16. Jh.) auf der Hügelkuppe weist ein kurzes »Lang«haus und einen mächtigen Vierungsturm auf. Im Klosterfriedhof steht eine hochmittelalterliche Kreuzstele (Mitte 15. Jh.) mit einem anmutigen, gleichschenkligen Kreuz, – seinem Stil nach eine völlig unirische Erscheinung. Der größte erhaltene Schatz der Insel, das Buchreliquiar *Soiscéal Mó-Laise* (Anfang 11. Jh.), ist im Dubliner Nationalmuseum zu bewundern.

12 Kilometer nordwestlich Enniskillens gelangt man über eine Pontonbrücke nach **Inishmacsaint** (»Insel des Sauerampfers«), deren Kloster der hl. Ninnidh, ein Studienkollege des hl. Laserian von Devenish und ebenfalls einer der »zwölf Apostel Irlands«, um 523 gründete. Seine kleine vorromanische Kirche (10. oder 11. Jh.) wurde östlich zur Pfarrkirche erweitert und bis ins 18. Jahrhundert benutzt. Das ringlose, unvollendete Bibelhochkreuz (10. oder 11. Jh.) besteht aus zwei Teilen. Wie Devenish besitzt Inishmacsaint eine große Hügelwallburg. Vom Bootshafen Castle Archdale Marina am Ostufer des Untersees geht zwischen Juni bis September eine Fähre nach **White Island**. Vom Bootssteg führt ein Pfad zu einer Kirchenruine (12. Jh.), durch deren spätromanisches Gewändeportal man auf 7 Karyatiden (9. oder 10. Jh.) von einem Vorgängerbau blickt. Von links nach rechts handelt es sich um eine breit grinsende *sheila-na-gig*, einen Sitzenden mit Buch, einen Abt und eine Äbtissin mit Handglocke

und Bischofsstab, einen sich am Kinn kratzenden Geistlichen, einen Mann, der ein Greifenpaar am Nacken gepackt hält, einen Krieger oder Adeligen mit Schwert, Schild und großer Gewandfibel sowie eine unvollendete Gestalt. Ein achter Stein mit einer sauertöpfisch dreinblickenden Maske gehört nicht in diese Reihe. Das große *ráth* um die Kirche stammt von einem keltischen Vorgängerkloster.

Im Zuge der Ulster-Kolonisierung gelangten schottische und englische Pflanzer nach Enniskillen, deren befestigte Herrensitze und Güter die Erne-Seen wie ein Ring umschließen: Tully (1613; östlich der A46), Old (um 1612) und New Archdale (1773) westlich der B82, Caldwell (1612) an der A47 und Ely Lodge sind die bedeutendsten am Untersee, Balfour (um 1618) und Old Crom Castle (1611) am Obersee. Fermanaghs schönste Pflanzerburg, Monea Castle (1618/9), liegt landeinwärts und oberhalb eines teilweise trockengelegten Sees mit einem *crannóg* (B81 oder A46). Die Westfassade dominieren zwei runde Bastionstürme mit rechteckigen Kammern im Obergeschoß. Nach schottischem Vorbild besorgen Kragsteine den Übergang vom Kreis zum Rechteck.

Rückkehr zur Hauptroute am Ost- und Nordufer des Lower Lough Erne (A32, B82, A35, A47), wobei wir noch den in Irland einzigartigen keltischen Steingötzen auf dem alten Caldragh Cemetery (ausgeschildert) am Westende der **Boa Island** (ir. Inis badhba, Rinderinsel) unsere Reverenz erweisen. Brücken verbinden die größte Insel des Untersees mit dem Festland. Die Warnung »Vorsicht vor dem Bullen!« an der Zufahrt zu dem auf einer Farm gelegenen Gottesacker kann uns nicht schrecken. Und dann stehen sie plötzlich im grünen Gras vor uns, zeitlos und fremd in ihrer göttlichen Starrheit: Das 73 Zentimeter hohe Caldragh Idol trägt einen janusartigen Doppelkopf mit fast identischen, herzförmigen Gesichtern, großen, geöffneten Mündern und engen Augenpaaren. Die langen Haare sind geflochten, die gekreuzten Arme sowie ein Gürtel flach angedeutet. Eine Mulde auf dem Januskopf diente vielleicht für Trankopfer. Der 70 Zentimeter große Lusty Man von der benachbarten Lustymore Island gilt wegen seiner volleren Lippen und plumperen Arme als Idol einer eisenzeitlichen Göttin. Bei ihrer Auffindung waren beide Figuren im unteren Teil stark beschädigt und wurden auf neuzeitliche Basen montiert.

Folgt man bei Kesh der A35 nach Nordwesten, kann man nördlich des Grenzdorfs Pettigo(e) (ca. 900 Einw.) auf der R233 einen Abstecher zum **Lough Derg** (»Roter See«) in Donegal machen, wo Station Island jährlich 25000 Pilger zur härtesten, drei Tage dauernden Bußübung der Christenheit anzieht. Die erste Nacht

Folgende Doppelseite: Eisenzeitliche Idole auf Boa Island

muß betend durchwacht werden, die zweite darf der Pilger im Hospiz der Insel ruhen. Seine einzige Nahrung besteht aus trockenen Weizenküchlein und Schwarztee. Die Pilger drehen barfuß ihre »Runden« um Freialtäre (*leabaí*) aus dem frühen 19. Jahrhundert, die den Heiligen Patrick, Brigid, Colmcille, Molaise, Brendan, Dabheoc sowie Katharina geweiht sind. Die Anfänge der Wallfahrt liegen im Dunkel. Womöglich gehörte der Aufenthalt im »Purgatorium«, wo nach einer mittelalterlichen Legende dem hl. Patrick schon hienieden die Qualen der Sünder und Wonnen der Seligen offenbart wurden, zu einem druidischen Initiationsritual. Das düstere Erdloch, vielleicht das Souterrain einer keltischen Wallburg, war seit 1140 in der Hand von geschäftstüchtigen Augustinermönchen, die für die Besichtigung Gebühren von Pilgern aus ganz Europa kassierten. Als sich darüber 1494 ein holländischer Ordensbruder in Rom beschwerte, befahl Papst Alexander V. die Schließung der anrüchigen Stätte. Da aber dem zahlungsunwilligen Holländer die falsche Höhle vorgeführt worden war, »erfüllte« man den päpstlichen Befehl wortgetreu mit der Schließung des Falsifikats. Das echte »Purgatorium« ging erst 1632 verloren, als der anglikanische Bischof von Clogher die Zerstörung sämtlicher Kultstätten auf Station Island anordnete. Nur die Sitte der Wallfahrt selbst hat überdauert. Von Juni bis Mitte August dürfen ausschließlich Pilger zur Station Island übersetzen, die fast ganz von großen Gästehäusern sowie einer schönen neoromanischen Kirche (1929) mit einer gewaltigen, achteckigen Grünspankuppel eingenommen wird. Innen zeigen Harry Clarkes Glasmalereien die Kreuzwegstationen. Bleibt man am Lower Lough Erne, erblickt man an der Zufahrt von Castle Caldwell ein geigenförmiges Denkmal. Es erinnert an den Geiger Denis McGabe, der 1770 auf einer Vergnügungsfahrt bezecht vom Boot seines Auftraggebers fiel und ertrank. Im Juni werden gesamtirische Geigen-Festspiele (Fiddle Stone Festivals) im hübschen Grenzort **Bel(l)eek** (ir. Béal Leice, Furt der Steinplatte, 350 Einw.) abgehalten. Im River Erne spiegelt sich das stattliche Gebäude der 1857 gegründeten Belleek Pottery, deren Firmenmuseum die Vielfalt der Erzeugnisse von viktorianischem Sanitärporzellan bis zu den gefragten Nippesfigürchen und Ajourporzellan zeigt. Kaolin, ein Grundstoff der Porzellanherstellung, ist in der Gegend reichlich vorhanden. Man folgt ab Belleek dem sechs Kilometer kurzen Unterlauf des Erne (R230) bis Ballyshannon (ir. Béal Átha Seanaidh, Seanachs Mündungsfurt) am steilen Nordufer des Mündungstrichters und passiert zwei vom Erne betriebene Wasserkraftwerke. Auf der Hauptroute (N15) geht es weiter in Richtung Donegal.

Donegal

Große landschaftliche Schönheit macht die klimatischen Unbilden des »irischen Alaska« wett. Mit 34 Prozent besitzt Irlands nordwestlichste Grafschaft den höchsten Anteil an Küstenabschnitten, die als »überragend« oder »von besonderem Panorama« eingestuft wurden. Donegal ist mit menschenleeren Buchten, langen Wanderdünen und herrlichen Sandstränden gesegnet, die blaugefrorene Germanen (Briten und Deutsche) sogar zum Baden nutzen.

Das landwirtschaftlich ergiebige Drittel Donegals liegt hauptsächlich im Osten der Grafschaft. Der Westen lebt überwiegend von Fischfang und Schafzucht. Im Süden und Südwesten bildet Tweedweberei seit Mitte des 19. Jahrhunderts ein besonders blühendes und typisches Handwerk. Die früher nur mit *crotol*, einem auf Felsen wachsenden Pilz, braun gefärbten Tuche zeichnen sich nun durch vielfältige Farbnuancen aus, in denen man alle Schattierungen der Donegal-Landschaft wiederfindet. Die dabei verwobene Wolle stammt freilich jetzt aus Australien, die einheimische wird nach England ausgeführt, für minderwertigere Erzeugnisse.

Die Kargheit der übrigen Böden sowie die politische Sonderung von der Republik Irland erklären die dünne Besiedlung, durch den Nordirland-Konflikt gelangen weniger Touristen in diese Region als in andere Landesteile, denn wer die Anreise über Nordirland scheut, gelangt von der Republik Irland nur über den schmalen Flaschenhals bei Ballyshannon nach Donegal, das in gälischer Zeit als Tír Chonnaill ohnehin zur Nordprovinz Ulster gehörte. Die irische Bezeichnung des *Donegal Way – Slí Uladh* (»Ulsterweg«) – erinnert daran. Dieser Fernwanderweg führt von Pettigo bis Fál Carrach.

Süddonegal

Ab Ballyshannon führt die N15 durch eiszeitlich geprägtes Gelände: Auf einem Sedimentfundament sitzende Drumlinhügel sorgen für Wasserstau, saure Wiesen sowie eine Seenplatte. Das 24 Kilometer nördlich an der Eske-Mündung gelegene **Donegal** (ir. Dhún na nGall, Festung der Fremden; 2 400 Einw.) bildete bis 1607 den Herrschersitz der über Tír Chonaill (Donegal) gebietenden O'Donnell. Ihre Burg (1474) fiel 1616 mit großem

Landbesitz an den englischen Gouverneur Captain Basil Brooke, der ein stattliches dreistöckiges Giebelhaus im Tudor-Stil hinzufügte; beachtenswert sind dessen elegante Eingangstür im ersten Stock sowie der Kaminsims im Hauptsaal des Burgfrieds mit den Wappen von Brooke und Leicester. Das 1474 von Red Hugh O'Donnell d.Ä. gestiftete Franziskanerkloster am Südrand Donegals flog 1602 zu großen Teilen in die Luft, als es wieder einmal in englischer Gewalt war. Nordöstlich ragen die menschenleeren, kahlen Granitberge der Blue Stack Mountains (auch: Croaghorm; ir. Na Cruacha) auf, mit der höchsten Erhebung von 677 Metern und dem malerischen, acht Kilometer von Donegal entfernten Lough Eske.

Im Tal der heiligen Steine: Glencolumbkille und die Killybegs-Halbinsel

Die N56, dann die R263 führen am Nordufer der breiten Donegal Bay auf die nach ihrer größten Ortschaft, **Killybegs** (ir. Na Cealla Beaga, Die kleinen Kirchen; 1 600 Einw.), benannte gebirgige Halbinsel, die sich in manchem von der übrigen Grafschaft unterscheidet: Nirgends finden sich dramatischere Steilküsten und Meeresklippen. Die Natur erscheint hier, auf ihre Grundbestandteile Atlantik, Fels, Berg und Moor reduziert, als schnörkellose Landschaft. Im geschützten Killybegs Harbour, dem bedeutendsten Fischereihafen der Republik Irland, machen auch ausländische Schiffe fest; gleich zehn Fabriken verarbeiten den hier angelandeten Seefisch. Die Herstellung von Segeltuch bildet einen weiteren Industriezweig des geschäftigen Ortes mit einem ansprechenden spätviktorianischen Straßenbild. Bei Carrick (ir. An Carraig, Der Felsen) am Südende des breiten, recht fruchtbaren Tales des Glen River sollte man nicht einen Abstecher zum langgezogenen, hübschen Fischerdorf **Teelin** versäumen, denn vor Teelins Hafen zweigt südwestlich eine schmale Straße zum Aussichtsplateau oberhalb der kleinen Bunglass-Bucht ab, hinter der **Slieve League** (»Berg der Steinplatten«; 601 m) aufragt, Europas höchste Meeresklippe. Wem die Amharc Mór, die »Große Aussicht« vom Parkplatz nicht genügt, kann sich auf die Gratwanderung des streckenweise nur einen Meter breiten *One Man's Pass* begeben. Klare Sicht, Windstille, völlige Schwindelfreiheit und gutes Schuhwerk sind unabdingbare Voraussetzungen. Gefahrlos ist dagegen der alte Pilgerweg (*Old Man's Pass*) an der Landseite, der vor der Zufahrt zu den Bunglass-Klippen ausgeschildert ist. Kurz vor dem Gipfel erreicht man die Reste der Einsiedelei des Abt-Bischofs Áed mac Bricc (auch Aodh oder

Hugh mac Bricne; gest. 589 oder 595), der auf dem breiten Bergrücken die Unio Mystica gesucht und auch gefunden haben dürfte. Ein irischer Mönch pries um 750 auf der Bodenseeinsel Reichenau den Heiligen als begnadeten Heiler.

Fischerboote im Hafen von Killybegs

Nordwestlich Carricks führt die R263 durch eine immer einsamere Moorlandschaft in das Tal von **Glencolumbkille** (ir. Cleanncholmcille oder Gleann Cholm Cille, Tal des Colum(b)cille; 250 Einw.), das breit und überraschend grün die Mündung des mäandernden Murlin-Baches umschließt. Blickfang und Wahrzeichen ist der hohe Helm der anglikanischen Pfarrkirche (19. Jh.). Das Tal galt wohl schon in vorchristlicher Zeit als mystischer Ort. Darum versuchten gleich mehrere Heilige, es für das Christentum zu vereinnahmen, darunter Colmcille, der einer späten Vita von 1532 zufolge jene Dämonen vertrieb, die dem hl. Patrick am Croagh Patrick entronnen und nach Donegal geflüchtet waren. Die 15 Prozessionsstationen der *Turas Cholm Cille* (6. Juni) schließen megalithische Gräber, eisenzeitliche Wallanlagen und die berühmten Schiefer-Kreuzsteine (8./9. Jh.) ein. Sie bilden letzte Zeugnisse der mindestens drei keltischen Klöster Glencolumbkilles und lassen sich stilistisch in eine westliche und eine östliche Gruppe unterscheiden, erstere mit einfachen Kreuzmotiven, die zweite mit komplizierten geometrischen Endlosoder Schlüsselbartmotiven. Der steile und steinige Aufstieg zum

Irland intim: Von der Leidenschaft zur Musik und anderen Passionen

Manche Irland-Urlauber bekommen noch nach Jahren feuchte Augen, wenn nur das Wort »Doolin« fällt. Iren dagegen stellten bereits die blasphemische Frage, ob das Mekka für Folk und traditional music nicht eine deutsche Erfindung sei. Donegal bietet ebenso viele und gleichwertige Stätten genuiner Musikkultur wie die Grafschaft Clare: Etwa auf der Insel Aranmore großartige céilithe oder in Taibhairne Leo (Leo's Tavern), im gaeltacht-Gebiet an der Straße von Kincasslagh nach Anagaire, außer Akkordeonmusik und singsong gelegentlich auch einen internationalen Star, denn der Besitzer ist der Vater der Sängerin Enya.

Doch was Irlandbesuchern gefällt, muß nicht immer Iren gefallen und umgekehrt. Das stellte ich auf meiner ersten Busreise fest, die mich von Donegal ins entlegene Glencolumbkille führen sollte, zu einem wohlverdienten Erholungsurlaub. Unser Fahrer, der die Reise tagein, tagaus antritt, war gegen die Ödnis des Berufs gut mit Kassetten ausgerüstet, und die verrieten eindeutig einen Hang zum Militärisch-Kriegerischen. Er brachte nicht nur zahlreiche rebel songs aus Vergangenheit und Gegenwart zu Gehör, sondern auch zackige Bundeswehr-Märsche. Während der Bus durch die grünbraune Ödnis der Killybegs-Halbinsel schaukelte, dröhnte es aus allen Boxen: »Auf der Heide blüht ein kleines Blümelein, und das heißt Eee-rii-kaa!« Die zweite große Passion unseres Fahrers war ziviler, galt sie doch der Freikörperkultur. Ihr konnte er allerdings in Donegal nicht frönen, nicht nur wegen des Klimas. Wie stark zumindest die öffentliche Meinung hier noch auf Sittsamkeit hält, beweist die Reaktion des Donegal Democrat auf Patrick McGinleys Roman Bogmail. In dieser kraus-kruden Kriminalgeschichte, deren Handlungsfäden sich zerfasern wie Wege im Torfmoor, berichtet der aus Donegal gebürtige Autor unter anderem von einem Fetischisten, der einer Camperin das Höschen klaut und an einen Leitungsmast nagelt. Dieses hübsche Sujet, von einem Rezensenten des Donegal Democrat als Beispiel verdorbener Fantasie gerügt, ist dem Leben entnommen. Die Leidenschaft des Prototypen, Intimwäsche von der Leine zu stiebitzen, waren dem Autor, seinem Heimatdorf und der Ehefrau seit langem bekannt. Doch sind die Verhältnisse nicht immer so duldsam wie in dieser braven Dorfgemeinschaft. Im Lauf der Jahre erfährt man manch traurige Schicksale verbotener Liebschaften. Den Betroffenen bleibt nur die Auswanderung oder Selbstmord, natürlich ohne Begräbnis in geweihter Erde.

Aber ich war ja zur Erholung nach Glencolumbkille gekommen. Das einzige Hotel der drei Dörfer umfassenden township, oberhalb von Malinmore, erschien mir als zuverlässig ruhiger Ort, wo es sich gut zehn Tage würde aushalten lassen. Ich ahnte nicht, daß es allabendlich im Mittelpunkt des regionalen Musik- und Gesellschaftslebens stand. Und ich hatte das Pech, direkt über dem Schankraum zu wohnen, sozusagen im Auge des Orkans. Ab 22 Uhr trafen dort Fiedler zu ihren sessions zusammen, oft unterstützt von nordirischen Kollegen, die sich hier vom Streß der troubles erholen. Die Jungs (und wenigen Mädchen) aus Donegal und die Jungs aus Derry

Glen Head belohnt mit einer atemberaubenden Sicht auf Glencolumbkille, einsame Steilklippen und vorgelagerte Felsen, ebenso eine Wanderung zur einsamen Felsküste von Port mit den Ruinen eines Fischerweilers.

Das Folk Village Museum im Südwesten des Glencolumbkille-Tals überdauerte als einziges etlicher sozialreformerischer und kultureller Projekte, mit denen der damalige Gemeindepfarrer James McDyer in den 1950er und 1960er Jahren den Armutsexodus zu stoppen versuchte. Das Freilichtmuseum vereint drei ortstypische Katenformen des Zeitraums von 1720 bis 1920, alle liebevoll mit originalen Einrichtungsgegenständen ausgestattet. Zu diesem typisch irischen *clachan* (Weiler) gehören auch ein shebeen, ein Schulhaus (um 1900) sowie Nachbildungen von Menhiren, Kreuzsteinen, eines Messefelsens und eines Schwitzhauses. In Serpentinen führt die R263 über eine kleine Paßhöhe mit nochmals großartiger Sicht auf die schroffe Felsenkante des Glen Head und weiter in das Nebental von Glenmalin (ir. Gleann Mhálainn, Tal der Hügelsteilkante) mit dem Pflanzerdorf **Malinmore**. An den Tallehnen stehen jungsteinzeitliche Portalgräber, sechs davon auf einer 90 Meter kurzen Linie am Südufer des Glenmalin-Baches. Besonders eindrucksvoll ist das restaurierte Hofgrab von

gaben dann ihr Letztes und Bestes, bejubelt von einer wachsenden Schar Ortsansässiger, die sich erst im fahlen Morgengrauen laut und türenknallend trennten. Keine Polizeistunde trübt die Vergnügungssucht dieser wie anderer Landgemeinden, denn der einzige Polizist der township denkt nicht im Traum daran, es sich mit seinen Nachbarn oder dem Kneipier zu verderben.

An Nachtruhe war unter solchen Verhältnissen kaum zu denken, denn Sommerzeit heißt nun mal in Irland gesellige Zeit, und Geselligkeit heißt Musik. Man kann nur mitmachen oder fliehen. Wohlgemerkt bieten solche improvisierten Zusammenkünfte von Laienkünstlern, die oft keine einzige Note lesen können, für Kenner hohen Genuß. Mein Verhältnis zur lebendigen Volksmusik ist allerdings seit Glencolumbkille gebrochen, denn es gibt Grenzen der Belastbarkeit und des Schlafentzugs. Wenn man sich im Erholungsurlaub tagsüber nur noch ins Heidekraut werfen und ausschlafen will, ist das Nachtleben eindeutig zu exzessiv. Ich zog daher aus und in ein B&B, wo es so still war, daß man hören konnte, wie der Wind drehte.

Übrigens durfte auch ich mein Scherflein zur Musikkultur Irlands leisten: Als ich in einer Familienpension in Achill Island zwei wirklich sehr nette Herren aus West-Belfast von Iwan Rebroff schwärmen hörte, wußte ich, daß die Zeit gekommen war, meine alten Plattenaufnahmen des sowjetischen Armeechors in würdigere Hände zu legen. Zum Souvenir erhielt ich ein Original-Hartgummigeschoß, wie es die britische Armee damals in Nordirland einsetzte, als Dank einen wunderschönen Fleurop-Blumengruß.

Cloghanmore (um 3000 v.Chr.) mit einem 47 Meter langen *cairn* am Ende des stillen, sumpfigen Tales. Drei Kilometer südlich erhebt sich an der Steilküste des alten Fischerdorfes **Malinbeg** (ir. Málainn Bhig, Kleine Hügelsteilkante; 120 Einw.) einer der drei Martello-Türme zwischen dem Glen und dem Carrigan Head. Steile Stufen führen am Südrand Malinbegs zum grandiosen Sandstrand von Trabane (ir. An Tráigh Bhán, Der weiße Strand), der, auf drei Seiten von der Steilküste umschlossen, einer riesigen Guckkastenbühne für das ewige Schauspiel des Atlantik gleicht. Die BBC hat dort bereits zwei Spielfilme gedreht. Für den letzten mußte Julie Christie bei Nacktbadeszenen im kühlen Donegaler Mai bibbern.

Von Glencolumbkille zum Bloody Foreland

Von Glencolumbkille kommend, durchquert man zunächst eine moorbedeckte Hochebene vor kahlen, von Felsen durchsetzten Bergen. Nordöstlich des Tals des Glen Rivers steigt die Straße zum eindrucksvollen Glengesh Pass, von dem man weit auf die Ebene von Ardara blickt. Doch bevor man sich dem etwa drei Kilometer entfernten, freundlichen Ort nähert, lohnt ein Abstecher zu den sechs Seehöhlen von Maghera (ausgeschildert; Taschenlampe mitnehmen!) am Nordhang des Slievetooey (460 m). Die nur bei Ebbe zugänglichen Höhlen waren ideal zum Brennen bzw. Versteck von *poitín*. Schon die Anfahrt am Südufer der Loughros Beg Bay ist äußerst reizvoll: Bei Sonne spielen die Farben der See von Türkis bis Purpur. Kleine Schwemmland-Inseln dienen als natürliche Rinderweiden. 800 Meter vor dem Weiler Laconnell bildet der Esseranks-Wasserfall einen weiteren beauty spot. Unweit westlich Laconnells folgen ausgedehnte Sandbänke und ein dünengeschützter breiter Strand mit allerfeinstem Sand, auf den die See in langen Brechern zurollt.
Im Tweedweberdorf **Ardara** (sprich »Ard-Rah«; ir. Ard na Rátha, Anhöhe des Ráth; 650 Einw.) lohnt die Einkehr bei Nancy's, einem für irische Verhältnisse ungewöhnlich gemütlichen Pub. Drei Wirtinnen-Generationen haben den winzigen Schankraum, die Nebenräume sowie einen Wintergarten mit Bierseideln, Geschirr und Trödel ausstaffiert. Bei gutem Wetter bietet der entzückende Garten, duftend von Phlox und Rosen, den angenehmsten Aufenthalt zum Verzehr eines *toasted sandwich* oder einer Suppe. Wem das zu sehr nach Puppenstube klingt, findet

an Ardaras L-förmiger Hauptstraße noch etliche andere Kneipen, unter anderem vom langsam aussterbenden Typus *shop-
cum-pub*, also Trödelladen und Kneipe in einem.
Wer anschließend nicht gleich nach Dunglow weitereilt, findet
in dem sanftwelligen Sumpf- und Weideland zwischen Ardara
und dem Dunmore Head zwei außergewöhnliche Kulturdenkmäler: Etwa sechs Kilometer nördlich Ardaras führt hinter der
Kirche von Kilclooney (R261) ein Feldweg zum **Kilclooney More
Dolmen** (nicht ausgeschildert), einem besonders gut erhaltenen
Portalgrab. Im Profil ähnelt sein 4,2 Meter langer Deckstein einem Vogel oder bizarren Fisch. Kilclooney Beg unweit westlich
ist von ähnlicher Bauart und teilte sich einst mit dem großen
Dolmen einen 25 Meter langen Tumulus.
Von Kilclooney lohnt ein Abstecher auf den von Hügeln, Seen
und Dünen geprägten **Dunmore Head**, wo sich einer der eindrucksvollsten eisenzeitlichen Bauten Irlands versteckt. Doch
schon die Suche ist ein Erlebnis. Man verläßt die abwechslungsreiche, hügelauf, hügelab über das Fischerdörfchen Naran (auch
Narin) und den Ferienort Portnoo führende Rundstraße, kurz
bevor sie wieder in die R261 mündet. Nordwestlich zweigt eine
Nebenstraße zum Doon Lake ab, wo man bei einem Einödhof
ein Ruderboot mieten muß, um zum efeuberankten **Doon Fort**
(auch O'Boyle's Fort; The Bawan) im Südwesten des Sees zu

gelangen; dank abgeschiedener, romantischer Insellage wirkt es wie eine Anderweltburg irischer Sagen. Seine mächtige, vier Meter hohe und an der Basis ebenso dicke Wallmauer nimmt fast die gesamte Insel ein. Im Inneren führen vier Treppen auf die Mauerkrone, von der man auf den stillen See, weitere Inselchen und die umliegenden Hügel blickt.

Dunglow (auch Dungloe; ir. An Clochán Liath, Der große Steinhaufen) ist ein ruhiger, vor allem von Iren geschätzter Ferienort, der sich aber Ende Juli bei einem der züchtigen irischen Schönheitswettbewerbe (Mary from Dunglow Festival) belebt, auf denen es außer um gefälliges Aussehen auch um Fähigkeiten wie Witz, Erzähl-, Gesangs- und Tanzgabe geht. Straßenkünstler, Musikgruppen und Jahrmarkt gehören zu den Begleiterscheinungen dieses gesellschaftlichen Höhepunktes. Eine weitere Attraktion, vor allem für Damen der Müttergeneration, ist der Sänger Daniel O'Donnell, dessen Hotel Viking für vier Jahre im voraus ausgebucht ist; die *Meet Daniel O'Donnell-Tours* sind es für ein Jahr. Denn die Damen reisen selbst aus Großbritannien gruppenweise an, um einmal mit dem König der Schnulze, der im übrigen nur seiner Mutter und seiner leichten Muse gehört, Whist zu spielen. »Erst verlieben sie sich in Daniel, dann in Donegal«, heißt es begeistert bei der Donegaler Fremdenverkehrszentrale. Doch die Grafschaft bietet musikalisch mehr als Schmalz. Nördlich schließt der findlingsübersäte Landstrich **Na Rosa** (engl. The Rosses, die Vorlande) mit 130 Seen an, von denen Lough Dunglow und Lough Anure, beide östlich der N56, besonders reizvoll sind. Ebenso empfehlenswert ist die Weiterfahrt über die R259 mit Sicht auf Donegals »ausgefranste« Westküste mit unzähligen Buchten, Meeresarmen, Marschland und vielen, meist flachen Inseln. Die 13,5 Kilometer lange und fünf Kilometer breite, moorbedeckte **Aran Island** (auch: Arranmore Island; 900 Einw.) ist jedoch hügelig und endet im Norden und Westen in eindrucksvollen Klippen. Im Lough Shure (auch: Shore) lebt die seltene Regenbogenforelle. Man erreicht die Insel in zwanzigminütiger Überfahrt von Burtonport, Donegals führendem Fischerhafen für Wildlachs. Über die Hälfte des Lachsfangs wird in Donegal oder Nordirland geräuchert, der Rest als Frischfisch im In- und Ausland verkauft. Vom malerischen **Bunbeg** (ir. An Bun Beag, Die kleine Mündung), Europas kleinstem Fischerhafen, setzt man zur Gola Island und anderen unbewohnten Felseninseln der Gweedore Bay über. Östlich lohnt ein Abstecher auf der R258 zum langgestreckten, im Südwesten bewaldeten Lough Nacung, den Donegals höchste Berge umschließen, darunter im Südwesten der Slieve Snaght (»Berg des Schnees«, 683 m), im Nordosten der majestätische Errigal Mountain (ir. An Earagail, Das Oratorium), mit 752 Metern Donegals höchster Berg. Sein weithin sichtbarer, weißer Quarzitkegel erinnert an einen verkleinerten Fudschijama. Der Aufstieg (etwa zwei Stunden) ist an der R251 nordöstlich des Dorfes **Dunlew(e)y** (ir. Dún Lúiche, Lughachs Festung) ausgeschildert. Es liegt neun Kilometer östlich Gweedores am Lough Dunlewy, einem Zwillingssee des Lough Nacung. Ganz in der Nähe findet man das von einer örtlichen Kooperative betriebene Lakeside Centre (ir. Ionad Cois Locha), ein restauriertes Webergehöft, wo die traditionelle Bearbeitung von Wolle und Tweedweberei vorgeführt, ferner Bootsfahrten angeboten und Anglern Boote vermietet werden. Kinder freuen sich über die vielen Haustiere. Das Restaurant des Zentrums bietet ein breites Lunchangebot. Bei der Ruine von Dunlewys anglikanischer Kirche gelangt man in die wild-romantische Felsschlucht des Poisoned Glen (»Vergiftetes Tal«) am Fuß des Slieve Snaght. Gott soll dort versehentlich beim Schöpfungsakt Gift verschüttet haben, weshalb kein Vogel im Tal singt und das Wasser des Cronanny Burn ungenießbar ist. Nüchternere Auslegungen bemühen die dort wachsende Wolfsmilch oder einen brutalen Junker, der mit Trinkwasservergiftung seine Pächter vertreiben wollte.

Zurück zur Hauptroute und dem beliebten Ferienort **Gweedore** (ir. Gaoth Dobhair, Dores Gezeitenmeeresarm). Das gleichnamige, sich bis Derrybeg erstreckende Gebiet ist mit zahllosen weißen Bungalows übersät. Die ungewöhnlich dichte Besiedlung steht in verblüffendem Widerspruch zur Unwirtlichkeit dieses rauhen Landstrichs, der die geringsten Sonnenstunden, die höchste Windgeschwindigkeit und Irlands kärgste Böden aufweist. Nördlich folgt die R257 der Küste um das **Bloody Foreland** (ir. Cnoc Fola). Diese bis zu 322 Meter von der Küste aufsteigenden, kahlen Hügel verdanken ihren makabren Namen einer Art Alpenglühen. 14,5 Kilometer nördlich ragen die aus Sandstein, Granit und Quarzit gebildeten Klippen der Insel Tory (ir. Oileán Toraigh, Insel der turmartigen Felsen; 90 Einw.) wie eine düstere Festung aus dem Atlantik.

Tory – Insel der Felstürme

Eine oft zitierte Auslegung leitet den Inselnamen, in Anspielung an frühere Piraten, von den Gesetzlosen (*toraidhe*) ab. Das Englische übernahm den Ausdruck: Als tories bezeichnete man 1679/ 80 in England jene, die in Opposition zum Thronanspruch von James II. standen, später die Mitglieder der konservativen Parlamentspartei.

Küste bei
Dunfanaghy

Das knapp fünf Kilometer lange Eiland ist völlig baumlos, seine Torfvorkommen sind vom exzessiven Poitínbrennen erschöpft. Die Nordküste prägen Steilklippen und Felssäulen, deren imposanteste im Nordosten aufragen; diese *tors* dürften die eigentlichen Namensgeber der Insel gewesen sein. Auf der Spitze des Tor Mór befindet sich Torys berühmter Zauberstein. Sollten Angreifer abgewehrt werden, drehte man ihn einfach in ihre Richtung und ein heftiger Sturm brach los. So erging es auch dem britischen Kanonenboot *Wasp* im September 1884, das ein berüchtigter Gutsbesitzer angeheuert hatte, um auf Tory die Pacht einzutreiben. Nachdem der Stein gedreht war, zerschellte die *Wasp* wie viele Schiffe vor ihr am Tor Mór.

Die schmale Landzunge im Nordosten riegeln die frühgeschichtlichen Erdwälle und Gräben von Dhún Bhaloir (Balor's Fort; Doon Baloor) ab. Balor (Balar) war ursprünglich wohl einer der unangenehmeren irokeltischen Götter. In Sagen und Überlieferungen erscheint er als König des mythischen Eroberervolkes der Fomorier und besitzt wie der altgriechische Zyklop Polyphem nur ein Auge, dessen Blick ganze Heere zu vernichten vermag. Von den ursprünglich fünf Kirchen einer kolumbanischen Klostergründung (6. Jh.) stehen bei West Town die Grundmauer der kleinen Church of Morsheiscar (»Kirche der sieben Leute«), die 13 Meter hohe Ruine eines gedrungenen Rundturms sowie Fragmente alter Steinkreuze. Am berühmtesten ist das schlichte kleine Antoniuskreuz aus Schiefer an der Anlegestelle.

Seit der Maler Derek Hill 1956 nach Tory kam, haben viele von ihm erst herausgeforderte, dann inspirierte und geförderte Einwohner ihre Empfindungen auf die Leinwand gebannt, am erfolgreichsten James Dixon (gest. 1970). »Naiv« sind diese in den Stilmitteln sehr vielfältigen Werke nur in dem Sinn, daß die ersten Tory-Maler keine reguläre Ausbildung besaßen. Man findet ihre Werke im Gemeindehaus der Insel sowie im Glebe House bei Gartan. Fährverkehr zu Irlands entferntester bewohnter Insel besteht von verschiedenen Küstenorten, vor allem von Magheraroarty.

■ Die Nordküste

Östlich des Bloody Foreland schließt die *gaeltacht* von Cloghaneely an, deren Zentrum, der Ferienort **Gort an Choirce** (engl. Gortahork – »Haferfeld«), eindrucksvoll an der Südspitze der Ballyness Bay liegt. Ebenso wie Gort an Choirce bietet das zwei Kilometer nordöstlich gelegene Fischerdorf und Anglerzentrum **Fál Carrach** (engl. Falcarragh – »Rauher Winkel«) Sommerkurse für Irisch an.

Von Fál Carrach führt eine Straße südöstlich über den Muckish Gap zum Südhang des Muckish Mountain (Schweinerücken-berg; 670 m), dessen schräges Tafelplateau sich markant von den Spitzen und Graten anderer Donegal-Berge unterscheidet. Der Aufstieg ist steil, die Aussicht sehr lohnend. Der Ferienort **Dunfanaghy** (ir. Dún Fionnachaidh, Festung des weißen Feldes?) auf dem Isthmus der weiten Sheep Haven Bay kann seine Vergangenheit als Fischerdorf noch nicht ganz verleugnen, von der auch ein kleiner Hafen kündet. Zwischen dem Festland und Horn Head bildet der Westarm der Sheep Haven Bay einen fast geschlossenen See, bei Ebbe eine riesige Watt- und Sandfläche, teilweise mit Treibsand. Der fast runde, inselartig wirkende **Horn Head** gilt als eine der schönsten irischen Halbinseln, deren bis zu 190 Meter hohe Klippen an der Nordspitze Ende Mai fast weiß von brütenden Seevögeln sind. Unter anderem findet man hier Irlands größte Tordalk-Kolonie (Alca torda). Die etwa zehn Kilometer lange Rundstraße (*scenic drive*) durch diese windumtoste, heidebedeckte Hügellandschaft legt man am besten wandernd zurück.

Östlich Dunfanaghys verläuft die N56 durch ein besonders bei Nordiren beliebtes Urlaubsgebiet mit guten Stränden bei Port-

nablagh, Marble Hill und **Creeslough** (ir. Craoslach, Schluck-
see). Südöstlich des Dorfes Ballymore schiebt sich die Ards
Peninsula in die Sheep Haven-Bucht, bedeckt vom 481 Hektar
großen **Ards Forest Park**, Irlands nördlichstem und, mit Misch-
wald, Marschen, Dünen, Sandstränden, Wattgebieten und drei
Seen wohl abwechslungsreichsten Waldpark. Den 1966 abgerissenen Herrensitz Ards House ersetzt eine Kapuzinerabtei, deren
Gelände, mit schönen Spazierwegen und versteckten kleinen Bade-
buchten, Besuchern offensteht.

Auf einer Nebenstraße gelangt man am Lough More vorbei zur
etwa drei Kilometer nordöstlich gelegenen Trutzburg **Doe Castle**
(auch Castledoe; Anfang 16. Jh.), die ebenso malerisch wie strategisch günstig auf einer flachen Landzunge in der Sheep Haven
Bay aufragt. Sie gehörte, mit Unterbrechungen, bis 1690 den
Mac Sweeney Doe (Mac Suibhne na dTúath, Mac Sweeney der
(drei) Stämme), einer ursprünglich wikingischen Sippe aus Schottland, die Dónall Óg O'Donnell 1258 als Gall Óglaigh nach
Donegal rief und mit ausgedehntem Landbesitz für ihre Söldnerdienste entlohnte. Sie waren dafür berüchtigt, je nach Vorteil die
Seiten zu wechseln, weshalb kaum ein Mac Sweeney-Häuptling
eines natürlichen Todes starb. In die Wand des 17 Meter hohen
*Keep*s ist eine Grabplatte mit ihrem Wappen (Stier, Widder, zwei

*Wildromantische
Landschaft im
Glenveagh National
Park.*

Fabeltiere), geometrischen Ornamenten sowie einem Blumenkreuz eingelassen.

Vom Ferienort Carrickart an einem Nebenarm der Mulroy Bay läßt sich die **Rosguill Peninsula** erkunden, ein teilweise noch irischsprachiges Gebiet von großer landschaftlicher Schönheit. Downies (ir. Na Dúnaib, Die kleinen Festungen), Rosguills leider allmählich zersiedelte Kapitale, lebt vom Fischfang und der Fischverarbeitung, der Tweedweberei sowie vom Wassersport. Hier beginnt der *Atlantic Drive*, eine 12 Kilometer lange Panoramastraße mit vielfältigen Aussichten auf die Klippen des Horn Head, den Melmore Head und den Muckish. Die Tranarossan Bay bietet ein weiteres Beispiel für Donegals berühmte, langgedehnte Sandstrände. 1,6 Kilometer südöstlich steht unterhalb des Weilers Me(e)vagh eine Kirchenruine (11. Jh.), deren Vorgängerin der hl. Colmcille dort errichtet haben soll, wo sich sein müder Esel niederstreckte. Das verwitterte Schieferkreuz auf dem Friedhof trägt angeblich die Fingerabdrücke des Heiligen.

Idyllen in wilder Umgebung – Glenveagh und Lough Gartan

Südlich Creesloughs führt eine Nebenstraße, dann die R251 durch wildes Hügelland zum Haupteingang des **Glenveagh National Park**, in dem die ursprüngliche Moor- und Heidelandschaft streng erhalten werden soll. Darum hat man den Kampf gegen die »keltische Pest«, den Rhododendron, aufgenommen, der das Wachstum sämtlicher einheimischer Pflanzen buchstäblich erstickt. Wird sein Wildwuchs nicht energisch bekämpft, droht eine bedenkliche Monokultur. Der längste Drahtzaun Irlands hält überdies Schafe und die von ihnen ausgehende Gefahr der Abweidung ganzer Bergkuppen draußen sowie die hier wie in anderen Nationalparks wieder eingeführten Rothirsche (Cervus elaphus) drinnen. Im Mittelpunkt des 10000 Hektar großen Naturschutzgebiets erstreckt sich, acht Kilometer lang, Lough Veagh (auch: Beagh) in einer eiszeitlichen Schlucht zwischen dem Granitmassiv der Derryveagh Mountains im Nordwesten und niedrigeren Hügel im Südosten. Am Südende des Sees stürzt sich der Astellion-Wasserfall 60 Meter tief vom Hang des Dooish (644 m). Das grandiose Tal gehört zur Gweebarra Falt, einer tektonischen Falte, die sich südwestlich mit dem Lough Barra und den Glendowan-Bergen fortsetzt.

Nachdem John George Adair dem Earl of Leitrim das Tal und sein Umland abgekauft hatte, ließ er im kalten April 1861 erst einmal 254 Pächter ausweisen, bevor er Glenveagh Castle (vollendet 1873) errichtete, einen neugotischen Herrensitz auf felsiger Anhöhe am teilweise bewaldeten Ostufer des Lough Veagh (Besichtigung bei Führungen). Der letzte Privatbesitzer, ein amerikanischer Industrieller und Kunstsammler, erfüllte sich hier, in reizvollstem Kontrast zur wilden Schönheit der Donegaler Naturlandschaft, mit den Castle Gardens einen exotischen Gartentraum, inspiriert von belgischen, italienischen und etlichen undefinierbaren Vorbildern. Launige Satyrstatuen schmunzeln unweit von Rabatten mit Zierkohl, dekorativen Riesenzwiebeln und Kürbissen. Hängegeranien und Rosenbüsche setzen leuchtende Akzente in die gedeckten Farben der Donegaler Landschaft. Die vielgestaltige Anlage schützt ein Ring hoher Bäume, darunter sogar Baumfarne, Palmen und Kamelien, vor den rauhen Atlantikstürmen. Ein Kleinbus pendelt kostenlos zwischen dem Besucherzentrum am Haupteingang und dem drei Kilometer entfernten Schloß, von wo abwechslungsreiche Spazierwege durch das Naturschutzgelände führen. Am angenehmsten sitzt man mit dem Imbiß im Schloßhof, umflattert von krümelheischenden Buchfinken.

Südöstlich gelangt man auf der R251 in ein überraschend liebliches, teilweise bewaldetes Tal mit den Seen Lough Akibbon, Lough Nacally und **Lough Gartan** (ir. Loch Gartáin, See der kleinen Felder). Eine hervorragende Sicht bietet sich von dem alten Friedhof am Westhang oberhalb des Lough Akibbon, wo zahlreiche Stammesführer der O'Donnell begraben liegen. Die Steinplatte (Natal Stone) neben dem mit Votivgaben beladenen Altar in der Ruine des St. Colmcille's Oratory (auch Chapel; vermutlich Anfang 16. Jh.) wird als Geburtsort Colmcilles (521–597) verehrt. Die Prozession *Turas Gartáin* befreit irische Auswanderer vom Schmerz des Heimwehs, denn Colmcille, einer der ersten peregrini pro Christo, gilt als ihr Schutzpatron. Am Südufer des Lough Gartan informiert das Colmcille Heritage Centre (ausgeschildert) in einem den vorromanischen Steinkirchen Irlands nachempfundenen Gebäude (1988) über das Leben und Wirken des Heiligen, wobei sich diese vorbildliche Einrichtung bemüht, die nüchternen historischen Fakten von den zahllosen Legenden zu trennen, die sich um Donegals beliebtesten Heiligen ranken.

Eine malerische Nebenstraße führt vom alten Friedhof zum **Glebe House**, einem idyllisch inmitten eines schönen Parks am Seeufer gelegenen, ehemaligen Pfarrhaus (Ende 18. Jh.) georgianischer Bauart. So etwas Herrschaftliches konnte sich zur Bauzeit natürlich nur ein anglikanischer Geistlicher leisten. Der englische Landschafts- und Porträtmaler Derek Hill (geb. 1916), der jetzt in einem bescheidenen Cottage auf dem Anwesen lebt, übereignete das rotgetünchte Haus, das er 30 Jahre lang mit viktorianischem, nah- und fernöstlichem Trödel zu einem stimmungsvollen Gesamtkunstwerk gestaltet hatte, dem irischen Staat, einschließlich der Katzen und seiner Zahnbürste. Schwerpunkte seiner Sammlung von 300 Gemälden und Zeichnungen bilden italienische und irische Maler, darunter Werke von Jack B. Yeats und der von Hill geförderten »naiven« Tory-Maler. Die Glebe Gallery in den ehemaligen Stallungen bietet darüber hinaus Wechselausstellungen internationaler und irischer Kunst. Auch hier lädt ein freundliches Imbißrestaurant zum Verweilen, wo man sich bei Kuchen und Tee einen Videofilm über Derek Hill und seinen zauberhaften Wohnsitz ansehen kann.

Von Creeslough nach Letterkenny

Die N56 verläuft zunächst durch braungrünes Hügelland. Kurz vor Kilmacrenan lohnt ein kurzer Abstecher westlich zum Carraig an Duín (engl. Doon Rock, ausgeschildert), der auch als Wohnstätte (síd) des Elfenkönigs Finnbarr gilt. Der sagenumwobene Granitfelsen bietet einen königlichen Rundblick auf welliges Moor- und Heideland, das im Westen und Norden von eindrucksvollen Bergen, darunter Mount Errigal, umschlossen wird: Ein stiller ehrfurchtgebietender Ort, wie geschaffen für Inaugurationszeremonien, die hier zwischen 1200 bis 1603 an den Sippenführern der O'Donnell vollzogen wurden. Die heiltätige Quelle zu Füßen des Felsens, jetzt in unziemlicher Nähe zu einer öffentlichen Toilette, wird seit den Tagen der Penal Laws verehrt, die umstehenden Büsche biegen sich unter den Votivgaben dankbarer oder hoffender Pilger.

Im Anglerzentrum **Kilmacrenan** (auch Kilmacreenan, Kilmacrennan; ir. Cill Mhíc nEnáin, Klause der Söhne Enáns) wuchs der hl. Colmcille nach gälischer Sitte bei einem Ziehvater auf, dem Priester Cruithnechán. Später gründete der berühmte Donegal-Heilige hier ein Kloster für seine Vettern. Es wurde 1537 durch ein Franziskanerkloster ersetzt, dessen stark zerfallene Ruine einen halben Kilometer östlich des Dorfkerns steht. Durch das breite Lennon-Tal mit dem schilfgesäumten, stillen Lough Fern gelangt man nach **Rathmelton** (auch Ramelton; ir. Ráth Mealtain, Mealtans Festung) in schöner Hanglage an der Mündung des einst schiffbaren Lennon. Vom früheren Reichtum des Pflanzerstädtchens durch den Export von Fisch, Getreide und Leinen künden georgianische Häuser hinter der Castle Street sowie am hübschen alten Hafen das gut erhaltene Fish House (18. Jh.) mit einer kleinen Galerie, einem Imbißrestaurant sowie

Kunstgewerbeladen, ferner alte Hafenspeicher (Shore Street) aus dunklem Donegal-Granit mit roten Fensterläden als hübschem Farbkontrast. Im Old Meeting House (17. Jh.) predigte Reverend Francis Makemie (1658–1708), bevor er 1706 die presbyterianische Kirche Nord-Amerikas begründete.

Obwohl von nordirischen Touristen geschätzt, wirkt das elf Kilometer nördlich (R247) gelegene **Rathmullan** (auch Rathmullen; ir. Ráth Maoláin, Festung des Maolan) recht verschlafen. Es entstand im Schutz einer der vielen Mac Sweeney-Burgen Fanads. Ihre Reste nebst einem noch erhaltenen Steinwappen der Sippe findet man nahe einer 1516 von Eógan Rua Mac Sweeney gestifteten, recht vernachlässigten Karmeliterpriorei. Der anglikanische Bischof von Raphoe ließ 1617 das Südtransept und Langhaus zu einem befestigten Wohnsitz im Stil der Tudor-Gotik umbauen, der gotische Chor diente bis Ende des 18. Jahrhunderts für Gottesdienste. In der restaurierten britischen Garnisonsfestung (»The Battery«, 1810) zum Schutz des einst bedeutenden Marinehafens informiert ein Heritage Centre über die »Flucht der Grafen«: Am 14. September 1607 schifften sich Hugh O'Neill und Rory O'Donnell, die gälischen Herrscher Tyrones und Donegals, mit etwa 90 Stammesführern von Rathmullan aus. The Flight of the Earls endete im Vatikan, wo O'Donnell bereits ein Jahr später starb, – wie es heißt, an der Schwermut.

Von Rathmelton führt der 72 Kilometer lange *Fanad Drive* auf die stark verzweigte Fanad Peninsula zwischen den Meersarmen Lough Swilly und dem fjordartigen Broad Water. Donegals am wenigstens besuchte Halbinsel bietet noch weitgehend unberührte, abwechslungsreiche Lebensräume, mit besonders großartiger Aussicht am felsigen Fanad Head (ausgeschildert Cionn Fhanaide). Bei Doaghbeg an der Ostküste steht Irlands größter Felsbogen. Der kleine Ferienort **Portsalon** bietet einen berühmten Golfplatz direkt über dem Lough Swilly, die Ballymastocker Bay mit einem breiten und zwei Kilometer langen Sandstrand und dem »Highway über den Atlantik«: Eine dem Uferverlauf folgende Nebenstraße, die mit atemberaubenden Ausblicken über die Knockalla Mountains zurück nach Rathmullan führt (nicht ausgeschildert!).

Von Rathmeltons Hafen führt eine Nebenstraße durch fruchtbares Weideland am Lough Swilly nach Letterkenny, mit immer neuen Aussichten auf den 35 Kilometer langen Meeresarm, die Augnish Island, die weit größere Inch Island sowie die Westküste Inishowens. Diese Hangstraße durchschneidet nach knapp fünf Kilometern das Gutsgelände von Fort Stewart, hinter dem, schlecht ausgeschildert und vielleicht deshalb so romantisch abgeschieden, die efeubewachsene Kirchenruine des 1471 von den O'Donnell gestifteten Franziskanerklosters Killydonnell steht. Alle sieben Jahre sollen auf dem Grund des Lough Swilly dumpf die Glocken erklingen, die Plünderer von Inishowen zu rauben versuchten. Gott ließ die Frevler bei einem Sturm ertrinken.

Die geschäftige Kleinstadt **Letterkenny** (ir. Leitir Ceanainn, Hügelseite der Ó Ceannan; 15 000 Einw.) erstreckt sich am Hang des Glendoon Hill, kurz vor der Mündung des Swilly River in den gleichnamigen Meeresarm. Sie besitzt eine vielfältige Industrie und bildet nicht nur Donegals Markt- und Einkaufszentrum sowie den Sitz eines katholischen Bistums, sondern auch die eigentliche Hauptstadt dieser Grafschaft. Oberhalb der langen Hauptstraße überragt die katholische St. Eunan's Cathedral (1890–1901) mit einem 65 Meter hohen Turm den Ort. Wie so häufig, wurde dieser Prunkbau, der das wiedererwachte Selbstbewußtsein der irischen Katholiken im 19. Jahrhundert verkörpert, von Spenden irischer Auswanderer finanziert. Beachtenswert sind das westliche Rosettenfenster, die Seitenfenster mit Glasmalereien von Harry Clarke und Michael Healey sowie eine Marmorkanzel mit reichem Skulpturenschmuck. Gegenüber steht die schlichtere anglikanische Conwal's Church (17. Jh.). An der Kreuzung High Road und New Line Road beherbergt ein restauriertes Arbeitshaus aus der Zeit der Großen Hungersnot das heimatkundliche County Museum.

Von Letterkennys Busbahnhof fährt mehrmals täglich eine Linie des Lough Swilly Bus nach **Raphoe** (ir. Ráth Bhoth – sprich »Raffoh«; Wallburg der Hütten), einem schmucken Städtchen mit dem für Pflanzersiedlungen typischen Diamond im Zentrum. Es liegt am Rande der von niedrigen Landrücken umschlossenen und von Drumlins durchsetzten Lag(g)an-Niederung, die zu den fruchtbarsten Landwirtschaftsregionen Irlands zählt. Obwohl diese stille, von Hecken durchzogene Gegend noch nicht von moderner Landwirtschaft zerstört wurde, wird sie von Touristen kaum wahrgenommen. Seine Stellung in der irischen Kirchengeschichte sieht man Raphoe heute nicht mehr ohne weiteres an. Doch es geht auf eine Gründung des hl. Colmcille zurück, die dessen entfernter Verwandte Adomnán (sprich »Adownahn«; auch Eunan; 624–704) zu einem bedeutenden Kloster ausbaute. Adomnáns auf Iona verfaßte *Vita Sancti Columbae*, eine Sammlung von Begebenheiten im Leben Colmcilles, gilt als ältestes Werk der (iro-)schottischen Literatur. Auf der Synode von Tara setzte Adomnán dem gälischen Gewohnheitsrecht sein von christlicher Ethik geprägtes Gesetzeswerk *Cain Adomnáin* (»Adomnáns Kanon«) entgegen, in dem Kinder, Frauen und

Kleriker erstmals zu schutzwürdigen Personen erklärt wurden. Der Streit um den Ostertermin trieb Adomnán, der sich von einem englischen Kleriker 696 zum römischen Standpunkt hatte bekehren lassen, von Iona zurück nach Irland und Raphoe. Die anglikanische Kirche errichtete 1738 auf dem alten Klostergrund eine Kathedrale, die im Portikus sowie an der nördlichen Außenwand Bruchstücke vom Türsturz eines Vorgängerbaus (12. Jh.) mit der Gefangennahme Christi bewahrt, ferner an der Südwand eine Sedilia mit Steinschmuck aus dem 12., 13. und 19. Jahrhundert. Als Bischof John Leslie den anglikanischen Bischofssitz von Rathmullan nach Raphoe verlegte, verwendete er zum Bau seines vierstöckigen, befestigten *strong house* (1636/7) pietätlos den keltischen Rundturm als Baumaterial. Man blickt von der Anhöhe der dohlenumkrächzten Ruine auf den drei Kilometer südlich gelegenen Hügel **Beltany Tops**, der seinen Namen dem keltischen Sommerfest verdankt. Seine jahrtausendealte rituelle Nutzung belegt ein besonders großer Achsen-Steinkreis (um 1800 v.Chr.) um den *cairn* eines spätjungsteinzeitlichen Ganggrabes. Der größte der erhaltenen 64 Monolithen ist drei Meter hoch, außerhalb des Kreises ragt ein zwei Meter hoher mächtiger Menhir auf. Zu den Funden gehören der nur etwa zwanzig Zentimeter große eisenzeitliche Beltany-Kopf mit den starren, pupillenlosen Augen keltischer Idole und einem betont großen Mund. Wikinger hinterließen Armbänder und Silberbarren.

Von Letterkenny nach Derry

Die N13 verläuft ab Letterkenny als bedeutende Verkehrsader zwischen Nordirland und Donegal und ist darum für Donegaler Verhältnisse ungewöhnlich gut ausgebaut und vielbefahren. Nördlich Newton Cunninghams bewacht auf dem steilen Castle Hill **Burt Castle** (vermutlich Ende 16. Jh.) den Isthmus zwischen dem Lough Foyle und Lough Swilly. Es bildete den Hauptsitz der O'Doherty, der Lokalherrscher auf Inishowen, bis 1608 die Engländer Burt Castle zur Garnison machten. Eine noch großartigere Rundsicht bietet der heidebedeckte, 250 Meter hohe Greenan Mountain, auf dem weithin sichtbar der »Sonnenpalast« **Grianán Ailigh** (auch Grianán (of) Aile(a)ch) thront. Kelten übernahmen hier ein jungsteinzeitliches Ganggrab als Kultstätte und umgaben es mit drei konzentrischen Erdwällen, innerhalb derer die nördlichen Uí Néill ein *caiseal* errichteten. Der hl. Patrick soll hier um 450 ihren Stammvater Eógan zum Christentum bekehrt haben. Als Prestigebau mächtiger Sippenführer wurde der Grianán mehrfach zerstört, zuletzt 1101 durch Brian Borús

Sohn Muirchertach, der aus Rache für die Zerstörung seiner Residenz Kincora durch die Uí Néill seinen Kriegern befahl, je einen Stein vom Grianán abzutragen, aus denen angeblich die Kathedrale von Limerick gebaut wurde. 1874–79 wurden die nur noch zwei Meter hohen Mauern auf 5,25 Meter aufgestockt und innen dreifach abgetreppt. Von den »Brüstungen« erblickt man die fünf Kilometer entfernte Stadt Derry, die Inishowen-Halbinsel, Lough Swilly und Lough Foyle. Am Beginn der Auffahrt kopiert die architektonisch interessante St. Aengus Church (auch Burt Church; von Liam MacCormack und Dominic Madden) mit ihrer Rundform den Grianán, mit ihrem Zeltdach den spitzen Helm der alten Speenoge-Kirche.

Nordöstlich des Dorfes Speenoge geht es entweder auf der N13 weiter nach Derry oder auf der R239 nach **Inishowen** (ir. Inis Eóghain, Eógans Insel), der größten und für viele die schönste der Halbinseln Donegals. Sie bietet im Taschenformat alle Merkmale dieser Grafschaft: Sandbuchten, großartige Klippenszenerie, ein gebirgiges Zentrum brauner, moor- und heidebedeckter Hügel mit dem Slieve Snaght (615 m) als höchster Erhebung und ergiebiges Weideland im Osten. Ihre enge wirtschaftliche Bindung an Derry hat nicht einmal der Nordirland-Konflikt lösen können; viele Einwohner Inishowens arbeiten dort, während Buncrana (ir. Bun Cranncha, Mündung des Baum-Flusses; 4 000 Einw.), die Kapitale Inishowens, Besuchern aus Derry als Vernügungsort dient. Freunde keltischer Steinmetzkunst finden auf dem alten Friedhof des hübschen Dorfes Fahan Mura, knapp fünf Kilometer vor Buncrana, eine zwei Meter hohe, frühe Kreuzstele (7. Jh.) mit zwei unterschiedlich gestalteten Passionskreuzen aus kompliziert verschlungenem Knotenflechtwerk. Den Kreuzschaft der Westseite flankieren zwei Geistliche, deren Roben irische Inschriften tragen, während die nördliche Schmalseite eine der in Irland so seltenen griechischen Inschriften trägt. Das berühmte Patrick's Cross (auch Donagh Cross; 7. oder 8. Jh.) im Marktflecken **Carndonagh** im Herzen Inishowens ist Irlands ältestes Steinkreuz mit noch recht kurzen Armen. Auf der Westseite erkennt man ein Passionskreuz, eine groteske Kreuzigung sowie drei Geistliche. Zwei kleinere Stelen flankieren das Patrick's Cross: Die eine zeigt David als Harfner, einen Vogel sowie einen Krieger (David?). Der Marigold Stone dahinter zeigt auf der Westseite ein als »Dotterblume« (Marigold) mißdeutetes Ornament aus sieben Sternen innerhalb eines Kreises. Die bedeutendsten Burgen findet man am Nordrand Buncranas sowie fünf Kilometer nordöstlich des Fischerhafens **Greencastle**, wo Richard de Burgo 1305 seine imposante Festung Northburg auf eine Klippe gegenüber dem Magilligan Point setzte. Von hier aus kontrollierten die Normannen nicht nur die schmale Zufahrt zum Naturhafen des Lough Foyle, sondern konnten schnell militärisch in Schottland eingreifen. Die stärksten Landschaftseindrücke bieten der Gap of Mamore, von dem aus man auf die kleine Sandbucht von Le(e)nan, den nördlich angrenzenden Dun(d)aff Head mit wilder Klippenszenerie sowie die Hügelufer des Lough Swilly blickt, ferner der bis 109 Meter hohe Malin Head, Irlands Nordkap, mit Sicht auf die Antrimküste und die schottischen Inseln Islay und Jura. Etwa einen Kilometer westlich bietet die gischtende See ein großartiges Naturschauspiel in den Felsformationen des Hell's Hole. Von den östlich des Malin Head gelegenen Felsen kann man kilometerlang an der 80 bis 240 Meter hohen Steilküste zum Glengad Head wandern. Die Rund- und Panoramastraße *Inis Eóghain 100* (Inishowen 100) führt 160 Kilometer lang um die Halbinsel einschließlich des Malin Head.

■ Derry – die »jungfräuliche Stadt«

An Derry (ir. Doire, Eichenhain; 63 000 Einw.) scheiden sich die Gemüter schon beim Namen: Auf Verkehrsschildern und im Sprachgebrauch unionistischer Protestanten heißt Nordirlands zweitgrößte Stadt weiterhin Londonderry, doch seit 1984 Nationalisten in ihr Rathaus einzogen, stellten sie den ursprünglichen Namen wieder her. Gespalten ist auch das Geschichtsbild. Die irische Sicht greift ins 6. Jahrhundert zurück, als der hl. Colmcille hier ein druidisches Eichenheiligtum übernahm. Für Protestanten beginnt Derrys Geschichte erst mit der Ulster-Kolonisierung. Londoner Kaufmannsgilden und Zünfte, zu deren Ruhm die Stadt fortan Londonderry hieß, bauten den 1608 niedergebrannten Ort auf und aus. Als letzte irische Stadt erhielt Londonderry eine mächtige, 1641, 1648 und 1649 sogleich berannte Wehrmauer. Im Thronfolgestreit Ende des 17. Jahrhunderts schlug sich Londonderry auf die Seite des soeben gekrönten William III. Als im Dezember 1688 katholische Truppen aufmarschierten, befürchtete die Bürgerschaft ein Massaker. Dreizehn Lehrjungen verrammelten kurzentschlossen die Tore, innerhalb derer 30 000 Protestanten aus dem Umland Zuflucht gesucht hatten. James II. zog am 18. April 1689 vor dem widerspenstigen Städtchen auf, doch die Maiden City ergab sich selbst nach 105tägiger Belagerung nicht, als Seuchen und Hunger siebentausend Menschen hinwegrafften.
Georgianische Häuser belegen den Aufschwung im 18. und frühen 19. Jahrhundert, als Londonderry Nordirlands Haupthafen

bildete. Seit den 1820er Jahren entwickelte es sich zur bedeutenden Textilstadt (Hemden- und Kragenschneiderei) und bildet mit dem 32 Kilometer entfernten Buncrana auf Inishowen (Co. Donegal) noch immer einen Industrie-Großraum, in den die amerikanische Textilgesellschaft *Fruit of the Loom* mit sechs Werken (2 500 Arbeitsplätze) investiert hat. Ferner besitzt Derry High Tech- und Elektronikfertigung. Zum Inbegriff verletzter katholischer Bürgerrechte wurde die Stadt, als am »Blutsonntag«, dem 30. Januar 1972, britische Soldaten ohne Vorwarnung auf Demonstranten schossen und dreizehn Menschen töteten. Die Bevölkerung Derrys ist klar in Protestanten und Katholiken getrennt, die in deutlich abgegrenzten Vierteln leben.

Im Zentrum (Diamond) der in den 1980er Jahren liebevoll restaurierten und sanierten Altstadt kann man sich bei der Tourist Information nach Führungen zu den berühmten, fünf Meter dicken Wehrmauern (vollendet 1618, von Sir Edward Doddington) erkundigen, die noch auf ihrer gesamten Länge von 1,6 Kilometern begehbar sind und Derrys größte Sehenswürdigkeit bilden. In der äußersten Nordwestecke (Magazine Street) findet man den O'Doherty Tower, die moderne Replik eines spätmittelalterlichen Turmhauses der gälischen Lokalherrscher, mit dem stadtgeschichtlichen Tower Museum und Funden von der 1588 an der Antrim-Küste gestrandeten spanischen Armada. Südwestlich liegt an der steilen Shipquay Street The Village, eine rekonstruierte Gasse der Jahrhundertwende mit Kunstgewerbe- und Andenkenläden. St. Columb's Cathedral (1628–33), ein Bau der Tudor-Gotik im Süden der Altstadt und Irlands älteste protestantische Kathedrale, gilt trotz späterer Veränderungen als schönste Kirche der Pflanzerarchitektur. Im Kapitelhaus sind stadthistorische Archivalien sowie die Schlüssel und Schlösser der Stadttore zu besichtigen. Durch das neoklassische Bishop's Gate gelangt man zur katholischen Long Tower Church (1784–6), errichtet an der Stätte des Rundturms des kolumbanischen Klosters mit St. Columb's Holy Well ganz in der Nähe. Das Shipquay Gate im Nordosten der Altstadt führt zum Hafen. Außerhalb dieses Stadttors steht an der Foyle Street das neugotische Sandsteingebäude des nach einem Bombenanschlag 1984 restaurierten Rathauses, das wie sein Londoner Vorbild The Guildhall (»Innungshalle«, 1890) heißt. Seine Buntglasscheiben erzählen über mehrere Stockwerke die Stadtgeschichte (Führungen; Anmeldung unter 01504/365151).

Von Derrys Ostufer mit dem protestantischen Ortsteil Waterside führt die A2 durch eine fruchtbare Polderlandschaft zum 27 Kilometer östlich gelegenen, hübschen Pflanzerstädtchen **Limavady**

Wandmalerei in
Derry

(ir. Léim na Mhadaidh, Hunde-
sprung; 8000 Einw.) am Unterlauf
des Roe, einst die wichtigste Leinen-
industriestadt der Grafschaft Londonderry. Nordöstlich führt ab
Bolea eine unklassifizierte Straße als
Bishop's Road über den felsigen
Binevenagh (»Abschreckende Landzunge«; 375 m), wo nach acht Kilometern Bishop's View eine großartige Sicht auf die Küste mit dem Magilligan Point eröffnet, das Kap am
Austritt des Lough Foyle, von dem
sich ein fast 12 Kilometer langer Sandstrand erstreckt. Die Panoramastraße
ist Frederick Hervey (1730–1803) zu
verdanken, dem anglikanischen Bischof zu Derry. Von seinem Palast
Downhill Castle (1785, von Michael Shanahan) steht nach einem Brand
nur die Ruine. Durch das neoklassische Zufahrtstor Lion Gate erreicht man Mussenden Temple, Her-
veys riskant auf der Abbruchkante
einer Steilklippe gebaute Sommer-
bibliothek, die den Vesta-Tempel von
Tivoli kopiert. Von hier ergötzte sich
der weitgereiste, glaubenstolerante
Exzentriker am Hinderniswettrennen anglikanischer und pres-
byterianischer Geistlicher am Strand von Downhill. Währenddes-
sen durften die damals offiziell unterdrückten Katholiken heimlich in den Kellerräumen dieses Baus Gottesdienste abhalten.

Östlich Downhills folgt der viktorianische Badeort Castlerock
(1 000 Einw.) mit weiteren guten Stränden und Sandhügeln, da-
nach Barmouth (auch Bar Mouth), der Mündungstrichter des
Bann mit einem Vogelschutzgebiet. In der Umgebung der 10
Kilometer landeinwärts gelegenen Markt- und Universitätsstadt
Coleraine (ir. Cóil Raithin, Farnkrautwinkel; 16 050 Einw.) fin-
det man drei der 8 mittelsteinzeitlichen Siedlungsstätten Irlands,
die bekannteste am Grashügel des Mount Sandel in der breiten
Bann-Senke. Vom Bootshafen am lachsreichen Bann fahren im
Sommer Ausflugsdampfer 16 Kilometer südlich zum Lough
Neagh oder 9 Kilometer nördlich zum Barmouth.

Tyrone und Armagh

Von Derry nach Newry

Tyrone (Tír Eóghain,Eógans Land) trägt den Namen des Stamm-
vaters des Cenél nEógain, eines Zweiges der Uí Néill. Nachdem
sie im 11. Jahrhundert vom Cenél Chonaill, den späteren
O'Donnell, aus Donegal vertrieben wurden, ließen sie sich in
Tyrone amongst the bushes nieder, wo sie im 16. Jahrhundert
der Unterwerfung Ulsters heftig Widerstand leisteten. Strabane
litt, wie seine kleinere Zwillingsstadt Lifford auf dem linken Foyle-
Ufer, wirtschaftlich schwer unter der irischen Teilung und dem
Nordirland-Konflikt. Obwohl nominelle Hauptstadt Donegals,
steht Lifford im Schatten Letterkennys.
Diese Fahrt durch den abwechslungsreichen, wenn auch landschaftlich unspektakulären Westen Nordirlands verläuft bis Newtownstewart auf der Autowanderroute *Northwest Passage*, die
den Touristenstrom in diese bislang wenig beachtete Region des
irischen Binnenlandes locken soll. Sie führt von Dublin nach
Donegal und ist durch eine Windrose mit einem nach Nordwesten weisenden Zacken gekennzeichnet.
Die A5 folgt zunächst dem Lauf des Mourne und passiert nach
knapp 6 Kilometern das erstaunlich hübsche und erstaunlich
unirische Musterdorf **Sions Mills** (ir. Muileann an tSiáin, Zions-
mühle, 1 750 Einw.), mit Fachwerkhäusern und einer neoromanischen anglikanischen Pfarrkirche (1903) nebst hohem
Campanile. Die exotischen Bauten entstanden im Auftrag dreier
frommer Schotten, die hier 1835 eine Kornmühle zur Flachs-
spinnerei umfunktionierten. Südwestlich des Marktfleckens **Newtownstewart** (ir. An Baile Nua, Die Neustadt; 1 500 Einw.), einst
ebenfalls ein bedeutender Textilort, erblickt man auf einer Anhöhe zwei runde Türme als Reste der Burg, mit der Henry
Rimbreadh Ua Néill (gest. 1392) das Flußtal kontrollierte. Seine
Schwester soll mit ihrem schweineartigen Kopf so häßlich gewesen sein, daß sich trotz ihrer sagenhaft reichen Mitgift 19 Bewer-
ber lieber hängen ließen, als ihr Eheversprechen einzulösen. Etwa
8 Kilometer südlich informieren eine Ausstellung und das Museum des **Ulster American Folk Park** sehr anschaulich über die
Auswanderung von etwa zwei Millionen Nordiren im 18. und
19. Jahrhundert sowie ihren Beitrag zur Kolonisierung Nord-
amerikas. Unter Verwendung originaler Geschäftsfassaden wur-

den ganze Straßenzüge der »alten« und »neuen Welt« nachgebaut, in die der Besucher über einen Zweimaster nebst Belfaster bzw. nordamerikanischen Dockanlagen gelangt. Die presbyterianische Meeting Hall des benachbarten Weilers Mountjoy vermittelt die puritanische Strenge dieser nordirischen Gotteshäuser. Backen, Schmiedearbeiten, Spinnen, Weben, Textilfärbung, Kerzenziehen und Pillendrehen in einer alten Originalapotheke werden von den freundlichen Mitarbeitern in historischen Trachten vorgeführt: Lebendige Geschichte zum Anfassen, Schnuppern und Schmecken, an der, wie man den vielen Schulklassen anmerkt, auch Kinder große Freude haben.

Die moor- und heidebedeckten, dünn besiedelten **Sperrin Mountains** mit dem Sawel Mountain (»Scheunenberg«; 678 m) als höchster Erhebung lassen wir nicht rechts liegen, denn der 65 Kilometer lange Höhenzug gehört zu Recht zu Nordirlands landschaftsgeschützten *areas of outstanding natural beauty*. Man nähert sich ihnen von Newtownstewart entweder über Gortin (300 Einw.) oder das nicht minder hübsche Plumbridge (250 Einw.), die sich jeweils als »Tor zu den Sperrins« bezeichnen. Beide Dörfer liegen in den fruchtbaren und malerischen Flußtälern des von Anglern geschätzten Owenkillen bzw. Glenelly River, wo man hauptsächlich von Schaf- und Schweinezucht lebt. Doch sporadisch bricht zwischen Gortin und Plumbridge der Goldrausch aus. Untersuchungen erbrachten Vorkommen an 80 verschiedenen Stellen. Über die geologischen Besonderheiten und die Geschichte der mühsamen Goldgewinnung informiert das Sperrin Heritage Centre beim Weiler Cranagh (B47) im Glenelly-Tal, wo Besucher auch selber schürfen dürfen. Südwestlich Gortins erreicht man über die B48 den **Ulster History Park** mit Repliken landestypischer Bauformen (eine mittelsteinzeitliche Laubhütte, einen Flechtwerkbau des späten Neolithikums, einen bronzezeitlichen *crannóg*, eine keltische Klostersiedlung mit *caiseal*, Rundturm und Oratorium sowie eine normannische *motte*-mit-*bailey*-Burg).

Weiter geht es von Gortin auf der B46, dann auf der A505 in östlicher Richtung. Bei Dunnamore am Südrand der Sperrins verdienen die **Beaghmore Stone Circles and *Cairn*s** (um 1000 v.Chr.) einen Besuch. Hier stieß man beim Torfabstich 1935 auf eine weitläufige bronzezeitliche Ritualstätte von einem halben Hektar Fläche, errichtet auf einer älteren jungsteinzeitlichen Siedlung. Von der gewaltigen Anlage sind noch sieben Steinkreise, acht Alignements sowie zwölf kleine Tumuli erhalten, einige davon mit Kistengräbern. Sechs Kreise sind paarig angeordnet, mit Steinreihen als Tangenten in ost-westlicher Richtung. Der große

siebte Kreis heißt »Die Drachenzähne«, weil seine Innenfläche mit 884 niedrigen, spitzen Steinen ausgefüllt ist. Südlich der A505 und einen knappen Kilometer südsüdwestlich des Cam Lough liegt auf einer Anhöhe mit großartiger Sicht das jungsteinzeitliche Hofgrab von Cregganconroe (ausgeschildert), ein weiteres von vielen vorgeschichtlichen Denkmälern im Sperrin-Gebiet.

Sechs Kilometer vor Cookstown (7 650 Einw.), einem einstigen Zentrum der Leinenindustrie, bildet die **Wellbrook Beetling Mill** (Ende 18. Jh.) ein interessantes Denkmal aus Ulsters Textilgeschichte. Die wassergetriebene, funktionstüchtige Walkmühle diente der abschließenden Behandlung des Leinens, dem man durch Kalandern Weichheit und einen eleganten Schimmer verlieh.

Tyrones gälische Geschichte erschließt sich bei einem kurzen Ausflug zum **Tullaghoge Fort**, vier Kilometer südsüdwestlich Cookstowns links der B162 auf einem Hügel mit weiter Rundsicht gelegen. Ein baumbestandener Außenwall mit einem Innengraben sowie einem weiteren, fast zwei Meter hohen, ovalen Erdwall bildete vom 11. bis 17. Jahrhundert das Sippenheiligtum des nördlichen Zweiges der Uí Néill. Die Stätte wurde von den O'Hagan gehütet, die neben den O'Cahan den weltlichen Teil der Inaugurationszeremonie vollzogen: Während der Herrschaftsanwärter auf dem vierteiligen Steinthron Leac na Rí Platz nahm, streiften sie ihm neue Schuhe über. Derweil sangen die rang-

Im Ulster History Park bei Gortin, Co. Tyrone

niedrigeren Gefolgsleute »zum Klirren der Schilde und dem Klang von einhundert Harfen« seinen Namen. Lord Mountjoy, einer der brutalsten und deshalb erfolgreichsten englischen Generäle, wußte um die Symbolkraft seiner Tat, als er 1602 den Krönungsstein zerschlug. Bei seinen Strafexpeditionen brannte er die Felder Tyrones nieder, ließ den Bauern das Vieh wegtreiben und ihre Webstühle zerschlagen.

Östlich Cookstowns führt die B73 zum sandigen Westufer des Lough Neagh. Auf einer öden Landzunge erinnert unweit südlich ein gut gearbeitetes Bibelhochkreuz (10. Jh.) an das 1166 niedergebrannte, keltische Kloster von Ardboe (ir. Ard Bhó, Anhöhe der Kuh). Seine Nordseite trägt ein ungewöhnliches Motiv aus der heidnischen Epik: Die geheimnisvolle Gestalt eines Mannes mit Hund. Er wird als Cú Chulainn, als »Hund des Cullan«, gedeutet, denn so lautete der Beiname des mit übermenschlichen Kräften ausgestatteten Ulster-Heros: Nachdem er in Notwehr den berühmten Hund des Schmiedes Cullan getötet hatte, diente er ihm freiwillig als Hetz- und Wachhund.

Weiter geht es auf der B161, wobei man die oberhalb der Washing Bay gelegene kleine Festung Mountjoy Castle (1611) passiert. In Coalisland (3 300 Einw.), das seinen Namen der seit 1720 geförderten Braunkohle verdankt, informiert in einer ehemaligen Kornmühle das Coalisland Experience and Heritage Centre über die regionale Industriegeschichte.

Im Markt- und Industriestädtchen **Dungannon** (ir. Dún Geannain, Geannans Festung; 12 000 Einw.) residierten vom 13. bis frühen 17. Jahrhundert die nördlichen Uí Néill. Die Tyrone Crystal Ltd. in Killbrackey am nordöstlichen Stadtrand rief 1971 ein sozial engagierter katholischer Pfarrer ins Leben, um die extrem hohe Arbeitslosigkeit zu überwinden (Werksbesichtigung).

Östlich führt die M1 durch die Senke des **Lough Neagh** (ir. Loch nEathach, Eochadhs See), mit 343 (nach anderen Angaben 388 ode 396) Quadratkilometern Irlands größter Binnensee. Sein Fischreichtum – Lachsforellen (dollaghan) und vor allem Aale – wird kommerziell ausgebeutet. Die im Lough Neagh millionenfach vorkommende, heringsähnliche Irische Maräne (Coregonus pollan), kurz *pollan*, ist in anderen Gewässern Irlands so gut wie ausgestorben, wird hier aber als Speisefisch gefangen und überall in Nordirland verkauft. Vom August bis Dezember werden bis zu 4 000 Aale pro Nacht gefangen und hauptsächlich nach Deutschland und Holland exportiert. Im Anglerzentrum Toomebridge am Austritt des Bann aus dem Lough Neagh findet man Europas größte Aalfabrik. Zwischen 1846 bis 1959 dreifach abgesenkt, ist der See mit einer maximalen Tiefe von zwölf Metern relativ flach.

Ausgedehnte Sumpfgebiete im Süden bieten zahlreichen Schwänen, Enten, Reiherenten und Haubentauchern Nistplätze. Zu den wenigen Inseln gehört die bewaldete, naturgeschützte Cony Island an der Blackwater-Mündung, die man vom kleinen Bootshafen in Maghery aus erreicht. Südlich davon führen Knüppeldämme sowie eine fast 13 Kilometer lange Schmalspurbahn durch den Peatlands Park, einen naturgeschützten Rest der Sumpfgebiete Nord-Armaghs mit bewaldeten Drumlins. Ein Besucherzentrum informiert über die durch den Torfabbau verursachten ökologischen Schäden. Die einstige Insel Oxford Island wurde bis 1846 zur Rinderhaltung genutzt. Als Naturschutzgebiet bietet sie jetzt Verstecke zur Vogelbeobachtung, Wanderwege und eine Ausstellung zur Naturgeschichte des Sees im Lough Neagh Discovery Centre. Englische Kolonisten aus Worcestershire machten die Region nordöstlich der Grafschaftshauptstadt **Armagh** (ir. Ard Mhacha, Machas Anhöhe; 13 000 Einw.) zu »Ulsters Obstgarten«, besonders hübsch anzusehen zur Zeit der Apfelblüte im Mai. Die ansprechende Kleinstadt bildet das Zentrum sowohl der katholischen oder auch der anglikanischen Kirche Irlands, denn der hl. Patrick soll sich um 450 hierher gewandt haben, nachdem er in Tara abgeblitzt war. Als ihm Armaghs frischgetaufter König Dáire nicht umgehend seine Erdwallfestung als »apostolischen« Sitz abtrat, ließ Patrick seine Rosse sterben und den König sich vor Schmerzen winden. Innerhalb des alten Doppelwalls auf dem späteren Kathedralenhügel entstanden eine Steinkirche nebst Kloster, wo 807 das Buch von Armagh verfaßt wurde, ein Taschenevangeliar. Seine Anhänge und Kolophone unterstreichen Armaghs geistlichen Führungsanspruch. Brian Ború von Thomond erkannte ihn um 1006 an, in der Hoffnung, damit Verbündete im Norden zu gewinnen. Auf eigenen Wunsch wurden er und sein Sohn Muirchertach 1014 hier beigesetzt.

In den Baumaßen der anglikanischen Kathedrale lebt noch der frühere Bau des Erzbischofs Patrick O'Scanlon (auch Ó Scanail) von 1268 fort, der 1765 restauriert und zwischen 1834–40 besonders außen umfassend erneuert wurde. Eine kleine Außentür im Osten führt zur mittelalterlichen Krypta, wo ein Fries jener gotischen Steinköpfe erhalten ist, die bis zur Modernisierung die gesamte Kirche schmückten. Beachtenswert sind eine Sonnenuhr (1706), im nördlichen Seitenschiff die Reste des einstigen Marktkreuzes (11. Jh.) mit Christi Taufe und Kreuzigung sowie dem Sündenfall. Von ortsgeschichtlichem Interesse ist die Marmorbüste des anglikanischen Erzbischofs Richard Robinson (geb. 1709; Erzbischof ab 1765; gest. 1794), dem Armagh nach Verwüstungen während des Ulster-Aufstands seinen Ausbau zur hübschen georgianischen Stadt verdankt.

Zum freundlichen Stadtbild trägt der warme Karbon-Kalkstein bei, der in verschiedenen Farbtönen südlich Armaghs gebrochen wird. Diese »Armagh-Marmor« genannte rote Spielart wurde vor allem von dem jungen Francis Johnston (1761–1829) benutzt, der im Auftrag Robinsons Armagh in der zweiten Hälfte des 18. Jahrhunderts ausbaute und später als Architekt in Dublin Karriere machte. Auch die der anglikanischen Kathedrale gegenüberstehende katholische St. Patrick's Cathedral (1840–73) verwendet innen Armagh-Marmor. An der Mall, einer hübschen, baumgesäumten Promenade zu beiden Seiten einer breiten, für Cricketspiele genutzten Rasenfläche, stehen das Gerichtsgebäude (1809) und das kleine Armagh County Museum mit einer Galerie, darunter Werke des örtlichen Porträtmalers James Sleator (1889–1950) und des als Schriftsteller bekannteren George Russell (Pseudonym »AE«; 1867–1935). Von hier führt die College Street auf den College Hill mit einem von Erzbischof Robinson 1790 gegründeten Observatorium (vollendet 1825, von F. Johnston). Im Planetarium (1968) sind astronomische Geräte ausgestellt.

Im Süden des Städtchens (Friary Road) ist die Stadtverwaltung in Robinsons Palast (um 1770, von Thomas Cooley; 1786 von F. Johnston aufgestockt) untergebracht. Zu besichtigen sind dagegen des Erzbischofs Privatkapelle in Form eines ionischen Tempels (1786, von F. Johnston) sowie die Palace Stables mit der Multi-Media Ausstellung »Ein Tag im Leben« (des Erzbischofs R. Robinson). An der Zufahrt zum Palast liegen die Reste eines 1263 von Erzbischof O'Scanlon gestifteten Franziskanerklosters.

Drei Kilometer westlich Armaghs erhebt sich der baumgesäumte Grashügel von **Navan Fort** als Mittelpunkt eines sieben Hektar großen Arreals geheimnisvoller Hügelfestungen und heiliger Seen aus der Bronze- und Eisenzeit. Das preisgekrönte Navan Centre (1993), nur fünf Minuten Fußweg entfernt, erläutert allgemeinverständlich archäologische Befunde und Arbeitsthesen in einer *The Real World* genannten Abteilung. *The Other World* führt in die Ulster-Epik ein.

Den Weg nach Newry sollte man über den Umweg des Ring oder **Dyke of Gullion** wählen, einer landschaftsgeschützten *area of outstanding natural beauty* im Hügel- und Bergland Süd-Armaghs. Sie gehört zu einer Kette sowohl eiszeitlich, als auch vulkanisch geprägter, zerklüfteter Granitberge, die sich von den Mourne-Bergen bis zur Halbinsel Cooley erstreckt und die natürliche Grenze Ulsters gegen die Ebene von Dundalk bildet. Im Zentrum des »Ringes« thront der heidebedeckte Slieve Gullion (»Stechpalmenberg«; 575

Rechts: Die katholische St Patrick's Cathedral in Armagh
Unten: Seitenansicht der anglikanischen St Patrick's Cathedral

338

m), auf dem der Ulster-Heros Cú Chulainn den Truppen der Königin Medb Einhalt gebot. Das karge, dünn besiedelte Gebiet steht im Ruf, Rückzugsgebiet von Schmugglern und Partisanen zu sein, die britische Armee behandelt es seit Jahrzehnten als »Banditenland.«

Süd-Armagh ist reich mit megalithischen Grabmälern bestückt, an die sich zahlreiche Sagen knüpfen. Unter dem südlichen Gipfel*cairn* des Slieve Gullion befindet sich, mit einer achteckigen Kammer, das höchstgelegene Ganggrab der »britischen« Inseln. Im Volksglauben gilt es als Haus der Caillech Bhérri, der riesenhaften alten Hexe von der Halbinsel Beara (West-Cork), die den Winter- und Todesaspekt der irischen Muttergöttin verkörpert. Ihr war wohl auch der See auf dem kahlen Nordgipfel geweiht, denn wie die Göttin Wachstum, Reife und Sterben in einer Gestalt verkörperte, vermochte der See grauem Haar die ursprüngliche Farbe zu verleihen. Unweit befindet sich der Nord*cairn* mit zwei bronzezeitlichen Kistengräbern. Durch die Nadelforste des Slieve Gullion Forest Park am Südhang führt eine 13 Kilometer lange Panoramastraße.

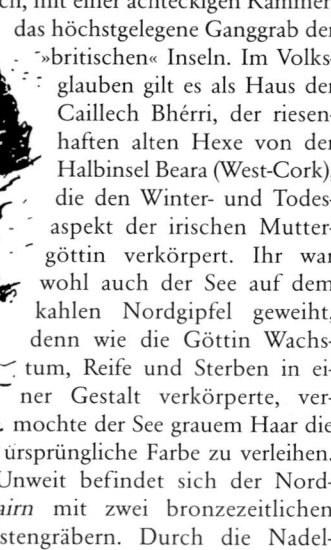

Newry (ir. An tIúr, Der Eibenbaum; 20 000 Einw.) entstand, strategisch bedeutend, am Gap of the North, dem Einfallstor nach Ulster zwischen den Bergen Süd-Armaghs und den Mourne-Bergen Downs. Das überwiegend irisch-nationalistische Städtchen führt sich aber lieber auf eine Zisterziensergründung von 1144 als auf den Kommandanten der englischen Garnison am Carlingford Lough, Sir Nicholas Bagnal(l), zurück. Er stiftete um 1578 St. Patrick's, die sich mit Kilbrogan (Bandon, Co. Cork) um den Ruhm streitet, Irlands älteste anglikanische Pfarrkirche zu sein. Der Newry (Ship) Canal (1730–42) diente bis in die 1950er Jahren dem Abtransport der Braunkohle vom Westufer des Lough Neagh zum Carlingford Lough.

Navan Fort – Ulsters Camelot

Seine einstige spirituelle und geschichtliche Bedeutung sieht man Navan Fort nicht ohne weiteres an. Doch genau hier soll das legendäre Emain Macha (mittelir. E(a)mhain M(h)acha; sprich »Ewin Wacha«) gelegen haben, das alte Annalen als Hauptstadt und Residenz Ulsters schildern. Hier soll Craeb Ruad, die Halle des Roten Zweiges, gestanden haben, in der Ulsters Könige ihre Gäste empfingen, Gelage abhielten und sich an den Darbietungen ihrer Dichter und den Wettkämpfen ihrer Krieger ergötzten. Bereits die Überlieferungen zur Entstehung Emain Machas sind komplex, erscheinen doch in den Mythen und Epen unter dem Namen Macha eine mythische Seherin, eine Königin sowie jene geheimnisvolle Frau, die dem Haushalt des begüterten Ulster-Witwers Crunnchu solange Glück und Wohlstand bescherte, bis er sich gegen ihre eindringliche Bitte auf einem Fest damit brüstet, seine Frau laufe sogar schneller als die königlichen Pferde. Obwohl hochschwanger, muß Macha den Beweis antreten und siegt, bevor sie zusammenbricht. Sterbend gebiert sie Zwillinge (emain), doch ihr Todesschrei ist ein Fluch, der die *ces noiden* über die Ulster-Männer bringt, eine neuntägige Kindbettschwäche, die neun Generationen lang Ulsters Männer immer dann befällt, wenn dem Land schwerste Gefahr droht. Deutlich scheint in dieser Version die keltische Pferdegöttin Epona auf. Eine seit alters »Macha« genannte Steinplastik in der anglikanischen Kathedrale Armaghs zeigt eine kräftige Frauengestalt im Kilt, mit blanker Brust und Pferdeohren.

Intensive Ausgrabungen von 1963 bis 1973 auf dem lehmüberzogenen Kalksteinhügel Navan Fort erbrachten, daß er schon vor fünftausend Jahren bewohnt war, denn man fand Tonscherben, Feuersteine und Pflugspuren. Die Hauptsiedlungsperiode fällt aber in die späte Bronzezeit (700 v.Chr.), als die Wohnstätte mit einem runden, flachen Wassergraben umzogen wurde. Innerhalb lagen ein rundes Wohnhaus sowie ein größeres, ebenfalls rundes Gebäude oder Pferch. Es muß sich um den Hof eines Hochgestellten gehandelt haben, denn man fand hier einen Affenschädel. Solche exotischen Tiere machte man nur Königen zum Geschenk. Etwa zeitgleich mit dem spätbronzezeitlichen Gehöft wurde östlich des Hügels ein runder Teich ausgehoben, The King's Stables (»Des Königs Stallungen«), auf dessen Grund man zahlreiche Tierknochen sowie drei Menschenschädel als Belege für

Rekonstruktionszeichnung des Navan Forts von außen (oben) und von innen (vorh. S.)

Opferungen entdeckte. In der Eisenzeit opferte man dagegen dem nordöstlich gelegenen Lough na Shade (»See der Juwelen«). Dort wurden Ende des 18. Jahrhunderts vier mit keltischer Latène-Ornamentik verzierte Blasinstrumente (Luren) geborgen, deren eine noch im Dubliner Nationalmuseum zu besichtigen ist.

Um etwa 100 vor Christus ersetzten Kelten das profane Rundhaus durch einen gewaltigen Holztempel von 40 Metern Durchmesser, dessen vermutlich konisches Dach sich auf fünf Pfostenringe stützte. Im Zentrum stand, wie ein riesiger Totempfahl, der zwölf Meter hohe Stamm einer zweihundertjährigen Eiche. Die größte Überraschung bot den Archäologen, daß der Tempel schon zehn Jahre später innen mit Kalksteinbrocken aufgefüllt und in Brand gesetzt wurde. Anschließend häuften die Anwohner der Gegend mehrere Meter Erde und Grassoden über den Tumulus. Die einzige Erklärung für die scheinbar absurde Handlung liefert das keltische Verständnis vom Diesseits und Jenseits: Durch das Abbrennen und den Bau des Tumulus wurde der menschengemachte Tempel zur ewigen Wohnstatt der Götter erhoben, zum síd. Bis heute bleibt ungeklärt, wann Emain Macha aufgegeben wurde. Ganz in Vergessenheit geriet es nie. Noch im 17. Jahrhundert wurde berichtet, daß Wahnsinn jeden Einwohner Ulsters befalle, der ihm nicht zu *samhain* seine Reverenz erweise.

Irisches Feuerland – Antrim

Antrims Nordosten bildet Irlands Sprungbrett nach Schottland, das in Sichtweite liegt. Seit undenklichen Zeiten gab es hier Bevölkerungsbewegungen: Aus Westschottland kamen in der Mittelsteinzeit vermutlich die ersten ›Iren‹, später die Pikten, ein aus jungsteinzeitlichen Ureinwohnern Schottlands und keltischen Einwanderern gebildetes Mischvolk, das sich an der irischen Nordostküste zwischen Antrim und den Mourne-Bergen niederließ und von seinen gälischen Nachbarn als cruithni bezeichnet wurde. In keltischer Zeit entstand an Antrims Ostküste das Territorialkönigtum der Dál Riada, der Nachfahren von Cairbre Righfada, dem »Langarmigen«, die um das Jahr 500 eine Nebenlinie im schottischen Argyll etablierten. Diese Gälenkolonie wurde zum Ausgangspunkt irischer Eroberungen sowie der sprachlichen und ethnischen Assimilation des Piktenlandes, auf das sich die im Mittelalter gängige Bezeichnung für Irland übertrug: Scotia, das Schottenland. Bereits ein Jahrhundert vor der Ulster-Kolonisierung flohen zahlreiche Schotten von den Hebrideninseln nach Irland, als die MacDonnell Ende des 15. Jahrhunderts von den Engländern beziehungsweise den in ihren Diensten stehenden Campbell vertrieben wurden. Zahlreiche Begriffe der nordirischen Alltagskultur sind aus dem Schottischen entlehnt, darunter auch die allgegenwärtigen *tatties* (Kartoffeln).

Die A2 verbindet Derry mit Belfast und ist streckenweise von großer landschaftlicher Schönheit. Der grandioseste Abschnitt, die **Antrim Coast Road** (40 km) verläuft an der von Kreide-, Basalt- und Sandsteinformationen abwechslungsreich geprägten Ostküste zwischen Cushendall und Larne. In den 1830er Jahren von dem Belfaster Architekten Sir Charles Lanyon angelegt, bildet sie eine der schönsten Panoramastraßen Europas, die den Vergleich mit Irlands berühmteren Ringstraßen im Südwesten nicht zu scheuen braucht.

Die ganz englisch wirkenden Seebäder Portstewart (5 300 Einw.) und Portrush (5 100 Einw.) werden vor allem von Urlaubern aus Derry und Belfast besucht. Die Kreideklippen der White Rocks am Ende des Strandes von Portrush hat der Atlantik zu Bögen und Grotten geformt. Mit Ausflugsbooten gelangt man zu den flachen Grasinselchen der Skerries mit großen Ringelganspopulationen. Fünf Kilometer östlich Portrushs sitzt auf einem meerumtosten, dunklen Basaltfelsen **Dunluce Castle** (14. bis Anfang

17. Jh.), Irlands dramatischste Burgruine. Sie gehörte wohl einst zur Kette normannischer Küstenfestungen des 13. Jahrhunderts, aus dem die beiden runden Türme im Nord- und Südosten sowie die Südmauer stammen. Sein heutiges Aussehen verdankt Dunluce den MacDonnell, die als »Herren der Inseln« über Westschottland geboten und ein iro-schottisches Reich begründeten, das die See nicht trennte, sondern verband. Als sie es Ende des 15. Jahrhunderts verloren, verlagerten sie ihre Herrschaft gänzlich nach Antrim. Sorley Boy MacDonnell (ir. Somhairle Buidhe, Blonder Sommersoldat) nahm um 1560 Dunluce den MacQuillan ab, verlor es 1584 an Sir John Perrot(t), einen unehelichen Sohn Heinrichs VIII., und gelangte mit Hilfe eingeschleuster Gefolgsleute erneut in seinen Besitz. Er bestückte Dunluce mit den Bordkanonen des 1588 gestrandeten Armadaschiffes *Girona* und ließ mit den spanischen Schätzen die von Perrot übel zugerichtete Burg wiederherstellen, einschließlich einer in Irland einzigartigen Renaissance-Loggia. Seine Söhne steuerten ein neues Torhaus im schottischen Stil sowie ein prächtiges Herrenhaus (Hall) nach englischem Geschmack bei. Ungeachtet dieses Prunks fühlte sich hier die vom ständigen Donnern der Brandung entnervte englische Frau des Zweiten Grafen von Antrim nie wohl. Als ausgerechnet bei einem Empfang 1639 der Küchentrakt samt Personal in die See stürzte, erzwang sie den Umzug ins ruhigere Glenarm.

Man betritt das weitläufige Gelände über die Vorwerke mit den Stallungen. Die Kluft zwischen dem Burgfelsen und dem Festland überspannte einst eine Zugbrücke. In der tiefen Senke The Pond wurde bei Belagerungen das Vieh versteckt. Durch das Torhaus gelangt man in die beiden Höfe, vom östlichen führt ein 120 Meter langer Fluchtweg seit dem 8. Jahrhundert zur »Nixen«-Grotte unter dem Burgfelsen.

In **Bushmills** (1 400 Einw.), 3,2 Kilometer südöstlich, brannte und konsumierte man bereits im 12. Jahrhundert Schnaps. Das aus älteren Manuskripten 1490 zusammengestellte *Buch von Leinster* berichtet von einem Gelage, bei dem sich hier Gäste aus Louth derartig betranken, daß sie bei der Rückkehr gewaltig abirrten und in Limerick landeten. 1608 erhielt ein Pflanzer-Junker die Brennrechte, heute gehört die älteste lizensierte Destille der Welt dem französischen Pernod-Picard-Unternehmen und produziert mit Old Bushmills Malt Irlands einzigen reinen Malzwhiskey (Werksbesichtigung).

Nördlich führt die A2 zum Giant's Causeway Centre, das den Pagoden der Bushmills Distillery nachempfunden wurde. Es informiert über den bis ins 16. Jahrhundert zurückreichenden Causeway-Tourismus sowie die Naturgeschichte des Clachan na

bhFomharaigh (»Weiler der Fomorier«), wie im Irischen der dem Hünen Fionn mac Cumhaill zugeschriebene **Giant's Causeway** heißt. Um trockenen Fußes zu einer Riesin auf die Hebrideninsel Staffa zu gelangen, soll der verliebte Fionn die ungewöhnlichen Formationen des »Riesendammes« errichtet haben. Sie entstanden bei Vulkanausbrüchen im Känozoikum vor 50 bis 60 Millionen Jahren, wobei sich ein festes Basaltplateau über weichere Sedimentfelsen aus Kalk, Ocker und Sandstein legte. Den nachhaltigsten Eindruck hinterlassen die etwa 40 000 polygonalen, meist sechseckigen Basaltsäulen. Ihre von der Brandung abgeschliffenen bizarren Formationen tragen fantasiereiche Namen: Auf den bis zu 15 Meter hohen »Pfeifen« der »Orgel« erzeugen Fionn und sein Sohn Oisín für ihre im nahen Amphitheater versammelten Riesen-Freunde alle sieben Jahre einmal wunderbare Musik, die Sterbliche allerdings nur als fernes Echo vom Strand der Whitepark Bay vernehmen. Auf der meerumspülten Honeycomb (»die Honigwabe«) am Little Causeway lassen sich Besucher gern zur andächtigen Betrachtung dieses unter UNESCO-Schutz stehenden Naturwunders nieder. Im Sommer pendelt ein Kleinbus zwischen dem Besucherzentrum und dem Grand Causeway. Ein Rundwanderweg führt zum Aussichtspunkt Hamilton's Seat 110 Meter hoch auf dem Benbane Head, von wo man entweder, mit immer neuen Vistas, auf einem Klippen-

Giant's Causeway

Folgende Doppelseite: Küstenstraße zwischen Larne und Cushendun

pfad zum Besucherzentrum zurückkehrt (Gesamtlänge sieben km) oder dem North Antrim Cliff Path zur weiten Whitepark Bay folgt. Eine Abkürzung bietet der Shepherd's Path, der von der »Orgel« 149 Stufen hinauf auf die Klippen des Aird Snout führt. Östlich des Benbane Head lösen blendend weiße Kreideformationen die dunkle Basaltküste ab. Auf dem Eiland **Carrick-a-Rade** (ir. Carraig-a-Ramhad, Felsen im Wege), erreichbar über die B15, werden seit 350 Jahren Lachse auf dem Zug zu ihren Laichgebieten gefangen. Die 24 Meter breite Kluft zwischen dem vorgelagerten Felsen und dem Festland überspannt während der Fangzeit (April bis September) eine schwankende Hängebrücke. Der jährliche Höhepunkt im Urlaubsort **Ballycastle** (ir. Baile na Chaistil, Burgstadt; 4 000 Einw.) ist die Oul' Lammas Fair (von altenglisch hlaf-maesse – »Brotmesse«), ein auf dem Diamond stattfindender Pony- und Schafmarkt mit zahlreichen Straßenhändlern und -künstlern, der in dieser Form seit mindestens 300 Jahren abgehalten wird, ursprünglich zu *lúgnasa* und sechs Tage lang, heute am letzten Montag und Dienstag des August. Die MacDonnell verliehen dem Jahrmarkt den Charakter eines *military tattoo*, mit Wettkämpfen nach Art schottischer *highland games*, die die Iren das Fürchten lehren sollten. Traditionellerweise kauft man *dulse* (auch: dillisk; Speiserotalge) und yellow man, ein nach Geheimrezept hergestelltes Honigbonbon, das mit dem Hammer in Stücke geschlagen werden muß.

Wanderer trifft die Qual der Wahl zwischen dem südlich durch das bewaldete Glenshesk-Tal bis zum Glenariff Forest Park führenden *Moyle Way* und dem 700 Kilometer langen *Ulster Way*. Letzterer führt auch auf den heide- und ginsterbewachsenen, einsamen **Fair Head** (auch Benmore, Große Bergspitze), eine Doleritschwelle, die ihre Klippen in die stürmische Sea of Moyle (ir. Sruth na Maoile) schiebt, mit großartiger Sicht auf die Insel Rathlin und den schottischen Mull of Kintyre. Östlich liegt die baumbestandene **Murlough Bay** im Windschatten des Kaps, Antrims schönste Bucht mit einem weiteren Naturschutzgebiet. Von hier schlängelt sich eine steile Küstenstraße über den Torr Head zum hübschen Gutsbesitzerdorf **Cushendun**, eingebettet in Fuchsien- und Geißblatthecken. Ein keltisches Kreuz am Torr Head erinnert an Shane »den Stolzen«, Sippenführer der Uí Néill, der hier 1567 von seinem alten Gegner Sorley Boy MacDonnell ermordet wurde. Sorley Boy schickte Shanes Kopf als Trophäe nach Dublin Castle, wo er freudig aufgespießt wurde. Bei der Anfahrt zum Fair Head passiert man einen Kilometer östlich Ballycastles am Zusammenfluß von Glenshesk und Glentaisie **Bonamargy** (ir. Bun na Margy, Mündung von Margy) mit der

Ruine eines um 1500 von Rory MacQuillan gestifteten Franziskanerklosters. Es ist eng mit der Geschichte der MacQuillan sowie der mit ihnen erst verschwägerten, dann verfeindeten MacDonnell verbunden. Beide Sippen lieferten sich 1559 in der Nähe ihre erste Schlacht. Südlich der Klosterkirche mit einem zweibahnigen, spätgotischen Ostfenster befindet sich die Familiengruft (17. Jh.) der MacDonnell. Der berühmteste der hier beigesetzten MacDonnell ist Sorley Boy (1505–1590). Man betritt das Kloster durch ein Torhaus, das in einem Erdwall liegt. Im Kircheneingang ruhen die Gebeine der Seherin Julia MacQuillan, einer Nachfahrin des Stifters, die als »Schwarze Nonne« im Kloster lebte und durch diese Art der Beisetzung ihre besondere Demut ausdrücken wollte. Sie sagte unter anderem den Lavaausbruch des Knocklayd (514 m) voraus, eines imposanten Ausläufers des Basaltplateaus. **Corrymeela** (»Hügel der Harmonie«) nordöstlich Ballycastles ist durch sein 1965 gegründetes Friedens- und Versöhnungszentrum international bekannt geworden.

In 50minütiger Bootsfahrt erreicht man von Ballycastle die L-förmige **Rathlin Island** (ir. Reachlinn, Erdwallburg der Kirche; 110 Einw.), mit 1 400 Hektar Fläche und elf Kilometern Gesamtlänge Irlands zweitgrößte bewohnte Insel. Die See, wegen schnell aufziehender Nebel und Stürme, ihres zerklüfteten Grundes und gefährlicher Gezeitenströme berüchtigt, bildet hier einen seit alters gefürchteten Schiffsfriedhof. Rathlins lange umstrittene Zugehörigkeit zu Irland oder Schottland klärte Anfang des 17. Jahrhunderts ein Gerichtsurteil, bei dem als Hauptbeweis für den irischen Anspruch Rathlins Schlangenlosigkeit galt. Es ist berühmt für seine bis zu 60 Meter hohen Kreidesteilklippen, über die sich an der Südküste Lava ergossen und schwarze Basaltsäulen geformt hat. Vulkanismus lieferte auch den harten Rohstoff Porzellanit, den die jungsteinzeitlichen Insulaner fabrikmäßig zu Äxten verarbeiteten, damals eine begehrte Handelsware. Die bedeutendste der zahlreichen Grotten und Seehöhlen ist Bruce's Cave im äußersten Nordosten. Die Betrachtung einer Spinne, die sich immer wieder ihr Netz zu knüpfen bemühte, soll hier 1306 den geflüchteten Normannenkönig Schottlands nach der Niederlage bei Perth Geduld und Zuversicht gelehrt haben. Robert Bruce nahm den Kampf wieder auf, besiegte 1314 die Engländer am Bannockburn und gewann seinen Thron zurück. Der für das Vogelschutzgebiet und den Leuchtturm am westlichen Bull Point verantwortliche Wärter organisiert Bootsfahrten zu den Höhlen.

Ab Ballycastle gliedern die berühmten **Glens of Antrim** die Ostküste der Grafschaft: Neun tiefeingeschnittene, zur See hin breite Flußtäler mit felsigen Abbruchkanten, deren obere Lagen Sümpfe, Teiche und Kieferforste bedecken. Glendun, das »Tal des braunen (Flusses)«, gilt als das ursprünglichste, Glenariff (»Tal des Pfluges«) trotz industrieller Vorgeschichte als das größte und schönste: Nachdem dort Ende des 19. Jahrhunderts der Abbau von Eisenerz eingestellt werden mußte, baute die örtliche Eisenbahngesellschaft in den 1920er Jahren das Tal zum Fremdenverkehrsgebiet um und ließ Spazierwege in der bewaldeten Schlucht des Inver River anlegen. Im Glenaan-Tal findet man, drei Kilometer nordwestlich Cushendalls, das Hofgrab Ossian's Grave (um 3000 v.Chr.) am Nordosthang des Tievebulliagh (396 m). Neben dem vermeintlichen Grab des Krieger-Dichters Oisín wurde 1987 der Lyriker John Hewitt beigesetzt, der die Antrim-Täler in seinen Werken besungen hatte.

Cushendall (ir. Bun Abhan Dalla, Flußmündung des Dall; 800 Einw.) gilt als Kapitale der Glens of Antrim. Seine Landmarke bildet der Curfew oder Garrison Tower (1809), der nach dem Willen des Erbauers Tag und Nacht von einer Ein-Mann-Besatzung bewacht wurde und als Gefängnis für »Müßiggänger und Aufsässige« diente. Nördlich des Ortes bildet der ungewöhnlich gerundete Vulkanstotzen des Ti(e)veragh Hill einen der bekanntesten *gentle spots* in den Glens, eine Versammlungsstätte der Elfen. Die großartige Red Bay verdankt ihren Namen nicht nur den Rotsandsteinklippen, sondern auch der Rotfärbung ihres Muschelstrandes. Zur Seeseite weisen die Klippen zahlreiche Höhlen auf, von denen Nanny's Cave mit 120 Metern die größte ist. Sie diente der 1847 mit einhundert Jahren verstorbenen Ann Murray als Behausung, einer *shebeen*-Königin, die sich ihren Beinamen und Lebensunterhalt durch Schwarzbrennerei erwarb. Ein Fußweg führt am Strand 1,6 Kilometer nordöstlich zur Ruine der franziskanischen Layd(e) Church, deren lange, schmale und mindestens dreimal umgebaute Kirche vom 13. Jahrhundert bis 1790 als Pfarrkirche diente. Sie steht neben einem Bach in einem alten Friedhof mit bemerkenswerten Grabsteinen. Für die MacDonnell war Layd, neben ihrem Mausoleum in Bonamargy bei Ballycastle, die zweitwichtigste Beisetzungsstätte.

In **Carnlough** (1 500 Einw.) mit einem hübschen Jachthafen wird seit 1855 Kalkstein gebrochen und nach Schottland ausgeführt. Wer auf der A42 in Richtung Ballymena fährt, erblickt etwa auf halber Strecke südlich den erloschenen Vulkan **Slemish** (ir. Sliabh Mis, Berg der Mis; 438 m) am Rande der fruchtbaren Ebene des Braid und Main. Der Patrickskult verlegte die Wallfahrt zu diesem heiligen Berg von *lúgnasa* auf den 17. März. Patrick soll hier als jugendlicher Sklave sechs Jahre lang die Schwei-

ne und Schafe des Territorialherrschers Miluic gehütet haben.
Man besteigt den Slemish am besten von Broughshane aus.
In Ballygally Castle (1625, heute Hotel), einem schottischen *strong house* im beliebten Badeort gleichen Namens, klopft der Geist von Isobel Nixon nachts an die Schlafzimmertüren. Durch den Black Cave-Tunnel gelangt man nach **Larne** (ir. Latharna, Lahars Bezirk; 18 000 Einw.), Nordirlands zweitgrößtem Fracht- und Fährhafen, von dem aus eine Fährverbindung nach Schottland besteht. Von den drei Burgen, die Ende des 16. Jahrhunderts die Hafenzufahrt bewachten, steht noch die düstere Turmruine von Olderfleet(e) Castle (16. Jh.) auf der Landzunge Curran Point am südlichen Stadtrand. Grabungen erbrachten hier eine der ältesten Siedlungen Irlands und machten Larne zum Epochenbegriff in der Archäologie. Östlich riegelt die 12 Kilometer lange **Island Magee** (ir. Oileán Mhíc Aodha, Insel der Söhne des Áed) den Larne Lough ab. Eine Fähre verbindet Larne mit Ballylumford im Nordwesten der Halbinsel, wo außer einem riesigen Kraftwerk der Ballylumford Dolmen (um 2500 bis 2000 v.Chr.) zu bestaunen ist (Ballylumford Road Nr. 91). Die Südostküste fällt in den bis zu 77 Meter hohen Basaltklippen der Gobbins ab, über die 1642 Soldaten der englischen Garnison Carrickfergus die katholische Bevölkerung Magees trieben, um Protestantenmorde zu rächen. Der bis Black Head im Süden führende Klippenpfad ist stellenweise nicht ungefährlich.

Die alte Hafenstadt **Carrickfergus** (ir. Carraig Fhearghais, Felsen des Fergus; 18 000 Einw.), heute im Großraum des nur elf Kilometer entfernten Belfast, entwickelte sich im Schutz der mächtigen Festung, die John De Courcey 1180 zur Kontrolle des Belfast Lough auf eine Basalt-Landzunge setzte. Die Annalen schildern diesen jungen Eroberer der ersten anglonormannischen Generation als jung und hochgewachsen, wild im Kampf, doch gemäßigt in der Lebensführung. Ab 1177 unterwarf er in kurzer Zeit für die Krone das gesamte Gebiet östlich des Bann und überzog es mit einem dichten Netz von Burgen, wofür er 1185 zum Stellvertreter des englischen Herrschers in Irland erhoben wurde. Bald kam es aber zu Unregelmäßigkeiten: De Courcey verlieh sich selbst den Titel ›Herr von Ulster‹, gebärdete sich immer eigenmächtiger, nahm gälische Sitten an und paktierte bei Bedarf mit gälischen Sippenführern. 1199 weigerte er sich gar, für Ulster den Lehnseid zu leisten. Als auch sein Nachfolger Hugh de Lacy d.J. zu mächtig wurde, griff König John selbst in Ost-Ulster ein und eroberte 1210 Carrickfergus, das, mit kurzen Unterbrechungen, fortan direkt der Krone unterstand. Im September 1316 fiel Carrickfergus vorübergehend an den anglonormannischen Herrscher Schottlands, des-

Carrick-a-Rede

sen Bruder Edward die Festung ein Jahr lang belagert hatte. Die englische Garnison nährte sich derweil unter anderem von acht schottischen Gefangenen. Ende des 16. Jahrhunderts wurde die Burg zur Küstengeschützfestung umgerüstet, was nicht ihre Einnahme durch die Wilhelmiten 1689 und durch die Franzosen 1760 verhinderte. William III. landete in Carrickfergus und marschierte von hier aus zu seinem Sieg an der Boyne, woran eine Gedenktafel am hübschen Hafen erinnert. Im späten 18. Jahrhundert diente die Burg als Verlies, dann bis 1928 als Arsenal und im Zweiten Weltkrieg als Luftschutzbunker.

Man betritt den gut restaurierten Wehrbau durch ein hohes Torhaus (1228–42) mit Fallgitter. In seinem Nordturm befindet sich die ursprünglich runde Kapelle mit einem romanischen Ostfenster. Es folgen der Außen-, Mittel- und Innenhof, jeder durch eine eigene Umfassungsmauer geschützt. Der Innenhof mit der Festhalle über einem Gewölbe sowie einem 27 Meter hohen, dreistöckigen Donjon (1180–1204) stammt noch aus der Zeit De Courceys. Lebensgroße Figuren von Bogenschützen, Kanonieren und anderen Bewohnern aus unterschiedlichen Epochen machen die wechselvolle Burggeschichte lebendig. Auf dem Abort des Burgfrieds, der direkt in die See entsorgte, hockt König John mit heruntergelassener Hose.

Belfast – spröde viktorianische Schönheit

Belfast (ir. Béal Feirste, Mündung an der Sandbank-Furt) besitzt heute 400 000 Einwohner, im Umkreis von 16 Kilometern leben 550 000 Menschen. Nordirlands Hauptstadt und Industriezentrum erstreckt sich in schöner Lage an der Mündung des Lagan River in den kaum gezeitenabhängigen Naturhafen des Belfast Lough. Im Norden und Westen überragen es der Divis (480 m) und der markante vulkanische Cave Hill (360 m) mit fünf jungsteinzeitlichen Höhlen unterhalb des Gipfels, von dem sich eine prächtige Sicht auf die Stadt, die Lagan-Niederung und den Lough Neagh im Westen, im Osten bis zur Isle of Man eröffnet. Belfast entstand als Marktflecken im Schutz eines 1603 von Sir Arthur Chichester, dem englischen Gouverneur zu Carrickfergus, gegründeten Kastells, dessen Vorgänger seit dem späten 14. Jahrhundert immer wieder von den Uí Néill und Uí Dónaill belagert und zerstört worden waren. Hugenotten begründeten die Leinen- und Textilindustrie und machten den Ort kulturell zum freisinnigen »Athen des Nordens.« Als Handels- und Hafenstadt erreichte Belfast seine Blüte in der zweiten Hälfte des 19. Jahrhunderts. 1862 gründeten der Engländer Edward Harland und der Hamburger Gustav Wilhelm Wolff die Harland and Wolff Shipyard, der einige der größten Passagierschiffe der Welt entstammen. Trotz schwieriger Auftragslage bildet das erzprotestantische Traditionsunternehmen H&W noch immer die bedeutendste Werft des Vereinigten Königreiches. Ihre Riesenhebekräne, im Volksmund Samson und Goliath genannt, wurden zum Wahrzeichen des Belfaster Hafens.

Die Wirtschaftskrise zwischen den Weltkriegen setzte Belfast ebenso hart zu wie seit 1968 der Nordirland-Konflikt, dessen Hauptaustragungsstätte neben Derry Belfast wurde. Vom Juli bis September 1969 wurden ganze Wohnviertel konfessionell »gesäubert«, bis Katholiken und Protestanten auch räumlich in verschiedenen Welten lebten. Graffiti, Flaggen und politische Parolen markieren unübersehbar die Zugehörigkeit zum Lager der Unionisten oder Nationalisten. Falls und Divis Road wurden zum Inbegriff katholischer Arbeiterghettos in Westbelfast, die eine an die Berliner Mauer erinnernde *peace line* von der Shankill Road trennt, der Hochburg der proletarischen Protestanten. Die

Überall in Belfast ist der Nordirland-Konflikt sichtbar: Taxi mit grüner Schleife: Nur für Katholiken

17monatige Waffenruhe der IRA gab Belfast vom September 1994 bis Februar 1996 die lang entbehrte Normalität zurück. Einkaufs- bummel, Kino- und Theaterbesuche waren nicht länger mehr mit Risiken verbunden, die Durchgänge in der *peace line* geöffnet. In ganzen Busladungen fielen Besucher aus allen Teilen der Republik Irland in der nordirischen Hauptstadt ein. So mancher hatte sich noch nie in seinem Leben dorthin gewagt.

Trotz anhaltender Wohnungsnot vermittelt die Stadt, nach inten- siven Sanierungs- und Modernisierungsmaßnahmen, ein anspre- chenderes Bild, als es viele Kommentatoren des Nordirland-Kon- flikts zeichnen. Auffällig sind, neben Hochhausbauten, moderne und postmoderne Wohn- und Geschäftshäuser aus Klinkerstei- nen, die sich behutsam dem fast hanseatisch anmutenden Backstein- charakter der blitzsauberen viktorianischen Innenstadt anpassen. Dort schlugen sich protestantische Wohlhabenheit und Bürger- stolz vor allem in Bankpalästen nieder. Viele Prunkbauten lieferte der rührige englische Architekt Sir Charles Lanyon (1813–89), der als Bürgermeister sein Amt geschäftüchtig mit eigenen Interessen als Bodenspekulant zu verbinden wußte.

Die meisten Sehenswürdigkeiten erreichen Sie bequem zu Fuß vom zentralen Donegall Square. Nachdem Belfast 1888 Stadtrech- te erhalten hatte und das Bedürfnis nach einem repräsentativen Rathaus entstand, mußte die White Linen Hall (1784) der City Hall (1898–1906, von Brunwell Thomas) weichen, einem pompö- sen Rechteckbau der Neo-Renaissance mit Ecktürmen und grünspan- bedeckter Mittelkuppel (Führungen Mi. 10.30, Anmeldung unter 01232/320202, App. 2618). Ein ehemaliger Speicher (1813–89, von Charles Lanyon) an der Nordwestecke des Donegall Square be- herbergt die angenehm altmodische Linen Hall Library (gegrün- det 1788), Belfasts älteste und gemütlichste öffentliche Bibliothek, wo Sie in einem kleinen Café ausruhen können. Folgen Sie dann der Haupteinkaufsstraße Royal Avenue, finden Sie jenseits der North Street mit der Fremdenverkehrszentrale die anglikanische St. Anne's Cathedral (1899–1927), einen dominanten neoroma- nischen Bau, dessen dreischiffiger Innenraum Elemente einer älte- ren Vorgängerin verwendet. Beachtenswert sind Gertrude Steins Mosaiken im Baptisterium (die Schöpfung mit den vier Elemen- ten) und in der Heilig-Geist-Kapelle (1932, Landung des hl. Patrick in Saul). Südöstlich bildet das E-förmige Custom House (1857, von Charles Lanyon) einen der schönsten Bauten Belfasts. Un- weit südwestlich neigt sich der Albert Memorial Clock Tower (1869, von William Barre), eine verkleinerte Ausgabe des Londoner Big Ben, aus der Lotrechten. Die Queen Elizabeth II Bridge und die Queen's Bridge führen zur Halbinsel Queen's Island, die bei der

Erweiterung des Lagan-Unterlaufs zum Victoria Channel entstand. An dieser auch Hochseeschiffen zugänglichen Fahrrinne erstrekken sich elf Kilometer lang die Kaianlagen des Belfast Port mit dem größten Trockendock der Welt. Dazwischen liegt das Hafenviertel mit einem Gewirr enger Straßen, viele davon Sackgassen (entries), sowie etlichen urigen Kneipen. Nördlich des Hauptbahnhofs ahmt die *Laganbank Development* mit dem Bau von Geschäfts-, Wohn- und Vergnügungsanlagen das Londoner Docks-Projekt nach. Herzstück ist die 1997 eröffnete Belfast Waterfront Hall, ein Rundbau unter einer Flachkuppel mit Konferenz- bzw. Konzertsälen für jeweils 2200 bzw. 5000 Besucher.

Südwestlich des Donegall Square steht an der Great Victoria Street das mit Zwiebeltürmen und orientalisierender Deckenmalerei üppig ausgestattete Grand Opera House (1894, von Frank Matham; Restauration 1975–80), gegenüber der 1978–88 detailgetreu restaurierte und seither denkmalgeschützte Crown Liquor Saloon (1885, von Patrick Flanagan). Italienische Handwerker, die eigentlich zum Kathedralenbau nach Belfast gerufen worden waren, machten den »Gin-Palast« zu Belfasts Gründerzeit-Juwel: Kacheln schmücken die Außenfassade, Gaslampen verströmen warmes Licht und bringen das polierte Mahagoni, die Messingzapfhähne und Buntglasscheiben wirkungsvoll zur Geltung. Südöstlich überragt in der Alfred Street die katholische Pfarrkirche St. Malachy's (1844, von Thomas Jackson)

die georgianischen Häuserzeilen der Upper Markets. Mit burgartigen Zinnen und bombastischer Stuckdecke gehört sie zu Belfasts eher bizarren Bauten. Ihr zeittypischer T-förmiger Grundriß bildet eine wahrhaft demokratische Lösung des Kirchbaus, gestattet er doch allen Gemeindemitgliedern einen Blick auf den Altar.

Südbelfast mit der Universität, dem Botanischen Garten, Galerien, dem renommierten Lyric Theatre (Ridgeway Street) sowie einer Fülle erschwinglicher Restaurants und stillen viktorianischen Wohnzeilen ist Belfasts »Montmartre« und anheimelndster Stadtteil. Der Mittelturm des fast symmetrischen Backsteinbaus der Queen's University (1849, von Charles Lanyon) kopiert den Founder's Tower des berühmteren Magdalen College von Oxford. Seit 1908 selbständige Universität, besitzt Queen's heute über 8 000 Studenten. Südlich schließt der Botanische Garten mit einem schönen viktorianischen Palmenhaus (1839-52, von Richard Turner) und dem »tropischen Hohlweg« (Tropical Ravine) an, einer Senke mit exotischen Pflanzen. Am Haupteingang steht an der Stranmillis Road das Ulster Museum mit Abteilungen für Botanik, Zoologie, Geologie, Technikgeschichte sowie Vor- und Frühgeschichte. Letztere bietet eine kleine Sammlung archäologischer Fundstücke (nicht nur aus Ulster) seit der Eisenzeit. Prunkstück der Sammlung ist der Schatz der 1588 vor der Antrim-Küste gestrandeten spanischen Galeasse *Girona* mit herrlichen Silber- und Goldbroschen. Die dem Museum angeschlossene Art Gallery besitzt Werke von Jack Butler Yeats, dem Belfaster Sir John Lavery sowie moderner britischer Maler (Sutherland, Nicholson, Bacon). Vom Universitätsgelände bis zum südwestlich gelegenen Weiler Flatfield bieten alte Treidelpfade am Lagan auf 20 Kilometern erholsame Spazier- und Radfahrmöglichkeiten. Der dem Lough Neagh entspringende Fluß diente von 1790 bis 1958 dem Wassertransport, vor allem für Braunkohle.

Über die Antrim Road erreicht man das schön am Osthang des Cave Hill gelegene Belfast Castle (1865-70, von W.H. Lynn), eine Replik des schottischen Balmoral Castle (1853). Seine Freitreppe (1894) im Stil des italienischen Barock steht allerdings in krassem Gegensatz zu den Stufen-

Belfast-Castle

giebeln, Tourellen und dem hohen sechsstöckigen Eckturm des Schlosses (heute Restaurant und Heritage Centre). Ein Teil des Schloßparks wurde zum Zoologischen Garten umgewandelt, der sich auf die Zucht von Lamas, Löwen und Wölfen spezialisiert hat.

In Belfasts Umgebung

Die Stranmillis Road führt südlich ins Lagan Valley, wo bei der fünfjochigen Shaw Bridge (1709) eine Nebenstraße nach Ballylesson abzweigt. Unweit umschließt der riesige, fast vier Meter hohe, aus Kieseln, Findlingen und Erde gebildete Rundwall des spätneolithischen **Giant's Ring** (um 2000 v.Chr.) die Reste eines vermutlich älteren Ganggrabes. Im 18. Jahrhundert mißbrauchte man dieses bedeutende *henge*-Denkmal als Rennbahn.

Wer die Industrie- und Sozialgeschichte Ulsters besser verstehen möchte, darf nicht **Lisburn** (ir. Lios na gCearrbhach; 40 000 Einw.) versäumen, denn die geschäftige Industrie- und Einkaufsstadt im Südwesten Belfasts lag im 19. Jahrhundert im Zentrum des »Leinendreiecks« Belfast-Armagh-Dungannon. Als der britischen Textilindustrie nach dem amerikanischen Bürgerkrieg keine billige Baumwolle aus den Südstaaten mehr zur Verfügung stand, stieg sprunghaft die Nachfrage nach Ulster-Leinen. Zwischen 1950 und 1984 kam allerdings der Flachsanbau zum Erliegen, inzwischen wird das »blaue Gold« aber wieder in geringer Menge angebaut. Über die Geschichte der Textilwirtschaft im Lagan-Tal informiert in vorbildlicher Weise das Irish Linen Centre and Lisburn Museum im einstigen Market House (18. Jh.). Berufsweber führen Webstühle des 17. bis 19. Jahrhunderts vor. Besonders interessant ist der originale Jacquard-Webstuhl für komplizierte Damastmuster, die mit Hilfe von Lochkarten gewebt werden. Allein das Aufbäumen der Kette dauert sechs Wochen. Im postmodernen Vorbau, einer gelungenen Stahl-Glas-Konstruktion, lädt ein gutes Selbstbedienungsrestaurant zum Verweilen ein.

Das schmucke **Hillsborough** (1200 Einw.), 16 Kilometer südsüdwestlich Belfasts nahe der A1, bildet mit eleganten georgianischen Wohnhäusern und üppigstem Blumenschmuck Nordirlands blitzblankes Gegenstück zum südirischen Adare. Der Ort entstand um die große Artilleriefestung, die Colonel Arthur Hill 1650 zum Schutz der Fernstraße nach Carrickfergus respektlos in ein eisenzeitliches *ráth* setzte. Im 18. und 19. Jahrhundert bauten seine Nachfahren Hillsborough Fort zum Lustschloß um, im 20. Jahrhundert diente es als Wohnsitz der britischen Nordirland-Gouverneure.

Down –
Die »Schwarze Grafschaft«

Mit Ausnahme der schwarzen Hausteine, aus denen viele Wohnhäuser und sogar Kirchen vor allem im Westen dieser Grafschaft
errichtet sind, ist Down ebenso grün wie das restliche Irland. Es
bietet im Osten und Süden mit der Ards Peninsula und Strangford Lough sowie den Mourne Bergen zwei landschaftlich besonders schöne Regionen. Vogelfreunde und Erholungssuchen-
de finden außerdem zahlreiche Waldparks und Naturschutzgebiete mit ausgedehnten Sandstränden und Watten. Ehemalige
Gutsparks und Herrenhäuser bilden weitere Anziehungspunkte.
Der Rest ist Drumlin-Land mit schmucken, gepflegten Marktflecken und Städtchen.
Die A2 bzw. B20 sowie eine Bahnlinie verbinden Belfast mit den
Badeorten am Südufer des dank seiner Parklandschaften hier besonders anziehenden Belfast Lough. **Bangor** (ir. Beannchar, Stätte
der Hügelspitzen; 48 000 Einw.), knapp 20 Kilometer nordöstlich Belfasts, ist Nordirlands beliebtester, von zahlreichen Golfplätzen umgebener Badeort mit einem hübschen Bootshafen
und gleich vier Jachtklubs. Ansehnliche Häuser der Gründerzeit
künden von seiner Bedeutung als Seebad im späten 19. Jahrhun- Bangor-Abbey
dert. Von Bangors großer geistlicher Bedeutung ist dagegen wenig zu erkennen. Doch das hier von Comgal(l) maccu Aridi
(512–603) 588 gegründete Kloster wurde zur »Kinderstube der
Heiligen Irlands«, der unter anderem Carthach von Lismore sowie die Heiligen Gallus (St. Gallen) und Columbanus entstammten. Der große Kirchenreformator Mael Maedoc Ua Morgair
(1095–1148) etablierte 1123 Irlands erste Augustinerabtei an der
Stelle des von den Wikingern zerstörten keltischen Klosters und
nahm zu Ehren Bangors, das als ›Tag der Engel‹ überliefert ist,
den hebräischen Namen Malachias (Mein Engel) an. Ein kärgli-
cher Mauerrest der prächtigen Abteikirche (1139) sowie der un-
tere Teil ihres Vierungsturms mit Kreuzrippengewölbe (Ende 14.
Jh.) überlebten, letzterer als Basis des Turms (1617–23) der anglikanischen Pfarrkirche St. Comgall's. Oberhalb des
Hafens steht das alte Zollhaus (1637) mit einem vier-
geschossigen Turmhaus.
Von Bangor, dem knapp fünf Kilometer östlich gelegenen Fischer- und Ferienort Groomsport (900
Einw.) oder von Donaghadee (4 000 Einw.) kann

man im Sommer zu den drei flachen Copeland Islands übersetzen. Von den einst über einhundert Windmühlen der Grafschaft
Down steht die gut restaurierte Ballycopeland Windmill (um
1790) zwei Kilometer westlich von Millisle auf einem
Drumlinhügel. Die Hauptroute verläuft an der riffreichen Ostküste der Ards Peninsula über den für seine Garnelen (*giant
prawns*) bekannten Fischerhafen Portavogie (1420 Einw.) nach
Downpatrick.

Der Strangford Lough und die Ards-Halbinsel

Die namengebenden »Höhen« (ir. Aird) westlich des großen Meeresarms Strangford Lough gehören zu den Drumlinhügeln Nord-
west-Downs, im Osten ist das Land allenfalls sanftgewellt. Durch
eine enge Wasserstraße, die *narrows*, schießen im Süden des Strangford Lough zweimal täglich 400 Tonnen Meerwasser ein, weshalb
ihn die Wikinger den ›heftigen Meeresarm‹ (strangfjord) nannten.
Sein Planktonreichtum macht ihn zu einem der wichtigsten mari-
timen Biotope Europas, mit über 2000 Arten von Meerestieren,
die wiederum zahlreiche See- und Wattvögel sowie, mit 800 Tieren, Irlands größte Seehundkolonie anziehen.
Eine Rundfahrt durch diese landschaftsgeschützte *area of outstanding natural beauty* bietet eine abwechslungsreiche Natur-
und Kulturlandschaft. Von Millisle führt die B172 zur Ards-
Kapitale **Newtownards** (ir. Baile nua na hArda, Neustadt der
Anhöhen; 21 000 Einw.), einer Marktstadt mit viel Gemüsean-
bau und etwas Leichtindustrie (Tweedweberei) im Norden des
Strangford, wo sich weite Schlick- und Marschflächen dehnen.
Am Court Square am südlichen Stadtrand steht die Ruine einer
Dominikanerpriorei (13. bis 17. Jh.), am Ostende der High Street
das hübsche, 1666 unvollständig reparierte Marktkreuz. 3,2 Kilometer südwestlich erstreckt sich an der A21 der Scrabo Country
Park, überragt vom Aussichtsturm Scrabo Tower (1857), von dem
man bis nach Schottland blickt.
Am Ostufer des Strangford Lough führt die A20 nach acht Kilometern zum Herrensitz **Mount Stewart** (18. Jahrhundert; von
George Dance; erweitert in den 1830er Jahren), dessen fantasie-
volle Gartenanlagen größtenteils aus den 1920er Jahren stammen
und Lady Edith, der 7. Marchioness von Londonderry, zu verdanken sind. Von möglichst ›natürlich‹ wirkenden Parklandschaften mit vielen exotischen Bäumen und Sträuchern um einen kleinen See reicht die Palette bis zu einer bizarren Rabatte
mit der Roten Hand Ulsters und einer zur irischen Harfe ge-
stutzten Eibe. Das Banketthaus Temple of the Winds (1785) bil-

det eine Nachahmung des achteckigen römischen Turms der Winde in Athen. Tír na nÓg (der Privatfriedhof der Londonderrys), Zierteiche, Springbrunnen und viele Statuen, darunter die Tiere der ›Arche Noah‹, machen den Besuch dieses zauberhaften Orts zu einem Erlebnis. 1,6 Kilometer südöstlich erheben sich in einem schönen Park die imposanten Ruinen der **Grey Abbey** (1193–98), die John De Courceys Gattin Affreca, Tochter des Königs der Isle of Man, für das walisische Zisterzienserkloster Holm Cultram stiftete. Der stattliche Bau mit einem mächtigen Vierungsturm muß einst lichtduchflutet gewesen sein, denn den kurzen Chor erhellen drei hohe Lanzettfenster sowie drei kleinere Fenster darüber. Der geometrische Archivoltenschmuck am prächtigen Sandsteinportal der Hauptkirche ist leider schon verwittert. Interessant ist der *physic garden* mit über 50 verschiedenen Heil- und Küchenkräutern als Nachbildung eines typischen Klostergartens des 12. Jahrhunderts.

Das felsige Südufer mit den *narrows* bewachen gleich fünf Wohntürme: Portaferry, Strangford Castle und Old Castle Ward entstanden um 1500. Die *Bawn*burg Audley Castle (15. Jh.) und das vier Kilometer südlich Strangfords gelegene Kilclief Castle (1413–41) bilden sogenannte Torhaus-Burgen mit zwei rechteckigen Ecktürmchen an der Front und einem hohen Falltür-Bogen dazwischen. Vom Jacht- und Anglerzentrum Portaferry (2200

Einw.) geht jede halbe Stunde eine Auto- und Personenfähre zum gegenüberliegenden Strangford (300 Einw.). **Castle Ward House** (nach 1862), 2,5 Kilometer westlich Strangfords an der A24, bietet eine architektonische Kuriosität: Der Bauherr Bernard Ward mochte es auf konventionelle Art neoklassisch, seine überspannte Frau Anne liebte die ausgefallenere Neugotik. Die Längsachse des Herrenhauses schied die unvereinbaren Stile und Gatten. Innen sind Möbel, Porzellan, Haushaltsgeräte und Kleidung des 19. Jahrhunderts zu besichtigen. Wer unter Platzangst leidet, sollte Lady Wards Ankleideraum meiden, denn ihr wahrhaft erschlagender, pompöser Deckenstuck ahmt die Schildbogendecke in der Kapelle Heinrichs VII. zu Westminster Abbey nach. Zum Gutsgelände gehören gepflegte, üppige Garten- und Parkanlagen aus dem 18. Jahrhundert und ein Gehöft mit einer restaurierten Getreide- sowie Sägemühle. In den restaurierten Wirtschaftsgebäuden um den Innenhof (stableyard) befindet sich eine interessante viktorianische Wäschestube, ein Andenkengeschäft sowie ein Restaurant. Die ehemalige Scheune wird im Sommer für stimmungsvolle Konzert- und Opernaufführungen benutzt, die sich längst einen festen Platz im nordirischen Kulturleben erobert haben.

Den stark gegliederten Westen des Strangford Lough prägen an die 120 Inseln sowie zahlreiche Untiefen (*pladdies*), bei denen es sich um erodierte Drumlins handelt. Oberhalb des kleinen Hafens von Killyleagh (2 100 Einw.) sitzt eine gotisierte Pflanzerburg (1666) mit einem starken *bawn* und viktorianischem Torhaus. Über einen Damm gelangt man auf Sketrick Island zur Ruine einer großen, vierstöckigen *Bawn*burg (Mitte 15. Jh.) mit eingebauter Bootsanlegestelle im Erdgeschoß. Knapp fünf Kilometer nördlich führt eine lohnende Nebenstraße über zwei Brücken zur Reagh sowie Mahee Island, die den Kosenamen des Gründers des Klosters Nendrum trägt: Mó-Chaoi (»Mein Feiner«; gest. um 498). Walisische Benediktiner übernahmen **Nendrum** Ende des 12. Jahrhunderts für eine kleine Einsiedelei. Ausgrabungen erbrachten drei konzentrische Steinwälle von unregelmäßig ovaler Form. Der innerste schützte die Kirche des keltischen Klosters mit dem Friedhof und einen vier Meter hohen Rundturmstumpf, in den äußeren lagen die Gärten und Weiden des Klosters sowie sein Skriptorium. Auch wenn man heute nicht viel mehr erkennt als Grundmauern, so ersetzen ausführliche Erläuterungen das Fehlende, und da die mustergültig gepflegte Anlage auf einer Anhöhe liegt, bietet sich dem Besucher eine gute Sicht auf den Lough. Bei der Anfahrt passiert man die Ruine der *Bawn*burg Mahee Castle.

St. Patrick's Country –
Downpatrick und Umgebung

Leath Cathail (»Cathals Seite«; anglisiert »Lecale«) hieß die etwa
90 Quadratkilometer große, an den Strangford Lough und die
Marschen des Quoile anschließende Halbinsel, bis hier im Jahre
432 der hl. Patrick bei seiner freiwilligen Rückkehr nach Irland
an der Mündung des Slaney an Land ging. Der Territorialherrscher
Dichú hetzte erst die Hunde auf den Fremdling, ließ sich dann
aber bekehren und schenkte ihm eine große Scheune (ir. sabhall)
als Kirche, von der sich die Ortschaft Saul (A25) herleitet. 1932,
als Irland die 1500-Jahrfeier der Patryckslandung beging, errichtete man dort, im Stil früher Oratorien, die anglikanische St.
Patrick's Memorial Church nebst modernem Rundturm. Dahinter bietet der Slieve Patrick mit einem riesigen Standbild des
Heiligen eine gute Sicht auf den Strangford Lough. Im Dorf
Raholp, unweit östlich mit einer vorromanischen Kirche, soll
Patrick am 17. März 461 gestorben sein. Seinem letzten Willen
gemäß zogen ungezähmte Stiere den Karren mit dem Leichnam
von hier drei Kilometer südlich zu dem Hügel, auf dem das
königliche *dún* der Ulaid lag. Zu *down* verballhornt, lieferte es
den Namen der späteren Grafschaft. Ihre Hauptstadt
Downpatrick (ir. Dún Pádraig, Patricks Wallburg; 8 300 Einw.)
wurde 1177 von John De Courcey erobert, der den Patrickskult
kräftig förderte, um seinem Sitz größere Bedeutung zu verleihen. Da er aber den 1136 in Downpatrick vom hl. Malachias
etablierten Augustinern nicht traute, ersetzte sie De Courcey durch
englische Benediktiner, denen er eine prächtige Abteikirche auf
den Kathedralenhügel stellte. Reste ihres Chors (13. Jh.) verwendet die kleinere anglikanische Cathedral of the Holy Trinity (1790–
1818). Östlich steht ein verwittertes Hochkreuz (10. Jh.). Angeblich aus Sicherheitsgründen evakuierte De Courcey 1185 auch
noch die Gebeine Brigids und Colmcilles nach Downpatrick.
Das unglaubwürdige Gemeinschaftsgrab für die hl. irische Dreifaltigkeit wurde 1900 durch einen Findling mit der schlichten
Inschrift *Patric* ersetzt.
Als Buße für die Zerstörung des Klosters Erenagh stiftete De
Courcey um 1180 die große Abtei **Inch Abbey**, 1,2 Kilometer
nordwestlich Downpatricks in idyllischer Lage auf einer einstigen Marschinsel am Quoile und ebenso wie Grey Abbey ein
Bau der englischen Frühgotik. Sie diente englischen Zisterzien-
sern aus Furness und blieb stets stramm anti-irisch. Als im 15.
Jahrhundert die Zahl der Mönche sank, wurden die Querhäuser
der Hauptkirche sowie der Großteil des Langhauses durch Mau-

ern abgetrennt. Von den Konventgebäuden stehen Reste der Bäckerei und der Krankenstube. Betuchteren bietet das Dorf Greyabbey viele Antiquitätenläden, Galerien, Boutiquen und Cafés, viele davon in *Hoops Courtyard.*

Drei Kilometer östlich Downpatricks sprudeln, von einem teilweise unterirdischen Bach gespeist, in einer grünen Senke die heilkräftigen **Struell Wells** (ir. Struell, Strom), in deren eiskalten Wassern der hl. Patrick stundenlang psalmodiert haben soll. Sein Kult übernahm die vermutlich vorchristliche Verehrung der Stätte. Keines der fünf Brunnen- und Badehäuser ist allerdings älter als 400 Jahre.

Zur Weiterfahrt nach Süd-Down bieten sich zwei Möglichkeiten: Über die B1 gelangt man bei **Ardglass** (1 300 Einw.), einst Ulsters geschäftigstem Seehafen mit diversen Turmhäusern und befestigten Speichern, auf die Küsten- und Panoramastraße A2. Ebenso lohnend ist die Inlandfahrt auf der A25, von der vier Kilometer hinter Downpatrick eine Nebenstraße zum frühbronzezeitlichen Doppelsteinkreis von Ballynoe abzweigt. In dem ovalen Grabhügel im Zentrum fand man 1937 zwei Kistengräber. In Clough stehen die Reste des Turmhauses Clough Castle auf einer steilen *motte*, die ein tiefer Wehrgraben vom *bailey* trennt. Sie bildet ein besonders gut erhaltenes Beispiel der 40 Normannen-*motten* dieser Grafschaft.

■ Das Königreich Mourne

Das kleine kompakte Gebirge der **Mourne Mountains** überragen, auf nur 24 Kilometern Länge in der Luftlinie, gleich 15 über 600 Meter hohe Granitkegel. Wälder, meist Neuforste, bedecken die unteren Hänge sowie breiten Flußtäler des Bann und Trassey, der Rest ist Heide, die den Bergen eine dunkelviolette bis blauschwarze Färbung verleiht. Seine Wegelosigkeit machte das Königreich Mourne zum Rückzugsgebiet erst der Pikten, dann der Gälen. Der *Ulster Way* bietet den einzigen markierten Wanderweg in diesem gleichwohl bei Belfastern so beliebten Erholungsgebiet, daß jetzt Natur- und Landschaftsschutzbehörden eingreifen müssen. Denn neben Überweidung, planloser Aufforstung und kommerziellem Steinbruch bildet Wandertourismus eine Hauptursache der fortschreitenden Erosion.

Die dem Minigebirge entspringenden zahlreichen Bäche und Flüsse werden seit 1933 in den drei Stauseen des Silent Valley, Deb Crom und Spelga Dam für die Industrie und Trinkwasserversorgung von Belfast und Nord-Down genutzt. Zum Schutz

dieses Reservoirs und als Arbeitsbeschaffungsmaßnahme baute
man zwischen 1904 und 1922 eine 35 Kilometer lange und 2,5
Meter hohe Granitmauer, den mächtigen Mourne Wall. Größere
Einsamkeit als die Mournes bietet das wilde, an West-Donegal
erinnernde Hügelland um den nördlich gelegenen **Slieve Croob**
(532 m), der eine fantastische Sicht auf Belfast und die Lagan-
Niederung gewährt. Auf Nebenstraßen von der B7 oder B175
erreicht man in seinem Südwesten den besonders ›schlankfüßigen‹,
hohen Tripoden-**Dolmen von Legananny**.
Im Windschatten der Mournes liegen zwei gleichermaßen attrakti-
ve Waldparks: Der **Castlewellan Forest Park** beim anziehenden,
hügeligen Marktflecken gleichen Namens breitet sich auf 460 Hektar
um einen See, in dem man Forellen angeln darf. Ein 3,2 Kilometer
langer, mit Skulpturen bestückter Uferweg (*Sculpture Trail*) bildet
den beliebtesten von vier markierten Spazierwegen. Oberhalb thront
der neugotische Herrensitz Castlewellan Castle (1885), dahinter
liegt, mit Springbrunnen, Teichen und Gewächshäusern, durch
die exotische Vögel flattern, der schöne Annesley Garden, an der
Ausfahrt eine alte Meierei. Der **Tollymore Forest Park**, nur fünf
Kilometer südlich im Flußtal des lachsreichen Shimna, ist mit seinem Mischwaldbestand, Resten eines Gutsparks sowie Staffagebauten einer der stimmungsvollsten Waldparks Irlands.
Bei **Maghera** (ir. Machaire Rátha, Ebene der Wallburg) zeugen
vom Missionszentrum des hl. Donard (auch Domangard,
Domongart; gest. 506) noch ein 5,4 Meter hoher Rundturmstumpf (10. Jh.) sowie zwei Kreuzsteine. Um Donard zu bekehren,
mußte der hl. Patrick eines seiner drastischeren Wunder wirken
lassen und einen bereits eingepökelten Ochsen zum Leben erwek-
ken. Tief beeindruckt zog sich daraufhin der piktische Territorial-
fürst als Einsiedler auf den fortan nach ihm benannten höchsten
Berg der Mournes, den Slieve Donard, zurück und wirkte als
Apostel in einer Region, in die sich nicht einmal Patrick vorwagte.
Drei Kilometer nordöstlich kontrollierte auf einer baumbestandenen Anhöhe John De Courceys Küstenfestung **Dundrum
Castle** (»Festung des Landrückens«, auch Magennis Castle, 1178)
die von Sandstränden und Dünen gesäumte Dundrum-Bucht
sowie den tiefen Meeresarm des Murlough. Im Mittelalter be-
mächtigten sich die gälischen Magennis Dundrums, 1652 schossen es die Parlamentstruppen sturmreif. Die mächtige Normannenburg bestand aus zwei Höfen (Lower und Upper Yard). Der
runde *keep* sowie Teile der oberen Umfassungsmauer stammen
noch aus der Wende vom 12. zum 13. Jahrhundert.
Die A2 führt zum feiertags stark überlaufenen, viktorianischen
Ferienort **Newcastle** (6 500 Einw.), *where the Mountains of*

Mourne sweep down to the sea. William Percys Heimwehsong
bezieht sich auf den **Slieve Donard**, der südlich Newcastles mit
imposanten 852 Metern von der Meereshöhe aufragt. Er wurde
in vorchristlicher Zeit Ende Juli am *Aoine Chrom Dubh*, dem
Freitag des Schwarzen Chrom, verehrt, der christliche Donard-
Kult übernahm den Termin und die Bergwallfahrt. An der Bloody
Bridge, wo die Magennis 1641 zehn Protestanten massakrierten,
beginnt der nach Hilltown führende alte Schmugglerpfad *Brandy
Pad*, eine lohnende Bergwanderung.

Im hübschen Fischereihafen Annalong (1800 Einw.) kann man
eine restaurierte Wassermühle (um 1830) nebst Darre sowie einen
Meerespark besichtigen. **Kilkeel** (ir. Cill Chaoil, Einsiedelei der
Engel; 6050 Einw.), vormals die Kapitale des Königreichs Mourne,
bildet mit einer Flotte von einhundert Kuttern einen der bedeu-
tendsten Fischereihäfen Irlands (vor allem Hering). Von hier führt,
landschaftlich sehr eindrucksvoll, die B27 nördlich am Spelga-
Stausee nach Hilltown. Südwestlich erreicht man die 1261 auf
Befehl Heinrichs II. als Viride Castrum errichtete Küstenfestung
Greencastle, die mit dem in Sichtweite liegenden Carlingford
Castle die Zufahrt zum Carlingford Lough bewachte. Beide unterstanden ab 1542 dem Kronbeamten Sir Nicholas Bagnal, der
Greencastles große Halle im ersten Stock des großen *keep*s er-
richten ließ.

Es folgen die Küsten- und Ferienorte Rostrevor (2100 Einw.) mit
einem Naturschutzgebiet sowie das größere, nicht minder ansprechende Warrenpoint (ir. An Pointe; 5 500 Einw.), das seinen Aufstieg zum Containerfrachthafen der Schließung des Hafens von
Newry verdankt. Der schachbrettartig angelegte Ort besitzt eine
knapp einen Kilometer lange, baumgesäumte Uferpromenade. Im
Schutz der Mournes gedeihen auf diesem Küstenabschnitt sogar
Palmen und Mimosen. Drei Kilometer nordwestlich Warrenpoints
steht das gut restaurierte Turmhaus Narrow Water Castle (um 1560)
malerisch im Grenzland am Mündungsarm des Clanrye, oberhalb
der gotisierte Herrensitz Mount Hall (17. Jh.).

Louth –
Heimat des irischen Herkules

Die kleine Grafschaft Louth (sprich »Laut«) im relativ fruchtbaren »Mittelosten« ist reich an landschaftlichen Gegensätzen und Kulturdenkmälern. Besonders im Süden ist die christliche Periode, mit keltischen wie kontinentalen Klöstern, stark vertreten, während sich im Norden, am Rande der einstigen *Pale of Dublin*, zahlreiche Wehrbauten finden. Von einer wechselvollen Geschichte im Spannungsfeld zwischen der »Mittelprovinz« Meath, Connacht und Ulster kündet der *Táin Bó Cúailgne*, Irlands Nationalepos.

Carlingford (ir. Cairlinn, Cairlinns Stadt) liegt am Fuß des Slieve Foye, mit 590 Metern die höchste Erhebung der felsigen Halbinsel Cooley. Die einstige normannische Festungsstadt an der Grenze der *pale* blühte im Mittelalter dank des Austernfanges, trat aber ab dem 17. Jahrhundert in den Schatten von Newry. Von den Kämpfen der Neuzeit kaum berührt, bewahrt Carlingford etliche mittelalterliche Bauten. Gleich über dem Hafen erhebt sich auf einem Felsen King John's Castle, eine *keep*lose Burg des Ulster-Grafen Hugh de Lacy zur Kontrolle des Carlingford Lough, in der der namengebende englische Monarch 1210 allerdings nur drei Tage zu Besuch weilte. Der Eingang im Torhaus war absichtlich so schmal gehalten, daß nur ein Reiter passieren konnte. Die hohe Trennmauer und der Ostteil mit der Banketthalle stammen von 1261/2. Über einem alten Stadttor erhebt sich unweit der kleine Tholsel, der den zwölf Stadtvätern als Versammlungsraum diente. Der dreistöckige, mit keltischen Motiven geschmückte Wohnturm The Mint (15. Jh.) in einer Gasse nahe des Hauptplatzes verdankt seinen Namen einem als Münzprägeanstalt geplanten Vorgängerbau. Das massige Turmhaus Taaf(f)e's Castle (16. Jh.) ist das zweite erhaltene der einst 32 befestigten Stadthäuser. Von der Dominikanerpriorei des hl. Malachias (Malachy), die der Ulster-Graf Richard de Burgo 1305 stiftete, stehen nur noch Reste. Die restaurierte Holy Trinity Church birgt ein stadthistorisches Heritage Centre. Großartige Aussichten auf den Carlingford Lough und die teilweise bewaldete Halbinsel bieten der in Carlingford beginnende *Cooley Scenic Drive* sowie der über Kämme und durch Täler führende Rundwanderweg *The Táin Trail* (41 km).

Nördlich Dundalks finden sich viele jungsteinzeitliche Gräber. Der pilzförmige Tripoden-Dolmen von Proleek steht, besonders touristenfreundlich, auf dem Gelände des Hotels von Ballymascanlon (R173), mit sechs Häusern eines der kleinsten Dörfer Irlands. Wem es gelingt, einen Kiesel so auf den oben gerundeten, 46 Tonnen schweren Deckstein zu werfen, daß er dort liegen bleibt, hat einen Wunsch frei.

■ Dundalk und Umgebung

Die Industrie- und Hafenstadt **Dundalk** (ir. Dún Dealgain, Dealgans Festung; 29 000 Einw.) erstreckt sich an einem tief eingeschnittenen Meeresarm und bildet die Hauptstadt der kleinen Grafschaft Louth. Als wichtigste Festung am Nordrand der *pale* war die bis 1724 mauergeschützte Stadt zwischen Iren, Schotten und Engländern so heftig umkämpft, daß von den mittelalterlichen Bauten nur Seatown Castle blieb, der schlanke Turm eines Franziskanerklosters in der Mill Street. Die oftmals veränderte anglikanische Pfarrkirche des hl. Nikolaus verwendet Reste einer Vorgängerin aus dem 13. sowie einen Turm des 14. Jahrhunderts. Auf dem Friedhof stehen zwei sehenswerte Grabmäler (16. Jh.). In der Jocelyn Street beherbergt ein restaurierter Tabakspeicher aus dem späten 18. Jahrhundert das preisgekrönte County Museum, das über die Landwirtschafts- und Industriegeschichte von Louth informiert.

2,5 Kilometer westlich findet man an der N53 das namengebende Dún Dealgain, das der *Táin* als Sitz Cú Chulainns bezeichnet. Bertram de Verdon, von Prinz John mit diesem Landstrich belehnt, schüttete die keltischen Erdwerke Ende des 12. Jahrhunderts zu einer 18 Meter hohen *motte* auf, auf die 1780 der Pirat Patrick Byrne 1780 seine Phantasieburg baute (Aussicht!). Zum Schutz des Moyry-Passes ließ Verdon auch **Castle Roche** errichten, das man, 7 Kilometer nordwestlich Dundalks, auf einer Nebenstraße der N53 erreicht. Die Legende schreibt es allerdings seiner Mutter Rohesia zu: Sie soll den Baumeister mit einem Eheversprechen gelockt haben, auf ihrem Familienbesitz die damals unübertroffene Burg zu errichten. Nachdem ihr Wunsch erfüllt war, ließ sie den Meister aus jenem Fenster werfen, das der Volksmund seither das »Mörderfenster« nennt. Die dramatisch auf einem Felsen gelegene Ruine besteht aus einer hohen, dreieckigen Umfassungsmauer, einem stattlichen Torhaus und einer großen Halle.

Auf halber Strecke der von Dundalk nach Drogheda führenden N1 lohnt ein kurzer Abstecher östlich zum Dorf **Dromiskin**, wo vom Kloster des hl. Lughaid (gest. 515/6) noch ein ungewöhnlich gedrungener Rundturm mit einem Kegeldach von 1879

steht. Ein repariertes Hochkreuz (10. Jh.) zeigt die für die späte
Latène-Ornamentik typischen Triskele und Wirbelrosetten sowie
stilisierte Tiere. Südlich Dunleers schiebt sich ein niedriger Landrücken mit dem Mount Oriel (244 m) als höchster Erhebung
zwischen das Boyne-Tal und die Ebene von Dundalk. Hier findet man auf einem alten Friedhof in einer Senke die Reste des
Klosters **Monasterboice** (ausgeschildert von der N1), das der
sonst wenig bekannte hl. Bhúite (Boyce; gest. 521) um das Jahr
500 gründete: Einen helmlosen, leicht geneigten Rundturm (10.
oder 11. Jh.) von 33 Metern Höhe sowie drei Ringhochkreuze,
von denen das südliche, 5,5 Meter hohe Cross Phadráig dank
seines außerordentlich guten Erhaltungszustandes und der Qualität seiner Reliefs den stilistischen Höhepunkt der Bibelkreuze
in den Midlands markiert und Monasterboice zu Ruhm verhalf.
Es wurde laut Inschrift von einem um 844 verstorbenen Abt
Muiredach zu Ehren des hl. Patrick gestiftet. Das aus einem Block
gemeißelte Kreuz zeigt auf der östlichen Sockelseite zwei Stiere,
darunter, von unten nach oben, den Sündenfall, daneben Kain
und Abel, oberhalb David und Goliath, Moses, der Wasser aus
dem Felsen schlägt, die Anbetung des Kindes, Christus als Weltenherrscher, zur Rechten die erlösten Seelen, angeführt vom
harfenspielenden David und Musikanten, während links die Sünder zur Hölle gejagt werden. Unterhalb wiegt der Erzengel Michael die Seelen beim Jüngsten Gericht. Auf dem Kreuzkopf
thront ein mit Firstzier geschmücktes Bethaus, auf dessen Ostseite die Begegnung von Paulus und Antonius in der Wüste
dargestellt ist. Auf der Westseite kauern zwei Katzen am Sockel,
darüber ist Christi Gefangennahme zu erkennen. Das mittlere
Bildfeld des Schafts zeigt den Ungläubigen Thomas, der Christus die Hand in die Wunde legt, das oberste Christus, der Petrus die Schlüssel und Paulus das Buch der neuen Gesetze reicht.
Im Zentrum steht die Kreuzigung, auf der Westseite des Oratori-
ums betet Moses mit erhobenen Armen, gestützt von Hur und
Aaron. Die Nordseite zeigt ein weiteres Mal die Begegnung in
der Wüste, die Geißelung Christi und, unterhalb des Kreuzarms,
die Hand Gottes, die südliche Schmalseite die Flucht nach Ägyp-
ten, Pilatus, seine Hände in Unschuld waschend, sowie Flechtwerk und Weinranken.

Das aus Einzelteilen gefügte West-oder Bhúithes Kreuz (Cros
Bhúitin, auch: Tall Cross) ist mit fast 7 Metern Irlands höchstes.
Die auf der Ostseite dargestellten Bibelepisoden werden als löwen-
tötender David, Isaaksopfer, die drei Jünglinge im Feuerofen,
Christi Gefangennahme und Auferstehung sowie als Erzengel
Michael gedeutet, der seinen Speer nach Satan schleudert. Im

Zentrum triumphiert Christus als Weltenherrscher in der Tracht eines gälischen Häuptlings mit Rundschild und Schwert. Westlich sind die Wächter am Grab des Herrn zu sehen, die Taufe und Versuchung Christi, der Judaskuß sowie die Kreuzigung. Das von Bäumen halb verdeckte Nordkreuz soll Cromwell zerstört haben. Der originale Kreuzkopf auf einem modernen Schaft zeigt auf der Ostseite die Kreuzigung, auf der Westseite ein keltisches Spiralmotiv.

Drogheda und seine Umgebung

Als Furt vor der Mündung der Boyne war die Industriestadt **Drogheda** (ir. Droichead Átha, Furtbrücke; 24 000 Einw.) schon seit alters von Bedeutung. Um 911 bemächtigte sich der Wikinger Thorgestr des geschützten Küstenorts, doch erst die Normannen hinterließen Siedlungsspuren. Hugh de Lacy d.Ä. gründete um 1180 gleich zwei mauergeschützte, zum Königreich Oriel bzw. zu Meath gehörige Städte am Nord- und Südufer und besiedelte sie mit Kolonisten aus Bristol und dem Severn-Tal. Erst die mitreißende Predigt eines Dominikaners führte 1412 zur Vereinigung. Drogheda erhielt das Stadt- und Münzrecht, seine Handelsverbindungen reichten bis Island, Danzig und Spanien. Die königstreue Stadt litt jedoch unter der Einnahme durch die Parlamentstruppen Oliver Cromwells am 10. September 1649, die den Garnisonskommandanten mit seinem eigenen Holzbein erschlugen, über 2 600 Garnisonsangehörige und Einwohner massakrierten sowie zahlreiche Gefangene auf die Barbardos-Inseln deportierten. Etliche alte Lagerhäuser zeugen davon, daß Drogheda im 18. Jahrhundert Großbritanniens Hauptausfuhrhafen in Irland bildete. Einen guten Rundblick auf die Stadt mit einigen eindrucksvollen mittelalterlichen Baudenkmälern gewinnt man vom Millmount Fort, dem von den Normannen zur *motte* umfunktionierten Tumulus eines neolithischen Ganggrabes. In der Offiziersmesse (1808) der ehemaligen Kaserne ist das stadthistorische Millmount Museum untergebracht. Ebenfalls auf dem Boyne-Südufer liegt das Butter Gate als einziges erhaltenes Stadttor. Das vor der einstigen Stadtmauer gelegene St. Lawrence's Gate (13. Jh.) im Nordteil Droghedas gilt als Irlands bestes Beispiel dieser Art von Tor-Wehrbauten. Von den zahlreichen mittelalterlichen Kirchen und Klöstern stehen noch der Magdalene Tower (15. Jh.), der zweistöckige Vierungsturm einer Dominikanerpriorei, und unweit der Turm (15. Jh.) der Augustinerpriorei St. Mary's de Urso, der die schmale Old Abbey Lane (nahe der West Street) überspannt. Zu den bemerkenswerten Bauten der Neuzeit zählen das überkuppelte ehemalige Rathaus (Tholsel; 18. Jahrhundert; jetzt Bank) sowie das neopalladianische Mayoralty House (Mitte 18. Jahrhundert, jetzt Geschäft) am North Quay. Die neugotische katholische St. Peter's Church in der Nähe der West Street birgt die Kopfreliquie Oliver Plunketts, des 1651 in London wegen angeblichen Hochverrats besonders grausam hingerichteten Erzbischofs von Armagh. Die schöne anglikanische St. Peter's Church (Mitte 18. Jahrhundert, von Francis Johnston) ziert innen Rokoko-Stuck.

Wenn auch die Ruinen des Klosters **Mellifont**, die 6,5 Kilometer nordwestlich Droghedas im Tal des Mattock-Flusses liegen, nicht mehr viel hermachen, wird der Ort wegen seiner großen Bedeutung für die Verbreitung des kontinentalen Mönchstums viel besucht. Denn das 1142 geründete Mellifont wurde zum Mutter- bzw. ›Großmutter‹haus von 35 irischen Zisterzienserklöstern. Seinem Gründer, dem hl. Malachias (1095–1148) von Armagh und Bangor, lag die Reform des Klosterwesens stets mehr am Herzen als sein Erzbischofsamt. Auf einer Romreise machte er 1137 im französischen Clairvaux Station, dessen strenge und einfache Regeln ihn tief beeindruckte. Der Ordensgründer Bernhard wurde zu einem persönlichen Freund, in dessen Armen Malachias starb, als er 1148 ein zweites Mal nach Rom aufbrach. Bernhard ließ seinen irischen Freund im Chor von Clairvaux beisetzen, schrieb dessen Vita und wurde nach seinem Tod neben Malachias bestattet. Schon bei seinem ersten Aufenthalt hatte Malachias in Clairvaux vier Begleiter zur Ausbildung zurückgelassen, die zusammen mit französischen Mönchen beim Aufbau des Ordens in Irland helfen sollten. Der hl. Bernhard entsandte außerdem seinen Architekten Robert nach Mellifont, der den Bau der kreuzförmigen Abteikirche leitete; sie wurde 1157 mit viel Pomp geweiht, doch erst 1225 vollendet. Ihre Grundmauer zeigt folglich kontinentale Einflüsse: Beide Transepte schließen mit einer rechteckigen Kapelle ab, die von je zwei halbrunden Nebenaltären (Pastophorien) flankiert wird. Andere mittelalterliche Beispiele absidialer Baukunst sind in Irland nicht belegt. Ungewöhnlich ist auch die Krypta unter dem Westportikus, die wohl den Niveauunterschied des abschüssigen Geländes ausgleichen sollte. Südlich schloß ein romanischer Kreuzgang (um 1200, mit einigen rekonstruierten Bögen) an, in den ein achteckiges, noch halb erhaltenes Brunnenhaus (Lavabo) integriert war, eine in Irland ebenfalls einmalige Bauform. An der Ostseite des Kreuzgangs bewahrt man im Erdgeschoß des ursprünglich zweistöckigen, mit schönem Kreuzrippengewölbe versehenen Kapitelhauses (14. Jh.) Bruchstücke der alten Klosterbauten auf. Im Norden des Geländes steht die Ruine eines burgartigen Torhauses (15. Jh.). Nach der offiziellen Auflassung (1539) wurde

Mellifont 1556 in einen Wohnsitz umgewandelt, doch seine Mönchsgemeinschaft überdauerte offenbar noch bis 1743, als der Tod des letzten Abtes vermeldet wurde.

Ruine des Brunnen-hauses der Mellifont Abbey

Östlich Droghedas ragen bei **Mornington** (R150) zwei markante Leuchttürme aus dem 16. Jahrhundert an der Boyne-Mündung auf: Der nach der »jungfräulichen Königin« Elisabeth I. benannte, zinnenbekrönte Maiden Tower sowie der niedrigere Lady's Finger. Südlich bieten die kleinen Seebäder Bettystown und Laytown gute Sandstrände von über 10 Kilometern Länge. Seit 1876 finden in Laytown im Juli und August bei Ebbe die einzigen offiziellen Strand-Pferderennen Europas statt.

Wer auf der R108 von Drogheda zum 40 Kilometer entfernten Dublin zurückkehrt, sollte einen Kilometer vor Naul einen Abstecher zu den drei nordwestlich im Hügelland gelegenen spätneolithischen Ganggräbern (1800–1500 v.Chr.) von **Fourknocks** (ir. Fornocht, Öde Stätte) machen. Das Hauptgrab unter einem grasbewachsenen Tumulus besitzt die größte Kammer aller irischen Ganggräber, jedoch einen ungewöhnlich kurzen Gang. Fourknocks liegt bereits in der Grafschaft Meath, und sein Steinschmuck zeigt die für die Gräber im Osten dieser Grafschaft typischen Zickzack-Linien und Rundbögen. Die Linien eines Steines fügen sich jedoch zu einem Antlitz, das als deutlichste anthropormorphe Darstellung in der sonst überwiegend abstrakten megalithischen Steinkunst Irlands gilt. Ausgrabungen erbrachten über 60 Beisetzungen.

Meath

■ Stilles Drumlinland – Monaghan und Cavan

Das eiszeitlich geprägte Grenzland zwischen Connacht, Ulster und den Midlands wird bald zu den »nördlichen Midlands«, den Lakelands (zusammen mit Longford und Westmeath) oder, wohl am zutreffendsten, zum »Drumlingürtel« Süd-Ulsters gerechnet. Besonders im Osten erreichen die allgegenwärtigen Geschiebelehmhügel Höhen von über 300 Metern. Mit Roscommon, Leitrim und Fermanagh teilt vor allem Cavan seinen Reichtum an meist waldgesäumten Seen. Diese als Kleinkönigreich Ost-Bréifne historisch zu Connacht gehörige Region wurde Ulster erst im 16. Jahrhundert zugeschlagen. Monaghan bildete mit Louth unter den O'Carroll das Königreich Oriel, das nach der Normanneninvasion in einen von den McKennan regierten Norden und einen von dem MacMahon beherrschten Süden zerfiel. Englische und schottische Kolonisten führten die Leinenindustrie sowie Gerberei ein und machten Cavan zur kirchenreichsten Grafschaft.

Eine Rundfahrt könnte in **Inishkeen** (ir. Inis Caoin, Schöne Insel) am Rande der Dundalk-Ebene beginnen, einem Pilgerort für Freunde irischer Poesie, da auf Inishkeens Friedhof Patrick Kavanagh (1904–67) beigesetzt ist, einer der bedeutendsten und originellsten irischen Dichter des 20. Jahrhunderts, der es verstand, in seiner Lyrik und Prosa nicht nur das Kolorit seiner Heimat einzufangen, sondern scheinbar nebensächlichen Alltagsereignissen episches Format und Bedeutung zu verleihen. Da der Autodidakt erst 1939, im Todesjahr von Yeats, nach Dublin übersiedelte, geriet er im Unterschied zu vielen anderen seiner Kollegen nicht unter den Einfluß dieses dominantesten irischen Dichters des frühen 20. Jahrhunderts. Kavanaghs ersten Gedichtband *Ploughman and Other Poems* (1936) wie auch die später in Dublin verfaßten *Canal Bank*-Gedichte kennzeichnet eine pantheistische Sehweise. Von zeit- und sozialgeschichtlichem Interesse sind sein Prosaband *The Green Fool* (1938) sowie der autobiographische Roman *Terry Flynn* (1948). Das schlichte Bauernhaus (1791), in dem Kavanagh geboren wurde und aufwuchs, steht noch an der Straße nach Carrickmacross (ausgeschildert). Ein 12,5 Meter hoher Rundturmstumpf am linken Fane River sowie die in einen neueren Bau vermauerten Reste einer alten Kirche belegen das Kloster des hl. Daig(h) (Dega; gest. 587), der wie viele altirische Heilige als berühmter Kunsthandwerker galt: Er soll 150 Handglocken und einhundert Krummstäbe für Äbte und Bischöfe geliefert haben.

Carrickmacross (ir. Carraig Mhachaire Rois, Felsen in der Waldebene; 1 800 Einw.), zehn Kilometer südwestlich, bildet das Landwirtschaftszentrum Süd-Monaghans. Der Orden der Schwestern des hl. Louis belebte hier, nach belgischen Vorbildern, die Anfang des 19. Jahrhunderts eingeführte Batist-Spitzenherstellung. Im Market House (1861) am Ende der Hauptstraße sowie im Heritage Centre des Convent of St. Louis kann man die duftigen Spitzen mit traditionellen irischen Motiven (Klee, Harfen, Schwäne, Blumen) bewundern. In der neugotischen katholischen Pfarrkirche von St. Joseph (1861–97) sind die acht Glasfenster (1926) von Harry Clarke besonders beachtenswert. Die zehnte Kreuzwegstation zeigt den Antichristen mit den Zügen Stalins.

Ein Ausflug führt 19 Kilometer nordwestlich zum größten und schönsten See Monaghans, dem Lough Muckno, dessen Black Island schöne Spazierwege bietet. Man erreicht die bewaldete Insel über eine Holzbrücke von **Castleblayney** (ir. Baile na Lorgan) aus. Unweit des dreieckigen Marktplatzes liegt der Herrensitz Castle Hope (17. Jh.), heute im Besitz franziskanischer Nonnen. Nachdem sein letzter Privatbesitzer, Henry Thomas Hope, den nach ihm benannten Hope-Diamanten erworben hatte, ging es mit seinem Wohlstand bald zu Ende: Der größte blaue Diamant der Welt hat noch keinem Glück gebracht.

Die ansehnliche Grafschaftshauptstadt **Monaghan** (ir. Muineachán, Stätte der Dickichte; 6 200 Einw.) war vom späten 14. bis 16. Jahrhundert Sitz der MacMahon und nach ihrer Enteignung Kolonie für schottische Calvinisten. Das Bild dieser typischen Pflanzerstadt prägen drei durch schmale Straßen des 18. Jahrhunderts verbundene Plätze. Am Diamond zu Füßen der ehemaligen Burg steht das hübsche kleine Market House (1792, von Samuel Hayes; heute Frem-

Monaghan-Cathedral

denverkehrsamt), am Old Cross Square das einstige Market Cross (1714), eigentlich eine Sonnenuhr. Am Church Square kontrastiert das Gericht (1829) mit seinen dorischen Säulen mit der Regency-Gotik der anglikanischen Pfarrkirche. Die dominant gelegene katholische St. Macartan's Cathedral (1859–92) gilt als beste der vier neogotischen Kathedralen des »irischen Pugin« J.J. MacCarthy. Als Prunkstücke des 1980 mit dem Museumspreis des Europarates ausgezeichneten Heimatkundemuseums in der Hill Street gelten das 85 Zentimeter hohe Bronze-Prozessionskreuz von Clogher (14. Jh.) mit figürlichem und geometrischem Triebdekor sowie ein Hortfund von einem frühmittelalterlichen *crannóg*. Es lohnt ein Ausflug nach **Glaslough** (ir. Glasloch, Grüner See), nordnordöstlich an der R185 gelegen. Am Rande des schmucken Gutsbesitzerdorfes breitet sich das Anwesen der Leslies aus, Nachfahren des streitbaren schottischen Gelehrten und Bischofs John Leslie (1571–1671), der mit 70 eine vierzig Jahre jüngere Frau heiratete und bis zu seinem Tod ein Dutzend Kinder mit ihr zeugte. Spätere Leslies traten zum Katholizismus über und setzten sich für *home rule* ein, ein für ihren Stand geradezu ungebührliches Verhalten. Die exzentrische, unberechenbare Sippe betrachtet Attila den Hunnenkönig als ihren Ahnherrn und führt den Familiennamen auf den ungarischen Namen Laszlo zurück. Man kann in *Castle Leslie* (1878), das imposant oberhalb eines grünen Sees aufragt, übernachten. Feinschmecker halten die Hotelküche für einen Geheimtip. Serviert wird in viktorianischer Kleidung.

Der Kontrast zwischen dem betriebsamen Monaghan und dem südwestlich auf einer Anhöhe gelegenen **Clones** (ir. Cluain Eois, Wiese auf der Höhe; 2 500 Einw.) könnte nicht größer sein. Nicht zufällig inspirierte der Ort den aus der Gegend stammenden Autor Patrick McCabe (geb. 1955) zu seinen düsteren Romanen *Carn* (1989) und *The Butcher Boy* (1992; dt. *Der Schlächterbursche*, 1995). Was die willkürliche Teilung der Provinz Ulster und die Sperrung der Nebenstraßen 1981 vielen Orten zugefügt haben, kann man hier drastisch begreifen: Clones wurde von seinem Hinterland abgeschnitten, der Terror der IRA vertrieb viele protestantische Farmer aus Fermanagh, die vormals gern in Clones kauften und Geschäfte machten. Denn dort war es nicht immer trist. Gleich mehrere Bankgebäude am großen Diamond künden von den besseren Zeiten als Marktflecken, und um 1910 bildete Clones Irlands führendes Zentrum für Häkelspitze, die heute nur noch in geringer Menge, unter Verwendung einer besonderen Masche (*Clones dot*), hergestellt wird. An das bedeutende Kloster des hl. Tiarnach (Tierney, Tighe(a)rnach; um 470–548) erinnert am Diamond ein aus zwei Kreuzen des 9. und 10. Jahrhunderts gefügtes, verwittertes Hochkreuz und, auf dem St. Tighearnach's Graveyard, ein 25 Meter hoher, früher Rundturm sowie ein hausförmiger Steinsarkophag (St Tighearnach's Shrine; 12. Jh.), vielleicht das Grabmal des Gründerheiligen. Unweit findet man auf einem stillen Kirchhof an der Abbey Street »The Wee Abbey«, die Ruine einer Langhaus-mit-Chor-Kirche (12. Jh.). Hier und auf dem alten Klostergrund bilden grob behauene Grabsteine (17. bis 19. Jh.) mit Symbolen der Vergänglichkeit (Stundengläser, Särge, Glocken, Totenschädel) eine weitere lokale Besonderheit und womöglich die letzte Entwicklungsstufe des Ringkreuzes, wobei die Achsenenden nur noch knapp über dem Ring angedeutet wurden.

Die A3 (N54) führt weiter südwestlich durch die labyrinthhaft verzweigte Seenplatte des Lough Oughter im hügeligen Mittel-Cavan. Sein Fischreichtum (Aale, Plötzen, Barsche, Brassen und Hechte) lockt Angler wie Wasservögel (Reiher und Königsfischer) an. Cloughoughter Castle (13. Jh.), ein typisch gälischer, runder Wohnturm im Ostteil des Sees, steht auf einem der zahlreichen bewaldeten *crannógs*.

Die Grafschaftshauptstadt **Cavan** (ir. An Cabhán, Die Senke; 3 200 Einw.) bildete ab dem 13. Jahrhundert den Sitz der O'Reilleys, der handelstüchtigen Herrscher Ost-Bréifnes, die sogar eigene Münzen prägten. Von ihrer Burg künden am Fair Green spärliche Reste, von ihrem um 1300 am Fuß des Burghügels gestifteten Franziskanerkloster nur der Turm: 1451 setzte ein betrunkener Mönch die Abtei in Brand, 1576 brannte eine O'Reilley in rasender Eifersucht Burg, Kloster und Stadt nieder, 1689 machten die Engländer Cavan dem Erdboden gleich. Die Werkzeuge und Herstellungsverfahren der Cavan Crystal Glassworks am Ortsausgang (Dublin Road) haben sich seit dem 18. Jahrhundert kaum geändert (Werksbesichtigung!).

Der Shantemon Hill, vier Kilometer nordöstlich, bildete ein noch bis in die 1940er Jahre verehrtes *lúgnasa*-Heiligtum sowie die Inaugurationsstätte der O'Reilley. Auf einer Lichtung im Kiefernwald steht ein bronzezeitliches Alignement von fünf Findlingsblöcken, im Volksmund Finn Mac Cooles Finger genannt. Wie so häufig, mutierte der Anführer der mythischen Kriegerschar der Fianna in den Überlieferungen der irischen Nordhälfte vom Heros zum Hünen. Sehenswert ist auch die anglikanische Cathedral of St. Feithlimidh (1858–60) im Dorf **Kilmore**, fünf Kilometer südwestlich an der R198, deren bemerkenswertes spätromanisches Portal (12. Jh.) von einem Kloster auf Trinity Island (Lough Oughter) stammt. Auf dem Kirchhof steht das Grabmal des gelehrten anglikanischen Bischofs William Bedell (1571–1642), der erstmals das Neue Testament ins Irische übersetzte und eine Grammatik des Irischen verfaßte. Die gut erhaltene *motte*-mit-*bailey*-Burg (1211) in der Nähe der Kathedrale gehörte zur Festungskette des Ulster-Grafen Hugh de Lacy d.J.

Nördlich Killeshandras gelangt man bei Drumlane zu den im Westen des Lough Oughter besonders schön gelegenen Resten eines Klosters des hl. Aidan von Ferns (gest. 626), einst »eine Stätte der Gnade des Willkommens und der Gastfreundschaft,« die Augustiner aus Kells um 1143 übernahmen. Der zwölf Meter hohe Rundturmstumpf trägt an der Nordseite die stark verwitterte Darstellung eines Hahns und einer Henne. Die Prioreikirche (13. bis 17. Jh.) zieren ein romanisches Westportal sowie Köpfe von Äbten und einem König an der Westfassade und den Fenstern.

Südöstlich Cavans führt die N3 nach **Virginia** (540 Einw.), einem schön am bewaldeten Nordufer des 6,5 Kilometer langen Lough Ramor gelegenen Pflanzerstädtchen, das seinen Namen zu Ehren der »jungfräulichen Königin« erhalten hat. Von hier kann man über Kells und das Boyne-Tal nach Louth zurückkehren oder auf direktem Wege (N3) nach Dublin fahren, falls man sich nicht noch das Gutsdorf Kingscourt (ir. Dún an Rí) ansehen will. Seine katholische Pfarrkirche schmücken bemerkenswerte Glasfenster (vollendet 1948) der irischen Künstlerin Evie Hone. Im 257 Hektar großen Dún An Rí Forest Park der ehemaligen Domäne findet man eine Wunschquelle und eine nach Sarah Pratt benannte Brücke (1801), auf der sich diese Gutsbesitzertochter 30 Jahre lang mit einem Verehrer traf. Als er ihr schließlich einen Antrag machte, verlor sie das Gleichgewicht und ertrank im Cabra-Flüßchen.

■ Rund um das Boyne-Tal

Nördlich an die kleine Grafschaft Dublin grenzt Meath an, eine sanft gewellte oder von Hügeln durchsetzte Landschaft. Sie wird von der Boyne durchflossen, dem bereits in der Weltkarte des Alexandriners Claudius Ptolemäus als Bovinda (»Rinderfluß«) verzeichneten Schicksalsfluß Irlands. Boand, die »lichte Kuh«, war die irokeltische Ausgabe einer ursprünglich allen indoeuropäischen Viehzüchterkulturen heiligen Rindergottheit, die in einem weiteren Entwicklungsschritt zur Flußnymphe bzw. Muttergöttin wurde, die man in Meath unter den Namen Tara, Tlachta und Tailtiu verehrte.

Seine Fruchtbarkeit hat schon in der Jungsteinzeit zu einer dichten Besiedlung des Boyne-Beckens geführt. Diese frühen Kulturen hinterließen noch heute ehrfruchtgebietende Nekropolen in Newgrange, Loughcrew sowie Fourknocks. Aus der keltischen Eisenzeit stammen die Erdwerke im Dreieck zwischen den Hügeln von Tailte, Tara und Ward, alle aufs engste mit Mythen, Sagen und Überlieferungen verbunden. Bis zur englischen Verwaltungseinteilung Mitte des 17. Jahrhunderts gehörte zu Meath auch das angrenzende Westmeath. In keltischer Vorzeit bildete dieses »Mittelland« offenbar den Süden des Königreichs von Uladh (Ulster), bis es unter den südlichen Uí Néill ab dem 5. Jahrhundert eine eigenständige Rolle zu spielen begann und die in Tara eingesetzten Provinzkönige sogar die Hochkönigswürde über ganz Irland beanspruchten. Um so mehr lag den Anglonormannen an der Kontrolle dieser reichen Provinz, die zum festen Bestandteil der *pale* wurde. Das einstige Herz des keltischen Irland war nun der Anglisierung besonders stark ausgesetzt.

Die Rundfahrt durch Irlands »Arkadien« beginnt in Drogheda (N51). Beim Weiler **Oldbridge** am Südufer wurde am 1. Juli 1960 die Entscheidungsschlacht zwischen James (Jakob) II. und seinem protestantischen Schwiegersohn Wilhelm (William) III. von Oranien ausgetragen. Weiter westlich zweigt eine Nebenstraße zu der bedeutenden Nekropole mit 40 Ganggräbern ab, die sich, in einer Flußschleife, über fast vier Kilometer auf einer Hügelkette erstreckt. Sie wird von den drei mächtigen Ganggräbern von Dowth, Newgrange und Knowth überragt, die als eindrucksvollste Europas gelten. Etwa zeitgleich mit den ältesten ägyptischen Pyramiden errichtet, bezeugen sie wie diese eine hierarchisch gegliederte Gesellschaft und einen ausgeprägten Ahnen- und Astralkult. Bei den Beisetzungen – Männer, Frauen und Kinder – handelte es sich meist um Kremationen. Asche und Knochenreste wurden auf flachen Steinbecken am Ende der Grabkammern deponiert.

Dowth (um 2500 bis 2000 v.Chr.) besaß mit ursprünglich 16 Metern den höchsten Tumulus der Nekropole, der aber nach Steinraub und einer 1847/48 dilettantisch durchgeführten Versuchsgrabung schlecht erhalten ist. Einige Prellsteine tragen interessante Verzierungen, darunter Strahlenornamente wie bei den Gräbern von Loughcrew.

Das geheimnisumwitterte Vorzeitgrab von **Newgrange** (um 3200 v.Chr.), das mit fast 104 Metern Durchmessern und 13 Metern Höhe den imposantesten Tumulus besitzt, hat stets die Vorstellungkraft der Iren beflügelt. In den Sagen ist es der Brú Bóinne (»Boyne-Palast«), der Sitz des saturngleichen, irokeltischen

Eingangsbereich zum jungsteinzeitlichen Ganggrab New Grange. Der Stein im Vordergrund zeigt das für New Grange charakteristische Spiralmotiv.

Gottvaters Dagda, des »guten Gottes.« Mit der Muttergöttin Boand zeugt er Oengus mac Óg, den »jungen Gott« der Liebe, dem er die Herrschaft über den Brú abtreten muß. Das größte Wunder Newgranges bildet die Schlitzkonstruktion über dem Eingang des 24,2 Meter langen Ganges. Sie bündelt jeweils eine Woche vor und nach der Wintersonnenwende am 21. Dezember das Licht der aufgehenden Sonne, das erst als bleistiftdünner Strahl, dann in voller Kraft bis in die hinterste Nische der kreuzförmigen Grabkammer geleitet wird. Diese besaß offenbar die größte rituelle Bedeutung, denn ihr Deckstein trägt den reichsten Schmuck, darunter die nur in Newgrange und dort an besonders exponierten Stellen auftretende Dreierspirale. Man findet dieses älteste Trinitätssymbol Irlands, zusammen mit einer Doppelspirale, auch auf dem Stein vor dem Grabeingang sowie auf dem großen Prellstein am entgegengesetzten Ende des Tumulus von Newgrange. Für die Steinzeitbewohner des Boynetales muß das Lichtwunder in der Grabkammer ihres Totentempels ein dramatischer Beweis für den Sieg des Lebens über den Tod gewesen sein. Für die jährlich etwa 100 000 Besucher des jetzt »elektrifizierten« Brú wird der Effekt mit Taschenlampen bei vorübergehend ausgeschaltetem Licht simuliert, nur Staatsgäste gelangen in den Genuß des echten Sonneneinfalls.

Die Südhälfte des ungefähr herzförmigen Grabhügels mit dem Eingang zur Grabkammer trägt eine drei Meter hohe, fast senkrechte Wand, die mit weißen Quarzitkieseln aus den Dublin Mountains und grauen Findlingen eine wahre »Schauseite« bildet; die heutige Fassade ist allerdings eine Rekonstruktion aus den späten 1960er Jahren. Gegenüber dem Eingang stehen die vier höchsten eines Kreises von ursprünglich wohl 38 Menhiren (noch zwölf sind erhalten).

Das Ganggrab von **Knowth** (um 2500 bis 2000 v.Chr.) ist wohl das jüngste der drei, denn es besitzt die komplizierteste Anlage und den stilistisch am weitesten entwickelten, reichsten Steinschmuck ganz Europas. Grabungen erbrachten zwei lange, ein ander auf der Ost-West-Achse gegenüberliegende Gänge, was auf eine Ausrichtung auf die Tagundnachtgleichen, also die Zeiten der Aussaat und Ernte, hinweist. Der Ostgang, mit 40,4 Metern der längste in Westeuropa, mündet in eine kreuzförmige Kammer unter einem sechs Meter hohen Scheingewölbe. Die rechte und größte Nische birgt ein besonders reich mit geometrischen Motiven verziertes Becken. Rechts vor dem 32,2 Meter langen Westgrab trägt ein Orthostat (»der Grabwächter«) ein stark stilisiertes Antlitz. Der »Hürdenstein« am Eingang zeigt ein labyrinthartiges Linienmotiv mit einer senkrechten Trennungslinie, wie man sie auch auf funktionell vergleichbaren Steinen in Newgrange findet. Der Tumulus ruht auf bis zu vier Tonnen schweren Orthostaten aus der näheren Umgebung. Kleinere Steine wurden vermutlich bis zu 40 Kilometer weit aus der Gegend von Dundalk oder Newry herangeschafft. Der fast ovale Tumulus mit einem Durchmesser zwischen 80 bis 95 Metern besteht aus Schichten von Grassoden, Ton und Steinen. Siebzehn kleinere und teils ältere »Satelliten«gräber umgeben Knowth, auf dem sich im 9. und 10. Jahrhundert die Könige von Nord-Brega, eine Nebenlinie der Uí Néill, ihren Sitz errichteten und im 13. Jahrhundert die Normannen eine *motte* bauten.

Die Route führt weiter auf der N51 zum Gutsdorf **Slane**, das, wie so häufig im 18. Jahrhundert, um einen achteckigen Marktplatz angelegt wurde. Der Herrensitz Slane Castle (1785/6, von James Wyatt; jetzt Restaurant und Nachtklub), zwei Kilometer westlich, ist ein neoklassisches Schlößchen mit neugotischer Verzierung. Im Gutspark markiert die Ruine einer spätgotischen Franziskanerkirche (15. Jh.) die Einsiedelei des hl. Erc (Earc; gest. 512/4), einst königlicher Barde am Hof zu Tara. Der hl. Patrick setzte ihn als Bischof zu Slane ein, weil ihn Erc als einziger aus dem Gefolge König Loegaires freundlich grüßte, nachdem Patrick auf dem **Hill of Slane** (180 m) ein weithin sichtbares Osterfeuer entzündet hatte, in gesuchter Sichtweite zu Tara, wo gerade das Verlöschen aller Feuer geboten war. Loegaires Druiden nahmen die Herausforderung der neuen Religion an, indem sie dreimal versuchten, Patrick und seine Anhänger zu töten.

Von Ercs Kloster auf dem Slane-Hügel, anderthalb Kilometer nördlich des Dorfes, überdauerte auf dem Kirchhof ein mausoleumsartiger Schrein für die Reliquien des Gründerheiligen, der von Slane aus missionarische Vorstöße nach Kerry unternahm. Zwischen 1512 bis 1723 bestand hier ein kleines Kollegiatsstift erst der Franziskaner, seit 1631 der Kapuziner. Vom Turm der Stiftskirche (16. Jh.) überblickt man den Boyne-Lauf bis zur Mündung. Der Speise- oder Lesesaal im Süden des Konventgebäudes (16. Jh.) trägt schöne Fenster, die Wohnräume der Priester und Chorherren besitzen Kamine.

Donaghmore, drei Kilometer vor Navan an der N51, läßt wie alle Orte dieses Namens ein auf den hl. Patrick zurückgehendes Kloster vermuten. Der Irenapostel soll hier sein erstes Kloster in Irland gegründet haben, von dem ein gut erhaltener, 27 Meter hoher Rundturm sowie eine Kirche (15. Jh.) künden. Am Scheitel des rundbogigen, 3,6 Meter über dem Erdboden gelegenen Turmeingangs ist ein Kreuzigungsrelief angebracht, an den Seiten des Bogens Steinköpfe. Im Friedhof findet man frühmittelalterliche Grabplatten. Östlich ragt auf einer Anhöhe malerisch die Ruine der Rechteckburg Dunmoe Castle (15. Jh.) auf, von der nach ihrer Zerstörung während des Aufstandes von 1798 noch zwei Seiten stehen. Der Verkehrsknotenpunkt **Navan** (ir. Uaimh, vielleicht als Neue Siedlung übersetzbar; 5 000 Einw.) am Zusammenfluß von Blackwater und Boyne bildet die Kapitale und einwohnerreichste Ortschaft von Meath.

Bei der Weiterfahrt passieren die meisten ahnungslos knapp sechs Kilometer vor Kells rechts der N3 den **Hill of Tailte** mit etlichen als Versammlungs-, Begräbnis- und Ritualstätte dienenden eisenzeitlichen Erdwerken, deren Mittelpunkt wohl Ráth Dubh (»Schwarze Festung«) bildete, ein runder Erdwall von etwa 90 Metern Durchmesser. Der Ortsname Tailte (anglisiert Teltown) leitet sich von Tailtiu (sprich »Teltu«) ab, einer Gestalt aus den irischen Mythen, bei der es sich um eine der vielen Erscheinungsformen der jungsteinzeitlichen Magna Mater handelt. Auf einem großen Hügel auf der gegenüberliegenden Straßenseite (Cruachan) wurden noch bis ins 19. Jahrhundert nach altem gälischem Gewohnheitsrecht vor Zeugen die sogenannten Teltown-Ehen geschlossen, Ehekontrakte auf Zeit: Nach einem Jahr und einem Tag konnten sich die Partner problemlos trennen, indem sie sich im Ráth Dubh Rücken an Rücken stellten und zu den beiden gegenüberliegenden Ausgängen den Erdwall verließen. Die geschichtsträchtige Stätte ist heute, obwohl offiziell unter Denkmalsschutz stehend, von Bauvorhaben gefährdet.

Kells (ir. Ceanannas (Mór),(Große) Residenz; etwa 2 600 Einw.), fast am Ende der bewaldeten Blackwater-Niederung gelegen, geht auf eine Gründung Colmcilles Mitte des 6. Jahrhunderts zurück und wurde, von den Uí Néill gefördert, zum Zentrum der kolumbanischen *paruchia*, nachdem sich die Überlebenden des Wikingermassakers von 806 mit ihrem Abt Cellach von Iona hierher geflüchtet hatten. Doch auch hier fanden sie keine Ruhe: Die »große Residenz« wurde von 919 bis 1500 über 30 Mal von Wikingern, Iren, Schotten und Normannen geplündert und gebrandschatzt, um 1200 endete offenbar die Existenz des Klosters. Wie ein Wunder mutet es an, daß das als schönstes Buch der Welt gepriesene Book of Kells erhalten blieb, das hier Flüchtlinge aus Iona vollendeten. 1007 wurde es aus der Sakristei gestohlen, zweieinhalb Monate später fand man es unversehrt in einem Sumpf, allerdings seines juwelenbesetzten Schutzeinbandes aus Gold beraubt. Seit dem 17. Jahrhundert hütet es die Bibliothek des Trinity College. Von Colmcilles Reliquien hat immerhin sein Krummstab überdauert, der, mit einer Bronzehülle beschlagen, im Innern eines in Kells hergestellten kostbaren Bischofsstabes steckt (National Museum, Dublin).

Noch sieht man der Straßenführung die namengebende »große Residenz« an, das keltische Kloster innerhalb einer runden Umfriedung, auf die Straßen aus fünf verschiedenen Richtungen zuliefen. Auf dem alten, auf einer Anhöhe gelegenen Klostergrund ragt nun die neuzeitliche St. Columba's Church auf. Der 27 Meter hohe Rundturm besitzt fünf statt der üblichen vier Aussichtsfenster, die auf jeweils eine der fünf Straßen blickten. Der Turm muß vor 1076 errichtet worden sein, denn in jenem Jahr wurde der Anwärter auf die Hochkönigswürde, Murchadh mac Flainn, darin ermordet. Unweit steht das den Heiligen Patrick und Colmcille vermutlich im 9. Jahrhundert geweihte Südkreuz. Das bedeutende, reich geschmückte Bibelkreuz zeigt am Sockel Flechtwerk und Tiere, darunter ein Reh mit Kitz sowie einen Streitwagenzug. Auf der südlichen Vorderseite (ehemalige Ostseite) erkennt man den Sündenfall, Kain und Abel, die drei Jünglinge im Feuerofen, unterhalb Daniel in der Löwengrube; auf dem linken Kreuzarm das Isaaksopfer, auf dem rechten die Heiligen Paulus und Antonius in der Wüste, oberhalb David als Harfner und die Speisung der Fünftausend. Die Westseite zeigt die Kreuzigung sowie im Zentrum Christus als Weltenherrscher, umgeben von den Evangelistensymbolen, das südliche Kreuzarmende David, der einen Löwen tötet, auf dem nördlichen tötet er einen Bären; dazwischen Bildflächen mit geometrischem Schmuck, Flechtwerk und eine Weinranke mit Tieren und Vögeln. Vom einst hohen und besonders fein gearbeiteten Nordkreuz blieb nur ein Teil des Schafts mit oft unklarer Ikonographie. Das unvollendete Ostkreuz veranschaulicht die Arbeitstechniken der Steinmetze. Beim Westkreuz handelt es sich um das Fragment eines Bibelkreuzes.

Hinter der Church Lane erreicht man St. Columba's House (vermutlich Anfang 9. Jh.), ein vorromanisches Bethaus mit steilem Sattel-Steindach, nach anderer Deutung die Klosterbibliothek, in der vielleicht die Flüchtlinge aus Iona das Buch von Kells

vollendeten. Der tonnengewölbte Innenraum war einst zweistök-
kig. Das berühmte, 1688 restaurierte Marktkreuz an einer ver-
kehrsreichen Straßenkreuzung im Ortszentrum bezeichnete wohl
ursprünglich die Grenze des Klosterbezirks. Sein Sockel zeigt Reiter,
eine Kampfszene sowie Tiere, auf der Ostseite erkennt man die
Grabwache, Goliath, den Sündenfall, Kain und Abel, im Zentrum Daniel in der Löwengrube mit christusgleich ausgebreiteten Armen (als Vorläufer Christi), auf dem linken Kreuzarm das
Isaaksopfer. Die Westseite (heutige Nordseite) zeigt die Anbetung des Kindes, die Hochzeit zu Kana und die Speisung der
Fünftausend.

Westlich führen die R163 und R154 zum jungsteinzeitlichen Gräberfeld von **Loughcrew**, das sich eindrucksvoll im Hügelmassiv
des Sliabh na Caillighe, dem »Bergland der Hexe« erstreckt. Mit
bis zu 280 Metern bilden dessen Gipfel Cairnbane East,
Patrickstown Hill und Cairnbane West die höchsten Erhebungen in Meath, mit guter Sicht auf die westlich gelegene Seenplatte sowie den Lough Ramor im Nordosten. Die noch etwa 30
Ganggräber wurden im 19. Jahrhundert von Amateur-
»archäologen« geplündert, weshalb nur *cairn* L und T in gutem
Zustand und zu besichtigen sind; letzterer besitzt, mit einem
Durchmesser von 55 Metern, den größten Tumulus der Nekropole, in den zudem der altarartige »Sitz der alten Hexe« eingelassen ist. Im Inneren tragen 28 Steine reichen geometrischen
Schmuck: Konzentrische Kreise, Zickzack-Motive, U-förmige
Bögen sowie blümchenartige Strahlen im Kreis. Ähnliche Motive finden sich auch in zwölf anderen Gräbern. Die für die Grab-
kunst in Ost-Meath typischen Spiralen fehlen allerdings, Winkel,
Rauten und Dreiecke sind selten. Archäologen sehen in den
Loughcrew-Gräbern das Bindeglied zwischen dem östlichen Gang-
grabtypus und dem nordwestlichen von Carrowkeel (Co. Sligo),
mit dem Loughcrew den komplizierten Grundriß seiner Kammern teilt. Ein Menhir, eine Ringwallburg, ein rechteckiges
Erdwerk sowie eine Sekundärbeisetzung (*cairn* H) während der
späten Eisenzeit belegen die anhaltende Kontinuität dieser wohl
einst der neolithischen Magna Mater geweihten Stätte. Die Schlüssel zu *cairn* L und T gibt es im Haus des Aufsehers am Parkplatz
unterhalb, der auch eine Taschenlampe ausleiht.

Trim (ir. Baile Átha Troim, Stadt an der Holunderfurt; 2 100
Einw.), heute ein Marktflecken, bildete die Hauptstadt des an-
glonormannischen Königreichs Meath, das Heinrich II., unter
Einschluß der späteren Grafschaften Westmeath, Longford so-
wie Teilen von Cavan und Offaly, 1172 als Gegengewicht zu
Richard de Clares Herrschaft in Leinster kreierte und seinem

Stellvertreter Hugh de Lacy d.Ä. anvertraute. Dieser baute als-
bald eine Holzfestung auf eine Anhöhe am Boyne-Südufer, die
Vorläuferin von Trim Castle, die 1220 ein massiger Donjon mit
3,30 Meter dicken Mauern ersetzte. Ihm wurden in der Mitte
der Mauern vier rechteckige Türme – drei davon sind erhalten –
vorgesetzt, so daß ein kreuzförmiger Plan entstand. Danach baute
man die lange, mit halbrunden Türmen bewehrte und von einem Wassergraben geschützte Umfassungsmauer. Die jetzt zwischen Weideland aufragenden Ruinen grenzten direkt an die
Altstadt, ihre Wehrgänge waren mit den Stadtmauern verbunden. Von den 1359 errichteten Stadttoren überdauerte, auf dem
Nordufer, das Sheep Gate. Nördlich steht Trims Wahrzeichen,
die markante, zinnenbekrönte Ruine des hohen Yellow Steeple
(14. Jh.), als Rest einer Augustinerabtei. Er verdankt seinen Namen dem warmen Goldton, den er bei Sonnenuntergang an-
nimmt. Am Ortsrand kann man sich in den üppigen Butterstream
Gardens mit einem Zierteich und einer Reihe individuell gestalteter, von Buchen- und Buchsbaumhecken getrennter kleiner
Gärten erholen.
Knapp einen Kilometer östlich breiten sich auf dem Boyne-Nord-
ufer die Ruinen von **Newtown Trim**, Sitz des Bistums Meath
seit Ende des 12. Jahrhunderts, wo Bischof Simon de Rochford
1206 eine Augustinerpriorei stiftete. Ihre im Übergangsstil gehal-
tene Cathedral of St. Peter and Paul muß, mit Seitenschiffen
und Transepten, ursprünglich eine der größten Irlands gewesen
sein, doch wurde im Hochmittelalter das Langhaus wegen Bau-
fälligkeit erheblich verkürzt. Das südlich gelegene Refektorium
besitzt noch einige ursprüngliche Fenster. Östlich der Priorei
findet man eine Pfarrkirche (13. Jh.) mit dem bemerkenswerten
Doppelgrab (Ende 16. Jh.) von Sir Luke Dillon und seiner Frau
Jane, deren Skulpturen das Schwert der Keuschheit trennt. Die
vielen Stecknadeln in den Rillen der Skulpturen gehen auf den
Volksglauben zurück, Warzen würden verschwinden, sobald eine
über den Auswuchs gestrichene Nadel im Regenwasser auf dem
Grab verrostet sei.
Etwa 7 Kilometer nordöstlich Trims und einen Kilometer hinter
dem gleichnamigen Dorf liegen, inmitten von Feldern am
Boyneufer, die Ruinen von **Bective**. Der gälische König von
Meath hatte 1146 diese älteste Tochtergründung des Zisterzienserklosters Mellifont gestiftet. Das meiste der erhaltenen Bausubstanz stammt aus dem 15. Jahrhundert, als das Kloster befestigt,
restauriert und umgebaut wurde, darunter der besonders eindrucksvolle Kreuzgang, der Vierungsturm sowie das Refektorium. 1186 wurde Bective in einen makabren Rechtsstreit verwik-

kelt: Hugh de Lacy d.Ä., dem Herrscher von Meath, war von einem empörten irischen Handwerker in Durrow (Offaly) der Kopf abgeschlagen worden, weil er beim Bau einer *motte* das altehrwürdige kolumbanische Kloster geschändet hatte. Der Schädel des Normannen wurde in der Dubliner St. Thomas' Abbey beigesetzt, sein Rumpf dagegen in Bective. Beide Klöster gerieten zwangsläufig aneinander, weil Hugh de Lacys Testament Schenkungen für dasjenige vorsah, in dem er beigesetzt werden würde. 1205 entschieden der Bischof von Meath und zwei Anwälte für das anglonormannische Dublin.

Unweit westlich der N3 erhebt sich der legendenumwobenen **Hill of Tara** (185 m). Der sanft ansteigende Hügel gewährt, was sein Name (ir. Tem(h)air, sprich »Tewir«, Ort der weiten Aussicht) verheißt: Einen Rundblick auf Berge aller vier irischen Provinzen. Tara war schon in vorkeltischer Zeit ein heiliger Ort. Davon zeugt ein spätneolithisches Ganggrab, vielleicht ein Stammesfriedhof, auf der Hügelkuppe. Die Ursprünge der von den Kelten offenbar früh übernommenen Ritualstätte liegen bis zum 5. Jahrhundert im Dunkeln, als die aus Ulster stammenden Uí Néill Tara zum Mittelpunkt ihres südlichen Provinzkönigtums erhoben. Solche königlichen »Hauptorte« bildeten keineswegs ständig bewohnte Residenzen, sondern halbsakrale Stätten des Königskults. Bedeutsam wurde das alle drei Jahre zu *samhain* abgehaltene *feis Temro* (Fest von Tara), eine Zurschaustellung des Herrschers von Meath, zu der sich die untergeordneten Stammeskönige nebst Vasallen einfanden. Eine Art olympischer Frieden herrschte während dieser Zusammenkünfte, auf denen Rechtsstreitigkeiten entschieden, Beratungen abgehalten, aber auch große Gelage mit Darbietungen von Barden und Musikanten gefeiert wurden. Der Legende nach hat der hl. Ruán von Lorrha (gest. 584) Tara verflucht, nachdem Hochkönig Diarmait mac Cerbhaill den Connachter König Áed Guaire aus dem Asyl entführt hatte, das er bei dem Heiligen gefunden hatte. In Wahrheit wurde Tara erst 1022 aufgegeben. Daniel O'Connell führte hier am 15. August 1843 die größte Massenkundgebung der irischen Geschichte durch: Bis zu 750 000 Iren demonstrierten für die Aufhebung der Union mit Großbritannien.

Von der Pracht der einstigen Königshallen, die mittelalterliche Überlieferungen so farbig schildern, blieb nichts erhalten. Die auf dem Tara-Hügel sichtbaren Erdwerke sind unterschiedlichen Alters, ihre phanasievollen Namen beziehen sich auf Gestalten der irischen Mythen und Sagen.

Man betritt das Gelände über den Kirchhof der ehemaligen anglikanischen Pfarrkirche. Westlich steht noch das frühe Kreuz des Adomnán mit einer stark verwitterten Figur. Im Zentrum der Erdwerke umschließt die große, einst durch einen inneren Wassergraben als Ritualstätte ausgewiesene Hügelwallburg Ráth na Ríogh (Royal Enclosure, Ráth der Könige) das kleine Ganggrab (Dumha na nGiall, Grabhügel der Geiseln; um 1 800 v.Chr.), in dem auch in der Bronzezeit noch hochstehende Personen, darunter ein junger Mann, beigesetzt wurden. Ebenfalls innerhalb dieser Hügelwallburg liegen der Königssitz (Forradh oder Royal Seat), eine kleinere Ringwallanlage, sowie Cormacs Haus (Teach Cormaic), ein weiteres Hünengrab, auf dessen Tumulus bis 1992 eine Statue des hl. Patrick (19. Jahrhunderts) aufragte, der hier sein erstes magisches Duell mit Loegaires Druiden ausgetragen haben soll. Als 1997 das Kultusministerium das vom Wetter sowie dem Schuß eines örtlichen Landadeligen ramponierte Denkmal ersetzen wollte, legten Anwohner vehement Protest ein: Sie wünschen eine konventionelle Statue, die den Irenapostel im Bischofsornat zeigt, und keinen »Homo auf dem Hügel«, wie sie den von der Behörde ausgewählten Entwurf der Künstlerin Annette Hennessy nannten, die es ganz im Sinne der historischen Wahrscheinlichkeit gewagt hatte, Patrick mit Tonsur und im Kilt darzustellen. Auch über den Menhir zum Gedenken an 37 Gefallene der United Irishmen ließe sich streiten. Denn ungewiß bleibt, ob es sich dabei wirklich um den alten bronzezeitlichen Krönungsstein Lia Fáil (»Stein des Schicksals«) handelt, der der Überlieferung zufolge aufschrie, wenn sich der richtige Königsanwärter auf ihn stellte. Im Wall des Ráth Laoghaire, südlich außerhalb des Ráth Ríogh, soll König Loegaire in voller Rüstung stehend begraben sein, das Gesicht seinen Feinden, den Männern von Leinster, zugewandt.

Das aus konzentrischen Wällen und Gräben gebildete Ráth na Seanadh (»Ráth der Synoden«) diente vom 2. bis 4. Jahrhundert erst als Ritual- und Begräbnisort, dann als Wohnstätte. Nördlich erstrecken sich, mit einer Vertiefung in der Mitte, die Wälle der 180 Meter langen und 30 Meter breiten Banketthalle (Teach Miodchuarta), in der zu Zeiten des legendären Königs Cormac mac Airt bis zu eintausend Gäste geschmaust haben sollen! Heute vermutet man hier den Zeremonialeingang zum Tara-Hügel. Über den Nordwesthang erstrecken sich drei weitere Erdwerke: Ráth Gráinne (»Gráinnes Festung«) sowie die Claoin Fhearta (The Sloping Trenches, Die abschüssigen Gräben). Grabungsfunde (Töpferware, Glas, Siegel) belegen Taras Handelsverbindungen zum Römischen Reich.

Mit der Rückkehr nach Drogheda oder der Weiterfahrt auf der N3 nach Dublin ist die Rundreise durch Irland beendet.

Folgende Doppel
seite: Portrush, Co.
Antrim.

Anhang

Reiseinformationen von A bis Z

Angeln

Iren interessieren sich wenig für Nichtsalmoniden (*coarse fishing* – Grundfischen), deren Bestände deshalb kaum geschützt und gepflegt werden. Angeltouristen können ganzjährig und ohne Lizenzzwang auf Hechte (*pike*), Brachsen (*bream*), Schleie (*tench*), Rotfedern (*rudd*), Rotaugen (*roach*) Barsche (*perch*), Karpfen (*carp*) und Aale (*eel*) losgehen. Einzige Einschränkung: Lebendköder (*live bait*) sind verboten, ebenso das Angeln mit mehr als zwei Ruten oder von mehr als einem Hecht pro Tag. Als beste Reviere gelten die Seenplatten der Midlands und der Grafschaft Clare. In Nordirland, wo der Lough Erne und der Oberlauf des Bann die wichtigsten Reviere bilden, erheben das *Fisheries Conservancy Board* (1 Mahon Rd, Portadown BT62 3EE, Tel.: 00441/762/33-4666) sowie der jeweilige Besitzer der Gewässer Gebühren.

Die Salmoniden sind in Irland mit Lachsen und Meerforellen, am häufigsten mit See- oder Bachforellen (*brown trout*), vertreten, die besonders auf den westirischen Kalksteinseen gut gedeihen. Schonzeit besteht von Ende August bis Anfang Januar. Genehmigungen für das Angeln auf Salmoniden (*game fishing* – Sportfischen) erhält man bei den regionalen Fischereibehörden, in Anglergeschäften sowie in einigen Hotels und Läden.

Unter Meeresangeln (*sea angling*) versteht man Küsten- und Brandungsangeln, küstennahes Angeln in Buchten und Flußmündungen sowie, mindestens 32 Kilometer von der Küste entfernt, Hochseeangeln (*deep sea angling*) auf Rochen, Blau- und Heringshai, Heilbutt und Leng. Der Tagespreis pro Angelrute auf einem Kutter liegt zwischen 15 bis 20 IRP.

An- und Abreise

Mit dem Flugzeug

Tägliche Linienflüge nach Dublin (Lufthansa, Aer Lingus Irish Airlines, Hamburg Airlines, Crossair) ab Düsseldorf, Frankfurt/Main, Hamburg (außer Fr) und Zürich; im Sommer auch von Berlin (Sa, So), Köln (So), München (Fr–So), Stuttgart (Sa), Basel (Sa, So) und Genf (Mo–Fr, Air Engadiana). Im Sommer Sa Direktflüge nach Shannon von Düsseldorf, Frankfurt (via Dublin) und Zürich, nach Cork von Frankfurt (via Dublin) täglich außer Sa, von Düsseldorf Sa und So; nach Kerry von Düsseldorf Sa und So, von Frankfurt So. Von Dublin Airport Inlandsflüge nach Shannon, Cork, Sligo, Killarney/Kerry County, Galway und Knock. Tägliche Flüge zum Belfast International Airport mit British Airways (über London-Heathrow) oder vom Amsterdamer Flughafen Schiphol (KLM, Air UK); außerdem Direktflüge (via London) von Zürich (British Midland). Vom Flughafen (24 km vom Zentrum entfernt) verkehren Zubringerbusse (Fahrzeit: 40 Min.) zum Europa Bus Centre Hotel (hinter dem Europa Hotel) in der Belfaster Innenstadt.

Außerdem von April bis Oktober zahlreiche Charterflugangebote (meist am Wochenende) von zahlreichen Flughäfen in Deutschland, Österreich (Graz, Salzburg, Wien) und Schweiz (Genf, Zürich) nach Cork, Dublin, Kerry, Knock und Shannon.

Mit der Fähre

Auto- und Personenfähren verkehren von Frankreich (Le Havre, Cherbourg oder Roscoff; Irish Ferries) nach Rosslare und Cork bzw. von Roscoff und St. Malo nach Cork (Brittany Ferries). Erhebliche Ermäßigungen bieten sich, wenn mindestens eine Wegstrecke über Großbritannien und die Irische See (sogenannte *landbridge*) gewählt wird. Sie verbindet die schottischen Häfen Cairnryan und Stranraer mit Larne und Belfast (Nordirland), die walisischen Häfen Pembroke und Fishguard mit Rosslare bzw. Swansea mit Cork, den walisischen Fährhafen Holyhead mit Dublin und Dún Laoghaire oder den englischen Hafen Liverpool mit Belfast (Norse Irish Ferries). Von Hamburg aus bieten die Scandinavian Seaways Passagen nach Newcastle oder Harwich (Großbritannien), mit der Weiterfahrt von Cairnryan nach Larne (P&O European Ferries). Wichtig: Rechtzeitige Reservierungen, vor allem für Passagen im Juli und August (bei Ihrem Reisebüro oder Automobilklub).

Mit dem Bus

dauert die Anreise 38 bis 48 Stunden. Einige Veranstalter bieten auch ganzjährig Busreisen (über London) an, von etwa 50 verschiedenen Orten in Deutschland.

Mit der Bahn

Tägliche Verbindungen über Oostende zur Fähre nach Ramsgate und weiter über London nach Holyhead zur Fähre nach Dublin; Ermäßigung für Reisende bis 26 Jahre (*Twentour-Ticket; Euro-Train*)

Aquarien

Deep Sea Live, Dublin Zoo s. »Zoologische Gärten«
Exploris, The Rope Walk, Portaferry, Co. Down, Tel.: (012477)28062. Unterwasserwelten des Strangford Lough und der Irischen See, auch zum Anfassen. Tägl. geöffnet
Oceanworld – Mara Beo, Dingle, Co. Kerry, 10–18 Uhr. Unterwassertunnel, 37 Becken
Seaworld, The Pier, Fenit, Co. Kerry; Tel.: (066)36544. Tägl. 10–20 Uhr

Arznei und Apotheken

Rezeptfreie Pülverchen und Pillen gibt es im Supermarkt, in der Drogerie (*chemist*) oder der Apotheke (*pharmacy*). Letztere sind ab 9 oder 9.30 bis 17.30 oder 18 Uhr geöffnet, sonntags von 11 bis 13 Uhr. Die Anschriften findet man im Branchenverzeichnis (*golden pages*, in Nordirland *yellow pages*, Stichwort *chemist*).

Ausgrabungsstätten

Co. Limerick: *Lough Gur Interpretative Centre,* Bruff, Tel.: (061)85186
Co. Longford: *Corlea Trackway Exhibition Centre,* Kenagh, Tel.: (043)22386
Co. Mayo: *Céide Fields Visitor Centre and Site,* Ballycastle, Tel.: (096)43325
Co. Meath: *Knowth,* Slane, Tel.: (041)24824
Newgrange, Slane, Tel.: (041)24488
Co. Sligo: *Carrowmore Megalithic Cemetery,* Sligo, Tel.: (071)61534

Auskunft

Bord Fáilte (Irish Tourist Board)
in Deutschland: Untermainanlage 7, 60329 Frankfurt/Main; Tel.: (069)236492, Fax: (069)234626
in der Schweiz: Neumühle Töss, Neumühlestr. 42, 8406 Winterthur; Tel.: (052)2029606/ 7, Fax: (052)2026908
in Dublin: *Dublin Tourism*, Suffolk Street, Dublin 2, Tel.: (01)6057700, Fax: 6057701
Bord Fáilte – Irish Tourist Bord (Hauptbüro) Baggot Street Bridge, Dublin 2
Tel.: (01)6024000, Fax: (01)6024100
Sie finden in der Republik Irland über 60 ganzjährig geöffnete Filialen von Bord Fáilte, die Zimmervermittlung, Fahrplanauskünfte, Geldumtausch, Auskunft über und Buchung von örtlich oder regional angebotenen Ausflugs- und Besichtigungsprogramme sowie in der Regel einen kleinen Buch- oder Andenkenladen bieten.

Northern Ireland Tourist Board
in Deutschland: Nordirische Zentrale für Fremdenverkehr, Taunusstr. 52–60, 60329 Frankfurt/ Main, Tel.: (069)234504, Fax: (069)233480
in Belfast: 59 North Street, Belfast BT1 1 NB; Tel.: (0044/1232)246609, Fax: (01232)240960

Auto

Trotz Linksverkehr gelten dieselben Regeln wie auf dem Kontinent, einschließlich der Vorfahrt der von rechts Kommenden. Die Höchstgeschwindigkeit in geschlossenen Ortschaften beträgt 48 km/h (30 Meilen), auf Landstraßen 89 km/h (55 Meilen) und auf den autobahnähnlichen *national roads* 112 km/h (70 Meilen). In Nordirland 97 km/h (60 Meilen) auf einspurigen Straßen, 113 km/h (70 Meilen) auf zweispurigen Straßen sowie Autobahnen (motorways). Die Blutalkoholgrenze beträgt 0,8 Promille. Kinder unter 12 Jahren dürfen nur auf dem Rücksitz eines Pkw mitgenommen werden.
Bei Mitnahme des eigenen Pkw genügt der nationale Führerschein. Die Mitnahme der Internationalen Grünen Karte, erhältlich bei Ihrer Versicherungsgesellschaft, wird empfohlen.

Baden und Strände

Wassertemperaturen wie an der Nordsee. Von flachen, kindergerechten Stränden bis zu solchen mit starker Brandung ist alles vorhanden. 1995 lag die Republik Irland an der Spitze im Wettbewerb um die begehrten Blauen Flaggen der EU, das Gütesiegel für sauberes Wasser, angemessene Sanitäranlagen und Einrichtungen für Erste Hilfe. Von den 66 an irische Strände vergebenen Blauen Flaggen erhielten die Grafschaften Kerry und Mayo die meisten, gefolgt von Cork und Galway.

Bahn und Bus

Bahn (*Iarnród Éireann – Irish Rail*) und Bus (*Bus Éireann*) werden von der staatlichen Transportgesellschaft C.I.E. (*Coras Iompair Éireann*) betrieben, in Nordirland von den Northern Ireland Railways sowie Ulsterbus. Außerdem bestehen lokal oder regional eine Reihe privater Busdienste. Hin- und Rückfahrkarten liegen meist um die Hälfte billiger als eine einfache Fahrt derselben Strecke.
Reisende bis 26 Jahre erhalten bis zu 50 Prozent Ermäßigung für Bahn und Busse der C.I.E. sowie die C.I.E.-Fähre von Galway zu den Aran-Inseln, wenn sie einen Berechtigungsschein (*travel save stamp*) vorlegen (erhältlich bei USIT-Studentenreisen, Adalbertstr. 8, 60486 Frankfurt/Main, Tel.: 069-7074097; Fax: 706074), Senioren bis zu 50 Prozent Ermäßigung bei Bahnreisen, wenn sie zusätzlich zum Rail-Europe Senioren-Paß den *Rail-Europe-S (RES)* vor Abreise erstehen. C.I.E. bietet ferner etliche Spartarife für Netzkarten.
Städtische Busdienste (ca. zwischen 6 bis 23.30 Uhr) bestehen in Belfast (Citybus), Cork, Derry, Dublin, Galway, Limerick und Waterford.

Fahrplan- und Tarifinformation:
Bahn: Außer an Bahnhöfen beim zentralen Auskunftsdienst von Irish Rails (Mo-Sa 9 bis

18, So u. feiertags ab 10 Uhr) Tel.: (01)8366222.
Bus: *Dublin Bus,* 59 Upper O'Connell Street,
Dublin 1 (Tel.: 8734222, Mo–Sa 9 bis 19, So
ab 10 Uhr), über Fernbusse unter der Nummer (01)366111, über den Dubliner Flughafenbus unter (01)8724222.

In Nordirland:

Northern Ireland Railways, Belfast Central
Rail Station, East Bridge Street, Belfast 1,
Tel.: (01232)899411; Ulsterbus, Europa Bus
Centre, Belfast (01232)333000; Citybus (nur
Belfast), Tel.: (01232)246485

Bahn- und Busbahnhöfe

Beachten Sie, daß es in Dublin zwei Bahnhöfe
gibt (Heuston Station, Kingsbridge, Dublin 8,
für die Strecken nach Cork, Galway, Limerick,
Tralee, Waterford und Westport; Connolly Station an der Amiens Street, Dublin 1, für Belfast,
Sligo und Wexford bzw. Rosslare), in Belfast zwei
Bus-Hauptbahnhöfe (Europa Bus Centre, Glengall
Street, Belfast 1, Tel.: (01232)320574, sowie am
Donegall Quay). Der Dubliner Busbahnhof Busáras befindet sich in der Store Street gegenüber
der Connolly Station.

Banken

In Dublin Geschäftszeiten Mo–Fr 10 bis 12.30
und 13.30 bis 15, Do bis 17 Uhr. Geschäftszeiten der Sparkassen: Mo–Fr 10 bis 16 Uhr.
Auf den internationalen Flughäfen Dublin, Cork
und Shannon haben die Banken auch am
Wochenende geöffnet. In den größeren Städten **Nordirlands** liegen die Geschäftszeiten
der Banken Mo–Fr zwischen 10 bis 15.30 Uhr,
sonst bis 12.30 oder 13.30 Uhr; in kleineren
Ortschaften keine täglichen Öffnungszeiten.

Bed and Breakfast

Nach Jugendherbergen die preiswerteste Art
der Unterkunft, die Sie zudem in direkten
Kontakt mit Ihren Gastgebern und anderen
irischen Gästen bringt. Einen Tee oder Kaffee zum Willkommen gibt es kostenlos, freundliche Gastgeberinnen reichen auch abends noch
eine kleine Stärkung. Manche bieten bei
Nachfrage auch Halb- oder Vollverpflegung.
Ein grünes *shamrock* signalisiert, welche Privatunterkünfte sich einer jährlichen Qualitätskontrolle (*quality approved*) unterwerfen. Nur
sie sind in den Verzeichnissen der Fremdenverkehrszentrale angegeben. Daneben gibt es
zahlreiche unregistrierte Anbieter, deren Quartiere oft ebenso freundlich und gut sind. Die
Preise lagen 1997 bei ca. 15–18 IRP pro Person und Tag (im Doppelzimmer). Einzelreisende müssen in der Hauptsaison mit einem
Zuschlag rechnen. Auskunft: Town and Country Homes Association, Donegal Road, Ballyshannon, Co. Donegal, Tel.: (072)51377, Fax:
(072)51207

Farmhouse accomodation bedeutet Privatunterkünfte in modernen Bauernhäusern bis
zu modernisierten alten Landsitzen. Die Preise
lagen 1997 bei etwa 15 IRP. Auskunft: Fáilte
Tuáithe – Irish Farm Holidays Association,
Irish Farm Holidays, 2 Michael Street, Limerick; Tel.: (061)400700, Fax: (061)4007717
In Nordirland beliefen sich die Preise für
Privatunterkünfte 1996 auf 12 bis 25, in Belfast auf durchschnittlich 16 GBP. Hotels sind
bedeutend teurer.
Hier einige Empfehlungen:

Co. Antrim: *Silversprings House*, Molly &
Harry Mulholland, 20 Silversprings, Quay
Road, Ballycastle, Tel.: (012657)62080; liebevoll ausgestattet, freundliche Gastgeber
Co. Donegal: *Carrigan House*, Bridget Moore, Kill, Dunfanaghy, Tel.: (074)36276; frisch
renoviertes Landhaus in günstiger Lage
Christel Moos, Málainn Bhig, Gleann Cholm
Cille, Tel.: (073)301157 (Bernie Mac Intyre);
Bungalow in altem Fischerdorf; man erfährt
viel Wissenswertes von der deutschen Gastgeberin; auf Wunsch auch Dinner
Co. Dublin: *Morven,* Delia & Brendan
Dunne, 14 Nashville Rd, Howth, Tel.:
(01)8322164; nah bei Dublin, doch ruhig mit
herrlichem Blick auf Ireland's Eye und Lambay
Island; unkonventioneller Künstlerhaushalt
Co. Galway: *Oughill House*, Mrs J. O'Flaherty,

Oughill, Inis Mór (Inishmore), Oileáin Árann (Aran Islands), Tel.: (099)61157; älteres Landhaus mit Seeblick, gälischsprachiger Bauernhaushalt
Co. Kerry: *Ardmore House*, Toni & Tom Connor, Killarney Rd, Kenmare, Tel.: (064)41406; ruhige Lage am Beginn des *Ring of Kerry*
Coolounig House, Mrs M. Lynch, Lauragh, Killarney, Tel.: (064)83142; ruhige Lage am *Ring of Beara*, schöner Blick auf den Kenmare River, freundliche Gastgeber; auf Wunsch auch Halbpension
Cois Áirne, Patricia Moynhihan, 55 Park Rd Estate, Killarney, Tel.: (064)33455; blitzsaubere Unterkunft in ruhiger, moderner Wohngegend, 5 Min. Fußweg vom Zentrum entfernt
Co. Sligo: *Emara Lodge*, Mrs Maura Ashe, Tormore Glencar, Tel.: (071)41074; solarbeheizter Bungalow im Laura Ashley-Stil in schöner Berglandschaft; reiche Verpflegung (selbstgekocht!), auf Wunsch auch Dinner; Mr. Ashe steht gern als Wanderführer zur Verfügung.
Kendara, Mrs Evelyn O'Hara, Ballinamona, Lough Gill, Tel.: (071)64116; herrliche Seelage, unweit von Parke's Castle und Dromahair, zuvorkommende Gastgeberin
Co. Tipperary: *Holycross House*, Mrs Elizabeth Molony, Holycross, Tel.: (0504)43278; modernisiertes altes Bauernhaus mit sehr viel Atmosphäre und guter Verpflegung
Co. Waterford: Ocean View, Helvick Bridge, Ring, Tel.: (058)46176; moderner Bungalow einer freundlichen Fischerfamilie in der *gaeltacht* von Waterford, mit Blick auf die Dungarvan-Bucht

Behinderte

In ganz Irland freies Parken an Parkuhren mit entsprechendem Ausweis. Neuere Besucherzentren sind in der Regel behindertengerecht gebaut. Ein Verzeichnis behindertengerechter Unterkünfte kann bei der Irischen Fremdenverkehrszentrale angefordert werden. Weitere Auskünfte, auch über Behindertensport:
Irish Wheelchair Association, Áras Chuchuláin, Blackheath Drive, Clontarf, Dublin 3,

Tel.: (003531)338241/2/3; 33873; 333860
Disability Action, 2 Annadale Avenue, Belfast BT7 3JH, Nordirland; Tel.: (0044/1232)491011

Bekleidung

Irland ist, wegen seines schnell wechselnden Wetters, Eis und Schweiß. Vor allem beim Wandern oder Radfahren benötigen Sie eine winddichte, aber atmungsaktive Oberbekleidung, die sich schnell wechseln läßt. Regen und feuchte Wiesen erfordern Gummistiefel (*wellingtons*), die überall erhältlich sind.

Besucherzentren

(Visitor centres, heritage centres, information centres, interpretative centres)
Nach skandinavischem Muster und durch den Geldregen der EU gefördert, haben sie sich pilzartig in ganz Irland ausgebreitet, um dem Fremdenverkehr aufzuhelfen. Ihr Erziehungsziel besteht darin, historische Ereignisse oder Berühmtheiten, lokale oder regionale Wirtschaftsweisen allgemeinverständlich zu vermitteln, meist mit Hilfe eines Videofilms (oft auch in deutscher Sprache) und einer kleinen Ausstellung, bisweilen mit raffinierter Multi-Media-Ausstattung. Ein Andenken- und Buchladen sowie eine Imbißstube gehören oft zum Angebot. Häufig sind Besucherzentren an Sehenswürdigkeiten angeschlossen
Co. Antrim: *Giant's Causeway Centre*, Tel.: (012657)31855. – Kleines Museum, Café, Buchladen
Co. Armagh: *Palace Stables Heritage Centre*, The Palace Demesne, Armagh, Tel.: (01861) 529629. – Führung (erzbischöfliche Kapelle), Ausstellung »A Day in the Life« (23rd July 1776), Imbißstube
St Patrick's Trian, 40 English Street, Armagh, Tel.: (01861)521801. – Ausstellung zur Stadtgeschichte und dem hl. Patrick, das Land der Lilliputaner nach *Swifts Gulliver's Travels*
Navan Centre, 81 Killylea Rd, Armagh, Tel.: (01861)525550

Lough Neagh Discovery Centre, Oxford Island, Lough Neagh; Tel.: (01762)322205
Peatlands Park, Dungannon, Tel.: (01762)851102. – Park tägl. geöffnet, Bahnfahrt am Wochenende (Ostern – Sept.), im Hochsommer tägl.
Belfast: *Cave Hill Heritage Centre,* Belfast Castle (oberster Stock), tägl. geöffnet. Schloßpark stets zugänglich. Tel.: (01232)776925
Co. Clare: *Burren Display Centre,* Kilfenora, Tel.: (065)88030
Clare Heritage Centre, Corofin, Tel.: (065) 27955. – Regionale Sozialgeschichte
Scattery Island Centre, Merchants Quay, Kilrush, Tel.: (065)52139/44
Co. Cork: *1798 Bantry French Armada Exhibition Centre* (im Hof von Bantry House). Tel.: (027)50047
Mizen Head Signal Station Visitor Station, ehemaliges Leuchtturmwärterhaus, tägl. 10.30–17 Uhr
Co. Donegal: *Colmcille Heritage Centre,* Church Hill (am Lough Gartan), Tel.: (074)37306
Ionad Cois Locha – Lakeside Centre, Dún Lúiche (Dunlewy), Tel.: (075)31699
»Flight of the Earls« Interpretative Centre, The Battery, Rathmullan, Tel.: (074)58131, 58178
Dublin: *Phoenix Park Visitor Centre,* Dublin 8, Tel.: (01)6770095. – Ausstellung und Videofilm zu 3500 Jahren Geschichte
Dublinia (Nebengebäude der Christ Church Cathedral), Dublin 8, Tel.: (01)6794611
Tempel Bar Information Centre, 18 Eustace Street, Dublin 2, Tel.: (01)6715717
Co. Kerry: *Ionad an Bhlascaoid Mhóir – The Blasket Centre,* Dún Chaoin (Dunquin), Trá Lí, Tel.: (066)56444
Blennerville Windmill and Steam Train, Tralee, Tel.: (066)21064
Kerry the Kingdom, Ashe Memorial Hall, Denny Street, Tralee, Tel.: (066)27777
Irish Palatine Heritage Centre, Rathkeale, Tel.: (069)61080/64397
The Skellig Experience, Valentia Island, Tel.: (064)31633
Co. Kildare: *The Irish National Stud,* Tully, Tel.: (045)21617. – Gestüt mit Pferdemuseum

Co. Louth: *Holy Trinity Heritage Centre,* Carlingford. Tel.: (042)73454
Co. Meath: *Hill of Tara,* Navan, Tel.: (046) 25903, (041)24488
Trim Visitors Centre, Mill Street, Trim. Mi–So 10–18 Uhr. Audiovisuelle stadthistorische Ausstellung »The Power and the Glory«
Co. Tipperary: *Brú Ború,* Cashel, Tel.: (062) 61122. – Zentrum zur Pflege von Folklore (Musik, Tanz, Theater, Erzählkunst)
Co. Tyrone: *An Creagán Visitor Centre,* Creggan, Omagh, Tel.: (016627)61112. – Ausstellung zu den umliegenden Black Bogs, Naturlehrpfade, Restaurant, Ferienheime
Sperrin Heritage Centre, Glenelly Road, Cranagh; Ostern bis Okt. tägl., Tel.: (016626)48142
Co. Waterford: *Reginald's Tower* und *Waterford Heritage Centre,* Waterford, Tel.: (051)73501
Co. Wicklow: *Glendalough Visitor Centre,* Glendalough, Tel.: (0404)45351/45352

Bibliotheken

Belfast: *Central Library,* Royal Avenue, Tel.: (01232)243233. – Belfaster Frühdrucke, Fotos, Karten, Ausstellungen. Mo–Fr 9.30 bis 17.30 (Mo u. Do bis 20), Sa 9.30 bis 13 Uhr
Linen Hall Library, 17 Donegall Square North, Tel. (01232)321707. – Einzigartige Sammlung von 55 000 Veröffentlichungen (auch Flugblätter) zum Nordirland-Konflikt. Werktags bis 17.30, Sa bis 16 Uhr
Dublin: *Chester Beatty Library & Gallery of Oriental Art,* 20 Shrewsbury Road, Dublin 4, Tel.: (01)2692386. – 22 000 Handschriften (Schwerpunkte: orientalische Buchkunst, Rara, Buchmalereien und Kunstgegenstände). Di–Fr 10 bis 17, Sa ab 14; Mi u. Sa eintrittsfreie Führung um 14.30 Uhr
Marsh Library, St Patrick's Close, Dublin 8 (neben St Patrick's Cathedral), Tel.: (01)4543511. Seit ihrer Gründung 1701 fast unveränderte Gelehrtenbibliothek mit 25 000 Büchern und 250 Handschriften. Mo–Fr 10–12.45 u. 14 bis 17 (Di geschlossen), Sa 10.30 bis 12.45 Uhr

The National Library of Ireland, Kildare Street, Dublin 2, Tel.: (01)765521 Archivbibliothek für Irland-Literatur; große Sammlung irischer Presse und Landkarten. Mo–Fr 10 bis 21, Sa bis 13 Uhr
Trinity College Library, University of Dublin, Dublin 2. – Old Library mit dem Long Room, den Kolonnaden und der Schatzkammer für wertvolle irische Handschriften, ferner die Berkeley Library, Lecky Library (Sprachen und Sozialwissenschaften) sowie Music und Science Library. – Öffnungszeiten der Kolonnaden und des Long Room: Mo–Sa 9.30 bis 17.30 (letzter Einlaß 17), Sa 12 bis 17 (letzter Einlaß 16.30Uhr); geschlossen vom 23.–31. Dez.

Botanische Gärten

Botanic Gardens, Stranmillis Rd., Belfast, Tel.: (01232)324902
Palmenhaus und Tropical Ravine geöffnet Apr.–Sept. Mo–Fr von 10 bis 17, Sa u. So ab 14, Okt.–März bis 16 Uhr
National Botanic Gardens, Glasnevin, Dublin 2, Tel.: (01)8377596/4388. – Garten: Mo–Sa 9 bis 18, So ab 11, Nov.–Febr. Mo–Sa 10 bis 16.30, So ab 11 Uhr; Gewächshäuser spätere Öffnungszeiten

Botschaften und Konsulate

Irische Botschaften im Ausland
Botschaft der Republik Irland in der Bundesrepublik Deutschland, Godesberger Allee 119 53175 Bonn 2, Tel.: (0228)959290
Botschaft der Republik Irland in Österreich Hilton Center, 16. Etage, Landstrasser Hauptstraße 2, 1030 Wien, (01)7154246
Botschaft der Republik Irland in der Schweiz Kirchenfeldstr. 68, 3005 Bern, Tel.: (031)3521442
Ausländische Botschaften in der Republik Irland
German Embassy, 31 Trimleston Avenue Booterstown, Co. Dublin, Tel.: (01)2693011, Fax: (01)2693946
Austrian Embassy, 15 Ailesbury Court,

93 Ailesbury Rd, Ballsbridge, Dublin 4 Tel.: (01)2694577, Fax: (01)2830860
Swiss Embassy, 6 Ailesbury Rd, Ballsbridge Dublin 4, Tel.: (01)2692515, Fax: (01)2830344
Ehrenkonsul der BRD in Nordirland
Mr. Getty, 1 Ballymena Rd, Larne, Co. Antrim, Tel.: (0044/1574)260777

Buchhandlungen

Zahlreiche Buchhandlungen bieten ein gutes Irland-Sortiment. Hinweisen möchten wir an dieser Stelle nur auf:
Kennys Bookshop and Art Galleries, High Street, Galway, Tel.: (091)562739, Fax: (091) 568544, email: queries@kennys.ie. DIE Buch-Fundgrube des Mittelwestens! Stets etwa 100.000 Titel auf Lager; Suchdienst, großes Antiquariat, nicht zu überbietendes Irland-Sortiment. Verzeichnisse und Neuerscheinungen unter http://www.iol.ie/kenny

Brauereien und Brennereien

Co. Antrim: *Old Bushmills Distillery*, Bushmills, Tel.: (012657)31521
Co. Cork: *Jameson Whiskey Heritage Centre*, Midleton, Tel.: (021)613594
Dublin: *Guinness Hop Store*, James's Gate, Crane Street, Dublin 8, Tel.: (01)4536700 App. 5155. – Ausstellung und Videofilm zur Firmengeschiche, ferner eine historische Böttcherei, ein Transportmuseum und Kunstausstellungen
The Irish Whiskey Corner, Bow Street, Dublin 7, Tel.: (01)8725566. – Museum der Irish Distillers' Group; Videofilm und Ausstellung
Co. Westmeath: *Locke's Distillery*, Kilbeggan, Tel.: (0506)32134, 32115. – Führung durch eine 1757 lizensierte Brennerei; Verkaufsausstellung irischer Maler

Briefmarken

sind außer in Postämtern überall dort erhältlich, wo Sie den Hinweis *We sell postage stamps* lesen. Der Standardbrief (bis 20 gr.) innerhalb der Republik Irland, nach Großbritannien sowie in andere EU-Staaten kostet 32 p, in Nicht-EU-Staaten 44 p, die Postkarte 28 p (EU-Staaten) bzw. 37 p (Nicht-EU-Staaten). In Nordirland kosten die Postkarte und der Standardbrief in EU-Staaten 25 p, in Nicht-EU-Staaten 29 p. S. auch »Post«

Burgen und Festungen

Co. Antrim: *Carrickfergus Castle*, Carrickfergus, Tel.: (01960)351273
Dunluce Castle, Portrush, Tel.: (012657)31938
Co. Clare: *Bunratty Castle & Folk Park,* Bunratty, Tel.: (061)360788
Knappogue Castle, Quin, Tel.: (061)360788. – Tonbildschau
Co. Cork: *Blarney Castle & Rock Close,* Blarney, Tel.: (021)385252
Charles Fort, Kinsale, Tel.: (021)772263
Desmond Castle (French Prison), Cork Street, Kinsale, Tel.: (021)774855
Co. Donegal: *Donegal Castle,* Donegal Town, Tel.: (073)22405
Co. Down: *Dundrum Castle,* bei Newcastle, Apr.–Sept., Di-Sa, So nachmittags
Greencastle, bei Kilkeel, Juli u. Aug., Di-Sa, So nachmittags
Hillsborough Fort, Hillsborough, Tel.: (01846)683285. – Führungen Di-Sa u. So nachmittags nach Vereinbarung
Co. Dublin: *Drimnagh Castle,* Long Mile Road, Drimnagh, Dublin 12, Tel.: (01)4502530
Dublin Castle, State Apartments, Dame Street, Dublin 2, Tel.: (01)6777129
Rathfarnham Castle, Rathfarnham, Dublin 14, Tel.: (01)4939462
Co. Fermanagh: *Enniskillen Castle,* Enniskillen, Tel.: (01365)325000. Mit Fermanagh County Museum u. Regimentsmuseum; Mai-Sept. Mo–Sa, Juli u. Aug. auch So, Winterhalbjahr nur werktags
Tully Castle, April–Sept. Di-Sa, So nachmittags
Co. Galway: *Athenry Castle,* Athenry, Tel.: (091)844797

Aughnanure Castle, Oughterard; Tel.: (091)82214
Dún Guaire Castle, Kinvara, Tel.: (091)37108
Portumna Castle, Portumna; Tel.: (0509)41658
Co. Kerry: *Ross Castle,* Killarney; Tel.: (064)35851
Co. Leitrim: *Parke's Castle,* Fivemile Bourne, Tel.: (071)64149
Co. Limerick: *King John's Castle,* Nicholas Street, King's Island, Limerick, Tel.: (061)411201
Castle Matrix, Rathkeale, Tel.: (061)64284
Co. Londonderry: *Springhill House,* Moneymore, Magherafelt, Tel.: (016487)48210. – Befestigtes Herrenhaus (17. Jh.) und Gärten
Co. Tipperary: *Cahir Castle,* Cahir; Tel.: (052)41011. – Videofilm und Ausstellungen
Ormond Castle, Carrick-on-Suir, Tel.: (051)640787
Roscrea Heritage (Castle and Damer House), Main Street, Roscrea, Tel.: (0505)21850
Co. Westmeath: *Athlone Castle,* Athlone, Tel.: (0902)94630, 92912
Co. Wexford: *Ballyhack Castle,* Ballyhack, Tel.: (051)3389468
Enniscorthy Castle Museum, Enniscorthy, Tel.: (054)35926

Camping und Wohnmobile

Camping im eigenen oder gemieteten Wohnwagen ist in der **Republik Irland** nur auf einem der 128 von Bord Fáilte anerkannten *Caravan & Camping Parks* gestattet. Sie sind mit Sanitäreinrichtungen und Abfallkübeln, teilweise auch mit Restaurants, Minigolf- und Tennisplätzen, Waschsalons und Geschäften ausgestattet. Es wird empfohlen, die Öffnungszeiten der Plätze vorher zu erfragen. Wild campen ist nicht erlaubt. Miet-Wohnwagen bzw. Wohnmobile (*mobile homes*) werden in den Qualitätsklassen *standard* (bis zu 7 Jahre alt) und *economy* (8-15 Jahre) angeboten. Einige Verleiher setzen ein Alterslimit von 25 bis 70 Jahren beim Wohnwagen-Mieter fest sowie mindestens zwei Jahre unfallfreie Fahrpraxis. Auskünfte: Irish Caravan Council Ltd, O'Briens Bridge, Co. Clare, Tel.: (061)377118. In Nordirland kann man auf über 100 Campingplätzen einschließlich der meisten Wald- und Landschaftsparks zelten oder im Wohnwagen übernachten. Auskunft: The Forest Service, Dundonald House, Belfast BT4 3SB, Tel.: (0044/1234/524949).

Eintritt

wird vielerorts erhoben: Tendenz steigend, sowohl was die Zahl der Sehenswürdigkeiten, als auch die Tarife betrifft. Für das Parken von Pkw wird oft eine Zusatzgebühr erhoben. Ermäßigungen für Gruppen, Familien, Arbeitslose, Senioren, Kinder, Schüler und Studenten (Ausweis!).

Fähren

Fährverkehr vom Ausland nach Irland s. »Anreise«, inneririscher Fährverkehr s. »Inseln«

Feiertage

Republik Irland
1. Januar (New Year's Day), 17. März (St Patrick's Day), Karfreitag (Good Friday), Ostermontag (Easter Monday), 25. u. 26. Dezember (Christmas) sowie vier sogenannte *bank holidays* (bewegliche arbeitsfreie Tage) am ersten Montag des Mai, Juni, August und am letzten Montag des Oktober. In ländlichen Gegenden zusätzlich einige kirchliche Feiertage. Schulferien landesweit Mitte Juni bis Anfang September, zwei Wochen Schulferien jeweils zu Ostern und Weihnachten.
Nordirland
1. Januar (New Year's Day), 17. März (St Patrick's Day), Karfreitag, Ostermontag, erster u. letzter Montag im Mai bzw. erster Montag im Juni (bank holidays), 12. Juli (Orangeman's Day), letzter Montag im August (bank holiday), 25. u. 26. Dezember

Ferienhäuser und -wohnungen

werden als *Irish Country Holidays, Irish Coast & Country Cottages* sowie als *Irish Cottage Holiday Homes* angeboten. Cottages sind meist Ferienhäuser im Stil traditioneller reetgedeckter Bauernkaten, von denen derzeit etwa 6000 zur Verfügung stehen. Das Angebot an *Irish Country Holidays* umfaßt 98 Unterkünfte in ländlichen, touristisch nicht überlaufenen Gegenden. Bei *Irish Coast & Country Cottages* handelt es sich um etwa 180 meist sehr komfortable Häuser zwischen 600 bis 2200 DM (pro Woche), keine Ferienhausanlagen. Die *Irish Cottage Holiday Homes*, traditionell im Aussehen, innen modern, sind Ferienhaussiedlungen an etwa 50 landschaftlich attraktiven Orten, meist in Küstennähe, und kosten zwischen 250 bis 1250 DM pro Woche. Rechtzeitige Buchung erforderlich. Verzeichnisse halten die Fremdenverkehrszentralen bereit.

Galerien

Belfast: *Arts Council Gallery,* 56 Dublin Rd, Tel.: (01232)321402. - Moderne Kunst; Buchladen *Ormeau Baths Gallery,* 18A Ormeau Avenue, Belfast BT2 8HS, Tel.: (01232)321402 Zeitgenössische irische u. internationale Kunst in ehemaligem Hallenbad; Buchhandlung
Cork: *Crawford Municipal Art Gallery and Museum,* Emmet Place, Tel.: (021)273377
Co. Donegal: *The Glebe House and Gallery,* Church Hill, Letterkenny, Tel.: (074)37071
Dublin: *Hugh Lane-Gallery of Modern Arts,* Charlemont House, Parnell Square, Dublin 1, Tel.: (01)8741903/4
Irish Museum of Modern Art, Royal Hospital Kilmainham, Military Road, Dublin 8, Tel.: (01)6718666
National Gallery of Ireland, Merrion Square West, Dublin 2, Tel.: (01)6615133
Project Arts Centre, 39 Essex Street East, Dublin 2, Tel.: (01)6712321
Avantgardistische Malerei, Skulptur, Theater, Performance, Musik

Limerick: *The Hunt Museum,* The Custom House, Rutland Street, Di–Sa 10 bis 17, So ab 14 Uhr
Limerick City Gallery of Art, Pery Square, Tel.: (061)310663

Geld

Die Währung der Republik Irland ist das Irische *Punt* (= 100 pence; EZ penny). In Nordirland bildet das britische Pfund Sterling (= 100 pence) die offizielle Währung. Da der internationale Wechselkurs des britischen und irischen Pfund fast gleich dotiert ist, werden GBP im Allgemeinen auch in der Republik Irland akzeptiert, vor allem in den an Nordirland angrenzenden Grafschaften (gilt nicht umgekehrt!). Geldumtausch ist in Irland bei allen Banken, auf internationalen Flughäfen, in größeren Hotels, Reisebüros sowie Touristen-Informationsbüros und bei größeren Postämtern möglich. In Nordirland bieten die Hauptpostämter der Grenzstädte (Enniskillen, Newry, Derry, Strabane) und Banken die günstigsten Wechselkurse. Außerdem können Sie mit Ihrem Postsparbuch Geld abheben. Euro- und Reiseschecks sowie die meisten internationalen Kreditkarten werden von Banken, größeren Hotels und Geschäften angenommen.

Golf

ist in Irland ein sehr populärer, erschwinglicher Mittelklassesport. Entsprechend viele *fairways* stehen, in oft herrlicher Umgebung (Wiesen, Park- oder Küstengelände), auch für Anfänger zur Verfügung: In der Republik Irland 325, in Nordirland 80, die Hälfte davon sind 18-Löcher-Plätze. Einige besitzen Weltgeltung: Ballybunion, Lahinch, Waterville, Portmarnock, Killarney, Baltray, Rosses Point. Die meisten Klubs besitzen Klubhäuser mit Bars und/oder Restaurants, zu denen auch ausländische Gäste Zutritt haben. Viele in der Nähe von Golfplätzen gelegene Hotels haben Absprachen über eine kostenlose oder ermä-

ßigte Benutzung der Plätze für ihre Kunden. Sonst liegen in der Republik Irland die Gebühren (*green fees*) zwischen IRP 10 bis 30. In Nordirland bieten Klubs Ermäßigungen für Gruppen, ausländische Golfvereine und jugendliche Spieler. Eine beliebte Golfvariante ist *Pitch and Putt* (bis zu vier Spieler, neun bis 18 Löcher). Verzeichnisse der Vereine und Plätze sind bei den Fremdenverkehrszentralen erhältlich.

Haustiere

Irland und das Vereinigte Königreich schotten sich trotz europäischer Vereinigung weiterhin gegen kontinentale (Haus)tiere ab, in panischer Angst vor der Maul-und-Klauenseuche. Versuchen Sie erst gar nicht, Hund oder Mieze einzuschmuggeln. Sie werden auf Ihre Kosten sechs Monate in absolute Einzelhaft (Quarantäne) genommen und sind danach psychische Wracks! Eine Aufhebung des Einreiseverbots wird gegenwärtig für das Vereinigte Königreich (und damit Nordirland) diskutiert.

Hinweisschilder

Die Ausschilderung von Sehenswürdigkeiten ist in Nordirland vorbildlich, in der Republik Irland kritikwürdig. Vielerorts erinnert nur ein verrosteter Mast an einstige Schilder. Auch die Richtung stimmt nicht immer: Ausschwenkende Wagenanhänger, der Wind, Kinder oder rivalisierende Gemeinden könnten das Schild in eine falsche Richtung gedreht haben. Ein guter Anlaß, Fragen zu stellen und ins Gespräch zu kommen.
Entfernungen sind im allgemeinen in Kilometern angegeben, bei älteren Schildern an unklassifizierten Nebenstraßen noch in irischen Meilen (2,03 km). In Nordirland liegt den Entfernungshinweisen meist die britische Meile (1,609 km) zugrunde, abweichend davon und vor allem in der Grafschaft Down finden sich Angaben in irischen Meilen!

Höhlen

Einige der zahlreichen Kalksteinhöhlen sind auf kürzeren Strecken (bis 800 Meter) bei Führungen zu besichtigen. Vermeiden Sie eine Erkundung auf eigene Faust: Höhlen können sich, vor allem nach Regenfällen, sehr unberechenbar in Todesfallen verwandeln!

Co. Clare: *Aillwee Cave,* Ballyvaughan, Tel.: (065)77036/77067

Co. Cork: *Mitchelstown Cave,* Tel.: (052)67246

Co. Fermanagh: *Marble Arch Caves,* bei Florence Court, Tel.: (01365)348855. Tägl. Mitte März bis Sept.; Besucherzentrum

Co. Kerry: *Crag Cave,* Castleisland, Tel.: (066)41244

Co. Kilkenny: *Dunmore Cave,* Ballyfoyle, Tel.: (056)67726

Hotels und Pensionen

Bord Fáilte hat etwa 650 Hotels anerkannt, vom einfachen Dorfgasthof bis zur Nobelherberge im Landsitz oder Schloß, unterteilt in fünf Güteklassen. Bei *Traditional Irish Hotels* – unterteilt in *Village Inn Hotels, Coast & Country Hotels* sowie *Manor House Hotels* – handelt es sich um familiengeführte Hotels mit persönlichem Service. Sie stehen jeweils in zwei Preis- und Qualitätskategorien zur Verfügung. Verzeichnisse bei Bord Fáilte oder Reisebüros. Pensionen (*guest houses*) sind preiswerter, ohne »Laufpublikum« und bieten oft eine gemütlichere Atmosphäre als preislich vergleichbare Hotels. Sie wurden in vier Kategorien unterteilt.

Co. Donegal: *Ostan Gweedore,* Bunbeg, Tel.: (075)31177, 31188; Fax: (075)31726. – Modernes Drei-Sterne-Hotel in großartiger Küstenlage; gutes Restaurant; Golf

Arnold's Hotel, Dunfanaghy, Tel.: (074)36208, Fax: (074)363522. – Drei-Sterne-Hotel in beliebter Urlaubsgegend; gutes Restaurant

Co. Dublin: *Deer Park Hotel & Golf Courses,* Howth, Tel.: (01)8322624, Fax: (01)8392405. – Drei-Sterne-Hotel in schöner Parklage

Finnstown Country House Hotel, Newcastle Road, Lucan, Tel.: (01)6280644, Fax: (01) 6281088. – Zu einem Drei-Sterne-Hotel umgewandelter Landsitz (18. Jh.) mit stilvoller Einrichtung in schönem Parkgelände; gutes Restaurant; Golf, Tennis, Reiten

Co. Galway: *Day's Hotel,* Middle Quarter, Inishbofin, Tel.: (095)45809, Fax: (095)45803. – Preiswertes Zwei-Sterne-Hotel mit gutem Restaurant und schönem Blick auf den alten Hafen

Co. Mayo: *Bay View Hotel and Hostel,* Clare Island, Tel.: (098)26307. – Freundliches, familiengeführtes Inselhotel mit guter Küche; Gemeinschaftsunterkunft

Co. Wicklow: *Avonbrae Guesthouse,* Dorothea Geoghegan, Rathdrum, Tel.: (0404)46198, Fax: (0404)46198.– Sehr freundliche Gastgeber, gute Küche; ideal für Wanderer

Inseln

Die Fährverbindungen zu den bewohnten Inseln richten sich nach den Gezeiten, dem Wetter und der Jahreszeit. Man erfährt die Termine, Tarife und Abfahrorte bei den örtlichen oder regionalen Filialen der Fremdenverkehrszentrale oder den Fährgesellschaften.

Co. Antrim: *Rathlin:* Tägl. 10.30 Uhr ab Ballycastle, Rückfahrt von Rathlin um 16 Uhr, Tel.: (0044/12657)62024

Co. Cork: *Bear Island,* tägl. mehrfach Personenfähre von Castletown Bearhaven, Tel: (027)75000 (Colm Harrington) oder Tel.: (027)75004 (Patrick Murphy)

Cape Clear Island: Personenfähre 2mal tägl. von Baltimore, Auskunft: Coiste Naomh Ciarán, Tel.: (028)39119; von Juni bis Ende Aug. auch Personenfähre von Schull, Tel.: (028)28138

Sherkin Island: Personenfähre 7mal tägl. von Mitte Apr.-Ende Sept. von Baltimore, Tel.: (028)20125

Co. Donegal: *Arranmore Island:* Personen- u. Autofähre mehrfach täglich von Burtonport, Tel.: (075)21521

Tory Island: Apr.-Okt. tägl. 2mal von Ma-

gheraroarty, im Juni u. Sept. Mi von Portnablagh, Juli u. Aug. Mi u. So von u. nach Portnablagh, Sa von u. nach Downies; Juni–Sept. tägl. einmal, Juli u. Aug. 2mal tägl. von Bunbeg. Veranstalter: Donegal Coastal Cruises, Tel.: (075)31320/ 31340, Fax: (075)31665 oder Bunbeg Pier Office, Tel.: (075)31991, Magheraroarty Pier Office, Tel.: (074)35061
Co. Galway: *Oileáin Árainn (Aran Islands):* Personenfähren von Galway (1.6. bis 30.9. tägl.), Rós an Mhíl (Rossaveal; 38 km westl. Galways; tägl.; Zubringerbus von Galway), An Spidéal (Spiddal; 18 km von Galway; Zubringerbus von Galway; Fähre zu den Inseln Inis Méain und Inis Oírr) oder von Doolin (Co. Clare, tägl.)
Fähren: Aran Ferries Teo., Arcade, Áras Fáilte, Tel.: (091)68903, nach Büroschluß (091)69447 oder (091)95036
Dun Aengus Ferries, Tel.: (091)62131 (ganzjährig)
Doolin Ferries, Tel.: (068)74189; 77086
Inishbofin: Personenfähre von Cleggan (45 Min.; tägl.; Zubringerbus vom Island House in Clifden, wo man sich auch für eine eintägige Inselführung anmelden kann; Tel.: (095)21379); Fährauskunft: (095)45806 (Inishbofin) oder (095)44750 (Cleggan)
Co. Mayo: *Clare Island:* Personenfähre *Clare Island Ferry* tägl. von Roonah Pier (bei Louisburgh), Tel.: (098)26307
Inishturk: Nach Anfrage in Fischerbooten von Roonah Quay oder von Cleggan (Co. Galway) aus; Auskunft über Anreise und Unterkunft beim Insel-Postamt (098)68640

Jugendherbergen

Der staatliche Jugendherbergsverband *An Oige* bietet etwa 40 *youth hostels*, ein Teil davon ganzjährig geöffnet, alle ohne Altersbegrenzung (Internationaler Jugendherbergsausweis und Vorbestellung erforderlich). Außer den staatlichen Gemeinschaftsunterkünften bestehen 137 unabhängige, privat geführte *Holiday Hostels* (Jugendherbergsausweis nicht erforderlich). Verzeichnisse bei den Verbänden oder bei der Fremdenverkehrszentrale, Vorbestellung bei den Verbänden ratsam.
An Oige Head Office, 61 Mountjoy Street Dublin 7, Tel.: (01)8304555, Fax: 8305808
Independent Holiday Hostels, 57 Lower Gardiner Street, Dublin 1, Tel.: (01)8364700, Fax: 8364710
Nordirland
Youth Hostel Association of Northern Ireland (YHAN), 22 Donegall Road; Belfast BT9 5LH, Tel.: (0044/1232)324733
Belfast Youth Hostel; (Anschrift wie oben), Tel.: (0044/1232)315435. Neue 128-Betten Herberge in Universitätsnähe; Restaurant (tägl. 8 bis 20 Uhr)

Kabinenkreuzer

Ein weites, nicht kommerziell genutztes Netz von Kanälen, Seen und den Flüssen Shannon und Erne macht die private Flußschiffahrt in Irland zwischen Belturbet bzw. Belleek bis Killaloe besonders erholsam. Freizeitkapitäten stehen in den Bootshäfen (*marinas*) am Shannon, Erne und Grand Canal von Ostern bis Ende Oktober knapp 500 Kabinenkreuzer zur Verfügung, im Winterhalbjahr jedoch nur in Belturbet (dann besonders preisgünstig); es empfehlen sich Boote von Vermietern, die der Irish Boat Rental Association angehören und von Bord Fáilte überprüft werden. Ein Bootsführerschein wird nicht verlangt, Grundkenntnisse in Bootsführung sind jedoch von Vorteil. Das Mindestalter für Bootsführer liegt bei 21 Jahren, die Besatzung muß mindestens aus zwei Personen bestehen. Auf den Binnengewässern gilt Rechtsverkehr! Richten Sie sich nach den Wettervorhersagen, vor allem auf den großen Shannon-Seen Lough Ree und Lough Derg, sowie nach den Anweisungen der Schleusenwärter. Der Shannon besitzt sechs Schleusen, der Grand Canal 44. Die Schleusengebühr beträgt IRP 1,20. Ab Anbruch der Dunkelheit herrscht generelles Fahrverbot. Die Mitnahme des eigenen Bootes nach Irland ist problemlos. Weitere Informationen bei den Fremdenverkehrszentralen oder:

Inland Waterways Assocation of Ireland Stone Cottage, Claremont Road, Killiney, Co. Dublin, Tel.: (01)2852258
Irish Boat Rental Association, 55 Braemor Road, Churchtown, Dublin 14, Tel.: (01)987222

Nordirland

Department of Agriculture, Dundonald House Belfast BT4 3SB, Tel.: (0044/1232)650111

KFZ-Versicherung

Fragen der Schadensregulierung oder KFZ-Versicherung beantwortet Irish Visiting Motorists Bureau, 3-4 South Frederick Street, Dublin 2, Tel.: (01)6797233, Fax: (01)6798693

Kirchen, Klöster, Kathedralen

Anglikanische Kirchen sind häufig nur während des Gottesdienstes geöffnet.
Armagh: *St Patrick's Cathedral,* Tel.: (01861) 522611; Apr.-Okt. 10 bis 17, Nov.-März bis 16 Uhr; Führungen Juni-Aug. Mo-Sa um 11.30 u. 14.30 Uhr, sonst nach Anfrage
Co. Clare: *Dysert O'Dea Archaeology Centre,* Corofin, Tel.: (065)27722
Ennis Friary, Ennis, Tel.: (065)29100
Co. Derry: *St Columb's Cathedral,* Derry, Tel.: (01504)267313. – Mo-Sa 9 bis 13 u. 14 bis 17 Uhr
Co. Down: *Cathedral of the Holy Trinity,* Downpatrick, Tel.: (01396)614922. – Schließung um 18 Uhr
Grey Abbey, Grey Abbey, Tel.: (012477)88585. – Apr.-Sept. Di-Sa, So (nachmittags)
Inch Abbey, Downpatrick, Di-Sa, So nachmittags
Co. Dublin: *Christ Church Cathedral,* Christchurch Place, Dublin 2; Tel.: (01)6778099. – 10 bis 17 Uhr
St Patrick's Cathedral, Patrick Street, Dublin 8, Tel.: (01)4539472. – 9 bis 18, Sa bis 17 Uhr; Nov.-März 9 bis 16, So 10-16.30 Uhr

St Mary's Abbey, Chapter House, Meetinghouse Lane (an der Capel Street), Dublin 1, Tel.: (01)67700095
St Michan's Church, Church Street, Dublin 7. – Führungen Mo-Fr 10-12.45 u. 14 bis 16.45, Sa bis 13.45; Nov.-März 10-12.45 Uhr
Lusk Heritage Centre, Lusk, Tel.: (01) 8437683. – Kirche, Rundturm, mittelalterlicher Glockenturm und *Willie Monks Folk Museum*
Co. Fermanagh: *Devenish Island,* April-Sept. Di-Sa 10-17, So ab 14 Uhr Fähre alle 10 Min. ab Trory Point Jetty (ca. 5 km nördlich Enniskillens gelegener Landesteg nahe der A32)
White Island, Juni-Sept. Di-Sa 10 bis 17 Uhr, So ab 14 Uhr; Fähre alle 30 Min. ab Castle Archdale Marina (Bootshafen), nahe der B32, südl. Kesh; Tel.: (013656)21731
Co. Kerry: *Ardfert Cathedral,* Ardfert, Tel.: (066)34711
Co. Kilkenny: *Jerpoint Abbey,* Thomastown, Tel.: (056)24623
Co. Limerick: *St Mary's Cathedral,* Bridge Street, King's Island, Limerick, Tel.: (061) 413157, 310923. 10 bis 17 Uhr
Co. Louth: *Old Mellifont Abbey,* Collon, Tel.: (041)26459, 24488
Co. Offaly: *Clonmacnoise,* Shannonbridge, Tel.: (0905)74195
Co. Roscommon: *Boyle Abbey,* Boyle, Tel.: (079)62604
Co. Sligo: *Sligo Abbey,* Abbey Street, Sligo, Tel.: (01)6613111
Co. Tipperary: *Holy Cross Abbey,* Holycross, Tel.: (0504)43241/43118; tägl. 9 bis 18 Uhr
Rock of Cashel, Cashel, Tel.: (062)61437

Kneipen

In der Republik Irland sind die Kneipen von 10.30 bis 23.30 Uhr geöffnet, mit einer zusätzlichen halben Stunde zum »Leertrinken« (*drinking up time*), sonntags von 12.30 bis 14 und von 16 bis 23 Uhr; von Oktober bis Mai erfolgt die Polizeistunde schon um 23

Uhr, doch in manchen ländlichen Gegenden kennt man diesen Begriff nicht. In Nordirland gilt abweichend: 11.30 bis 23 Uhr, sonntags 12.30 bis 14.30 sowie 19 bis 22 Uhr, in Pubs mit Speise- und Unterhaltungsangebot auch bis ein Uhr. In einem *singing (musical) pub* erwartet Sie organisierte oder spontane Folklore (*traditional Irish music*), in einem *dancing pub* Volkstanz (*set dancing*), meist von Laien, die kein anderer Lohn als Freude und ein Freibier erwartet. Wenn Sie sich zu Freirunden einladen lassen, wird von Ihnen erwartet, daß Sie ebenfalls eine Runde schmeißen (*to stand a round*). Fast alle *pubs* servieren auch Tee oder Kaffee. Die Auswahl der »Feuchtbiotope« ist unendlich groß. In ländlichen Gegenden kann es alleinreisenden Frauen noch passieren, daß sie in den Nebenraum gebeten werden.

Belfast: *Crown Liquor Saloon,* 46 Great Victoria Street, BT2, Tel.: (01232)249476. – Lunch (zu empfehlen: Stew, Austern). 11.30 bis 23, So 12.30 bis 14.30 u. 19 bis 22 Uhr

Kitchen Bar, 16 Victoria Square, BT1, Tel.: (01232)324901. – Mo–Sa; Lunch zwischen 12 bis 14 Uhr; empfehlenswertes *champ;* echtes Ale. Freitagabends gute Folk-Musik

Pat's Bar, 19 Prince's Dock Street, BT1, TEl.: (01232)744524. – Im Hafen; Folk-Musik; Lunch (12 bis 14.40 Uhr)

*Rotterdam Ba*r, 54 Pilot Street, BT1, Tel.: (01232)746021

Biergarten; Folk-Musik; Lunch (12 bis14 Uhr)

Morning Star, 17 Pottinger's Entry, BT1, Tel.: (01232)323976; So geschlossen; preiswerte Küche von 11.30 bis 21 Uhr; am letzten Samstag jedes Monats ein Feinschmeckerabend

Derry: *Gweedore Bar,* 59 Waterloo St, Tel.: (263513)

Bekannt für traditionelle Musik; Lunch (12–15 Uhr) und High Tea

Metro Bar, 3 Bank Place, Tel.: 267401. – Behaglicher kleiner *pub,* Lunch

Dublin: *The Bailey,* 2 Duke Street, Dublin 2, Tel.: (01)6770600. – In den 40er und 60er Jahren berühmter Literatentreffpunkt; jetzt von jungen Geschäftsleuten frequentiert; Restaurant

The Brazen Head, 20 Lower Bridge Street, Dublin 8, Tel.: (01)6795186. – Dublins ältester und immer noch sehr beliebter Pub hat nichts von seiner konspirativen Atmosphäre verloren; guter Lunch; ab 21 Uhr Volksmusik

Davy Byrne's, 21 Duke Street, Dublin 2, Tel.: (01)6775217. – Einst Literatentreff, heute von Geschäftsleuten und Angestellten besucht; schöne Art-Deco-Ausstattung; Austern sind eine Spezialität

The Long Hall, 51 South Great George's Street, Dublin 2, Tel.: (01)4751590. – Viktorianischer Pub mit *snugs*

McDaids, 3 Harry Street, Dublin 2, Tel.: (01)6794395. – Einst literarisch bedeutender Pub

O'Donoghues, 15 Merrion Row, Dublin 2, Tel.: (01)6614303. – Dunkel, voller Bierdunst und mit Sägespänen auf dem Steinfußboden bietet sich hier die Atmosphäre eines typischen Pub. Berühmt für seine Musikabende (*traditional music;* ab 20 oder 20.30 Uhr in der *lounge)*

Slattery's, 129 Capel Street, Dublin 1, Tel.: (01)8727971. – Dublins bekanntester *singing and dancing pub*

Stag's Head, 1 Dame Court, an der Dame Street, Dublin 2, Tel.: (01)6793701 Schöner viktorianischer Pub, guter, traditioneller Lunch (u.a. cabbage und bacon)

Kilkenny
Kyteler's Inn, St Kieran's Street, Tel.: (056)21064

Co. Waterford
Buggy's Glencairn Inn, Glencairn, bei Lismore, Tel.: (058)56232; Lunch Mo–Sa 12.30–14, Dinner Mi–Mo 19.30–21.30. Postkutschenherberge mit viel Amtosphäre, gutes Irish Stew. Übernachtungsmöglichkeit (3 Zimmer)

Seanachaí Bar and Restaurant, Dungarvan West, ausgeschildert von der N25; Tel.: (058) 46285. Historischer, reetgedeckter Pub nebst originaler Feuerstelle, ausgezeichnet mit dem Heritage Award; *singsong* und Tanz auch der spontanen Art. Bekannt für gutes *bar food*, vor allem Fisch

Krankenversicherung

Bundesbürger werden kostenlos notversorgt, in der Republik Irland in Krankenhäusern sowie bei niedergelassenen praktischen Ärzten, in Nordirland in der Unfall- oder Notbehandlungsabteilung eines Krankenhauses, das zum staatlichen Gesundheitswesen (National Health Service) gehört. Voraussetzung ist, daß Sie vor Reiseantritt bei Ihrer Krankenkasse einen Auslandskrankenschein (Formular »E 111«, für Irland und Großbritannien) anfordern. Privatversicherte Deutsche sowie Österreicher und Schweizer müssen die Behandlungskosten selbst tragen, erhalten sie im allgemeinen jedoch von ihren Versicherungen rückerstattet.

Mietwagen

Es besteht ein reiches Angebot, darunter die internationalen Verleiher Avis, Budget, Eurocar, Hertz und Windsor. Bei Barzahlung kann eine Kaution erhoben werden, ebenso für die Altersgruppe der 21 bis 25jährigen. Falls Sie Ihren Mietwagen nicht bereits über einen Reiseveranstalter vorbestellt haben und die Konditionen kennen, achten Sie darauf, daß der Mietpreis *all inclusive* ist, also unbeschränkte Kilometeranzahl unter Einschluß örtlicher Steuern sowie des *collision damage waver* (entspricht Vollkasko). Der Eigenanteil, für den der Mieter bei selbst verursachtem Schaden haftet, beträgt zwischen 100 bis 1500 IRP. Übernahme und Rückgabe gelten als ein Tag. Die Vermieter erheben unterschiedliche Bedingungen hinsichtlich der Altersgruppe (Mindestalter 21 bis 25, Höchstalter 70, bei Budget 75 Jahre) und bisweilen des Berufs des Mieters (eine >Berufsverbotsliste< kann bei Gaeltacht Reisen, Schwarzer Weg 25, D 47447 Moers, Tel.: 02841/35035, Fax: 02841/30665 angefordert oder erfragt werden).

Museen

Geschichte, Heimatkunde, Archäologie
Co. Armagh: *Armagh County Museum,* The Mall East, Armagh, Tel.: (01861)523070
Belfast: *Ulster Museum,* Stranmillis Road, Tel.: (01232)381251. 10 bis 17, Sa ab 13, So ab 14 Uhr
Co. Cork: *Cork Public Museum,* Mardyke Walk, Tel.: (021)20679
Derry: *Tower Museum,* Union Hall Place, Tel.: (01504)372411. Di–Sa
Co. Donegal: *Donegal County Museum,* Letterkenny, Tel.: (074)24613
Co. Down: *Down County Museum,* The Mall, Downpatrick, Tel.: (01396)515218
Dublin: *National Museum of Ireland,* Kildare Street und Merrion Row, Dublin 2, Tel.: (01)6618811. Di–Sa 10 bis 17, So ab 14 Uhr
Co. Kilkenny: *Rothe House,* Parliament Street, Kilkenny, Tel.: (056)22893
Co. Louth: *Millmount Museum,* Drogheda, Tel.: (041)33097, 36391
Co. Monaghan: *Monaghan County Museum,* Tel.: (047)82928
Co. Sligo: *Sligo County Museum and Art Gallery,* Stephen Street, Tel.: (071)42212
Waterford, *Reginald's Tower,* tägl. 9 bis 20.30, Führung um 15 Uhr

Wirtschafts- und Verkehrsgeschichte
Belfast: *Harbour Office,* Corporation Square, Belfast 1, Tel.: (01232)234422, App. 208 Seefahrtsgeschichte, Gemäldeausstellungen
Irish Linen Centre/ Lisburn Museum, Market Square, Lisburn, Tel.: (01864)663377. Andenkenladen, Bücher, guter Imbiß
Lagan Lookout Centre, Donegall Quay, Belfast (nahe Albert Memorial Clock), tägl. geöffnet. Tel.: (01232)315444
Industrie- und Lokalgeschichte der Docks von Belfast, Ausblick auf das Lagan-Wehr
Derry: *Harbour Museum,* Derry, Tel.: (01504)365151. Derrys Seefahrtsgeschichte, Modell des *currach,* mit dem Columcille nach Iona segelte.
Co. Down: *Ballycopeland Windmill,* Millisle,

Tel.: (01247)861413. Besucherzentrum und Ausstellung im ehemaligen Müllerhaus
Dublin: *Waterways Visitor Centre,* Grand Canal Quay (neben Pearse St Bridge), Dublin 2, Tel.: (01)6777510. Geschichte der irischen Wasserstraßen und ihrer heutigen Nuzung durch Freizeitkapitäne
National Maritime Museum, Haigh Terrace, Dún Laoghaire, Tel.: (01)2800969
Co. Galway: *Leenane Cultural Centre,* Leenane, Tel.: (095)42231. Besucherzentrum zum Thema Schaf und Wolle
Co. Kerry: *The Museum of Irish Transport,* Scotts Hotel Gardens, Killarney, Tel.: (064) 32638. – Oldtimer, alte Fahr- und Motorräder
Co. Limerick: *GPA Foynes Flying Boat Museum,* Foynes, Tel.: (069)65416
Co. Londonderry: *Foyle Valley Railway Centre,* Derry, Tel.: (01504)265234. Eisenbahngeschichte, Fahrt auf historischer Schmalspurbahn
Roe Valley Country Park, Limavady, Tel.: (015047)220353202. Industriedenkmäler und Museum
Co. Mayo: *Foxford Woolen Mill Interpretative Centre,* Foxford, Tel.: (094)56736. Führung durch eine Wollmühle, Ausstellung und Audiovision
Co. Monaghan: *Carrickmacross Lace Co-Op Society Ltd,* Carrickmacross, Tel.: (042) 62506. Vorführung der Herstellung von Batistspitzen auf Anfrage
Co. Tyrone: *Coalisland Experience and Heritage Centre,* Cornmill, Coalisland, Tel.: (018687) 47215
Gray's Printing Press, Strabane, Tel.: (01504)884094. Druckerei des 19. Jhs., Audiovision
Wellbrook Beetling Mill, Corkhill, Tel.: (016487)51735
Co. Wexford: *The Irish Agricultural Musem* s. Schlösser, Gärten, Herrensitze

Literaturmuseen und -gedenkstätten
Co. Down: *Brontë Interpretative Centre,* Drumballyroney, Rathfriland, Tel.: (018206)31152
Dublin: *Dublin Writers' Museum,* 18/19 Parnell Square North, Dublin 1, Tel.: (01)8722077

George Bernhard Shaw Birthplace, 33 Synge Street, Dublin 8, Tel.: (01)4750854, 8722077
The James Joyce Cultural Centre, 25 North Great Georges Street, Dublin 1, Tel.: (01)8788547.
James Joyce Tower, Sandycove, Tel.: (01)2809265, 8722077
Co. Galway: *Coole,* Gort, Tel.: (091)31804, 31653
Thoor Ballylee, Gort, Tel.: (091)31436. Videofilm; Buchladen

Sonstige
Cork: *Cork City Gaol,* Sunday's Well, Cork, Tel.: (021)305022
Dublin: *National Wax Museum,* Granby Row, Parnell Square, Dublin 1, Tel.: (01)8726340
Irish Jewish Museum, 3-4 Walworth Road, Portobello, Dublin 8, Tel.: (01)4531797. Ausstellung zur Geschichte der Juden in Irland in ehemaliger Synagoge
Kilmainham Jail, Inchicore Road, Dublin 8, Tel.: (01)4535984

Museumsdörfer

bieten Nach- oder Originalbauten typisch irischer Wohn- und Wehrbauten seit der Mittelsteinzeit.
Co. Clare: *Bunratty Folk Park* s. u. Burgen
Craggaunowen Project, Quin, Tel.: (061)367168
Co. Down: *Ulster Folk and Transport Museum,* Cultra, Holywood Tel.: (01232)428428
Co. Limerick: *Cluain Ó gCoilín – Celtic Park & Gardens,* Foynes Road, Kilcornan, Tel.: (061)394243. Freilichtmuseum und Originalbaudenkmäler, Gartenanlagen; Café
Co. Tyrone: *Ulster-American Folk Park,* Mellon Road, Castletown, Tel.: (01662)243292
Ulster History Park, Gortin, Omagh, Tel. (016626)48188
Co. Wexford: *Irish National Heritage Park,* Ferrycarrig, Tel.: (053)41733, 23111

Nachtleben

ist im urbanen Dublin am ausgeprägtesten. Wer nach der Polizeistunde (23–24 Uhr) noch weitermachen möchte, kann es nur in einem *night club,* wobei man häufig eine Eintrittsgebühr zahlt oder sogar eine Mitgliedschaft erwerben muß. Bisweilen bestehen Krawattenzwang oder andere Kleiderregeln (*neat dress essential).* Wer das vermeiden will, geht zum *The Strip,* eine Zeile von Nachtklubs in den Kellergeschossen der Leeson's Street, Dublin 4. Die meisten Klubs besitzen dort allerdings keine Lizenz zum Ausschank von Bier oder Spirituosen. Nur Wein oder Sekt gehen, sehr teuer, über die Theke. Eine wachsende Zahl Dubliner Kneipen umgeht die Polizeistunde, indem sie einen kleinen Küchenbetrieb führen.

National- und Waldparks

Die Republik Irland besitzt fünf Nationalparks sowie 11 Waldparks, die meist aus Zierpflanzungen ehemaliger Domänen hervorgegangen sind. Dort, wo noch das Herrenhaus vorhanden ist, findet man sie unter den Stichwörtern »Burgen« sowie »Schlösser, Gärten, Herrensitze«. Zwei weitere Nationalparks im Burren (Co. Clare) sowie in Co. Mayo sind geplant. Auskünfte erteilt das Office of Public Works, 51 Stephen's Green, Dublin 2, Tel.: (01)6613111

Nationalparks

Co. Donegal: *Glenveagh National Park,* Church Hill, Letterkenny, Tel.: (074)370072; Schloß, Schloßgärten, Besucherzentrum, Bootsverleih
Co. Galway: *Connemara National Park,* Letterfrack, Tel.: (095)41146. Besucherzentrum
Co. Kerry: *Killarney National Park,* Muckross, Tel.: (064)31440, 31947
Auskunftsbüros in Muckross und Torc
Co. Wicklow: *Wicklow Mountains National Park,* Information Point, Upper Lake, Glendalough (0404)45425, 45338. Auskunft u. Führung

Waldparks (eine Auswahl)

Co. Antrim; *Glenariff Forest Park;* Tel.: (012657)44121. Besucherzentrum, Restaurant, Campingplatz. Ab 10 Uhr geöffnet, wechselnde Schließungszeiten

Co. Armagh: *Slieve Gullion Forst Park*; Besucherzentrum; Ostern bis Sept. tägl. geöffnet. Tel.: (016937)38284
Co. Cork: *Doneraile Wildlife Park,* Tel.: (022)24244
Co. Donegal: *Ards Forest Park,* bei Creeslough.
Co. Down: *Castlewellan Forest Park,* Castlewellan, Tel.: (013967)78664. 10 Uhr bis Einbruch der Dunkelheit
Tollymore Forest Park, Newcastle (Co. Down), Tel.: (013967)22428. Camping und Restaurant. 10 Uhr bis Einbruch der Dämmerung
Co. Roscommon: *Lough Key Forst Park,* Boyle, Tel.: (079)62214
Co. Wexford: *John F. Kennedy Arboretum,* New Ross, Tel.: (051)88195
The Wexford Wildfowl Reserve, North Slobs, Wexford, Tel.: (053)23129. – Vogelschutzgebiet; Besucherzentrum, Ausstellungen; Lichtbildschau

Naturschutzgebiete

In der Republik Irland gibt es etwa 68, in Nordirland 44 Naturschutzgebiete, darüberhinaus insgesamt mehr als 60 Vogelschutzgebiete (*bird sanctuaries).* Das Blumenpflücken und Mitnehmen von Tieren aus diesen Gebieten ist streng verboten. Auskunft:
Irish Wildbird Conservancy; Rutledge House 8 Longford Place; Monkstown, Co. Dublin; Tel.: (01)2804322
Irish Forestry Board; Leeson Lane; Dublin 2; Tel.: (01)6615666

Nordirland

Department of the Environment for Northern Ireland; Countryside and Wildlife Branch; Calvert House; 23 Castle Place; Belfast BT1 1FY, Tel.: (0044/1232)230560
Royal Society for the Protection of Birds (RSPB); Belvoir Park Forest; Belfast BT8 4QT; Tel.: (0044/1232)491547

Nichtraucher

Auch in Irland setzt sich das Nichtrauchen durch. Außer bei transatlantischen Flügen gilt generelles Rauchverbot an Bord von Air Lingus. Manche Restaurants bieten rauchfreie Zonen (*smokefree areas*).

Notruf

Feuerwehr, Polizei oder Ambulanz erreicht man in ganz Irland gebührenfrei unter Tel.: 999.

Öffnungszeiten

Geschäfte

sind zwischen 9 oder 9.30 bis 17.30 oder 18 Uhr geöffnet, außerhalb Dublins oft Mi oder Do nachmittags geschlossen. Einkaufszentren (*shopping centres*) sind Do und/oder Fr bis 21 Uhr geöffnet; manche Geschäfte Sa bis 20 oder 21 Uhr. Nordirland: Mo–Sa 9 bis 17.30, Do und in den großen Einkaufszentren am Rande der Städte auch bis 21 Uhr. Die meisten Geschäfte schließen einen halben Tag in der Woche (unterschiedliche Termine).

Sehenswürdigkeiten

Häufig widersprechen sich Angaben zu Öffnungszeiten sogar in den innerhalb eines Jahres veröffentlichten irischen Verzeichnissen bzw. ändern sich von Jahr zu Jahr. Wer ganz sicher gehen will, ruft vorher an, vor allem bei weniger besuchten Sehenswürdigkeiten! Als Faustregel gilt: Im Winter kürzere Öffnungszeit, vielerorts eingeschränkte Öffnung am Samstag und Sonntag, montags Ruhetag. Besonders in Nordirland ist der >Sabbath< noch immer heilig. Einem bissigen Witz zufolge öffnet sich dort sonntagvormittags nicht mal ein Fallschirm.

Pannen

Autowerkstätten (*garages*) arbeiten von Mo bis Fr von 9 bis 18 Uhr, kleinere Reparaturen (*minor car repairs*) werden oft auch am Samstagvormittag ausgeführt, aber nur in Dublin ist man auf »exotische« Wagentypen vorbereitet. Falls Sie einen Mietwagen fahren, verständigen Sie den Vermieter. Mitglieder eines Automobilklubs, der ein wechselseitiges Abkommen mit den in Irland bestehenden Hauptorganisationen geschlossen hat, erhalten kostenlos Hilfe. Sie erreichen den ganztägigen Pannendienst (*breakdown service*) der AA (Automobile Association) gebührenfrei über Tel.: (1800)667788 (*AA Breakdown Freefoneservice*), in Nordirland über (0800) 887766 (AA) oder (0800)828282 (RAC).

Parken

Außer den ausgeschilderten Park- oder Rastplätzen in vielen Stadtzentren Nordirlands gebührenpflichtige bewachte Parkplätze. Wer in Nordirland an der Straße parkt, muß folgende Ausnahmen beachten: Nicht auf doppelten gelben Linien oder auf den weißen doppelten Zickzack-Linien nahe dem Fußgängerüberwegen parken. Parken auf einer einfachen gelben Linie ist nur zu bestimmten Zeiten gestattet, die auf Schildern angegeben sind. Grundsätzliches Parkverbot gilt in den *control zones*, markiert durch rosa oder gelbe Schilder. Um sich vor Autodieben zu schützen, sollte man auch in Dublin einen der bewachten Parkplätze oder Parkhäuser benutzen.

Paß

Zur Einreise genügen der Reisepaß oder Personalausweis. Ein Visum ist für Staatsbürger Deutschlands, Österreichs und der Schweiz nicht erforderlich. Wer sich länger als sechs Monate in der Republik Irland aufhält, muß sich beim Polizeirevier des Wohnorts melden.

Porto

s. »Briefmarken«

Post (ir. An Post; Oifig na Phóist)

Öffnungszeiten Mo–Fr von 9 bis 18 Uhr, Sa bis 12 Uhr. Kleinere Poststellen auf dem Land sind manchmal nur vormittags geöffnet oder legen eine Mittagspause ein. Öffnungszeiten in Nordirland: Mo–Fr 9 bis 17.30, Sa bis 12.30 Uhr.

Radfahren

Irlands ruhige, oft malerische Nebenstraßen sind ideal zum Radeln, der Gegenwind ist es weniger. Wer sein Rad nicht gleich mitbringt, kann in allen größeren Orten oder gefragten Feriengebieten Markenräder leihen, vom guten alten Dreigang-Drahtesel bis zum Mountain Bike, die meisten allerdings nur mit Handbremsen. Die Leihgebühr beträgt pro Tag ca. IRP 7, pro Woche etwa IRP 35 (einschließlich Versicherung), für Satteltaschen IPR 5 pro Woche, die Kaution IRP 40. Wer sein Rad nicht am Startort abgibt, zahlt IRP 12 extra. Genauere Auskünfte, auch über Radrennen und sonstige Sportereignisse (Nordirland inbegriffen), erteilt Federation of Irish Cyclists, Halston St, Dublin 7, Tel.: (01)8727524

Reiten und Pferde

Zu Pferderennen und Pferdemärkten s. »Veranstaltungen«
Den Reiterurlaub können Sie als Pauschalreise buchen, auch als Anfänger. Die Übungsstunde mit einem braven Mietpferd und einem Reitlehrer (*tuitor*) kostet um 7 bis 10 IRP. Es stehen *hunters* oder *ponies* zur Verfügung, Halb- bis Dreiviertelblütler (eine speziell irische Züchtung) oder die etwas kleineren, robusten Reitpferde. *Pony-trekking* sind einwöchige Reittouren mit täglich etwa vier Std. im Sattel. Weitere Auskünfte bei den Fremdenverkehrszentralen oder der Association of Irish Riding Establishments (AIRE), Daffodil Lodge, Eadestown, Naas, Co. Kildare, Tel.: (01)955990; British Horse Society, House of Sport, Upper Malone Road, Belfast BT95LA, Tel.: (0044/1232)381222

Restaurants

Gute Restaurants mit irischen oder internationalen Spezialitäten finden Sie vor allem in größeren Ortschaften, auf dem Land in besseren Hotels, wobei man sich meist an französischer oder amerikanischer *nouvelle cuisine* ausrichtet. Beim *dining out* müssen Sie mit 20 bis 30 IRP/Person für das Dinner rechnen. Sie können meist zwischen einem Gedeck (*set lunch, set dinner*) mit bis zu fünf Gängen oder à la carte wählen. Die Fremdenverkehrszentralen vertreiben mehrere Restaurantverzeichnisse. S. auch »Besucherzentren«, »Hotels« und »Kneipen«.
Belfast: *Clare Connery at Malone House,* Barnett Demesne, BT9, Tel.: (01232)681246. 5 km vom Zentrum entfernt, spezialisiert auf Fisch-, Wild- und vegetarische Gerichte; 10 bis 16.30 Uhr
Roscoff, Lesley House, Shaftesbury Square, BT2, Tel.: (01232)331532. Schick, unterkühlt und nicht billig; Mischung von französischem und amerikanischem Kochstil; Mo–Fr 12.15 bis 14.15 (Lunch), Mo–Sa 18.30–22.30 (Dinner)
Saints & Scholars, 3 University Street, BT7, Tel.: (01232)325137. Mo–Sa 12 bis 23, So 17.30 bis 21.30 Uhr
Dublin: *Beshoff's Ocean Foods,* 14 Westmoreland Street, Dublin 2, Tel.: (01)6778026. Ein Klassiker in Fish and Chips
Blazing Salads, Obergeschoß des Powerscourt Town House Centre, South William Street, Dublin 2, Tel.: (01)792405. Höchst empfehlenswert, nicht nur für Vegetarier. Mo–Sa 9.30 bis 18 Uhr
Gallagher's Boxty House, 20/21 Temple Bar, Dublin 2, Tel.: (01)6772762. Spezialisiert auf irische Puffer in vielfältigen Füllungen und das Traditionsgericht Coddles. 12 bis 23.30 Uhr
Cornucopia Wholefoods, 19 Wicklow Street, Dublin 2, Tel.: (01)6777583. Beliebtes, preis-

wertes vegetarisches Restaurant mit orientalischem Einschlag. Mo–Fr 8 bis 20, Do bis 21, Sa 9 bis 18 Uhr

The Old Dublin Restaurant, 90/91 Francis Street, Dublin 8, Tel.: (01)542028. Irisch-russische Küche in den »Liberties«. Lunch: Mo–Fr 12.30 bis 14.15, Dinner 19 bis 23 Uhr

King Sitric, East Pier, Howth, Co. Dublin, Tel.: (01)8325235. Bekanntes Fischrestaurant der höchsten Preisstufe. Mo–Sa 12.30 bis 14.30 u. 18.30 bis 23 Uhr

The Mermaid Café, 69/70 Dame Street, Dublin 2, Tel.: (01)6708236. 12.30–14.30, 18.30–23 Uhr. Beliebt wegen freundlicher Atmosphäre, fantasievoller Küche.

Periwinkle Seafood Bar, Erdgeschoß des Powerscourt Townhouse Centre, South William Street, Dublin 2, Tel.: (01)6794203. Empfehlenswertes, preiswertes Fisch-Selbstbedienungsrestaurant. Spezialität: Fish chowder. Mo–Sa 9.30 bis 18 Uhr

QV2 Restaurant, 14–15 St Andrew Street, Dublin 2, Tel.: (01)6773363. Schickes, auf Fisch, Ente und Lamm spezialisiertes Restaurant. Lunch: Mo–Sa 12 bis 15, Dinner 18 bis 24.30 Uhr

The Commons Restaurant, Newmann House, 85 St Stephen's Green, Dublin 2, Tel.: (01)4780530. Exklusives Restaurant (europäische Küche) in eleganter, historischer Umgebung. Lunch: Mo–Fr 12.30 bis 14.15, Dinner: Mo–Sa 19 bis 22.15 Uhr

Co. Cork: *Café Paradiso,* 16 Lancaster Quay, Western Road, Cork. Vegetarisches Restaurant. Tel.: (021)277939, Di–Sa 10.30–22.30, Lunch 12.30–15 Uhr, Dinner ab 18.30.

Co. Down: *The Yellow Door,* Gilford, Tel.: (01762)831543, Di–Sa 12–15, Di–So 19–22.30; Lunch 11,50 IRP, Dinner 20–25 IRP

Co. Galway: *Kirwan's Lane Creative Cuisine,* Kirwan's Lane, Galway, Tel.: (091)568266, Mo–Sa Lunch und Dinner

Nimmo's, Spanish Arch, Galway, Tel.: (091) 563565, Mo–Sa Dinner

Moran's Oyster Cottage, The Weir, Kilcolgan, Tel.: (091)96113, 96083

Co. Tyrone: *Mellon Country Inn,* 134 Beltany Road, Castletown, Tel.: (01662)661224 Lunch vom reichhaltigen Büfett, Dinner à la carte. Mo–Sa 10.30–23.30, Di 12 bis 20.30 Uhr

Co. Waterford: *Carrigahilla House and Gardens,* Stradbally, Tel. (051)293127. Exzellentes Essen in schöner Gartenanlage eines ehemaligen Konventgebäudes.

The Tannery, Quay Street, Dungarvan, Tel.: (058)5420, Di–Sa 12–14.15, 18.30–22, Fr u. Sa bis 22.30. Beispielhaft für moderne irische Küche; örtliche Käsesorten (Ring, Knockanore, Ardsallagh) ausprobieren!

Co. Wicklow: *Avoca Handweavers,* Kilmacanogue (bei Bray), Tel.: (01)2867466, 2866295. – Vorzügliches Selbstbedienungsrestaurant. Mo–Fr 9.30 bis 17.30, Sa u. So ab 10 Uhr. Weitere Filialen in Avoca Village, Co. Wicklow; Bunratty, Co. Clare, Letterfrack, Co. Galway, Moll's Gap, Co. Kerry

Schlösser, Gärten, Herrensitze

Burgen und befestigte Herrensitze (*strong houses*) s. »Burgen und Festungen«

Co. Antrim: *Antrim Castle Gardens,* Antrim, Tel.: (01849)460360. Englisch-holländischer Wassergarten des 17. Jahrhunderts

Co. Armagh: *Ardress House,* Annaghmore, Tel.: (01762)851236

The Argory, Derrycaw Road, Moy, Dungannon, Tel.: (018687)84753

Co. Cork: *Annes Grove Gardens,* Castletownroche, Tel.: (022)26145

Bantry House & Gardens, Bantry, Tel.: (027) 50047

Creagh Gardens, Skibbereen, Tel.: (028)22121

Fota Wildlife Park and Arboretum, Carrigtwohill, Tel.: (021)812678, 812736

Ilnacullin (Garinish Island), Glengarriff, Tel.: (027)63040

Timoleague Castle Gardens, Bandon, Tel.: (023)46116

Co. Donegal: *Glebe House & Gallery* s. »Galerien«

Co. Down: *Castle Ward,* Strangford, Tel.: (01396)881204. Park u. Gutsgelände bis Einbruch der Dunkelheit geöffnet; Führung Apr.–Okt.
Mount Stewart House & Gardens, Newtownards, Tel.: (0124774)88387, 88487. – Apr.–Okt.; Führung; Restaurant
Rowallane, Saintfield, Tel.: (01238)510131. – Apr.–Okt. tägl., sonst werktags.
Co. Dublin: *Ardgillan Castle and Park,* Balbriggan, Tel.: (01)8727777. Führung durch Herrensitz (1738), Park, Rosen- u. Kräutergarten 10 Uhr bis Einbruch der Dunkelheit
Casino Marino, an der Malahide Road, Dublin 3, Tel.: (01)8331618
Fernhill Gardens, Enniskerry Road, Sandyford, Tel.: (01)29560000. Stein- u. Wassergarten, Park
Howth Castle Gardens, Howth, Dublin 13, Tel.: (01)8322624. 8 Uhr bis Einbruch der Dunkelheit
The Iveagh Gardens, südlich von St Stephen's Green zwischen Harcourt Street und Earlsfort Terrace, Tel.: (01)4757816. Ab 8, So 10 Uhr bis Einbruch der Dunkelheit
Malahide Castle & Gardens, Malahide, Tel.: (01)8462184, 8462516. Park ganzjährig zugänglich
Newbridge Demesne, Donabate, Tel.: (01)8436534, 8436535. Herrensitz (1737), *Museum of Curiosities,* Gutshof u. Park
Co. Fermanagh: *Castle Archdale Country Park,* Kesh, Tel.: (013656)21333, 21588
Castle Coole, Enniskillen, Tel.: (01365)322690; April–Sept.
Crom Estate, Newtownbutler, Tel.: (013657) 38174, 38118. Gut u. Besucherzentrum April–Sept., Mo–Sa, So nur nachmittags
Florence Court House, Marble Arch, Tel.: (01365)348249, 348788. Führungen Apr.–Sept.; *Florencecourt Forest Park* Tel.: (01365) 348497; ganzjährig geöffnet
Co. Kerry: *Derreen Woodland Gardens,* Lauragh, Killarney, Tel.: (064)83103. Imbiß
Derrynane House & National Historic Park, Caherdaniel, Tel.: (066)75113

Dunloe Castle Hotel Gardens, Beaufort, Killarney, Tel.: (064)31900
Muckross House, Gardens & Traditional Farms, Killarney, Tel.: (064)31440
Co. Kildare: *Castletown,* Celbridge, Tel.: (01)6288252
The Japanese Gardens, Tully, Tel.: (045)21251
Co. Kilkenny: *Kilkenny Castle,* Kilkenny; Tel.: (056)21450
Co. Laois: *Emo Court and Gardens,* Emo, Tel.: (0502)26110. Gärten ganzjährig 10.30 bis 17 Uhr
Co. Leitrim: *Lough Rynn Estate,* Mohill, Tel.: (078)31427
Co. Limerick: *Glin Castle,* Glin, Tel.: (068) 34112
Co. Mayo: *Westport House,* Westport, Tel.: (098)25141. Führungen im Herrenhaus; Zoo für Kinder
Co. Meath: *Butterstream Gardens,* Trim, (046)61159
Co. Offaly: *Birr Castle Demesne,* Tel.: (0509) 20556. Gartenanlagen u. restauriertes Riesenteleskop
Co. Roscommon: *Clonalis House,* Castlerea, Tel.: (0907)20014; Führung
Strokestown Park House and Famine Museum, Strokestown, Tel.: (078)33013. Herrensitz, Park, sozialgeschichtliches Museum, Restaurant
Co. Sligo: *Lissadell House,* Drumcliff, Tel.: (071)63150
Co. Tipperary: *Swiss Cottage,* Cahir, Tel.: (052)41144
Co. Waterford: *Lismore Castle Gardens,* Lismore, Tel.: (058)54424
Co. Westmeath: *Tullynally Castle & Gardens,* Castlepollard, Tel.: (044)61856. Schloßführung, Garten u. Park (Anfang 19. Jh.). Tägl. 14–18 Uhr
Co. Wexford: *The Irish Agricultural Museum & Johnstown Castle Gardens,* Murntown, Tel.: (053)42004
Co. Wicklow: *Avondale,* Rathdrum, Tel.: (0404)4611
Kil(l)ruddery Gardens, Bray, Tel.: (01)2863405, 28627777. Mai, Juni, Sept. tägl. 13 – 17 Uhr

Mount Usher Gardens, Ashford, Tel.: (0404) 40205, 40116. 17. März – 31. Okt. tägl. 10.30–18 Uhr
Powerscourt Gardens, Enniskerry, Tel.: (01)2867676. Mitte März–Ende Okt. tägl. 9.30–17.30 Uhr. Wasserfall ganzjährig von 10.30 bis 19 Uhr zugänglich
Russborough House, Blessington, Tel.: (045) 865239

Segeln

besitzt in Irland eine lange Tradition: 1720 wurde in Cork der älteste Jachtklub der Welt gegründet. Entsprechend zahlreich sind die Segelzentren und -schulen an der Atlantikküste oder der Irischen See, auch einige Binnengewässer eignen sich zum Segeln. Seetüchtige Jachten müssen jeweils beim Hafenmeister angemeldet werden. Beim Anlaufen des ersten Hafens wird die »Q«-Flagge gesetzt. Auskünfte erteilen die Fremdenverkehrszentralen.

Sport

»Irische« Sportarten lassen sich in gälische und von der anglo-irischen Oberschicht importierte (Golf, Polo, Tennis) unterteilen. Zu den gälischen Sportarten gehören *hurling,* ein mit Eschenholzschlägern betriebenes, hockeyartiges Rasenspiel mit Spielergruppen von 15 Mann, sowie *gaelic football,* mit Bein- und Handeinsatz. Windhund- (*greyhound racing*) und Pferderennen (*races*) bilden beliebte passive »Sport«arten.
Zu sonstigen sportlichen Aktivitäten s. unter »Angeln, Golf, Reiten, Radfahren, Segeln, Surfen, Tennis und Wandern«

Sprachkurse

Englischkurse in Irland sind oft preiswerter als in Großbritannien und werden ganzjährig für Jugendliche ebenso wie für Manager angeboten, für Anfänger und Fortgeschrittene, als In-

tensivkurse oder gemächlicher. Ein Verzeichnis der vom irischen Kultusministerium anerkannten Sprachenschulen kann bei der Fremdenverkehrszentrale angefordert werden. Im Sommer werden außerdem Irischsprachkurse angeboten, ebenfalls für Einsteiger und Fortgeschrittene. Auskunft und Anmeldung: University College Galway, Administrative Director, Summer School Office, Galway, Co. Galway, Tel.: (0035391) 24411, Fax: (0035391)25051

Stadtrundfahrten

Belfast: *Belfast City Tours,* Busrundfahrten mit mehrsprachigen Erläuterungen, Dauer 3,5 Stunden; im Sommer Di–Do um 14 Uhr, Abfahrt Castle Place, Tel.: (01232)246485
Dublin: *Dublin Bus,* 59 Upper O'Connell Street, Dublin 1, Tel.: (01)8734222 Stadtrundfahrten im Doppeldecker (oben offen); außerdem *Heritage Trail of Dublin City* (stündl. Abfahrt); diese Fahrt kann beliebig oft für Besichtigungen unterbrochen werden. *Passenger Boat Trips,* Tel.: (01)2989710 Einstündige Bootsfahrt auf dem Grand Canal ab Portobello Harbour

Stadtrundgänge

Immer mehr Städte bieten, zumindest im Sommer, geführte Rundgänge an (derzeit Belfast, Ballymena, Cork, Derry, Dublin, Enniskillen, Galway, Kilkenny, Sligo, Waterford, Wexford, Youghal). Treffpunkt und Beginn teilen die örtlichen Filialen von Bord Fáilte mit.
Dublin: Besonders großes Angebot (4–6 IRP/ Pers., jeweils etwa 2 Std.):
Das Bewley's Cafe Museum (Grafton Street) ist Treffpunkt der Dublin *Footstepps Mediaeval Walk* und *Georgian/Literary Walking Tour,* an wechselnden Wochentagen jeweils um 11 Uhr
Jameson Dublin Literary Pub Crawl bietet Lesungen in sechs Pubs, die als Treffpunkte der Bohème oder Romanschauplätze in die Literaturgeschichte eingingen. Tägl. um 19.30,

411

So um 12 Uhr. Buchung Informationsbüros oder Tel.: (003531)4540228
Musical Pub Crawl, Mai–26. Okt. 19.30 Uhr (außer Fr). Treffpunkt: Oliver St John Gogarty's, Temple Bar. Voranmeldung für Gruppen: (003531)4780191, Fax: 4780191
Historical Walking Tours of Dublin, Mitte Mai bis Mitte Sept. um 11, 12 u. 15, So auch um 14 Uhr. Treffpunkt: Haupteingang des Trinity College, Tel.: (01)8450241
James Joyce Walking Tour, 14.30 Uhr, Sa u. So auf Anfrage. Buchung und Auskunft (01)8731983, 8788547
Walking Tours of Old Dublin, So um 14 Uhr, Treffpunkt Christ Church Cathedral, Haupteingang. Tel.: (01)4533423, 4532407

Stromspannung

220 Volt, aber meist dreipolige Steckdosen. Zwischenstecker bzw. Frequenzumrichter *(adapter)* mitbringen oder in irischen Haushaltswarengeschäften kaufen. In Nordirland beträgt die Stromspannung 240 Volt.

Surfen

Windsurfen ist praktisch überall möglich, es bestehen verschiedene Windsurfschulen (bisweilen an Segelschulen angeschlossen). Auskünfte: Irish Windsurfing Association, 3 Park Road, Dun Laoghaire, Tel.: (01)2800239

Taxi

In allen größeren Ortschaften vorhanden. Der Mindestfahrpreis liegt bei IRP 1,80, jede zusätzliche Meile oder 9 Minuten kosten 75 p. (gültig für Dublin, Cork oder Galway), jeder zusätzliche Fahrgast oder Gepäckstück 40 p. Preisbeispiele: Flughafen Dublin-Innenstadt: IRP 10, Flughafen Shannon-Limerick: IRP 16, Flughafen Cork-Innenstadt IRP 7. In Belfast finden Sie an den Bahn- und Busbahnhöfen sowie am Rathaus die *black taxis.* Ist kein Zähler vorhanden, sollten Sie den Fahrpreis vor Abfahrt festlegen.

Telefonieren

in öffentlichen Telefonzellen, als Münz- oder Kartentelefone *(payphone, cardphone),* in Nordirland zunehmend auch mit den preiswerteren Mercury-Telefonen. Ein Anruf nach Deutschland, Österreich oder in die Schweiz kostet ca. 1 IRP/Min. In Nordirland ist der Anruf von einem Privatanschluß günstiger als von einer öffentlichen Zelle, die Gebühreneinheit für ein Ortsgespräch kostet 10 p.

Durchwahl von Irland (Republik und Nordirland)

nach Deutschland	0049
nach Österreich	0043
in die Schweiz	0041

Danach die erste Null vor der Ortsvorwahl auslassen.
R-Gespräche in der Republik Irland nur über Fernamt (Rufnummer 10 national, Rufnummer 1140 international). Kostengünstigste Zeit zum Telefonieren: nach 18 Uhr sowie am Wochenende.
Telefonauskunft: 1190 (für Inland und Großbritannien), 1197 (Ausland). Von Nordirland R-Gespräche ins Ausland nur über die internationale Vermittlung von British Telecom (1800890049).
Kostengünstigste Zeit: von 18 bis 8 Uhr

Durchwahl nach Irland

Republik Irland:	00353
Nordirland:	00441

Die erste Null bei den Vorwahlnummern entfällt beim Auslandsgespräch.

Tennis

Auskünfte: Tennis Ireland, Argyle Square, Morehampton Road, Dublin 4, Fax: (01)6681841

Theater

Im Sommer auch Tourneen professioneller und Laienspielgruppen, letztere eine weit verbreitete Erscheinung im irischen Kulturleben. Theater sind sonntags geschlossen, Karten

meist nur als Kreditkartenbuchungen vorzu-
bestellen.
Belfast: *Arts Theatre,* Botanic Avenue, Tel.:
(01232)316900. Beliebte Produktionen
Lyric Theatre, Ridgeway Street, Tel.: (01232)
381081. Stücke aus u. über Irland, neue Stük-
ke, internationales Repertoire
Old Museum, College Square, Tel.: (01232)
235053. Experimentelles Theater, neue Pro-
duktionen
Dublin: *Abbey Theatre,* Lower Abbey Street,
Dublin 1, Tel.: (01)8787222. Moderne und
klassische Stücke
Eblana Theatre, Store Street, Dublin 1, Tel.:
(01)8670007. Zeitgenössische Stücke
Gate Theatre, 1 Cavendish Row, Parnell
Square, Dublin 2, Tel.: (01)8744045
Internationale Klassiker, irische Komödien
Peacock Theatre, Lower Abbey Street, Du-
blin 1, Tel.: (01)8787222. Experimentelles
Theater, Matineen
Projects Arts Centre s. Galerien
Galway: *Druid Theatre,* Church Lane, Tel.:
(091)568617
Tralee: *Siamsa Tíre Theatre and Art Centre,*
Godfrey Place, Karten Tel.: (066)23055

Umwelt

Folgende Organisationen informieren über
Probleme des Natur- und Umweltschutzes und
Möglichkeiten aktiver Hilfe wie den in im-
mer mehr Küstenorten üblichen beach-clean-
ups. Jeder Helfer ist beim Einsammeln des
Mülls und der Angelschnüre willkommen!
An Taisce (The National Trust for Ireland)
Tailor's Hall, Back Lane, Dublin 8
Führende unabhängige Umweltorganisation
Irlands, 1946 gegründet, 22 Regionalgruppen
ENFO (The Environmental Information Ser-
vice); 17 St Andrew Street; Dublin 2
Informationsdienst des Umweltministeriums
mit Wechselausstellungen u. Bibliothek
Northern Ireland Environmental Link; 47a
Botanic Avenue; Belfast BZ7 1JL, (Forum
unabhängiger nordirischer Umweltinitiativen)

Earthwatch; 1 Harbour View; Bantry, Co.
Cork; Tel.:(027)50968
Organisiert auch Freiwilligeneinsätze, an de-
nen sich ausländische Besucher beteiligen
können. Langfristige Voranmeldung erbeten.
Anmeldung zu Arbeitsaufenthalten in den Na-
tionalparks von Killarney und Glenveagh (Juli,
August) bei Groundwork, Irish Conservation
Volunteers, c/o The Irish Wildlife Federation,
The Conservation Centre, 132 A East Wall Road,
Dublin 3, Tel.: (01)366821

Unfall

Bei Personenschäden sofort die Polizei benachrichtigen (Notruf 999), bei allen Unfällen die
Personalien und sonstigen notwendigen Daten mit den anderen Unfallbeteiligten aus-
tauschen, außerdem die eigene Versicherung
baldmöglichst benachrichtigen. S. »Pannen«

Vegetarier

Selbstversorger finden *healthfood* oder
wholefood shops, vergleichbar deutschen Reformhäusern oder Bio-Läden, nur in größeren Orten. Buchtip: McKenna, John & Sally:
Vegetarian Guide to Ireland. Dublin: Estra-
gon Press, 1996

Veranstaltungen

entnimmt man der Rubrik *Whats on Today* in
der *Irish Times* (gilt für ganz Irland), der Lokal-
oder Regionalpresse sowie den Fremdenverkehrs-
büros. Für die Sommerzeit sind Gemeindefeste,
Literaturseminare und Wettbewerbe traditioneller
Musik kennzeichnend. Folgende Ereignisse bil-
den einen festen Bestandteil des irischen Kul-
tur- und Gesellschaftslebens:
Februar: *Ulster Harp National,* Downpatrick
(Co. Down)
City of Derry Drama Festival, Derry
März: *Steeplechasing Festival,* Punchestown
(Co. Kildare): 3tägiges Hindernisrennen
Exhibition of Visual Art (EV+A), City Gallery

of Art (u.a.), Limerick (Irlands größte Ausstellung bildender Kunst)
Ostermontag und Di nach Ostern: *The Irish Grand National,* Fairyhouse Racecourse, Ratoath (Co. Meath); Tel.: 256167
April: *Cúirt,* Galway: Internationales Literaturfestival
April/Mai: *Cork International Choral and Folk Dance Festival,* Cork
Mai/Juni: *Wicklow Gardens Festival.* Mehr als 50 Gärten und Veranstaltungen (Blumenfeste, sonst nicht zugängliche Privatgärten) stehen im Angebot. Auskunft: Wicklow County Tourism, St Manntan's House, Kilmantin Hill, Wicklow, Tel.: (0404)66058/9, Fax: 66057
Juni: *The Music Festival in Great Irish Houses:* In- und ausländische Künstler spielen klassische Werke in Landsitzen, die teilweise sonst der Öffentlichkeit nicht zugänglich sind; eines der führenden Kulturereignisse; Auskunft Box Office, Tel.: (01)6709266
Fiddle Stone Festival, Belleek (Co. Fermanagh)
16. Juni: *Bloomsday,* Dublin (szenische Lesungen, Vorträge, Feiern zur Erinnerung an die Handlungszeit u. den Haupthelden des *Ulysses,* beginnend in Sandycove, Martello Tower). Auskunft: James Joyce Cultural Centre, Tel.: (01)8788547
Mitte Juni: *Fleadh Amhrán agus Rince* (Festival irischer Tänze u. Musik), Ballycastle (Co. Antrim)
Feis na nGleann (The Irish Festival), Glenariff (Co. Antrim): Sport (hurling, camogie), Musik, Tanz, Literatur u. Kunsthandwerk
letzter Juni- oder erster Julisonntag: *Budweiser Irish Derby,* The Curragh (Co. Kildare), Tel.: (045)41205 oder (01)892888
Juli: *Galway Arts Festival,* Galway: Straßentheater, Musik, Kunstausstellungen. Auskunft: Web site http://www.failte.com/gaf/, email: gaf@iol.ie
Ulster Harp Lager Derby (bedeutendstes Pferderennen Nordirlands),
Ende Juli: *Mary from Dunglow Festival,* Dunglow (Co. Donegal)

Ende Juli oder Anfang August (je nach den Gezeiten): *Laytown Races,* am Strand von Laytown (Co. Meath)
Juli oder August: *Ballyshannon International Folk Festival,* Ballyshannon (Co.Donegal)
Ende Juli/Anfang August (oder Sept.): *Galway Race Week,* Ballybrit (Co. Galway); Auskunft Racing Board, Tel.: (01)2892888
Anfang August: *Cruinniú na mBád (Galway Hooker Festival),* Kinvara (Co. Galway), Tel.: (094)22077
August: *Kerrygold Dublin Horse Show,* RDS, Ballsbridge (Dublin 4): Vorführungen ausgesuchter Zuchtpferde, Spring- und Rennveranstaltungen; eines der größten Gesellschaftsereignisse Irlands
Connemara Pony Show, Clifden (Co. Galway)
Puck Fair, Killorglin (Co. Kerry)
Yeats International Summer School, Sligo
Sligo 750 Traditional Music Festival
letzte Augustwoche: *Rose of Tralee International Festival,* Tralee (Co. Kerry)
letzte Augustwoche: *Ould Lammas Fair,* Ballycastle (Co. Antrim)
Ende August:*Fleadh Ceoil na hÉireann:* dreitägiges Festival traditioneller Musik, Lieder und Tänze, jährlich in einer anderen Stadt ausgerichtet. Auskunft: Comhaltas Ceoltóiri Éireann, Culturlann na hÉireannn, 32 Belgrave Square, Monkstown, Co. Dublin, Tel.: (01) 2800295
September: *Clarinbridge Oyster Festival,* Clarinbridge (Co. Galway)
All Ireland Hurling Final, Croke Park, Dublin 3
Waterford International Light Opera Festival (Operettenfestival mit Amateurmusikern), Theatre Royal, Waterford
Mitte September: *Harvest Time Jazz and Blues Festival,* Monaghan
Ende September: *Galway International Oyster Festival*
September oder Anfang Oktober: *Irish Life Dublin Theatre Festival* (zwei Wochen Theater)
Oktober: *Ballinasloe International October Fair and Festival,* Ballinasloe (Co. Galway), einer der ältesten Pferdemärkte Europas

414

Cork International Film Festival, Cork
Guinness Cork Jazz Festival, Cork: Das wichtigste Jazzereignis des Jahres
International Gourmet Festival, Kinsale (Co. Cork)
Oktober bis Mitte November: *Wexford Opera Festival,* Theatre Royal, Wexford (Irlands größtes Opernereignis), Tel.: (053)22144, Fax: (053)24289
November: *Belfast Festival at Queen's,* Queen's University, Belfast: Nordirlands bedeutendstes Kulturereignis (Theater, Ballett, Kino, Konzerte aller Art)

Visum

s. »Paß«

Wallfahrten und Patronatsfeste

Ganzjährig: *Our Lady's Shrine,* Knock (Co. Mayo): Marienheiligtum
11. Februar u. Pfingstmontag: *Turas Ghobhnait* (Prozession und Gottesdienst zu Ehren der hl. Gobnait), Baile Bhuirne (Ballyvourney; Co. Cork)
6. Juni: *Turas Cholm Cille* (Prozession zu Ehren des hl. Columcille), Glencolumbkille (Co. Donegal)
14. Juni: *Féile Chaomháin,* Inis Oírr (Inishere; Co. Galway); Patronatsfest des hl. Caomhán
16. Juli: *Féile Mhic Dara*: Inselpilgerfahrt und Regatta, Carna (Co. Galway)
letzter Julisonntag: Bergwallfahrt zum Croagh Patrick, bei Westport (Co. Mayo)
24. Juli: *Turas Déagláin* (Prozession zu Ehren des hl. Declan), Ardmore, Co. Waterford
Maria Himmelfahrt (August): *Ancient Order of Hibernian's Parades* (katholische Umzüge und Prozessionen in Nordirland)
2. Augustwoche: *Our Lady's Island Pilgrimage,* Co. Wexford
Anfang Oktober (1. Sonntag nach dem 25. Sept.): *Gougane Sunday,* Wallfahrt zu Ehren des hl. Finnbarr

Wandern

Erst 1978 wurde der nationale Sportverband *Long Distance Walking Routes Committee, National Sports Council (Cospóir)* gegründet, der seither 31 Fernwanderwege entworfen hat (Anschrift: Hawkins House, Hawkins St, Dublin 2, Tel.: (01)8734700). 17 davon sind ausgeschildert, 2 in Vorbereitung (es existieren Karten), die übrigen befinden sich in der Planung. In Nordirland nähere Informationen über: Ulster Federation of Rambling Clubs, 27 Slievegallion Drive, Belfast BT 11 8JN, Tel.: (01232)624289 (abends).
Auskünfte über Bergwandern:
Mountaineering Council of Ireland; House of Sports, Longmile Road; Dublin 12, Co. Dublin; Tel.: (01)4509845, Fax: 4502805

Werksbesichtigungen

Co. Cavan: *Cavan Crystal,* Cavan, Tel.: (049) 31800
Co. Fermanagh: *Belleek Pottery Ltd,* Belleek, Tel.: (013656)58501. – Firmenmuseum und regionalgeschichtliche Ausstellung »Explore Erne«
Co. Tyrone: *Tyrone Crystal,* Dungannon, Tel.: (01868)725335. – Führung Mo–Sa außer Fr, Café, Verkaufsraum
Co. Waterford: *Waterford Crystal Factory,* Cork Road, Waterford, Tel.: (051)73311
Co. Wicklow: *Avoca Handweavers,* Kilmacanagoue, Avoca, Tel.: (01)2867466

Zeitungen

Deutschsprachige Zeitungen und Zeitschriften erhalten Sie beim *newsagent* in allen größeren Orten oder touristischen Regionen. Wenn Sie aber Irland besser kennenlernen wollen, sollten Sie zu einem der etwa 100 Regional- oder Lokalblätter greifen. Die liberale *Irish Times* ist die anspruchsvollste der fünf *national papers,* mit einer akzeptablen Auslandsberichterstattung und sehr viel Inland (auch in Nordirland erhältlich)

Zeitunterschied

In Irland stellt man die Uhren im Verhältnis zur Mitteleuropäischen Zeit eine Stunde zurück. Seit 1996 ist die Sommerzeit auf den in Kontinentaleuropa gültigen Zeitraum abgestimmt.

»Zigeunerwagen«

Irlands Fahrende (*travellers*) sind längst auf Wohnwagen umgestiegen, nur ausländische Touristen amüsieren sich in den komfortablen Nachbauten echter *barrel top waggons*. Voraussetzung: Zahlung einer Kaution an den Vermieter von Wagen und Pferd, Tagesetappen nicht über 10 bis 15 km.

Zoll

Angehörige von Nicht-EU-Staaten (einschließlich Schweiz und Österreich) dürfen bis zu 200 Zigaretten (wahlweise 100 Zigarillos, 50 Zigarren, 250 gr. Tabak) einführen, ferner 1 Ltr. Spirituosen (wahlweise 2 Litr. Sherry oder Wein), 50 gr. Parfüm oder 0,25 Ltr. Eau de Cologne. Deutsche dürfen für den persönlichen Gebrauch bis zu 800 Zigaretten, 400 Zigarillos, 200 Zigarren, 1 Kilo Tabak, 10 Ltr. Spirituosen oder 55 Ltr. Bier mitnehmen. Verboten in ganz Irland: Die Einfuhr von Waffen aller Art, frischen Lebensmitteln (Fleisch, Geflügel, Molkereiprodukte) und Pflanzen. Konserven können eingeführt werden.

Zoologische Gärten

Belfast Zoo, Antrim Road, Cave Hill; Tel.: (01232)776277. 10 bis 17, Fr bis 14.30 Uhr; Restaurant
Dublin Zoo, Phoenix Park, Dublin 2, Tel.: (01)6771425

■ Kleiner Sprachführer Irisch und Irisches Englisch

abbey - Sammelbegriff für Klöster und Klosterkirchen aller Art

An Lár -»Stadtzentrum«; Richtungshinweis an Dubliner Bussen

Aoine Chrom Dubh - Freitag des Schwarzen Crom (Ende Juli); oft mit Bergwallfahrten verbundenes Vorerntefest

Beltaine (neuir. Bealtaine) - keltisches Frühjahrsfest; Maifest (1. Mai), der Monat Mai

beann (bhinn; engl. ben, pin) - Spitze, Gipfel (eines Berges)

bog - weich; Sumpf- oder Moorgebiet; im englischen Slang Toilette

borín (engl. boreen; »green road«) - ungepflasterter Weg zwischen den Weiden

bróg (engl. brogue) - Schuh; irische Mundart; mit Irisch durchsetztes Englisch

castle - Sammelbegriff für Burgen, Schlösser und Herrensitze

cathedral - Sammelbegriff für alle großräumigen Kirchen, nicht nur Bischofskirchen

céilidh (»kählie«; Mz. céilithe) - traditioneller bzw. Volkstanz; Tanzabend

cnoc (»nock«) - Berg, Hügel, Anhöhe

craic (engl. crack) - Spaß, Vergnügen

Dáil Éireann (»Deul Ärinn«) - Unter- bzw. Abgeordnetenhaus des irischen Parlaments

Dainséar! - Gefahr! (Verkehrsschild in irischsprachigen Gebieten)

Domhnach Chrom Dubh - Sonntag des Schwarzen Chrom; Vorerntefest (auch »Garland« oder »Bilberry Sunday«)

eaglais (»äglisch«) - Kirche

famine - Hungersnot

feis (»fehsch«; Mz. feisanna) - Inaugurationsbzw. königliches Fest; heute Wettbewerbe für Sport, Volksmusik und -tanz

féile - Patronatsfest (Sterbetag) eines Heiligen (s. Pattern Day); Festtag

fionn (»finn«) - weiß, hell, blond, hübsch

fir - Männer (Aufschrift auf öffentlichen Toiletten)

fleadh (»flah«; Mz. fleadhanna) - irisches Volksmusikfest

fulacht fiadh (fian) - gemeinschaftlich benutzte Kochstelle zur Fleischzubereitung

gaeltacht (»gähltacht«; Mz. gaeltachtaí) - irisches Sprachgebiet

Garda Síochána - »Friedenswache«; Polizei der Republik Irland

garda (Mz. gardaí - »gardie« - Polizist

Géill Slí! - Vorfahrt beachten!

gleann (engl. glen) - (Hoch)Tal

leprechán (Mz. leprecháin; engl. leprechaun) - Kobold; Erdgeist

loch (engl. lough) - (Binnen)See, Meeresarm

lúgnasa (mittelir. lúgnasad; auch lughnasa) - keltisches Sommer- und Vorerntefest (1. August), benannt nach dem Sturm und Wettergott Lug; in christlicher Zeit auch am ersten Augustsonntag (»Blackberry Sunday«

mac (Mz. míc) - Sohn, Abkömmling

mná - Frauen (Aufschrift auf öffentlichen Toiletten)

mór - groß, großartig

North (»the North«) - »Norden« heißt Nordirland in der Republik Irland, dort selbst »the Province« oder »Ulster«

Ó (mittelir. Ua; Mz. Uí) - Enkel; abstammend von ... (in Verbindung mit Familiennamen; bei Frauen: ní)

óg - jung

oifig - Büro, Amt

oireachtas - Versammlung; 1. jährlich abgehaltenes Festival irischer Kunst (Musik, Tanz, Dichtung, Schauspiel, Malerei); 2. irisches Nationalparlament

pattern day (ir. pátrún) - Patronatsfest am überlieferten Sterbetag eines Heiligen, meist in Verbindung mit Wallfahrten

poitín (engl. poteen) - »Töpfchen«; Schnaps

práta (Mz. prátaí; engl. praties) - Kartoffel(n)

rí - König

seanchaí - Erzähler von Überlieferungen und Geschichten (meist in irischer Sprache)

seisiúin (engl. session) - Musikveranstaltung ohne festes Programm

shebeen - illegale Verkaufsstätte von poitín

sliabh (»schlief«; engl. slieve) - Berg(land), Moorgebiet

tánaist(e) - Nachfolger und Stellvertreter eines gälisches Stammesherrschers; Außenminister

taoiseach (Mz. taoisigh; sprich »tieschoch«)) - Häuptling; Premierminister

teach (»tschech«) - Haus

teilifís (»tschelifisch«) - Fernsehen

tír - Land, Herrschaftsgebiet

tobar (engl. tober) - Quelle, Brunnen (meist heilige Quellen)

trá(igh) - Strand
turas - Reise; Wallfahrt zur Ehren eines
keltischen Heiligen
uachtarán - (Staats-) Präsident
wee - klein

■ Glossar

Alignement - bronzezeitliche Steinreihe

Anten (lat. Antae; Ez.: Anta) - Verlängerung der
Längswände über das Giebelende hinaus

Archivolte(n) - plastisch gestalteter Bogenlauf
im romanischen oder gotischen Gewände-
(Stufen-)portal

Ascendancy - bis Ende des 19. Jhs. staats-
tragende Schicht der Nachkommen
englischer Soldaten, Beamter und Siedler;
anglikanische Gutsbesitzerschicht

bailey - s. Motte-mit-Bailey-Festung

bawn (ir. badhún; bó-daingean - »Kuhfestung«)
- Mauergeschützte Umfriedung für das Vieh

brehon-Gesetze (von ir. breth - »Urteil«) - bis
zum 17. Jahrhundert gültiges irisches
Gewohnheitsrecht

bullán (engl. bullaun) - steinerne Schalen-
mühle, oft mit natürlicher Vertiefung

cairn (carn) - (Stein)Haufen, Tumulus über
neolithischen und bronzezeitlichen
Gräbern

caiseal (engl. cashel, von lat. castellum) -
eisenzeitliche Steinwallanlage aus Trockenmauerwerk

cathair (engl. cahir, caher) - s. caiseal

céli dé (engl. culdee) - »Knechte Gottes«;
reformatorische iro-keltische Kloster-
bewegung an der Wende des 8. zum 9. Jh.

clochán (Mz. clocháin) - kleines Wohn- oder
Wirtschaftsgebäude aus Trockenmauerwerk
auf rundem oder ovalem, bisweilen
rechteckigem Grundriß, überdeckt von
einem Scheingewölbe

columbarium - Taubenschlag in mittelalterlichen Klöstern

crannóg (»Baum«) - Pfahlbauinsel

cromlech (Kromlech) - bronzezeitlicher Ritual-
Steinkreis

currach (engl. curragh) - kielloses Segelboot
mit Rudern; aus Spanten gebaut und mit
Leder, später geteertem Segeltuch, heute mit
Fiberglas bespannt

Diamond (»Raute«) - drei- oder rechteckiger
Zentralplatz in Pflanzersiedlungen

Dolmen (bret. »Steintisch«) - veraltet für
Portalgrab; tischförmig gebautes Megalith-
grab mit mindestens 3 Standsteinen und
einem, seltener zwei Decksteinen

Donjon - Burgfried

Dormitorium - Gemeinschaftsschlafsaal in kontinentalen Klöstern (bis 14. Jh.), durchweg im Ostflügel des Konventgebäudes gelegen

Drumlin(s) - bis zu 2 km lange, ovale eiszeitliche Geschiebelehmhügel, bestehend aus einer Grundmoräne, ferner aus Schottern oder älterem (Fels-)Untergrund

dún (Mz. dúin) - mit Erdwall, Hecken oder Mauern umzäuntes keltisches Gehöft oder Siedlung (lat. dunum); in Irland auch synonym für Landzungen- oder Hügelwallanlage

Esker - eiszeitliche Wallberge(-hügel) aus geschichtetem Sand oder Kies, hervorgerufen durch intra- oder subglaziale Schmelzwasseraufschüttungen

filid (Ez. fili; später filí, Ez. file) - gelehrte Dichter; höchster Rang der gälischen Gelehrtenkaste

gallán (Mz. galláin) - einzeln oder paarweise während der Bronzezeit gesetzte Standsteine, bisweilen mit einem Loch

Hiberno-Romanik - von 1135-1200 auftretende irische Spielart der Romanik

keep - Burgfried; oft synonym für Wohnturm

leabaí (»Betten«, »Lager«; Ez. leaba; engl. labba) - Freialtäre über dem (Schein-)Grab eines keltischen Heiligen, später als Bußstationen in Prozessionen einbezogen

Martello-Turm - Küstengeschützturm; in Irland Anfang des 19. Jhs.

Menhir (walis. »Langstein«) - meist unbehauener, einzeln oder gruppenweise während der Bronzezeit gesetzter Monolith

Motte-mit-Bailey-Burg - früheste normannische Wehrbauten in Irland, bestehend aus dem Burghügel (motte) und einer Umfriedung (bailey) für Ställe und Wohngebäude

National Monument(s) - geschützte Architekturdenkmäler (Republik Irland)

óenach (neuir. aonach) - Versammlung und Jahrmarkt, oft in Verbindung mit keltischen Jahreszeitfesten

ogom (neuir. ogham) - vom 4. bis 8. Jh. benutzte, früheste irische Schrift, die das lateinische Alphabet in ein System von 20 Kerben umsetzt

Oratorium (»Bethaus«; engl. oratory) - vorromanische Eremitenklause oder Pilgerunterkunft; architektonisch der Übergang zwischen einem clochán zur Steinkirche mit rechteckigem Grundriß

pale (of Dublin) - »Palisadensiedlung«; seit 1494 englisches Hoheitsgebiet mit Dublin als Zentrum

paruchia - Gemeinschaft iro-keltischer, auf den selben Gründerheiligen zurückgehender Klöster

penal laws - antikatholische Strafgesetze

plantation - »Pflanzung«; seit dem 16. Jahrhundert durchgeführte Ansiedlung protestantischer Engländer und Schotten

Presbyterium - Chorraum einer Kirche

ráth (Mz. ráith) - wall-, eventuell auch grabenumfriedete Wohnstätte der Eisenzeit

Refektorium - Speisesaal eines Klosters

Sedilia (von lat. sedes - Sitz) - Steinsitze an der Südwand des Presbyteriums, auf denen der zelebrierende Priester, der Diakon sowie Subdiakon während der Messe ausruhen konnten

shebeen - unlizensierter Ausschank

sheila-na-gig - Seit dem 12. Jh. unter dem Einfluß kontinentaler Romanik auftretende groteske weibliche Steinfiguren

souterrain(s) - unterirdische Kammern oder Gänge, meist in keltischen Wallanlagen; dienten als Vorratsräume, Verstecke sowie Fluchtwege

Thosel - aus dem Norwegischen entlehnte Bezeichnung für ein Zollamt; später meist als Rathäuser genutzt

Tourelle - an der Mauer auskragendes, erkerartiges Türmchen

Transept - Querhaus(-schiff) einer kreuzförmigen Kirche

Triskel - Dreierwirbel; für keltische Kunst charakteristisches Ornament

túatha dé Danainn (»Stämme der Göttin Danu«) - mythisches Eroberervolk; Inbegriff für Anderweltbewohner

Tumba - sarkophagartiger Überbau eines Grabes mit Grabplatte

turlough(s) - Trockensee(n) in Karstgebieten

Übergangsstil (engl. transitional style) - Mischstil der (Hiberno-)Romanik mit der englischen Gotik (um 1160-1240)

Urnesstil - über England im 10. Jh. nach Irland vermittelter skandinavischer Stil, benannt nach einer norwegischen Stadt; besonders produktiv an der Wende vom 11. zum 12. Jh.

weepers - »Trauernde«; Figurenreihe auf der Schauseite spätgotischer Grabtumben, meist Heilige, Apostel sowie Krieger

■ ■ ■ ■ ■ ■ ■ ■ ■ ■ ■ ■ ■ ■ ■ ■ ■ ■

■ Zum Nach- und Weiterlesen: Eine Auswahl

Bibliographie

Janeczek, Marc (Hg.): Irland: Die Bibliographie. Trier 1996
Schneider, Jürgen; Sotscheck, Ralf: Irland: eine Bibliographie selbständiger deutschsprachiger Publikationen; 16. Jahrhundert bis 1989. Darmstadt 1990. – 4662 Titel, Kurzbiographien

Reiseberichte und -führer

Bartsch, Volker (Hg.): Irland: Ein Reiselesebuch. Hamburg 1985
Böll, Heinrich: Irisches Tagebuch. Köln 1988
Botheroyd, Sylvia u. Paul F.: Irland: Auf den Spuren der Druiden und Heiligen. München 1990. – Führer zu Stätten iro-keltischen Christentums
Botheroyd, Sylvia: Irland: Mythologie in der Landschaft. Darmstadt/ Moers 1997
Evans, Rosemary: The Visitor's Guide to Northern Ireland. Ashbourne 1987
Freier, Peter u. Ute: Wanderungen in Irland: Graz 1996
Giordano, Ralph: Mein irisches Tagebuch. Köln 1996
Gloaguen, Ph.; Duval, M.: Irland und Nordirland. Freiburg/Br 1996
Gormley, John: The Green Guide to Ireland. Dublin 1990. – Überblick zu irischen Umweltfragen von Dublins erstem »grünen« Bürgermeister
Illustrated Guide to Ireland. (Bearb.: Sandy Shepherd). Berkeley, London 1992.
Hippe, Hannelore: Irische Gespräche: Ein Tagebuch über Land und Leute. Darmstadt/ Moers 1997
Holfter, Gisela: Erlebnis Irland – Deutsche Reiseberichte über Irland im 20. Jahrhundert. Trier 1995
Hüttermann, Armin: Kunst- und Reiseführer Irland. Stuttgart 1993
irland journal, Christian Ludwig Verlag, Dorfstr. 70, 47447 Moers. – Vierteljahreszeitschrift zu Regionen und aktuellem (Kultur-)Leben Irlands

Irlinger, Bernhard: Radtouren in Irland. München 1993. – 60 Touren, vor allem im Westen, ohne Nordirland
ders.: Wanderwege in Irland. München 1992. – 40 Touren, ohne Nordirland
Johann, A.E.: Irland: Insel der Regenbogen. München 1991
Kettler, Wolfgang: Irland per Fahrrad. Berlin 1994
Lalor, Brian: Ultimate Dublin Guide: An A-Z of Everything. Dublin 1991
Maletzke, Elsemarie: Irish Times: Unterwegs in Irland und Schottland. Frankfurt/M. 1996
Oehlke, Andreas: Irland und die Iren in deutschen Reisebeschreibungen des 18. und 19. Jahrhunderts. Frankfurt/M. 1992
Oeser, Hans-Christian; Schneider, Jürgen; Sotscheck, Ralf: Dublin: Reiseführer; Stadt und Kultur. 2., erg. u. erw. Aufl. Darmstadt: Jürgen Häusser; Moers: 1994
ders.: Treffpunkt Irland; ein literarischer Reiseführer. Stuttgart 1996
Potting, Christoph; Weweler, Annette: Irland; ein Reisebuch für den Alltag. Überarb. Neuausg., Reinbek 1990 – Irland ohne Zuckerguß, mit umfangreichem Info-Teil
Rappel, Franz: Irland. Gräfeling 1994
Sotscheck, Ralf; Schneider, Jürgen: Dublin Preiswert: Einkaufen, Unterhaltung, Übernachtung. G. Beckmann,1992 (Interconnections). – Adressbuch mit ausführlichen Angaben
ders.: Gebrauchsanweisung für Irland. München, Zürich 1996
ders.: Ungekürzte Wahrheiten über Irland. Frankfurt/M. 1996
Synge, John Millington: Die Aran-Inseln. Frankfurt/M. 1996
ders.: In Wicklow, West Kerry & Connemara. Frankfurt/M. 1996
Tieger, Gerhild: Irland: Landschaften, Pflanzen- und Tierwelt. Hannover 1987. – Einziger Führer dieser Art, leider vergriffen
Wagner, Margit: Irland. München 1995. – Als einführender Reisebericht fast schon ein »Klassiker«

Geschichte, Landeskunde, Kirche

Beckett, James Camlin: Geschichte Irlands. Stuttgart 1991

Boch, Gudrun: Wo immer Du bist, wird mir Irland sein: Irische Liebespaare. Frankfurt/Main 1996

Bourke, Cormac: Patrick: The Archaeology of a Saint. Belfast: Ulster Museum, 1993

Chambers, Anne: Granuaile: The Life and Times of Grace O'Malley c. 1530–1603. Neuaufl. (Reprint) Dublin: 1991

The Course of Irish History. Ed. by T.W. Moody & F.X. Martin. Rev. and enlarged ed. (Reprint). Dublin 1992

D'Arcy, Mary: The Saints of Ireland: A Chronological Account of the Lives and Works of Ireland's Saints and Missionaries at Home and Abroad. 3. Aufl. St Paul, Minnesota: Irish American Cultural Institute, 1985

Elvert, Jürgen: Geschichte Irlands. München 1993

ders.: Vom Freistaat zur Republik. Bochum 1989

Foster, R.F.: Modern Ireland 1600–1972. London 1988

Jäger, Helmut: Irland, eine geographische Landeskunde. Darmstadt 1990

Lee, J.J.: Ireland 1912–1985: Politics and Society. (Reprint) Cambridge 1992

Lodemann, Jürgen: Lynch und das Glück im Mittelalter. Zürich 1976 (1980; stark veränd. Aufl. 1996)

Montague, H. Patrick: The Saints and Martyrs of Ireland. Gerrads Cross 1981

Morrow, Ann: Picnic in a Foreign Land: The Eccentric Lives of the Anglo-Irish, London 1990

Ní Chatáin, Próinséas; Richter, Manfred: Irland und Europa: Die Kirche im frühen Mittelalter. Stuttgart 1995

O'Brien, Máire and Conor Cruise: A Concise History of Ireland. New York 1972

Richter, Michael: Irland im Mittelalter: Kultur und Geschichte. Stuttgart, Berlin, Köln, Mainz: 1983

Somerville, Alexander: Irlands großer Hunger: Briefe und Reportagen aus Irland während der Hungersnot im Jahre 1847. Hg. Jörg Rademacher. Münster 1996

Tieger, Manfred P.: Irland, die grüne Insel. München 1995

Nordirland (Geschichte, Nordirland-Konflikt)

Bruce, Steve: The Red Hand: Protestant Paramilitaries in Northern Ireland. Oxford; New York 1992

Campbell, Flann: The Dissenting Voice: Protestant Democracy in Ulster from Plantation to Partition. Belfast 1991

Geschichten aus der Geschichte Nordirlands. Übers., erl. u. hg. von Rosaleen O'Neill und Peter Nonnenmacher. Darmstadt, Neuwied 1987

Leistl, Christof: Belfast. München 1996

Murphy, Dervla: A Place Apart. London 1979

Nordirland in Geschichte und Gegenwart/Northern Ireland – Past and Present. Hg. von Jürgen Elvert. Stuttgart 1994 (Historische Mitteilungen der Ranke-Gesellschaft. Beiheft 9.)

Schulze-Marmeling, Dietrich; Sotscheck, Ralf: Der lange Krieg: Macht und Menschen in Nordirland. 2., aktualisierte Aufl. Göttingen 1991

ders. (Hg.): Nordirland: Geschichte, Landschaft, Kultur & Touren. Göttingen: Verlag 1996

Stewart, A.T.Q.: The Narrow Ground: The Roots of Conflict in Ulster. New ed. London, Boston 1989

Tieger, Manfred P.: Nordirland: Geschichte und Gegenwart. Basel, Boston, Stuttgart 1985

Kunst, Archäologie

Brandt-Förster, Bettina: Das irische Hochkreuz: Ursprung, Entwicklung, Gestalt. Frankfurt/M., Berlin, Wien 1980

de Breffny, Brian: Castles of Ireland. (Reprint) London 1992

Brown, Peter: The Book of Kells; Forty-Eight Pages and Details in Colour from the Manuscript in Trinity College, Dublin. (Reprint) London 1985

Craig, Maurice: The Architecture of Ireland from the earliest times to 1880. London: B.T. Batsford; Dublin 1989

Flanagan, Laurence: A Dictionary of Irish Archaeology. Dublin 1992

Harbison, Peter: Guide to the National Monuments in the Republic of Ireland, including a selection of other monuments not in state care. Dublin 1970 ders., Pre-Christian Ireland: From the First Settlers to the Early Celts. London 1988

ders., Pilgrimage in Ireland: The Monuments and the People. London 1991

Henderson, George: From Durrow to Kells: The Insular Gospel-books 650–800. London 1987

Irische Kunst aus drei Jahrtausenden: Thesaurus Hiberniae: Köln: Römisch-Germanisches Museum, Wallraf-Richartz-Museum; Berlin: Staatliche Museen Preußischer Kulturbesitz, 1983

Historic Monuments of Northern Ireland: An Introduction and Guide. 6. Aufl., 2., verbess. Ausg. Belfast: Department of the Environment for Northern Ireland, 1987

O'Kelly, Michael J.: Early Ireland: An Introduction to Irish Prehistory. Cambridge (u.a.) 1989

Die Nationaldenkmäler Irlands. Hrsg. vom Irischen Fremdenverkehrsamt Dublin, sachlich überprüft von Peter Harbison. 2. Aufl. 1975. – Kurzbeschreibungen denkmalsgeschützter Bau- und Bodendenkmäler (mit Nordirland)

de Paor, Máire and Liam: Early Christian Ireland. London 1978

Mythen, Märchen, Literatur

Botheroyd, Sylvia und Paul F.: Lexikon der keltischen Mythologie. 2. Aufl. München 1995

Ellman, Richard: Vier Dubliner: Wilde, Yeats, Joyce und Beckett. Frankfurt/M. 1996

ders.: Oscar Wilde. München 1991

Green, Miranda J.: Dictionary of Celtic Myth and Legend. London 1992

Holroyd, Michael: Bernard Shaw, Magier der Vernunft: eine Biographie. Frankfurt/M.1995

Kosok, Heinz: Geschichte der anglo-irischen Literatur. Berlin 1990

Maier, Bernhard: Lexikon der keltischen Mythologie und Kultur. Stuttgart 1992

Maddox, Brenda: Nora: Das Leben der Nora Joyce. München 1995

O'Brien, Eoin: Samuel Becketts Irland. Frankfurt/M. 1996

O'Connor, Ulick: Celtic Dawn: A Portrait of the Irish Literary Renaissance. London 1991

Pierce, David: James Joyces Irland. Köln 1996

Rathjen, Friedhelm: Samuel Beckett und seine

Fahrräder. Darmstadt 1996

Weiss, Wolfgang: Swift und die Satire des 18. Jahrhunderts. München 1992

Übersetzungsliteratur

Beckett, Samuel: Gesammelte Werke, 11 Bde. Frankfurt/M. 1995

Behan, Brendan: Borstal Boy. Köln 1996

ders.: Die Geisel und andere Stücke. Berlin 1993

Binchy, Maeve: Jeden Freitagabend. München 1996

St. Brandans wundersame Seefahrt. Nach d. Heidelberger Handschrift Cod. Pal. Germ. 60 hrsg., übertr. u. erl. von Gerhard E. Sollbach. Frankfurt/M. 1987

Breasted, Mary: Das Wunder von Dublin. Zürich 1996

Croker, Thomas Crofton: Irische Elfenmärchen. Übersetzt von den Brüdern Grimm. Berlin (DDR) 1985

Doyle, Roddy: Die Commitments. Berlin 1992

ders.: Die Frau, die gegen Türen rannte. Frankfurt/M.1996

ders.: Paddy Clarke Ha Ha Ha. Frankfurt/M 1996

An Duanaire: 1600–1900; Poems of the Dispossessed. (Hrsg. u. ins Engl. übers.) Seán Ó Tuama, Thomas Kinsalla. Mountrath, Portlaoise: The Dolmen Press; Saint Paul, Minnesota 1990

Eiswasser: Zeitschrift für Literatur. III, 3: Irland special Ausgabe. Hg. von Hermann Rasche. Vechta 1996

Irische Elfenmärchen. In d. Bearb. von Jacob u. Wilhelm Grimm. Frankfurt/M. 1987

Irische Erzähler. Hg. Elisabeth Schack. München 1993

Gedichte des Gälischen Irland aus 12 Jahrhunderten. Hg. von Marianne Gerold u. Kurt Windels. Trier: 1996 (Schriftenreihe Literaturwissenschaft Bd. 33)

Goldsmith, Oliver: Der Pfarrer von Wakefield. München 1994

Hamilton, Hugo: Kriegsliebe. Göttingen 1996

Heaney, Seamus: Ausgewählte Gedichte. München 1995

ders.: Norden. München 1996

Irrlandt, Ireland, Irland. hrsg. von Jürgen Schneider. Berlin 1993 (Anthologie irischer Gegenwartsliteratur)

Joyce, James: Dubliner. Ditzingen 1995

ders.: Finnigans Wehg. Kainnäh ÜbelSätZung

des Werkeß von Schämes Scheuß. Darmstadt: 1996

ders.: Ulysses. Frankfurt/M. 1996

ders.: Gesammelte Werke. Frankfurt/M. 1986

Irische Landmärchen und Seemärchen. Ges. von Thomas Crofton Croker, übertr. von Wilhelm Grimm. Hg. Werner Moritz u. Charlotte Oberfeld. Marburg 1986

McCabe, Patrick: Der Schlächterbursche. Hamburg 1995

McCourt, Frank: Die Asche meiner Mutter. München 1996

McGuffin, Seán: Bomben, Bullen, Bars: Geschichten aus Nordirland. Hamburg 1985

ders.: Der Knieschußklub. Hamburg 1987.

ders.: Zum Lobe des Poitín. Hamburg1996

MacLaverty, Bernard: Cal. Zürich 1986

ders.: Mit dem Hund vor der Tür. Augsburg 1996

Moore, Brian: Der Eiscremekönig. Zürich 1996

ders.: Katholiken. Zürich 1989

Early Irish Myths and Sagas. Translated with an introduction and notes by Jeffrey Gantz. London 1981

O'Brien, Edna: Das einsame Haus. Hamburg 1996

dies.: Das Mädchen mit den grünen Augen. Zürich: 1989

dies.: Mein Irland. Hamburg 1989

O'Brien, Flann: Aus Dalkeys Archiven. Frankfurt/M. 1992

ders.: Das große Flann O'Brien Buch. Zürich 1996

ders.: Das harte Leben. Frankfurt/M. 1993

O'Casey, Seán: Ich klopfe an: Autobiographie. Bd. 1. Zürich 1995

O'Connor, Frank: Die Reise nach Dublin. Zürich 1995

ders.: Meistererzählungen. Zürich 1992

O'Crohan, Tomás: Die Boote fahren nicht mehr aus: Bericht eines irischen Fischers. Göttingen 1995

O'Faolain, Seán: Sünder und Sänger. Zürich 1989

O'Flaherty, Liam: Meistererzählungen. Zürich 1993

ders.: Zornige grüne Insel. Diogenes 1991

Der lebendige irische Rabe (Der Rabe Nr. 46. Magazin für jede Art von Literatur. Zürich: Haffmans, 1996) (Irische Gegenwartsautoren unter 40 Jahren)

Keltische Sagen aus Irland. Hrsg. u. übersetzt von Martin Löpelmann. München 1990

Sayers, Peig: So irisch wie ich. Göttingen1996

Shaw, George Bernard: Gesammelte Stücke in Einzelausgaben, 14 Bde. Frankfurt/M. 1990–1993

Stoker, Bram: Dracula. München 1993

Swift, Jonathan: Gullivers Reisen. Zürich 1993

ders.: Satiren und Streitschriften. Zürich 1993

Tóibín, Colm: Flammende Heide. Reinbek 1996

Wilde, Oscar: Sämtliche Werke in zehn Bänden. Frankfurt/M. 1982

Wilson, Robert McLiam: Ripley Bogle. Frankfurt/M. 1996

Yeats, William Butler: Autobiographie. München 1991

ders.: Die geheime Rose. Frankfurt/M. 1996

Landkarten

Amtliche Karten der Ordnance Survey of Ireland (OSI) bzw. Ordnance Survey of Northern Ireland (OSNI):

General Map of Ireland 1:57500 (Übersichtskarte mit Höhenlinien)

Ireland 1:250000 (Holiday Series) in vier Blättern, mit touristischen Eintragungen (Golfplätze, Jugendherbergen, Jachthäfen, Sehenswürdigkeiten), rückseitig Pläne größerer Städte in aktuellen Auflagen (1992, 1993); geeignet vor allem für Autofahrer

OSI Ireland 1:126720 (»Half-Inch-Maps«) in 25 Blättern, mit Höhenlinien und -schichten, sehr detailliertem Straßennetz (auch ungepflasterte Wege), bisher die klassische Wander- und Radfahrkarte, jetzt verbessert durch:

OSI Ireland 1:50000 (Discovery Series) in 89 Blättern (bisher 17 erschienen), auf Luftbildern und aktuellen Vermessungen basierende topographische Karte mit umfassender Information über Sehenswürdigkeiten

Nordirland

Map of Northern Ireland 1:500000 (Übersichtskarte)

OSNI Northern Ireland 1:126720 in vier Blättern

OSNI Northern Ireland 1:63360 in 9 Blättern mit detaillierter Topographie

OSNI Map 1:50000 (First series) in 18 Blättern, touristische Angaben

Outdoor Pursuits Map 1:25000 (Einzelblätter mit touristischen Symbolen zu folgenden Regionen: Mourne Country, Fermanagh Lakeland-Lower Lough Erne, Fermanagh Lakeland-Upper Lough Erne)

In Irland privat hergestellte Karten

T.& M. Robinson: Folding Landscapes (Roundstone, Connemara); bemerkenswert aussagekräfte Einzelkarten mit ausführlichen historischen und archäologischen Informationen zur Regionalgeschichte von:

Oileáin Árann (The Aran Islands), etwa 1:28000

The Burren (1:35000)

The Mountains of Connemara 1:50000

Connemara – A One-Inch-Map and Gazetteer

Ausländische Irlandkarten (auf metrischer Grundlage)

1:300000 Euro/Regionalkarte Irland/Nordirland, RV-Verlag, Aufl. 94/95. Detailgetreues Straßennetz, ausführliche touristische Signaturen, leider doppelseitig und unhandliches Format

1:550000 Hallwag Straßenkarten Irland, Aufl. 94/95. Gut zur Vorplanung, da vorbildliche touristische Hinweise u. Register der Sehenswürdigkeiten

City Map Dublin, Falk Verlag, Aufl. 94. Sehr exakt, Straßenverzeichnis mit wichtigsten Sehenswürdigkeiten

Sach- und Personenregister

A

Achill Island, Co. Mayo 286
Adair, John George 323
Adare, Co. Limerick 228
Ailbhe von Emly, Abtbischof 64
Aillwee Cave, Co. Clare 241
An Rinn, Co. Waterford 172
An(n)ascaul, Co. Kerry 211
Annamoe, Co. Wicklow 151
Annestown, Co. Waterford 169
Antrim Coast Road 343
Anúna 109
Aran Island, Co. Donegal 318
Aran Islands, Co. Galway 254
Ardagh, Co. Longford 87
Ardara, Co. Donegal 316
Ardfert, Co. Kerry 218
Ardglass, Co. Down 365
Ardmore, Co. Waterford 172
Ards Forest Park, Co. Donegal 322
Ards Peninsula 322, 359 ff.
Arklow, Co. Wicklow 28, 156
Armagh 336 ff.
Askeaton, Co. Limerick 222
Athgreany, Co. Wicklow 153
Athlone, Co. Westmeath 262
Auburn, Co. Westmeath 264
Aughnanure Castle, Co. Galway 259
Avoca, Co. Wicklow 156

B

Baginbun, Co. Wexford 29
Ballina, Mayo 292
Ballinahinch, Co. Galway 272
Ballinrobe, Co. Mayo 261
Ballintober Castle, Co. Roscommon 278
Ballintober, Co. Mayo 261
Ballybeg, Co. Cork 172
Ballybunion, Co. Kerry 219

Ballycastle, Co. Antrim 348
Ballycotton, Co. Cork 191
Ballyferriter, Co. Kerry 215
Ballyhack, Co. Wexford 160
Ballyheige, Co. Kerry 219
Ballymote, Co. Sligo 280
Ballyva(u)ghan, Co. Clare 240
Baltimore, Co. Cork 193
Baltinglass, Co. Wicklow 155
Bangor, Co. Down 359
Bantry, Co. Cork 194
Barrow 18, 157
Beaghmore Stone Circles and Cairns, Co. Tyrone 334
Beara Peninsula 195 ff.
Bective, Co. Meath 385
Beit, Alfred 153
Belfast 353–357
Bel(l)eek, Co. Fermanagh 310
Beltany Tops, Co. Donegal 328
Ben Bulben, Co. Sligo 61
Bettystown, Co. Meath 85
Bhreathneach, Siobhan 110
Black, Mary 109
Blackstairs Mountains, Co. Carlow, Wexford 157
Blackwater 18, 169
Blarney Castle, Co. Cork 178
Blarney, Co. Cork 179
Blasket Islands 214
Blessington, Co. Wicklow 153
Bloody Foreland, Co. Donegal 319
Boa Island, Co. Fermanagh 307
Bog of Clara 266
Bonamargy, Co. Antrim 348
Bothy Band 108
Boyle, Co. Roscommon 278
Boyle, Richard 170, 173
Boyle, Robert 170
Boyne 18, 378
Brandon Mountain, Co. Kerry 18, 161, 211, 215
Bray Head, Co. Wicklow 26
Breatnach, Máire 110
Brendan, Hl. 215 ff., 217, 253
Brian Ború 29, 134, 342

Brú na Bóinne siehe Newgrange
Brunwill, Thomas 355
Bruton, John 48
Buch von Durrow 89
Buch von Kells 89
Bull Island, Co. Dublin 144
Bunbeg, Co. Donegal 318
Bundoran, Co. Donegal 304
Bunmahon, Co. Waterford 169
Bunratty Castle, Co. Clare 236
Bunting, Edward 105
Burgh, Thomas 99, 134
Burke, Edmund 133
Burncourt, Co. Tipperary 98
Burrishoole, Co. Mayo 286
Burt Castle, Co. Donegal 328
Bush, Kate 110
Bushmills, Co. Antrim 344
Butler, Piers Rua 163
Buttevant, Co. Cork 172

C

Caherballykinvarga, Co. Clare 242
Cahersiveen, Co. Kerry 202
Cahir Castle, Co. Tipperary 182
Cahir, Co. Tipperary 182
Cambrensis, Giraldus 87
Cantwell, John 187
Cape Clear Island, s. Oileán Cléire
Carlingford, Co. Louth 368
Carnlough, Co. Antrim 350
Carrauntuohil 18
Carrick-a-Rade 348
Carrick-on-Shannon, Co. Leitrim 301
Carrick-on-Suir, Co. Tipperary 181
Carrickfergus, Co. Antrim 351
Carrickmacross, Co. Monaghan 375
Carrigafoyle Castle, Co. Kerry 219
Carrighadrohid Castle, Co. Cork 179
Carrigogunnell Castle, Co. Limerick 223
Carrowkeel 279

Bildnachweis

Dorcas Platt Wagenknecht

2, 4/5, 10, 11, 13, 14/15, 46, 49, 50, 57, 60, 63, 68/69, 70, 72, 79, 82/83, 95, 101, 102, 107, 108, 113, 115, 116/117, 118, 120, 146/147, 149, 152, 156, 169, 171, 179, 183, 190, 195, 198/199, 201, 204/205, 209, 212/213, 215, 216, 219, 222, 227, 229, 239, 242, 244/245, 251, 253, 255, 268/269, 274/275, 281, 284/285, 288, 291, 295, 308/309, 313, 317, 320, 332, 339, 345, 346/347, 352, 353, 355, 356, 357, 361, 364, 373, 382, 388/389

Tessa Hofmann

24, 71, 92, 111, 145, 185, 220, 249, 257

Kai Ulrich Müller

12, 126/127, 131, 133, 135, 137, 138, 142/143

Siegfried Kuttig

123, 164, 178, 207, 240, 337

Impressum

Die Deutsche Bibliothek – CIP-Einheitsaufnahme

Hofmann, Tessa: Irland / Tessa Hofmann. - Bremen : Ed. Temmen, 1998

(Edition-Erde-Reiseführer)

ISBN 3-86108-854-1

Kartographie: Elsner & Schichor, Karlsruhe

Herstellung: Edition Temmen, Bremen

Dieser Edition Erde Reiseführer wurde nach bestem Wissen zusammengestellt. Im Sinne des Produkthaftungsgesetzes weisen Autoren und Verlag darauf hin, daß inhaltliche Fehler und Änderungen nach Drucklegung dennoch nicht auszuschließen sind. Aus diesem Grund übernehmen Verlag und Autoren keine Verantwortung und Haftung, alle Angaben erfolgen ohne Gewähr. Änderungs- und Verbesserungsvorschläge seitens der Leser nimmt der Verlag gerne entgegen.

© bei Edition Temmen

Hohenlohestr. 21

28209 Bremen

Tel. 0421-34843-0, Fax 0421-348094

E-MAIL. Ed.Temmen@t-online.de